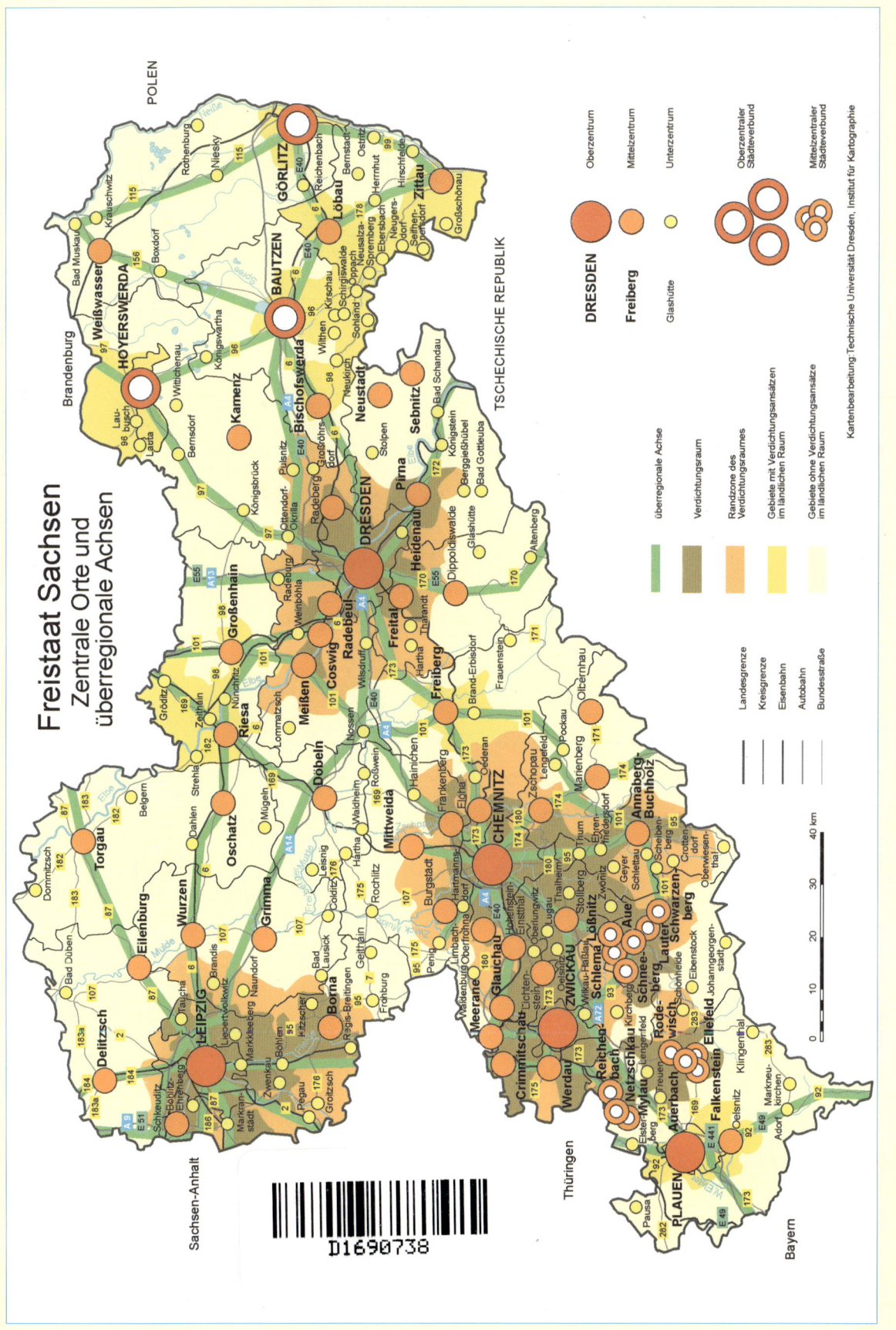

Perthes Länderprofile

Geographische Strukturen, Entwicklungen, Probleme
(vormals Klett/Länderprofile)

Wissenschaftliche Beratung:
Prof. Dr. Gerhard Fuchs, Universität-Gesamthochschule Paderborn

Hartmut Kowalke (Hrsg.)

Sachsen

107 Karten und Abbildungen sowie 23 Übersichten und
115 Tabellen,
im Anhang ein farbiger Bildteil mit Kommentaren

KLETT-PERTHES

Gotha und Stuttgart

Die Deutsche Bibliothek – CIP-Einheitsaufnahme
Sachsen : 23 Übersichten und 115 Tabellen ; im Anhang ein farbiger Bildteil mit Kommentaren / Hartmut Kowalke (Hrsg.). – 1. Aufl. – Gotha ; Stuttgart : Klett-Perthes, 2000
(Perthes Länderprofile)
ISBN 3-623-00672-6

Anschrift des Herausgebers und der Autoren:
Prof. Dr. Hartmut Kowalke, Lehrstuhl für Wirtschafts- und Sozialgeographie Ost- und Südosteuropas;
Prof. Dr. Wolfgang Kaulfuß, Lehrstuhl für Physische Geographie (Regionale Geographie Mitteleuropas);
Prof. Dr. Manfred Kramer, Lehrstuhl für Allgemeine physische Geographie
Prof. Dr. Karl Mannsfeld, Lehrstuhl für Landschaftslehre;
Technische Universität Dresden, Institut für Geographie, 01062 Dresden;
Prof. Dr. Karlheinz Blaschke, Am Park 01, 01468 Luftkurort Friedewald

Titelfoto: Blick auf Sachsens historischen Kern: das Elbtal bei Meißen mit Dom, Albrechtsburg, historischer Altstadt und Elbeübergängen in Meißen (Stadtverwaltung Meißen, Stadtbauamt)
übrige Bildgeber: s. S. 368

Der Verlag dankt folgenden Autoren, Verlagen bzw. Institutionen für die Erteilung von Abdruckrechten aus ihren Veröffentlichungen und Materialien:
Hellerau-Verlag Dresden GmbH, Dresden, für die Abb. 3.6, S. 42, und 6.2, S. 103
Institut für Länderkunde, Leipzg, für die Abb. 3.7, S. 46/47, 6.3.2, S. 104, 6.4, S. 105, 6.13, S. 118, und 6.11, S. 112
B. G. Teubner Verlagsgesellschaft mbH, Leipzig, für Abb. 4.5, S. 59
Prof. Dr. W. Steiner, Weimar, für Abb. 4.9, S. 73
Sächsisches Landesamt für Umwelt und Geoologie, Radebeul, für die Abb. 4.2, S. 52/53, und 10. 2, S. 231
Statistisches Landesamt Sachsen, Kamenz, für Abb. 5.6, S. 98
Westermann Schulbuchverlag GmbH, Braunschweig, für die Abb. 6.7, S. 108, 8.11, S. 184, 9.2, S. 224, 10.1, S. 226, und 10.3, S. 231
Brandes & Apsel Verlag GmbH, Frankfurt am Main, für Abb. 7.4, S. 149
Verlag Die Wirtschaft GmbH, Berlin, München, für Abb. 8.4, S. 173
Institut für Ökologische Raumentwicklung e.V., Dresden, für die Abb. 8.6, S.178 und 8.18, S. 198
Institut für Ökologische Raumentwicklung e.V., Dresden, und TU Dresden, für die Abb. 11.5, S. 265, und 11.7, S. 267
Nationalparkverwaltung Sächsische Schweiz für Abb. 8.31, S. 214
Gesellschaft für Deutschlandforschung e.V., Berlin, für Abb. 11.4, S. 264
Georg Thieme Verlag, Stuttgart, für Abb. 4.8, S. 72

Trotz intensiver Recherchen ist es dem Verlag nicht gelungen für einige Abbildungen dieses Werkes die Rechteinhaber zu ermitteln. Der Verlag bittet um Nachsicht und ggf. um Geltendmachung der Rechte im Nachhinein!

ISBN 3-623-00672-6
1. Auflage

© Justus Perthes Verlag Gotha GmbH, Gotha 2000
Alle Rechte vorbehalten.

Fotomechanische Wiedergabe nur mit Genehmigung des Verlages.
Druck und buchbinderische Verarbeitung: Salzland Druck & Verlag, Staßfurt
Einbandgestaltung: Kerstin Brüning, Gotha

http://www.klett-verlag.de/klett-perthes

Inhalt

Und noch ein Buch zu Sachsen ...		6
1	**Einleitung** (H. Kowalke)	7
2	**Die Geschichte Sachsens im Abriß** (K. Blaschke)	10
2.1	Die Anfänge der sächsischen Landesgeschichte	10
2.2	Hauptepochen der sächsischen Geschichte	11
2.2.1	Aufbruch im Zuge der deutschen Ostbewegung im 12./13. Jahrhundert	11
2.2.2	Die frühbürgerliche Bewegung um 1500	14
2.2.3	Die Industrialisierung im 19. Jahrhundert	16
2.3	Hauptthemen der sächsischen Geschichte	19
2.3.1	Die Territorialentwicklung	19
2.3.2	Die gesellschaftliche Entwicklung	25
2.3.3	Die kulturelle Entfaltung	28
3	**Staatsentwicklung und Verwaltungsgliederung Sachsens** (H. Kowalke)	31
3.1	Die Entwicklung bis 1990	31
3.2	Die Veränderungen der politisch-administrativen Struktur ab 1990	36
4	**Naturlandschaften und Nutzungspotentiale Sachsens** (W. Kaulfuß, M. Kramer)	49
4.1	Herausbildung der natürlichen Landschaftsstruktur	49
4.1.1	Präkambrisch-paläozoische Strukturen	49
4.1.2	Das Mesozoikum in Sachsen	54
4.1.3	Die im Tertiär entstandenen Merkmale des Landschaftsbildes	56
4.1.4	Die Spuren des Eiszeitalters in der heutigen Landschaftsstruktur	65
4.2	Die naturräumliche Gliederung Sachsens	68
4.3	Grundzüge des Klimas in Sachsen	74
4.3.1	Lagebedingte Klimamerkmale	74
4.3.2	Klimatische Bedingungen in den naturräumlichen Einheiten	76
4.4	Leistungsfähige Böden – Grundlage der wirtschaftlichen Entwicklung Sachsens	83
4.4.1	Die Bodenregion der Altmoränelandschaften	85
4.4.2	Das Riesa-Torgauer Elbtal	85
4.4.3	Die Bodenregion der Löß- und Sandlößlandschaften	85
4.4.4	Die Böden der Mittelgebirge und Bergländer Sachsens	87
4.4.5	Die Böden der Bergbaufolgelandschaft	88
5	**Sachsens Bevölkerung und ihre Strukturen** (H. Kowalke)	89
5.1	Die Verteilung der Bevölkerung	89
5.2	Die Entwicklung der Bevölkerung	90
5.2.1	Die Bevölkerungsentwicklung in Sachsen zwischen 1945 und 1989	91
5.2.2	Situation nach 1989/90	93
5.3	Alters- und Sexualstrukturen der sächsischen Bevölkerung	97
5.4	Arbeitsmarktsituation	99

6	**Die Entwicklung der Raumstrukturen bis zur Industrialisierung und der Industrialisierungsprozeß** (H. Kowalke)	**101**
6.1	Die frühe wirtschaftsräumliche Gliederung	101
6.2	Die räumlichen Wirkungen des Industrialisierungsprozesses	115
6.2.1	Die Entwicklung in Chemnitz und seinem Umland	116
6.2.2	Die Entwicklung in der südlichen Oberlausitz	120
6.2.3	Die Entwicklung der sächsischen Landeshauptstadt Dresden	121
6.3	Industrialisierungsprozeß und Bergbau	124
6.4	Die Entwicklung des sächsischen Fahrzeugbaus als Beispiel für den Industrialisierungsprozeß	132
6.5	Zusammenfassung – der Industrialisierungsprozeß in Sachsen bis 1945 und seine raumstrukturellen Wirkungen	133
7	**Die Entwicklung Sachsens zwischen 1945 und 1989/90** (H. Kowalke)	**138**
7.1	Zum Wandel der Wirtschaftsstrukturen	142
7.1.1	Die Industrie	142
7.1.2	Die Landwirtschaft	155
7.2	Regionale Beispiele	158
7.2.1	Die Stadt Dresden	158
7.2.2	Die südliche Oberlausitz (Das Dichtegebiet Oberlausitz)	162
8	**Entwicklungen der Raumstruktur nach 1990 – Perspektiven und Probleme** (H. Kowalke)	**166**
8.1	Ausgangsbedingungen für den Übergang zur sozialen Marktwirtschaft (1989/90)	166
8.2	Strukturveränderungen zwischen 1990 und 1992	174
8.3	Aktuelle Entwicklungstendenzen	183
8.4.	Regionale Beispiele	195
8.4.1.	Die Landeshauptstadt Dresden	195
8.4.2	Die Messestadt Leipzig	200
8.4.3	Die südliche Oberlausitz	205
8.4.4	Das Vogtland	209
8.4.5	Das Elbsandsteingebirge	213
9	**Raumplanung und Landesentwicklung in Sachsen** (H. Kowalke)	**215**
9.1	Leitbild und allgemeine Grundsätze	215
9.2	Ziele der Entwicklung der Raumstruktur Sachsens	219
10	**Zur Umweltsituation im Freistaat Sachsen** (K. Mannsfeld)	**225**
10.1	Grundlagen der sächsischen Umweltpolitik	225
10.2	Ausgewählte Umweltaspekte	228
10.2.1	Wie sauber ist Sachsens Luft?	228
10.2.2	Ersticken wir in unserem Müll?	233
10.2.3	Sind Wasser und Abwasser noch bezahlbar?	236
10.3	Zukunftsinstrumente Landschaftsplanung und Natur- und Biotopschutz	239
10.4	Die Umweltqualität ausgewählter sächsischer Regionen	244
10.4.1	Oberlausitzer Heide- und Teichgebiet (Biosphärenreservat)	244

Inhalt

10.4.2	Der Elbtalraum um Dresden	247
10.4.3	Das Erzgebirge	250

11 Sachsen und die Europäische Union (H. Kowalke)   259
11.1   Der Freistaat Sachsen – eine periphere Region in der EU   259
11.2   Die Entwicklung von Euroregionen an der östlichen Außengrenze der EU   263

Literatur   272
Verzeichnis der Abbildungen   284
Verzeichnis der Tabellen   287
Verzeichnis der Übersichten   290

Ortsregister   291
Personenregister   296
Sachregister   297

Anhang: Sachsen – Fakten, Zahlen, Übersichten   305
(A 1: H. Kowalke unter Mitarbeit / Recherche von K. Wienzek und R. Bartsch;
A 2 – 4: Datenzusammenstellung H. Kowalke; B. König, R. Bartsch, S. Schliebe)

A 1	Sachsen und seine 22 Landkreise sowie 7 Kreisfreien Städte (Stadtkreise) Kurzcharakteristiken der Kreise Sachsens	306
A 2	Sachsen statistisch	335
A 2.1	Staatsgebiet und administrative Gliederung	335
A 2.2	Natur	335
A 2.3	Bevölkerung und Siedlungen	337
A 2.4	Volkswirtschaft	341
A 2.4.1	Bruttoinlandsprodukt	341
A 2.4.2	Erwerbstätigkeit und Arbeitslosigkeit	341
A 2.4.3	Land- und Forstwirtschaft	343
A 2.4.4	Produzierendes Gewerbe	347
A 2.4.5	Handwerk	349
A 2.4.6	Handel und Gastgewerbe	349
A 2.4.7	Fremdenverkehr	350
A 2.5	Verkehr	351
A 2.5.1	Straßenverkehr	353
A 2.5.2	Eisenbahnverkehr	352
A 2.5.3	Flugverkehr	352
A 2.5.4	Binnenschiffahrt	352
A 2.6	Bildung, Kultur und Sozialwesen	353
A 2.6.1	Bildungswesen	353
A 2.6.2	Kultur	356
A 2.6.3	Sozialwesen	357
A 2.7	Umweltschutz	359
A 3	Sachsen in der Bundesrepublik Deutschland	360
A 4	Sachsen in Europa	364

Bildanhang   369

Und noch ein Buch zu Sachsen ...

Literatur zu dieser Region Deutschlands gibt es zum Ende der 1990er Jahre „wie Sand am Meer". Im Prinzip werden damit bereits alle Bereiche der natürlichen Sphäre sowie der historischen Entwicklung und der Gegenwart abgedeckt. Warum also noch ein Buch?

Wir – die Autoren – könnten antworten, gerade deshalb!

Bei dieser Fülle an beschriebenem Papier (und damit an Informationen) ist es sehr schwierig, den Überblick zu bewahren und damit schnell einen Zugriff zu Aussagen vieler Komplexe zu einem geographischen Raum gleichzeitig zu bekommen („Bündelungsaspekt").

Die Dynamik der Entwicklung in den „neuen" Bundesländern ist ausgesprochen groß. Dies bedeutet, der „Vergreisungseffekt" von Informationen ist höher als in anderen Regionen Deutschlands. Die Autoren stellen sich mit diesem Buch das Ziel, so aktuell wie nur möglich zu sein – zumindest aktueller als die auf dem Markt befindliche Literatur („Aktualitätsaspekt").

Die Autoren sind sich bewußt, daß nicht alles, was dieses Buch beinhaltet, für den Leser neu ist. Das ist aber auch gar nicht unser Anspruch. Was bisher – aus Sicht der Autoren – fehlt, ist ein geographisches Fachbuch, eine aktuelle, den Ansprüchen eines breiten Leserkreises genügende „Geographie Sachsens", aber auch (und das möge man uns als Mitarbeiter einer sächsischen Universität nicht verübeln) ein Lehrbuch für Studierende der Geographie. Andererseits soll und kann es – ausgehend von der Konzeption der Reihe „Länderprofile" – kein reines Fachbuch sein. Wir möchten auch geographisch und heimatkundlich interessierte „Laien" ansprechen.

Die Schwierigkeiten, den oben genannten Ansprüchen gerecht zu werden, zeigten sich bereits in der konzeptionellen Vorbereitungsphase. Sie lagen einerseits in der Komplexität des Anspruchs. Eine so komplexe, historisch gewachsene Region wie Sachsen in einem Band zu charakterisieren und zu beschreiben, dazu ist ein einzelner Autor heute – in der Epoche der Spezialisierung – kaum noch in der Lage. Es mußte sich also ein Autorenteam finden. Dies hat den Vorteil, daß mehrere „Spezialisten" arbeitsteilig sich dem Raum „nähern" können und damit eine Betrachtung aus unterschiedlichen Blickwinkeln möglich ist. Aber jeder Autor ist eben ein Spezialist mit einer eigenen „Handschrift". Diese Handschriften zu einem Werk zusammenzuführen, reizte den Herausgeber, bereitete ihm aber auch Probleme. Der Leser mag beurteilen, ob und wie dies letztlich gelungen ist. Es ergaben sich aber auch kontroverse Diskussionen bei der Auswahl der inhaltlichen Schwerpunkte. Was in anderen Bänden der Reihe „Länderprofile" kurz gefaßt werden konnte (naturräumliche Ausstattung, Geschichte), spielt aber gerade für Sachsen eine wichtige Rolle. Die sächsische Wirtschaft ist in ihrer Entwicklung und ihrer Struktur nicht ohne die naturräumliche Vorprägung als Inwertsetzungsbedingungen für die wirtschaftlichen Tätigkeiten der Menschen zu erklären. Auch hier waren Kompromisse zwischen den Wünschen des Verlages und denen der Autoren notwendig.

Und schließlich soll noch auf ein weiteres Problem verwiesen werden, und dies ist die Aktualität und Detailliertheit des statistischen Datenmaterials. Anspruch der Autoren und Realität bildeten eine fast unüberbrückbare Barriere. Wir haben trotzdem versucht, so aktuell wie möglich zu sein. Ob dies immer „so aktuell wie nötig" oder erwünscht ist, müssen ebenfalls die Nutzer dieses Buches entscheiden.

Der Herausgeber im Namen aller Autoren

Dresden, im Herbst 1999

1 Einleitung

> „Herrlich", sprach der Fürst von Sachsen,
> „Ist mein Land und seine Macht,
> Silber hegen seine Berge
> Wohl in manchem tiefen Schacht."
>
> *(Justinus Kerner:*
> *„Der reichste Fürst", 1818)*

> „Sachsen ist ein starkes Land.
> Es ist ein starkes Stück Deutschland in Europa,
> und es ist ein starkes Stück Europa
> in Deutschland.
> Sachsen ist ein schönes und ein reiches Land."
> *(Sächsischer Ministerpräsident*
> *Kurt Biedenkopf, 1991)*

Sachsen – wie stolz das klingt ...
Die belletristische und die wissenschaftliche Literatur der letzten Jahrhunderte kennt viele Beispiele der Huldigung der sächsischen Landschaften, der Menschen, ihrer kulturellen und wissenschaftlichen Leistungen. Aber auch traurige Momente (Kriegsverluste, Unglücke, Epedemien) sind überliefert.

Eigentlich ist es eine „junge" Region, die man heute meint, wenn man den Namen „Land Sachsen" hört. Erst 1815 als Ergebnis der Neuaufteilung Mitteleuropas nach den Napoleonischen Kriegen entstanden ... Durch eine unglückliche Allianz mit dem „Verlierer" Napoleon wurden die Grenzen Sachsens von außen neu festgelegt. Das Land verlor drei Fünftel seiner bisherigen Fläche.

Andererseits ist es aber auch ein „alter" geographischer Raum, der den Namen Sachsen trägt. Die Offenlandbereiche der Lößgefildezone weisen eine Siedlungskontinuität seit dem Neolithikum (Jüngere Steinzeit) auf. Hier siedelten nach der Völkerwanderung slawische Stämme. 929 drangen die deutschen Eroberer über die Saale nach Osten vor und gründeten wenige Jahre später Burg und Mark Meißen. Seitdem gehörte die Region zum Deutschen Reich.

Sachsen ist landschaftlich vielgestaltig gegliedert. Das Land hat von Nord nach Süd Anteil an den drei mitteleuropäischen Naturraumregionen Tiefland, Mittelgebirgsvorland und Mittelgebirge. Es besitzt so eine Vielzahl an Naturressourcen (Böden, Bodenschätze, Fließgewässer ...) und damit günstige Inwertsetzungsbedingungen für die wirtschaftlichen Tätigkeiten des Menschen.

Wirtschaftlich spielt Sachsen somit eine wichtige Rolle in Deutschland. Bereits 1168 begann mit den Silbererzfunden bei Freiberg eine über 800jährige Bergbauepoche, die erst nach 1990 ihr Ende fand. Viele technische Entwicklungen im Bergbau gingen von hier aus. Georgius Agricola – Stadtarzt und Bürgermeister in Chemnitz – wird heute der Vater der modernen Montanwissenschaften genannt. Einen Höhepunkt bildet auch die Gründung der Bergakademie Freiberg (1765) als erster montanwissenschaftlicher Forschungs- und Bildungseinrichtung der Welt. Der aus dem Bergbau entstammende Reichtum trägt zum weiteren Aufschwung bei. Sachsen wird im Mittelalter und in der beginnenden Neuzeit zum europäischen Zentrum der Entwicklung des Handwerks und Gewerbes. Erinnert werden soll an die Entdeckung des europäischen Porzellans durch Böttcher, an das Textilgewerbe (Klöppeln, Posamenten, Gewebe ...), die Holzbe- und -verarbeitung (Schnitzen, Drechseln, Möbelproduktion, Musikinstrumente ...). Auf diesen Wurzeln basiert die bereits Anfang des 19. Jahrhunderts einsetzende Industrialisierung. Nicht umsonst wird Sachsen als Ursprungsraum der Industrialisierung in Kontinentaleuropa angesehen. Besondere Verdienste erwarb Sachsen bei der Entwicklung der Branchen Textilindustrie, Maschinenbau, Fahrzeugproduktion, chemische Industrie ...

Dies wiederum initiiert den Prozeß der Konzentration der anderen Elemente der Raumstruktur (Bevölkerung, Infrastruktur usw.) und dadurch die Entwicklung von Agglomerationsräumen. So ist das Erzgebirge das am dichtesten besiedelte Mittelgebirge Europas mit der höchsten Straßen- und Eisenbahnnetzdichte eines Gebirges.

Sachsen ist aber auch ein Land der Kunst, Kultur und der Wissenschaft. Erinnert werden soll an die Zeit von August dem Starken und seines Sohnes. Auch der Rechenmeister Adam Ries ist ein Sachse ...

An dieser Stelle muß unbedingt auch auf die Entwicklungspotentiale, die sich aus der geographischen Lage Sachsens in Deutschland und Europa ergeben, verwiesen werden. Sie lassen sich – damit ein objektives Bild gezeichnet werden kann – in drei Zeithorizonten darstellen:

Der historische Aspekt
Die Region des heutigen Sachsen wurde im Zuge der ersten und zweiten Etappe der Ostbewegung in den deutschen Kulturraum einbezogen. Sie bildete so im Mittelalter eine Grenzmark im „Heiligen Römischen Reich Deutscher Nation". Über einen längeren Zeitraum waren die östlichen und südlichen Teile Grenzräume zu benachbarten Territorien (Böhmen, Polen). Während des Dreißigjährigen Krieges erwarb Sachsen die Nieder- und Oberlausitz und dehnte sich so weiter nach Osten aus.

Mit der Expansion Preußens nach Osten (Aufteilung Polens unter Rußland, Österreich und Preußen im 18. Jahrhundert) und der Abtretung sächsischer Territorien an Preußen nach dem Wiener Kongreß (1815) geriet Sachsen politisch in Isolation und territorial in eine Binnenlage. Im Zuge der Reichsgründung unter Bismarck 1870/71 wurde das Königreich Sachsen Teil des Deutschen Reichs. 1928 gab es einen Gebietsaustausch mit Thüringen, der zur Folge hatte, daß Sachsen nun ein geschlossenes Territorium ohne Enklaven und Exklaven bildete. Es lag im Herzen Deutschlands; umrahmt von Bayern, Thüringen und Preußen. Im Süden grenzte das zur 1918 gegründeten Tschechoslowakei gehörige Sudetenland (Böhmen) an. Man kann so von einer geopolitisch zentralen Lage in Europa sprechen (zwischen Nord- und Süd-, aber auch zwischen West- und Osteuropa gelegen).

Der gegenwärtige Aspekt
Mit der Westverschiebung Polens bis zur Oder-Neiße-Linie nach dem Zweiten Weltkrieg und der Vertreibung der Sudetendeutschen aus der Tschechoslowakei kam Sachsen wieder in eine Randlage in Deutschland bzw. in der SBZ/DDR. 43 % (mit der Grenze zu Bayern sogar 46 %) seiner Grenzen waren Außengrenzen.

Diese Grenzlage wurde noch verstärkt durch die Lage an der Nahtstelle zwischen den östlichen und westlichen Wirtschafts- und Verteidigungsbündnissen und die damit verbundene Einbeziehung auch Sachsens in den RGW und in den Bereich des Warschauer Vertrages.

Nach der deutschen Einheit bildet Sachsen sowohl in Deutschland als auch in der Europäischen Union einen Peripherraum. Dies wirkt sich in vielerlei Hinsicht gegenwärtig negativ aus (große Entfernung von der Hauptentwicklungsachse Europas – „Blaue Banane" – , Investoren „überspringen" Sachsen und gehen in den Osten).

Die Grenzen zu Polen und Tschechien (43 % der Grenzen des Freistaates Sachsen) sind derzeit die östlichen Außengrenzen der EU und stellen somit Wohlstandsgrenzen in Europa – zwischen dem „reichen" Westen und dem „armen" Osten – dar.

Die Veränderungen in Ost- und Südosteuropa nach 1989/90 und der damit verbundene Übergang der Nachbarn Polen und Tschechien zur Marktwirtschaft sowie die Anträge dieser Reformstaaten auf Mitgliedschaft in die EU hier auf Veränderungen hin. Beide Staaten sind seit 1999 bereits Mitglieder der NATO.

Der zukünftige Aspekt
Der Freistaat Sachsen besitzt im Zusammenhang mit seiner geographischen Lage und seiner aus der sozialistischen Zeit stammenden Verflechtung mit den Wirtschaften

Einleitung

Ost- und Südosteuropas für die Zukunft günstige Entwicklungspotentiale. Im Zusammenhang mit der Stabilisierung der politischen und wirtschaftlichen Situation in den Reformstaaten Europas sowie der Aufnahme dieser Länder in die EU rückt Sachsen wieder in das „Zentrum" Europas. Die Wirtschaft des Bundeslandes könnte von dieser Brückenfunktion nach Osten in Zukunft profitieren.

Der Wille und die Notwendigkeit zur Entwicklung der grenzüberschreitenden Zusammenarbeit zeigen sich bereits heute in den Euroregionen an den Grenzen zu Polen und Tschechien. Hier hat sich seit 1991 ein durchgehender Gürtel grenzüberschreitender „europäischer" Regionen herausgebildet, wo im kleinen (auf kommunaler und kreislicher Ebene) bereits die Zusammenarbeit stattfindet.

Mit dem 3. Oktober, dem Tag der Deutschen Einheit, und dem 14. Oktober 1990, dem Tag der ersten freien Landtagswahlen seit über 40 Jahren, wurde Sachsen wieder selbständige administrative Einheit innerhalb der föderalen Struktur der Bundesrepublik Deutschland. Während die politische Einheit in einem großen Tempo erreicht wurde, ist die Gestaltung der wirtschaftlichen und der sozialen Einheit ein ausgesprochen komplizierter und langwieriger Prozeß, der auch mit vielen Härten für die Wirtschaft und die Bevölkerung verbunden ist.

Aber sowohl die Unternehmer als auch die sächsische Bevölkerung haben in den Jahrhunderten ihrer Geschichte immer wieder bewiesen, daß sie in der Lage und Willens sind, mit schwierigen Situationen fertig zu werden. Wenn es gelingt, einen Teil der Potentiale zu erhalten und neue zu aktivieren, sollte es möglich sein, das Land wieder zu einer in jeder Hinsicht attraktiven Region Deutschlands und Europas zu gestalten.

> **„Die Aufgaben sind groß,**
> **die Herausforderung gewaltig."**
> *(Kurt Biedenkopf, 1991)*

2 Die Geschichte Sachsens im Abriß

2.1 Die Anfänge der sächsischen Landesgeschichte

Auf dem Boden des heutigen Freistaates Sachsen stammen die ältesten Spuren menschlicher Besiedlung aus der Altsteinzeit, die bis 600 000 Jahre zurückliegt. Auch aus der Jungsteinzeit, der Bronzezeit und der Latènezeit liegen Funde vor, die im zuletzt genannten Falle schon germanischen Völkern zugeordnet werden können. Sie verließen im Zuge der Völkerwanderung bis in die zweite Hälfte des 6. nachchristlichen Jahrhunderts das Land, indem sie sich auf das Gebiet westlich der Saale zurückzogen. Außer den Bodenfunden, den Erdanlagen und einigen Flußnamen haben sie nichts hinterlassen, was sie mit der heutigen Bevölkerung Sachsens verbinden könnte. Sie gehören daher nicht in den Zusammenhang der sächsischen Landesgeschichte.

Diese beginnt mit der Einwanderung slawischer Stämme nach dem Jahre 600, denn von dieser Zeit an besteht eine kontinuierliche Entwicklung von Bevölkerung und Kultur bis in unsere Gegenwart. Aus dem böhmischen Raum kamen über das Osterzgebirge die Sorben in das Gebiet an der Elbe und füllten von dort die siedlungsgünstigen Offenlandschaften bis an die Saale aus. Das fruchtbare Oberlausitzer Gefildeland wurde zur gleichen Zeit von den aus dem heutigen Polen einwandernden Milzenern besiedelt. Beide slawische Volksstämme haben das Land niemals wieder verlassen, sie sind zum größeren Teil in der später zugewanderten deutschen Bevölkerung aufgegangen oder haben sich als die heutigen Sorben in der Oberlausitz ihre angestammte Sprache und ihr Volkstum bewahrt. Die von ihnen nach 600 angelegten Dörfer sind in ihrer ursprünglichen Anlage noch heute als Ortskerne in den Altsiedelgebieten vorhanden, die aus jener Zeit stammenden Orts- und Flußnamen sind, wenn auch in eingedeutschter Form, noch unverändert in Gebrauch, und ihre Nachkommen leben heute in der Bevölkerung Sachsens weiter. Es gibt also eine dreifache kulturelle Kontinuität zwischen den slawischen Einwanderern des 7. Jahrhunderts und den Einwohnern des Freistaates Sachsen, so daß es gerechtfertigt ist, die Anfänge der sächsischen Landesgeschichte in jene Zeit zu setzen.

Die beiden slawischen Stämme bewohnten die Offenlandschaften mit ihrem günstigen Klima und ihrem fruchtbaren Lößboden, die wie Inseln in das weithin bewaldete Land eingebettet waren. In ihrem gesellschaftlichen Aufbau befanden sie sich noch auf der Entwicklungsstufe einer militärischen Demokratie mit starker Stellung der Großfamilie, während eine herrschaftliche Organisation nur in Anfängen festzustellen ist. So konnten sie der deutschen Eroberung, die seit 929 über die Saale hinweg nach Osten vordrang, keinen wirksamen Widerstand entgegensetzen. Der deutsche König Heinrich I. nahm in diesem Jahre die Volksburg des sorbischen Teilstammes der Daleminzier ein und erbaute die Reichsburg Meißen. Seitdem gehörte das Land als Markengebiet zum deutschen Reich, dem drei Jahre später auch das Land der Milzener in der heutigen Oberlausitz angegliedert wurde.

Ungeachtet der deutschen Herrschaft behielt die slawische Bevölkerung ihre angestammte Lebensweise in bezug auf die gesellschaftliche Ordnung und das Wirtschaftsleben bei. Eine zahlenmäßig geringe Schicht deutscher Krieger, die vielleicht nur einige hundert Mann umfaßte, saß auf den neuerrichteten Burgen, von denen aus das Land beherrscht wurde. Bis zur Jahrtausendwende gesellten sich dazu die deutschen Priester, die nach der Gründung der drei sorbenländischen Bistümer Merseburg, Zeitz und Meißen das Land missionierten, Kirchen errichteten und der slawischen Bevölkerung die Grundwahrheiten des christlichen Glaubens nahebrachten. In der Regel gehörte zu einer Burg ein Burgward, der einige dutzend slawische Dörfer umfaßte, zu deren geistlicher Betreuung eine Burgwardkirche erbaut wurde. Im Jahre 968 kann die Anwesenheit eines Markgrafen auf der Reichsburg Meißen als gesichert gelten, 1046 begegnet uns zum ersten Male die „marchia Misnensis", d.h. die Markgrafschaft Meißen. In der schriftlichen Überlieferung seit 1068 ist das Amt des Burggrafen als der dritten herrschaftlichen Gewalt auf dem Meißner Burgberg nachweisbar.

Nach langen Jahrzehnten der Unsicherheit, in denen tschechische und polnische Kriegszüge die Mark Meißen gefährdeten, kann das Land in der Zeit des Investiturstreits als endgültig in das Deutsche Reich eingegliedert angesehen werden. Die königliche Herrschaft war dauerhaft errichtet, adlige Gewalten hatten im Lande Fuß gefaßt, die Kirche verfügte über eine feste Organisation. Die Markenzeit in der sächsischen Geschichte hatte sich voll entfaltet.

Die weitere sächsische Geschichte kann auf knappem Raum am besten dadurch vorgestellt werden, daß ihre drei Hauptepochen in zeitlichen Querschnitten, dem synchronischen Prinzip folgend, gekennzeichnet werden und danach die drei wesentlichsten Entwicklungslinien in thematischer Hinsicht in einem diachronischen Sinne anhand von Längsschnitten abgehandelt werden. In diesem Koordinatensystem von Epochen und Themen läßt sich die Eigenart der sächsischen Geschichte am einfachsten darstellen.

2.2 Hauptepochen der sächsischen Geschichte

In der Geschichte Sachsens lassen sich drei herausragende Epochen feststellen, in denen sich jeweils ein Aufbruch und ein strukturverändernder Fortschritt ereignet haben. In diesen Zeitabschnitten sind qualitative Veränderungen vor sich gegangen, die Entwicklungskurve der gesamtgesellschaftlichen Verhältnisse ist dabei jedesmal stark angestiegen, um sich in den Zwischenzeiten wieder abzuflachen. Diese drei Epochen sind mit der deutschen Ostbewegung im 12./13. Jahrhundert, mit der frühbürgerlichen Bewegung um 1500 und mit der Industrialisierung im 19. Jahrhundert gekennzeichnet.

2.2.1 Aufbruch im Zuge der deutschen Ostbewegung im 12./13. Jahrhundert

Um 1100 setzte in West- und Mitteleuropa ein bemerkenswerter Aufschwung des gesellschaftlichen Lebens ein, für den die starke Bevölkerungszunahme ein äußeres Zeichen war, der sich aber auch in qualitativen Veränderungen in Gesellschaft, Herrschaft und Kirche bemerkbar machte. Das Gebiet des heutigen Sachsen wurde davon durch drei herausragende Entwicklungen betroffen.

Bäuerliche deutsche Kolonisation
Um 1100 drang in die noch unbewohnten Heide- und Waldgebiete zunächst im Westen die bäuerliche Kolonisation ein, die seit etwa 1150 die Mulde überschritt und, nach Osten sich fortsetzend, nach 1200 die Oberlausitz erreichte, um sich dann bis nach Schlesien zu erstrecken. Zu den damals in den Altsiedelgebieten lebenden etwa 40 000 Slawen kamen rund 200 000 Siedler aus den alten deutschen Stammesgebieten in das Land. Beim Abschluß der Kolonisation in der Mitte des 13. Jahrhunderts kann eine Mischbevölkerung aus etwa 80 000 Sorben und 320 000 Deutschen angenommen werden, wobei die Sorben mehrfach in das nach deutscher Wirtschaftsordnung vor sich gegangene Siedelwerk einbezogen worden

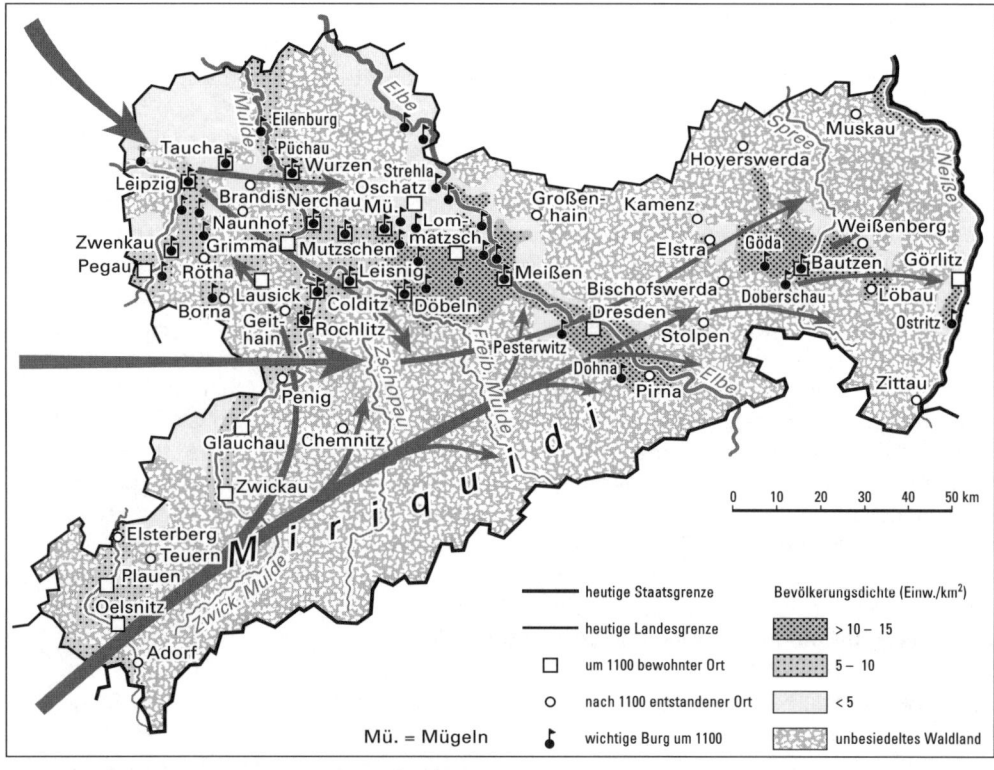

Abb. 2.1: Besiedlung des heutigen Sachsens um 1100
Quelle: nach Terra Geographie 10 Gymnasium Sachsen 1999

waren. Die deutschen Siedler kamen aus Flandern, Niedersachsen, Thüringen und Oberfranken, so daß eine Mischbevölkerung aus Angehörigen mehrerer Stämme entstand, aus der ein „Neustamm" hervorgegangen ist.

Das Nebeneinanderbestehen slawischer und deutscher Siedelgebiete ist eine grundlegende Tatsache der historischen Landeskunde Sachsens. Bis heute lassen sich in den Ortskernen die kleinen weilerartigen Anlagen aus slawischer Zeit mit wenigen Bauernhöfen von den straßen- oder platzartigen Dörfern aus der Kolonisationszeit mit mehreren Dutzend Höfen unterscheiden. Das gleiche galt bis zum 19. Jahrhundert für die blockförmigen Fluren der slawischen Dörfer und die großzügige Flurordnung der Kolonistendörfer mit Gewann- oder Gelängeeinteilung. Auf die Siedelformen der Ebene und des Hügellandes folgte mit dem Vordringen der Kolonisation in das Gebirge die reifste Form in Gestalt der Waldhufendörfer, die in Anpassung an die Bachtäler die Höfe in lockeren Reihen anordneten und jedem Bauern einen geschlossenen Besitzanteil zuwiesen.

Mit der Besiedlung wuchs die Kirchenorganisation. Auf die großen Kirchspiele, die im 10. und frühen 11. Jahrhundert im Zuge der Missionierung der Slawen angelegt worden waren, folgten die von den bereits christlichen Einwanderern des 12. Jahrhunderts gegründeten Siedlerpfarreien, wo in der Regel jedes Dorf eine Kirche besaß. Davon wichen die Herrschaftspfarreien ab, die im Neusiedelgebiet die Deckungsgleichheit von adligem Herrschaftsgebiet und Kirchspiel anstrebten.

Ausbau der Geldwirtschaft

Mit der deutschen Kolonisation kam ein Schub der Geldwirtschaft in das Land. Da die Bauern der neuen Siedelgebiete mit ihrer verbesserten Wirtschaftsweise über eine höhere Arbeitsproduktivität verfügten, erzielten sie Überschüsse, die auf dem Markt verkauft werden konnten. Die Ware-Geld-Beziehung führte zum Ausbau der Arbeitsteilung, es entwickelten sich notwendigerweise neben den Dörfern Märkte und Städte. Der Fernhandel hatte bereits seit dem Beginn des 12. Jahrhunderts an Flußübergängen Kaufmannssiedlungen entstehen lassen. Unter dem Einfluß der bäuerlichen Kolonisation wandelten sie sich jetzt zu Städten, indem sich Handwerker ansiedelten und ein Bürgertum entstand, das mit der genossenschaftlichen Selbstverwaltung aus der herrschaftlichen Ordnung austrat.

Der Leipziger Stadtbrief von etwa 1165 ist das erste Zeugnis für das beginnende städtische Leben. Städte sind im hohen Mittelalter nicht in einem einzigen Akt „gegründet" worden, sie sind vielmehr in mehrstufigen Prozessen im Laufe von Jahren und Jahrzehnten entstanden, wobei Händler und Handwerker die tragenden Kräfte waren. Mit der Verleihung des Stadtrechts durch den Stadtherrn wurde der Entstehungsprozeß abgeschlossen. An seinem Ende, um 1300, lebte jeder fünfte Landesbewohner in einer Stadt.

Aufblühen des Bergbaus

Mitten in diesem allgemeinen Aufbruch wurde 1168 auf dem Boden der späteren Stadt Freiberg Silbererz entdeckt. Das führte zum schnellen Aufblühen der damals größten Stadt im markmeißnischen Gebiet und verschaffte dem Markgrafen als Inhaber des Bergregals hohe Einkünfte, mit denen er seine Macht stärken konnte. Die Geldwirtschaft erhielt einen mächtigen Antrieb, die Arbeit des Bergmanns und die Organisation des Bergbaus belebten das rational-rechnerische Element in der damaligen Arbeits- und Wirtschaftswelt. Das in Freiberg erstmals angewandte Bergrecht schuf einen Interessenausgleich zwischen dem Regalherrn und den unternehmerischen Kräften, die als freie Bergleute am „Freien Berg" arbeiteten. Von hier aus breitete sich das Freiberger Bergrecht vorbildhaft nach Böhmen, Ungarn und dem Balkanraum aus. Es schuf eine Interessengemeinschaft zwischen dem Landesherrn und den bergbautreibenden Bürgern unter Ausschaltung der feudal begründeten Grundherrschaft und durchbrach somit die Feudalordnung, wie es bereits in der Stadt mit Hilfe des Stadtrechts allgemein geschehen war.

Auch an anderen Orten des weiteren Umfeldes kam im Laufe des 13. Jahrhunderts Silberbergbau auf, so daß die Markgrafschaft Meißen eine führende Stellung innerhalb des mitteleuropäischen Wirtschaftsraumes erlangte. Freiberg entwickelte sich zu einem Bankzentrum mit weiten europäischen Handelsbeziehungen. Im späteren Mittelalter kam Bergbau auf Zinn, Blei, Kupfer und Eisen hinzu, wodurch die sächsische Wirtschaft neben der Landwirtschaft und dem städtisch-bürgerlichen Gewerbe eine dritte tragende Säule erhielt, die das gesamte Erscheinungsbild der gesellschaftlichen Entwicklung in diesem Lande entscheidend geprägt hat.

Indem das Freiberger Bergrecht den Bauern dazu zwang, jedem Bergbauwilligen das Schürfen auf seinem Acker zu gestatten, machte es den Vorrang des Bergbaus gegenüber der Landwirtschaft deutlich. Der höhere Gewinn, den der Silberbergbau versprach, verschaffte diesem einen höheren Rang gegenüber der bäuerlichen Arbeit, auch wenn dadurch der Ackerboden zerstört wurde. In historisch-ökologischer Sicht begann damals die vom Menschen betriebene Veränderung der natürlichen Umwelt mit ihren zerstörerischen Wirkungen. Das heutige Sachsen stand in dieser lange Zeit als „innovativ" gepriesenen Entwicklung in vorderster Linie.

2.2.2 Die frühbürgerliche Bewegung um 1500

Das späte Mittelalter brachte in Sachsen einen Stillstand der Siedlungstätigkeit und der Bevölkerungsentwicklung. Die seit der Mitte des 14. Jahrhunderts nachweisbare Wüstungsperiode und der gleichzeitig durch die Pest verursachte Bevölkerungsrückgang bedeuteten empfindliche Einbrüche in das gesamte gesellschaftliche Leben. Insofern kann jene Zeit innerhalb der sächsischen Landesgeschichte als eine Zeit des Beharrens und des „Ausruhens" angesehen werden, auf die erst seit dem Ende des 15. Jahrhunderts ein neuer Aufschwung folgte. Er wurde deutlich sichtbar von einer starken Bevölkerungszunahme getragen, die als vorwärtstreibende Kraft für die Bewegungen im 16. Jahrhundert anzusehen ist.

Entwicklung des frühkapitalistischen Bergbaus
Im Jahre 1470 wurden auf dem Boden der heutigen Stadt Schneeberg im Westerzgebirge Silbererzvorkommen von solchem Ausmaß gefunden, die alles in den Schatten stellten, was bis dahin im ganzen Erzgebirge bekannt gewesen war. Bereits im Jahre 1471 wurden 3 150 kg reines Silber gewonnen, das jährliche Ausbringen steigerte sich im Durchschnitt bis zu 25 000 kg. Weitere Bergstädte schossen in den folgenden Jahrzehnten aus dem Boden, von denen Annaberg 1497 und Marienberg 1521 die bedeutendsten sind. Im Jahre 1537 erreichte die Silberförderung im Westerzgebirge mit 34 000 kg ihren Höhepunkt. Davon floß etwa ein Viertel in Gestalt des Bergzehnten, des Gewinns beim Silberkauf und des Schlagschatzes beim Vermünzen in die Kasse der Landesherren, deren Einkünfte 1537 zu 72 % aus dem Bergbau kamen. Die übrigen Silbermengen flossen in die Wirtschaft, wo sie zu einem guten Teil den Geldumlauf erhöhten.

Die Erzförderung in den tiefer werdenden Gruben stellte erhöhte Anforderungen an die Bergbautechnik, wozu Neuerungen eingeführt und Erfindungen gemacht wurden. Der Pferdegöpel, das Naßpochwerk zum Zerkleinern des Erzes, das Kehrrad für den Förderbetrieb, Pumpwerke für die Wasserhaltung und der Hochofen sind Errungenschaften aus dieser Landschaft, die mit Wasserstauanlagen und Kunstgräben zum Heranführen des Aufschlagwassers als Energieträger ihr Gesicht veränderte. Der Bedarf an Grubenholz und Feuerholz für die Hüttenwerke griff in den Waldbestand ein, erste Rauchschäden traten im Umkreis der Hütten auf.

Bergbau und Hüttenwesen führten mit ihrem Bedarf an Arbeitskräften zu einer spürbaren Vermehrung der Bevölkerung im Bergbaugebiet, das nun eine hohe Städtedichte und eine höhere Bevölkerungsdichte aufwies als die landwirtschaftlichen Gebiete der Ebene. Das Westerzgebirge und in geringerem Maße das Osterzgebirge mit seinem Zinn- und Eisenbergbau waren zu jener Zeit Innovationsräume von europäischer Bedeutung.

Die quantitative Steigerung des Bergbaus war mit grundlegenden Veränderungen in der Wirtschaftsorganisation verbunden. Die tiefere Lage der Erzgänge machte – wie bereits erwähnt – die Anlage von Schächten und Stollen mit einer aufwendigen Fördertechnik notwendig. Das überstieg die finanzielle Leistungsfähigkeit der als Eigenlehner allein arbeitenden Bergleute, die sich deshalb in Gewerken zusammenschlossen, aber bald gezwungen wurden, kapitalkräftige Geldgeber aufzunehmen. Daraus ergab sich eine unvermeidliche Trennung von Kapital und Arbeit, indem die reichen Fundgrübner den Betrieb der Zechen mit Investitionen, Risiko und Gewinn übernahmen, während die Häuer zu Lohnarbeitern herabsanken. So wurde im erzgebirgischen Silberbergbau eine für den Frühkapitalismus kennzeichnende Organisationsform entwickelt.

Veränderungen in den Siedlungen und der Produktion

Die Zunahme der Bevölkerung machte sich zunächst in den Städten bemerkbar, wo die Steuerverzeichnisse vom Ende des 15. bis zur Mitte des 16. Jahrhunderts eine beachtliche Steigerung der Einwohnerzahlen nachweisen. Dieser Zuwachs war zumeist mit einem Wachstum der Städte in die Höhe verbunden, da der Raum innerhalb der Stadtmauer beschränkt war. Bürgerhäuser wurden aufgestockt, um mehr Menschen darin unterbringen zu können. Dabei wurde es üblich, daß „Hausgenossen" zur Miete aufgenommen wurden, die nicht zur Familie des Hausbesitzers gehörten. Der mittelalterliche Grundsatz „Ein Haus – eine Familie" schwand dahin, es entstanden haus- und grundbesitzlose Unterschichten. Damit war eine schärfere Differenzierung innerhalb des Bürgertums verbunden. In den großen Städten reichte jetzt das steuerpflichtige Vermögen eines Bürgers von 25 Gulden bis zu 10 000 Gulden, die großbürgerlichen Geschlechter gaben den Ton in den städtischen Ratskollegien an.

Neben der allgemeinen Aufgabe der Stadt, im Gefüge einer arbeitsteiligen Wirtschaft das umliegende Land mit Waren aus der gewerblichen Produktion zu versorgen, erlangten einzelne Städte eine besondere „Eigenart". Neben den Bergstädten mit ihrer ganz auf den Bergbau zugeschnittenen Tätigkeit entwickelte sich Zwickau neben seiner alten Tuchmacherei zur wichtigsten Versorgungsbasis für die westerzgebirgischen Bergstädte, was in kurzer Zeit zu einer Verdoppelung seiner Einwohnerzahl führte. In Chemnitz trat neben die Funktion als führende Stadt der Leinwandherstellung mit der privilegierten Landesbleiche als neuer Bereich die Metallaufbereitung in mehreren Hütten- und Hammerwerken am Chemnitzfluß mit seiner Wasserkraft. Die Oberlausitzer Städte ragten mit ihrer Tuchmacherei hervor, Görlitz mit seinem Waidhandelsmonopol stand mit 10 000 Einwohnern an der Spitze aller damaligen Städte im heutigen Sachsen. Pirna beherrschte noch für längere Zeit den Elbhandel, während das benachbarte Dresden infolge der Entscheidung der albertinischen Wettiner, hier ihre dauerhafte Residenz einzurichten, mit dem Ausbau des Schlosses und der Festungsanlagen seinen Aufstieg als Landeshauptstadt begann. Leipzigs überragende Stellung im mitteleuropäischen Fernhandelsnetz wurde durch die kaiserlichen Messeprivilegien von 1497 und 1507 gefestigt, so daß die Stadt mit ihren drei Messen nunmehr konkurrenzlos dastand. Torgau erlebte als Residenz der ernestinischen Wettiner bis zu deren Sturz 1547 einen starken Aufschwung.

Ein größerer Teil des Bevölkerungsüberschusses auf dem Lande wanderte nicht in die Städte ab, sondern blieb in den heimischen Dörfern, wo er sich allerdings neue Arbeitsmöglichkeiten suchen mußte. Da wegen der geschlossenen Vererbung der Bauernhöfe keine neuen Bauernstellen geschaffen werden konnten, mußten die nachgeborenen Söhne einem anderen Erwerb nachgehen. Das führte im Vorland des Erzgebirges und in der südlichen Oberlausitz aufgrund des dort verbreiteten Flachsanbaus zur Entstehung eines Leinwandgewerbes, das für den Markt arbeitete. Aus dem alten Hausfleiß für den eigenen Bedarf wurde seit dem späten 15. Jahrhundert eine „Hausindustrie", die allerdings mit ihrem Rohstoffbedarf auf die Einfuhr von Garn aus anderen Gebieten und mit ihrer starken Produktion auf einen auswärtigen Absatz angewiesen war. Hier traten vermögende Kaufleute aus den Städten ein, indem sie mit ihrem Kapital zu Verlegern wurden, die das Garn beschafften und die fertige Leinwand abnahmen. Die verlegten Leineweber auf den Dörfern konnten sich somit ganz ihrer Weberei widmen, blieben auch selbständige Produzenten, wurden aber von den Verlegern in bezug auf die Preise für Garn und fertige Leinwand abhängig. Auf diese Weise wurde in weiten ländlichen Gebieten eine gewerbliche Marktproduktion aufgebaut, deren Erzeugnisse über die Leipziger und Naumburger Messen bis in die neuen spanischen Kolonien gingen.

Frühbürgerliche geistige und religiöse Bewegungen

Neben den Veränderungen im Bereich von Wirtschaft und Gesellschaft wurde der obersächsische Raum zu Beginn der Neuzeit in besonders starkem Maße in die geistigen und religiösen Bewegungen der Zeit einbezogen. Das Kurfürstentum Sachsen war das Mutterland der Reformation, die hier besonders günstige Bedingungen vorfand. Sie ist mit Recht als ein „städtisches Ereignis" erkannt worden, was ihr rasches Fußfassen in Sachsen mit seinem überdurchschnittlich hohen Anteil an städtischer Bevölkerung verständlich macht. In den sozial bedrängten Unterschichten der großen Städte, wie Görlitz und Zwickau, ebenso wie in der werktätigen Bevölkerung der Bergstädte fand sie ihre frühesten Anhänger. Die wettinisch-ernestischen Kurfürsten ermöglichten dem Wittenberger Theologieprofessor Martin Luther mit wohlwollender Duldung wie im Falle Friedrichs des Weisen oder mit bewußter Förderung wie bei Johann dem Beständigen und Johann Friedrich dem Großmütigen seine Wirksamkeit.

In Sachsen wurde die neue, vom landesherrlichen Kirchenregiment geprägte evangelische Kirchenordnung geschaffen, die dann von anderen protestantischen Territorien in Deutschland und Skandinavien übernommen wurde. Wenn man die Reformation unbeschadet ihres geistlichen Ursprungs und ihres religiösen Grundanliegens als gesamtgesellschaftlichen Vorgang versteht, dann stellte sie die tragende Entwicklungslinie der frühbürgerlichen Bewegung dar, die in den Jahrzehnten um 1500 die allgemeinen Verhältnisse in Sachsen wesentlich veränderte. Diese Veränderung geschah nicht in Gestalt einer plötzlich auftretenden, schlagartig wirkenden Revolution, sondern über einen längeren Zeitraum hinweg in einem dichten Vorwärtsdrängen grundlegend wichtiger Entwicklungen, bei denen das Bürgertum im Vordergrund stand.

Der Frühkapitalismus brauchte das in den Städten aufgewachsene bürgerliche Kapital. Humanismus und Renaissance stützten sich vorwiegend auf die intellektuellen und künstlerischen Leistungen bürgerlicher Kräfte. Der aus der spätmittelalterlichen Landesherrschaft herauswachsende frühneuzeitliche Staat war in den Ratsstellen der Zentralverwaltung auf den bürgerlichen Juristen mit Universitätsausbildung und nicht mehr auf den adligen Vasallen angewiesen. Das Bürgertum war bis zum Beginn des 16. Jahrhunderts zu einer führenden Stellung in der Gesellschaft aufgestiegen, aber die politische Macht blieb in den Händen der fürstlichen Landesherren; der vollendete bürgerliche Staat konnte sich erst im 19. Jahrhundert konstituieren. Daraus ergibt sich die Bezeichnung als frühbürgerliche Bewegung, in der Sachsen eine führende Rolle spielte.

2.2.3 Die Industrialisierung im 19. Jahrhundert

Daß die Geschichte eine Abfolge von Zeiten starker Bewegung und raschen Fortschritts einerseits, von Stillstand und Niedergang andererseits ist, zeigt sich in der sächsischen Geschichte nach der hohen Entfaltung im Zeitalter der frühbürgerlichen Bewegung, die nach der Mitte des 16. Jahrhunderts abflaute. Während des Dreißigjährigen Krieges wurde ein Tiefstand aller Lebensverhältnisse erreicht, der erst bis etwa 1700 wieder ausgeglichen werden konnte. Im 18. Jahrhundert erlebte Sachsen zwar während des Augusteischen Zeitalters eine Zeit kultureller Blüte, aber der Siebenjährige

Krieg stürzte es wieder in Zerstörung, Armut und wirtschaftlichen Niedergang. Erst mit der Industrialisierung setzte ein neuer Aufschwung in allen gesellschaftlichen Bereichen ein. Für den Aufbau industrieller Produktivkräfte besaß Sachsen hervorragende Voraussetzungen, die in seiner Wirtschafts- und Sozialgeschichte begründet waren. So konnte es zum Pionierland der industriellen Revolution in Deutschland werden.

Allgemeiner Aufschwung am Ende des 18. Jahrhunderts

Die Beendigung des Siebenjährigen Krieges im Jahre 1763 mit dem gleichzeitigen Tode des Kurfürsten Friedrich Augusts II. und des verderblichen Grafen Brühl und dem Ende der für Sachsen verlustreichen sächsisch-polnischen Verbindung gaben einen heilsamen Anstoß zu einer völlig neuen Orientierung des Staates und seiner Regierungsgrundsätze. Aus der tiefen Krise, in die das Land durch Mißwirtschaft und falsche Außenpolitik gestürzt worden war, wurde es durch die Tätigkeit kluger Politiker und Verwaltungsmänner im Zuge des Rétablissements wieder aufgerichtet. Wirtschaftspolitische Maßnahmen des Staates, das Auftreten verantwortungsbewußter Männer, die sich in der Leipziger Ökonomischen Societät zusammenschlossen, und die Fähigkeiten, der Fleiß, das technische Können und die Findigkeit der Menschen in Sachsen waren die entscheidenden Grundlagen, auf die der wirtschaftliche Aufstieg aufbauen konnte. Er ist aus eigener Kraft bewältigt worden. Ohne daß eine Staatsreform im eigentlichen Sinne durchgeführt worden wäre, erhielt der Staatszweck eine völlig neue Richtung, ein neuer, von der Aufklärung, dem Pietismus und dem Vorrang des Gemeinnutzes getragener Geist beseelte den Herrscher und die Regierung.

Wirtschaftliche Leistung, Sparsamkeit, Bildung und Wissenschaft wurden zu vorherrschenden Werten, wobei die Gründung der ersten Montanhochschule der Welt in Gestalt der Bergakademie Freiberg 1765 einen herausragenden Markstein darstellte. Die Wiederbelebung der Leipziger Messe und des Außenhandels beförderte den allgemeinen Aufschwung. Im letzten Jahrzehnt des 18. Jahrhunderts wurden in Sachsen 150 Manufakturen gegründet, davon fast zwei Drittel im Bereich der Textilproduktion, die den Anfang der sächsischen Industriegeschichte beherrschte. Neben die aus England eingeführten Spinnmaschinen traten seit 1780 eigenständige Erfindungen sächsischer Handwerker und Techniker aus dem Erzgebirge mit seiner alten Tradition des Textilgewerbes.

Sachsens Eintritt in das Industriezeitalter

Seit etwa 1800 trat Sachsen in das Industriezeitalter ein. Es begann mit der Errichtung von Spinnfabriken, die zwischen den Jahren 1806 und 1813 im Schutz der von Napoleon verhängten Kontinentalsperre gegenüber der englischen Konkurrenz eine Blütezeit erlebte. Die starken Flüsse des Erzgebirges lieferten für die Fabriken der ersten drei Jahrzehnte die Antriebskraft, bis um 1830 die Einführung englischer Dampfmaschinen den industriellen Aufbau ohne diese Standortbindungen ermöglichte. Das wirkte sich wiederum belebend auf den Abbau von Steinkohle in den beiden sächsischen Revieren um Zwickau und im Plauenschen Grunde bei Dresden aus. Aus der Textilindustrie erwuchs der Maschinenbau, der in Sachsen mit der ersten Maschinenbaufabrik in Chemnitz 1826 einsetzte. Diese Stadt entwickelte sich seitdem zum Hauptsitz des sächsischen Maschinenbaus. Im gleichen Jahr erhielten Sebnitz die zweite Papiermaschine in Deutschland und Leipzig die erste Schnellpresse für den Buchdruck. Die Modernisierung der Wirtschaft wurde sprunghaft vorangetrieben, wozu auch die Verbesserung der technischen und der allgemeinen Bildung diente. Die Gründung der Technischen Bildungsanstalt in Dresden im Jahre 1828, aus der sich die heutige Technische Universität entwickelte, der staatlichen

Gewerbeschulen in Chemnitz, Zittau, Zwickau und Plauen und die mit dem Schulgesetz aus dem Jahre 1835 verbesserte breite Massenbildung hoben die Leistungsfähigkeit von Unternehmern, Technikern und Arbeitern an und schufen ein Potential an Innovationsbereitschaft und Anpassungsfähigkeit, das der sächsischen Industrie einen hohen Stand im internationalen Wettbewerb verschaffte.

Die Konzentration wirtschaftlicher Kräfte und unternehmerischer Persönlichkeiten führte in Sachsen zum Bau der ersten deutschen Ferneisenbahn, die im Jahre 1839 von Leipzig nach Dresden fertiggestellt wurde. Seit 1847 übernahm der sächsische Staat den weiteren Ausbau des Eisenbahnnetzes, 1848 begann in Chemnitz der Lokomotivbau, 1849 in Görlitz der Waggonbau. Die erste Werkzeugmaschinenfabrik Deutschlands nahm 1848 in Chemnitz ihre Arbeit auf. In der Oberlausitz entwickelte sich Zittau in einem Gebiet alter ländlicher Textilproduktion zu einem Hauptort der sächsischen Textilindustrie.

Im weiteren Verlauf der Industrialisierung bildeten sich neue Fabrikationszweige aus. In Leipzig begann nach 1860 die Herstellung von polygraphischen Maschinen und von Landmaschinen. Dresden wurde gleichzeitig zum Sitz einer mechanischen Industrie, die Nähmaschinen und später Schreibmaschinen herstellte. In Glashütte im Osterzgebirge setzte 1845 die Uhrenfabrikation ein, 1878 wurde hier die erste Rechenmaschinenfabrik Deutschlands gegründet. Der Holzreichtum des Osterzgebirges diente zur Herstellung von Holzschliff, den 1845 ein sächsischer Webermeister als Rohstoff für die Papierherstellung entdeckt hatte.

Entwicklung der sächsischen Industrie nach der Reichseinigung
Nach der deutschen Reichseinigung im Jahre 1871 entwickelte sich die sächsische Industrie unter den gegebenen Rahmenbedingungen weiter, wobei sie sich wegen ihrer schmalen Rohstoffbasis in erster Linie auf die verarbeitenden Fabrikationszweige einstellte, die einen arbeits- und intelligenzintensiven Einsatz von Kräften erforderte.

Im Bereich der Schwerindustrie konnte sich das Hüttenwerk im Plauenschen Grund bei Dresden halten und das Stahlwerk Riesa sich zum wichtigsten Betrieb der Walzstahlproduktion entwickeln. In Dresden erlangte die Foto-Kino-Industrie Weltruf. Die hier im Jahre 1926 zur Zeiss-Ikon AG zusammengeschlossenen Fabriken stellten den zweitgrößten Kameraproduzenten der Welt dar. Seit 1874 wurde Dresden zum Sitz einer bedeutenden chemisch-pharmazeutischen Industrie. Die Stadt war auch der größte Schokoladenhersteller in Deutschland und nahm in der Zigarettenherstellung und im Bau von Zigarettenmaschinen einen führenden Platz ein. In Zwickau begann im Jahre 1904 die Fabrikation von Kraftfahrzeugen, aus dem 1885 in Chemnitz aufgenommenen Bau von Fahrrädern entwickelte sich dort eine Autofabrik, so daß Westsachsen zusammen mit der 1918 in Zschopau gegründeten Motorradfabrik zu einem Hauptsitz der deutschen Kraftfahrzeugindustrie wurde.

Die Industrielle Revolution konnte in Sachsen deshalb so früh einsetzen und so erfolgreich verlaufen, weil sie in der geschichtlich gewachsenen Struktur des Landes tief verwurzelt war und an weite ländliche Gewerbegebiete aus vorindustrieller Zeit anknüpfen konnte.

Sie stützte sich auf eine Arbeits- und Wirtschaftsmentalität der Landesbewohner, die durch Fleiß, Findigkeit und Risikobereitschaft gekennzeichnet war und durch eine förderliche Wirtschafts- und Bildungspolitik des sächsischen Staates begünstigt wurde.

2.3 Hauptthemen der sächsischen Geschichte

Innerhalb Deutschlands besitzt jedes Bundesland seine geschichtliche Eigenart, seine prägenden Traditionen und Höhepunkte in seiner Entwicklung. Für die sächsische Geschichte ergeben sich dabei drei vorrangige Themen. Es geht einmal um die tausend Jahre umfassende Geschichte politischer Organisation des mitteldeutschen Raumes, die sich in der Bildung territorialer Einheiten niedergeschlagen hat, zum andern um die besondere Entwicklung der gesellschaftlichen Verhältnisse und drittens um die kulturellen Leistungen, die aus diesem Gebiet erwachsen sind.

2.3.1 Die Territorialentwicklung

Das Gebiet östlich der Saale geriet durch den Heereszug des deutschen Königs Heinrichs I. gegen die Slawen 929 unter deutsche Herrschaft, die hier keine vorgefundenen festen Formen politischer Organisation übernehmen, sondern ihre eigene territoriale Ordnung aufbauen konnte. Die damals geschaffene territoriale Gestalt war seither vielen Veränderungen im einzelnen unterworfen, blieb aber in einem Kernraum erhalten, mit dem die Tradition von Landesherrschaft und Staat in Sachsen allezeit verbunden war. Der heutige Freistaat Sachsen ist aus dieser niemals wirklich unterbrochenen Tradition hervorgegangen.

Sachsen als königliche Mark
Nach 929 wurde das eroberte Land als Königsland behandelt, das als „Mark", d.h. als Grenzland, unter einer Art von Militärverwaltung stand. Markgrafen aus hochadligen Geschlechtern verwalteten es als Lehnsträger des Reiches. Aber schon seit der Jahrtausendwende löste sich die territoriale Einheit der Mark dadurch auf, daß der König einzelne Burgwarde an kirchliche Institutionen und an adlige Herren ausgab. Das führte zu einer territorialen Zersplitterung, wenn auch das Gebiet unter markgräflicher Herrschaft das größte Stück blieb und seine territoriale Geschlossenheit weitgehend bewahren konnte.

Als im Jahre 1089 der Wettiner Heinrich I. von Eilenburg von Kaiser Heinrich IV. mit der Mark Meißen belehnt wurde, begann die 829 Jahre lang andauernde Herrschaft eines Geschlechts, die sich aufs ganze gesehen als segensreich erwiesen hat. Die Territorialgeschichte Sachsens weist eine große Stabilität auf, weil sie nicht von Dynastiewechseln unterbrochen wurde. Die Markgrafen aus dem Hause Wettin haben, von wenigen Ausnahmen abgesehen, eine zielstrebige Politik des territorialen Aufbaus betrieben. Konrad (1123–1156) und Otto (1156–1191) haben sich im 12. Jahrhundert in Aufgaben eingeschaltet, die sich ihnen im Zusammenhang mit der deutschen Ostbewegung stellten, haben mit Rodungen das Gebiet der Markgrafschaft erweitert und es durch Förderung des jungen Städtewesens gefestigt.

Eine erste Gefährdung der Markgrafschaft trat ein, als 1195 Kaiser Heinrich VI. sie als erledigtes Reichslehen einzog und dem von Friedrich Barbarossa geschaffenen Reichsterritorium Pleißenland zuschlug. Aber der plötzliche Tod des Kaisers 1197 führte den wettinischen Erben Dietrich (1197–1221) zurück in das Land seiner Väter, das er straff unter seiner Herrschaft hielt. Sein Sohn, Heinrich der Erlauchte (1230–1288), führte die wettinische Macht auf einen ersten Höhepunkt. Als Neffe des letzten thüringischen Landgrafen Heinrich Raspe aus dem Hause der Ludowinger erwarb er in der Abwehr anderer Ansprüche 1247–1264 Thüringen und legte damit den Grund für die politisch-territoriale Einheit des mitteldeutschen Raumes. Indem er für seinen Sohn Albrecht die Kaisertochter Margarete zur Gemahlin gewann, fiel das Pleißenland als Mitgift, wenn auch nur zum Pfande, an die Wettiner, womit zwischen der Markgrafschaft Meißen und der Landgrafschaft Thüringen eine feste Landbrücke geschaffen wurde.

Die Früchte der beharrlichen und erfolgreichen Aufbauarbeit des Vaters wurden von seinem ungeratenen Sohn Albrecht (1262 bis 1307) beinahe verschleudert, wenn es nicht dem tüchtigen Enkel Friedrich I. gelungen wäre, den wettinischen Territorialbestand von dem Tiefpunkt seiner Entwicklung wieder emporzuführen. Indem er in der Schlacht von Lucka 1307 ein königliches Heer besiegte, wehrte er den letzten Versuch der Reichsgewalt ab, den Aufstieg des wettinischen Territoriums zu verhindern. Seitdem ordneten sich die Wettiner wie alle deutschen Reichsfürsten in das Bestreben ein, ihre Territorialgewalt zur Landesherrschaft auszubauen und daraus schließlich einen Territorialstaat zu machen.

Von 1307 an haben vier wettinische Markgrafen mit dem Namen Friedrich, z. T. in Gemeinschaft mit ihren jüngeren Brüdern, die Geschicke der wettinischen Lande im mitteldeutschen Raum geleitet. Sie haben mit den üblichen Mitteln spätmittelalterlicher Territorialpolitik, mit Waffengewalt, Kauf und Heirat, ihr Territorium Stück um Stück erweitert und es dem Zustand eines geschlossenen Flächenstaates immer näher gebracht. Es war für die kleinen reichsunmittelbaren Gewalten, die Burggrafen, Grafen, Herren und Reichsministerialen gefährlich, Nachbarn der mächtigen Wettiner zu sein.

Auf die ständige Vergrößerung ihrer Fläche und Macht folgte 1423 die geradezu fällig gewesene Rangerhöhung. Nach dem Aussterben der askanischen Herzöge von Sachsen-Wittenberg übertrug Kaiser Sigismund 1423 dieses Herzogtum mit der Kurwürde an den Markgrafen Friedrich IV. von Meißen (1381–1428, seit 1423 Kurfürst Friedrich I.). Damit wurde eine hohe Würde, die mit einem kleinen, schwachen Land verbunden war, einem starken Herrschergeschlecht übergeben, dessen umfangreicher Länderbesitz im mitteldeutschen Raum seitdem als Kurfürstentum Sachsen bezeichnet wurde. Der ursprünglich am alten sächsischen Stammesherzogtum, dem heutigen Niedersachsen haftende Name wanderte somit elbaufwärts und gilt seitdem für das wettinisch-sächsische Territorium an der mittleren Elbe und Saale. Damit war eine sinnvolle territoriale Einheit im mitteldeutschen Raum hergestellt. Diese hätte in der folgenden Zeit die Kraft gehabt, die noch vorhandenen kleineren Territorialgewalten an sich zu ziehen. Die Wettiner wären in der Lage gewesen, einen großen mitteldeutschen Staat zu schaffen, der im territorialen Gefüge des deutschen Reiches der Neuzeit den ihm angemessenen Platz hätte einnehmen können.

Diese Entwicklung ist durch die Leipziger Teilung der wettinischen Länder von 1485 verbaut worden, zu der sich Kurfürst Ernst (1464–1486) gegen die Warnungen seines Bruders Albrecht (1464–1501) entschloß. Diese aus rein persönlichen Gründen gegen alle Interessen der Dynastie und des Territorialstaats getroffene Maßnahme führte zur niemals wieder rückgängig gemachten Totteilung der wettinischen Länder und somit zur Schwächung der gesamtwettinischen Stellung in Deutschland. Sie machte die territorialpolitische Aufbauleistung vieler Generationen zunichte.

Sachsen nach der Leipziger Teilung 1485
Infolge der Leipziger Teilung bestanden nun das ernestinische Kurfürstentum Sachsen und das albertinische Herzogtum Sachsen nebeneinander. In dem Bemühen, immer noch die Vorstellung einer wettinischen Einheit zu erhalten, waren die beiden Territorien stark ineinander verzahnt, was zu mancherlei Konflikten führte. Das steigerte sich noch in der Reformationszeit, als sich im Kurfür-

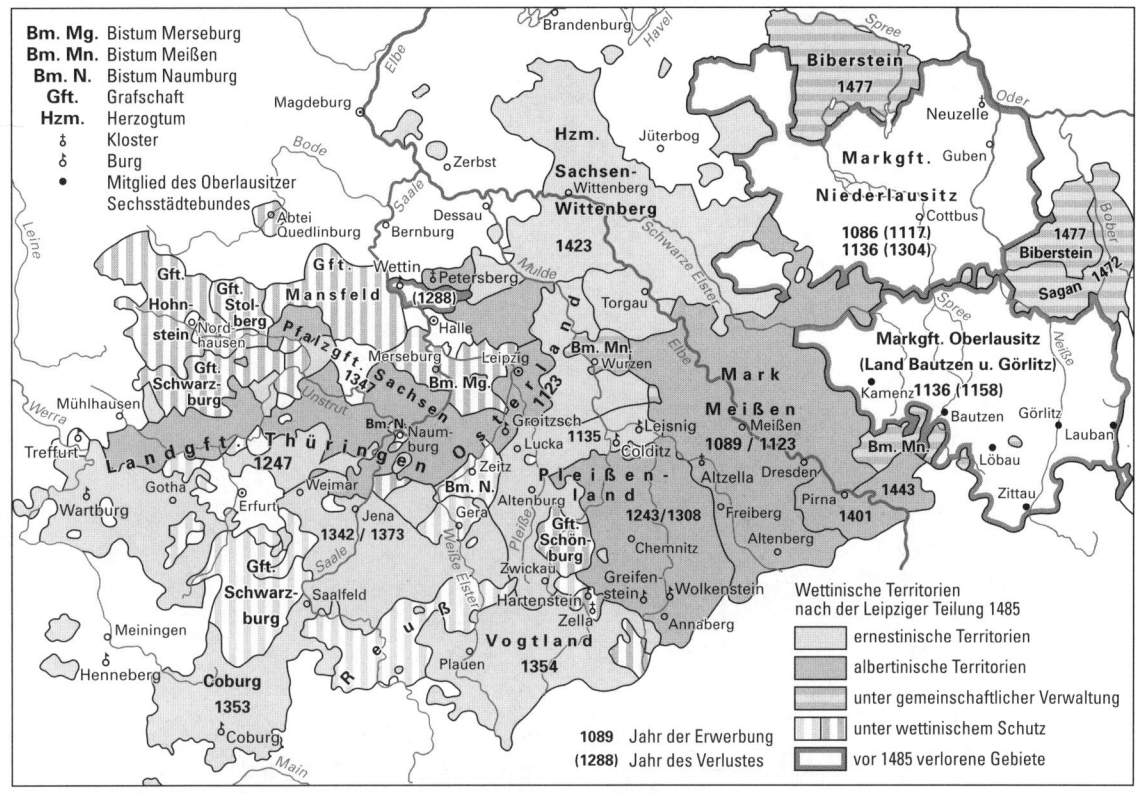

Abb. 2.2: Territoriale Entwicklung Sachsens unter den Wettinern bis Ende des 15. Jahrhunderts
Quelle: Geschichte und Geschehen 1996

stentum die Lehre Luthers schnell durchsetzen konnte, während sie im Herzogtum bis zum Tode des Herzogs Georg 1539 unterdrückt wurde. Im Jahre 1541 kam Herzog Moritz an die Regierung, der in der langen Reihe der wettinischen Landesfürsten als der bedeutendste und fähigste bezeichnet werden muß. Indem er das Ziel anstrebte, die Leipziger Teilung rückgängig zu machen, bewies er seinen Weitblick und erkannte die seiner Dynastie gestellte Aufgabe, den mitteldeutschen Raum politisch einheitlich zu organisieren. Sein Bündnis von 1546 als protestantischer Reichsfürst mit dem katholischen Kaiser gegen seine protestantischen Verwandten im Kurfürstentum zeigt ihn als einen bedenkenlosen Machtpolitiker, dem es auf diese Weise gelang, in der Wittenberger Kapitulation von 1547 sein Ziel fast vollständig zu erreichen. Der Kaiser übertrug ihm mit der Kurwürde den größten Teil des ernestinischen Kurfürstentums, ließ aber in diplomatischer Klugheit ein kleines ernestinisches Herzogtum in Thüringen bestehen. Die Territorialstruktur des mitteldeutschen Raumes wurde seitdem vom mächtigen albertinischen Kurfürstentum Sachsen beherrscht, das damals nächst der habsburgischen Hausmacht der bedeutendste deutsche Territorialstaat war.

Die sächsischen Fürsten der Reformationszeit nutzten die Auflösung der alten Kirchenordnung zu einer weiteren Stärkung ihres Territorialstaates. Das geschah einmal dadurch, daß die drei sächsischen Hochstifter, d.h. die Gebiete bischöflicher Territorialgewalt, im Zuge ihrer Säkularisierung dem Kurfürstentum Sachsen angegliedert wur-

Abb. 2.3: Sachsen und Thüringen um 1800

Quelle: Folienatlas Geschichte, Frühe Neuzeit, 1998

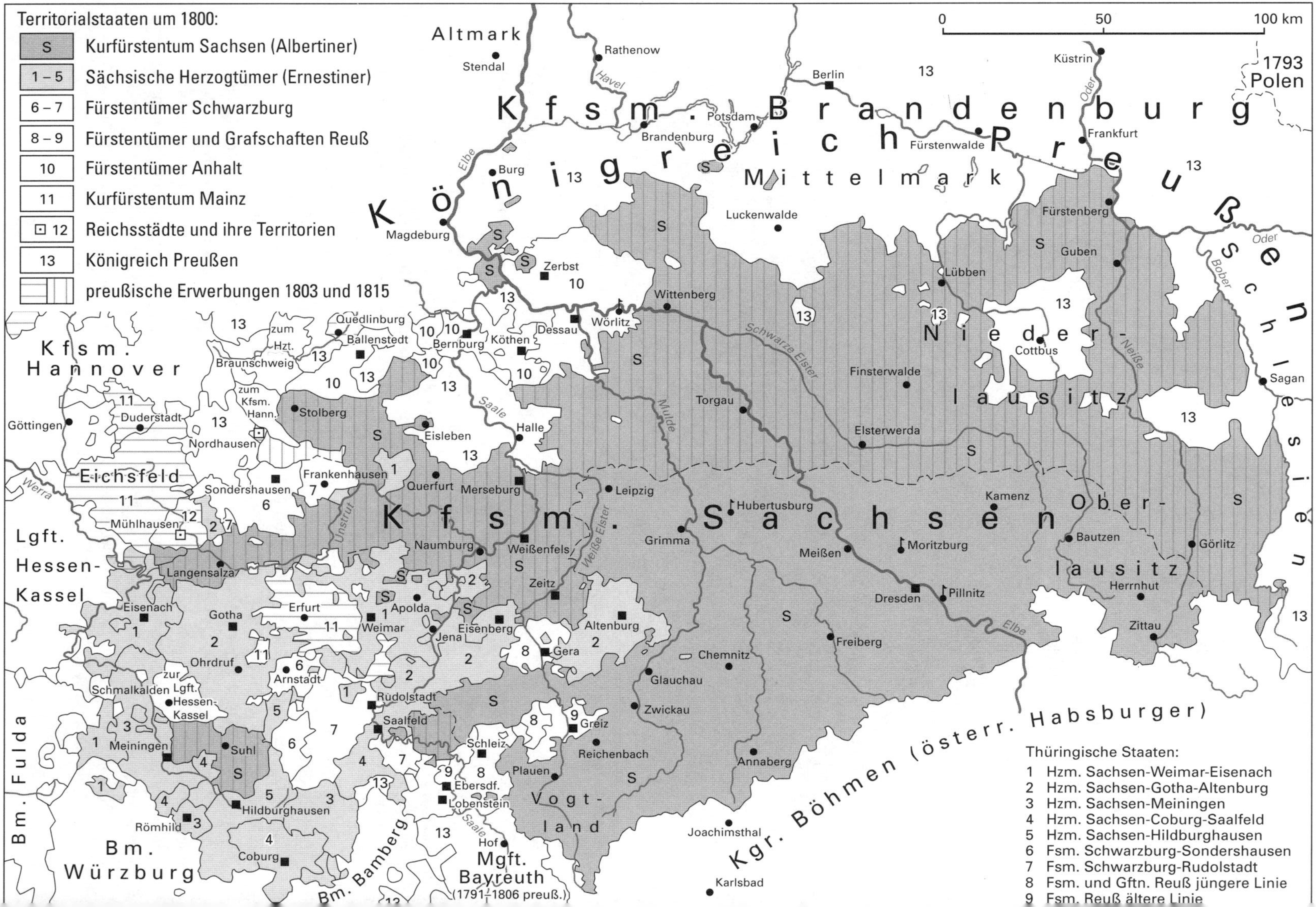

Territorialstaaten um 1800:
S Kurfürstentum Sachsen (Albertiner)
1 – 5 Sächsische Herzogtümer (Ernestiner)
6 – 7 Fürstentümer Schwarzburg
8 – 9 Fürstentümer und Grafschaften Reuß
10 Fürstentümer Anhalt
11 Kurfürstentum Mainz
12 Reichsstädte und ihre Territorien
13 Königreich Preußen
preußische Erwerbungen 1803 und 1815
0 50 100 km
1793 Polen
Altmark
Kfsm. Brandenburg
Königreich Preußen
Mittelmark
Kfsm. Hannover
Eichsfeld
Lgft. Hessen-Kassel
Bm. Fulda
Bm. Würzburg
Bm. Bamberg
Mgft. Bayreuth (1791–1806 preuß.)
Kfsm. Sachsen
Niederlausitz
Oberlausitz
Vogtland
Schlesien
Kgr. Böhmen (österr. Habsburger)
Stendal
Rathenow
Havel
Elbe
Berlin
Küstrin
Oder
Potsdam
Brandenburg
Fürstenwalde
Frankfurt
Burg
Magdeburg
Luckenwalde
Fürstenberg
Guben
Bober
Sagan
Zerbst
Lübben
Wittenberg
Wörlitz
Dessau
Quedlinburg
Ballenstedt
zum Hzt. Braunschweig
Bernburg
Köthen
Cottbus
Neiße
Schwarze Elster
Finsterwalde
Torgau
Mulde
Saale
Halle
Stolberg
zum Kfsm. Hann.
Duderstadt
Göttingen
Nordhausen
Eisleben
Elsterwerda
Frankenhausen
Querfurt
Merseburg
Leipzig
Werra
Sondershausen
Unstrut
Kamenz
Hubertusburg
Mühlhausen
Naumburg
Weißenfels
Weiße Elster
Grimma
Meißen
Moritzburg
Bautzen
Görlitz
Langensalza
Zeitz
Herrnhut
Dresden
Pillnitz
Eisenach
Gotha
Erfurt
Apolda
Weimar
Jena
Eisenberg
Altenburg
Zittau
Freiberg
Chemnitz
Ohrdruf
Arnstadt
Gera
Glauchau
zur Lgft. Hessen-Kassel
Schmalkalden
Rudolstadt
Zwickau
Saalfeld
Greiz
Meiningen
Suhl
Schleiz
Reichenbach
Annaberg
Plauen
Ebersdf.
Lobenstein
Hildburghausen
Römhild
Hof
Joachimsthal
Coburg
Karlsbad
Thüringische Staaten:
1 Hzm. Sachsen-Weimar-Eisenach
2 Hzm. Sachsen-Gotha-Altenburg
3 Hzm. Sachsen-Meiningen
4 Hzm. Sachsen-Coburg-Saalfeld
5 Hzm. Sachsen-Hildburghausen
6 Fsm. Schwarzburg-Sondershausen
7 Fsm. Schwarzburg-Rudolstadt
8 Fsm. und Gftn. Reuß jüngere Linie
9 Fsm. Reuß ältere Linie

den: Merseburg 1561, Naumburg 1564 und Meißen 1581. Zum anderen wurden die Besitzungen der Klöster eingezogen und unter unmittelbare staatliche Verwaltung gestellt; ein Teil davon wurde für den Unterhalt der Universität Leipzig und der neugegründeten Landesschulen Grimma und Meißen verwendet. Damit drang das staatliche Prinzip innerhalb des Territoriums weiter voran, was auch durch den Ankauf adliger Grundherrschaften und ihre Umwandlung in staatliche Amtsbezirke geschah. Da in jener Zeit auch die um 1500 noch sehr einfache landesherrliche Zentralverwaltung in einen nach verschiedenen staatlichen Aufgaben differenzierten Behördenapparat umgebaut wurde, läßt sich von einer allgemeinen Aufwärtsbewegung des frühneuzeitlichen Staates in Sachsen sprechen. Diese Entwicklung vollzog sich besonders stark unter Kurfürst August (1553–1586).

Seitdem beschränkte sich die kursächsische Politik auf die Bewahrung des Bestehenden, sie verzichtete auf Expansion und Aggression. Der einzige größere Landgewinn kam im Jahre 1635 auf vertragliche Weise zustande, indem der Kaiser die zur Krone Böhmens gehörenden Markgraftümer Nieder- und Oberlausitz an den Kurfürsten von Sachsen abtrat. Das polnische Abenteuer unter Kurfürst Friedrich August I. hatte mit den Traditionen sächsischer Politik nichts zu tun, es entsprach dem subjektiven Bedürfnis eines Außenseiters in der Reihe der Wettiner nach persönlicher Rangerhöhung. Sachsen ist das teuer zu stehen gekommen, verschlang es doch Gelder in zweistelliger Millionenhöhe, die 1697 zur Bestechung der polnischen Königswähler und 1706 als Kontributionen an die siegreiche schwedische Armee in Sachsen gezahlt werden mußten, die der mutwillig vom Zaun gebrochene Nordische Krieg nach Sachsen geholt hatte. Die vom Kurfürsten angestrebte staatliche Union mit dem Königreich Polen entbehrte jeder realistischen Grundlage.

Territorialentwicklung ab Anfang des 19. Jahrhunderts

Das Kurfürstentum Sachsen blieb in seinem 1635 erreichten territorialen Umfang nahezu unverändert bis in das Jahr 1815 bestehen, seit 1806 war es in den Rang eines Königreichs erhoben worden. Wie die meisten deutschen Fürsten trat auch der sächsische König dem Rheinbund bei und stellte Truppen zur Großen Armee Napoleons im Feldzug gegen Rußland. Während aber die übrigen deutschen Rheinbundstaaten im Sommer des Jahres 1813 bei der Annäherung der verbündeten Preußen und Russen vom französischen Bündnis abfielen, mußte das Königreich Sachsen darin verbleiben, weil die dort stehende französische Armee das Land sonst als Feindesland behandelt hätte. So geriet der sächsische König in der Sorge um die Wohlfahrt von Land und Leuten in eine ausweglose Lage, folgte dem französischen Kaiser Napoleon nach Leipzig und wurde nach der dortigen Völkerschlacht von den siegreichen Verbündeten als Gefangener behandelt.

Das Verbleiben Sachsens an der Seite Frankreichs ist auf dem Wiener Kongreß 1815 von Preußen zum Vorwand genommen worden, es als selbständigen Staat zu beseitigen und in Preußen einzuverleiben. Tatsächlich ist seit dem politischen Testament des preußischen Königs Friedrichs II. aus dem Jahre 1752 der Wille der preußischen Politik zur Vernichtung Sachsens nachzuweisen. Lediglich durch das Eintreten Österreichs, Englands und Frankreichs ist 1815 ein Rumpfgebilde bestehen geblieben, das nur noch weniger als die Hälfte der Fläche und fast zwei Drittel der Einwohner des alten Königreichs Sachsen umfaßte. Die an Preußen abgetretenen Gebiete wurden zusammen mit altpreußischen Gebietsteilen als neugeschaffene preußische Provinz Sachsen zusammengefaßt, so daß der Name Sachsen seitdem an zwei Stellen auf der politischen Landkarte Deutschlands erschien.

Das wesentlich verkleinerte Königreich Sachsen von 1815 blieb in seinem Territorialbestand bis 1945 unverändert erhalten. Es erwies sich als deutscher Mittelstaat immer noch als lebensfähig. Wenn es auch politisch nicht mehr zu einer tonangebenden Rolle in der Lage war, so fiel doch seine wirtschaftliche und kulturelle Leistung ins Gewicht. Der Fläche nach stand es im Deutschen Reich an vierter, der Einwohnerzahl nach an dritter Stelle hinter Preußen und Bayern.

Im Jahre 1945 betraf die neugezogene deutsche Ostgrenze an Oder und Neiße auch Sachsen. Es verlor einen schmalen Streifen Landes östlich der Neiße bei Zittau, doch wurde ihm der westlich des Flusses gelegene Teil der preußischen Provinz Schlesien mit Görlitz und Hoyerswerda zugeordnet. Damit kehrte dieser im Jahre 1815 zu Preußen geschlagene Teil der Oberlausitz in den sächsischen Staatsverband zurück. Als die herrschende SED im Jahre 1952 die noch bestehenden Länder der DDR als Hindernisse beim „Aufbau des Sozialismus" beseitigte, wurde am 25. Juli 1952 auch das Land Sachsen aufgelöst. Die drei neugegründeten Bezirke Chemnitz, Dresden und Leipzig erstreckten sich zwar etwa in dem gleichen Raum, deckten sich aber keinesfalls mit der Fläche des bisherigen Landes Sachsen.

Erst die friedliche Revolution des Herbstes 1989 hat das Land Sachsen nach dem Willen seiner Einwohner wiedererstehen las-

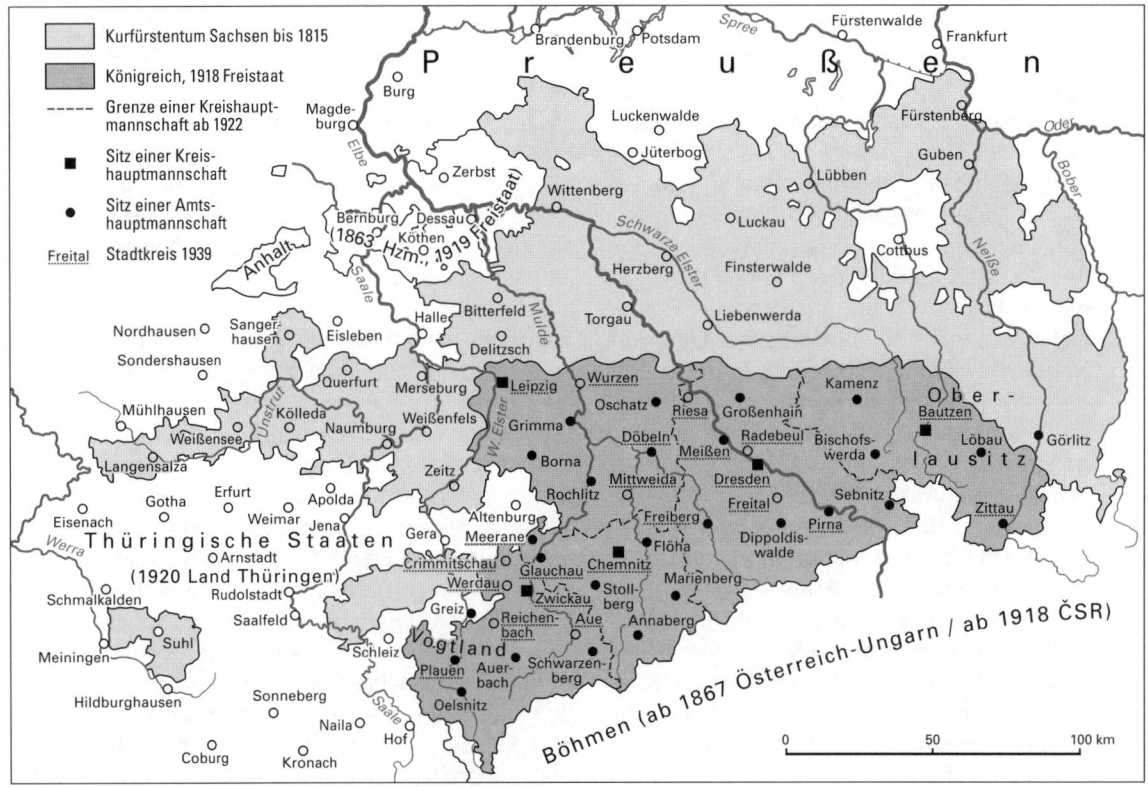

Abb. 2.4: Territoriale Entwicklung Sachsens 1815–1945
Quelle: nach Folienatlas Geschichte, Frühe Neuzeit, 1998

sen. In die Demonstrationen gegen das SED-Regime mischten sich bald die weißgrünen Fahnen als Zeichen eines sächsischen Selbstbewußtseins, das trotz der zentralistischen Staatsordnung in der DDR lebendig geblieben war. Nachdem sich bereits im Sommer 1990 die Bewohner der im Jahre 1815 an Preußen gefallenen Kreise Delitzsch, Eilenburg und Torgau mit überwältigender Mehrheit für den Anschluß an Sachsen ausgesprochen hatten, wurde am 3. Oktober 1990, am Tag der Wiedervereinigung Deutschlands, in einem Staatsakt auf der Albrechtsburg zu Meißen und damit am Ausgangspunkt der sächsischen Geschichte, das Land Sachsen wiedererrichtet. Die Landtagswahl vom 14. Oktober 1990 und die Konstituierung des Landtags am 27. Oktober 1990 brachten die parlamentarische Bestätigung, Sachsen trat als Freistaat wieder in die Reihe der deutschen Bundesländer ein.

2.3.2 Die gesellschaftliche Entwicklung

Gegenüber anderen deutschen Ländern, vor allem auch im Vergleich zu den ostelbischen Gebieten Deutschlands, wies das gesellschaftliche Gefüge Sachsens eine Reihe von Eigenarten auf.

Obwohl es auf dem östlich von Elbe und Saale sich erstreckenden Kolonialboden des hohen Mittelalters liegt, hat sich hier doch eine von den ostdeutschen Ländern deutlich unterschiedene Gesellschaftsordnung herausgebildet. Sachsen ist in dieser Hinsicht ein Teil des „westlichen" Deutschland. Es mag sein, daß die jahrhundertelange Verbindung mit Thüringen als einem Teil des alten deutschen Stammesgebietes, die sich durch die Zugehörigkeit zum wettinischen Territorialstaat ergab, die ursprüngliche soziokulturelle Scheidelinie an der Saale verwischt hat, so daß schon im späten Mittelalter der meißnische Raum sich an die Verhältnisse im Altreich angleichen konnte.

Die Besonderheiten der Sozialgeschichte in Sachsen zeigen sich in der frühen und überdurchschnittlich hohen Dichte an Städten und städtischer Bevölkerung, in der ausgeglichenen Agrarverfassung mit günstigen Bedingungen für das Bauerntum und in der hohen Bedeutung der Arbeiterschaft, aus der sich gerade hier eine starke Arbeiterbewegung entwickelte, die in Deutschland eine führende Rolle einnahm.

Die Entstehung von Städten

Sie war eine allgemein mitteleuropäische Erscheinung im 12. und 13. Jahrhundert, an der auch das Gebiet des heutigen Sachsens teilhatte. Schon damals führten wichtige transkontinentale Straßen durch Sachsen, an denen sich Fernhandelsstädte entwickelten. Auf der Hohen Straße oder via regia bewegte sich der Verkehr zwischen dem Pariser Becken über Frankfurt a. Main, Erfurt, Leipzig und Görlitz nach Breslau und Krakau, um dann den Anschluß an den russischen Raum zu finden. Von Venedig und den oberdeutschen Städten strebte die via imperii durch Leipzig, wo sie heute noch als „Reichsstraße" erscheint, nach Magdeburg und zu den hansischen Städten an der Ostsee. Leipzig lag somit im Mittelpunkt eines europäischen Fernstraßenkreuzes. Die Frankenstraße von Nürnberg in die Oberlausitz und nach Schlesien, die schon seit dem 10. Jahrhundert bezeugten Straßen aus dem mitteldeutschen Raum über das Erzgebirge nach Böhmen und der seit dem 10. Jahrhundert auf der Elbe nachzuweisende Handelsverkehr boten weitere Grundlagen für die Entstehung eines dichten Städtenetzes.

Beim Abschluß der hochmittelalterlichen Aufbruchphase um 1300 lebten 20 % der Bevölkerung im heutigen Sachsen in Städten, um die Mitte des 16. Jahrhunderts waren es 33 % und 200 Jahre später 36 %. Damit hatte Sachsen schon zu Beginn der Neuzeit einen Urbanisierungsgrad wie Flandern erreicht, das im europäischen Vergleich als eine besonders weit entwickelte Stadtlandschaft gilt. Die Steigerung des Stadtanteils der Bevölkerung hatte ihre Ursachen vor allem in der Entstehung von Bergstädten um 1500. Um 1550 wohnten 20 000 Menschen in den neuen Bergstädten, das waren 12 % der gesamten Stadtbevölkerung. Für die Wirtschaft bedeutete das einen überdurchschnittlich hohen Anteil an gewerblich-handwerklicher Tätigkeit und ein Übergewicht der reinen Geldwirtschaft. Für die gesellschaftliche Ordnung hatte das zur Folge, daß ein Drittel der Landesbewohner nicht mehr unmittelbar einer Grundherrschaft unterworfen war, weil die Stadtverfassung den Bürger gegen den Zugriff der feudalen Gewalt absicherte. Bürgerliche Selbstverwaltung verdrängte feudale Herrschaft. Da die handel- und handwerktreibenden Bürger wirtschaftlich nicht vom Grund und Boden abhängig waren, standen sie auch in dieser Hinsicht außerhalb der grundherrschaftlichen Ordnung.

Das galt in gleichem Maße für die seit dem späten 15. Jahrhundert entstandenen dörflichen Unterschichten, die sich von gewerblicher Arbeit ernährten. Um 1550 waren nur noch die Bauern (50 % der Gesamtbevölkerung) wirtschaftlich von der Grundherrschaft abhängig, um 1750 waren es nur noch 25 % und 1843 14 %. Allein diese Zahlen zeigen deutlich, daß in Sachsen schon in den Jahrhunderten der frühen Neuzeit die Bedeutung der Grundherrschaft für die gesellschaftliche Ordnung ständig zurückging, so daß es höchst fragwürdig ist, im 18. Jahrhundert überhaupt noch von Feudalgesellschaft und vor der Staatsreform von 1831 von Feudalstaat zu sprechen.

Diese grundlegende Reform war gleichfalls ein Ergebnis der gesellschaftlichen Veränderungen. Sie kam nach Unruhen in den beiden tonangebenden sächsischen Städten Dresden und Leipzig zustande und bewirkte ohne Revolution den Übergang zum parlamentarisch-konstitutionellen Staat.

Die sächsische „Feudalordnung"

Die deutschen Bauern, die im 12. Jahrhundert als Kolonisten in das Land östlich der Saale einwanderten, kamen als freie Menschen, die sich in Dorfgemeinden mit eigener bäuerlicher Gerichtsbarkeit zusammenschlossen. Sachsen hatte Anteil am Gebiet der mitteldeutschen Grundherrschaft, die den Bauern ein günstiges Besitzrecht und die persönliche Freiheit gewährte. Leibeigenschaft hat es in Sachsen nie gegeben. Die bessere Stellung der deutschen Bauern ist auch den ursprünglich minderfreien Sorben in den alten Siedelgebieten zugutegekommen, deren rechtliche Lage sich derjenigen der Deutschen angepaßt hat. Lediglich in der Oberlausitz blieb eine sogenannte Erbuntertänigkeit der Landbevölkerung bestehen, die ihre Freiheit einschränkte, ohne jedoch die Form der Leibeigenschaft anzunehmen.

Beim Übergang vom Mittelalter zur Neuzeit übte die Grundherrschaft im ganzen ostdeutschen Bereich einen Druck auf die Bauern aus, der in den ostelbischen Gebieten zu einer drastischen Verschlechterung der rechtlichen und wirtschaftlichen Lage der Bauern führte. Das Bauernlegen beseitigte in großem Maße Bauernstellen und vergrößerte die Rittergüter in riesigem Umfang. In Sachsen trat diese Tendenz ebenfalls auf, aber sie wurde hier durch staatliche Maßnahmen gebremst. Die Bauernschutzgesetzgebung des Kurfürsten August verhinderte seit der Mitte des 16. Jahrhunderts die weitere Ausdehnung des Rittergutslandes, so daß das selbständige mittelständische Bauerntum erhalten blieb und die Rittergüter in Sachsen niemals ostelbische Ausmaße annahmen.

Damit steht die verhältnismäßig geringe Bedeutung des sächsischen Adels in Staat und Gesellschaft in Beziehung. Freilich stützten sich die Landesherren im Mittelalter bei der Ausübung ihrer Macht auf ihre ritterlichen Vasallen und die adligen Herren des Landes, aber mit der zunehmenden Bedeutung des Geldes wurde das städtische Bürgertum immer wichtiger. Seit der festen Organisation des sächsischen Landtags 1438 gehörten die Städtevertreter zu den Landständen, die als Vertreter des Landes den Landesherren selbstbewußt gegenübertraten. Seit dem späten 15. Jahrhundert übertrugen die Landesherren die Verwaltung der Finanzen an Fachleute aus dem Bürgertum. Im 16. Jahrhundert verdrängten studierte Räte bürgerlicher Herkunft den Adel aus den Ratsstellen am fürstlichen Hofe und stiegen bis zur Ebene eines Kanzlers als Leiter der Landespolitik auf. In den Zentralbehörden der Rechtspflege saßen in paritätischer Verteilung adlige und bürgerliche Juristen nebeneinander. Seit dem 16. Jahrhundert erwarben Städte und einzelne Bürger Rittergüter und verdrängten damit den Adel aus seinem ureigensten Bereich.

Wenn auch bis weit in das 19. Jahrhundert hinein die politischen Führungsämter von Adligen besetzt wurden und der Adel auch in der sächsischen Armee bis dahin tonangebend war, so war doch das bürgerliche Element hierbei nicht zu übersehen, das seit dem 19. Jahrhundert in immer stärkerem Maße in leitende Stellungen eindrang. Ein politisch in Erscheinung tretendes Junkertum wie in Preußen hat es in Sachsen nicht gegeben.

Die Entwicklung der Industrie und ihre sozialen Folgen
Die starke Entwicklung der sächsischen Industrie ließ im 19. Jahrhundert eine zahlenmäßig rasch anwachsende Klasse von freien Lohnarbeitern entstehen, die in ihrer wirtschaftlichen Abhängigkeit und sozialen Unsicherheit eine Verbesserung ihrer Lage anstrebten. Da in Sachsen die Pressezensur und das Versammlungsrecht recht milde gehandhabt wurden, konnte sich hier die Arbeiterbewegung unter günstigeren Bedingungen als in anderen deutschen Staaten entwickeln. Nachdem bereits während der Revolution des Jahres 1848 örtliche Arbeitervereine entstanden waren, die sich in einem Landesverband zusammenschlossen, wurde im gleichen Jahr in Leipzig das Zentralkomitee der deutschen Arbeiterverbrüderung eingerichtet. 1863 gründete Ferdinand Lassalle in Leipzig den Allgemeinen Deutschen Arbeiterverein. Am gleichen Ort wirkten damals August Bebel und Wilhelm Liebknecht, so daß die Stadt zu einem Ausgangspunkt der deutschen Arbeiterbewegung wurde.

Auch im übrigen Sachsen entwickelte sich die Sozialdemokratie rasch. Trotz des ungünstigen Wahlrechts zog 1877 der erste Sozialdemokrat in den Sächsischen Landtag ein, 1893 waren es 14, 1909 dann 25 Vertreter. Bei den Reichstagswahlen erlangte die Sozialdemokratie im Jahre 1871 in Sachsen 18 % der Wähler, 1903 aber 59 %, wobei sie von den 23 sächsischen Wahlkreisen 22 für sich gewinnen konnte. Ein Fünftel aller sozialdemokratischen Reichstagsabgeordneten stammte damals aus Sachsen, obwohl das Land nur 8 % der Reichsbevölkerung ausmachte.

Seit dem durchschlagenden Erfolg bei der Reichstagswahl von 1903 galt Sachsen als das „rote Königreich". Innerhalb der deutschen und mitteleuropäischen Arbeiterbewegung nahmen die sozialistischen Kräfte in Sachsen eine Vorreiterrolle ein, im eigenen Lande verfolgte ihre Politik das Ziel einer gesellschaftspolitischen Modernisierung. Hier wuchs im Rahmen eines „dritten Deutschland" der Mittel- und Kleinstaaten eine vom Übergewicht der preußisch bestimmten Geschichtsschreibung zugedeckte soziale und demokratische Bewegung auf, die in der Novemberrevolution im Jahre 1918 die Regierungsgewalt ergreifen konnte. Mit seiner sozialistischen Alleinregierung stellte das „neue Sachsen" zwischen 1921 und 1923 eine Alternative zur Politik der Weimarer Koalitionsregierungen dar, bis die Reichsexekution des Herbstes 1923 die linkssozialistische Regierung Sachsens stürzte und damit zur Zerstörung demokratischer Hoffnungen beitrug.

2.3.3 Die kulturelle Entfaltung

Während die politische Geschichte Sachsens seit der Wittenberger Kapitulation von 1547 keine erhebenden Leistungen aufweist und sie mit militärischen Erfolgen schon gar nicht aufwarten kann, liegt die hauptsächliche Bedeutung der Entwicklung in Sachsen auf den Feldern von Wirtschaft und Kultur. Nachdem über die wirtschaftsgeschichtlichen Schwerpunkte der sächsischen Geschichte bei der Darstellung ihrer Hauptepochen das Nötige gesagt worden ist, geht es hier um das kulturgeschichtliche Erscheinungsbild des Landes.

Bergbau und Kulturgeschichte

Das Erzgebirge kann mit seinem Bergbau als das Rückgrat der sächsischen Geschichte bezeichnet werden, weil es ihr entscheidende Kräfte und Entwicklungsanstöße verliehen hat. Da aber Arbeit und Wirtschaft wesentliche Voraussetzungen und Grundlage höherer geistiger Entwicklung sind, ergeben sich auch Beziehungen zwischen dem Bergbau und der Kulturgeschichte.

Im Gegensatz zur Arbeit des Bauern ist diejenige des Bergmanns nicht von Jahreszeit und Wetter abhängig. Sie ist Innenraumarbeit und somit freier Gestaltung durch den Menschen überlassen. Die bergmännische Arbeit ist in besonders starkem Maße mit Zählen, Messen und Rechnen verbunden, sie erfordert beim Einhalten der Achtstundenschicht unter Tage disziplinierten Umgang mit der Zeit und fördert somit die rationalen Kräfte und Fähigkeiten. Die Arbeitsmentalität des Bergmanns unterscheidet sich somit von jener des Bauern und des Handwerkers.

Die Einbindung der bergmännischen Arbeit in den größeren Zusammenhang von genossenschaftlich oder kapitalistisch betriebenen Gruben und Hüttenwerken, von regalherrlicher Bergverwaltung und Bergrecht führte zu frühen Formen der Schriftlichkeit. Das jeweils geltende Bergrecht wurde in Bergordnungen festgelegt, über Ertrag und Gewinn aus einer Grube wurde schriftlich abgerechnet. Aus der bürgerlichen Oberschicht der Bergstädte stammten die Bergmeister, die als technische und kaufmännische Fachleute im Dienste des fürstlichen Regalherrn standen, der die Erfahrungen aus der Bergverwaltung für die anderen Zweige der allgemeinen Landesverwaltung nutzen konnte. Die straffe Handhabung von Recht, Verwaltung und Rechnungswesen sind Merkmale moderner Rationalität, die sich in der Geschichte Sachsens schon seit dem späten Mittelalter in gut entwickelter Form feststellen lassen.

Architektur

Es hat seine Bedeutung für die sächsische Kunstgeschichte, daß das älteste und bedeutendste Erzeugnis sächsischer Kunstfertigkeit, die Goldene Pforte zu Freiberg aus der Zeit um 1230, in der Berghauptstadt des Landes entstanden ist. Daran zeigt es sich, daß die Menschen mit dem wirtschaftlichen Erfolg auch das Bedürfnis nach einer höheren Lebensart hatten, die sich in künstlerischer Gestaltung ausdrückte. Das gleiche gilt für die erzgebirgischen Hallenkirchen, die im Anschluß an den gewaltigen Aufschwung des Silberbergbaus nach 1470 in Schneeberg, Annaberg und Marienberg, aber auch in Chemnitz, Freiberg und Zwickau und in den großen Städten der Ebene wie Leipzig, Pirna, Bautzen und Görlitz errichtet wurden. In diesen kühnen Bauwerken zeigte es sich, daß im Zeitalter der frühbürgerlichen Bewegung das ehemalige Kolonialland östlich der Saale die Kraft zu selbständiger künstlerischer Gestaltung gefunden hatte und nun selbst vorbildhaft ausstrahlen konnte.

Bürgerlicher Wohlstand strebte damals nach Selbstdarstellung in den neuen Formen der Renaissance, wie sie sich an Bürgerhäusern in Freiberg, Görlitz, Leipzig und Pirna seit 1530 erkennen lassen. Dem vornehmen Bürger tat es der Landesherr gleich: Schon in der Albrechtsburg zu Meißen, dem seit 1471 emporgewachsenen ersten modernen Schloßbau Deutschlands, zeigt sich das Bemühen, die wehrhafte Burg durch ein Wohnschloß zu ersetzen, das nur noch in den Grundelementen der Gotik verhaftet war, mit der Weite der großflächigen Fenster sich aber schon zur Renaissance hin öffnete. Zur gleichen Zeit begann in Torgau der Bau des weiträumigen Schlosses, der sich bis in die Mitte des 16. Jahrhunderts hinzog und in seinen Teilen als eine Hauptleistung der Frührenaissance angesehen wird. Um 1530 setzte der Ausbau des Dresdener Schlosses ein, das nun zum Hauptsitz der albertinischen Wettiner wurde. Die Rathäuser von Torgau, Leipzig, Chemnitz, Oschatz und Freiberg entstammen gleichfalls jener Zeit. Bürgertum und Landesherrschaft nahmen als erste die neue Bauweise der Renaissance auf, sie waren auch diejenigen gesellschaftlichen Kräfte, die damals gegenüber dem Adel und der Kirche die Führung übernahmen.

Der Wohlstand von Land und Leuten bildete auch die Grundlage für die spätere fürstliche Bautätigkeit, die im Augusteischen Zeitalter von 1694 bis 1763 eine neue Glanzzeit erreichte. Der in den Jahren 1711–23 erbaute Dresdener Zwinger gilt als Höhepunkt der europäischen Barockarchitektur. Die Residenzstadt wurde Mittelpunkt einer Residenzlandschaft mit den Schlössern und Parkanlagen von Moritzburg, Pillnitz, Großsedlitz und Übigau und reicherte sich im Innern mit Kunstschätzen und Kulturgütern an, die Dresden für allezeit zu einer Hauptstadt europäischer Kultur gemacht und ihr den Namen „Elbflorenz" eingebracht haben.

Glaube und Musik

Aus der für die sächsische Geschichte besonders wichtigen Reformation ergab sich ein für die ganze Kulturentwicklung im sächsisch-thüringischen Raum bemerkenswerter Anstoß. Der lutherische Gottesdienst brachte als Neuerung den Gemeindegesang, um auf dem Weg über das selbstgesungene Lied den christlichen Glauben zu verinnerlichen. Dadurch ergab sich für die nächsten Jahrhunderte für jeden Bewohner des Landes die ständige Begegnung mit der Musik. Auf einer künstlerisch höheren Ebene wirkten die städtischen Kantoreigesellschaften, die auch in kleinen Städten in der Lage waren, Kompositionen mit hohen Ansprüchen aufzuführen. Begabte Organisten und berühmte Orgelbauer förderten die geistliche Instrumentalmusik. Aus dieser breiten Musikkultur gingen als Spitzenvertreter Heinrich Schütz (1585–1672) aus Köstritz in Thüringen, Johann Hermann Schein (1586–1630) aus Grünhain im Erzgebirge und Johann Sebastian Bach (1685 bis 1750) aus Eisenach hervor, die in Dresden und Leipzig im Dienste des Hofes oder der Stadt ihre Wirkungsstätten fanden. Der Hamburger Johann Adolf Hasse (1699 bis 1783) trug mehr als 30 Jahre lang als Opernkomponist zum Glanz des Dresdner Kulturlebens bei. Im 19. Jahrhundert führten Carl Maria von Weber und Richard Wagner die hohe sächsische Musiktradition weiter, als deren lebendige Zeugen die Chöre der Kruzianer und Thomaner, die Dresdner Staatskapelle und das Leipziger Gewandhausorchester noch heute bestehen.

Bildungswesen

Von der Reformation ist auch eine allgemeine Erhöhung des Bildungswesens ausgegangen. Martin Luther hatte die Bibel ins

Deutsche übersetzt, um jedem Menschen das Wort Gottes unmittelbar zugänglich zu machen. Es gehörte daher zu den ersten Maßnahmen bei der Durchführung der Reformation, Kirchschulen einzurichten, in denen die Kinder das Lesen und Schreiben lernen konnten. So gab es seit den 30er Jahren des 16. Jahrhunderts in Sachsen bis in das letzte Dorf hinein das Angebot zu einer allgemeinen Alphabetisierung. Dazu kam die regelmäßige Predigt im Sonntagsgottesdienst und die Unterweisung über die wichtigsten Glaubensinhalte in den Katechismuspredigten während der Woche, so daß jedem Menschen ein biblisch begründetes Weltbild vermittelt wurde. Im 18. Jahrhundert kann die Fähigkeit des Lesens und Schreibens auch auf dem Lande als weitverbreitet gelten.

In den Städten sorgten schon seit dem späten Mittelalter, spätestens aber seit der Reformation die lateinischen Stadtschulen für die Verbreitung einer höheren Bildung unter der männlichen Jugend, während die Landesschulen Grimma und Meißen mit der materiellen Ausstattung aufgelöster Klöster auch mittellosen Jungen vom Lande die Vorbereitung auf das Universitätsstudium ermöglichten. Mit der Gründung der Universität Leipzig im Jahre 1409, nach Erfurt der zweiten im ganzen mittel- und norddeutschen Raum, hatten die wettinischen Markgrafen eine weitsichtige Tat vollbracht. Die Universität wurde im Zuge der Reformation durch weitere Zuwendungen besser ausgestattet, so daß sie als das anerkannte geistige Zentrum Sachsens wirken konnte. Nach dem Dreißigjährigen Krieg wies sie die höchste Studentenzahl aller deutschen Universitäten auf und erreichte diese Spitzenstellung nochmals von 1872 bis 1879. Aus dem breiten Nährboden hoher Geistesbildung konnte der Genius eines Gottfried Wilhelm Leibniz (1646-1716) aufsteigen, der in sich die geistigen Kräfte mehrerer Generationen sächsischer Bergbau- und Staatsbeamter trug, während Gotthold Ephraim Lessing (1729–1781) als Sohn eines oberlausitzischen Pfarrers die intellektuelle Höhe des evangelischen Pfarrhauses verkörperte.

Das gut entwickelte Volksschulwesen, die Hoch- und Fachschulen des Landes haben besonders bei der Herausbildung der Industriegesellschaft für eine Führungsrolle Sachsens in wirtschaftlicher und geistiger Hinsicht gesorgt. Hier liegen die Fähigkeiten der Menschen dieses Landes, Wirtschaft und Kultur sind die Schwergewichte in der Geschichte Sachsens, das mit Leistungen auf diesen Gebieten seinen Beitrag zur deutschen Geschichte erbracht hat und weiter erbringen wird.

3 Staatsentwicklung und Verwaltungsgliederung Sachsens
3.1 Die Entwicklung bis 1990

Die Region, die heute den Freistaat Sachsen bildet, ist als Einheit relativ jung. Sie ist das Ergebnis der Verhandlungen auf dem Wiener Kongreß (1815), in deren Ergebnis eine Neuaufteilung Mitteleuropas nach den Napoleonischen Kriegen erfolgte. Sachsen, 1806 nach dem Ende des „Heiligen Römischen Reichs deutscher Nation" von Napoleons Gnaden zum Königreich erhoben, stand auf der Seite des Verlierers. Dies bedeutete in der Konsequenz einen Verlust von etwa drei Fünfteln der Staatsfläche, die zum größten Teil an Preußen fielen. Betroffen waren Regionen in den beiden Lausitzen und in Mitteldeutschland (vgl. Kap. 2).

1867 eingegliedert in den Norddeutschen Bund (im Ergebnis des Friedensvertrages zwischen Preußen und Sachsen vom 21.10.1866) und seit 1871 zum Deutschen Reich gehörig, verlor es dann seine Stellung als souveräner Staat.

Die Neuregelung der regionalen Verwaltung verlief ab 1815 in drei Etappen: Im Jahre 1816 erfolgte die Neuordnung der 16 Amtshauptmannschaften (bis 1835 bestanden dazu parallel aber noch die fünf historischen Kreise: Meißnischer Kreis, Leipziger Kreis, Erzgebirgischer Kreis, Vogtländischer Kreis, Oberlausitzer Kreis/Markgraftum Oberlausitz). Nach Einführung der sächsischen Verfassung von 1831 wurde 1835 eine Verwaltungsreform durchgeführt. Nunmehr entstanden die Kreisdirektionen als Vorläufer der Kreishauptmannschaften und die durchgängige Untergliederung in Amtshauptmannschaften. Verwaltungssitze der vier Kreisdirektionen waren Bautzen, Dresden, Leipzig und Zwickau. Die entsprechenden Amtshauptmannschaften waren Bautzen und Zittau, Dresden, Großenhain bzw. ab 1838/1851 Meißen, Pirna und Freiberg, Borna, Grimma, Rochlitz und Döbeln, Chemnitz, Zwickau, Plauen und ab dem Jahre 1860 endgültig Annaberg. Im Raum Glauchau/Meerane und Hohenstein-Ernstthal behielten die Schönburgischen Rezeßherrschaften bis 1878 ihre Sonderstellung.

Schließlich wurden in einem dritten Schritt 1874 die bisherigen Kreisdirektionen in die vier Kreishauptmannschaften Bautzen, Dresden, Leipzig und Zwickau umgebildet. Zum 1.10.1900 wurde wegen der gestiegenen Bedeutung von Chemnitz eine fünfte Kreishauptmannschaft gegründet. Diese fünf waren weiter untergliedert in 28 Amtshauptmannschaften und die Städte Dresden, Leipzig, Chemnitz, Zwickau und Plauen.

Die politisch-administrative Gliederung Sachsens war so seit der ersten Hälfte des 19. Jahrhunderts dreistufig.

1918 dankte der letzte sächsische König aus der Dynastie der Wettiner ab, und Sachsen wurde Republik. Mit ihrer neuen Verfassung (1.11.1920) nannte sich die staatliche territoriale Einheit innerhalb des Deutschen Reiches dann „Freistaat Sachsen". Nach dem Gebietsaustausch mit Thüringen 1928 bildete Sachsen ein geschlossenes Gebiet ohne Enklaven und Exklaven. Es lag im Herzen Deutschlands, eingegrenzt von Bayern, Thüringen und Preußen (Provinzen Schlesien und Sachsen), sowie von der 1918 gegründeten Tschechoslowakei (Grenze zum deutsch besiedelten Teil Böhmens).

Die politisch-territoriale Gliederung überdauerte im wesentlichen auch den Übergang von der Monarchie zum Freistaat. 1932 wurden lediglich die Kreishauptmannschaften Dresden und Bautzen unter dem Doppelnamen vereint.

Mit der Machtübernahme Hitlers (1933) wurde die föderale Struktur Deutschlands mehr und mehr ausgehöhlt. Es entwickelten sich zentralistische Verwaltungsstrukturen. Damit verloren die Länder weitere Kompe-

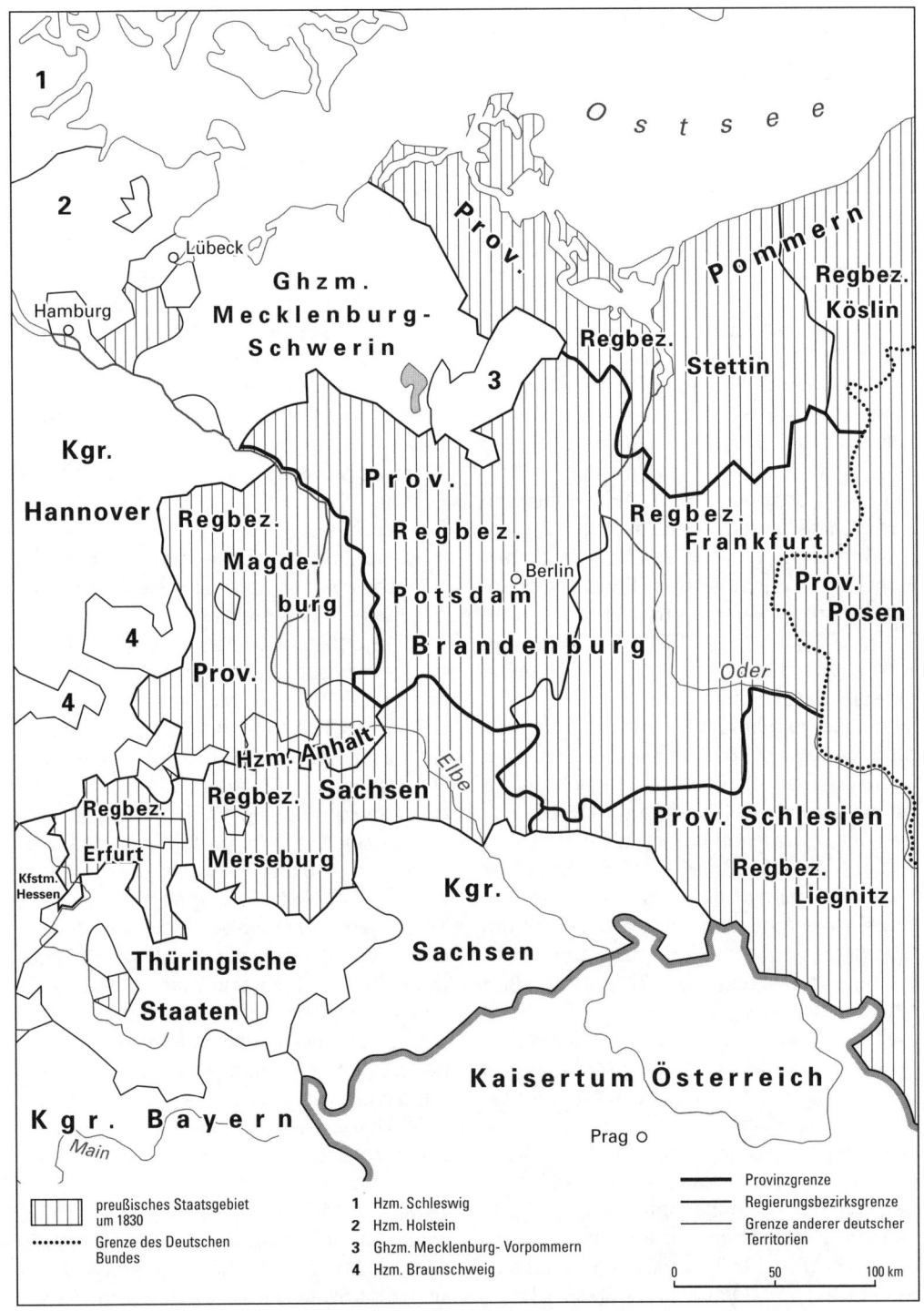

Abb. 3.1: **Historische Territorialgliederung auf dem Gebiet der heutigen Neuen Bundesländer in der ersten Hälfte des 19. Jahrhunderts** Quelle: SCHERF/VIEHRIG 1995, S. 120

Die Entwicklung bis 1990

**Abb. 3.2:
Administrative Gliederung Sachsens 1923**

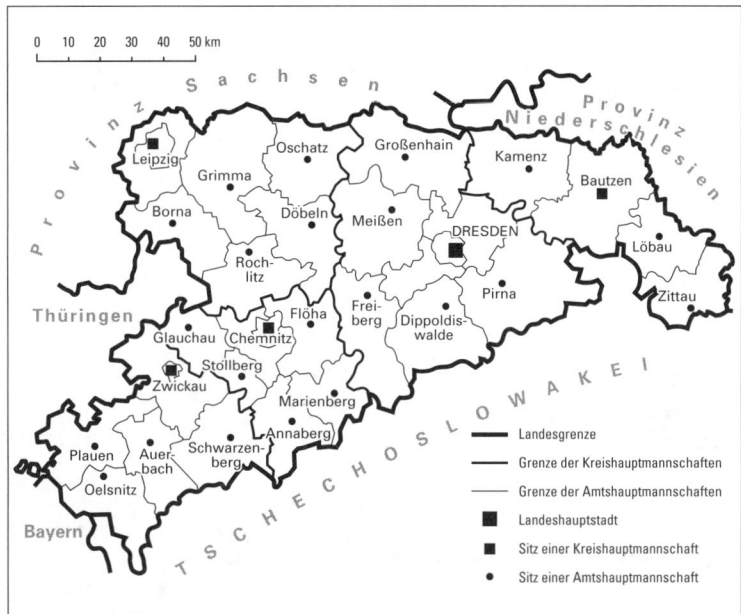

tenzen. Bereits im März und April 1933 wurden die beiden „Gesetze über die Gleichschaltung der Länder mit dem Reich" erlassen. Endgültig besiegelt wurde die Gleichschaltungspolitik und die Errichtung von Gauen als Verwaltungsbezirke mit dem Gesetz „Über den Neuaufbau des Reiches" (30.1.1934). Damit wurden alle Hoheitsrechte der Länder auf die Zentralregierung übertragen, die Landtage aufgelöst und die Länderregierungen der Reichsregierung unterstellt. 1936 versuchten die neuen Machthaber auf der Basis des „Gesetzes über die Deutsche Gemeindeordnung" (30.1.1935) eine Gemeindegebietsreform durchzusetzen, die in Sachsen allerdings nur in der Amtshauptmannschaft Bautzen Wirkung zeigte (Rückgang der Gemeinden von 227 auf 120; CZOK 1989).

1939 erhielten die vier Kreishauptmannschaften in Anlehnung an das preußische Vorbild den Status von Regierungsbezirken. Mit Wirkung vom 1. Juli 1943 fand die 1873 geschaffene Verwaltungsorganisation ihr Ende. Der Reichsminister des Inneren ordnete an, daß „die sächsischen Regierungen für die Dauer des Krieges ihre Tätigkeit einzustellen hätten".

Als mit der bedingungslosen Kapitulation der Deutschen Wehrmacht am 8. Mai 1945 das Ende des „Tausendjährigen Reichs" bereits nach 12 Jahren gekommen war, gab es in Deutschland keine Regierung mehr. Am 5.6.45 übernahmen die Siegermächte (UdSSR, USA, Großbritannien und später Frankreich) die Regierungsgewalt im Land. Ausgehend von den Beschlüssen in Jalta und Teheran wurde das Land in Besatzungszonen aufgeteilt. Berlin als „besonderes Gebiet" wurde zum Sitz der Oberbefehlshaber des Alliierten Kontrollrates der vier Siegermächte.

Entsprechend den Festlegungen im Potsdamer Abkommen (2. 8. 1945) sollten eine Dezentralisierung der politischen Macht und der wirtschaftlichen Potentiale in Deutschland stattfinden. Dem entsprach ein föderaler Staatsaufbau am besten. Auch konnte damit an Traditionen des deutschen Föderalismus angeknüpft werden.

Abb. 3.3: **Administrative Gliederung der Sowjetischen Besatzungszone (SBZ) Deutschlands 1945**
Quelle: Ökonomische und soziale Geographie der DDR 1990, S. 51;
nach Atlas zur Geschichte, Bd. 2, 1975, S. 63

Die Länderstruktur in der Sowjetischen Besatzungszone (SBZ) hielt sich teilweise an historische Vorbilder. Der Befehl Nr. 5 der Sowjetischen Militäradministration in Deutschland (SMAD) vom 9.7.1945 legte die Bildung der fünf Länder Mecklenburg-Vorpommern (1947 Änderung des Namens in Mecklenburg), Brandenburg, Sachsen-Anhalt, Thüringen und Sachsen fest. Die Stadt Berlin wurde von den vier Siegermächten gemeinsam verwaltet.

Im Ergebnis des Zweiten Weltkrieges mußte der Kriegsverlierer Deutschland seine Ostgebiete an Polen und die Sowjetunion abtreten. Dies hieß für Sachsen den Verlust der Gemeinden östlich der Neiße, dafür wurde der westlich des Flusses gelegene Teil Niederschlesiens, der vorher zu Preußen gehört hatte (ca. 3 300 km^2), an das Land Sachsen angegliedert. Hatte Sachsen 1939 eine Staatsfläche von 14 995 km^2, so waren es 1945 dann 16 992 km^2.

Politisch-administrativ bestand das Land Sachsen 1945 nun aus 29 Land- sowie 23 Stadtkreisen. Ab 1947 gab es Bestrebungen, die Mehrzahl der kreisfreien Städte zu beseitigen und die Stadtkreise in die entsprechenden benachbarten Landkreise einzugliedern. Dieser Prozeß war bis 1950 abgeschlossen. Übrig blieben die Stadtkreise Chemnitz, Görlitz, Dresden, Leipzig und Zwickau (HAJNA 1995).

Die Entwicklung bis 1990

**Abb. 3.4:
Administrative
Gliederung Sachsens
1947 (oben)
und 1952* (unten)**

* 1953 Umbenennung
von Chemnitz in
Karl-Marx-Stadt

Am 7. Oktober 1949 wurde aus der Sowjetischen Besatzungszone die „Deutsche Demokratische Republik". Die fünf Länder wurden Bestandteile dieses Staates.

Nach der II. Parteikonferenz der SED im Juni 1952 fand eine Verwaltungsreform in der DDR statt („Gesetz über die weitere Demokratisierung des Aufbaues und der Arbeitsweise der staatlichen Organe in den Ländern der DDR" vom 23. 7. 52). Diese hatte als Ziel die Durchsetzung der zentralistischen Politik auf allen Ebenen. Auf genannter Gesetzesgrundlage wurden die fünf Landtage und die Landesregierungen de facto aufgelöst (de jure bestanden die Länder aber bis 1958 fort). An die Stelle der Länder traten in der Politik, Verwaltung und Wirtschaft 14 Bezirke (plus Ost-Berlin/ „Hauptstadt der Deutschen Demokratischen Republik") und 217 Kreise. Mit der Auflösung der föderalen Länderstruktur entstand damit der zentralisierte Einheitsstaat DDR.

Am 25.7.52 beschloß der sächsische Landtag das gleichlautende Gesetz. In Sachsen wurde so die historisch gewachsene politisch-administrative Raumstruktur aufgelöst. An ihre Stelle traten drei Bezirke (Dresden, Leipzig, Chemnitz / 1953 in Karl-Marx-Stadt umbenannt). Der Teil Niederschlesiens, der 1945 Sachsen zugeschlagen wurde, kam nun zum Bezirk Dresden. Gebietsveränderungen gab es im Norden (Abgabe sächsischer Gebiete an den Bezirk Cottbus) und Westen (Übernahme sächsisch-anhaltinischer und thüringischer Gebiete).

Auch die Landkreise wurden entsprechend der politischen Zielstellung verkleinert und damit ihre Anzahl vergrößert (48; Bezirk Dresden 15, Bezirk Leipzig 12, Bezirk Chemnitz 21). Ihre mittlere Flächengröße und die Einwohnerzahl verringerten sich erheblich. Die Anzahl der Stadtkreise wurde mit acht festgelegt (Bezirk Dresden 2, Bezirk Leipzig 1, Bezirk Chemnitz 5).

Nach der Konstituierung der Bezirke mit ihren Organen, Bezirkstag und Rat des Bezirkes, stellten der Sächsische Landtag und die Landesregierung ihre Arbeit ein.

3. 2 Die Veränderungen der politisch-administrativen Struktur ab 1990

Eine wichtige Aufgabe bestand für die letzten DDR-Regierungen (Modrow, de Maiziere) im Jahr 1990 im Zusammenhang mit der Vorbereitung auf die deutsche Einheit in der „Anpassung" der politisch-administrativen Gliederung der DDR an die der Bundesrepublik Deutschland.

Dies hieß konkret, eine Gliederung, die für einen zentralistischen Staat geschaffen wurde, „anzupassen" an eine Gliederung eines föderalen Systems. Dies konnte nur die Auflösung der Bezirke und Kreise von 1952 bedeuten.

Der erste Schritt, der vor der Einheit (im Sinne des Artikel 23 des Grundgesetzes der Bundesrepublik Deutschland) zu realisieren war, war die Wiedereinführung von Ländern. Grundsätzlich gab es zur Einführung von Ländern keine Alternative, und deshalb hielten sich auch die Diskussionen „Ob überhaupt?" im Rahmen. Viel problematischer war die Diskussion um das „Wie", die Frage des Findens von Kriterien für die Länderbildung.

Der Artikel 29, Abs. 1 des Grundgesetzes der Bundesrepublik schreibt für die Länderneugliederung vor: „Dabei sind die landsmannschaftliche Verbundenheit, die geschichtlichen und kulturellen Zusammenhänge, die wirtschaftliche Zweckmäßigkeit sowie die Erfordernisse der Raumordnung und der Landesplanung zu berücksichtigen."

In der DDR wurde eine Regierungskommission „Verwaltungsreform" gebildet, die bei ihrer Arbeit von folgenden Kriterien ausging (vgl. RUTZ/SCHERF/STRENZ 1993):
– Heimat- und Regionalverbundenheit der Bevölkerung, kulturelle Identität der Be-

völkerung in Regionen, regionale Eigenarten der Bevölkerung;
- wirtschaftliche Zweckmäßigkeit und Wettbewerbsfähigkeit künftiger Länder im deutschen sowie europäischen Rahmen, ausreichende Bevölkerung sowie Fläche;
- bestehende, historisch gewachsene funktionsräumliche Verflechtungen (Ballungsgebiete, Stadt-Umland-Regionen), natur- und landschaftsräumliche Zusammenhänge;
- Erfordernisse der Raumordnung und Regionalplanung;
- Beachtung historisch gewachsener Raumstrukturen;
dabei speziell
  • aus der Territorialgliederung vor 1945,
  • aus der Ländergliederung, die nach dem Zweiten Weltkrieg geschaffen wurde,
  • aus der Bezirks- und Kreisgliederung von 1952.

Trotz der Kürze der Zeit (weniger als sechs Monate) gab es in der DDR eine rege öffentliche und wissenschaftliche Diskussion und viele Vorschläge für die Neugliederung Ostdeutschlands (u. a. BLASCHKE 1990a, 1992; RUTZ 1991; SCHERF/ZAUMSEIL 1990). Diese reichten von zwei Ländern (einem östlichen und einem westlichen) bis zu elf Teilräumen. Zum Beispiel wurde im heutigen Freistaat Sachsen über ein eigenes Bundesland „Niederschlesien" mit der Hauptstadt Görlitz oder über die Zusammenfassung der brandenburgischen und sächsischen Teile der Nieder- und Oberlausitz zum neuen Bundesland „Lausitz" mit der Hauptstadt Cottbus diskutiert und teilweise heftig gestritten.

Aus praktikablen und Zeitgründen entschied sich die Regierungskommission im Frühsommer 1990 für die Variante der Wiederbelebung der bis 1952 vorhandenen fünf Länder (Mecklenburg-Vorpommern, Brandenburg, Sachsen-Anhalt, Thüringen, Sachsen). Berlin wurde wiedervereinigt und erhielt den Status eines Bundeslandes.

Das Ländereinführungsgesetz wurde von der ersten demokratisch gewählten Volkskammer der DDR am 22. Juli 1990 verabschiedet. Mit ihm wurde auch im Osten Deutschlands das föderalistische Prinzip, das sich in Jahrzehnten in der Bundesrepublik bewährt hatte, umgesetzt.

Im Artikel 29 des Grundgesetzes der Bundesrepublik Deutschland wurde 1949 im Zusammenhang mit der angestrebten deutschen Einheit die Forderung nach einer Länderneugliederung für Gesamt-Deutschland festgeschrieben. Dieser Passus erhielt bereits 1976 eine Veränderung, aus einer „Muß-Bestimmung" wurde eine „Kann-Festlegung": „Das Bundesgebiet kann neugegliedert werden, um zu gewährleisten, daß die Länder nach Größe und Leistungsfähigkeit die ihnen obliegenden Aufgaben wirksam erfüllen können." RUTZ (1995, S. 9) schätzt dazu treffend ein: „Das politische System der Bundesrepublik war unfähig, in dem Territorium, das aus den drei westlichen Besatzungszonen und dem Saarland hervorgegangen war, nach der Vorschrift des Grundgesetzes neue Länder einzurichten".

Im Jahre 1990 war dann der zur Verfügung stehende Zeitraum ganz objektiv zu kurz, um dies zu realisieren, und es fehlte auch die Bereitschaft der Politik, dies umzusetzen, so daß diese Aufgabe weiterhin in Deutschland ansteht.

Seit dem 14. Oktober 1990, dem Tag der Landtagswahlen, existieren in der ehemaligen DDR wieder demokratisch legitimierte Länder. Damit verbunden ist auch die „Wiedergeburt" von Sachsen. 1952 im Zuge der politisch-administrativen Gliederung der DDR in Bezirke de facto „abgeschafft", existierte es de jure auch seit 1958 nicht mehr. Bei der Abgrenzung hielt man sich in etwa an den Zuschnitt von 1952. Aus Gründen der schnellen Umsetzung mußte man allerdings die politisch-administrativen Bezirks- und Kreisgrenzen, die zum Zeitpunkt 1990 bestanden, beachten. Zusammengeschlossen wurden so die Bezirke Dresden, Leipzig und Chemnitz (die Stadt Karl-Marx-Stadt er-

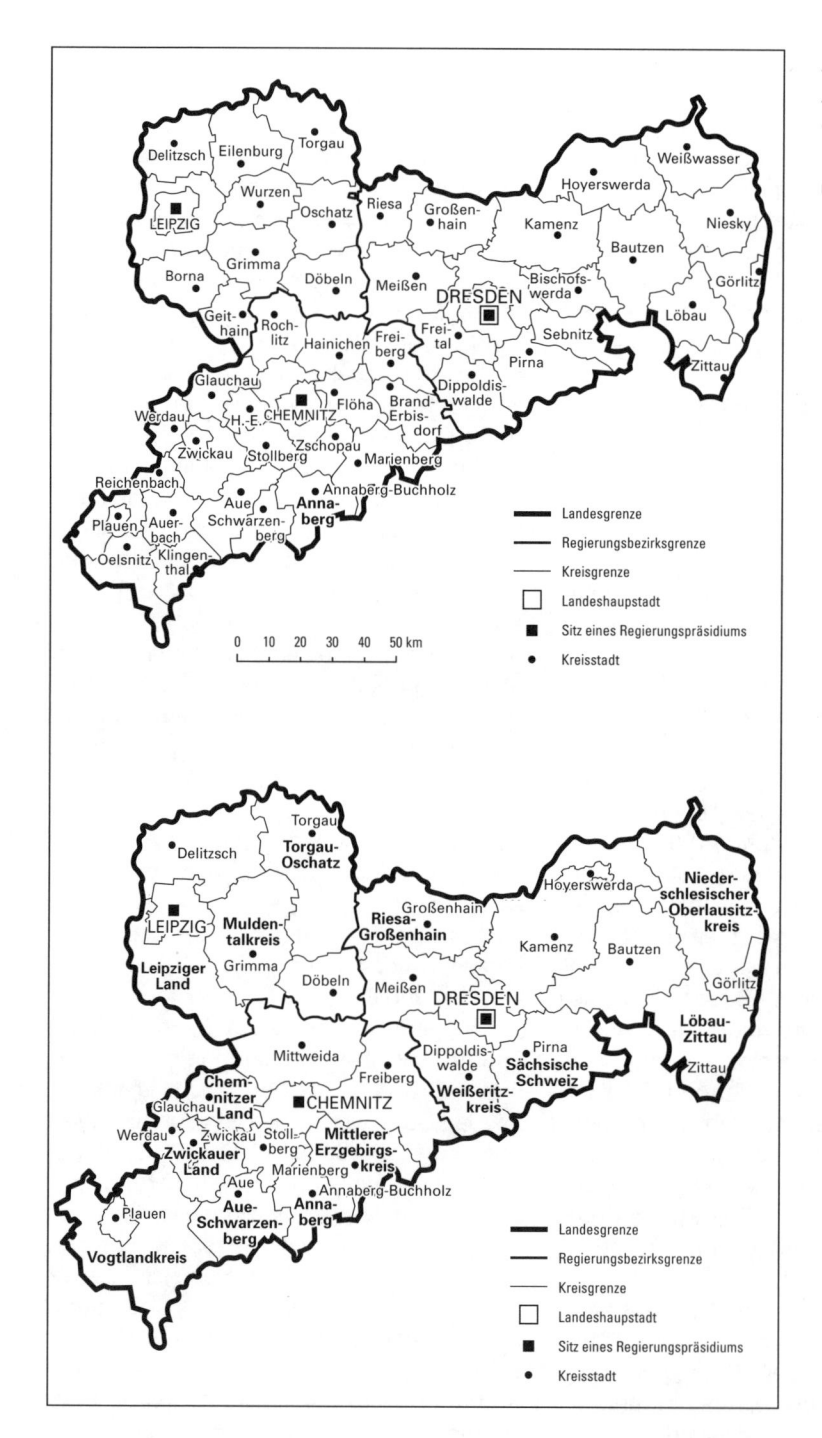

Abb. 3.5:
Administrative Gliederung Sachsens 1990 (oben) und 1999 (unten)

hielt bereits 1990 ihren historischen Namen Chemnitz zurück). Zur Vorbereitung der Länderbildung bildeten sich in den drei Bezirken Arbeitsgruppen. Auf Antrag von Arnold Vaatz (1990 Mitglied der „Gruppe der Zwanzig", 1990–98 sächsischer Innenminister, seit 1998 Mitglied des Bundestages) wurden am 3.5.90 vom Runden Tisch in Dresden die Bildung eines „Vorparlamentarischen Ausschusses Land Sachsen" und eines Koordinierungsausschusses beschlossen.

Mit Beschluß der Volkskammer vom 17. 5. 90 wurde die Legislaturperiode der Bezirkstage mit Wirkung vom 31.5.90 beendet. Gleichzeitig setzte man in den Bezirken Regierungsbevollmächtigte ein, deren wichtigste Aufgaben die Durchsetzung der Verwaltungsreform, die kommunale Selbstverwaltung und die Länderbildung waren.

Auf der Basis von Entscheidungen der Gremien vor Ort, teilweise gestützt durch Bürgerentscheide, fielen die Kreise Schmölln und Altenburg des Bezirkes Leipzig an das Land Thüringen; dafür kamen die Kreise Weißwasser und Hoyerswerda des brandenburgischen Bezirkes Cottbus nach Sachsen. Einige kleinere Grenzkorrekturen fanden auf der Basis von Staatsverträgen zwischen Sachsen und Thüringen (so kamen 1992 bzw. 1994 zehn Vogtlandgemeinden nach Sachsen) sowie Sachsen und Brandenburg später statt.

Das „wiedererstandene" Bundesland Sachsen besaß im Jahre 1990 eine Einwohnerzahl von 4,764 Mio., die auf einer Fläche von 18 338 km^2 lebte. Das neue Bundesland bestand nach der deutschen Einheit am 3. Oktober 1990 aus sechs Stadt- und 48 Landkreisen sowie in der unteren Verwaltungsebene aus 1 626 Gemeinden.

Als die DDR 1989/90 zusammenbrach, fand ein Führungswechsel zunächst nur an der Staatsspitze statt. Die Bürgermeister und Vorsitzenden der Räte der Kreise blieben im Amt, bis zu den ersten freien Kommunalwahlen am 6. Mai 1990. Erst diese Vertretungskörperschaften konnten neue Bürgermeister und Landräte wählen, und zwar auf der Grundlage des Gesetzes über die Selbstverwaltung der Gemeinden und Landkreise in der DDR (Kommunalverfassung) vom 17. Mai 1990.

Im Bundesland Sachsen wurde zwischen der Ebene des Landes und der der Kreise mit den Regierungsbezirken eine Mittelbehörde geschaffen. Die sächsische Landesregierung beschloß dazu in einer ihrer ersten Kabinettssitzungen (27.11.90) die Überführung der Bezirksverwaltungsbehörden. Mit Wirkung vom 1.1.91 wurden in Sachsen Regierungspräsidien eingerichtet. Damit kehrte man zu der bis in den Zweiten Weltkrieg hinein bestehenden Organisationsform der regionalen Mittelbehörden zurück. Bei der Abgrenzung hielt man sich an die seit 1952 bestehenden Bezirksgrenzen, so daß drei Regierungsbezirke (Dresden, Leipzig, Chemnitz) mit den entsprechenden Regierungspräsidien eingerichtet wurden. Diese mittlere Behörde führt für alle sächsischen Ministerien (mit Ausnahme des Sächsischen Staatsministeriums für Justiz) und für die Staatskanzlei Verwaltungsaufgaben durch. Vor allem vollzieht es die von Bundestag und Landtag erlassenen Gesetze. Besondere Bedeutung hat die Erfüllung von Aufgaben, die mehrere Ressorts betreffen (sog. Querschnitts- und Bündelungsaufgaben). Es ist parallel dazu auch Aufgabe des Regierungspräsidiums, die regionalen Belange gegenüber den Ministerien geltend zu machen. Vorgesetzte Behörde des Regierungspräsidiums ist dabei das Sächsische Staatsministerium des Inneren.

Seit ihrer Einrichtung gibt es aber ständige Diskussionen um Sinn und Zweck der Mittelbehörden. Häufigste Kritikpunkte sind die „Verlängerung" des Verwaltungsweges und die zusätzlichen Kosten.

Während die Bildung von Ländern unter dem Druck der deutschen Einheit schnell und relativ „reibungslos" vonstatten ging, waren die notwendigen nächsten Schritte der politisch-administrativen Umgestaltung und Neugliederung nicht so problemlos zu realisieren.

Da die grundlegenden kommunalverfassungsrechtlichen Fragen zu Beginn der Gebietsreform 1991 noch offen waren, wurde im Freistaat Sachsen beschlossen, die Kreis- und die Gemeindegebietsreform nicht gleichzeitig durchzuführen, sondern in zwei verschiedenen Legislaturperioden (SCHNABEL/HASENPFLUG 1994). Ausgehend von der vorhandenen, eine moderne Verwaltung hemmenden kommunalen Verwaltungsstruktur beschloß der Landtag, in der Wahlzeit 1990 bis 1994 zunächst die Kreisgebietsreform und in der folgenden Wahlperiode die Gemeindegebietsreform durchzusetzen.

Die Verwaltungswissenschaften gehen heute davon aus, daß ein Landkreis mit dem in der Bundesrepublik üblichen Aufgabenzuschnitt nicht weniger als 100 000 Einwohner, möglichst 150 000 und mehr Einwohner umfassen sollte.

Die in Sachsen existierenden Landkreise besaßen eine mittlere Einwohnerzahl von knapp 70 000 bei einer Durchschnittsfläche von 369 km^2 (1.1.90). Damit lagen sie weit unter den gewünschten Werten und unter dem Durchschnitt der Werte in den alten Bundesländern.

Die Kreisgebietsreform wurde auf der Ebene der sächsischen Landesregierung bereits 1991 in die Wege geleitet. Ziel war die Schaffung bevölkerungsreicherer, wirtschaftlich leistungsfähiger und verwaltungsmäßig effizienter politisch-administrativer Einheiten, das heißt, die Bildung von „Großkreisen" (mit einer anzustrebenden Mindestgröße von 125 000 Einwohnern) und die Ausgliederung von kreisfreien Städten (Mindesteinwohnerzahl 50 000, Wahrnahme oberzentraler Funktionen). Es sollten aber nicht nur rein wirtschaftliche Aspekte bei der Neugliederung eine Rolle spielen, die „Kreisgebietsreform soll vielmehr durch die Strukturierung der neuen Kreise einen wesentlichen Beitrag zur angestrebten nachhaltigen Entwicklung gleichwertiger Lebensbedingungen in allen Teilräumen des Landes, einer ausgeglichenen Wirtschaftsstruktur, zur Schaffung guter Standortbedingungen und zum Ausbau Sachsens als europaweit bedeutsamen Lebens- und Wirtschaftsraum leisten" (Entwurf des Stadt-Umland-Gesetzes der Stadt Dresden 1997, S. 116 f.).

Über Einzelheiten des Zuschnitts der Landkreise gab es jedoch sowohl in der Bevölkerung als auch in der Politik und Wirtschaft von Anfang an die heftigsten Auseinandersetzungen.

Ausgangspunkte waren dafür historische und landschaftliche Aspekte, aber eben auch Erfordernisse der Landes- und Regionalplanung. So wurde zum Beispiel heftig über das „Ende" der sogenannten „Kragenkreise" (Landkreise um die Großstädte) diskutiert. Diese hatten sich rasch (häufig auf der Basis einer „schnellen" Genehmigung von baulichen Vorhaben in den ersten beiden Jahren nach der deutschen Einheit, als die entsprechenden Genehmigungsbehörden noch im Aufbau und damit nur bedingt handlungsfähig waren) überdurchschnittlich – oft zu Lasten der Großstadt – entwickelt. In den großstadtnahen Gemeinden entstanden so Wohn- und Gewerbegebiete, aber auch große Handelseinrichtungen auf der „grünen Wiese". Dies führte zur Entstehung sogenannter „Speckgürtel" um die Städte Dresden und Leipzig (bedingt auch um Chemnitz). Die Verantwortlichen in den jeweiligen Landkreisen, aber auch in den Kommunen, waren natürlich am Weiterbestehen ihrer administrativen Einheit sehr interessiert. Mit der Kreisgebietsreform sollten diese Kreise aufgelöst und die Gemeinden den neuen, von der Großstadt aus gesehen meist sektoral angeordneten Großkreisen zugeordnet werden. Im Falle des Landkreises Dresden führten Einsprüche der verantwortlichen Politiker, die vor Gericht verhandelt werden mußten, sogar zur Verschiebung der Kreisgebietsreform.

Tab. 3.1:
Verteilung der Einwohner Sachsens auf Gemeindegrößengruppen (Anteile in %)
Quelle: Statistische Jahrbücher Sachsens 1990–1994

Gemeindegrößengruppe (Ew.)	1960	1970	1981	1989	1990	1992
bis 2 000	21,5	20,3	19,1	19,9	20,5	20,9
2 000 – 5 000	12,7	12,1	12,1	12,1	11,6	12,0
5 000 – 20 000	22,4	20,8	19,6	17,7	18,5	18,9
20 000 – 100 000	}43,3	}46,8	}49,3	}50,4	19,8	18,6
über 100 000					29,6	29,6

Mit großer Leidenschaft wurde auch um die Standorte der neuen Kreisverwaltungen gerungen; dabei wurde oft der Eindruck erweckt, als ginge es um Sein oder Nichtsein der betreffenden Städte (SCHMIDT-EICHSTAEDT 1993).

Das Gesetz zur Kreisneugliederung (Kreisreformgesetz) wurde am 25.5.93 vom Sächsischen Landtag verabschiedet, und die Kreisgebietsreform trat generell am 1. August 1994 im Freistaat Sachsen in Kraft. Ausnahmen bildeten der bereits genannte Landkreis Dresden (und damit auch die direkt betroffenen Kreise Meißen, Kamenz und Sächsische Schweiz) und die Region des Vogtlandes.

Städte, die den Kreissitz verloren, erhielten im Rahmen eines Zentralitätsausgleichsprogramms verschiedene „Entschädigungen". Hierzu zählen investive Zweckzuweisungen für fünf Jahre mit einem jährlichen Pauschalbetrag von 300 000 DM und zusätzlich 12 DM je Einwohner; zum Programm gehörte auch die Verlagerung von Behördenstandorten (SCHMIDT-EICHSTAEDT 1993).

Im Ergebnis der am 1. August 1994 wirksam gewordenen Kreisgebietsreform (mit den notwendigen Änderungsgesetzen von 1994/95) besteht Sachsen seit dem 1. 1. 96 aus sieben kreisfreien Städten und 22 Landkreisen. Die mittlere Einwohnerzahl der Landkreise beträgt heute 139 000 bei einer Durchschnittsgröße von 802 km². Der angestrebte Mindestwert von 125 000 Einwohnern wurde nicht dogmatisch umgesetzt; bei einigen Kreisen wurde er deutlich überschritten, aber beim Vorliegen besonderer Situationen in einzelnen Fällen auch unterschritten. Die Kreisfläche spielte eine untergeordnete Rolle. Bei dem Zuschnitt sollte jedoch wegen der Überschaubarkeit eine Fläche von 1 500 km² nicht überschritten werden.

Den vorläufig letzten Schritt bei der politisch-administrativen Neugliederung Sachsens bildete die Gemeindegebietsreform. Eingeleitet wurde diese Etappe im Jahre 1993. Ziel war und ist die Stärkung der Verwaltungskraft der Gemeinden und damit die Schaffung arbeitsfähiger politisch-administrativer Einheiten auf der untersten Ebene.

Bereits die letzte Volkskammer der DDR hatte am 17.5.90 das „Gesetz über die Selbstverwaltung der Gemeinden und Landkreise in der DDR" beschlossen. Diese bis zum Inkrafttreten der Sächsischen Gemeindeordnung (1.5.93) gültige Verordnung regelte den Übergang zur kommunalen Selbstverwaltung.

1990 gab es in Sachsen 1 626 Gemeinden. Die Größenstruktur der Gemeinden wird durch die Zusammenstellung in Tabelle 3.2 verdeutlicht.

Die Durchschnittsgröße der Gemeinden (ohne die Städte über 20 000 Ew.) lag bei nur 1 500 Einwohnern; der Anteil der Bevölkerung in Gemeinden unter 500 Ew. bei 3,4 % (aber bei über 30 % Anteil dieser Gemeindegrößengruppe an den Gemeinden) sowie unter 2 000 Ew. bei 20 % (81 % der Gemeinden). Deutlich zeigt sich der hohe Zersplitterungsgrad im Siedlungsnetz. Damit war es einem größeren Teil der Gemeinden nicht oder nur bedingt möglich, die per Gesetz festgeschriebenen Aufgaben vollständig zu übernehmen bzw. zu realisieren.

Ein erstes konzeptionelles Leitbild für die Gemeindegebietsreform wurde von der Sächsischen Staatsregierung als Denk-

Tab. 3.2:
Größenstruktur der Gemeinden Sachsens 1990
Berechnet nach:
Statistisches Jahrbuch Sachsen 1996

Gemeindegrößen-gruppe (Einwohner)	Anzahl der Gemeinden	Anteil an der Gesamtzahl der Gemeinden (in %)	Anteil an der Gesamt-bevölkerung (in %)
bis 100	5	0,3	0,0
101 – 500	497	30,5	3,4
501 – 2 000	821	50,5	17,1
2 001 – 5 000	179	11,0	11,6
5 001 – 20 000	92	5,6	18,5
20 001 – 100 000	28	1,7	19,8
über 100 000	4	0,2	29,6

modell bereits am 3. März 1992 vorgestellt. Der nächste wichtige Schritt war die Verabschiedung der sächsischen Gemeindeordnung (18.3.93), die auf der süddeutschen Ratsverfassung basierte (damit wurde von Anfang an eine Ämterverfassung wie in Brandenburg und Mecklenburg-Vorpommern ausgeschlossen). Die starke Stellung des Bürgermeisters als Chef der Verwaltung und Vorsitzender des Rates wird durch seine Hauptamtlichkeit unterstrichen, die ab 2 000 Einwohnern von der Gemeinde selbst

Abb. 3.6: Siedlungsverteilung in Sachsen 1990
Quelle: MAERKER / PAULIG 1993

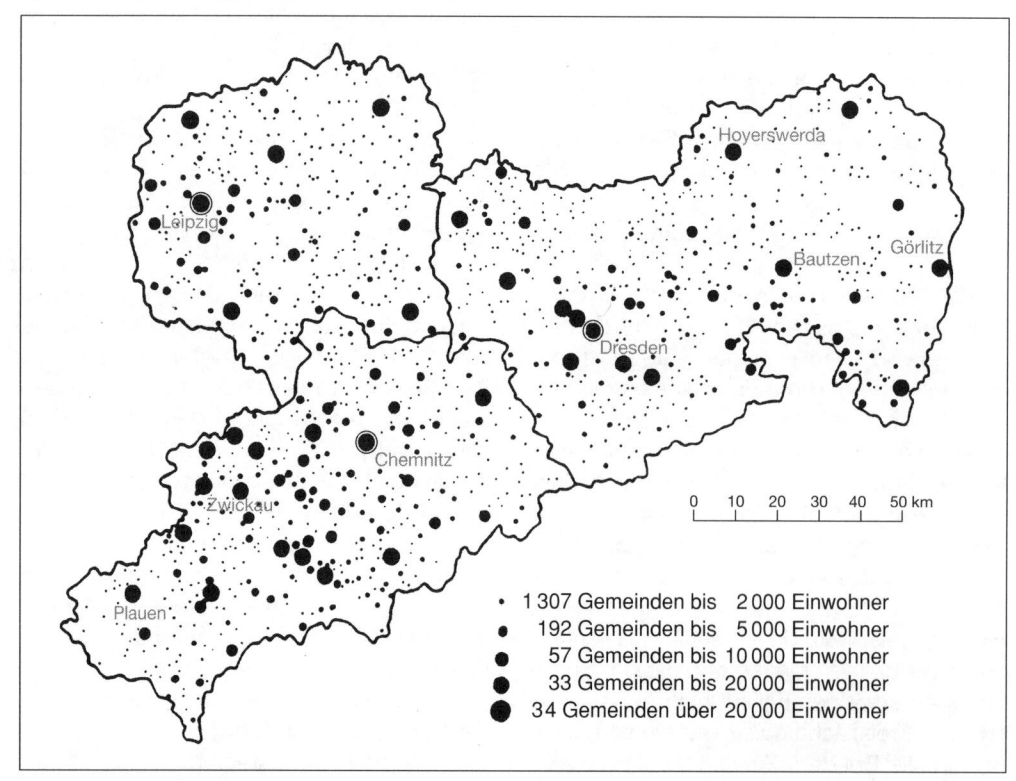

und ab 1 200 Einwohnern mit Genehmigung der Aufsichtsbehörde beschlossen werden kann. Ab 3 000 Einwohner muß der Bürgermeister hauptamtlich sein. Eine Präferenz besteht für die Einheitsgemeinde, da hier Verwaltungsraum und Handlungsraum innerhalb der Gemeinde am ehesten zur Deckung gebracht werden können.

Ausgehend von der Prämisse, daß die Handlungspotentiale der Gemeinden in der Regel von ihrer Größe (Einwohnerzahl) abhängen, hat die Sächsische Staatsregierung in ihren Grundsätzen als Orientierungswert für die Mindestgröße der Einheitsgemeinde die 1 000-Einwohner-Grenze formuliert. „Bei dieser Größenordnung wird angenommen, daß ein grundständiger Aufgabenbereich den Gemeinden in eigener Verantwortung bleibt und mit eigener Kraft auch gelöst werden kann (z. B. Grundschulen, Kindergärten, Feuerwehr)" (SCHNABEL / HASENPFLUG 1994, S. 10). Für den örtlichen Verwaltungsraum auf gemeindlicher Ebene wurden jedoch als Mindestgrößen 5 000 bis 8 000 Einwohner je nach Bevölkerungsdichte angenommen. Sofern es nicht zu einer Einheitsgemeinde dieser Größenordnung kommt, sollten die Mitgliedsgemeinden (jedoch jeweils mit einer Mindestgröße von 1 000 Einwohnern) einen Verwaltungsverband oder eine Verwaltungsgemeinschaft dieser Größenordnung bilden. Die Rechtsgrundlage für diese Zusammenschlüsse bildete das Gesetz über die kommunale Zusammenarbeit (21.9.93).

Die strategische Entwicklungslinie der Landesregierung sah als Zielgröße die Reduzierung der Anzahl der Gemeinden von reichlich 1 600 (1990) auf „um die 550" (1999 / 2000) vor.

Erste Schritte im Bereich der Gemeindegebietsreform gab es bereits in den Jahren 1992 und 1993. Ausgehend von der durch die Sächsische Staatsregierung beschlossenen kommunalen Zielplanung, wurde ab Juli 1993 ein sprunghafter Anstieg von Anträgen auf Gemeindeeingliederung bzw. -zusammenschlüsse registriert. Sie sind als Resultat dezentraler Entscheidungsprozesse zu sehen. Hier wurde den Gemeinden die Möglichkeit gegeben, sich ihre „Partner" selbst zu suchen und sich entweder zu Einheitsgemeinden („Großgemeinden") oder zu Verwaltungsgemeinschaften bzw. Verwaltungsverbänden zusammenzuschließen.

Das Staatsministerium des Innern griff nur dort ein, wo Einzelentscheidungen einer späteren Gesamtlösung widersprachen.

In dieser „Freiwilligkeitsphase" der Gemeindegebietsreform bestimmten eine Reihe von Faktoren das Entscheidungsverhalten der Kommunen, so z. B. die gewünschte Hauptamtlichkeit des Bürgermeisters, die individuellen Interessen der Akteure vor Ort, das Entscheidungsverhalten der Landräte.

Im Ergebnis der Freiwilligkeitsphase gab es allein zwischen dem 31.12.93 und dem 1.3.94 eine Reduzierung der Anzahl der Gemeinden um 593 (– 36 %). Diese erste Etappe

Gemeindegrößengruppe Ew.	Anzahl der Gemeinden	Anteil an der Gesamtzahl der Gemeinden (in %)	Anteil an der Gesamtbevölkerung (in %)
bis 100	1	0,1	0,0
101 – 500	84	9,8	0,7
501 – 2 000	338	39,3	9,1
2 001 – 5 000	292	34,0	19,8
5 001 – 20 000	115	13,4	23,1
20 001 –100 000	26	3,0	18,7
über 100 000	4	0,5	28,7

Tab. 3.3:
Größenstruktur der Gemeinden Sachsens zum 31.12.1995
Berechnet nach: Statistisches Jahrbuch Sachsen 1996

der Gemeindegebietsreform endete am 31.12.1995 mit einem Stand von 860 Gemeinden. Dies entspricht etwa einer Halbierung seit 1990. Die Größenstruktur der Gemeinden zeigte zu diesem Zeitpunkt das in Tabelle 3.3 dokumentierte Bild.

Am 1.1.96 begann die zweite Etappe der sächsischen Gemeindegebietsreform, die sogenannte „Vermittlungsphase". Hier ging es darum, bis 1999 die Zielgröße („um die 550 Gemeinden") zu erreichen. Dazu hat es 1998 Entscheidungen gegeben, die den Zusammenschluß von Gemeinden per Gesetz (z. B. die Stadt-Umland-Gesetze für die Großstädte) bedeuteten.

Das endgültige Gesetz über die Gemeindegebietsreform trat zum 1.1.99 in Kraft. Damit hat sich die Anzahl der Gemeinden in Sachsen auf 546 verringert (Sächs. Zeitung vom 11.2.1999; vgl. Tab. A 2.1.1 im Anhang).

Sonderproblem:
Die Stadt-Umland-Entwicklung der Groß- und Mittelstädte

Ein Problem bei der Verwaltungsneugliederung auf der unteren Ebene ist die Frage der Entwicklung der Groß- und Mittelstädte. Speziell die Einbeziehung von Gemeinden aus dem funktional mit der Stadt verbundenen Umland spielt dabei eine große Rolle. Entgegen der ursprünglichen Absicht der Staatsregierung, sind im Freistaat Sachsen bei der Kreisgebietsreform die Stadt-Umland-Beziehungen nicht gesetzgeberisch gelöst worden. Die Entscheidung wurde auf die Etappe der Gemeindegebietsreform vertagt.

Ein Teil dieser Umlandgemeinden hat sich Anfang der 1990er Jahre wirtschaftlich sehr positiv entwickelt. Auf der Basis von Entscheidungen der ersten Jahre nach der deutschen Einheit, als die Genehmigungsbehörden noch im Aufbau waren, einer geringeren Bürokratie (Zustimmung zu baulichen Maßnahmen) und der niedrigeren Bodenpreise konnten – im Verhältnis zu den Städten – Tatsachen geschaffen werden, die diesen Gemeinden einen Entwicklungsvorsprung verschafften. Damit wird z. B. über die Etablierung von Supermärkten und Shopping Centern außerhalb der Stadtgrenzen Kaufkraft aus der Stadt abgezogen. Damit einhergehend, kommt es in den Innenstädten zu Einbußen bei den Händlern, zum Schließen von Geschäften und damit zu „Verödungen" in der Handelslandschaft. Dies wiederum führt zu einer geringen Investitionsbereitschaft in den Zentren der Städte. Imageverlust trägt dann dazu bei, daß die Bereitschaft zur Sanierung nachläßt und Neuansiedlungen im Zentrum ausbleiben. Desweiteren verzögern hohe Mieten, ein zu geringes Parkplatzangebot sowie unklare Rechtsverhältnisse in den Innenstadtbereichen die Entwicklung.

Die Dynamik der Entwicklung läßt sich anhand von Daten nachzeichnen: 55 % der gesamten Verkaufsfläche in den neuen Bundesländern befindet sich im Außenbereich. In den alten Ländern liegt der Anteil im Durchschnitt lediglich bei 25–30 %. Der Saale-Park zwischen Leipzig und Halle (Günthersdorf) zum Beispiel besitzt eine Verkaufsfläche von 115 000 m^2, im Vergleich dazu gibt es in der Innenstadt von Leipzig „nur" 83 000 m^2 Verkaufsfläche (Entwurf des Stadt-Umland-Gesetzes für Dresden 1997). Damit wird der als notwendig angesehene Ausstattungsgrad von 1,2 m^2 Verkaufsfläche pro Einwohner in der Region Leipzig um zwei Drittel überschritten (Stadt Leipzig 0,3 bis 0,7 m^2/Ew., Umland 2,5 m^2/Ew.). In Sachsen werden gegenwärtig bereits etwa drei Viertel des Umsatzes im Lebensmittel-Bereich von Einkaufszentren abgeschöpft.

Neben dem Einzelhandel und dem Gewerbe „wandert" auch der Wohnungsbau in die Umlandgemeinden ab. Mit dem Bau von Einfamilienhäusern und Eigentumswohnungen am Rande verlassen viele Familien die Städte (Dresden und Leipzig verlieren so pro Jahr zwischen 5 000 und 10 000 Einwohner an das Umland). Da es sich dabei häufig um „gut betuchte" Bürger handelt, ist damit auch ein Verlust an Steuern für die Stadt verbunden.

Im Umland von Leipzig sind insgesamt 1 400 ha Wohnbauland ausgewiesen worden. Bei einer angenommenen mittleren Bebauungsdichte von 28 Wohneinheiten/ha und einer Belegung von 2,5 Personen/WE besteht so theoretisch die Möglichkeit, etwa 100 000 Personen anzusiedeln. Schätzungen zufolge würde Wohnraum für etwa 30 000 Menschen ausreichen, um den Eigenbedarf der Umlandgemeinden und den Bedarf zu decken, der sich aus interregionalen Wanderungsgewinnen ergibt (Entwurf des Stadt-Umland-Gesetzes für Dresden 1997).

Diese Suburbanisierungstendenzen führen zur Trennung von Daseinsgrundfunktionen (Wohnen, Arbeiten, Erholen, Versorgen und Bilden). Daraus resultierende Folgen sind unter anderem Steigerung des Verkehrsaufkommens, hohe Beanspruchung des Naturhaushaltes, hoher Freiflächenverbrauch usw.

Ein Großteil der Probleme im Stadt-Umland-Bereich resultieren daraus, daß „der Gebietszuschnitt der Verwaltungsträger nicht mit dem territorialen Zuschnitt des Verflechtungsbereiches ... zur Deckung kommt ... Die Eingliederung ist insofern das klassische Instrument, die Stadt-Umland-Probleme durch eine Veränderung der Organisationsstrukturen zu bewältigen" (Entwurf des Stadt-Umland-Gesetzes für Dresden 1997, S. 30). Ausgangspunkt der Überlegungen ist die ständige Zunahme der funktionsräumlichen Arbeitsteilung (Verflechtung) zwischen Kernstädten und ihrem Umland.

Man will auf diesem Wege der Gefahr von weiteren Konkurrenzplanungen und Fehlentwicklungen entgegenwirken.

Mittels Eingemeindungen in die Groß- und Mittelstädte soll die funktionale Einheit auch als administrative Einheit realisiert werden. Dies stößt bei den betroffenen Gemeinden aus den unterschiedlichsten Gründen nicht immer auf uneingeschränkte Zustimmung. Im Rahmen der Freiwilligkeitsphase stellten einige dieser Gemeinden, um der „Einverleibung" in die Stadt zu entgehen, Anträge auf Zusammenschlüsse mit anderen Umlandgemeinden (eine sogenannte „rückwärtige Gebietsänderung", d. h., sich von der Stadt weg orientierend). In mehreren Fällen hat das Staatsministerium des Inneren diese Anträge abgelehnt, um „zukunftsbezogene gesetzgeberische Stadt-Umland-Lösungen nicht von vornherein zu blockieren" (Schnabel/Hasenpflug 1994, S. 11).

Im Rahmen der „Vermittlungsphase" der Gemeindegebietsreform wurde nun versucht, dieser „Speckgürtelentwicklung" durch Eingemeindungen entgegenzuwirken. Das Stadt-Umland-Gesetz für Dresden (1998) sieht deshalb vor, „in den unmittelbaren Stadt-Umland-Bereichen mit einem hohen Ordnungsbedarf die maßvolle Eingliederung von Umlandgemeinden in die Kernstadt ... (als) das wirksamste und problem-adäquateste Mittel zur Bewältigung der drängendsten Entwicklungsaufgaben" anzuwenden (S. 90). Ziel der Neugliederung im Bereich der kreisfreien Städte und ihres Umlandes ist die Schaffung einer effizienten Verwaltungsstruktur.

Ein wichtiges, bei dem geplanten Vorgehen zu beachtendes Problem stellte die Erhaltung der Stabilität der an die kreisfreien Städte angrenzenden Landkreise dar. Bei einem zu großzügigen Eingemeinden könnten den Landkreisen Potentiale entzogen werden.

Ein Beispiel dafür ist der Landkreis Stollberg im Agglomerationsraum Chemnitz. Sein Zuschnitt im Ergebnis der Kreisreform – 99 000 Einwohner, 286 km^2, 26 Gemeinden – liegt bereits weit unter dem sächsischen Durchschnitt und damit an der Untergrenze des Möglichen. Bei einem weiteren Herauslösen von Gemeinden aus diesem administrativen Verbund stellt sich eindeutig die Frage nach der Zukunft des Landkreises. Angesichts der erst im Jahre 1994 durch-

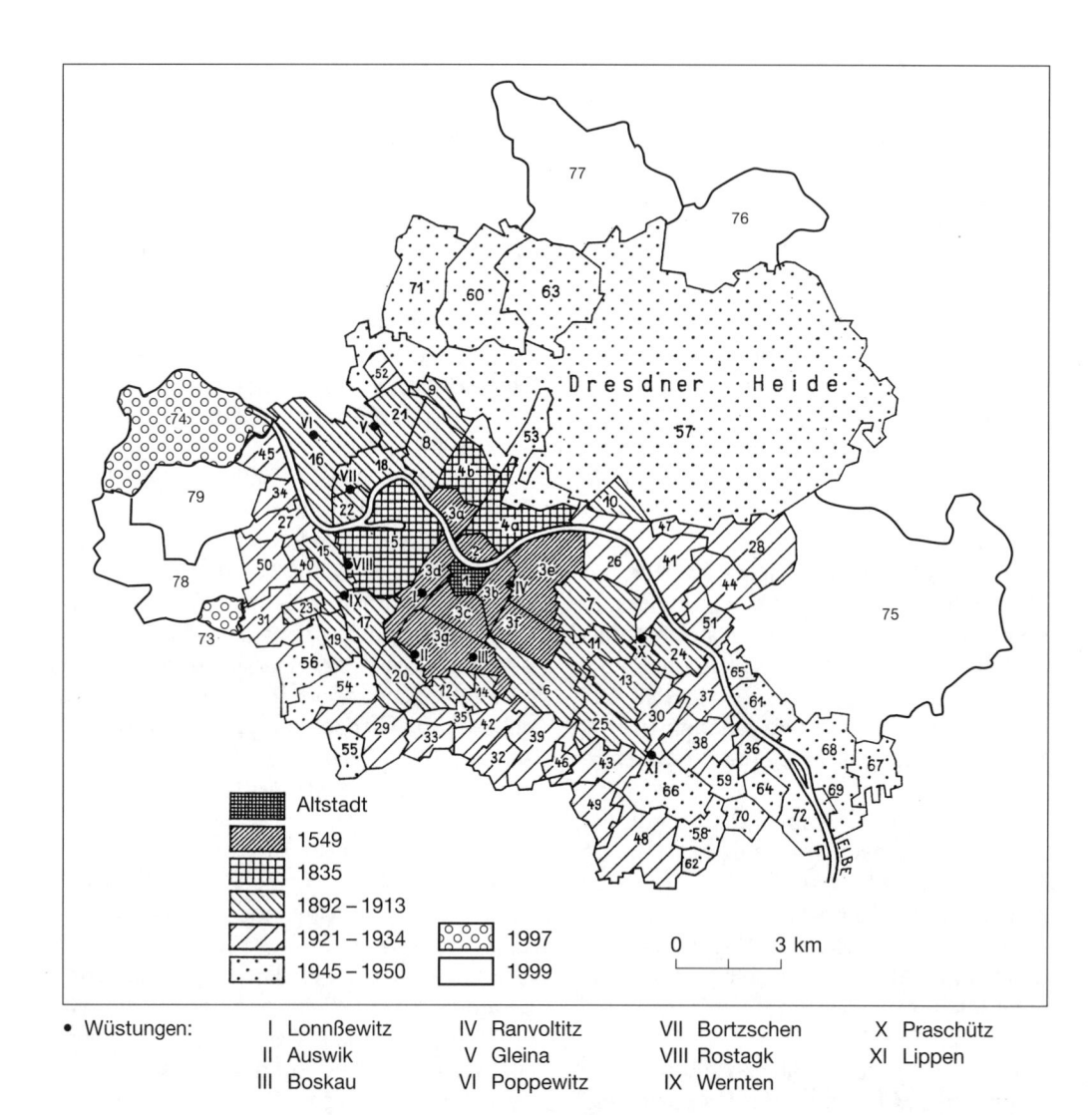

Altstadt
1549
1835
1892–1913
1921–1934
1945–1950
1997
1999

0   3 km

- Wüstungen:
  I   Lonnßewitz
  II Auswik
  III Boskau
  IV Ranvoltitz
  V   Gleina
  VI Poppewitz
  VII Bortzschen
  VIII Rostagk
  IX   Wernten
  X   Praschütz
  XI Lippen

geführten Kreisgebietsreform sollte eine solche Schwächung nach Möglichkeit vermieden werden, um Integrationsnachteile zu verhindern.

Einen abschließenden Überblick über die Entwicklung der sächsischen Gemeindegrößenstruktur in den letzten zehn Jahren bietet im Anhang dieses Buches die Tabelle A 2.3.3. Sie zeigt die Entwicklung der Einwohnerzahl der Gemeinden nach Größenklassen einschließlich des nach Inkrafttreten der Gesetze über die Gemeindegebietsreform vom 1.1.99 erzielten Endergebnisses.

Veränderungen der politisch-administrativen Struktur ab 1990   47

◄— **Abb. 3.7: Eingemeindungen nach Dresden**   Quelle: HAHN/NEEF 1985, ergänzt

Jahre der Eingemeindung

1	Altstadt		1901		1921	45 Stetzsch	61 Hosterwitz
	1549	11	Gruna	26	Blasewitz	46 Torna	62 Kleinluga
2	Neustadt		1902	27	Briesnitz	47 Weißer Hirsch	63 Klotzsche
3	Vorstädte	12	Räcknitz	28	Bühlau	1930	64 Meußlitz
3a	Neudorf	13	Seidnitz	29	Coschütz	48 Lockwitz	65 Niederpoyritz
3b	Pirnaische Vorstadt	14	Zschert-	30	Dobritz	49 Nickern	66 Niedersedlitz
3c	Seevorstadt		nitz	31	Gorbitz	50 Omsewitz	67 Oberpoyritz
3d	Wilsdruffer Vorstadt		1903	32	Gostritz	51 Wachwitz	68 Pillnitz
3e–g		15	Cotta	33	Kaitz	1934	69 Söbrigen
	übrige Fläche	16	Kaditz	34	Kemnitz	52 Heidefriedhof	70 Sporbitz
	(meist unbebautes Land)	17	Löbtau	35	Kleinpestitz	1945	71 Wilschdorf
	1835	18	Mickten	36	Kleinzschachwitz	53 Albertstadt	72 Zschieren
4a	Antonstadt	19	Naußlitz	37	Laubegast	54 Dölzschen	1997
4b	Leipziger Vorstadt	20	Plauen	38	Leuben	55 Gittersee	73 Altfranken
5	Friedrichstadt	21	Trachau	39	Leubnitz-	56 Roßthal	74 Cossebaude
6	Strehlen	22	Übigau		Neuostra	1949	1999
7	Striesen	23	Wölfnitz	40	Leutewitz	57 Dresdner Heide	75 Schönfeld-Weißig
8	Pieschen		1912	41	Loschwitz	1950	76 Langebrück
9	Trachenberge	24	Tolkewitz	42	Mockritz	58 Großluga	77 Weixdorf
	1899		1913	43	Prohlis	59 Großzschachwitz	78 Gompitz
10	Albertpark	25	Reick	44	Rochwitz	60 Hellerau	79 Mobschatz

Übersicht 3.1: Das Fallbeispiel Stadt-Umland-Bereich Dresden

Der engere Stadt-Umland-Bereich von Dresden bildet mit etwa 625 000 Einwohnern in der Kernstadt und in ihrem unmittelbaren Einzugsbereich die Kernzone des Verdichtungsraumes Oberes Elbtal. Von 1990 bis 1996 fanden keine freiwilligen Gemeindeeingliederungen nach Dresden statt. Erst zum 1.1.97 schloß sich mit Altfranken eine kleine Umlandgemeinde (300 Einwohner) der Landeshauptstadt an; am 1.7.97 folgte mit Cossebaude eine Gemeinde mit 5 500 Einwohnern.

Seit 1990 sind die kleinen Gemeinden im Umland – Gompitz, Pesterwitz, Bannewitz, Schönfeld-Weißig, Ullersdorf, Kesselsdorf – Ziel von vielfältigen Investitionen geworden. Dies hat zu den oben aufgezeigten Problemen und damit zu Interessenkonflikten zwischen Stadt und Umland geführt.

Für die Stadt Dresden bestanden und bestehen z. T. noch vor diesem Hintergrund Probleme auf drei Ebenen:
1. Abbau der eigenen Strukturdefizite aus der Vergangenheit (Entwicklung einer attraktiven Innenstadt, städtebauliche Sanierung, Modernisierung des Wohnungsbestandes und der Infrastruktur, Verbesserung des städtischen Verkehrssystems, Modernisierung der Wirtschaftsstruktur, weitere Profilierung als Kulturstadt);
2. Aufnahme des Standortwettbewerbs der Stadt mit den Umlandgemeinden;
3. Entwicklung des Verhältnisses der Stadt zu den Nachbarlandkreisen.

Die ungleichen Wettbewerbschancen zwischen der Stadt und den Umlandgemeinden zeigen sich insbesondere bei der Bau- (Umlandgemeinden 5,4 WE/100 Ew., Dresden 3,2 WE/100 Ew.) und Gewerbeflächenentwicklung (Umland 386 ha gewerbliche Bauflächen, Stadt 110 ha).

Zur Lösung der Probleme im Stadt-Umland-Bereich gab es zu den Eingemeindungen kaum eine reale Alternative. Wichtig erscheint aber die Aussage im Stadt-Umland-Gesetz, daß eine „moderate Eingliederung" von Umlandgemeinden nur des ersten „Ringes" (d. h. des direkten Umlandes) angestrebt wird.

Legte man die Einwohnerzahl, die Größe des Verwaltungsraumes, die personelle Kapazität der Kommunen und die Existenz vorhandener Einrichtungen mit hoher Einwohnerrelevanz (z. B. Meldeamt, Standesamt) zugrunde, so ist noch Übersicht 3.1

festzustellen, daß alle Nachbargemeinden von Dresden (mit Ausnahme der größeren Städte Freital, Heidenau, Radebeul, Radeberg) in Neugliederungsüberlegungen einzubeziehen waren. Aufgrund eigener Entwicklungen bzw. geeigneter andersweitiger Neugliederungsalternativen schieden dann die Gemeinden Kreischa, Röhrsdorf, Birkwitz-Pratzschwitz, Graupa, Großerkmannsdorf und Promnitztal aus.

Der Entwurf des Stadt-Umland-Gesetzes (1997) sah die folgenden Gemeinden zur Eingliederung nach Dresden vor:
- aus dem Landkreis Meißen
  • Gemeinde Gompitz (2 100 Ew.),
  • Gemeinde Mobschatz (1 350 Ew.),
  • Gemeinde Cossebaude (5 500 Ew.),
  • Gemeinde Altfranken (300 Ew.),
  Teilflächen der Gemeinden
  • Boxdorf (zur Ansiedlung des Chipwerkes von AMD) und
  • Reichenberg.

Der Landkreis Meißen würde auf der Basis dieser Entwicklung ca. 5 % der Einwohner und rund 4 % seiner Fläche an die Stadt Dresden verlieren und bliebe mit 156 000 Einwohnern und 665 km² handlungsfähig. Der Verlust bei der Steuerkraft beträgt 7 % und bei der Kreisumlage knapp 5 %.
- aus dem Weißeritzkreis
  • Gemeinde Pesterwitz (1 900 Ew.),
  • Gemeinde Bannewitz,
  Gemeindeteil Kauscha (200 Ew.).

Der Weißeritzkreis verliert durch die Ausgliederungen knapp 2 % der Bevölkerung und 0,6 % der Fläche. Bei einer verbleibenden Einwohnerzahl von 113 800 auf 727,4 km² Fläche sollte auf weitere „Verluste" (z. B. die Angliederung der gesamten Gemeinde Bannewitz an Dresden) verzichtet werden.
- aus dem Landkreis Sächsische Schweiz
  • Gemeinde Schönfeld-Weißig (9 300 Ew.).

Der nach Ausgliederung der Gemeinde Schönfeld-Weißig verbleibende Landkreis hätte eine Fläche von 888 km² und 151 000 Einwohner. Obwohl die Gemeinde gegen eine Eingliederung nach Dresden stimmt, gibt es weder vom Landkreis noch vom Regionalen Planungsverband Einwände dagegen.

- aus dem Landkreis Kamenz
  • Gemeinde Weixdorf (4 700 Ew.),
  • Gemeinde Langebrück (3 800 Ew.),
  • Gemeinde Ullersdorf (1 300 Ew.).

Die geplante Entwicklung hätte für den Landkreis einen Einwohnerverlust von ca. 6 % sowie einen Flächenrückgang von 2 % zur Folge. Nach der Ausgliederung beliefe sich die Bevölkerungszahl auf 152 000 (auf einer „Restfläche" von 1 357 km²).

Die Analysen zur Neugliederung im Stadt-Umland-Bereich von Dresden erbrachten wesentliche Argumente für die Eingliederung der genannten Gemeinden. Eine wesentliche Schwächung der Leistungsfähigkeit der betroffenen Landkreise konnte dadurch nicht festgestellt werden.

Durch die Eingliederung würde sich für die Landeshauptstadt ein Flächenzuwachs von ca. 48 % auf 334,3 km² und ein Einwohnerzuwachs von ca. 6 % auf 497 000 Einwohner ergeben. Die Bevölkerungsdichte der Stadt würde von 2 078 auf 1 486 Ew. / km² sinken.

„Wenngleich ein großer Teil der Ordnungsprobleme und der Stadt-Umland-Verflechtungen durch die Eingliederung von einigen Gemeinden in das Stadtgebiet von Dresden aufgefangen werden können, so ist doch auch festzustellen, daß die Stadt-Umland-Problematik im Umland von Dresden durch die Gebietsneugliederung allein nicht zu lösen ist. Vielmehr wird es erforderlich sein, adäquate Kooperationsmechanismen zwischen der Landeshauptstadt und den (gestärkten) Städten im Umland zu schaffen, die eine zukunftsorientierte und sachgerechte Bewältigung der Entwicklungserfordernisse der Region ermöglichen" (Entwurf des Stadt-Umland-Gesetzes der Stadt Dresden 1997, S. 239).

Das am 23.7.98 vom sächsischen Landtag verabschiedete Stadt-Umland-Gesetz für die Stadt Dresden deckt sich zum größten Teil mit dem vorgestellten Entwurf.

Ausnahmen bilden die Gemeinden Pesterwitz (Weißeritzkreis, Anschluß an die Stadt Freital) und Ullersdorf (Landkreis Kamenz). Somit ist die Einwohnerzahl der Stadt Dresden zum 1.1.99 von 456 320 auf 480 988 angewachsen.

4 Naturlandschaften und Nutzungspotentiale Sachsens

Das Werden und Entstehen der sächsischen Kulturlandschaft hat sich in Räumen sehr unterschiedlicher Ausstattung vollzogen. Durch den Anteil an den großen europäischen Naturregionen des Tieflandes, des Lößgürtels und der Mitttelgebirgsschwelle waren zugleich die Möglichkeiten und Grenzen für die wirtschaftliche Tätigkeit im Verlaufe der geschichtlichen Entwicklung vorgezeichnet.

Deswegen ist die Darstellung von Elementen der Landschaftsstruktur zugleich eine Brücke für das Verständnis der wirtschaftlichen und gesellschaftlichen Entfaltung. Das gilt für die Verteilung der Bodenschätze ebenso wie für die unterschiedliche Bodengüte, für Klimagunstfaktoren und die Bereitstellung von Wasser oder für Verkehrsbauprobleme in den sächsischen Gebirgen.

4.1 Herausbildung der natürlichen Landschaftsstruktur

Die erdgeschichtliche Entwicklung Mitteleuropas hat geologische Strukturmuster hervorgebracht, die auch in Sachsen die Grundlage einer vielgestaltigen landschaftlichen Ausstattung sind. Vor allem in der jüngsten und geologisch kürzesten Periode, dem Quartär, entstanden jene Merkmale von Böden und Vegetation, die entscheidend die spätere kulturlandschaftliche Entwicklung beeinflußt haben.

4.1.1 Präkambrisch-paläozoische Strukturen

Zu den ältesten Gesteinen auf sächsischem Territorium gehören die Granulite im Raum Roßwein–Mittweida, die Gneise und Glimmerschiefer des Erzgebirges oder die Granodiorite der Lausitz. Insbesondere die Granulite haben ein Alter von mehr als einer Milliarde Jahren und zählen zu den ältesten Teilen kontinentaler Kruste in Mitteleuropa. Sie belegen, daß größere Teile Sachsens bereits im Altpaläozoikum bzw. noch früher Kontinentalbereiche waren, die in spätere Gebirgsbildungen wieder mit einbezogen worden sind.

Das Grundgebirge
Im sächsischen Raum hat die varistische Orogenese (Devon, Karbon, Perm) die wesentlichen Festgesteinsverbände geschaffen, die heute direkt an der Erdoberfläche oder in nur geringer Tiefe anzutreffen sind. Zu ihnen gehören *Schiefer (Glimmerschiefer, Tonschiefer, Kieselschiefer)* und *Quarzite*.
Deren Hauptverbreitungsgebiete sind das Vogtland, der Erzgebirgsnordrand, Nordwestsachsen und die Lausitz. Im Vogtland hat Sachsen Anteil an dem großen Schiefergesteinskomplex, der auf dem Territorium der benachbarten Bundesländer Thüringen und Bayern seine Fortsetzung findet. Im Verbreitungsgebiet der verschiedenen Schiefer treten zumeist Hochflächen mit geringer Reliefenergie auf. Die in den Schieferkomplexen enthaltenen Diabase und lokal auch Quarzite bilden aufgrund ihrer größeren morphologischen Widerständigkeit Rücken bzw. Kuppen, die die Hochflächen deutlich überragen. Die Täler (Saale, Weiße Elster) sind schmal und tief in die Hochflächen eingeschnitten und geben der Landschaft Mittelgebirgscharakter.
Am Nord- bzw. Nordostrand des Erzgebirges sind im Raum Nossen – Wilsdruff und Heidenau – Dohna ebenfalls zwei Schiefergebirgskomplexe, allerdings wesentlich geringerer Flächenausdehnung, anzutreffen. Auch hier bilden die Flüsse (Triebisch, Müglitz) Engtalstrecken in diesen Gesteinsserien aus.

In Nordwestsachsen (Stadtgebiet Leipzig, Raum Oschatz–Collm-Berg) und im östlichen Sachsen (Görlitz, Hoyerswerda, Kamenz) treten Schiefergesteine auf, die allerdings nur lokal die Oberfläche erreichen, zumeist sind sie von jungen Lockersedimenten verhüllt.

Insgesamt enthalten die Schiefergesteine nur wenige Lagerstätten. Lediglich im Kontakt zu den Granitintrusionen ist es lokal zu Vererzungen gekommen. Der darauf im Mittelalter gerichtete bescheidene Bergbau an wenigen Orten war nur von kurzer Dauer. Bedeutsam ist aber an einigen Stellen der Abbau von Dachschiefern geblieben.

Gneise (Graugneise, Rotgneise)
Gesteine der Gneisgruppe mit zum Teil sehr unterschiedlicher Mineralzusammensetzung haben im Erzgebirge eine sehr weite Verbreitung. Graugneise mit hohem Anteil von Biotit treten besonders im Gebiet Marienberg, Annaberg oder Freiberg auf. Die Rotgneise mit einem höheren Muskovitgehalt sind im Raum Sayda, Reitzenhain oder Katharinenberg anzutreffen. Während für die Graugneise eine Entstehung aus Sedimenten angenommen wird, dürften Granite die Ausgangsgesteine für die Bildung der Rotgneise gewesen sein. Auch für das Verbreitungsgebiet der Gneise ist ein reliefenergieschwaches Hochflächenrelief kennzeichnend. Mitentscheidend für die Besiedlung und die wirtschaftliche Entwicklung des Erzgebirges waren die weit verbreiteten Erzlagerstätten in den Gneisen, Lagerstätten überwiegend hydrothermaler Bildung. Blei-Zink-Silbererze im Raum Freiberg, Silberze im Raum Annaberg oder Silber-Nickel-Uranerze im Raum Schneeberg haben die Rodung, Nutzung und Entwicklung dieser Gebiete geprägt und dem Gebirge seinen heutigen Namen gegeben – Erzgebirge.

Tiefengesteine
(Granodiorit, Granit, Syenodiorit)
Große zusammenhängende Flächen in Ostsachsen nimmt der Lausitzer Granodiorit ein. Sein Alter ist schwer exakt zu bestimmen, in der varistischen Orogenese ist er nochmals überprägt worden. Der Lausitzer Granodiorit ist aufgrund seiner besonderen Widerständigkeit als Bau- und Schotterstein bedeutungsvoll. Viele, teilweise sehr große Steinbrüche (Demitz-Thumitz) belegen das. Der Erzgehalt des Granodiorits ist vergleichsweise sehr gering. Auch aus historischer Zeit ist kaum beachtenswerter Bergbau bekannt (Kupfererz bei Görlitz, Nickelerz bei Sohland). Bedeutsam sind aber kaolinische Verwitterungsprodukte des Granodiorits, die bei größerer Mächtigkeit bis heute für Töpferei und keramische Industrie nutzbar sind. Granite in verschiedenen Varietäten bis hin zu dem verwandten Syenodiorit treten im Mittelgebirgsland Sachsens auf größeren und kleineren Arealen auf. Bedeutsam sind u. a. die Granite von Bad Brambach, Bergen, Kirchberg, Eibenstock, Mittweida, Bobritzsch, Schellerhau oder Meißen bzw. der Syenodiorit im Raum Dresden–Meißen. Dazu kommen kleinere und zumeist auch jüngere Granitstöcke (Perm), die bedeutungsvolle Zinnerzlagerstätten enthalten (Geyer, Ehrenfriedersdorf, Zinnwald, Altenberg). Der Erzbergbau auf Zinn hat das Landschaftsbild bis zum Ende des 20. Jahrhunderts wesentlich geprägt. Er ist 1991 auch am letzten Standort (Altenberg) eingestellt worden.

In den Granitgebieten treten ebenfalls spezifische Formenvergesellschaftungen auf. Ein sehr abwechslungsreiches Kuppen-Rücken-Wannen-Relief, das von Sohlen-Kerbtälern zerschnitten wird, gibt den Granitlandschaften ein besonderes Aussehen.

Granulit
Der Granulit ist ein Schiefergestein, das neben Quarz und Feldspat eine Vielzahl weiterer Minerale enthalten kann und deshalb in verschiedenen Varietäten auftritt. Die Granulite finden wir nördlich des erzgebirgischen Beckens in einem Gebiet, das etwa durch die Städte Roßwein, Chemnitz,

Hohenstein-Ernstthal, Waldenburg, Rochlitz und Döbeln begrenzt wird. Lockersedimente aus dem Tertiär und Quartär verhüllen den Granulit weitflächig, aber an den Hängen der tiefer eingeschnittenen Täler (Zwickauer Mulde, Freiberger Mulde) steht er an der Oberfläche an.

Die sehr stark variierende Mineralzusammensetzung des Granulits, das Auftreten weiterer Schiefergesteine am Rande und im Granulitverbreitungsgebiet und der lokale Einschluß von Tiefengesteinskörpern (Granite) weisen auf eine alte und kompliziertere Genese dieses Gesteinskomplexes hin. Sie beinhalten nur sehr wenige Lagerstätten. Lokal wurden die Granulite als Pflaster- und Schottersteine genutzt.

Das Molassestockwerk

Sedimente (Konglomerate, Sandsteine, Tone) aus dem Karbon und unterem Perm (Rotliegendes) bilden den Abtragungsschutt des Varistischen Gebirges, der in den großen Mulden bzw. Becken des Gebirges zur Ablagerung kam. Diese Gesteinsserien beinhalten teilweise auch Vulkanite (Rhyolith).

Die Verbreitung der Sedimente konzentriert sich in Sachsen auf einige Becken bzw. Tröge. Bedeutsam ist der Werdau–Hainichener Trog (Erzgebirgisches Becken), der sich in mehrere Teilbecken gliedert (Zwikkau–Oelsnitz, Chemnitz–Hainichen, Flöha). In den oberkarbonen Sedimentserien sind teilweise Steinkohlelagerstätten enthalten, die bis nach dem Zweiten Weltkrieg abgebaut wurden.

Der Steinkohlebergbau im Raum Zwickau wurde bereits 1348 urkundlich erwähnt. Er erstreckte sich im Zwickauer Revier über eine Fläche von 4,5 x 7 km, auf der in Tiefen bis zu 850 m in den dort 300 m mächtigen oberkarbonen Schichten bis zu 30 Kohleflöze mit Dicken zwischen 0,4 und 3,0 m auftraten. Der Steinkohlenbergbau im Zwickauer Revier ist Mitte der 1970er Jahre eingestellt worden.

Von geringerer Flächenausdehnung sind die Sedimente bzw. Vulkanite aus dem Perm (Rotliegendes) am Rande der Dresdner Elbtalzone. Das Gebiet um Freital und um

Abb. 4.1: Leitlinien des varistischen Gebirgsbaues in Sachsen   Quelle: nach Pietzsch 1958

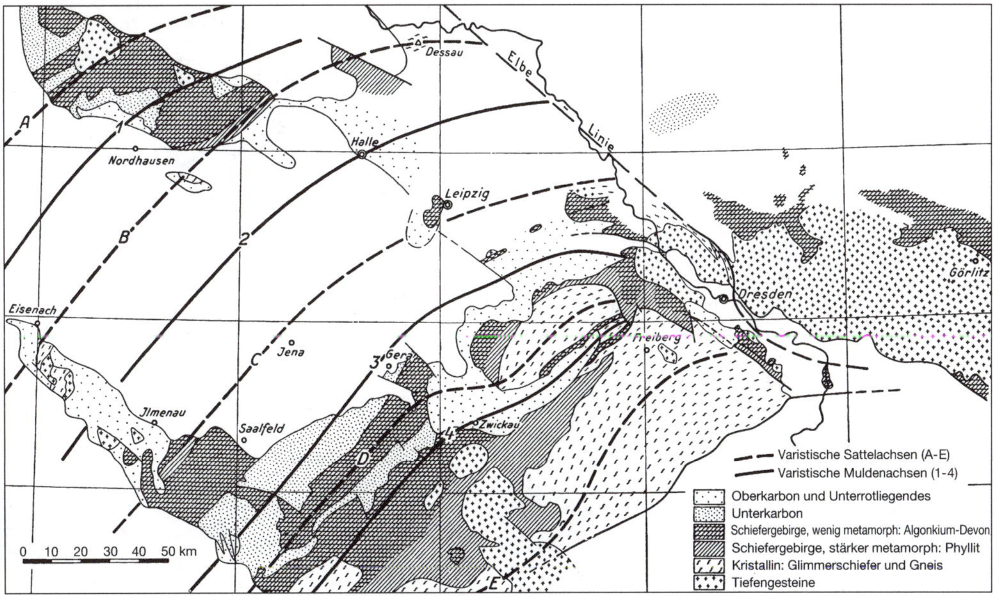

Abb.

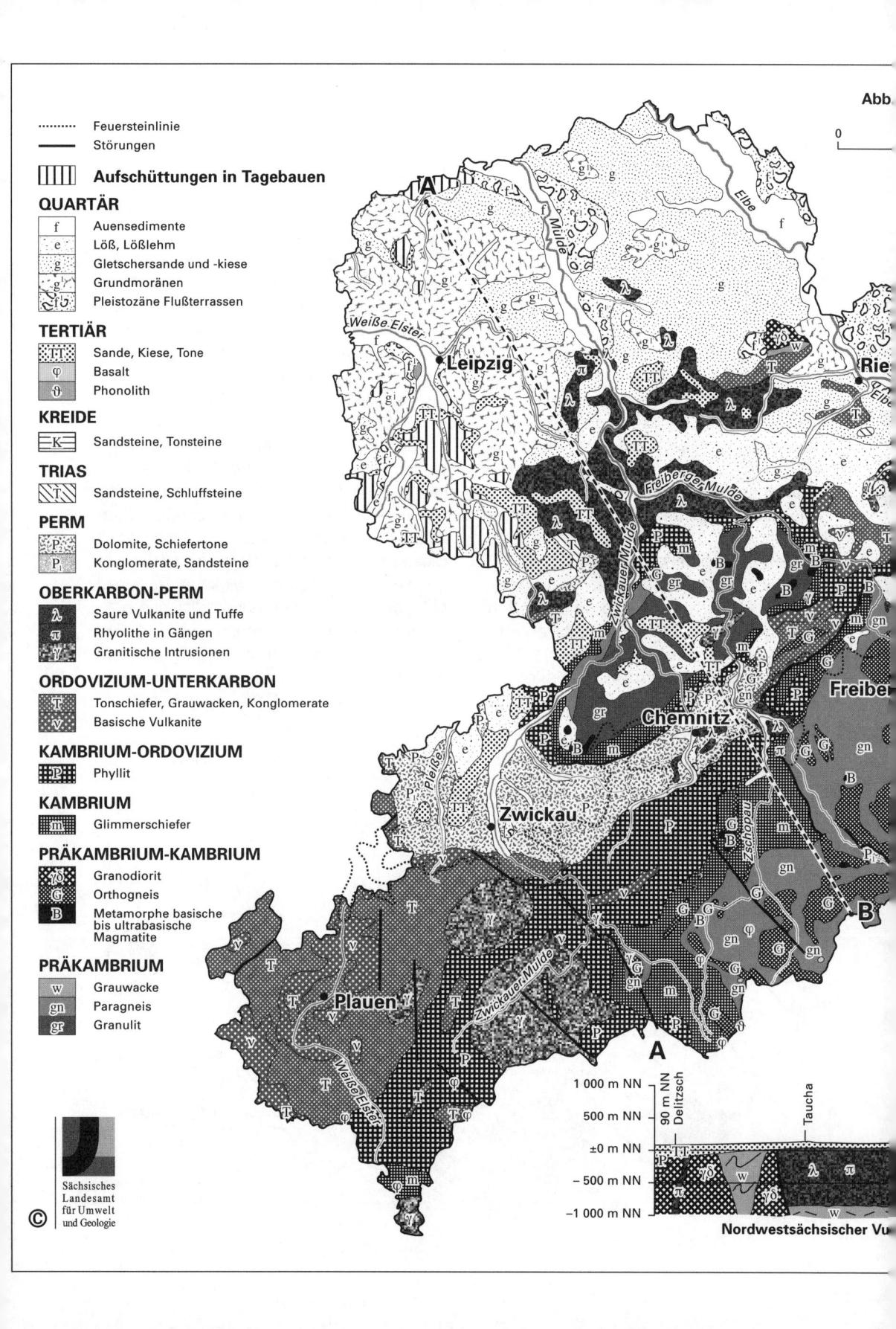

·········· Feuersteinlinie
────── Störungen

||||| **Aufschüttungen in Tagebauen**

QUARTÄR
f	Auensedimente
e	Löß, Lößlehm
g	Gletschersande und -kiese
g'	Grundmoränen
fʊ	Pleistozäne Flußterrassen

TERTIÄR
T	Sande, Kiese, Tone
φ	Basalt
θ	Phonolith

KREIDE
| K | Sandsteine, Tonsteine |

TRIAS
| T | Sandsteine, Schluffsteine |

PERM
| P₂ | Dolomite, Schiefertone |
| P₁ | Konglomerate, Sandsteine |

OBERKARBON-PERM
λ	Saure Vulkanite und Tuffe
π	Rhyolithe in Gängen
γ	Granitische Intrusionen

ORDOVIZIUM-UNTERKARBON
| T | Tonschiefer, Grauwacken, Konglomerate |
| v | Basische Vulkanite |

KAMBRIUM-ORDOVIZIUM
| P | Phyllit |

KAMBRIUM
| m | Glimmerschiefer |

PRÄKAMBRIUM-KAMBRIUM
γδ	Granodiorit
G	Orthogneis
B	Metamorphe basische bis ultrabasische Magmatite

PRÄKAMBRIUM
w	Grauwacke
gn	Paragneis
gr	Granulit

Sächsisches
Landesamt
für Umwelt
und Geologie

Nordwestsächsischer Vu...

Sachsen, Geologie, 1 : 830 000

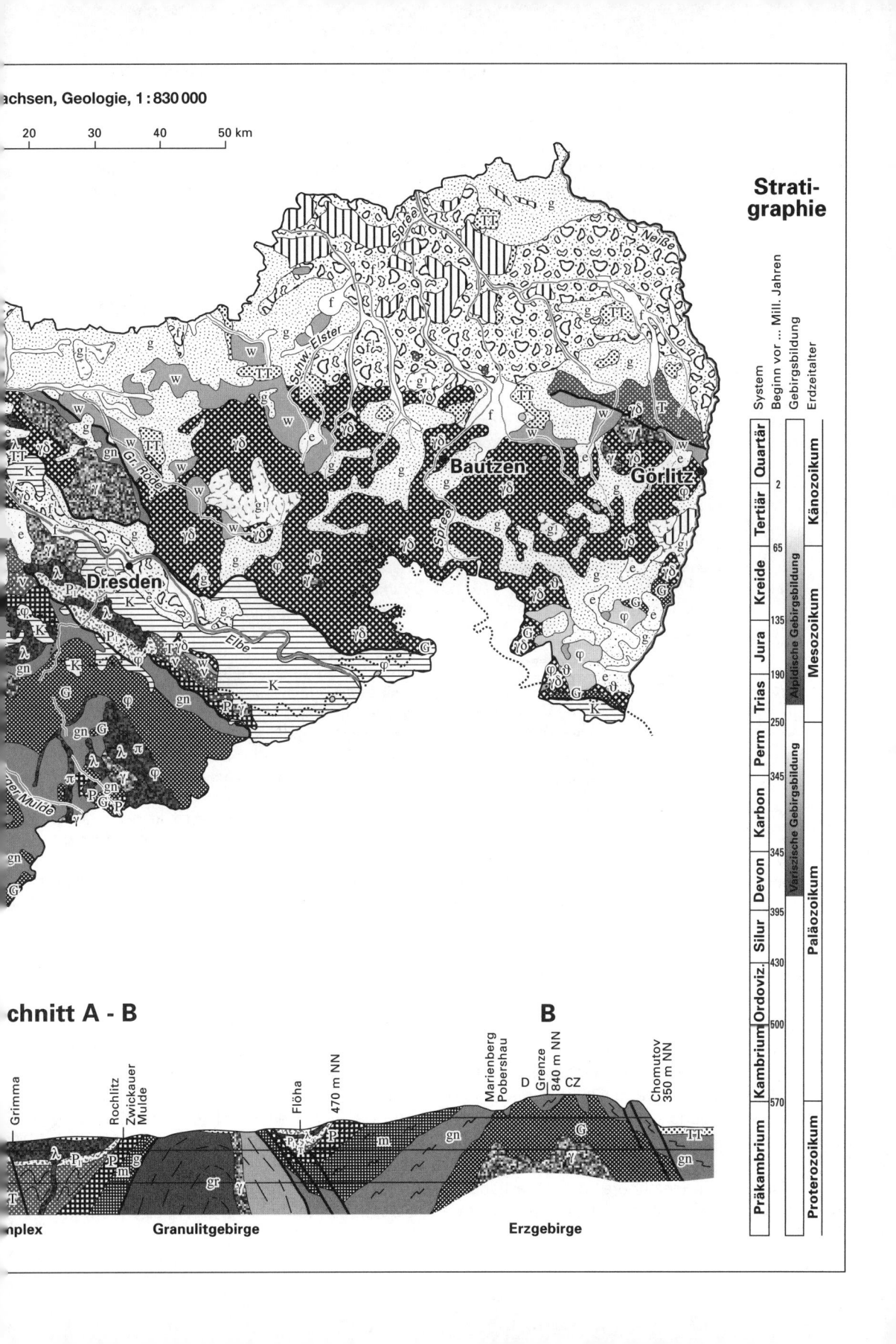

20 30 40 50 km

Stratigraphie

| System | Beginn vor ... Mill. Jahren | Gebirgsbildung | Erdzeitalter |

Quartär			Känozoikum
Tertiär	2		
Kreide	65	Alpidische Gebirgsbildung	Mesozoikum
Jura	135		
Trias	190		
Perm	250		
Karbon	345	Variszische Gebirgsbildung	Paläozoikum
Devon	345		
Silur	395		
Ordoviz.	430		
Kambrium	500		
Präkambrium	570		Proterozoikum

Schnitt A - B

Grimma — Rochlitz — Zwickauer Mulde — Flöha — 470 m NN — Marienberg Pobershau — Grenze D CZ 840 m NN — Chomutov 350 m NN

Komplex — Granulitgebirge — Erzgebirge

Kreischa wird überwiegend aus Konglomeraten und Schiefertonen aufgebaut, die besonders im Raum Freital ebenfalls Steinkohleflöze enthalten, die seit 1542 abgebaut wurden. Auch in diesem Gebiet ist der Abbau zum Erliegen gekommen. Begleitet werden die Sedimente von Porphyren (Teile des Tharandter Waldes) und Porphyriten.

Ein weiteres Verbreitungsgebiet von Porphyren ist der Nordwestsächsische Raum um Oschatz, Wurzen und Colditz. Besonders bekannt ist das Rochlitzer Porphyrgebiet, hier erreicht die Quarzporphyrdecke 400 m Mächtigkeit. Viele z. T. offengelassene Steinbrüche zeugen von der Bedeutung des Porphyrs als Bau- bzw. Schotterstein.

Übersicht 4.1: Verbreitung der ältesten Gesteinsserien in Sachsen

Überblickt man die Verbreitung der ältesten Gesteinsserien in Sachsen, dann zeigt sich eine regelhafte Anordnung. Das Muster der Verbreitung paläozoischer und älterer Gesteine wird durch den Bauplan des varistischen Gebirges in Mitteleuropa bestimmt (Abb. 4.1).

In die Abfolge von Sätteln und Mulden, die von Südwest nach Nordost verlaufen, ist besonders der westliche Teil Sachsens (bis zum Elblineament) gut einzuordnen.

Es folgen von Nord nach Süd:

Geologische Einheit	Beispielraum in Sachsen
Nordsächsischer Sattel	Raum Leipzig
Nordsächsische Mulde	Raum Grimma
Granulitgebirgssattel	Raum Burgstädt
Erzgebirgische Mulde	Raum Zwickau, Hainichen
Fichtelgebirgs-Erzgebirgs-Sattel	Raum Annaberg

Die Sättel repräsentieren die Vollformenbereiche des Varistischen Gebirges, die sofort mit ihrer Heraushebung Abtragungsvorgängen unterlagen. Die Festgesteinsverbände in ihrem Verbreitungsgebiet sind deshalb heute Tiefengesteine (Granit) und Metamorphite (Granulit, Gneis, Schiefer). Die Mulden, als Hohlformenbereiche, wurden demgegenüber mit Abtragungsschutt aufgefüllt, der sich als Konglomerate, Sandsteine oder Schiefertone abgelagert hat und lokal teilweise Steinkohleflöze enthält. Hinzu kommen als Zeugen eines subsequenten Vulkanismus die Porphyre und Porphyrite im Bereich der Mulden.

Am Elblineament bricht dieser Bauplan des varistischen Gebirges ab. Die erzgebirgische Streichrichtung der Bauelemente endet hier. Das Elblineament ist offensichtlich eine sehr alte Störungslinie der Erdkruste, die auch in den geologisch jüngeren Zeiten immer wieder aktiv wurde. Östlich des Elblineaments sind die Bauelemente in NW-SE-Streichrichtung (sudetisch bzw. hercynisch) angeordnet. Der Lausitzer Granodiorit wird als Schwelle flankiert von Muldenelementen. Im Nordosten schließt sich der Schiefermantel im Raum Görlitz, im Südwesten die Elbtalzone mit dem Elbtalschiefergebirge und dem Kreischaer Becken an.

4.1.2 Das Mesozoikum in Sachsen

Der sedimentäre Oberbau der mitteleuropäischen Tafel

Die Ära der varistischen Gebirgsbildung war mit dem unteren Perm (Rotliegendes) beendet. Abtragung und Sedimentation hatten das Gebirgsrelief weitgehend eingeebnet, eine große Verebnungsfläche (Permischer Rumpf) kennzeichnete die Oberflächengestalt weiter Teile Mitteleuropas. Die Bauelemente des varistischen Gebirges (Sättel, Mulden) bestimmen die Gesteinsverbreitung im Bereich dieses Gebirgsrumpfes. Mit dem oberen Perm (Zechstein) beginnt in Mitteleuropa eine Zeit der Sedimentation, die überwiegend durch Meeresüberdeckungen (Transgressionen) bestimmt wird.

Im Gegensatz zu vielen anderen Gebieten Deutschlands fehlen in Sachsen mächtige

Decksedimentserien. Der sächsische Raum war während dieser Zeit überwiegend Festlandsgebiet und damit Abtragungsbereich. Während bereits im Zechstein in anderen Gebieten (Thüringen, Hessen, Niedersachsen) mächtige Serien von Gips, Salzen oder Kalk abgelagert wurden, finden sich auf sächsischem Territorium nur lokal Belege für geringmächtige Akkumulationen. Dazu gehören Konglomerate bei Crimmitschau, Konglomerate und Letten bei Frohburg–Geithain und Mügeln oder die Plattendolomite bei Mügeln und Borna. Zumeist stehen diese Gesteine nicht direkt an der Oberfläche an. Sie wurden in Bohrungen nachgewiesen. Ihre Mächtigkeit beträgt nur einige Meter.

Am Nordrand des Erzgebirgischen Beckens greifen triassische Sedimente (Buntsandstein) aus dem Thüringer Raum auf Sachsen über. Überwiegend sind dies rotbraune Sandsteine und Letten, die ebenfalls nur selten direkt an der Oberfläche anstehen und auch nur wenige Zehner Meter Mächtigkeit erreichen. Sie treten im Raum Crimmitschau–Meerane und Geithain auf. Bemerkenswert ist auch eine Sandsteinschicht im Raum Meißen, die durch das Elbtal angeschnitten ist.

Gesteine aus dem Jura (Kalke, Kalkmergel) sind lokal am Nordostrand der Elbtalzone, insbesondere am Rand der Lausitzer Überschiebung (Hohnstein) nachgewiesen.

Von besonderer Bedeutung für Sachsen sind die kreidezeitlichen Sedimente. Im Elbsandsteingebirge und im Zittauer Gebirge haben sie der Landschaft ein spezifisches Gepräge gegeben. In der oberen Kreide kam es zur Ablagerung vorzugsweise von Sandsteinen, teilweise aber auch von Kalkmergeln und Tonen.

Abb. 4.3: Verbreitung der Kreideformation in Sachsen
Quelle: nach PIETZSCH 1962

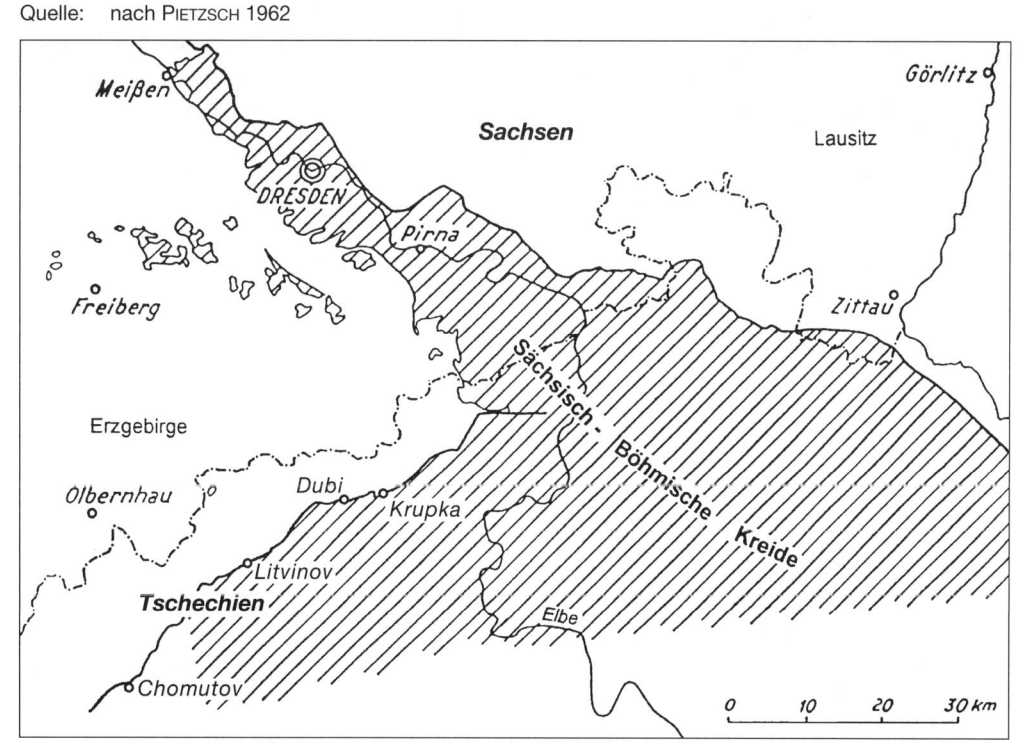

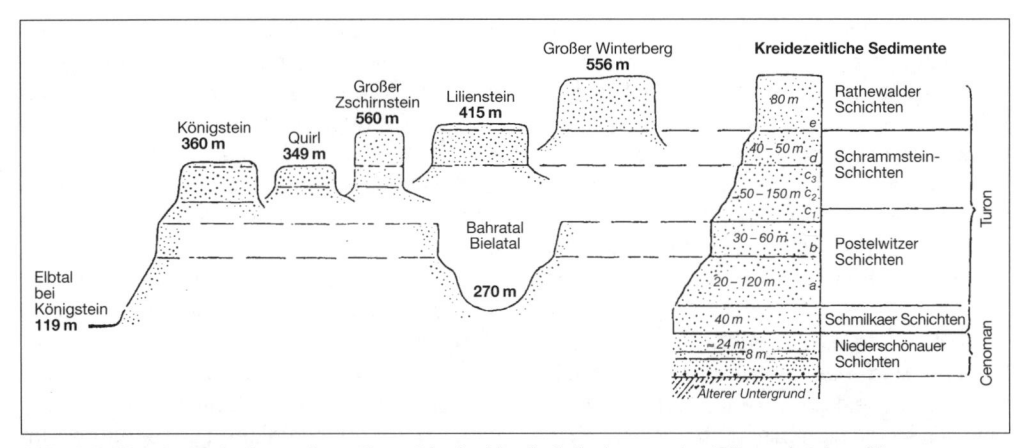

Abb. 4.4: Morphologische und stratigraphische Vertikalgliederung des Elbsandsteingebirges
Quelle: verändert nach WAGENBRETH / STEINER 1990

Die Verbreitungsgebiete der Kreidesedimente auf sächsischem Territorium (Abb. 4.3) stellen Randbereiche der großen zusammenhängenden Sedimentdecke dar, die sich von Nordböhmen, besonders entlang der Elbelinie, nach Norden bzw. Nordwesten ausdehnte.

Die im Cenoman beginnende Transgression beendete für Sachsen eine lange Phase terrestrischer Bedingungen. Die ersten Sedimentschichten (Grundschotter, Konglomerate) lagern häufig auf intensiv verwittertem und rotviolett gefärbtem Gesteinszersatz einer präcenomanen Landoberfläche. An einigen Stellen am Rande der kleinen Sandsteinreste der Nordabdachung des Osterzgebirges ist dieser Sachverhalt an Aufschlüssen gut erkennbar (Götzenbüschchen bei Oelsa / Rabenau).

Weitere Absenkungen im Turon führten zur Ablagerung von Sanden, die durch kalkigtonige Bindemittel zu Sandsteinen verfestigt wurden. Herkunftsgebiete der Quarzsandkörner waren die Festlandbereiche der Lausitz, der Sudeten, des Erzgebirges und der Böhmischen Masse. Bereits in der Oberen Kreide setzten am Elblineament erneut tektonische Bewegungen ein, die besonders im Elbsandsteingebirge zu einer geringen Ankippung der Tafel und zur Klüftung des Sandsteins führten.

4.1.3   Die im Tertiär entstandenen Merkmale des Landschaftsbildes

Die Zeit des Tertiärs hatte für die Landschaftsentwicklung Sachsens prägenden Charakter.

Besonders die tektonischen Vorgänge (Anlage von Bruchschollen, Bewegung dieser Schollen) schufen Höhenunterschiede und Expositionen, die auch auf spätere Vorgänge (z. B. das Vordringen des Inlandeises in den Kaltzeiten des Pleistozäns oder die Verbreitung der verschiedenen periglazialen Deckschichten) entscheidenden Einfluß hatten.

Ebenso bestimmen Höhenlage und Exposition die geländeklimatischen Gegebenheiten und die direkt davon abhängigen Merkmale der Vegetation oder der Bodenbildung bis in die Gegenwart. Weiterhin sind die tertiären Abtragungs- und Sedimentationsvorgänge und der Vulkanismus für die Landschaftsentwicklung zu beachten.

Übersicht 4.2: Das Fallbeispiel Elbsandsteingebirge

Das Elbsandsteingebirge ist auch unter dem Namen Sächsische Schweiz bekannt. Diese Namensgebung geht auf die Schweizer Anton Graff und Adrian Zingg zurück, die um 1800 an der Dresdner Kunstakademie lehrten. Bei ihrer Suche nach Landschaftsmotiven beeindruckte sie insbesondere die Gegend um Hohnstein, die viel Ähnlichkeit mit dem Schweizer Mittelland aufweist.

Prägend für den Reliefcharakter des Elbsandsteingebirges sind die kreidezeitlichen Sedimente, die im Gebiet zwischen Schmilka–Bad Schandau und Pirna überwiegend in sandiger Fazies abgelagert wurden.

Im Tertiär wurde die Kreidesandsteintafel durch Prozesse der Bruchschollentektonik beeinflußt. Entlang der Lausitzer Verwerfung (Hinterhermsdorf–Lichtenhain–Hohnstein) erfolgte die Überschiebung des Lausitzer Granodiorits auf die Sandsteintafel. Die Erzgebirgsscholle wirkte dabei als Widerlager. Die Horizontalverschiebungen führten zu Zerrüttungszonen im Gestein in der Nähe der Überschiebungslinie (Aufschluß bei Hohnstein), zur lokalen Aufwölbung des Sedimentpakets und zur Klüftung der Sandsteine (Quadersandstein).

Die Elbe und ihre Zuflüsse zerschneiden seit dem Teritär die Kreidetafel. Erosion und Denudation haben in Abhängigkeit von der spezifischen faziellen Ausbildung der Sedimente das typische Erosionsrelief mit Felsrevieren, Tafelbergen und Ebenheiten entstehen lassen.

Detailliertere geomorphologische Untersuchungen (ANDREAS 1965) zeigen, daß die Ebenheiten sehr häufig ein wesentlich stärker zerschnittenes Relief der Felsoberfläche unter den rezenten Flachformen aufweisen. Diese Hohlformen (Kerbtäler) sind durch glaziale Sedimente (Elster-Kaltzeit) verfüllt. An der Oberfläche verhüllen geringmächtige Lösse bzw. Lößderivate den Gesteinsuntergrund. Diese tragen neben dem Flachrelief und den mikroklimatischen Merkmalen zur bevorzugten Nutzung der Ebenheiten durch die Landwirtschaft bei.

Das Elbsandsteingebirge ist arm an Lagerstätten. Bemerkenswert sind der traditionelle Steinbruchbetrieb und in jüngerer Zeit der Abbau von Uranerz. Die rege Bautätigkeit in Dresden und anderen Städten im 18. und 19. Jahrhundert sorgten für Aufschwung und Blüte der Sandsteinbrüche. Besonders auf den der Elbe nahen Standorten erfolgte in großen Brüchen (Weiße Brüche bei Rathen, Postelwitzer Brüche) ein reger Abbau. Für den Transport bot sich die Elbe an.

„Nur wenn die Steinbrecher zu tun haben, haben die Schiffer zu fahren, sonst herrscht Armut und Not im Lande." Diese Aufzeichnungen des Königsteiner Chronisten Süß aus dem 18. Jahrhundert belegen die enge Verbindung zwischen Steinbruchbetrieb und Elbeschiffahrt zur damaligen Zeit. Der Steinbruchbetrieb wurde später an den der Elbe zugewandten Wänden aus Sicherheitsgründen verboten. Heute finden wir nur noch wenige Brüche in Nebentälern, vorwiegend am Rand des Elbsandsteingebirges.

Etwa ab 1970 hielt der Uranerzbergbau Einzug in das Elbsandsteingebirge (Gebiet Königstein). Der Untertagebau in etwa 300 m Tiefe hat keine größeren Veränderungen im Landschaftsbild des Gebietes ausgelöst. Die Wismut arbeitete hier anders als in den übrigen Uranfördergebieten. Durch unterirdische Sprengungen wurde der Gesteinsverband gelockert und schwefelsäurehaltige Lösungen schwemmten die Uranpartikeln aus. Obwohl die Urangewinnung 1994 eingestellt wurde, waren mehrere Gesteinsbereiche zur Laugung vorbereitet worden, die abgeschlossen werden muß. Die Sanierung des Bergbaugebietes bereitet gegenwärtig noch erhebliche Schwierigkeiten, zumal weitgehend unklar ist, ob die Laugung fortgesetzt werden muß, um eine Auswaschung der Uranpartikeln durch das Wasser, die das Grundwasser auch für den Großraum Dresden beeinflussen kann, zu verhindern.

Um die einzigartige Landschaft zu schützen und zu bewahren, wurde die Sächsische Schweiz 1956 mit einer Fläche von 368 km^2 zum Landschaftsschutzgebiet erklärt, mehrere Teilgebiete, z. B. Bastei, Kirnitzschtalklamm und Polenztal wurden Naturschutzgebiete. 1990 erfolgte die Gründung des Nationalparkes Elbsandsteingebirge. Aus dem Landschaftsschutzgebiet wurden zwei räumlich getrennte Areale ausgegliedert, von denen eines den direkten Anschluß an den böhmischen Anteil des Elbsandsteingebirges hat (vgl. Kap. 8.4.5).

Die Bruchschollentektonik

Von besonderer Bedeutung ist der über mehr als 120 km zu verfolgende Hauptabbruch der Erzgebirgsscholle zum Böhmischen Becken. Diese Bruchlinie verläuft auf tschechischem Territorium und kann durch die am Südfuß des Erzgebirgsabbruchs gelegenen tschechischen Orte Sokolov (Falkenau), Karlovy Vary (Karlsbad), Chomutov (Komotau), Litvinov (Leutendorf), Dubi (Eichwald) und Krupka (Graupen) markiert werden.

Die Verwerfung hat eine Sprunghöhe von mindestens 1000 m, es sind allerdings nur etwa 400 m morphologisch sichtbar. Bei einem Blick vom Duppauer Gebirge oder vom Böhmischen Mittelgebirge nach Norden ist dieser markante Abbruch gut zu erkennen. Die Hauptbruchlinie verläuft häufig versetzt und ist in mehreren parallelen Staffeln ausgebildet.

Bis zum Eozän lassen sich noch keine Belege für die Schollenbewegung am Südwest-Nordost verlaufenden Hauptabbruch des Erzgebirges finden. Der Erzgebirgskamm existierte als Wasserscheide im Flußnetz noch nicht. Schotter zeigen, daß die Flüsse aus Zentralböhmen nach Norden bis in den nordsächsischen Raum hinein entwässerten.

Im Oberoligozän (Chatt) begannen die tektonischen Bewegungen an der Erzgebirgsbruchlinie. Das südlich davon gelegene Nordböhmische Becken sank ab. Seit dem Unteren Miozän läuft auch die Ankippung der Erzgebirgsscholle phasenhaft ab. Damit wird den Flüssen der Entwässerungsweg von Böhmen nach Norden versperrt, es bildete sich ein neues Entwässerungsschema heraus. Nur am Nordostende der Verwerfung konnte entlang des Elblineaments der Verlauf der Entwässerung nach Norden beibehalten werden.

Die Schollenkippung des Erzgebirges erzeugte das klassische Bild einer Pultscholle mit der Südost-Nordwest gerichteten Abdachung von etwa 900 m NN auf den Kammhochflächen des Erzgebirges bis auf etwa 100 m NN im Raum Leipzig/Schkeuditz bei einer Entfernung (Luftlinie) von etwa 130 km.

Diese Abdachungsfläche wird von den konsequent entwässernden Flüssen zerschnitten. Nur im Ostteil des Erzgebirges werden die Flüsse in ihrem Unterlauf infolge anderer tektonischer Bewegungen (am Rande des Elbtals) abgelenkt (Wilde Weißeritz, Rote Weißeritz, Müglitz). Zwischen den zumeist engen Tälern verbleiben breite Flachformen, die in verschiedenen Höhen den Eindruck eines Rumpftreppenreliefs vermitteln, der auf die phasenhafte Hebung und Abtragung, besonders im Miozän und Pliozän zurückgeht. Allerdings lassen sich zweifelsfreie Belege für Reste tertiärer Verwitterung auf den Hochflächen kaum finden. Vielmehr wurde der flächenhafte Charakter des Reliefs stark von den periglazialen Vorgängen (Solifluktion, Kryoturbation) geprägt. Damit sind die Hochflächen des Erzgebirges wohl Nachfolgeformen eines tertiären Rumpftreppenreliefs.

Neben dem Erzgebirgsabbruch sind die beiden Nordwest–Südost (hercynisch) verlaufenden Störungen am Dresdner Elbtal von besonderer Bedeutung.

Die Lausitzer Verwerfung und die Karsdorfer Verwerfung (Teil der mittelsächsischen Störung) flankieren die Dresdner Elbtalzone. Die Lausitzer Störung verläuft von Hinterhermsdorf über Rathmannsdorf, Hohnstein, Lohmen, Weißig bei Dresden, Radebeul Richtung Priestewitz. In ihrem südöstlichen Teil bildet sie die Gesteinsgrenze zwischen dem Lausitzer Granodiorit und dem Sandstein des Elbsandsteingebirges (Lausitzer Überschiebung). Das Teilstück zwischen Heidenau und Radebeul tritt morphologisch besonders deutlich hervor, es bildet den rechtselbischen Steilhang des Elbtals im Raum Dresden. Die Karsdorfer Verwerfung verläuft aus dem Raum Liebstadt über Maxen, Kreischa, Rabenau Richtung Grumbach. Auch hier ist das mittlere Teilstück zwischen dem Wilisch bei Kreischa und dem Lerchenberg bei Possendorf morphologisch besonders gut zu verfolgen.

Diese beiden Störungen dürften bereits in der Oberen Kreide aktiv gewesen sein. Sie ermöglichen dem Kreidemeer das Eindringen in diesen Bereich und die Akkumulation von Sedimenten sandiger Fazies im Elbsandsteingebirge und tonig mergeliger Fazies (Pläner) im Raum zwischen Pirna und Meißen. Die tektonischen Bewegungen setzten sich im Tertiär, besonders aber auch im Quartär fort. Die Absenkung des Talbodens der Elbe ermöglichte auch dem elsterkaltzeitlichen Inlandeis ein sehr weites Vordringen nach Südosten bis in den Raum Bad Schandau–Schmilka.

Für die Holstein-Warmzeit wird eine besondere Belebung der Tektonik mit einer Absenkung des Talbodenniveaus der Elbe angenommen. Daraus resultiert eine Verstärkung der erosiven und denudativen Formungsprozesse. Die rechtselbischen Talsteilhänge wurden stark zerschnitten (Gründe zwischen Dresden-Wachwitz und Pillnitz). Linkselbisch wurden durch rückschreitende Erosion die Flüsse der Osterzgebirgsabdachung angezapft und im Unterlauf fast rechtwinklig zum Elbtal hin abgelenkt. Diese Unterlaufabschnitte bilden landschaftlich besonders reizvolle gefällereiche Engtalabschnitte aus (Rabenauer Grund im Unterlauf der Roten Weißeritz).

Neben diesen Hauptverwerfungslinien findet man besonders im Mittelgebirgsraum Sachsens eine Vielzahl weiterer kleiner Verwerfungen bzw. Flexuren, überwiegend in hercynischer Streichrichtung. Nur ein kleiner Teil von ihnen ist auch morphologisch bedeutsam.

Der tertiäre Vulkanismus

Vom Vogtland über das Erzgebirge, das Elbsandsteingebirge bis hin zur Lausitz lassen sich jungvulkanische Gesteine nachweisen.

Es handelt sich dabei überwiegend um Basalte bzw. Phonolithe. Sie treten als Einzelberge nördlich der großen Eruptivzentren auf, die vom Kaiserwald (Nordbayern) über das Duppauer Gebirge und das Böhmische Mittelgebirge (Nordböhmen) zu verfolgen sind. Sie stellen Schlotausfüllungen, Quellkuppen, Gangausfüllungen oder Deckenergüsse dar, die durch erosiv-denudative Vorgänge stark verändert worden sind.

Scheibenberg, Pöhlberg und Bärenstein im mittleren Erzgebirge, Geisingberg im östlichen Erzgebirge, Lausche im Zittauer Gebirge, die Landeskrone bei Görlitz oder der Burgberg in Stolpen gehören zu diesen markanten Einzelbergen in Sachsen. Sie treten konzentriert in der Nähe der Hauptbruchlinien und insbesondere in deren Überschneidungsbereichen (Ostsachsen) auf. Die Eruptionsphasen sind in das Oligozän und das Miozän zu datieren.

Abb. 4.5: Entstehung der Basaltberge im Mittleren Erzgebirge durch Reliefumkehr
Quelle: nach RAST 1982

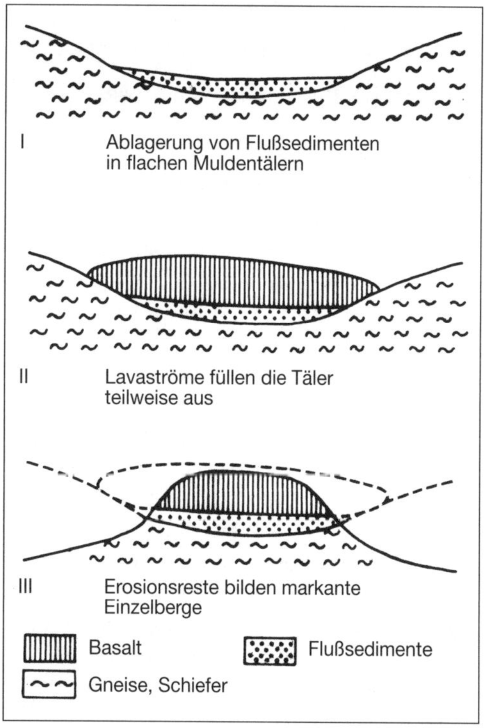

I Ablagerung von Flußsedimenten in flachen Muldentälern

II Lavaströme füllen die Täler teilweise aus

III Erosionsreste bilden markante Einzelberge

|||||||| Basalt   ░░░░ Flußsedimente
~~ Gneise, Schiefer

> Scheibenberg und Pöhlberg haben mit ihren Aufschlüssen wesentlich die Rekonstruktion der tertiären Reliefentwicklung im Erzgebirge ermöglicht und gleichzeitig die Geschichte der geologischen Lehrmeinungen beeinflußt.
>
> Der Basalt lagert im Bereich dieser Einzelberge auf überwiegend grobsandigen bzw. kiesigen Flußsedimenten des Oligozäns, die flache Hohlformen in den von Gneisen und Schiefern gebildeten Hochflächen des Erzgebirges ausfüllen. Diese Flußsedimente belegen, daß das Relief des Erzgebirges vor dem Basaltvulkanismus durch Verebnungsflächen ohne große Reliefenergie gekennzeichnet war, auf denen die Flüsse mit geringem Gefälle stark mäandrierend und akkumulierend nach Norden abflossen. Im Oligozän/Miozän ergossen sich Lavaströme in diese flachen Muldentäler.
>
> Auf dem Festgesteinsuntergrund im Liegenden sind wenige Meter grauweiße, teilweise auch rötlich gefärbte Sedimente mit gut gerundeten Fragmenten abgelagert. Darüber liegt Basalt in zumeist sechskantigen Säulen angeordnet, die 1–3 m stark und 20 m hoch sind (Orgelpfeifen). Die senkrechte Stellung der Säulen weist auf die sehr geringe Neigung der Sedimentunterlage hin, auf der der Basaltstrom geflossen und erkaltet ist. Verwitterungs-, Erosions- und Denudationsprozesse veränderten Form und Gestalt der Basaltdecken und ihres Umlandes. Von den Basaltdecken blieben nur inselartige Reste als Einzelberge erhalten, die zum Teil mehrere Kilometer von der Ursprungsspalte bzw. dem Schlot des Magmenaustritts entfernt sind. Wegen der erhöhten Verwitterungsstabilität und morphologischen Widerständigkeit des Basalts im Vergleich zu den älteren Festgesteinen der Umgebung heben sich diese als markante Vollformen ab (Reliefumkehr).
>
> In der Geschichte der geologischen Lehrmeinungen wurde der Scheibenberg bei Annaberg (807 m NN) besonders bekannt. Der bedeutende Freiberger Geologe Abraham Gottlob Werner veröffentlichte 1788 die Aufschlußverhältnisse am Scheibenberg und stellte heraus, daß der Basalt auf Sanden, Tonen lagert, die Fossilien enthalten, deshalb müsse der Basalt „nassen Ursprungs" sein. An dieser These entzündete sich der Streit zwischen Neptunisten und Vulkanisten. Werner und seine Anhänger deuteten den Basalt als fluviales Sediment und übertrugen diese Vorstellung auch auf andere Vulkanite. Der Nachweis des magmatischen Ursprungs dieser Gesteine brachte für die Wissenschaftsentwicklung in der Geologie einen wesentlichen Fortschritt.

Übersicht 4.3: Reliefumkehr am Scheibenberg und Pöhlberg im Mittleren Erzgebirge

Sedimentation und Lagerstättenbildung im Tertiär in Sachsen

Die Heraushebung der Erzgebirgsscholle im mittleren Tertiär führte zur Taleintiefung und zu kräftiger Zerschneidung der älteren Flächensysteme. Als Lockersedimente unterschiedlicher Mächtigkeit begleiten diese Abtragungsmassen den Nordfuß der sächsischen Mittelgebirge, wo die Senkungstendenz mit einer Versumpfung und der Bildung der Braunkohleflöze, der Meerestransgression vom Norden und der Sedimentakkumulation verbunden war. Ausgehend von den im vorangegangenen Abschnitt erläuterten Krustenbewegungen, werden im folgenden die aus der damaligen Landschaftsgenese folgenden Zeugnisse untersucht.

Die Tertiärablagerungen in Sachsen beginnen mit kaolinischen Tonen (Übersicht 4.4), die das Ergebnis einer tiefreichenden chemischen Verwitterung der kristallinen Gesteine der alten Rümpfe unter dem Einfluß eines feucht-heißen Tropenklimas sind. Die Aufbereitung der Gesteine reicht bis zu 15 bis 30 m Tiefe, und spätere Umlagerungen haben diese kaolinischen Bildungen verändert. Sie liefern heute einen wichtigen Rohstoff für die keramische Industrie. So wird

Übersicht 4.4: →
Tertiärsedimente und Braunkohleflöze in Sachsen
Quelle:
vereinfacht nach PIETZSCH 1962, EISSMANN/LITT 1994, NOWEL u. a. 1995

		Nordwestsachsen	Erzgebirge	Niederlausitz	Südliche Oberlausitz
Pliozän		100–200 m Sediment in epirogenetischen und Auslaugungsbecken		150–200 m Sediment in epirogenetischen Becken	150–250 m Sediment in kleinen tektonischen Becken
Miozän	Ober-	Flußschotter und -sande von Brandis und Ottendorf-Okrilla (Senftenberger Elblauf) Dübener Schichten: Festländische und Küstensedimente (Tone und Sande) *Mächtige Kohleflöze (3. Lausitzer Flöz)*		Flußschotter und -sande *1. Lausitzer Flöz* (Raunoer Folge, festländisch) Marine und brackige Kiese und Sande (Obere Brieskler Folge) *2. Lausitzer Flöz* (Hauptflöz) (Untere Brieskler Folge) *3. Lausitzer Flöz*	
	Mittel-				
	Unter-	Jüngere Bitterfelder Schichten: Festländische Sande und Tone	Basaltvulkanismus (Schlote und Deckenergüsse)	Sande und Tone (festländisch) Spremberger Folge	Braunkohlen von Zittau und Berzdorf, wechsellagernd mit Beckensedimenten
Oligozän	Ober-	*Bitterfelder Flözgruppe* Marine und festländische Sande und Kiese (Ältere Bitterfelder Schichten)	Fluviatile Sande und Kiese	*4. Lausitzer Flöz* Marine Sande (Obere und Untere Cottbuser Folge)	Basalt- und Phonolitvulkanismus, Tuffdecken Braunkohlen von Seifhennersdorf und Varnsdorf
	Mittel-	Böhlener Schichten: (Rupel) Marine Sande und Tone	Verwitterung, Abtragung und Kaolinisierung des Grundgebirges	Marine Sande und Tone (Rupelfolge) mit lokaler Kohlebildung *(5. Lausitzer Flöz)*	Verwitterung und Kaolinisierung des Grundgebirges (Prätertiär)
	Unter-	Böhlener Schichten: Mächtige festländische Kiese, Sande, Tone Weißelster- (Binnen-) Senke mit *Unter-, Haupt- und Oberflözgruppe*			
Eozän	Ober-	(Ältere Kohle) im Südraum von Leipzig		Marine Tone und Sande (nur westliche Niederlausitz) Sernoer und Schönwalder Folge	
	Mittel-	Mächtige fluviale und limnische Sedimentation. *Geiseltalflöze*: mächtige Kohleflöze durch Subrosion		Verwitterung und Kaolinisierung des Grundgebirges (Prätertiär)	
	Unter-	Verwitterung und Kaolinisierung des Grundgebirges (Prätertiär)			
Paläozän					

die Kaolintonlagerstätte Seilitz im Lößhügelland durch die Porzellanmanufaktur Meißen genutzt. Vorwiegend der Herstellung von Grobkeramik dienen Tone, die in Kemmlitz bei Mügeln abgebaut werden. Auch im Sächsisch-Niederlausitzer Heideland sind kaolinische Verwitterungsdecken oberflächennah nördlich von Kamenz – Niesky verbreitet. Besondere wirtschaftliche Bedeutung hat hier das Vorkommen von Caminau in der Nähe von Königswartha.

Auf den kaolinischen Verwitterungsdecken haben sich später in unterschiedlicher Mächtigkeit in den Senkungsräumen Nordwest- und Nordsachsens Fluß-, See- und Meeressedimente unterschiedlicher Mächtigkeit abgelagert. Eingeschlossen sind Braunkohleflöze verschiedenen Alters, die es berechtigt erscheinen lassen, das Tertiär aus sächsischer Sicht als „Braunkohleformation" zu bezeichnen. In Übersicht 4.4. sind die unterschiedlichen Lagerstättenbereiche mit ihren Flözbildungen dargestellt. Der Verbreitungsraum der Tertiärsedimente in West- und Nordsachsen zeigt zwei Hauptablagerungsgebiete: Den Südraum Leipzigs mit dem geologischen Weißelsterbecken und nördlich Leipzigs das Gebiet um Bitterfeld – Gräfenhainichen sowie schließlich im Nordosten Sachsens die Niederlausitz.

Übersicht 4.5: Die Entstehung der Braunkohle in Sachsen

Am Anfang der Erdneuzeit, vor ungefähr 65 Mio. Jahren, herrschte auch in Sachsen ein tropisch feucht-warmes Klima. Die Landoberfläche zu jener Zeit war eben bis flachwellig, und nur sehr widerständige Gesteine überragten in inselbergähnlichen Vollformen den älteren Abtragungsrumpf. Windungsreiche Gewässer in flachen Talmulden lagerten Sande, Kiese und Tone bei stark wechselnder Wasserführung ab. Verbreitet war der Untergrund tiefgründig kaolinisch verwittert – ideale Bedingungen für die Bildung flacher Seen und großräumiger Sumpflandschaften. Magnolien, immergüne Eichen und Buchen, Mammutbäume, Wasserfichten und Schirmtannen, daneben auch Palmen, sowie Riedgräser und Moose bildeten den vielfältigen Pflanzenbestand. Bei langsam absinkendem Untergrund und unter Luftabschluß bildeten sich aus den Humusstoffen der abgestorbenen pflanzlichen Substanzen die Braunkohleflöze. Oft war der Absenkungsvorgang kurzzeitig unterbrochen, oder es änderte sich die Wasserführung. Die „Zwischenmittel" aus Kiesen, Sanden oder Tonen zwischen den Flözbänken belegen in den Tagebauaufschlüssen diesen Vorgang.

In diese Landschaft drang im oberen Oligozän von Nordwesten das warme Meer ein, bis südlich Leipzig erstreckte sich eine Bucht. Meeressande und -tone, etwa 20 – 40 m mächtig, verhüllten die darunter liegenden Braunkohletorfe. Nun wirkte die Auflast dieser Sedimente, zu denen in der Niederlausitz viel später noch das bis 400 m mächtige Inlandeis kam. Die Torfe wurden komprimiert, und eine Entwässerung unter 75 % Wassergehalt erfolgte.

Im Südraum Leipzigs bilden drei Flöze die sog. „Ältere Braunkohleformation" (Eozän/Oligozän). Die Hebung der Erzgebirgsscholle, eingebettet in die alpidische Gebirgsbildung, führte neben Basaltvulkanismus im Erzgebirge und in der Oberlausitz auch dazu, daß sich das Meer weiter nach Norden zurückzog. Die jüngere Braunkohlenformation von Delitzsch – Bitterfeld – Gräfenhainichen, aus zwei bis drei Flözen aufgebaut, belegt diese Veränderungen. Sie ist aus riesigen Waldmooren im Küstenumfeld des Tertiärmeeres hervorgegangen. Im Jungtertiär schließlich verlagerten sich die großflächigen Senkungen in die Lausitz und nach Schlesien. In einem Milieu ständigen Wechsels von Meeresüberflutungen und Moorwachstum an einer Nehrungsküste entwickelte sich hier im Miozän das 2. Lausitzer Flöz, auf das der Bergbau hauptsächlich ausgerichtet ist. Hier lagern mit 13 Mrd. t abbauwürdiger Kohle knapp 25 % der deutschen Vorräte.

In der Oberlausitz, in den ehemaligen Abbaugebieten von Seifhennersdorf und Varnsdorf (Tschechische Republik), besonders aber bei den Becken von Zittau und Berzdorf, handelt es sich um kleinflächige, vertikal bis 100 m mächtige Lagerstätten, die sich in tektonischen Becken, z.T. vor und nach der Förderung der Basalte, gebildet haben.

Auf der nach Süden ansteigenden Landoberfläche nimmt die Mächtigkeit der Ablagerungen rasch ab. Ihre Verbreitungsgrenze folgt etwa der 300 m Höhenlinie von südlich Zwickaus, nördlich von Chemnitz vorspringend bis Nossen–Meißen. Östlich der Elbe reichen Tertiärsedimente bis zu einer Linie Großenhain–Bautzen–Niesky–Görlitz. In dieses Aufschüttungsgebiet sind die großen Braunkohlelagerstättenbezirke des Leipziger Südraumes eingeschlossen, die sich in flächenhafter Verbreitung und ebener Lagerung vor der mitteloligozänen Meeresüberflutung (Eozän) gebildet hatten, ebenso wie die Braunkohlen nördlich von Leipzig, die nach der Meerestransgression in einem jüngeren Schwemmfächer (Oberoligozän/Miozän) entstanden. Danach verlagerte sich der Senkungsraum weiter ostwärts mit den großflächig ebenen Flözkomplexen des Miozän in der Niederlausitz sowie etwa zeitgleich den Kohlebildungen innerhalb der tektonischen Binnenbecken von Zittau und Berzdorf entlang der Neiße.

Die sächsische Weichbraunkohle unterscheidet sich von der böhmischen Hartbraunkohle, deren Eigenschaften durch die vulkanische Aufheizung geprägt wurden, durch ihren geringeren Gehalt an Xylit (Holzbestandteile), höheren Wassergehalt und geringere Verdichtung und damit bessere Brikettierfähigkeit.

Die Technik der Braunkohlebrikettierung entwickelte sich im 19. Jahrhundert in Sachsen. 1881 wurde in Arntitz bei Lommatzsch die erste Presse aufgestellt. Hier wurde zeitweise ein kleines, 2–3,5 m mächtiges Flöz abgebaut. 1883 erzeugte man 11 476 „Briquettes", 1885 bereits mußten wegen zu geringen Absatzes der Abbau und die Brikettierung eingestellt werden. Gegenwärtig liegen die Marktchancen der Braunkohle hauptsächlich in der Verstromung im Grundlastbereich, der Wärme-Kraft-Kopplung und, bei deutlich abnehmender Tendenz, in der Brikettierung.

Der Braunkohlebergbau läßt sich in Sachsen über etwa 350 Jahre zurückverfolgen. Entsprechend der Lagerungsverhältnisse der Flöze, die dachziegelartig von Süden nach Norden einfallen, wurden im Süden und Westen zunächst die geologisch älteren Braunkohlen erst obertägig, dann auch im Tiefbau gefördert (EISSMANN 1994).

Das heutige Landschaftsbild im Fördergebiet wird durch die Narben des Tagebaubetriebes bestimmt. Durch die großflächigen Anlagen, allein westlich der Elbe wurden 600 km^2 überbaggert, was einen irreversiblen Eingriff in die Landschaftsgenese von geologischer Dimension darstellt (EISSMANN 1994, S. 137). Auch der kulturlandschaftliche Verlust ist groß, wenn man die zahlreichen Ortsüberbaggerungen bedenkt. Die heftigen öffentlichen Auseinandersetzungen um die Gemeinde Heuersdorf (320 Einwohner) im Bornaer Revier oder um Deutsch-Ossig (Berzdorfer Revier) weist auf diese Seite der Landschaftsveränderungen hin.

Der Umfang des Braunkohlenbergbaus selbst ist stark rückläufig. 1988 förderten noch 33 Tagebaue, 21 davon in Mitteldeutschland, 318 Mio. t Braunkohle (EISSMANN 1994). Nach der politischen Wende von 1989/1990 waren es im Bereich der MIBRAG (Mitteldeutsche Braunkohlen AG) nur noch die Gruben Espenhain, Zwenkau, Schleenhain und Profen (Nord und Süd), die Ende 1993 zusammen 23 Mio. t förderten.

Tab. 4.1:
Qualitätskennziffern sächsischer Braunkohleflöze zusammengestellt nach verschiedenen Quellen

	Bornaer Hauptflöz (Raum Leipzig)	Bitterfelder Hauptflöz (Raum Delitzsch)	2. Lausitzer Flöz
Wassergehalt (in %)	54	51–52	52–59
Aschegehalt (in %)	11,4	19	3,5–10
Gesamtschwefel (in %)	1,9	4,2	0,9–1,1
Heizwert (in kJ/kg)	10 500		8 600

Die LAUBAG (Lausitzer Braunkohle AG) betrieb 1993 in Sachsen die Tagebaue Berzdorf, Nochten, Reichwalde und Scheibe mit einer Jahresförderung von zusammen 87 Mio. t (die Tagebaue Berzdorf und Scheibe wurden 1994 an die LBV übergeben). Die Förderung im Oberlausitzer Lagerstättenbereich, zuletzt nur noch in Berzdorf betrieben, wurde inzwischen eingestellt.

Der größte Teil der Kohle wird für die Erzeugung von Elektroenergie verwendet, die Kraftwerke Schwarze Pumpe, Boxberg und Jänschwalde (Lausitzer Revier) und das hochmoderne Werk Lippendorf (südlich von Leipzig) sind im Netz der VEAG miteinander verbunden. Im Jahre 1998 wurde das modernste Braunkohlekraftwerk in Schwarze Pumpe an das Netz angeschlossen.

Die Flächenbilanz des Braunkohlebergbaus läßt sich für 1993 durch die in Tabelle 4.2 aufgeführten Werte kennzeichnen.

Die Bergbaufolgelandschaft wird nach ökologischen und landeskulturellen, weniger nach wirtschaftlichen Gesichtspunkten gestaltet. Entscheidend ist die Fruchtbarkeitssteigerung der Kippböden durch sukzessive natürliche Humusakkumulation und die Stabilisierung des Nährstoffhaushaltes. Ein wichtiges neues Landschaftselement, das an das Massendefizit des großflächigen Tagebaubetriebes gebunden ist, sind die Restlöcher, die nach Wiederanstieg des Grundwassers und nachfolgender Flutung zu Restseen werden. Der Kulkwitzer See, Zentrum einer Erholungslandschaft am westlichen Stadtrand von Leipzig, ist ein Beispiel für die sinnvolle Nutzung derartiger Wasserflächen. Nach Schätzungen (ABO-RADY/WEISE 1995) werden Restlochseen in Sachsen etwa 193 km^2 einnehmen. Davon existierten Ende 1993 im Bereich der MIBRAG reichlich 3 km^2, weitere 71,56 km^2 sind geplant. Im Lausitzer Revier (LAUBAG) gab es im Jahre 1993 etwa 16 km^2 Seeflächen, weitere 103,06 km^2 sollen künftig aus stillgelegten Tagebauen entstehen.

Bis zum späten Miozän dauerte der Wechsel festländischer und mariner Zustände am Südrand der Norddeutschen Senke mit ihren weitläufigen Hafflandschaften und großflächigen Waldmooren an. Durch die phasenhafte Heraushebung der Lausitzer und der Erzgebirgsscholle (vgl. Abschnitt 4.2.3) stellten sich zunehmend festländische Verhältnisse ein, die Küstenlinie wich nordwärts zurück. Damit entwickelte sich auch ein Gewässersystem, dessen Grundlage bis in die Gegenwart vererbt wurde. Sandige Quarzkiese in Nordwestsachsen (Brandis, Eilenburg) weisen auf Flüsse aus dem Erzgebirge hin, große zusammenhängende Schotterzüge sind nördlich von Dresden ausgebildet. Sie entsprechen dem Flußsystem der Urelbe (Senftenberger Elbelauf), die weite Teile Böhmens entwässerte und nach Auffassung von EISSMANN (1981) ihre Sedimentlast in einem breiten Schwemmfächer nördlich von Dresden (Kiese von Ottendorf-Okrilla) ablagerte. Die Bildung dieser Flußschotter im Pliozän vollzog sich bereits unter den Bedingungen einer tendenziellen Abkühlung, die seit dem Mittleren Miozän wirksam war. Sie weist auf den Übergang zu einer völlig anders gearteten Landschaftsentwicklung im Pleistozän hin. Die kaltklimatischen Phasen jener Zeit waren mit Sedimentationsprozessen verbunden, die die aktuellen naturräumlichen Strukturen Sachsens hervorgebracht haben.

Tab. 4.2: **Flächenbilanz (in km²) des sächsischen Braunkohlebergbaus für 1993**
Daten nach: Fakten zur Umwelt, Ausgabe 1994, Freistaat Sachsen, Landesamt für Umwelt und Geologie

	Sachsen gesamt	West-sachsen	Sächsische Lausitz
Geamtflächeninanspruchname	466,75	202,30	264,45
Rekultivierte Flächen	223,00	83,50	139,50
Devastierte Flächen (Tagebaue, Halden, Kippen)	243,75	118,80	124,95

4.1.4 Die Spuren des Eiszeitalters in der heutigen Landschaftsstruktur

Im Quartär, seit etwa 2,5 Mio. Jahren, sind die Grundzüge der sächsischen Landschaften entstanden. Besonders im Pleistozän, dem Eiszeitalter, wurden durch die Inlandeisvorstöße bzw. durch die Wirkungen des kalten Klimas die meisten Oberflächensedimente geschaffen. Im Holozän, seit etwa 10 000 Jahren, vollzogen sich die physisch-geographischen Prozesse zunehmend unter den Bedingungen des wirtschaftenden Menschen. Er korrigierte die Naturlandschaft entsprechend seinen Bedürfnissen.

Pleistozän

Im Frühpleistozän war auch in Sachsen der Wechsel von Warm- und Kaltzeiten nicht mit Bildung und Abschmelzen von Inlandeisen verbunden. Erst als vor reichlich 400 000 Jahren die Mitteltemperatur unter den Gefrierpunkt sank, erreichte in der Elsterkaltzeit vorrückendes Eis den sächsischen Mittelgebirgsraum, auch im jüngeren Saaleglazial lag der Eisrand längere Zeit in Mittel- und Ostsachsen.

Das Wechselspiel von wiederholtem Eisvorstoß und zeitweiligem Abschmelzen mit dem Abflußsystem der stets unvergletscherten Mittelgebirge äußert sich in charakteristischen Sedimentserien, die im Tiefland Mächtigkeiten zwischen 100 und 200 m erreichen können, im Mittel aber 10–25 m betragen. Diese Lockergesteine umfassen Serien von Schottern, Eisstauseesedimente (Bändertone), Grundmoränen (Geschiebemergel) und Schmelzwasserbildungen wie Kiese, Sande, Schluffe und Tone (EISSMANN 1994). In den Mittelgebirgstälern des Erzgebirges, des Sächsischen Vogtlandes und in der Oberlausitz zeugen die Schotterkörper der Flußterrassen, die in unterschiedlichem Auenabstand die Talhänge gliedern, von der Rhythmik, der im Warm- und Kaltzeitwechsel auch hier Erosion und Akkumulation unterlagen (EISSMANN 1981).

Das Elstereis drang bis an den Rand der sächsischen Mittelgebirge vor, es reichte in die größeren Täler der Pleiße, der Zwickauer Mulde, der Elbe oder der Neiße hinein. Aus den elsterzeitlichen Sedimenten, zwei übereinanderliegenden Serien von Bänderton – Grundmoräne – Schmelzwassersand und -kies, kann auf zwei Eisvorstöße, die ältere Zwickauer Phase (Elster 1) und die jüngere Markranstädter Phase (Elster 2), geschlossen werden. Besonders für den Dresdner Elbtalraum war der Elster-2-Vorstoß von großer Bedeutung. Im Zusammenhang damit kam es zur Plombierung des älteren Elblaufes zwischen Dresden und Radeberg und zur Verlegung des Abflusses in Richtung Meißen – Riesa. Die von Südosten kommende Elbe mündete hier in die frühglaziale Elbtalwanne unterhalb von Riesa, deren Basis bei −85 m NN liegt. Durch die rasche Frachtentlastung wurde ein Schwemmfächer aufgeschüttet, dessen mächtige Schotter heute große Grundwasservorräte bergen. Diese sind für die Wasserversorgung Mitteldeutschlands sehr wichtig. Die Südgrenze der maximalen Ausbreitung nordischer Geschiebe, die sog. „Feuersteinlinie", verläuft in Sachsen von Werdau über Zwickau – Chemnitz – südlich von Nossen bis nördlich des Tharandter Waldes und dann im Zuge der Senkungszone des Elbtales über Bad Schandau bis Děčín. In der Lausitz ist der Verlauf dieser Grenzlinie sehr stark gegliedert. Höhenrücken, wie z. B. Valtenberg (500 m NN) oder Buchberg, wirkten als Hindernisse, Beckenbereiche, wie z. B. um Zittau, waren vom Eis erfüllt.

Aus Anlaß der 100. Wiederkehr der Veröffentlichung der Inlandeistheorie von TORELL wurde auch in Bad Schandau ein sog. Eiszeitmarkierungsstein gesetzt, der dieses erdgeschichtliche Ereignis würdigt.

Die viel jüngeren Bildungen der Haupteisrandlagen der Saaleeiszeit, die vor etwa 150 000 Jahren entstanden, prägen in

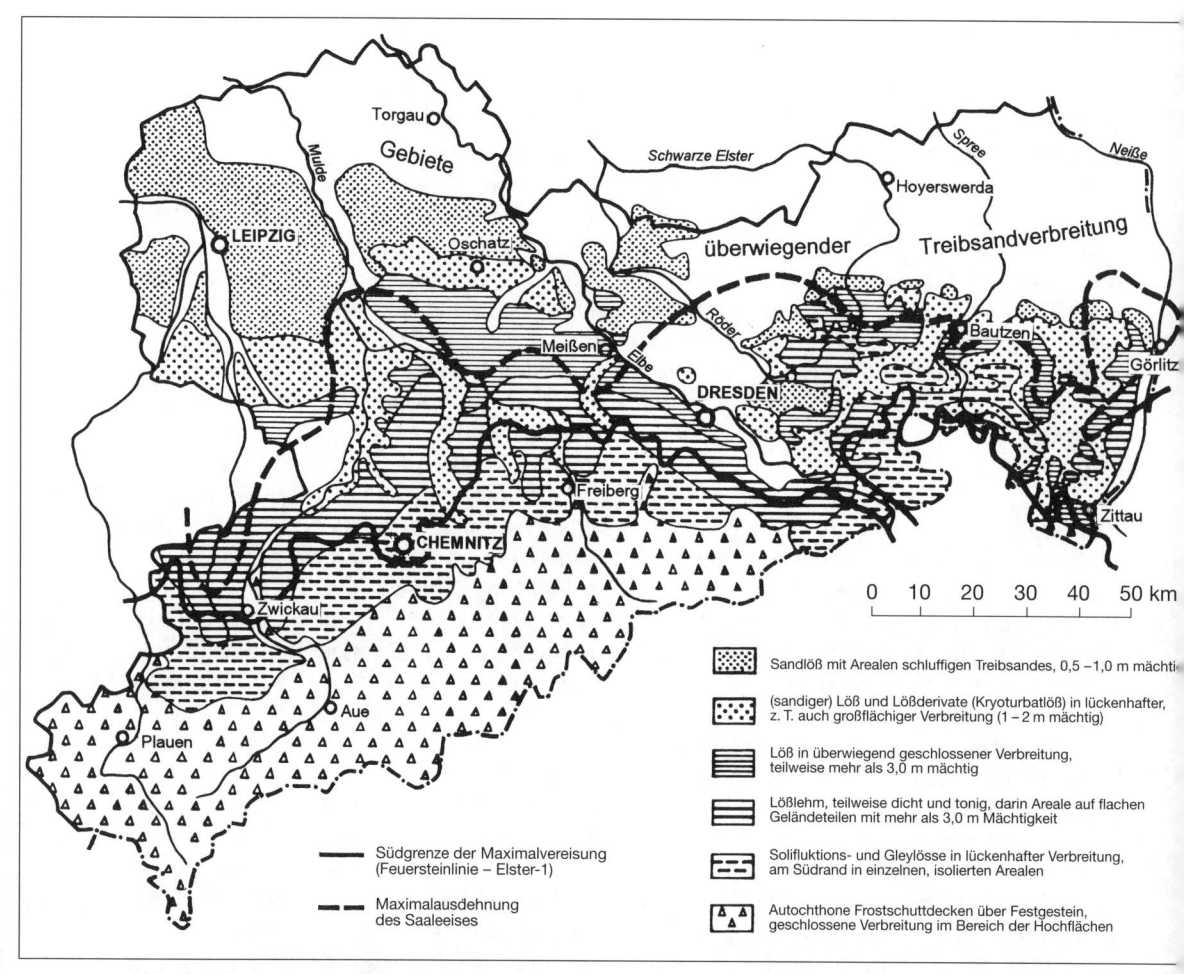

Abb. 4.6: Verbreitung weichselzeitlicher Lockersedimente in Sachsen
Quelle: zusammengestellt nach EISSMANN 1975, HAASE 1975 und Geologische Übersichtskarte des Freistaates Sachsen 1:400 000, 1992

Mittelsachsen zwischen Grimma und Meißen oder östlich Leipzigs, bei Taucha, mit einem Hügel- und Kuppenrelief das Landschaftsbild.

Nach der Holsteinwarmzeit kündigte sich die erneute Abkühlung durch die Ausbildung des Schotterpaketes der Hauptterrasse der sächsischen Flüsse an. „Vor allem in der Leipziger Bucht bis in das Mittelelbegebiet trennt sie als weithin zusammenhängende, schwemmfächerartige, 5–20 m mächtige Platte aus meist horizontal geschichteten groben Sanden und Kiesen das elstereiszeitliche vom saaleeiszeitlichen Glaziärstockwerk" (EISSMANN/LITT 1994, S. 85) und hat damit in Sachsen den Rang eines stratigraphischen Leithorizontes.

Auch während der Saaleeiszeit vollzog sich das Vorstoßen und Abschmelzen des Inlandeises phasenhaft, die für Sachsen bestimmenden Vorstöße (Zeitzer und Leipziger Phase, Saale 1) gehören dem Drenthestadium an. Nur im Nordosten Sachsens, in der Muskauer Heide, greifen die Stauchmoränen des Lausitzer Grenzwalles (Warthestadium, Saale 2) auf das sächsische Territorium über. Räumlich bleibt die Maximalausdehnung des Saaleeises um 10–50 km hinter der Feuersteinlinie zurück (vgl. Abb. 4.6).

Ähnlich wie während der Elstereiszeit kam es in den durch den Eisrand abgeriegelten Tälern zur Stauseebildung und zur Ablagerung von Bändertonen. Auch die Heidesande, die im Elbtal zwischen Pillnitz und Weinböhla eine deutliche Terrasse (Heidesand-Terrasse) bilden, sind bisher diesen Bedingungen zugeordnet worden. Hauptargument dafür war die ausgeprägt einheitliche Körnung der Sande. Jüngere Untersuchungen (WOLF/ALEXOWSKY 1994) deuten aufgrund von Geröllanalysen diese Ablagerungen als einen Sander, der seine Wurzeln an dem zwischen Meißen und Radeberg liegenden Eisrand hatte.

Während der letzten Eiszeit, der Weichselzeit, lag Sachsen im Periglazialraum. Unter kaltklimatischen Bedingungen und in unmittelbarer Nachbarschaft zum Inlandeis in Norddeutschland, bildete sich auf der langen Abdachung vom Erzgebirgskamm bis zum Tiefland in Nordsachsen eine charakteristische Anordnung periglazialer Lockersedimentdecken, deren Aufbau und Kornzusammensetzung sowie räumliche Abfolge entscheidend durch die Wirksamkeit des Windes und des Bodeneises (Permafrost und Auftauschicht in wechselnder Mächtigkeit) gesteuert wurde (Abb. 4.6).

In einer idealen streifenförmigen Anordnung folgt im westlichen Sachsen von Nord nach Süd auf Geschiebedecksande, die eine Breite von 10–15 km erreichen, Sandlöß, der in geringmächtigen entkalkten Löß bzw. sandigen Löß übergeht. Ganz unvermittelt, oft an eine Geländestufe gebunden, vollzieht sich der Übergang zum mächtigen, großflächig ausgebildeten Löß, der bei mehr als 3 m Sedimentmächtigkeit meist in geringer Tiefe noch kalkhaltig ist.

An der eisrandfernen Seite des sächsischen Periglazialgürtels, in etwa 300 m NN, erfolgt der Übergang in teilweise dichten, gelegentlich tonigen Lößlehm und in andere Lößderivate (Solifluktions- und Gleylösse) und räumlich die Auflösung der Lößdecke. Neben den Staubsedimenten zeugen in diesem Hügellandbereich Sachsens mächtige Terrassenschotter vom klimatisch bedingten Wechsel von Erosion und Akkumulation. Oberhalb von 400–450 m NN, im Bergland, bestimmen Frostschuttdecken die Oberfläche, die in örtlich stark wechselnder Mächtigkeit das ältere Festgestein überziehen. Angaben, die zwischen wenigen Dezimetern und zwei bis fünf Metern liegen, haben nur orientierenden Charakter. Vertikal wechselt scharfkantiger Frostschutt und oft dichtes Feinmaterial in charakteristischer Weise und prägten dadurch auch die Oberflächenböden in den Mittelgebirgslagen.

In der Lausitz ist das räumliche Anordnungsmuster der pleistozänen Decksedimente anders als in Westsachen. Hier ist statt der streifenförmigen Nord-Süd-Abfolge ein kleinräumiges Mosaikmuster ausgebildet, das durch das Berglandrelief im Wechsel mit Talwannen und Becken vorgezeichnet wird. Wegen der starken Expositionsabhängigkeit der äolischen Sedimente (Löß, Sandlöß, Treibsand) haben sich verbreitet west-östlich orientierte Abfolgen von mächtigen Lössen bis zum Treibsand ausgebildet. In der kulturlandschaftlichen Wirkung äußert sich dieses Raummuster besonders im Oberlausitzer Gefilde, wo Klosterpflege und Bautzner Land mit ihren teilweise mächtigen Lößlehmdecken Altsiedelinseln mit einer sehr eigenständigen Kulturgeschichte darstellen.

Holozän

Zu den wichtigsten landschaftlichen Prozessen im Holozän zählt die Herausbildung der Oberflächenböden, deren räumlich-strukturelles Muster für Sachsen ausführlicher erläutert wird (vgl. Kap. 4.4).

Andere landschaftsverändernde Vorgänge betrafen haupsächlich die Flußtäler und deren Einzugsgebiete. Hier kam es unter warmzeitlichen Klimabedingungen zunächst zu fluviatiler Akkumulation und zur Flachmoorbildung in den Rinnen und Randsenken. Viel größere Wirkung ging allerdings von der späteren menschlichen Besiedelung und Nutzung im Einzugsgebiet der sächsischen Flüsse im Hügel- und Tiefland aus. Rodung und Ackerbau überprägen seit dem Neolithikum das natürliche hydrologische Regime derart, daß es bei den häufigeren Auenüberflutungen zur minerogenen Sedimentation kam. Die dabei abgelagerten lehmig-schluffigen Feinkorndecken sind zwischen 1 und 5 m mächtig und ihre bräunliche Färbung verrät, daß es sich um ein Bodensediment handelt. Seiner Entstehung nach ist dieser Auenlehm das Ergebnis der durch Rodung und Ackerbau im Einzugsgebiet ausgelösten Bodenerosion. Entsprechend der sächsischen Siedlungsgeschichte ist der meist geringmächtige Ältere Auelehm dem neolithisch-bronzezeitlichen Ackerbau in den Altsiedelgebieten des Lößhügellandes um Lommatzsch–Mügeln bzw. im Bautzner Land zuzuschreiben, der mächtige Jüngere Auelehm dagegen dem früh- und hochmittelalterlichen Landesausbau.

4.2 Die naturräumliche Gliederung Sachsens

Heute überziehen lückenlos landwirtschaftliche Nutzflächen, Forsten, Siedlungen, Industrieanlagen und Trassen der Verkehrsinfrastruktur das Land Sachsen. Dennoch zeigt jedes großräumige Satellitenbild am unterschiedlichen Raumverhältnis der Flächennutzung die Bedeutung der naturlandschaftlichen Bedingungen.

Die Strukturmuster seiner vielgestaltigen landschaftlichen Ausstattung sind Ergebnis einer langen geologischen Entwicklung. Solche Merkmale wie Böden und Vegetation entwickelten sich allerdings vor allem erst in der jüngsten und geologisch kürzesten Periode, dem Quartär. Diese hat entscheidend die spätere kulturlandschaftliche Entwicklung beeinflußt.

Am allgemeinsten kann die naturräumliche Gliederung Sachsens durch dessen Einordnung in die mitteleuropäischen Naturregionen beschrieben werden. Streifenförmig west-ost-orientiert, folgen von Nord nach Süd das glazial bestimmte Tiefland, die Lößgefilde des Flach- und Hügellandes und schließlich das Mittelgebirgsland aufeinander. Eine genauere Betrachtung zeigt, daß vor allem westlich der Elbe durch die varistischen Strukturlinien mit ihrem SW-NE-Streichen die landschaftliche Arealstruktur bestimmt wird. Östlich der Elbtalzone, selbst ein Raum komplizierter geologischer Entwicklung, überkreuzen sich erzgebirgische und sudetische Strukturlinien und bestimmen ein mosaikartiges naturräumliches Muster (Abb. 4.7).

Der Tieflandsanteil Sachsens wird von den *Altmoränenplatten der Nordsächsisch-Niederlausitzer Heiden* und den *Tieflandstälern von Mulde, Elbe und Schwarzer Elster* bestimmt.

Die Heidelandschaften sind in großer landschaftlicher Vielfalt zwischen dem Muldetal im Westen und dem Neißetal im Osten ausgebildet. Typisch ist ein Flachrelief mit Höhenlagen unter 200 m NN, nur vereinzelt wird das Landschaftsbild durch Hügel und Kuppen belebt. Genetisch handelt es sich um glaziale Aufschüttungsgebiete aus der Elster- und Saalekaltzeit, also um Altmoränenland. Es überwiegen sandig-kiesige Oberflächenbildungen, als Moränenreste oder Sanderflächen sind es Teile stark eingeebneter glazialer Serien. Auf den nährstoffarmen Braunpodsol- und Podsolböden ist der Waldanteil verbreitet größer als 50 %. Kiefernforsten haben die ursprünglichen

Die naturräumliche Gliederung Sachsens 69

Abb. 4.7: Naturräume Sachsens
Quelle: Terra Geographie 10 Gymnasium Sachsen 1999, verändert nach „Sächsische Heimatblätter" 4, 1996

Kiefern-Eichenwälder abgelöst; in der Muskauer Heide, zwischen Spree und Neiße, tritt auch die Fichte in größeren Tieflandsvorkommen auf. Die landschaftliche Merkmalsausbildung wird stark durch die Grundwasserverhältnisse bestimmt. So kontrastieren die trockenen Moränekuppen und Binnendünenzüge scharf mit den vermoorten Niederungen; Teichlandschaften vervollständigen die landschaftliche Vielfalt. Durch den Abbau der Braunkohleflöze kam es vor allem im Tieflandsbereich der Lausitz zu beträchtlichen Landschaftsveränderungen, die über Grundwasserabsenkungen auch den Landschaftshaushalt grundlegend beeinflußt haben. Andererseits hat die traditionell extensive Wirtschaftsweise auch zur Erhaltung wertvoller Biotope geführt. Mit dem Biosphärenreservat Oberlausitzer Heide- und Teichlandschaften wurde ein besonders wertvolles Gebiet unter Schutz gestellt.

Die Auenlandschaften lassen sich scharf von den Heiden und Altmoräneplatten abgrenzen. Das Riesa-Torgauer-Elbtal und die Elsterwerda-Herzberger Elsterniederung verkörpern diesen Landschaftstyp am klarsten. Das Tieflandstal der Elbe weitet sich unterhalb von Hirschstein auf 4–5 km Breite; innerhalb der Aue fließt, von Deichen begrenzt, der nun 150–200 m breite Strom in freien Mäandern, die auch nach der Stromkorrektion den Charakter der ursprünglichen Auenlandschaft erkennen lassen. Auelehmablagerungen im Bereich des Hochflutbettes von etwa 2,0 m Mächtigkeit zeugen von der früheren Hochwasserdynamik, hier war auch das Verbreitungsgebiet von artenreichen Auenwäldern mit Eichen und Ulmen. Diese sind nahezu vollständig durch landwirtschaftliche Nutzflächen ersetzt worden, bei ausreichender Grundwasserabsenkung ist der Anteil an Ackerflächen in diesen Auenbereichen hoch.

Im südlich an das Tiefland anschließenden *Hügelland des Gefildes* in Höhen zwischen 200 und 450 m NN wird die landschaftliche Gemeinsamkeit durch die Lößdecke geprägt. Sie wurde unter periglazialen Bedingungen während der Weichseleiszeit abgelagert und überdeckt ältere tertiäre und pleistozäne Sedimentserien und Festgesteine. In den größeren Flußtälern an Elbe, Freiberger und Zwickauer Mulde, Pleiße und Weißer Elster sind auch die Haupt- und Hochterrassen lößbedeckt. Wo der Löß, wie im Raum Meißen–Lommatzsch–Mügeln, Mächtigkeiten zwischen 2 und 5 m erreicht, hat sich ein flachwelliges Relief mit großen, verzweigten Dellensystemen herausgebildet. Die Lößböden haben allgemein ein gutes Speichervermögen für Wasser und Nährstoffe und zeichnen sich durch hohe Fruchtbarkeit aus. Das Ackerland dominiert, der Grünlandanteil liegt allgemein unter 10,0 %, und Wälder sind auf die steileren Talhänge beschränkt, ihr Anteil liegt unter 5,0 %. Der Gefildebegriff (Feld an Feld) betont den Offenlandcharakter dieser alten Ackerlandschaft.

Den Kernraum des Sächsischen Gefildes bildet das Mittelsächsische Lößhügelland zwischen Mügeln–Lommatzsch und Meißen. Im Norden grenzt es mit der sächsischen Hügellandstufe an die sandlößbedeckten Altmoräneplatten, im Süden in etwa 300 m NN an die Lößlehmplateaus. Im trockensten Teil des Mittelsächsischen Lößhügellandes liegt mit der Lommatzscher Pflege das fruchtbarste Teilgebiet. Hier haben sich auf kalkhaltigen Lössen Parabraunerden und schwarzerdeähnliche Böden gebildet, die bereits seit dem ausgehenden Neolithikum genutzt werden.

Später war dieser Raum Kern des Slawengaus Daleminze, ein dichtes Wegenetz zwischen weilerartigen Kleinsiedlungen kennzeichnet noch heute dieses Altsiedelgebiet.

In den südlich anschließenden Teilgebieten des Lößgefildes, die zwischen 350 und 450 m NN liegen, sind auf den plateauartigen Verebnungen Lößlehme ausgebildet, die oft ungünstige Sickereigenschaften haben. Deshalb kommt es hier verbreitet zur Staunässebildung. Insgesamt ist die Ausräumung der Feldflur geringer und der Waldanteil höher. Die Verbreitung von Waldhufendörfern belegt, daß die Kulturlandschaftsentwicklung im wesentlichen mit der deutschen Ostkolonisation begonnen hat. Heute sind vor allem durch die Meliorationen des 19. Jahrhunderts die agrarischen Leistungsunterschiede gegenüber dem Lommatzscher Gebiet deutlich verringert worden.

Im *Übergangsbereich des Hügellandes zum Bergland* in 450–500 m NN löst sich die Lößdecke auf und dichter, umgelagerter Lößlehm ist auf Talwannen und Mulden sowie die langen Flachhänge beschränkt. Auf den lößfreien steileren Hängen ist die Bodenbildung an steinig-lehmige Frostschuttdecken gebunden. Besonders deutlich ist dies im Erzgebirgsbecken zwischen Chemnitz und Flöha. Der Waldanteil nimmt hier ebenso zu wie der des Grünlandes. Das Siedlungsnetz wird durch kilometerlange Waldhufendörfer, die den Tälern folgen, bestimmt.

In dem südlich an das Lößgefilde anschließenden *Mittelgebirgsland* wird der Landschaftscharakter durch die Gemeinsamkeiten der Reliefentwicklung seit der tertiären Schollentektonik, die überall anzutreffenden weichselkaltzeitlichen Lockerdecken, die durch Ausgangsgestein, Frostverwitterung und Umlagerungsprozesse differenziert sind, und schließlich durch das diesem Raum gemeinsame Gebirgsklima mit seinen höhenabhängigen Merkmalen aus Temperatur und Niederschlägen und den engen Beziehungen zwischen Oberflächenformen und lokaler Klimaausbildung bestimmt.

Im westlichen Teil des Mittelgebirgslandes bilden Vogtland und Erzgebirge eine zusammenhängende Großscholle mit vielen gemeinsamen Merkmalen. Der Grenzraum an der Flexur der Schöneck-Stufe ist sehr breit und unscharf. Der östliche Teil des Sächsischen Mittelgebirgslandes wird durch das Oberlausitzer Bergland repräsentiert. Hier geben insbesondere die Eigenschaften des Granodiorits (Lausitzer Granit) und die kompliziertere quartäre Reliefgenese dem Naturraum seine spezifische Prägung. Zwischen diesen beiden Teilen liegt im Verlauf der Elbelinie das Elbsandsteingebirge mit seinen spezifischen petrographischen und geomorphologischen Eigenschaften. Diesem Ausstattungstyp ist auch das Zittauer Gebirge zuzuordnen.

In Abhängigkeit von Höhenlage und Formenmerkmalen sind die Sächsischen Mittelgebirge relativ spät (ab dem 12. Jahrhundert) besiedelt worden. Neben der landwirtschaftlichen Nutzung standen insbesondere der Erzbergbau und die Holzverarbeitung im Mittelpunkt der Erschließung. Prototyp dieser Entwicklung ist das Erzgebirge.

In den unteren Berglagen dominiert heute das Offenland mit hohem Ackerlandanteil. Die Waldhufen- bzw. Straßendörfer sind im Flurbild nur noch in wenigen Beispielen gut erkennbar. Mit zunehmender Höhenlage nimmt der Grünland- und Waldanteil zu. Insbesondere in den oberen Berg- und Kammlagen des Erzgebirges sind große zusammenhängende forstwirtschaftlich genutzte Flächen anzutreffen, allerdings haben die Schwefeldioxid- und Stickoxidbelastungen die Vitalität des Waldes arg beeinträchtigt.

Während der Erzbergbau und die darauf basierende Verarbeitende Industrie zum Erliegen gekommen sind, sind die Bemühungen um die Entwicklung des Tourismus unter Nutzung der gegebenen Gunstfaktoren (Klima, Relief, historische Entwicklung des Bergbaus, der Industrie und des Handwerkes) deutlich erkennbar.

Fallbeispiel: Naturraum Erzgebirge

Naturräumliche Kennzeichnung und Gliederung
Das Erzgebirge (Kippscholle mit mehr als 100 km West-Ost- und 30–50 km Nord-Süd-Ausdehnung) ist überwiegend aus metamorphen und magmatischen Gesteinen des Paläozoikums aufgebaut. Auf diesem Grundgebirge lagern nur lokal geringmächtige mesozoische Festsedimente. Die Kippung der Erzgebirgsscholle bewirkt, daß besonders im südlichen und südöstlichen Teil der Scholle die hochmetamorphen Gneise an der Oberfläche anstehen, während im Westen und Nordwesten Glimmerschiefer und Phyllite überwiegen (Abb. 4.7).

Neben den tektonischen Begrenzungslinien der Scholle im Süden und teilweise auch im Osten durchziehen viele lokale Störungen das Erzgebirge zumeist in Nordwest-Südost-Richtung. Diese sind teilweise sehr alt und werden durch Gesteinsgrenzen bzw. auch durch den Verlauf von Tälern (Flöha) markiert. Die Vielzahl der Gneisvarietäten weist auf sehr unterschiedliche Ausgangsgesteine (Sedimente: Paragneise, Magmatite: Orthogneise) für die Metamorphose hin. Die Gneise sind die ältesten Gesteine des Erzgebirges (z. T. Präkambrium), in ihnen sind oft Quarzite, Amphibole und Kalke (Marmor) eingeschlossen.

Die kristallinen Schiefer des Erzgebirges werden von einem großflächig ausgebildeten Tiefengesteinskomplex (Granit) unterlagert, der nur lokal bis an die Oberfläche reicht. Das Aufdringen der Gesteinsschmelzen erfolgte in zwei Phasen während der varistischen Gebirgsbildung. Die Granite von Kirchberg oder Schneeberg/Schwarzenberg und Bobritzsch bzw. Schellerhau gehören zu den älteren (Karbon), die von Eibenstock, Geyer oder Altenberg/Zinnwald zu den jüngeren (älteres Perm). Im

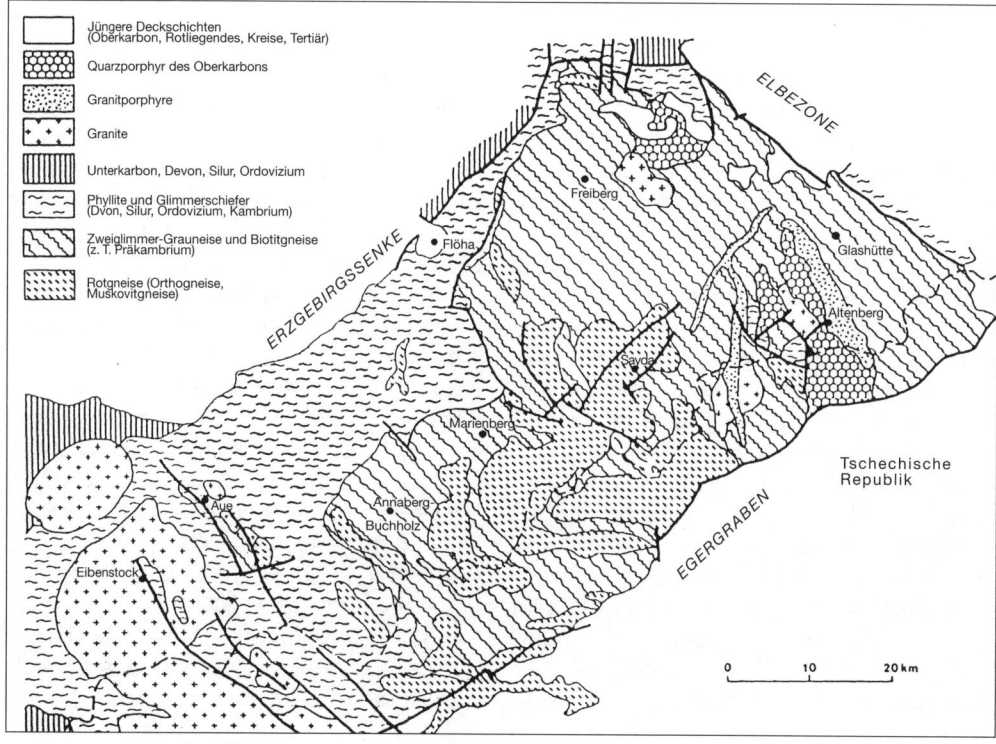

Abb. 4.8: Geologische Übersichtskarte zum Erzgebirge
Quelle: verändert nach HENNINGSEN / KATZUNG 1992

Übersicht 4.6: Lagerstätten im Erzgebirge (vgl. BEEGER u. a. 1988)

Das Erzgebirge zeichnet sich durch Lagerstätten von mehr als 20 Metallen aus, die drei Hauptbildungsepochen zuzuordnen sind:
- Präkambrium / Altpaläozoikum, vorzugsweise die Elemente Fe, Sn, W, Cu, Zn, Pb;
- Jungpaläozoikum, besonders Fe, Sn, W, Mo, Li, Zn, Pb, U, Ag;
- Mesozoikum / Känozoikum, hauptsächlich Fe, Mn, Bo, Pb, Cu, Ni, Ag.

Die ältesten Lagerstätten sind zumeist schichtgebunden als Horizonte und unregelmäßige Lagen ausgebildet, sie sind teilweise durch jüngere Vererzungsvorgänge verändert worden. Die varistischen Bildungen sind durch die Bruch- und Spaltenbildung und die damit verknüpften hydrothermalen Gangausfüllungen mit typischen Mineralvergesellschaftungen (Formationen) geprägt. Als Beispiele seien die Wolfram-Molybdän-Formation (Zschorlau), die Zinn-Wolfram-Formation (Altenberg / Ehrenfriedersdorf), die kiesig-blendige Bleierzformation (Freiberg, Annaberg) oder die Uran-Quarz-Formation (Schneeberg) genannt. Zinnvererzung konnte sich nicht nur in Gängen, sondern auch stock- bzw. stockwerkartig (Greisenbildung) vollziehen (Altenberg, Zinnwald).

Die jüngste Phase der Lagerstättenbildung (Meso-, Känozoikum) verlief ebenfalls in Gängen und Spalten, die als Transportbahnen bzw. Absatzraum aufdringender Lösungen dienten, teils wurden ältere Gänge wieder aktiviert. Als Beispiele können die quarzigen Eisen-Baryt-Formation (Schellerhau) oder die Wismut-Kobalt-Nickel-Arsen-Silber-Uran-Formation (Schneeberg, Johanngeorgenstadt) angeführt werden.

Darüber hinaus sind auch die Vorkommen nichtmetallischer Rohstoffe bemerkenswert.

> Neben dem Silber- spielte insbesondere der Zinnbergbau für das Erzgebirge eine entscheidende Rolle. 1315 begann der Bergbau bei Geyer, 1395 bei Ehrenfriedersdorf und um 1440 im Raum Altenberg/Zinnwald, früher wurde wahrscheinlich bei Krupka (Graupen) auf der böhmischen Seite des Erzgebirges Zinnbergbau betrieben. Mit dem Zinn vergesellschaftet findet man eine Reihe weiterer wertvoller Elemente, wie Wolfram, Molybdän, Lithium oder Wismut. Die Zinnerzlagerstätten treten vorwiegend in Stöcken, in den obersten Partien granitischer Plutone auf. Sie sind damit eng begrenzt, erfordern aber den Abbau und die Zerkleinerung größerer Gesteinsmengen, um die Erze mit einem Zinngehalt von zumeist weniger als 1 % zu fördern. Große Weitungsbauten und Höhlensysteme führten in den Bergbaugebieten auf Zinn zu Einstürzen (Pingen-/Bingenbildungen) von beträchtlichem Ausmaß (Altenberg/Ehrenfriedersdorf).

Übersicht 4.7: Der erzgebirgische Zinnbergbau

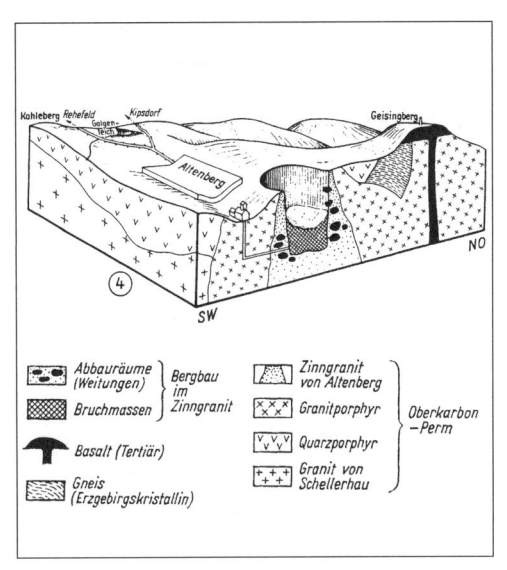

Abb. 4.9: Die Zinnerzlagerstätte von Altenberg mit Pinge
Quelle: WAGENBRETH/STEINER 1982, S. 140

oberen Karbon erreichten rhyolitische Schmelzen, insbesondere im Osterzgebirge die Oberfläche. Granit- und Quarzporphyr lagerten sich besonders im Raum Altenberg–Frauenstein–Glashütte ab.

Im Mesozoikum (besonders Kreide) kam es am Nord-/Nordostrand des Erzgebirges zu Sedimentablagerungen, von denen im Tharandter Wald und seiner Umgebung noch Reste erhalten sind.

Lokal belegen Basalte und Phonolithe die Phase der Bruchtektonik

Während der Kaltzeiten des Pleistozäns drang das Inlandeis nur bis zum Nordrand des Erzgebirges vor. Auch für eine Eigenvergletscherung des Gebirges finden sich keine Belege. Periglaziale Bedingungen in den Kaltzeiten des Pleistozäns führten aber zur Ausbildung von Frostschuttdecken über den verschiedenen Festgesteinen. In Höhenlagen bis 400 m NN sind insbesondere im Ostteil des Gebirges Löß bzw. Lößderivate in den oberen Dezimetern der Schuttdecken enthalten bzw. lokal expositionsabhängig auch geringmächtige Aufwehungen ausgebildet.

Der kontinuierliche Anstieg der Landoberfläche von etwa 350 m NN am Nordrand des Gebirges auf 900–1 000 m NN im Kammbereich führt zur regelhaften Ausbildung der oroklimatisch determinierten Höhenstufenbereiche „Untere Berglagen" (bis etwa 500 m NN), „Mittlere Berglagen" (500–750 m NN) und „Obere Berglagen" und „Kammlagen" (oberhalb 750 m NN bzw. oberhalb 900 m NN). Diese Höhenstufen sind streifenförmig angeordnet. Der jeweilige Flächenanteil variiert vom Grenzraum zum Vogtland im Westen bis zum Grenzraum zum Elbsandsteingebirge im Osten sehr stark. Das drückt sich in einer Gliederung des Gebirges in ein Westliches, ein Mittleres und ein Östliches Erzgebirge aus.

4.3 Grundzüge des Klimas in Sachsen
4.3.1 Lagebedingte Klimamerkmale

Die klimatischen Verhältnisse hatten einen deutlichen Einfluß auf die Entwicklung der Kulturlandschaft in Sachsen, auch gegenwärtig haben Witterung und Klima eine große Bedeutung für Land- und Forstwirtschaft sowie für den Tourismus.

Das Klima des sächsischen Raums wird durch drei Ursachenkomplexe bestimmt:
1. seine geographische Lage etwa beiderseits des 51. Breitengrades innerhalb der Mittelbreiten mit einem bereits deutlichen thermischen Jahreszeitenklima.
2. die Einbindung in den Übergangsraum zwischen ozeanischen und kontinentalen Klimawirkungen. Es fallen ganzjährig Niederschläge, die hauptsächlich an die Zyklonendurchgänge gebunden sind. Das Niederschlagsmaximum liegt im Sommer. Durch den lagebedingten Wechsel von ozeanischen und kontinentalen Luftmassen entsteht zudem eine ausgeprägte Veränderlichkeit der Witterung mit einem deutlichen Jahresgang der Wetterlagen.

Abb. 4.10: Höhenstufung von Temperatur und Niederschlag in Sachsen westlich der Elbe
Entwurf: M. Kramer 1994; Zeichnung: U. Herzog

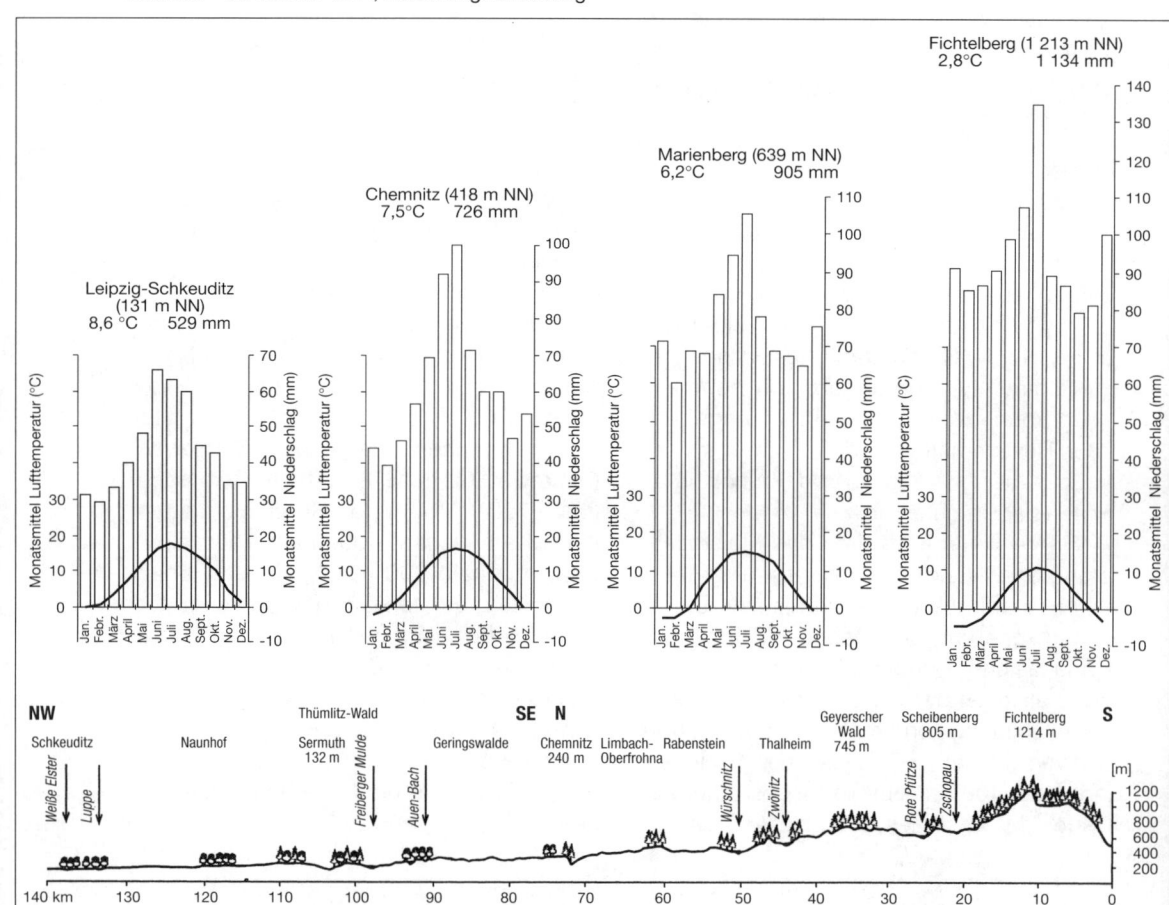

Grundzüge des Klimas in Sachsen 75

3. die klare Höhengliederung Sachsens mit der langen Abdachungsfläche vom nordsächsischen Tiefland zum Erzgebirge über fast 100 km westlich der Elbe und dem scharfen Kontrast zwischen Vorland und den Bergländern in der sächsischen Lausitz. Dadurch kommt es zu einer deutlichen Stufung von Temperatur und Niederschlag sowie ausgeprägten Luv- und Leewirkungen.

Die Einsteuerung wolkenreicher Luft nach Sachsen bewirkt, daß die astronomisch mögliche Sonnenscheindauer, die für 51° n. Br. (Dresden) 4 467 Stunden im Jahr beträgt, um fast zwei Drittel reduziert wird. Außerdem kommt es zur Abnahme der mittleren Sonnenscheindauer mit zunehmender Seehöhe.

Die in Tabelle 4.3 dargestellte relative Häufigkeit der zu Gruppen zusammengefaßten Windrichtungen unterstreicht die Prägung des Klimas in Sachsen durch die außertropischen Westwinde. Dem Charakter des Überganges entsprechend, sind aber Winde aus anderen Richtungen ebenso vertreten wie Hochdruckwetterlagen. Letztere erreichen ihre größte Häufigkeit im Herbst (Altweibersommer) und im Spätwinter (Februar). Die naturräumliche Struktur Sachsens wird auch stark durch die klimatisch bedingte Raumordnung bestimmt.

Drei Sachverhalte sind hervorzuheben:

1. Die Zunahme der Kontinentalität von West nach Ost. Tabelle 4.4 belegt diesen Sachverhalt durch die wachsende Winterstrenge nach Osten hin, die auch durch zunehmende Jahresamplituden der Temperatur zum Ausdruck kommt. Auch die längere Andauer der Schneedecke im Osterzgebirge (Altenberg – 754 m NN: 136 Tage) im Vergleich zum Westerzgebirge (Carlsfeld – 914 m NN: 132 Tage) ordnet sich in diesen Zusammenhang ein. Durch die geringe Entfernung von etwa 200 km zwischen west-

	SW,W,NW	S,SE,E	N,NE, C (Windstillen)
Leipzig	53	21	26
Wahnsdorf b. Dresden	50	36	14
Chemnitz	52	30	18
Plauen	39	27	34
Fichtelberg	59	29	12

Tab. 4.3:
Relative Häufigkeit von Windrichtungsgruppen in Sachsen (in %)
Quelle:
Klima und Witterung im Erzgebirge, 1973

licher und östlicher Landesgrenze wird allerdings die Kontinentalitätszunahme relativiert.

2. Die Höhenstufung von Temperatur und Niederschlag als entscheidendes naturräumliches Ordnungsmuster, das besonders westlich der Elbe klar ausgeprägt ist (Profil in Abb. 4.10).

3. Die kleinräumige, interne klimatische Gliederung in Luv- und Leebereiche. Sie wird durch orographische Hindernisse in der vorherrschenden Strömung aus westlichen Richtungen ausgelöst und findet hauptsächlich in den Niederschlagshöhen und der Schneedeckendauer ihren Ausdruck. Die Westflanken zeichnen sich allgemein durch höhere Niederschläge aus als die Ostflanken und die Beckenlagen. Besonders deutlich wird die orographische Luvsituation im westlichen Oberen Erzgebirge (Auersberggebiet 1 018 m NN), wo an der westlichen Flanke (Carlsfeld-Talsperre) 1 230 mm Niederschlag im Jahr fallen, mehr als am höheren Fichtelberg mit 1 134 mm. Auch am Nordwestrand des Oberlausitzer Berglandes ist die Luvwirkung deutlich. Bei Höhen, die nur wenig über 500 m NN aufragen, erreicht die Niederschlagshöhe zwischen 950 und 1 000 mm (Hohwaldgebiet 955 mm).

4.3.2 Klimatische Bedingungen in den naturräumlichen Einheiten

Bereits einleitend wurde auf die Bedeutung des Klimas für die Lebensumstände der Menschen und die Entwicklung der Kulturlandschaft hingewiesen. Deshalb ist es sinnvoll, die klimatische Kennzeichnung mit den Naturregionen zu verbinden, an denen Sachsen Anteil hat. Wichtige Sachinformationen dazu enthält die Niederschlagskarte (Abb. 4.11), die den gesamten Raum abbildet und das Profil in Abbildung 4.10, welches für Temperatur und Niederschlag die höhenabhängige Variation belegt. Im gleichen Zusammenhang ist Tabelle 4.4 zu nennen, wo insbesondere die Jahresamplitude die nach Osten zunehmende Kontinentalität ausweist.

Die Darstellung der Klimagebiete des Sächsisch-Niederlausitzer Heidelandes (Tiefland), des Lößgefildes (Hügelland) und des Mittelgebirgslandes gründet sich auf aktuelle Klimadatensammlungen (Klimatologische Normalwerte 1951–1980), Regionaldarstellungen (Klima von Sachsen, 1950, Klima und Witterung im Erzgebirge, 1973) und Kartenabbildungen, wie sie z. B. für die Klimastufen der Forstwirtschaft vorliegen, (SCHWANECKE 1977, SCHWANECKE/KOPP 1974) oder in der Reihe „Materialien zur Landesentwicklung" als Band 1/1997 „Klimatologische Grundlagen für die Landes- und Regionalplanung" zusammengestellt sind. Genutzt wurde auch die Klimagebietsgliederung, die J. HAASE 1971 aus der Analyse langjähriger Mittelwerte der Monatssumme des Niederschlages abgeleitet hat.

Das Tieflandsklimagebiet in Sachsen

Der Tieflandsraum Nordsachsens zeigt klimatisch eine insgesamt nur geringe innere Differenzierung. Die mittleren Lufttemperaturen variieren zwischen 9,0°C im Westen und 8,0–8,5°C im Osten, am Neißetal, hervorgerufen vor allem durch tiefere Januartemperaturen (−0,5 bis −1,0°C). Ausdruck der zunehmenden thermischen Kontinentalität ist auch die Jahrestemperaturamplitude, die von 18 K im Westen auf etwa 19 K ansteigt. Räume ausgeprägter thermischer Begünstigung sind die westlichen Randbereiche der Dübener Heide (Raum Bitterfeld–Eilenburg), wo die Luvwirkung des Harzes allmählich ausklingt und das Riesa-Torgauer Elbtal mit etwa 9,0°C Jahresmitteltemperatur.

In der Niederschlagsverteilung (Abb. 4.11) ist das Raummuster differenzierter. Hier trennt die flache Aufwölbung der Muldenwasserscheide den trockenen Bereich am Ostrand des Leipziger Landes mit reichlich 550 mm von dem Trockengebiet des Riesa-Torgauer Elbtales und der Elsterniederung, wo die Niederschläge zwischen 500 und 550 mm liegen. Nach Südosten zu steigen dann im Gebiet der Lausitzer Heiden die Niederschläge auf 600 bis 700 mm an, eine Folge der einsetzenden Stauwirkung der Lausitzer Gebirge.

Bei der Beurteilung der klimatischen Verhältnisse im Tieflandsgebiet spielen auch die rangtieferen geländeklimatischen Effekte

	Leipzig-Schkeuditz	Oschatz	Dresden-Klotzsche	Görlitz
Höhe (m NN)	131	150	222	237
Mitteltemperatur				
Januar (°C)	−0,3	−0,8	−1,0	−1,7
Juli (°C)	17,8	17,4	17,7	17,4
Jahresamplitude (K)	18,1	18,2	18,7	19,1
Jahressumme des				
Niederschlages (mm)	529	583	660	673

Tab. 4.4: West-Ost-Variation der Lufttemperatur und des Niederschlages in Sachsen (Mittelwerte 1951–1980) Quelle: Klimatologische Normalwerte 1951–1980, 1987

Grundzüge des Klimas in Sachsen 77

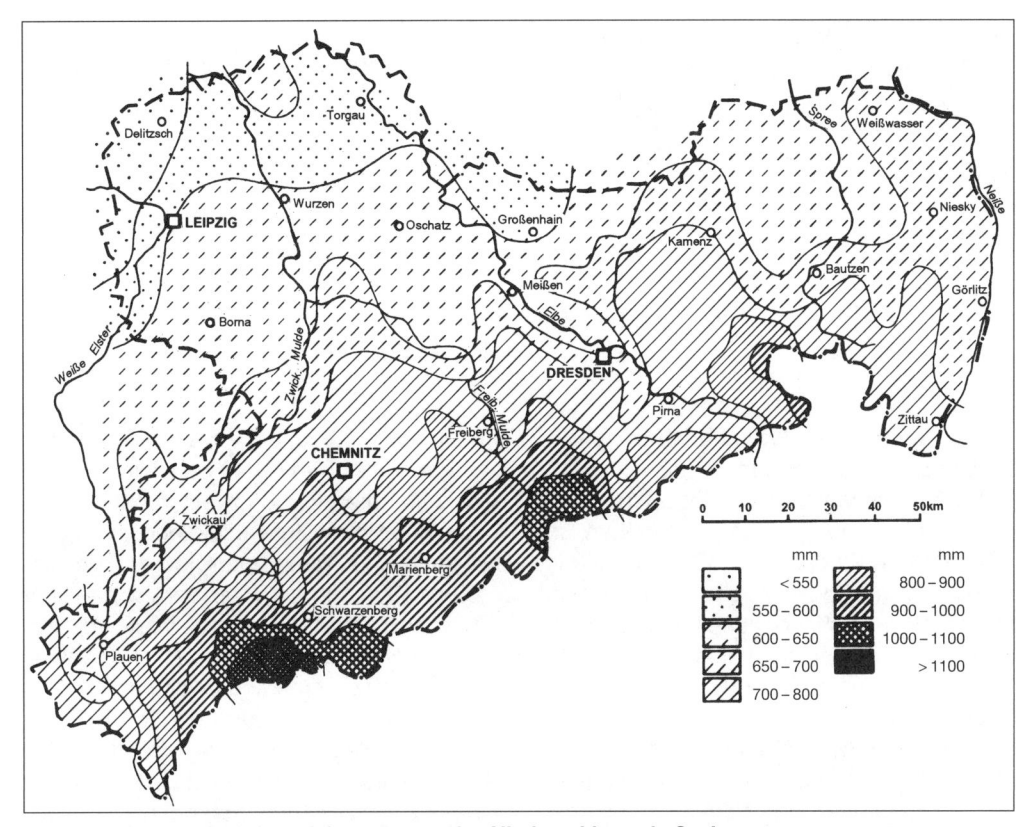

Abb. 4.11: Durchschnittliche Jahressumme des Niederschlages in Sachsen (Beobachtungsperiode 1931–1960)
Quelle: nach FREYDANK u. a. 1983   Entwurf: M. Kramer, Zeichnung: U. Herzog

eine Rolle. Das gilt z. B. hinsichtlich lokaler Stauwirkungen an den Stauchmoränen der Dahlener Heide ebenso wie für die Tatsache, daß im Oberlausitzer Heide- und Teichgebiet und in der Elsterwerda-Herzberger Elsterniederung kühle und feuchte Lagen verbreitet sind und die Spätfrostgefahr ausgeprägt ist.

Ausdruck der klimatischen Rahmenbedingungen ist die Andauer der Vegetationsperiode. Sie liegt danach in der Dübener und Dahlener Heide mit 224–232 Tagen am höchsten, um sich nach Osten auf 220 bis 225 Tage zu verkürzen. Ähnlich wie die Dauer der Vegetationsperiode ist der phänologische Termin des Vollfrühlings, ausgedrückt durch den Beginn der Apfelblüte, geeignet als Kriterium für die agrarische Inwertsetzung. Dabei zeigt sich, vielleicht auch bedingt durch die Datenlage, ein ziemlich einheitlicher Eintrittszeitraum zwischen dem 2.5. und 6.5.

In der Systematik der forstlichen Klimagebietsgliederung werden die dargestellten Tieflandsräume den unteren Lagen zugeordnet, die mäßig trocken und mäßig warm sowie schwach kontinental beeinflußt sind.

Das Klima der sächsischen Gefilde

Die sächsischen Lößgefilde schließen in der ganzen Breite des Landes südlich an das Tiefland an. Mit 49 % Flächenanteil nehmen sie den größten Raum unter den Landschaften des Freistaates ein. Die bemerkenswerte

Station (Beobachtungs-periode)	Höhe (m NN)	Mitteltemperatur (°C)			Mittlere Amplitude (K)	Jahressumme des Nieder-schlags (mm)
		Januar	Juli	Jahr		
Leipzig-Schkeuditz (1901–1950)	131	−0,5	17,8	8,6	18,3	529
Colditz (1951–1980)	220	0,0	18,1	8,9	18,1	664
Chemnitz (1951–1980)	418	−1,6	16,3	7,5	17,9	726

Tab. 4.5:
Nordwest-Südost-Profil durch den Westteil des Sächsischen Lößgefildes
Quelle: Klimatologische Normalwerte 1951–1980, 1987

Einheitlichkeit der Lößlandschaften wird durch das Klima noch unterstrichen.

Besonders westlich der Elbe ist auf der langen Abdachungsfläche mit Höhen um 160 m NN im Norden und 350–400 m NN im Süden auf einer Distanz von 40–50 km auch klimatisch der Vorlandcharakter ausgeprägt. Demgegenüber ist das Lößland der Lausitz kleinkammerig gegliedert, weist Höhenunterschiede zwischen 50 und 100 m NN auf und umfaßt im oberen Hügelland zwischen 400 und 500 m NN stark beregnete Teilgebiete, die zu den trockenen, warmen Beckenlagen deutlich kontrastieren.

Vor allem im westlichen Teil Sachsens zeigt das thermische Verhalten eine sehr stetige Variation, die durch die Abnahme des Lufttemperaturmittels von etwa 9°C im Norden (Leipzig 8,9°C) auf 7,5–8,0°C gekennzeichnet ist und mit dem parallelen Verlauf der Isothermen von Südwesten nach Nordosten den Höhenstufeneffekt deutlich widerspiegelt. Der Temperaturgradient beträgt 0,62 K/100 m. In den Flußtälern von Weißer Elster, Zwickauer Mulde und Chemnitz, aber auch an Spree und Neiße, reichen die thermisch bevorzugten Lagen weit nach Süden in das Mittelgebirgsland hinein (Tab. 4.5).

Im Zuge des Elbtales zwischen Diesbar-Seußlitz–Dresden–Pirna wird die klimatische Gunst zu einem hervorstechenden Landschaftsmerkmal, das sich besonders in den thermischen Werten der Talweitung zwischen Meißen und Pillnitz ausdrückt (Tab. 4.6).

Das sächsische Lößgefilde wird durch Jahressummen des Niederschlages zwi-

	Hochfläche	Talboden	
		Stadtkern	Stadtrand
Jahresmittel der Lufttemperatur (°C)	8,7	9,9	9,2
Anzahl der heißen Tage	7,6	10	8,5
Sommertage	37,2	48	44,3
Eistage	27,3	15	19,8
Frosttage	81,6	70	77,6
Mittlere Andauer der Vegetationsperiode (Tage)	233	245	237
Mittlere Andauer der schneefallfreien Zeit (Tage)	205	225	216
Mittlere Andauer ohne Schneedecke (Tage)	244	270	261
Jahresmittel des Niederschlags (mm)	660	622	668*
	Klotzsche	Dresden-Zentrum	Pillnitz

Tab. 4.6:
Klimatische Kennwerte der Elbtalweitung bei Dresden (Beobachtungs-periode 1961–1990)

* 1951–1980

Quelle: Mitteilungen des Deutschen Wetterdienstes, Wetteramt Dresden

Grundzüge des Klimas in Sachsen

schen 500 und 550 mm im Westen und Nordwesten (Leipziger Land und Altenburg-Zeitzer Lößhügelland) und 800 mm im Süden und Südosten bestimmt. Das räumliche Verteilungsmuster der Niederschläge steuern dabei zwei Ursachenkomplexe:
- Erstens die Höhenlage, die in einer stetigen Niederschlagszunahme von etwa 50 mm/100 Höhenmeter und damit in einer stärkeren Überregnung der oberen Hügelland-Stufe im Erzgebirgsbecken, im Muldenlößhügelland und im Oberlausitzer Gefilde wirksam wird.
- Zweitens Stau- und Föhneffekte, die eine stärkere räumliche Differenzierung der Jahressumme des Niederschlages hervorrufen und die über die morphologischen Gebirgsgrenzen hinaus wirksam sind. So liegt das West- und Nordwestsächsische Trockengebiet noch im ausklingenden Leebereich des Harzes und der Thüringer Gebirge, andererseits markiert die rasche Zunahme der Niederschläge auf der Abdachungsfläche die Stauwirkung von Erzgebirge und Oberlausitzer Bergland bei Wetterlagen aus westlichen Richtungen.

Luv-Lee-Wirkungen gehen auch von kleineren Erhebungen, wie dem Oschatzer Collmberg (318 m NN), aus. An dessen Ostflanke erstreckt sich ein Trockengebiet zwischen Riesa und Lommatzsch, das unterhalb Meißens auch über das Elbtal nach Osten reicht. Auch das obere Elbtal bis Pirna ist deutlich trockener als die umgebenden Hochflächen.

Stauwirkungen bei West- und Nordwest-Wetterlagen gehen auch vom Nordwestlausitzer Bergland aus, mit mittleren Jahresniederschlägen um 800 mm im Raum Pulsnitz–Bischofswerda (Bischofswerda 716 mm, Pulsnitz 807 mm, Rammenau 746 mm). In ähnlicher Weise wirken der Nordrand des Tharandter Waldes (Tanneberg 696 mm, Grumbach 697 mm) und der Rabensteiner Höhenzug westlich von Chemnitz niederschlagserhöhend.

Die Andauer der Vegetationsperiode liegt zwischen 225 und 233 Tagen in Nord- und Mittelsachsen und 215 und 225 Tagen in den höher gelegenen Teilgebieten des Erzgebirgsbeckens und des südlichen Muldelößhügellandes (Limbach-Burgstädter Plateau). Sie bewirkt dort auch die deutlich ungünstigeren Eignungsmerkmale für den Landbau in diesen Teilen des Lößgefildes.

Das Klima des Sächsischen Mittelgebirgslandes

Das Klima des sächsischen Mittelgebirgslandes zeigt westlich und östlich der Elbe deutliche Unterschiede. Vogtland und Erzgebirge bilden einen zusammenhängenden Raum in der Mittelgebirgsschwelle, der sich durch ein klares SW-NE-Streichen auszeichnet. Im Vogtland erreichen die Hochflächen etwa 700 m NN, im östlich anschließenden Erzgebirge über 1000 m NN; die aufgesetzten Bergländer (Fichtelberg, Auersberg) überragen die Kammflächen deutlich.

Auf der langen, mäßig durchtalten Abdachungsfläche wird eine klimatische Höhenstufung erzwungen, die sich deutlich in den Niederschlägen und in den Lufttemperaturen ausdrückt und in den Böden mit der natürlichen Vegetation, vor allem aber im kulturlandschaftlichen Potential seine Entsprechung findet (Profil in Abb. 4.10).

Im Erzgebirge ist die Ausprägung von Klimastufen besonders klar. Die unteren Gebirgslagen reichen bis etwa 500 bis 550 m NN und sind über die gesamte Breite des Erzgebirges von der Weißen Elster bis nahe des Elbtales ausgebildet. Die Jahresmitteltemperaturen erreichen hier 7,6 bis 7,0°C, die Niederschlagssummen liegen zwischen 720 und 850 mm und die Vegetationsperiode währt 220–205 Tage. Es bildet sich zwar regelmäßig ab November eine Schneedecke aus, durch Tauwetter im Gefolge winterlicher Warmlufteinbrüche schmilzt sie aber häufig wieder ab. In den

Tab. 4.7: Mittlere Niederschläge und Temperaturen im Westerzgebirge
Quelle: Klimatologische Normalwerte 1951–1980, 1987; Klima und Witterung im Erzgebirge, 1973

	Zwickau-Planitz	Wildbach	Eibenstock	Reitzenhain	Carlsfeld	Fichtelberg
Stationshöhe (m NN)	347	475	630	755	914	1 213
Mittlere Jahressumme (mm)	736	867	994	900	1 238	1 134
Niederschlagsmaximum (Monat/mm)	Juli/95	Juli/106 Jan./64	Juli/123 Dez./75	Juli/107 Dez., Jan./71	Juli/147 Dez./112	Juli/135 Dez./101

Tab. 4.7.1: Mittlere Niederschläge

	Zwickau-Planitz	Schneeberg	Schwarzenberg	Reitzenhain	Carlsfeld	Fichtelberg
Stationshöhe (m NN)	267	435	459	772	914	1 213
Jahresmittel (°C)	8,2	7,3	7,2	4,7	4,4	2,8
Jahresschwankung Juli/Jan. (K)	18,5	17,9	17,0	18,2	17,7	16,6
Mitteltemperatur Jan. (°C)	-0,9	-1,5	-1,1	-4,2	-4,3	-5,3
Mitteltemperatur Juli (°C)	17,6	16,4	15,9	14,0	13,4	11,3

Tab. 4.7.2: Mittlere Temperaturen

mittleren Lagen, die bis 750 m NN hinaufreichen, sinkt die Jahresmitteltemperatur auf 7,0–5,5°C, die Jahressumme des Niederschlages liegt zwischen 850 und 1000 mm und die Vegetationsperiode zählt 205 bis 190 Tage. In diesen Höhenlagen gibt es bereits eine deutliche thermische Benachteiligung, die u. a. auch im Aufbau einer Schneedecke zum Ausdruck kommt, die bei Tauwetter nur unvollständig schmilzt. Ihre deutlichste Ausbildung haben diese feuchten und kühlen Lagen im Westerzgebirge zwischen Zwickauer Mulde und Zschopau. Die oberen Lagen reichen etwa bis 950 m NN und umfassen hauptsächlich die unterschiedlich breiten Kammflächen des West- und Osterzgebirges. Hier betragen die Jahresmittel der Lufttemperatur nur noch 5,5 bis 4,3°C, es fallen etwa 1000 mm Niederschlag im Jahr und die Vegetationsperiode zählt nur noch 190–175 Tage. In dieser Höhenlage erreichen die meisten Laubhölzer ihre Höhengrenze, so daß Fichtenbergwälder dominieren. Eine Schneedecke ist von November bis Mitte März ausgebildet, oft liegt bis Ende April Schnee in diesen Lagen. Aufliegende Wolken führen zu starker Rauhreifbildung, winterliche Hochdruckwetterlagen mit hoher Einstrahlung begünstigen in diesen schneesicheren Lagen den Wintersport (Rehefeld, Holzhau und Oberwiesenthal).

Die Gipfellagen überragen die Kammflächen erheblich. Sie umfassen die aufgesetzten Bergländer des Fichtelberg-Keilberg-Massivs und des Auersberges. Das Jahresmittel der Lufttemperatur liegt hier zwischen 4,3 und 2,8°C, die Jahressumme des Niederschlages über 1000 mm. Ab Ende Oktober bildet sich die Schneedecke aus, die Ende März ihre größte Mächtigkeit erreicht. Die Vegetationszeit in diesen Lagen liegt bei 175–155 Tagen. Insgesamt sind die Gipfellagen zusammen mit den oberen Lagen als sehr feucht, sehr kühl und rauh zu bezeichnen. Tabelle 4.7 kennzeichnet für ausgewählte Stationen die höhenabhängige Veränderung von Temperatur und Niederschlag. Im Unterschied zum Erzgebirge umfaßt das Vogtland nur die unteren und die mittelhohen Gebirgslagen, die weiten Hochflächen sind windoffen und rauh. Im Vergleich zum Erzgebirge sind die Niederschläge aber deutlich geringer. Sie liegen in den unteren Lagen um 650 mm, in den mittelhohen Lagen um 700 mm.

Grundzüge des Klimas in Sachsen

Übersicht 4.8: Der Erzgebirgsföhn

Mit seiner charakteristischen Pultschollenform, der langen, flachansteigenden Abdachungsfläche im Nordwesten und dem unvermittelten Steilabfall im Südosten zum Nordböhmischen Becken, ist das Erzgebirge auf seiner ganzen Breite von fast 150 km ein Hindernis für anströmende Luftmassen. Bei Nordwest- und Westlagen kommt es dabei zum Stau auf der Nordseite und einer bereits im Vorland einsetzenden Wolkenbildung. Am Erzgebirgssüdrand dagegen, bei absteigender Luftbewegung, führen die trockenen und warmen Fallwinde zur Wolkenauflösung. Dieses Wetterbild ist als Föhn aus den Alpen und auch aus anderen deutschen Mittelgebirgen bekannt. Stau und Föhn führen im Erzgebirge zur unmittelbaren Nachbarschaft der kühlen, wolken- und niederschlagsreichen Gebirgslagen (Zinnwald-Georgenfeld in 877 m NN erhält im Jahr 1 020 mm Niederschlag) zu den nordböhmischen Trockengebieten, die nur etwa 15 km Luftlinie entfernt sind. So erhält Zatec (Saaz) in 255 m NN nur 447 mm Niederschlag. Auf der Häufigkeit der Nord- und Nordwest-Wetterlagen beruht dieser landschaftliche Kontrast zwischen den rauhen und luftfeuchten Erzgebirgsflächen und den trockenen, warmen und landwirtschaftlich intensiv genutzten Beckenlandschaften Nordböhmens.

Seltener im Jahresgang ist das Anströmen von Luftmassen aus südlichen Richtungen. Dann liegt das Föhngebiet auf der sächsischen Nordabdachung des Gebirges, bei absteigender Luftbewegung kommt es hier zur Erwärmung und Wolkenauflösung (Abb. 4.10). Einzelne spindelförmige Wolken, sog. „Föhnfische" (Altocumulus lenticularis), belegen diesen Prozeß. Hauptsächlich im Spätherbst und Winter tritt vor allem im weniger hohen Osterzgebirge der Föhn auch als kalter Fallwind in Erscheinung. Dann verharrt bei hohem Luftdruck eingeflossene Kaltluft im Nordböhmischen Becken, wo sie gewissermaßen einen riesigen Kaltluftsee bildet, dessen Oberfläche immer höher ansteigt.

In diese Luftmasse werden aus den tschechischen Braunkohlekraftwerken und den Anlagen der chemischen Industrie, die sich im Raum Usti-Teplice-Most-Kadan konzentrieren, Schadstoffe wie Schwefeldioxid (SO_2) oder Stäube eingeleitet, die sich hier anreichern, als Kondensationskerne wirken und einen nässenden Nebel hervorrufen. Kommt durch Luftdruckveränderungen diese feuchtkalte Luft in Bewegung, dann strömt sie als „Böhmischer Wind" über die Täler von Elbe und Neiße ab. Hat die vertikale Mächtigkeit der Kaltluft das Kammniveau des Gebirges, im Osterzgebirge etwa 900 m NN erreicht, dann gelangt sie hier auch in breiter Front auf die Nordabdachung. Besonders häufig geschieht dies im Bereich der paßartigen Einsattelungen bei Fürstenau oder Deutschneudorf.

Im Naturverständnis der Menschen zwischen Seiffen und Altenberg hat dieser „Böhmische Nebel" einen festen Platz. Von Herbst bis Spätwinter führt der „Böhmische Nebel" auch zu starker Rauhfrost- und Rauhreifablagerung an Baumästen und Freileitungen, häufig auch zu Brucherscheinungen. Zugleich sind diese abgesetzten Niederschläge mit einem starken Schadstoffeintrag verbunden, der zusammen mit den anderen Pfaden der Luftschadstoffe aus dem nordböhmischen Becken zu großflächigen Waldschäden, ja zum Zusammenbruch der Fichtenforste auf den Hoch- und Kammlagen des Osterzgebirges geführt hat.

Im höheren mittleren und westlichen Erzgebirge ist kalter Föhn selten. Hier fließt wärmere Luft, die durch eine Inversion getrennt, den Kaltluftsee überlagert, auf die Nordabdachung. Der Temperaturunterschied zwischen West- und Osterzgebirge kann bei der gleichen Wetterlage bis zu 10°C betragen.

Klimageographisch findet dieser warme Föhn seinen Ausdruck in einer thermischen Begünstigung, die im West- und Mittelerzgebirge südlich einer Linie Zwickau-Chemnitz-Freiberg einsetzt. Bekannt ist das Becken von Oberwiesenthal mit 35 Föhntagen (GOLDSCHMIDT 1950), das Becken von Aue oder die Erzgebirgshochfläche nordöstlich des Fichtelberges im Raum Bärenstein-Jöhstadt-Annaberg, wo ebenfalls die Föhnwirkung deutlich ist und dadurch z. B. im Winter die Anzahl der Schneedeckentage gegenüber der Umgebung reduziert wird.

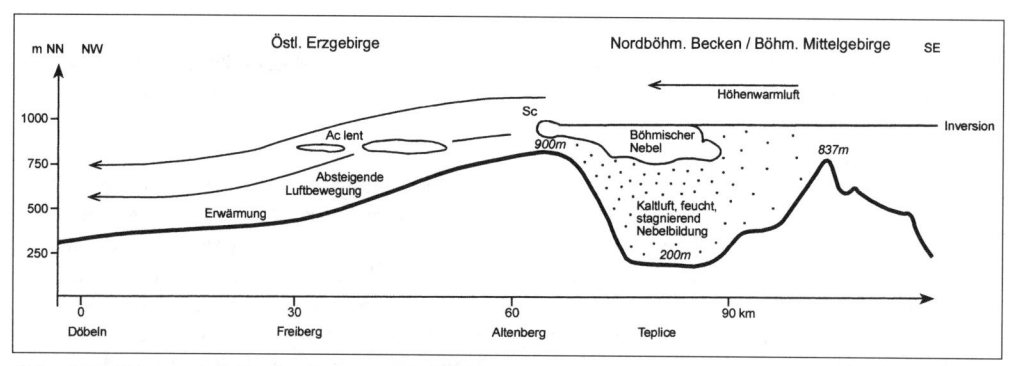

Abb. 4.12: Föhnmodell für das Osterzgebirge bei einer antizyklonalen Südostwetterlage (Winter)
Entwurf: M. Kramer; Zeichnung: U. Herzog

Neben der Höhenstufung zeigt das Klima des sächsischen Vogtlandes und des Erzgebirges eine deutliche West-Ost-Variation. Die Ursache dafür liegt in den vorherrschenden Luftströmungen aus westlichen Richtungen und in der nach Osten zunehmenden Zahl winterlicher Hochdrucklagen. Dadurch ist das Westerzgebirge stärker beregnet als das Osterzgebirge, wo vor allem im Winter auch eine höhere Strahlungsgunst zu verzeichnen ist.

Durch seine Größe und geographische Lage bestimmt das Erzgebirge das Klima in Sachsen deutlich. Demgegenüber sind in der Elbezone (Elbsandsteingebirge) und in der Lausitz (Oberlausitzer Bergland und Zittauer Gebirge) die Gebirge kleinflächiger und von geringer Höhe, nur einzelne Bergzüge ragen bis über 550 m NN auf (Czorneboh 561 m NN, Hochstein 542 m NN, Valtenberg 587 m NN, Kottmar 583 m NN, Lausche 791 m NN). Durch die sudetische Streichrichtung (WNW–ESE) der zentralen Hebungszone, die exponierte Lage gegenüber dem Gefilde mit einer deutlichen Stufe von 200–300 m und wegen seiner kontinentalen Lage hat das Bergland auch klimatisch eigenständige Züge. So sind die Bergzüge kühler und auch feuchter als vergleichbare Höhenlagen im Erzgebirge. Die Höhenbereiche um 500 m NN empfangen hier zwischen 900 und 1000 mm Niederschlag. Berthelsdorf, im westlichen Oberlausitzer Bergland im Stau des Valtenberges (350 m NN) gelegen, hat z. B. ein Jahresmittel des Niederschlages von mehr als 900 mm, Wehrsdorf (340 m NN), weiter östlich, erhält 830 mm. Außerdem wird durch die stärkere Gliederung des Gebirges in west-östlich streichende Höhenrücken und Talwannen eine ausgeprägte innere klimatische Differenzierung in kleinräumige Luv- und Lee-Gebiete hervorgerufen, die die trockeneren und wärmeren Talwannen des obere Spreetales zwischen Sohland und Kirschau auf der einen Seite und die kühlen und stark überregneten Bergzüge auf der anderen Seite umfaßt. Im Zittauer Gebirge treten wegen der kontinentalen Lage besonders niedrige Wintertemperaturen auf. Bei relativ hohen Winterniederschlägen ist hier eine Schneesicherheit gegeben, die der im oberen Osterzgebirge entspricht.

Eine wichtige klimatische Besonderheit der östlichen Lausitz sind gelegentlich auftretende, langanhaltende Starkregenereignisse, die an Neiße, Spree und oberer Elbe zur Hochwasserbildung führen können. Solche Wetterlagen sind mit Zyklonen verbunden, die von der Adria in das Gebiet der östlichen Ostsee ziehen. Ihre Fronten werden durch den Stau an den Lausitzer Gebirgen deutlich verstärkt, was die Niederschlagsintensität erhöht.

4.4 Leistungsfähige Böden – Grundlage der wirtschaftlichen Entwicklung Sachsens

Die Struktur der Bodendecke hatte für die Besiedelung und Landesentwicklung Sachsens eine große Bedeutung, da von der Bodengüte ganz entscheidend die Möglichkeiten und Grenzen der über lange Zeit bäuerlich geprägten Wirtschaft bestimmt wurden. Deshalb sind die Böden Sachsens seit langem gut erforscht. Bereits 1868 legte F. A. FALLU eine wissenschaftliche Bearbeitung vor, und 1930 erschien eine Übersichtskarte der Hauptbodenarten des Freistaates Sachsen (1 : 400 000), an die mehr als 60 Jahre später (1993) eine moderne Bearbeitung der Struktur der Bodendecke im gleichen Maßstab anknüpfte.

Für die Erläuterung der Grundzüge der bodengeographischen Gliederung Sachsens wird an die Darstellung in der 1995 erschienenen Bodenübersichtskarte der Bundesrepublik Deutschland im Maßstab 1:1 Mio. (BÜK 1000, 1995) angeknüpft (Abb. 4.13).

Danach hat der Freistaat Anteil an folgenden Einheiten:
- im Norden an der Bodenregion der Altmoränenlandschaften mit Braunerden, Podsolen und Pseudogleyen sowie Parabraunerden, Gleyen und Mooren.
- Diese Einheit wird durch das Riesa-Torgauer Elbtal unterbrochen, einer Bodenregion, für die Aueböden und Gleye als Leitböden ausgewiesen sind.
- Den größten Raum nimmt die Bodenregion der Löß- und Sandlößgebiete ein, in denen Parabraunerden, Fahlerden, Pararendzinen und Pseudogleye bestimmend sind, Schwarzerden nur noch randlich, im Nordwesten, zwischen Weißer Elster und Saale erfaßt werden.
- Die Mittelgebirge und Bergländer Sachsens sind drei Bodenregionen zuzuordnen, in denen das Muster der Gebirgsböden durch die Ausgangsgesteine differenziert wird:
– im Westen dem Sächsischen Vogtland mit seinem hohen Anteil von Verwitterungsdecken auf Ton- und Schluffschiefern mit Braunerden und Pseudogleyen als Leitböden,
– dem Erzgebirge und dem Oberlausitzer Bergland, wo sich die bodenbildenden Substrate überwiegend aus Magmatiten und aus Metamorphiten gebildet haben und Braunerden, Podsole und Pseudogleye das Inventar der Bodendecke dominieren.
– dem Elbsandsteingebirge und Zittauer Gebirge, kleineren Einheiten, in denen Sandsteine einen hohen Flächenanteil besitzen, und wo Braunerden, Podsole sowie Parabraunerden und Pseudogleye bestimmend sind.

Die wichtigsten Grenzlagen innerhalb dieser ranghohen räumlichen Ordnung der Bodendecke sind an die Verbreitung des Lösses gebunden. Die Nordgrenze der Lößbodenregion entspricht ziemlich genau der naturräumlichen Grenze zum Altmoränenland, dessen Flächenanteil von 18 % dem der Bodenregion entspricht (HAASE 1995). Dagegen divergiert die bodengeographische Grenzlinie zwischen dem Lößhügelland und der Gebirgsregion deutlich. Mit 56 % Flächenanteil ist die areale Verbreitung der Lößböden gebirgswärts deutlich größer als die Naturregion, die 49 % Anteil besitzt. Geographisch äußert sich dieser Sachverhalt in der Ausbildung eines unterschiedlich breiten Grenzraumes zwischen Lößgefilde und Mittelgebirgsland, der durch eine ausgeprägte Vielfalt der Böden gekennzeichnet ist und sich kulturlandschaftlich durch spätere Rodung auszeichnet.

Abb. 4.13: Bodengesellschaften Sachsens

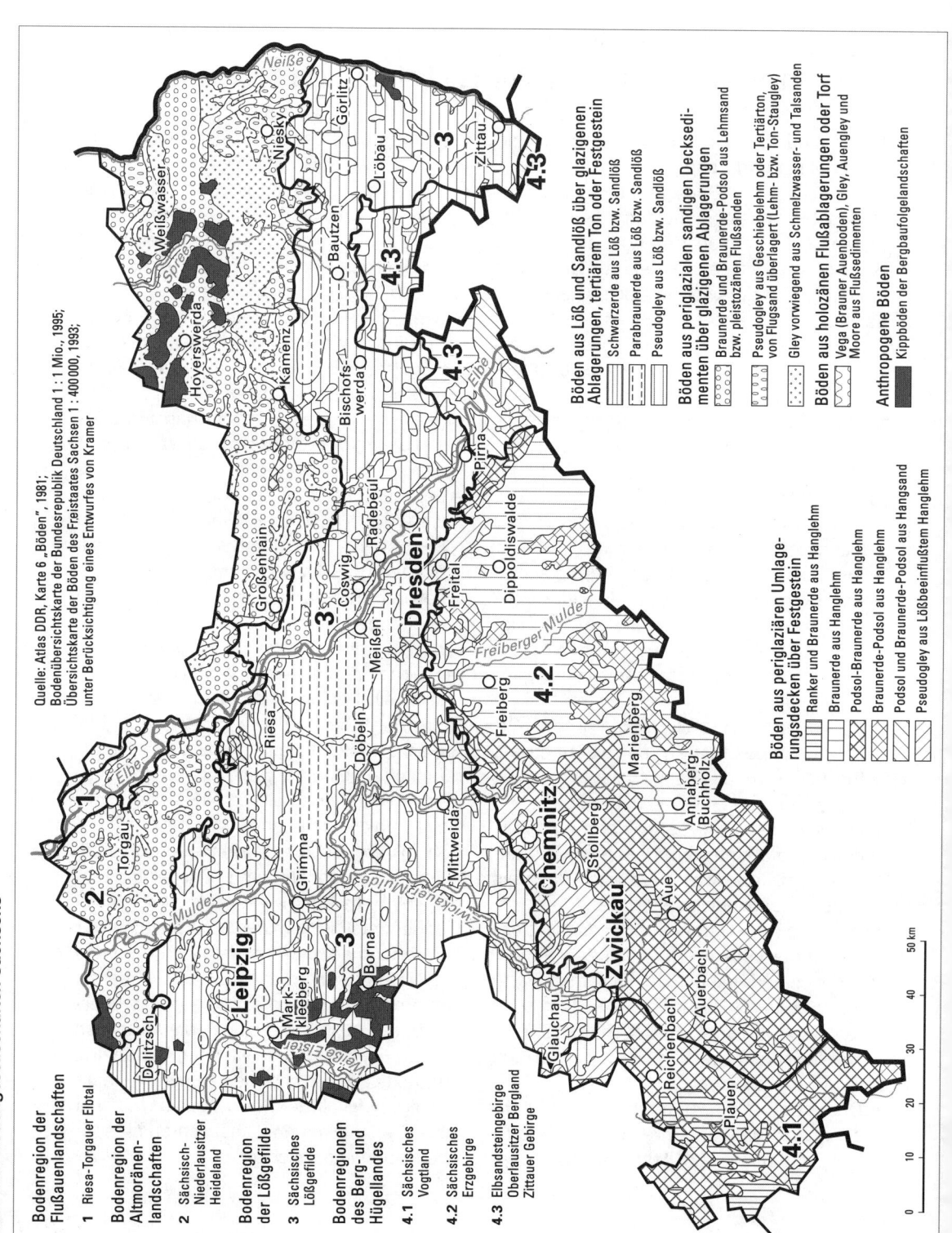

Bodenregion der Flußauenlandschaften
1 Riesa-Torgauer Elbtal

Bodenregion der Altmoränenlandschaften
2 Sächsisch-Niederlausitzer Heideland

Bodenregion der Lößgefilde
3 Sächsisches Lößgefilde

Bodenregionen des Berg- und Hügellandes
4.1 Sächsisches Vogtland
4.2 Sächsisches Erzgebirge
4.3 Elbsandsteingebirge Oberlausitzer Bergland Zittauer Gebirge

Quelle: Atlas DDR, Karte 6 „Böden", 1981;
Bodenübersichtskarte der Bundesrepublik Deutschland 1 : 1 Mio., 1995;
Übersichtskarte der Böden des Freistaates Sachsen 1 : 400 000, 1993;
unter Berücksichtigung eines Entwurfes von Kramer

Böden aus Löß und Sandlöß über glazigenen Ablagerungen, tertiärem Ton oder Festgestein
- Schwarzerde aus Löß bzw. Sandlöß
- Parabraunerde aus Löß bzw. Sandlöß
- Pseudogley aus Löß bzw. Sandlöß

Böden aus periglazialen sandigen Decksedimenten über glazigenen Ablagerungen
- Braunerde und Braunerde-Podsol aus Lehmsand bzw. pleistozänen Flußsanden
- Pseudogley aus Geschiebelehm oder Tertiärton, von Flugsand überlagert (Lehm- bzw. Ton-Staugley)
- Gley vorwiegend aus Schmelzwasser- und Talsanden

Böden aus holozänen Flußablagerungen oder Torf
- Vega (Brauner Auenboden), Gley, Auengley und Moore aus Flußsedimenten

Anthropogene Böden
- Kippböden der Bergbaufolgelandschaften

Böden aus periglaziären Umlagerungsdecken über Festgestein
- Ranker und Braunerde aus Hanglehm
- Braunerde aus Hanglehm
- Podsol-Braunerde aus Hanglehm
- Braunerde-Podsol aus Hanglehm
- Podsol und Braunerde-Podsol aus Hangsand
- Pseudogley aus Lößbeeinflußtem Hanglehm

4.4.1 Die Bodenregion der Altmoränelandschaften

Sie ist für das Sächsisch-Niederlausitzer Heideland zwischen der Mulde und der Neiße kennzeichnend. Ihre landschaftlichen Gemeinsamkeiten, wie Nährstoffarmut der durchlässigen Sanddecke über kiesig-sandig-lehmiger Moräne, die Grundwassernähe und der von der Oberflächenhöhe abhängige Hydromorphiegrad der Böden, bestimmen auch das bodentypologische Inventar und das räumliche Gefüge in dieser waldreichen Bodenregion.

Zwischen Elb- und Muldetal, in der Dahlener und Dübener Heide, dominieren auf den flachen Altmoränplatten sandige Substrate an der Oberfläche. Auf den grundwasserfernen Standorten sind Braunerden ausgebildet, bei basenärmeren Sanden auch Podsole. Dort, wo die Sandauflage über dem Geschiebelehm nur geringmächtig ist oder der Schluffanteil in den Sanden größer wird, haben sich Fahlerden und Braunerden entwickelt. In den tiefergelegenen Moräneplatten westlich von Torgau sind die Feuchtemerkmale, bedingt durch den Grundwassereinfluß, deutlich. Gleyböden haben hier eine weite Verbreitung.

Umfangreiche Dränmaßnahmen waren erforderlich, um den Ackerbau zu gewährleisten. Vereinzelt kommt es auch zur Moorbildung, z. B. im Wildenhainer Bruch und im Zadlitz-Bruch. Beide gehören zum Naturschutzgebiet „Presseler Heidewald und Moorgebiet" als Teile des geplanten Naturparkes „Dübener Heide". Auf den weiten Sandplatten und den Stauchmoränen der Dahlener Heide dominieren die Kiefernforsten.

In den Lausitzer Heiden ist zwar das gleiche bodentypologische Inventar wie westlich des Elbtales vorhanden, aber die inneren Maßverhältnisse, das räumliche Muster der Bodenareale, ist völlig anders. So nehmen grundwasserbeeinflußte und grundwasserbestimmte Böden (Gleye) in den weiten Niederungen des Lausitzer Urstromtales den beherrschenden Platz ein, und auch auf den kleineren Glazialplatten ist der Anteil der pseudovergleyten Böden deutlich höher als westlich der Elbe (HAASE 1978). Auf den Talsandflächen der Muskauer Heide dominiert der Braunpodsol, oft sind hier kilometerlange Dünenzüge aufgesetzt.

4.4.2 Das Riesa-Torgauer Elbtal

Hier, wo Sachsens Hauptstrom in das Tiefland eintritt, wird die Bodenvergesellschaftung durch eine 1–2 m mächtige Auelehmdecke bestimmt. So sind neben den verbreiteten Vega-Böden (Aueböden) besonders in den talrandnahen, tiefgelegenen Teilen der Stromtalaue Gleye, z. T. auch unter Stauwassereinfluß, ausgebildet. Die nach der Stromkorrektion des vorigen Jahrhunderts und aufwendigen Dränungen der letzten Jahrzehnte eingetretene Grundwasserabsenkung hat dazu geführt, daß die Vergleyung der Böden teilweise reliktisch geworden ist.

4.4.3 Die Bodenregion der Löß- und Sandlößlandschaften

Sie nimmt in der ganzen Breite Sachsens den Raum zwischen den Altmoränelandschaften im Norden und der Region der Gebirgsböden im Süden ein. Östlich der Weißen Elster, im klimatischen Feuchtflügel des europäischen Lößgürtels, dominieren bei einer Jahresniederschlagssumme von 600–800 mm und Jahresmitteltemperaturen zwischen 7,5°C und 9°C unter den Bodentypen die Fahlerden, Parabraunerden und Pseudogleye. Ausgangsmaterial für diese Böden sind lehmige Treibsande, Sandlösse und Lösse sowie am gebirgswärtigen Rand der Bodenregion, in Höhen zwischen 400 und 500 m NN, auch verdichtete Lößlehme und andere Lößderivate. Gemeinsame Merkmale der unterschiedlichen Böden sind Tonverlagerung (Lessivierung), die Tendenz zur Stauvergleyung und ihre leichte Erodierbarkeit.

Auf der Lößdecke, die einen geologisch heterogenen Untergrund verhüllt, haben sich Böden mit einer hohen biotischen Leistungskraft entwickelt. Das Leipziger Land, die Lommatzscher Pflege oder die Oberlausitzer Gefilde sind traditionelle Agrargebiete in Sachsen, die auch aus heutiger regionalplanerischer Sicht als Vorrang- bzw. Vorbehaltsgebiete für die Landwirtschaft ausgewiesen sind (vgl. LEP Sachsen 1994).

Besonders westlich des Elbtales in Mittelsachsen ist eine deutliche Zonierung auch der Eigenschaften der Bodendecke innerhalb der Lößbodenregion vorhanden (vgl. Abb. 4.13).

In Nordsachsen sind auf den Sandlöß-Altmoräneflächen Fahlerden und Parabraunerden die Normbildungen. Dort, wo unter der geringmächtigen äolischen Decke dichte Moränematerialien im Bodenbildungsbereich liegen, entwickeln sich Pseudogleye, wo Treibsande oder kiesige Moränesedimente das Bodensubstrat bestimmen, sind Braunerden und Braunpodsole verbreitete Begleitbodentypen.

Im südlich anschließenden Mittelsächsischen Hügelland, jenseits der Lößrandstufe, die auf der Linie Nerchau–Mutzschen–Zehren von der Mulde zur Elbe verläuft, sind Parabraunerden und Fahlerden bei weitgehend geschlossener Lößdecke die bestimmenden Bodenbildungen. Zwischen oberem Döllnitztal und dem Plateaurand bei Zehren, dem trockensten und wärmsten Teil des Lößplateaus, sind auf dem hier besonders kalkreichen Löß auf Verebnungen auch Griserden verbreitet, reliktische Böden, die sich vermutlich aus Schwarzerden entwickelt haben. Die steinfreien, leicht zu bearbeitenden Lößböden werden z. T. seit dem Neolithikum landwirtschaftlich genutzt. Auch in der Gegenwart ist das Mittelsächsische Lößhügelland das leistungsfähigste Agrargebiet Sachsens. Allerdings wird durch zunehmende Bodenerosion die Ertragsfähigkeit der Böden beeinträchtigt.

Im südlichen Teil des Lößgebietes, bis in Höhen von 450 m NN in Westsachsen, 550 m NN, im Grenzbereich zum Osterzgebirge, sind dichte Lößlehme bestimmend. Zusammen mit der klimatisch bedingt stärkeren Durchfeuchtung der Böden, kommt es auf den riedel- und plateauartigen Flachformen zwischen den Flußtälern zu verstärkter Staunässebildung. Das äußert sich im Bodenprofiltyp des Pseudogleys, der hier, in unterschiedlicher Intensität, die Struktur der Bodendecke bestimmt. Diese ursprünglichen Waldböden wurden zwischen Wilsdruff–Siebenlehn und Mittweida erst im Zuge der hochmittelalterlichen Ostkolonisation in Kultur genommen. Der bis zum Ende des vorigen Jahrhunderts hier noch hohe Waldanteil an den Waldhufenfluren belegt die Schwierigkeiten, die jahrhundertelang die Bewirtschaftung dieser staunassen Böden bereitete.

Zwischen der weit nordwärts vorspringenden Bastion des Oberlausitzer Berglandes und dem südwärtigen Ausgreifen der sandigen Decken des Altmoränenlandes im Dresdner Raum verengt sich der Lößgürtel in der Oberlausitz auf 10–15 km Breite. Als Substrate der Bodenbildung treten in der Oberlausitz ausschließlich entkalkte, verlehmte und in unterschiedlichem Grade verdichtete Braun- und Schwemmlösse auf, auf denen sich Fahlerden und Parabraunerden als Leitbodentypen sowie unterschiedlich starke Pseudogleye als Begleitbodentypen gebildet haben. Räum-

Die Böden Sachsens

lich bedingt der Mosaikcharakter der landschaftlichen Arealstruktur auch eine ausgeprägte Heterogenität der Bodendecke, innerhalb der die staunassen Böden einen großen Anteil haben. Im Kernraum des Lausitzer Gefildes, dem Bautzner Land, und westlich davon, in der Klosterpflege um das Kloster St. Marienstern, ist die landwirtschaftliche Eignung der Lößböden besonders hoch. In diesen nahezu waldfreien Altsiedelräumen liegt der Ackerlandanteil bei mehr als 90 %.

4.4.4 Die Böden der Mittelgebirge und Bergländer Sachsens

In dieser Region wird die räumliche Struktur der Bodendecke durch zwei Ursachenkomplexe bestimmt:

1. durch die enge Beziehung der Böden zu den Gesteinen, die durch ihren Mineralgehalt und die Textur besonders den Wasser- und Nährstoffgehalt der Verwitterungsdecke bestimmen. Besonders deutlich wird das im Vogtland, wo wegen des hohen Schluffgehaltes der Schiefergesteine die Verdichtung und Stauwasserbildung gefördert wird und deshalb Pseudogleye eine weite Verbreitung besitzen. Dagegen zeichnet sich das höher gelegene südöstliche obere Vogtland, wo Granite und Glimmerschiefer vorherrschen, durch Sauerbraunerden und Podsole aus, die geschlossene Wälder tragen.

Auch im Elbsandsteingebirge, das seiner Höhenlage nach keinen Gebirgscharakter besitzt, hat die Bodendecke eine enge Beziehung zu Gestein und Relief. So sind auf den weiten Ebenheiten der vorderen Sächsischen Schweiz auf Lößlehm Fahlerden und Pseudogleye verbreitet, auf den Sandsteinplateaus und Hangverflachungen ist der Podsol der Leitbodentyp, und die Böden der Talgründe werden beherrscht durch den merkmalskorrelativen Kontrast zwischen den Kolluvien der Gründe und Podsolrankern der Steilhänge.

2. durch die Ausbildung einer Höhenstufung, die allerdings nur im Erzgebirge, der größten Gebirgsbodenregion Sachsens, deutlich wird. In Abhängigkeit vom Klima (vgl. Kap. 4.3.2, Abschn. „Sächs. Mittelgebirgsland") lassen sich drei Bodenhöhenstufen unterscheiden:

• Die basale Stufe beginnt am Gebirgsrand und reicht bis etwa 550–600 m NN. Sie ist über die ganze Breite des Erzgebirges entwickelt. Die Bodenbildung wird hier durch das Nebeneinander von Decklössen und Frostschuttdecken bestimmt, bodentypologisch sind basenarme Braunerden und Pseudogleye vorherrschend, Offenland kennzeichnet diesen Gunstraum.

• Die mittlere Stufe, zwischen 550 und 750 m NN, ist durch Braunerden und Braunpodsole, in schlecht dränierten Lagen auch durch Pseudogleye, gekennzeichnet.

• Die dritte Höfenstufe bilden die Hoch- und Kammlagen. Hier herrscht ganzjährig ein kühl-feuchtes Klima. Feuchteüberschuß und die Bildung von Rohhumusdecken sind die Folge. Bodentypologisch wird dieser Höhenbereich oberhalb von 800 m NN vorwiegend durch Podsole und Braunpodsole unter Fichtenbergwäldern gekennzeichnet. Durch den Eintrag von SO_2 kommt es nicht nur zur Fichtenschädigung, sondern auch zur Intensivierung der Podsolierung durch Bodenversauerung und damit verbreitet zum Zusammenbruch der Fichtenforsten, besonders auf den Kammflächen des Osterzgebirges. Hinzu kommen organische Naßböden, Moorböden, die in den Kammmooren des Erzgebirges gegenwärtig eine Fläche von reichlich 1000 ha einnehmen und jenseits der Staatsgrenze, auf tschechischem Territorium, ebenfalls große Areale bilden.

Im Oberlausitzer Bergland, das durch die Bodenübersichtskarte dem gleichen Typ wie das Erzgebirge zugeordnet wird, fehlt die

Höhenstufung. Hier reichen schluffreiche Schuttdecken bis in das Gipfelniveau in 450 bis 550 m NN. Dementsprechend sind Braunerden, vergesellschaftet mit Braunerdepseudogleyen und Hanggleyen, die kennzeichnenden Bodentypen.

4.4.5 Die Böden der Bergbaufolgelandschaft

Neben den natürlich entstandenen Böden sind in Sachsen auch jene bedeutsam, die das Ergebnis wirtschaftlicher Tätigkeit sind. Die größten Wirkungen gingen dabei von dem seit dem Mittelalter umgehenden Bergbau aus. Bergbaufolgeflächen nehmen in Sachsen rund 600 km² ein, 80 % davon sind Braunkohlebergbaufolgeflächen. Für die Rekultivierung der Hinterlassenschaften des Braunkohlebergbaus zeigen die Kippsubstrate nach Körnung und stofflicher Zusammensetzung unterschiedliche Voraussetzungen, die auch in der Bewertung der „künstlich" entstandenen Oberböden zum Ausdruck kommt.

Von 14 000 ha Rekultivierungsfläche in der Sächsischen Niederlausitz dominiert auf den leichten Sandsubstraten, die angereichert sind mit säurebildendem Pyrit und Markasit, der Forst mit 57 % Flächenanteil, nur 14 % werden landwirtschaftlich genutzt. Im Leipziger Südraum, wo knapp 9 000 ha rekultiviert wurden, machen landwirtschaftliche Nutzflächen 54 % aus, da hier Lößsubstrate an der Oberfläche wieder aufgetragen wurden (ABO-RADY / WEISE 1995).

5 Sachsens Bevölkerung und ihre Strukturen

Mit seiner Fläche von 18 412 km² nur an 10. Stelle in Deutschland stehend (5,2 % Anteil), konzentrieren sich in Sachsen aber 4,5 Mio. Einwohner (1998) (6. Stelle; 5,6 % Anteil). Aus diesen Werten errechnet sich eine über dem deutschen (228 Ew./km²) und europäischen Durchschnitt (EU der 15: 114 Ew./km²) liegende Bevölkerungsdichte von 246 Ew./km². Diese wird außer von den Stadtstaaten nur noch von Nordrhein-Westfalen, dem Saarland, Baden-Württemberg und Hessen übertroffen. Sachsen ist das bevölkerungsreichste und dichtbevölkertste unter den neuen Bundesländern. Grund ist eine intensive wirtschaftliche Tätigkeit auf der Basis ertragreicher Böden, einer über achthundertjährigen Bergbautätigkeit und der Industrialisierung.

5.1 Die Verteilung der Bevölkerung

Die Bevölkerungsverteilung in Sachsen zeigte in der Mitte des 20. Jahrhunderts deutliche Disparitäten. Diese waren das Ergebnis der differenzierten naturräumlichen Bedingungen (daraus resultieren unterschiedliche Inwertsetzungsmöglichkeiten

Abb. 5.1: Bevölkerungsdichte in den Kreisen und Planungsregionen Sachsens 1995 (in Ew./km²)
Quelle: Sächs. Staatsministerium für Umwelt und Landesentwicklung 1996c

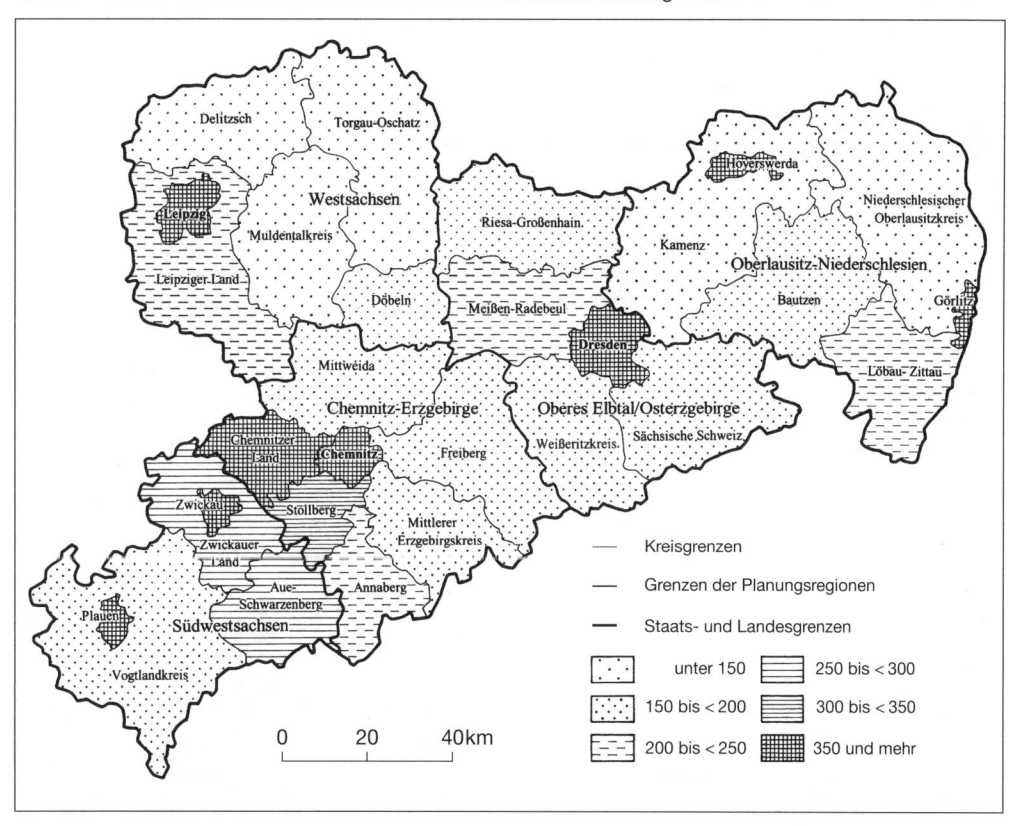

für die Landwirtschaft, den Bergbau und die Industrie) und des Industrialisierungsprozesses der letzten 150 Jahre.

Herausgebildet hatten sich Bevölkerungsagglomerationen im Zusammenhang mit industriellen Ballungs- und Dichtegebieten (Einwohnerdichten weit über 200 Ew./km^2) und ländliche Räume mit einer geringeren Bevölkerungskonzentration (Einwohnerdichten unter 150 Ew./km^2). Im Vergleich zum DDR-Durchschnitt (um die 160 Ew./km^2) lagen die drei sächsischen Bezirke aber weit darüber (1950 334 Ew./km^2).

Der heute in der Statistik ausgewiesene Wert von 246 Ew./km^2 stellt einen Durchschnittswert für den Freistaat Sachsen dar. Bezogen auf das Staatsgebiet zeigen sich in der regionalen Dimensionsstufe bei der Bevölkerungsverteilung weiterhin deutliche Disparitäten, die in erster Linie im Zusammenhang mit wirtschaftlichen Aktivitäten und politischen Programmen stehen. Gefördert wurde die Verstädterung in der sozialistischen Zeit durch die Industriepolitik (Konzentration auf die Städte) und durch das sozialpolitische Programm des VIII. Parteitages der SED 1971 (Wohnungsbauprogramm mit der Zielstellung 3,2–3,5 Mio. Wohnungen bis zum Jahre 1990 fast ausschließlich in den Groß- und Mittelstädten als den „Zentren der Arbeiterklasse" zu errichten).

Teilräumen mit einer überdurchschnittlichen Konzentration von Bevölkerung – Ballungsgebiete Dresden, Leipzig, Chemnitz/Zwickau; industrielle Dichtegebiete Oberlausitz, Vogtland – stehen ländliche Regionen mit Einwohnerdichten unter 150 Ew./km^2 gegenüber – östlicher Teil des Regierungsbezirkes Leipzig, Regionen der nördlichen Oberlausitz (Abb. 5.1).

Auch der Verstädterungsgrad weist hohe Werte auf. So wohnen von der Bevölkerung Sachsens über 90 % in Gemeinden über 2 000 Ew. und noch 46,1 % in Städten über 20 000 Ew.

5.2 Die Entwicklung der Bevölkerung

Sachsen besitzt heute sowohl in quantitativer als auch in qualitativer Hinsicht günstige Bevölkerungspotentiale in Deutschland und Europa.

Tabelle 5.1 zeigt die Entwicklung der Bevölkerung in Sachsen zwischen 1815 und 1997. Obwohl die Staatsfläche nicht über den gesamten Zeitraum vergleichbar ist, wird deutlich, daß zumindest bis 1939 ein kontinuierliches Wachstum stattfand. Dies basierte sowohl auf einem natürlichen als auch räumlichen Gewinn. Auch die Stellvertretergröße Ew./km^2 zeigt die Positiventwicklung (von 79 auf 349).

Nach dem Ende des Zweiten Weltkrieges besaß Sachsen eine Einwohnerzahl von 5,25 Mio. Das war – bezogen auf den vergleichbaren Gebietsstand – im Verhältnis zu 1939 ein Verlust von etwa einer halben Million (Sachsen hatte zwar 1939 auch eine Bevölkerungszahl von 5,23 Mio., aber bei einer ca. 2 000 km^2 kleineren Staatsfläche). Diese Zahl ergibt sich einerseits durch Zuwanderungen von mehreren hunderttausend Flüchtlingen und Vertriebenen aus den ehemaligen deutschen Ostgebieten (Ost- und Westpreußen, Pommern, Schlesien) und aus dem Sudetenland (Nordböhmen) sowie andererseits durch Kriegsverluste (Gefallene, Gestorbene, in Gefangenschaft genommene) und durch Abwanderung (in die westlichen Besatzungszonen).

Die Statistik vom 31. 8. 1948 zählte 998 005 Flüchtlinge und Vertriebene auf dem Boden des damaligen Landes Sachsen. Damit vergrößerte sich die Einwohnerzahl bis 1948 auf 5,8 Mio. Jeder sechste Einwohner Sachsens war damit aus dem Osten des ehemaligen Deutschen Reiches, meist jedoch Schlesier oder Sudetendeutscher.

Verteilung / Entwicklung der Bevölkerung

Tab. 5.1:
Bevölkerung und Fläche Sachsens 1815–1997
Quelle: Statistisches Jahrbuch Sachsen 1996, S. 31, ergänzt

Jahr	Bevölkerung[1]			Fläche[2] (km²)	Einwohnerdichte (Ew./km²)
	insgesamt	männlich	weiblich		
1815	1 178 802	k. A.	k. A.	14 959	79
1834	1 595 668	775 244	820 424	14 959	107
1840	1 706 276	829 65	876 612	14 959	114
1846	1 836 433	895 918	940 515	14 959	123
1852	1 988 078	970 287	1 017 791	14 993	133
1858	2 122 902	1 038 115	1 084 787	14 993	142
1864	2 337 192	1 143 258	1 193 934	14 993	156
1871	2 556 244	1 248 799	1 307 445	14 993	170
1875	2 760 586	1 352 309	1 408 277	14 993	184
1880	2 972 805	1 445 330	1 527 475	14 993	198
1885	3 182 003	1 542 405	1 639 598	14 993	212
1890	3 502 684	1 701 141	1 801 543	14 993	234
1895	3 787 688	1 838 422	1 949 266	14 993	253
1900	4 202 216	1 043 148	2 159 068	14 993	280
1905	4 508 601	2 179 108	2 329 493	14 993	301
1910	4 806 661	2 323 903	2 482 758	14 993	321
1925	4 992 320	2 372 091	2 712 554	14 993	333
1933	5 196 652	2 484 098	2 712 554	14 995	347
1939	5 231 739	2 472 891	2 758 848	14 995	349
1945	5 252 670	2 109 367	3 143 303	16 992	309
1946	5 558 566	2 336 630	3 221 936	16 992	327
1950	5 682 802	2 515 772	3 167 030	16 992	334
1964	5 463 571	2 453 363	1 010 208	18 338	298
1970	5 419 187	2 461 049	2 958 138	18 338	296
1981	5 152 857	2 386 173	2 766 684	18 338	281
1990	4 764 301	2 244 728	2 519 573	18 338	260
1991	4 678 877	2 209 397	2 469 480	18 338	255
1992	4 640 997	2 201 259	2 439 738	18 407	252
1993	4 607 660	2 193 793	2 413 867	18 409	250
1994	4 584 345	2 192 299	2 392 046	18 412	249
1995	4 566 603	2 194 597	2 372 006	18 412	248
1996	4 545 702	2 191 334	2 354 368	18 413	247
1997	4 522 412	2 184 168	2 338 244	18 413	246

1 1834–1981 Volkszählungsergebnisse; 1990–1997 Fortschreibungsergebnisse
2 1815–1950, 1991–1997 jeweiliger Gebietsstand; 1964–1990 Gebietsstand vom 31.12.1990

5.2.1 Die Bevölkerungsentwicklung in Sachsen zwischen 1945 und 1989

Für den Zeitabschnitt 1945–1989 lassen sich für Sachsen mehrere Phasen der Bevölkerungsentwicklung ausgliedern:

Die erste Etappe
(1945–Anfang der 1950er Jahre)
ist vor allem geprägt von den Auswirkungen des Zweiten Weltkrieges (Deformierungen der Alters- und Sexualstruktur, starke Wanderungstendenzen – anfangs Zu-, später Abwanderungen). Bis 1947/48 trat durch eine geringe Geburtenrate und eine hohe Sterblichkeit ein erheblicher Sterbefallüberschuß auf. Der Zeitraum 1949 bis 1951/52 brachte einen deutlichen Anstieg der Geburten und einen Rückgang der Sterblichkeit. Die Überschüsse aus der natürlichen Reproduktion konnten aber die Verluste aus der Abwanderung – vor allem als Ausgleichsbewegung in Richtung Westen – nicht aufwiegen.

Die zweite Phase (1952–1961)
brachte einen Bevölkerungsrückgang.

Ausgangspunkte waren der Rückgang bei den Geburten (1952–1958) und ein negativer Wanderungssaldo. Die ungünstige Altersstruktur bedingte auch eine hohe Sterberate, trotzdem gab es noch einen geringen Lebendgeborenenüberschuß. Zum Ende der Etappe nahm die Wanderung in die Bundesrepublik (bis zur Schließung der Grenzen am 13. August 1961) zu. Da diese vor allem jüngere und mittlere Jahrgänge betraf, verschärfte sich die Situation bei der Altersstruktur.

Die 1950er Jahre bedeuteten auch einen extensiven Ausbau der Industriebasis der DDR. Aufbauschwerpunkte waren vor allem Gebiete außerhalb der drei sächsischen Bezirke (das Braunkohlegebiet der Niederlausitz, Rostock, Eisenhüttenstadt und später die Chemieregion um Halle–Bitterfeld). Dies brachte auch deutliche Abwanderungen junger Arbeitskräfte mit ihren Familien aus Sachsen mit sich.

Die Deformationen der Alters- und Sexualstruktur konnten so nicht abgebaut werden.

Der dritte Zeitraum (1961/62–1971)
brachte eine neue Entwicklung. Bedingt durch die Sicherung der Grenzen zu Berlin-West und zur Bundesrepublik gab es kaum noch eine Außenwanderung.

Der Ausbau der wirtschaftlichen Basis der DDR vollzog sich auch in den 1960er Jahren stärker in anderen Regionen des Landes, daraus resultierten für die drei sächsischen Bezirke weiterhin Binnenwanderungsverluste.

Während es für die DDR insgesamt einen Überschuß an Lebendgeborenen gab, sah es, bedingt durch die ungünstige Altersstruktur, für Sachsen dabei ungünstiger aus.

Im Resultat ergab sich daraus ein Rückgang der Einwohnerzahl Sachsens zwischen den Jahren 1964 und 1971 um ca. 50 000.

Die vierte Etappe (1971/72–Mitte der 1980er Jahre)
ist in sich nicht homogen. Die Beschlüsse des VIII. und IX. Parteitages der SED brachten deutliche Auswirkungen auf das Reproduktions- und Wanderungsverhalten der Bevölkerung der DDR mit sich:

- Das Wohnungsbauprogramm legte den Bau von 3,2–3,5 Mio. Wohnungen im Zeitraum 1971–1990 im Prinzip ausschließlich in Groß- und Mittelstädten sowie in „Zentren der Arbeiterklasse" fest. Deutliche Urbanisierungstendenzen waren die Folge.
- Die Freigabe der „Pille" und die Legalisierung der Schwangerschaftsunterbrechung zum 1.7.1972 bedingen – im Zusammenhang mit dem Eintreten schwach besetzter Jahrgänge in das reproduktionsfähige Alter – einen deutlichen Gestorbenenüberschuß.
- Die 1976 beschlossenen „sozialpolitischen Maßnahmen" (Verlängerung des „Mutterurlaubs", Erhöhung des Kindergeldes) brachten – mit dem Eintreten geburtenstarker Jahrgänge in das reproduktionsfähige Alter – einen Wiederanstieg der Geburtenrate mit sich. Die Sterberate lag aber trotzdem ständig über der Geburtenrate. Da auch die Abwanderung die Zuwanderung übertraf, summierten sich die beiden negativen Saldi zwischen 1971 und 1981 zu einem Rückgang der Einwohnerzahl Sachsens um fast 270 000 (= –5 %).

Die letzte Phase, die 1989/90
ihren Höhepunkt erreichte und auch nach der Wende anhielt, setzte in der zweiten Hälfte der 1980er Jahre ein. Sie zeichnet sich durch eine Abwanderung der Bevölkerung in die alte Bundesrepublik aus. Da auch die natürliche Bevölkerungsbewegung negativ war, nahm die Bevölkerung Sachsens ständig ab (1981: 5,15 Mio., 1990: 4,76 Mio.).

Im Ergebnis der aufgezeigten Entwicklung sank die Einwohnerdichte; lag sie 1945 bei 309 Ew./km², betrug der Wert 1990 nur noch 260 Ew./km².

5.2.2 Situation nach 1989/90

Der Freistaat Sachsen hatte Ende 1997 4 522 412 Einwohner. Bei der Neugründung Sachsens 1990 waren es noch 4 764 301 Einwohner (Tab. 5.1). Damit hat die Bevölkerung durch Geburtenrückgang und Wanderungsverlust in diesem Zeitraum um weitere 5,1 % (241 889 Ew.) abgenommen.

Problembeladen ist die Situation bei der natürlichen (Abb. 5.2) und räumlichen Bevölkerungsbewegung. Aufgrund der sehr frühzeitigen Industrialisierung sind die Geburtenraten bereits seit den 1920er Jahren niedrig. Dies führte zu einer Überalterung der Bevölkerung mit den entsprechenden Folgen für die Reproduktionsraten. Noch verschärft wurde die Situation durch den „Geburteneinbruch" im Zusammenhang mit der politischen und ökonomischen Wende nach 1989/90. So sank die Geburtenrate auf ein Drittel des Ausgangswertes ab. Erst seit 1995 ist wieder ein leichter Anstieg spürbar. Im Ergebnis der aufgezeigten Entwicklung besitzt Sachsen seit Jahrzehnten ein negatives natürliches Bevölkerungssaldo (mit einem Extremwert 1993 von −10 ‰).

Folgen der Wanderungen

Auch die räumliche Bevölkerungsbewegung in Sachsen ist seit der ersten Hälfte des 20. Jahrhunderts durch höhere Weg- als Zuzugsraten gekennzeichnet. Sowohl in den 1930er Jahren als auch von 1950 bis 1989 wanderten mehr Einwohner ab als zu. Im Zusammenhang mit dem Vertrag von Helsinki (Korb III/ „Menschenrechte") und den Entwicklungen ab 1989 verschärfte sich die Situation weiter. Wie für alle neuen Bundesländer brachten die Jahre 1989–91 auch für Sachsen den größten Bevölkerungsrückgang durch Wanderungsverluste (Abb. 5.3). Im Zuge der Abwanderungswelle in die alten Bundesländer (im Zusammenhang mit den politischen Entwicklungen, die in der Öffnung der innerdeutschen Grenze am 9.11.89 gipfelte) sind allein im Jahre 1989 aus Sachsen 146 000 Menschen abgewandert. Dieser Zahl standen nur 41 400 Zuzüge gegenüber, so daß sich ein Wanderungssaldo von −21,0 je 1 000 Einwohner ergab.

Im Jahre 1990, dem Jahr der deutschen Einheit, erreichte die Abwanderungswelle

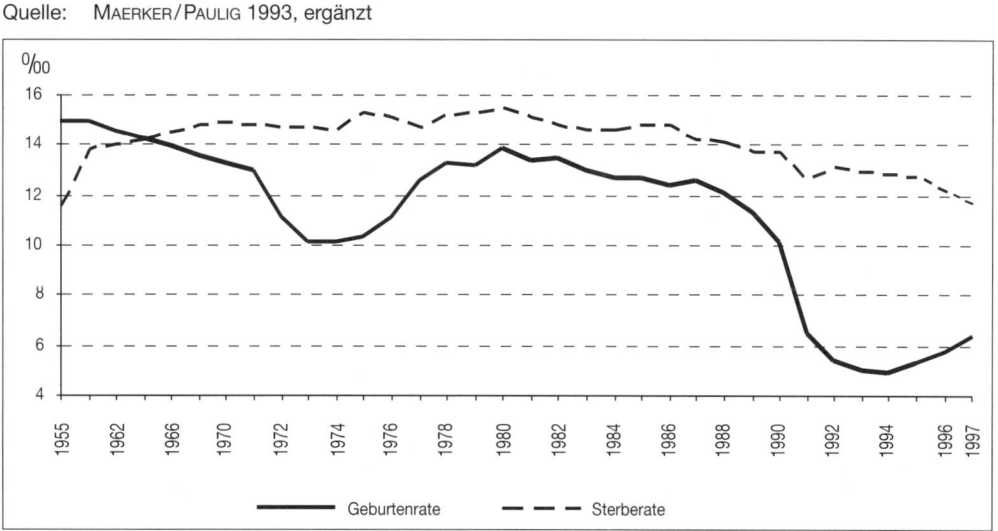

Abb. 5.2: Natürliche Bevölkerungsbewegung in Sachsen 1955–1997
Quelle: MAERKER/PAULIG 1993, ergänzt

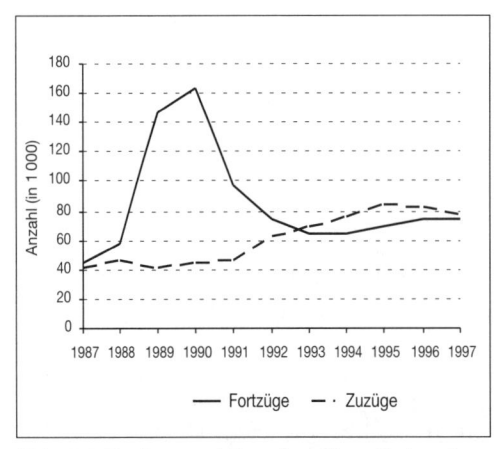

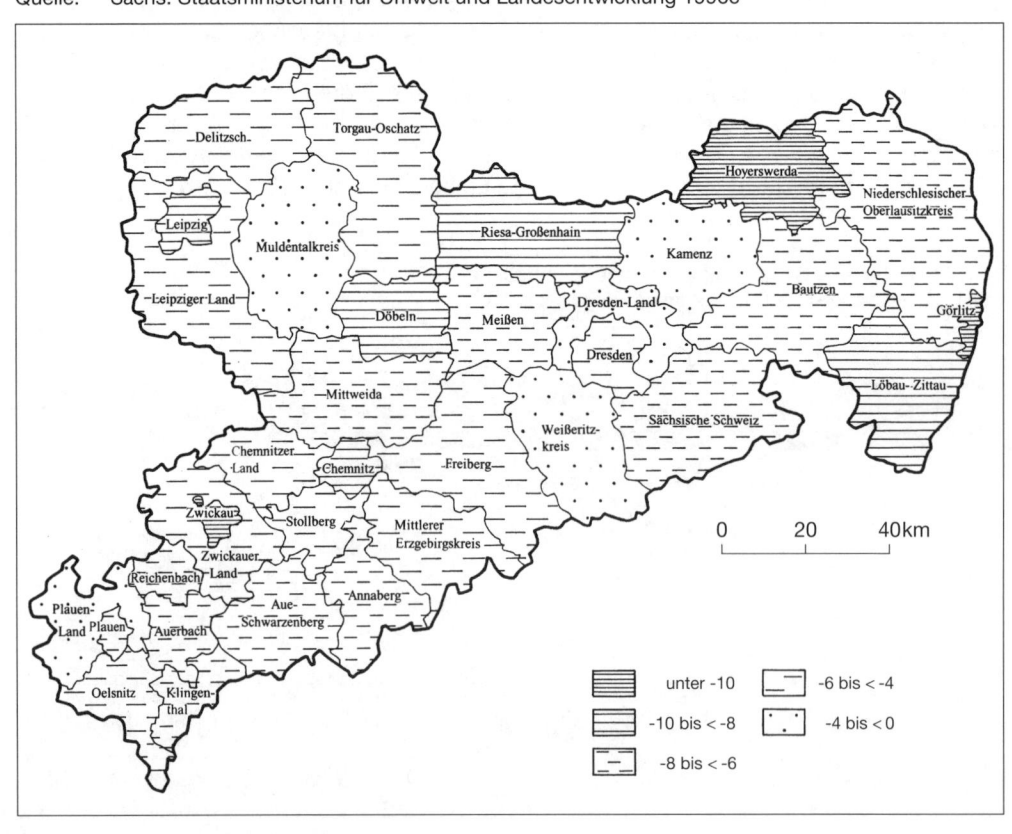

Abb. 5.3: Zuzüge und Fortzüge über die Landesgrenze Sachsens 1987–1997
Quelle: Statistisches Jahrbuch Sachsen 1996, ergänzt

mit 256 800 Wegzügen ihren Gipfelpunkt. Bei 138 500 Zuzügen ergab sich ein Wanderungsverlust von 118 300 Personen; dies sind 14 % mehr als 1989. Bezogen auf 1 000 Einwohner lag der Saldo für Sachsen bei –24,7 ‰.

Differenziert nach Kreisen betrug der maximale Wanderungsverlust je 1 000 Einwohner –39,4 im Kreis Hoyerswerda, der minimale Wanderungsverlust –8,9 im Kreis Plauen-Land. Sehr hohe Wanderungsverluste mußten außerdem die Kreise Weißwasser, Sebnitz, Riesa und Leipzig-Land verzeichnen. Damit zeigt sich auch ein direkter Zusammenhang zur geographischen Lage und zur wirtschaftlichen Situation in den Regionen – im südwestlichen Teil Sachsens

Abb. 5. 4: Bevölkerungsentwicklung in Sachsen 1989–1994 (in %)
Quelle: Sächs. Staatsministerium für Umwelt und Landesentwicklung 1996c

Entwicklung der Bevölkerung

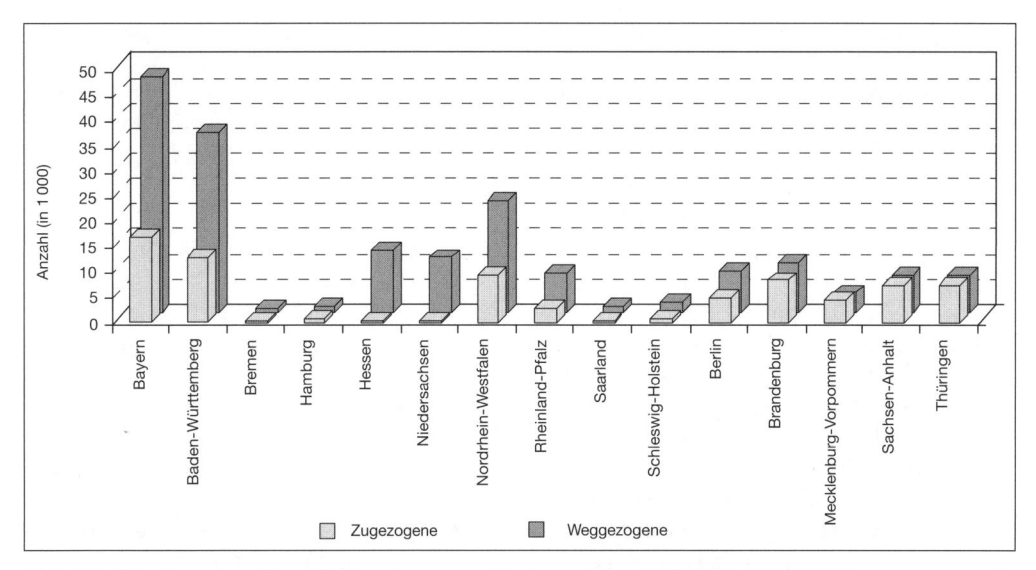

Abb. 5.5: Wanderungen über die Landesgrenze Sachsens vom 3.10.1990–31.12.1992
Quelle: Statistisches Landesamt Sachsen

konnten die Arbeitnehmer nach Bayern pendeln und mußten dabei ihren Wohnort nicht aufgeben; in Ostsachsen bestand diese Möglichkeit nicht, dazu kam noch der wirtschaftliche Niedergang in diesen Räumen; auch die Altersstruktur der Bevölkerung machte sich hier im Migrationsverhalten bemerkbar, der Kreis Hoyerswerda besaß zu diesem Zeitpunkt eine relativ junge Bevölkerung (Abb. 5.4).

Die Hauptzielgebiete der Abwanderungswelle 1989/90 waren vor allem die Bundesländer Bayern, Baden-Württemberg und Nordrhein-Westfalen. In diesen Regionen war die Aufnahmefähigkeit des Arbeitsmarktes am größten (Abb. 5.5, Tab. 5.2).

Tab. 5.2: Migration über die Landesgrenzen Sachsens 1991 und 1992
Quelle: Statistisches Landesamt Sachsen

Bundesland	1991			1992		
	Zuzüge	Fortzüge	Saldo	Zuzüge	Fortzüge	Saldo
Bayern	6 756	23 416	−16 660	8 791	17 254	−8 463
Baden-Württemberg	5 281	18 503	−13 222	6 814	13 137	−6 323
Bremen	115	336	−221	161	337	−176
Hamburg	278	678	−400	369	502	−133
Hessen	1 625	6 154	−4 529	2 343	4 663	−2 320
Niedersachsen	1 747	5 772	−4 025	2 141	4 053	−1 912
Nordrhein-Westfalen	3 633	11 535	−7 902	4 885	7 905	−3 020
Rheinland-Pfalz	1 130	3 962	−2 832	1 426	2 876	−1 450
Saarland	222	446	−224	314	284	+30
Schleswig-Holstein	398	971	−573	569	863	-294
Berlin	2 173	3 782	−1 609	2 176	3 282	−1 106
Brandenburg	3 748	3 508	+240	3 163	2 845	+318
Mecklenburg-Vorpommern	2 045	1 535	+510	1 478	1 230	+248
Sachsen-Anhalt	3 290	2 966	+324	2 674	2 905	−231
Thüringen	3 202	3 336	−134	2 894	3 277	−383

1991 gingen die Migrationszahlen wieder zurück. Dennoch war mit Ausnahme des Kreises Plauen-Land wiederum in allen Kreisen ein Wanderungsverlust zu verzeichnen. Bei einem Saldo für Sachsen von −10,67 ‰ differierten die Kreiswerte von +1,81 ‰ für Plauen-Land bis −27,01 ‰ für Hoyerswerda. Im Kreis Annaberg stiegen die Abwanderungszahlen sogar noch einmal an. Ursache hierfür war der Zusammenbruch der zahlreichen, 1990 aus den ehemaligen Kombinatsstrukturen entlassenen kleinen und mittleren Betriebe der Textilindustrie.

1992 und 1993 flachte die Abwanderungswelle weiter ab. Einige Kreise konnten sogar schon wieder Wanderungsgewinne erzielen. Nach wie vor hohe Abwanderungszahlen gab es in den Kreisen Aue, Borna, Döbeln, Hoyerswerda, Löbau, Riesa, Schwarzenberg und Zittau sowie in den kreisfreien Städten außer Dresden, wo sich vor allem die Funktion der Landeshauptstadt positiv ausgewirkt haben dürfte (Ausbau der Verwaltungsfunktionen).

Die Statistik weist für Sachsen trotz permanenter Negativbilanz gegenüber den alten Bundesländern schon seit 1993 einen Wanderungsgewinn auf. Dieser resultiert aber nur aus dem Zuzug von Ausländern. Dieser Fakt trifft übrigens nicht nur für Sachsen zu. Auch in vielen anderen Bundesländern werden Wanderungsgewinne zum größeren Teil durch den Zuzug von Ausländern erzielt.

Ab 1994 zeigen sich für alle kreisfreien Städte Sachsens negative Entwicklungen. Die Abwanderungszahlen stiegen stark an. Vor allem die Landkreise im Umland der Oberzentren profitierten davon (Suburbanisierung mit deutlicher Aufwertung der Umlandgemeinden; Wohnungsbau, Handelseinrichtungen, Gewerbeansiedlung), aber auch peripher gelegene Landkreise wiesen wieder Wanderungsgewinne auf. So stehen auf der Verlustseite nur noch die Regionen mit den größten wirtschaftlichen Problemen: das mittlere Erzgebirge (Aue−Schwarzenberg) und der östliche Teil des Regierungsbezirkes Leipzig (Döbeln). Desweiteren verlieren industriell monostrukturierte Räume, in denen nach der deutschen Einheit die Industrie wegbrach (z. B. Braunkohlegebiet der nördlichen Oberlausitz), überdurchschnittlich viele Einwohner.

Ab 1994 zeigen sich auch Tendenzen eines Ausgleichs der räumlichen Bevölkerungsbewegung zwischen Sachsen und den alten Bundesländern, die Zuzugsrate lag erstmals wieder über der Wegzugsrate (+2,5 ‰). Jetzt sind vor allem die Bundesländer Bayern, Baden-Württemberg und Nordrhein-Westfalen die Hauptquellgebiete für die Zuwanderung nach Sachsen. Ein Grund dafür sind Rückwanderungen von ehemaligen Bewohnern Sachsens, die jetzt, wo sich die Situation zu normalisieren beginnt, zurückkehren. Aber auch die Arbeitsmarktsituation in den alten Bundesländern hat sich verschlechtert.

Betrachtet man beide Komponenten der Bevölkerungsentwicklung, so summieren sich die Saldi zu einem hohen negativen Gesamtsaldo.

Die Bevölkerungsprognose weist deshalb für Sachsen bis in das dritte Jahrtausend negative Werte auf. Für das Jahr 2010 wird von der sächsischen Staatsregierung eine Einwohnerzahl von nur noch 4,2 Mio. erwartet.

Diese Prognose für die Bevölkerungsentwicklung leitet sich aus den Gegebenheiten ab. Das IWW Karlsruhe prognostiziert für das Jahr 2000 eine Einwohnerzahl von 4,35 Mio. Für die Zeit danach hängt die Entwicklung stark von der Zuwanderung nach Sachsen (dabei vor allem aus dem Ausland) ab.

„Binnenwanderung" nach 1990

Nachdem die große Abwanderungswelle in die alten Bundesländer abgeklungen ist, nimmt seit 1993/94 der Anteil der Wanderungen innerhalb des Freistaates Sachsen wieder zu. Hauptauslöser dieser Entwicklung ist die Tatsache, daß sich für viele Menschen in dieser Region mit der Wende bzw. danach die wirtschaftliche Situation gravierend verändert hat und die Anpassung an diese neue Situation häufig einen Wohnortwechsel nach sich zieht. Der häufigste Grund ist der neue Arbeits- oder Ausbildungsplatz. Aber auch die Möglichkeit, sich auf dem freien Wohnungsmarkt neuen angemessenen Wohnraum zu suchen, führt zur Verlegung des Wohnsitzes. Häufig ergeben sich hier gegenläufige Wanderungstendenzen. Während im Rahmen der Arbeitsplatzsuche vor allem jüngere Menschen aus den ländlichen/peripheren Regionen in die Städte ziehen, verlegen die Familien, deren wirtschaftliche Situation es gestattet, ihren Wohnsitz eher in die ländlichen Regionen am Rande der großen Städte (Aussagen nach „Sächs. Staatsministerium für Umwelt und Landesentwicklung" 1996c). So entstehen neue Disparitäten in der Bevölkerungsverteilung, weil vor allem die wirtschaftlichen „Passivregionen" die größten Wanderungsverluste erleiden.

5.3 Alters- und Sexualstrukturen der sächsischen Bevölkerung (Abb. 5.6)

Der Zweite Weltkrieg hinterließ – wie überall in Deutschland – auch in Sachsen vor allem in den Bevölkerungsstrukturen (Altersstruktur, Sexualstruktur, Familienstand) deutliche Spuren. So gab es bei der männlichen Bevölkerung Einschnitte in der Alterspyramide der Bevölkerung durch die im Krieg gebliebenen Soldaten, ganze Jahrgänge fehlten zu 70/80 %. Auch die Geburtenausfälle der Jahre 1940 bis 1946 brachten Deformierungen in der Altersstruktur mit sich. Die Sexualstruktur zeigte einen hohen Frauenüberschuß, und bei der Kennziffer Familienstand war der Anteil der verwitweten Frauen enorm hoch.

Eine weitere Zahl soll die Auswirkungen des Zweiten Weltkrieges auf die Bevölkerungsstrukturen verdeutlichen: So ging die Zahl der Industriearbeiter von 1939 2,2 Mio. auf 1,2 Mio. im Oktober 1945 zurück.

Die aufgezeigte Bevölkerungsentwicklung nach dem Zweiten Weltkrieg bis zur Deutschen Einheit – die Einwohnerzahl sank um fast 1 Mio. von 5,68 Mio. im Jahre 1950 auf 4,76 Mio. im Jahre 1990 – hatte Auswirkungen auf die biologischen Strukturmerkmale der Bevölkerung. Durch den Rückgang der Geburten und die ständige Abwanderung vor allem junger Bevölkerung ergaben sich Überalterungstendenzen. Der Altersaufbau verdeutlicht einen geringen Anteil der Bevölkerung im Alter bis 18 Jahre (21,5 %) und einen überdurchschnittlich hohen Anteil von Einwohnern im Alter über 60 Jahre (21 %).

Bedingt durch die selektive Wanderung nimmt das Durchschnittsalter der Bevölkerung in den „Passivräumen" Sachsens zu. Dies wirkt sich auf das Reproduktionsverhalten aus (starker Rückgang der Geburtenraten). Diese Gebiete verzeichnen neben den Wanderungsverlusten auch noch Verluste aus der negativen natürlichen Bevölkerungsbewegung. Auch die Sexualstruktur wird beeinflußt. Zwischen 60 % und 80 % der Abwandernden sind Männer. Der Anteil der Frauen ist in den wirtschaftlichen Stagnationsräumen überdurchschnittlich hoch.

Die Dynamik des Alterungsprozesses der Bevölkerung zeigt sich auch darin, daß das Durchschnittsalter der sächsischen Bevölkerung von 1990 35,8 Jahre, über 1992 38,0 Jahre auf nunmehr knapp 40 Jahre angestiegen ist.

Die Auswirkungen der dargestellten Bevölkerungsstrukturen und ihrer Entwicklung auf die verschiedenen Bereiche der Gesellschaft sind differenziert zu bewerten. Ist der starke absolute Rückgang der Bevölkerung im erwerbsfähigen Alter unter den gegenwärtigen komplizierten Arbeitsmarktbedin-

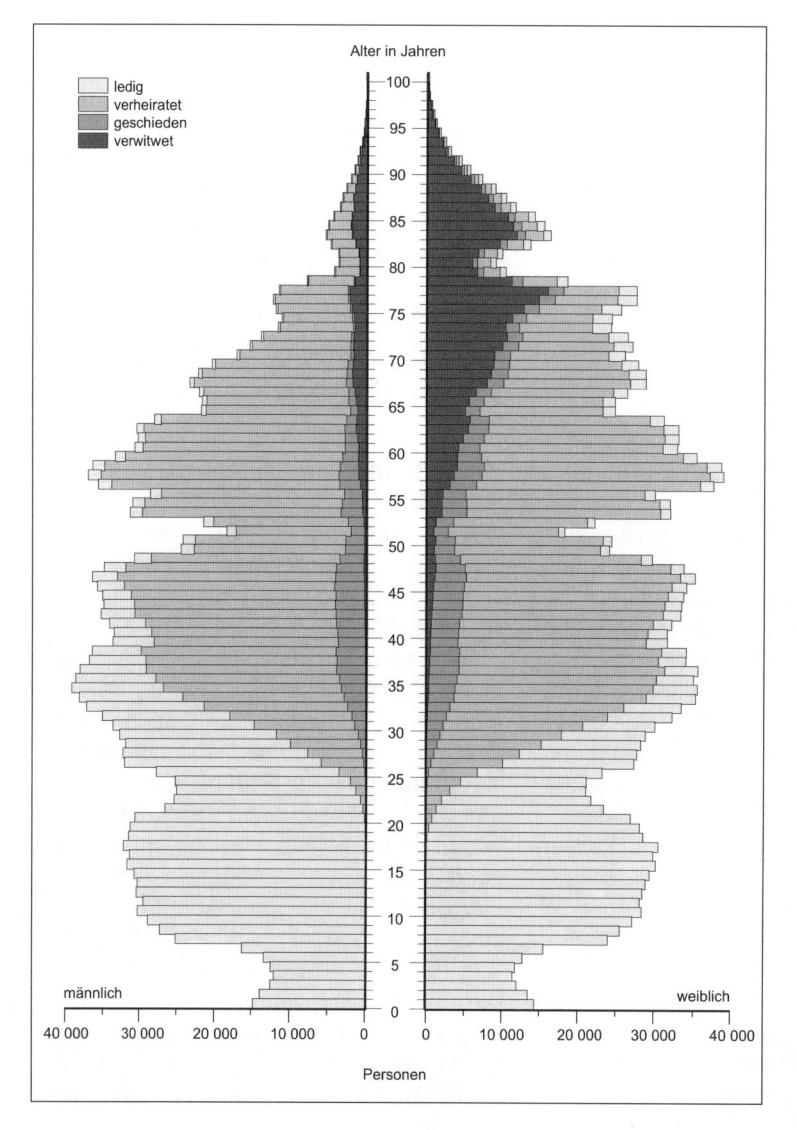

**Abb. 5.6:
Altersaufbau der sächsischen Bevölkerung am 31.12.1997 nach Familienstand und Geschlecht**
Quelle: Statistisches Landesamt Sachsen

gungen positiv einzuschätzen, da er arbeitsmarktentlastend wirkt, so überwiegen mittel- und langfristig negative Auswirkungen (Sächs. Staatsministerium für Umwelt und Landesentwicklung" 1994a).

Eine deutliche Veränderung erfährt die Altersstruktur der Bevölkerung Sachsens im Prognosezeitraum. Während der Anteil an Kindern und Jugendlichen sinkt, nimmt der Rentneranteil deutlich zu. „Desweiteren wirkt sich die Erhöhung der Lebenserwartung, der Rückgang der allgemeinen Fruchtbarkeitsziffer durch die erhöhten sozialen und ökonomischen Risikofaktoren sowie die Verschiebung der alterspezifischen Fruchtbarkeitsziffer zugunsten der älteren Jahrgänge negativ auf die Altersstruktur aus" (ebenda, S. 55).

Arbeitsmarktsituation

5.4 Arbeitsmarktsituation

Für die weitere wirtschaftliche und soziale Entwicklung in Sachsen stellt die hohe Arbeitslosigkeit der Bevölkerung im arbeitsfähigen Alter (Abb. 5.7) ein großes Problem dar. Lag Sachsen anfangs aufgrund des vorhandenen wirtschaftlichen Potentials weit

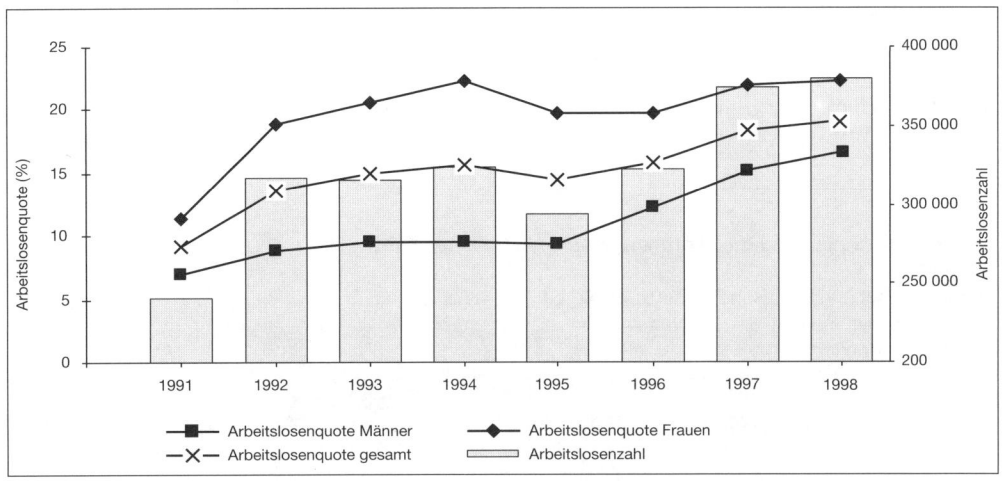

Abb. 5.7: Arbeitslose und Arbeitslosenquote in Sachsen 1990–1997 (Jahresdurchschnitt)
Quelle: Landesarbeitsamt Sachsen (Hrsg.): Jahresstatistik 1998, Teil 1, S. 10–11

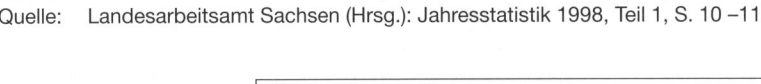

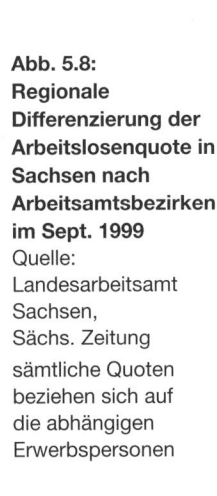

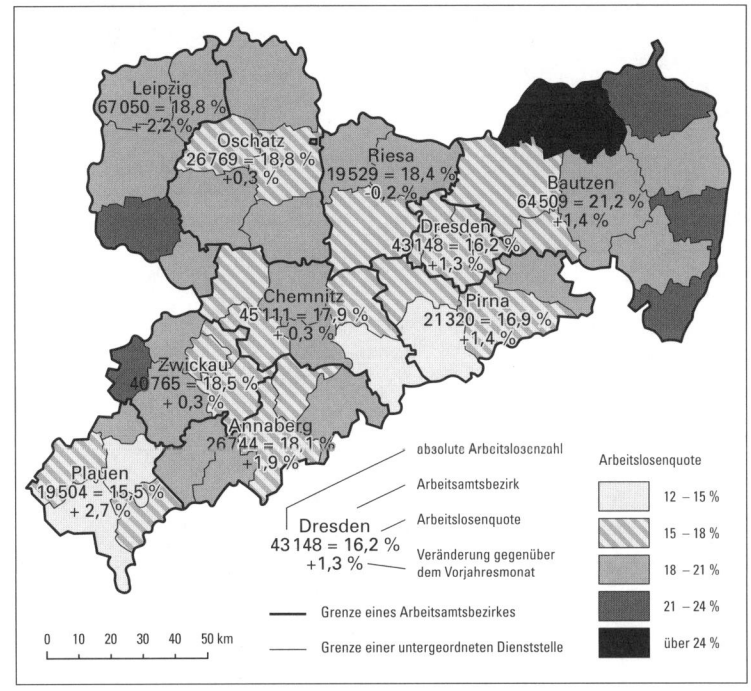

Abb. 5.8:
Regionale Differenzierung der Arbeitslosenquote in Sachsen nach Arbeitsamtsbezirken im Sept. 1999
Quelle: Landesarbeitsamt Sachsen, Sächs. Zeitung
sämtliche Quoten beziehen sich auf die abhängigen Erwerbspersonen

unter dem ostdeutschen Durchschnittswert, so näherte es sich diesen immer weiter an und liegt jetzt (1998) bereits darüber. Damit zeigen sich komplexe Wirkungen aus der Gesamtsituation der deutschen Wirtschaft und spezifischer sächsischer Probleme (vgl. hierzu Kap. 8).

Bei den Arbeitslosenquoten zeigen sich auch Disparitäten zwischen den Teilräumen, die im Zusammenhang mit der differenzierten wirtschaftlichen Situation in Sachsen stehen (Abb. 5.8). Die Arbeitslosenquote zeigt aber nur die Spitze des Eisberges. Die eigentliche Unterbeschäftigung wird durch Vorruhestand, Kurzarbeit, Umschulung, ABM, Sozialhilfe und andere staatliche Maßnahmen kaschiert und ist tatsächlich viel höher (Tab. 5.3). In einigen Regionen sind die Hälfte bis zwei Drittel der Bevölkerung im erwerbsfähigen Alter (Arbeitsamtsbezirke Bautzen, Annaberg-Buchholz, Hoyerswerda) direkt betroffen.

Tab. 5.3:
Unterbeschäftigung und Beschäftigungsdefizit in Sachsen 1991–1997
Quellen:
Presseinformationen der Bundesanstalt für Arbeit: Der Arbeitsmarkt im November 1995;
Amtliche Nachrichten der Bundesanstalt für Arbeit Dezember 1991 bis 1994 und 1992 bis 1996;
IAB-Werkstattbericht 5/97, MALISZEWSKI 1997, S. 18–22

	Nov. 1991	Nov. 1992	Nov. 1993	Nov. 1994	Nov. 1995	Nov. 1996	Febr. 1997
Arbeitslose	1 030 719	1 086 464	1 151 515	980 448	1 024 957	1 117 090	1 414 416
Kurzarbeiter	1 103 449	236 571	132 316	65 011	60 187	44 489	78 198
Arbeitsausfall (%)	57	47	45,7	52,8	58,2	54,1	51,6
ABM	371 055	363 348	170 730	226 017	179 949	198 694	179 740
Arbeitsplätze nach § 249h	–	–	55 812	101 955	111 219	79 966	61 392
Berufliche Weiterbildung / Vollzeitäquivalent	356 200a	450 100a	277 235	270 750	231 066	241 812	209 070
Altersübergangsgeld	–	573 498	627 751	494 355	275 724	133 178	102 404
Entlastung durch arbeitsmarktpolitische Maßnahmen[1]	1 004 372b	1 759 434c	1 368 490	1 212 287	832 235	675 089	593 152
Unterbeschäftigung[2]	1 664 036d	2 482 550	2 293 785	1 864 761	1 583 348	1 513 519	1 766 436
Beschäftigungsdefizit[3]	2 035 091	2 845 882	2 520 105	2 192 735	1 875 192	1 792 179	2 007 568

1 ABM einschließlich Förderungen nach § 249h, Vollzeitäquivalente von FuU und Kurzarbeit, Altersübergangsgeld und (teilweise) Vorruhestandsgeld
2 Arbeitslose, Vollzeitäquivalente von FuU und Kurzarbeit, Altersübergangsgeld und (teilweise) Vorruhestandsgeld
3 Unterbeschäftigung plus ABM und (ab 1993) Förderungen nach § 249h
a geschätzt   b ohne Maßnahmen nach § 249h und Altersübergangsgeld
c ohne Maßnahmen nach § 249h   d ohne Altersübergangsgeld

6 Die Entwicklung der Raumstrukturen bis zur Industrialisierung und der Industrialisierungsprozeß

Die Raumstruktur einer Kulturlandschaft ist abhängig von der Dauer der Inbesitznahme und der Intensität der Umgestaltung durch den Menschen und damit von dem gesellschaftlichen und wirtschaftlichen Entwicklungsniveau der Gestalter. Sie ist damit das Spiegelbild der ökonomischen Verhältnisse und Bedingungen aus der Gegenwart und der Vergangenheit (vgl. Kap. 2).

Daneben – heute häufig sekundär in der Bedeutung – spielen die naturräumliche Vorprägung (Ausstattung mit Elementen des Naturraumes) und das Klima eine Rolle (vgl. hierzu Kap. 3).

Aus dem gesagten läßt sich ableiten, daß die Raumstruktur nicht statisch, sondern dynamisch ist. Sie verändert sich in Abhängigkeit von der Entwicklung der Gesellschaft und der mit ihr verbundenen Ökonomie. Das heißt, jede Gesellschaft „schafft" sich ihre adäquate Raumstruktur. Diese Veränderung verläuft in der Regel langsamer als die gesellschaftliche Entwicklung, so daß ständig neue und alte Elemente der Raumstruktur parallel existieren, wobei das Neue das Alte nach und nach ablöst.

Die heutige Kulturlandschaft in Mitteleuropa ist das Ergebnis eines Jahrtausende währenden Umgestaltungsprozesses der Naturlandschaft durch den Menschen.

In frühen Stadien der menschlichen bzw. gesellschaftlichen Entwicklung hatten die naturräumlichen Bedingungen direkten Einfluß auf die räumliche Ausdehnung der menschlichen Siedlungsräume. Der Mensch war Bestandteil der Natur; er war direkt von ihr abhängig. Die Umgestaltung der Natur- zur Kulturlandschaft besaß meist nur lokalen Charakter. Mit den wachsenden Möglichkeiten (Einsatz von Werkzeugen, Maschinen usw., aber auch Erkennen der Naturgesetze) nahm die Intensität der Eingriffe des Menschen in den Naturhaushalt zu. Damit erreichte die Kulturlandschaft von ihrer räumlichen Ausprägung her die regionale geographische Dimensionsstufe. Heute sind die Auswirkungen der menschlichen Tätigkeit bereits global spürbar.

6.1 Die frühe wirtschaftsräumliche Gliederung

Vor dem Tätigwerden des Menschen war *Mitteleuropa* – mit Ausnahme von Bereichen innerhalb des Lößgürtels und der höheren Lagen der Alpen – ein weitgehend geschlossenes Waldland, das sich nach Abschmelzen des Inlandeises vor rund 13 000 Jahren durch das Einwandern der waldbildenden Baumarten (in der Reihenfolge Birke, Kiefer, Ulme, Eiche, Linde, Erle, Fichte, Tanne, Hainbuche, Buche) herausgebildet hat.

Die Umgestaltung der natürlichen Vegetation durch den Menschen setzte in Mitteleuropa im Neolithikum mit dem Übergang zur Seßhaftigkeit und zum Ackerbau ein. Zur Anlage von Siedlungen und Äckern wurden Wälder gerodet.

Der geographische Raum des heutigen *Sachsens* wurde relativ spät besiedelt. Bis auf ausgewählte Regionen im Bereich des Lößgürtels (Leipziger Tieflandsbucht, Sächsisches Lößhügelland, Oberlausitzer Gefilde) und der Flußtäler (Elbtal), die bereits im Neolithikum genutzt worden waren, erfolgte die Anlage von ständigen Siedlungen erst mit der Völkerwanderung (slawische Besiedlung aus dem Osten und Südosten ab dem 6. Jahrhundert im mittleren Bereich Sachsens und in der Oberlausitz) oder sogar erst mit der deutschen Ostkolonisation (ab dem 10. bzw. 12. Jahrhundert in den Mittelgebirgen, in ihren Vorländern und in den Niederungsbereichen Nordsachsens).

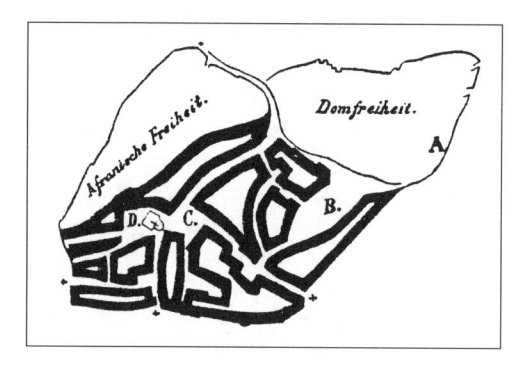

Abb. 6.1: Historischer Stadtkern von Meißen
Quelle: WUTTKE 1900

A – Wasserburg an der Elbe (1. H. 10. Jh.)
B – Leipziger Straße (Flußübergang mit wahrscheinlich ältestem Markt, ursprünglich slawischer Rundling)
C – Markt (planmäßige Anlage)
D – Frauenkirche (ecclesia St. Marie forensis)

Bis zum 10. Jahrhundert bildete ein Streifen, dessen Leitlinie von den Flüssen Elbe und Saale gebildet wird, die Grenze zwischen dem westlich gelegenen sächsischen (deutschen) und dem sich östlich anschließenden slawischen Siedlungsraum. Diese Linie stellte nicht nur die Grenze zwischen Herrschaftsbereichen dar, sondern sie bildete auch eine Kulturgrenze. Westlich wurde 919 das deutsche Königtum gegründet (Verselbständigung des Ostfrankenreiches), östlich war es Siedlungsgebiet slawischer Stämme.

Nach der Gründung der Königsherrschaft unter dem Sachsenherzog Heinrich (als deutscher König Heinrich I.) setzte ab dem 10. Jahrhundert in Mitteleuropa ein bemerkenswerter Aufschwung des gesellschaftlichen Lebens ein, der sich in qualitativen Veränderungen in der Gesellschaft (u. a. in der Entwicklung des Handwerks und im Aufblühen des Städtewesens) bemerkbar machte. In diesem Zusammenhang kam es auch durch Überschreitung der Elbe-Saale-Linie zur Ausdehnung des deutschen Reiches nach Osten (deutsche Ostbewegung). Zum Schutz des neueroberten geographischen Raumes wurden Burgen angelegt. In die noch unbewohnten Heide- und Waldgebiete drangen bäuerliche Kolonisten ein, die etwa um das Jahr 1150 die Mulde überschritten und nach Osten fortschreitend nach 1200 die Oberlausitz erreichten.

Die *Bildung der politisch-administrativen Einheit Sachsen* hat ihren Ursprung in der Gründung der Mark Meißen (929 unter König Heinrich I.) als östlichem Vorposten des jungen deutschen Reiches. 929 wurde auf einem Felsvorsprung über der Elbe die Burg Meißen (Abb. 6.1) gegründet. Bereits 1089 gelangten die Wettiner mit Heinrich von Eilenburg in den Besitz der Mark Meißen (vgl. Kap. 2). Mitte des 13. Jahrhunderts umfaßte der Machtbereich der wettinischen Fürsten durch die Einbeziehung des Pleißenlandes und Thüringens bereits ein großes Territorium. Als dann 1423 die Belehnung Friedrichs des Streitbaren mit der Kurfürstenwürde erfolgte, gehörten zum Kurfürstentum Sachsen-Wittenberg die Mark Meißen, das Pleißenland und weite Teile Thüringens.

Ständig besiedelt waren vor der Zeit der Ostausdehnung des deutschen Staates nur wenige Areale aus der Gefildezone (z. B. Leipziger Tieflandsbucht, Lommatzscher Pflege, Bautzener Land) und das Elbtal als Durchzugsraum. Hier lebten in Stammesverbänden seit der Völkerwanderung slawische Bauern bzw. Fischer. Die typische Dorfform war der Rundweiler. Die Dörfer tragen häufig Namen mit den Endsilben -witz oder -itz. Die deutschen Neusiedler, die aus den Gebieten westlich der Elbe-Saale-Linie kamen (Franken, Thüringer, Sachsen, Flamen), gründeten in diesen Offenlandbereichen planmäßige Siedlungen. In einer ersten Phase (10. / 11. Jh.) mit rundem bzw.

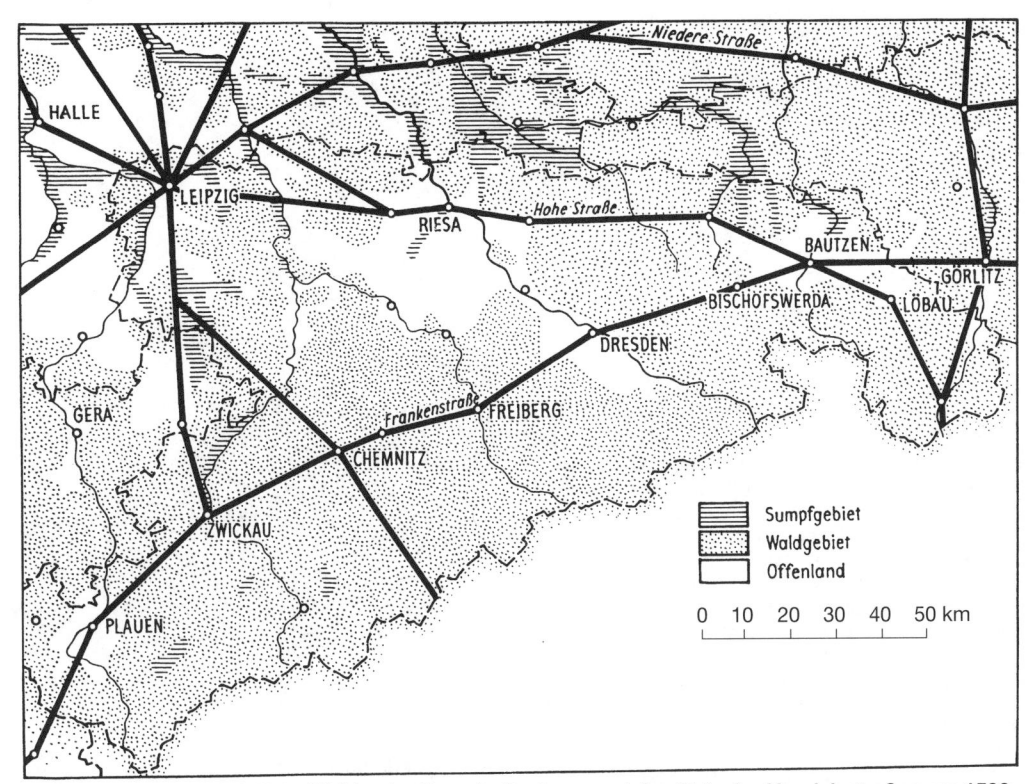

Die frühe wirtschaftsräumliche Gliederung 103

Abb. 6.2: Frühgeschichtliche Waldverbreitung in Sachsen und das Netz der Handelsstraßen um 1500
Quelle: MAERKER / PAULIG 1993
Entwurf: H. Paulig 1992, Kartographie: M. Crasselt 1992

ovalem Grundriß (Rundlinge, Angerdörfer – Abb. 6.3.1), später (12. bis 14. Jh.) in linearer Form (Straßen-, Gassen-, Zeilendörfer – Abb. 6.3.2). Teilweise erweiterten sie auch bestehende Siedlungen, so daß es ein Nebeneinander von slawischer (sorbischer) und deutscher Bevölkerung gab. Weiträumige Rodungen verbanden nun die Siedlungsgebiete in den bisherigen Offenlandschaften.

In dieser Zeit bildeten sich auch die ersten Städte (Leipzig, Grimma, Oschatz, Torgau, Eilenburg, Bautzen, Görlitz). Es waren dies zentrale Orte in einem agrarisch geprägten Raum, Kaufmanns- und Handwerkersiedlungen, aus denen später durch planmäßige Anlagen die eigentlichen Städte entstanden.

Das Siedlungsbild dieser Städte ist bis heute geprägt durch seine zentralen, häufig quadratischen bzw. rechteckigen Marktplätze und das planmäßig angelegte Straßennetz. Im 13. Jahrhundert entstanden in Sachsen 49 und im 14. Jahrhundert 32 Städte durch Gründungen.

Die Mittelgebirge waren zu dieser Zeit bis in die Vorländer hinein waldbestanden. Diese Aussage trifft auch für die pleistozän geprägten Tieflandsbereiche im Norden Sachsens zu (Endmoränen-, Sander-, Urstromtalbereiche). Sie dienten den Jägern und Sammlern und später den Viehzüchtern als spontan (zeitweilig) genutzte Wirtschaftsräume. Ständige Siedlungen waren hier vor dem 10. Jahrhundert nicht anzutreffen.

Abb. 6.3: Grundrisse planmäßig angelegter sächsischer Siedlungen

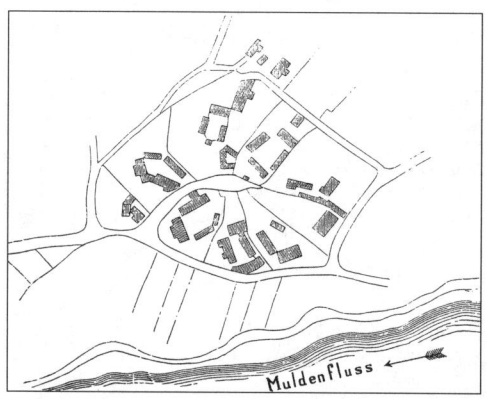

Kralapp, eine Siedlung slawischen Ursprungs, wurde von den deutschen Siedlern weiter- und mitgenutzt. Das fränkische Gehöft wurde rechtwinklig zur Straße gestellt, „neben dem Wohnhausgiebel füllte die Hofmauer mit dem Einfahrtsthor den Zwischenraum bis zum Nachbarhause aus, die hintere Hofumwehrung bildete die quergestellte Scheuer. Die Knappheit der ursprünglichen Parzellenbreite und die Notwendigkeit ihrer nachträglichen Teilung, um für die wachsende Einwohnerzahl neue Wohnmöglichkeiten zu schaffen, brachte es ... mit sich, daß die Gebäude so dicht zusammenrückten ..., wie wir sie in Dörfern ursprünglich deutscher Gründung kaum je antreffen." (WUTTKE 1900, S. 388)

Abb. 6.3.1: Erste Siedlungsphase – Rundling Kralapp bei Colditz, mit ursprünglicher Einteilung
Quelle: WUTTKE 1900

Abb. 6.3.2: Zweite Siedlungsphase – Teil der Waldhufenflur Altchemnitz nach Flurkroki um 1840
(Kroki = Geländeskizze größeren Maßstabes; oftmals nach Schätzungen angefertigt)
Quelle: BARTH 1979

Als Beispiel für die mittelalterliche Besiedlung und die frühe wirtschaftliche Entwicklung des sächsischen Mittelgebirgsraumes soll hier in Übersicht 6.1 das *Erzgebirge* mit seinem nördlichen Vorland dargestellt werden.

Übersicht 6.1: Das Erzgebirge und sein nördliches Vorland als Beispiel für die mittelalterliche Besiedlung und die frühe wirtschaftliche Entwicklung des sächsischen Mittelgebirgsraumes

Das Erzgebirge und sein nördliches Vorland waren im frühen Mittelalter von einem dichten Wald, dem „Miriquidi" (alteuropäisch für Dunkelwald), bedeckt. Die Besiedlung erfolgte von Nord nach Süd, das heißt vom Vorland über die unteren und mittleren bis zu den Kammlagen. Eine Ausnahme macht hier das Vogtland, wo die Besiedlung auch von Süden, d. h. aus Franken, vor sich ging. Die Siedler kamen ab dem 12. Jahrhundert aus den alten deutschen Stammesgebieten. Leitlinien für die Besiedlung waren Bach- und Flußtäler sowie das Gebirge überquerende Handelswege. Die von der weltlichen oder kirchlichen Obrigkeit eingesetzten „Locatoren" erkundeten das Gelände, sie legten die Siedlungsplätze fest und dann erfolgte das Roden des Waldes. Angelegt wurden, den naturräumlichen Bedingungen angepaßte Reihendörfer in Form der

Die frühe wirtschaftsräumliche Gliederung

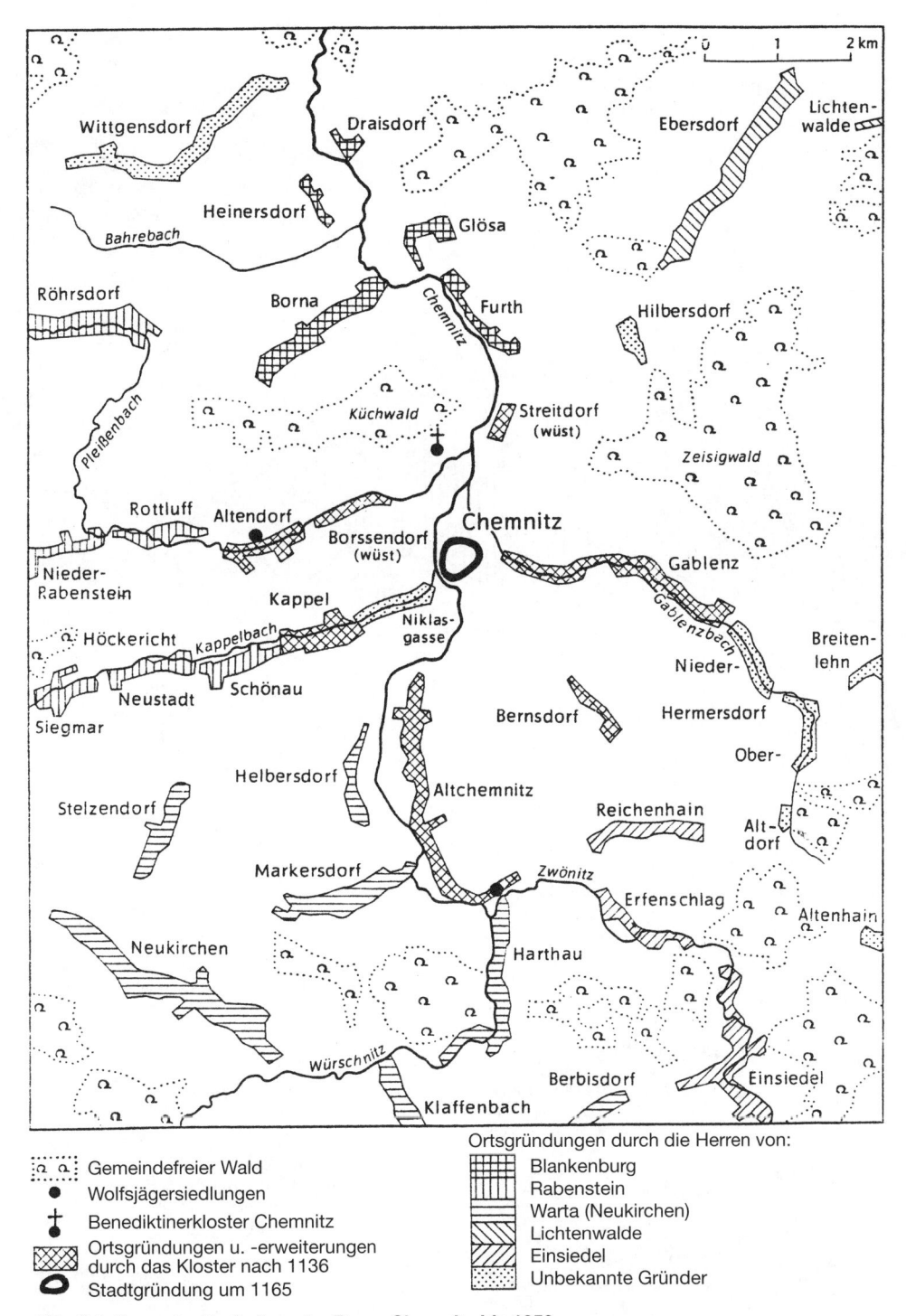

Abb. 6.4: Gang der Besiedlung im Raum Chemnitz bis 1250
Quelle: BARTH 1979, S. 18; nach SCHLÜTER/AUGUST, in: Atlas des Saale- und mittleren Elbegebietes 1958, Blatt 33

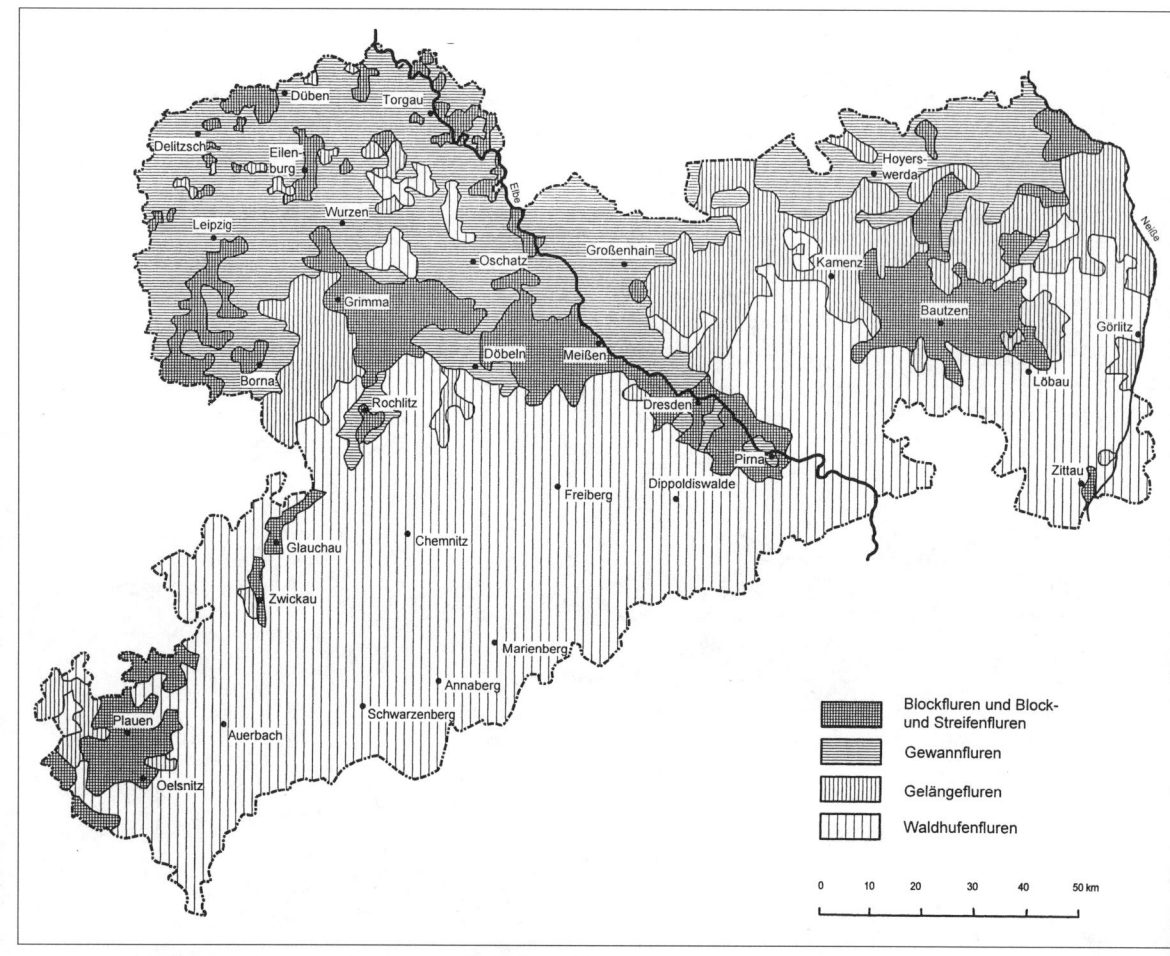

Abb. 6.5: Vorherrschende Furformen im heutigen Sachsen
Entwurf: K. Blaschke

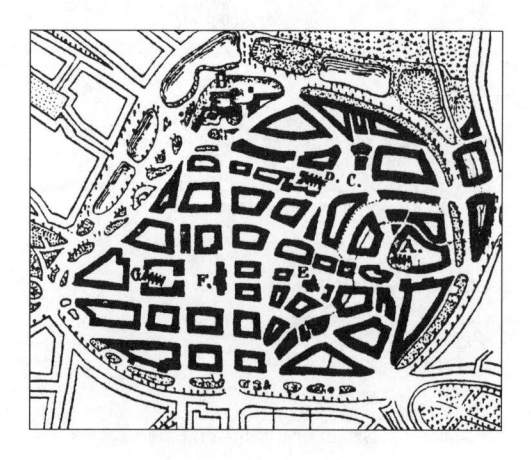

Legende:
- Blockfluren und Block- und Streifenfluren
- Gewannfluren
- Gelängefluren
- Waldhufenfluren

Abb. 6.6: Historischer Stadtkern von Freiberg
Quelle: WUTTKE 1900

A – civitas Saxonum
   Sächsstadt (im Waldhufendorf Christiansdorf wurden nach den ersten Silberfunden Bergleute vor allem aus dem Harz angesiedelt – 12. Jh.)
B – Schloß Freudenstein
C – Untermarkt (Mittelpunkt der ersten planmäßigen Stadtanlage – 12. Jh.)
D – Dom (Kirche unserer Lieben Frauen)
E – Nicolaikirche
F – Obermarkt (Mittelpunkt der planmäßigen Stadterweiterung – 13. Jh.)
G – Petrikirche

noch Übersicht 6.1:

langgestreckten Waldhufendörfer. Diese neu angelegten deutschen Dörfer erkennt man häufig an ihren Namen. Sie haben z. B. Endsilben wie -dorf, -berg, -hain, -walde. Der erste Teil des Dorfnamens ist oft der Name des Locators („Ludwigsdorf" – das Dorf des Ludwig). Im Vogtland findet man viele Siedlungen mit dem Suffix -grün.

Die Gehöfte als Drei- und Vierseithöfe (hier zeigt sich die Herkunft der Bauern) waren in lockeren Reihen angeordnet. Sie wiesen jedem Bauern einen geschlossenen Besitzanteil (die „Hufe") zu. Wirtschaftliche Grundlagen waren trotz teilweise ungünstiger klimatischer Bedingungen Ackerbau und Viehwirtschaft.

Mit der deutschen Kolonisation kam die Geldwirtschaft in das Land. Die Bauern erzielten mit ihrer verbesserten Wirtschaftsweise Überschüsse, die auf dem Markt verkauft werden konnten. Dazu entwickelte sich eine dörfliche Spezialisierung bei bestimmten handwerklichen Tätigkeiten. Beides führte zur Entstehung von Märkten und damit Städten. Es entwickelte sich eine Arbeitsteilung im Wirtschaftsraum zwischen Stadt und Dorf.

Für die Entwicklung des Erzgebirges von großer Bedeutung war das Jahr 1168. Mitten in den Besiedlungsprozeß hinein wurden am Fuße des südlichen Grenzgebirges auf dem Boden der Waldhufensiedlung Christiansdorph (später Teil von Freiberg) Silbererze gefunden. Dies führte zur Gründung der Bergstadt Freiberg, die schnell die größte Stadt im markmeißnischen Gebiet wurde. Mit dem Auffinden der Silbererze erhielt die Geldwirtschaft einen mächtigen Aufschwung. Allein der Freiberger Silbererzbergbau soll in den Jahren 1168 bis 1523 5 242 957 kg Silber geliefert haben.
Auch in anderen Teilen des Erzgebirges kam in den nächsten Jahren und Jahrzehnten der Silberbergbau auf (Brand, Siebenlehn, Dippoldiswalde), so daß die Markgrafschaft Meißen eine führende Stellung innerhalb des mitteleuropäischen Wirtschaftsraumes erlangte.

Im späteren Mittelalter dehnte sich das Bergbaugebiet weiter aus (im östlichen und im mittleren Teil des Gebirges). Erst in dieser Zeit erhielt dieser Grenzraum zu Böhmen dann seinen Namen „Erzgebirge". Neben Silbererz wurde auch Bergbau auf Zinn, Blei, Kupfer und Eisen betrieben. Damit bekam die sächsische Wirtschaft neben der Landwirtschaft und dem Gewerbe in den Städten eine dritte Säule. Dieser neue Wirtschaftszweig veränderte die Raumstruktur des Erzgebirges vollständig. Menschen aus verschiedenen Teilen Europas zogen in das Gebirge, wodurch es zu einer ersten Bevölkerungskonzentration kam; die Bauerndörfer wuchsen, und es entstanden neue, nichtagrarische Bergbausiedlungen. Die bergbaulichen Aktivitäten führten auch zu einer schnelleren Ausdehnung des Kulturraumes im Mittelgebirge.

Im 15./16. Jahrhundert wurden im mittleren Erzgebirge umfangreiche Silbererzlagerstätten erkundet (z. B. 1469 am Pöhlberg, 1470 am Schneeberg). Die wirtschaftliche Blüte in Verbindung mit weiterer Bevölkerungsansiedlung führte zum Entstehen von Bergstädten (1479 Schneeberg, 1497 Buchholz, 1521 Marienberg, 1522 Scheibenberg, 1527 Oberwiesenthal u. a.). So wurde auch 1496 die „Stadt am Schreckenberge" gegründet, die wenige Jahre später nach der Schutzheiligen der Bergleute Anna den Namen St. Annaberg erhielt, sehr rasch wuchs und bereits wenige Jahre später 5 500 Einwohner besaß und damit zu den größten Städten in Sachsen gehörte.

Mit dem Bergbau entwickelten sich Standorte zur Verarbeitung der Erze (Erzwäschen, Pochwerke, Schmelzen), neue Gewerbe siedelten sich an (Metallverarbeitung), traditionelle, aus der Landwirtschaft hervorgegangene Branchen erhielten einen Aufschwung (Garn- und Textilproduktion). Diese Entwicklung der Wirtschaft führte ebenfalls zur Anlage von Verkehrswegen sowie Wasserstauanlagen und künstlichen Wasserläufen. Insgesamt brachte der Bergbau eine Verdichtung aller Elemente der Raumstruktur (Bevölkerung, Produktion, Infrastruktur), aber auch der dörflichen Siedlungen und der Städte mit sich und bildete damit gleichzeitig die Grundlage für den späteren Industrialisierungsprozeß.

In den Stagnations- und Niedergangsphasen des Bergbaus entstanden neue standortbildende Produktionszweige des Handwerks, so z. B. die Klöppelei, die Posamentenherstellung, die Nagelschmiederei, die Bürstenfabrikation, das Schnitzen, die Spielzeugherstellung.

Entstehungszeit der sächsischen Bergbaustädte

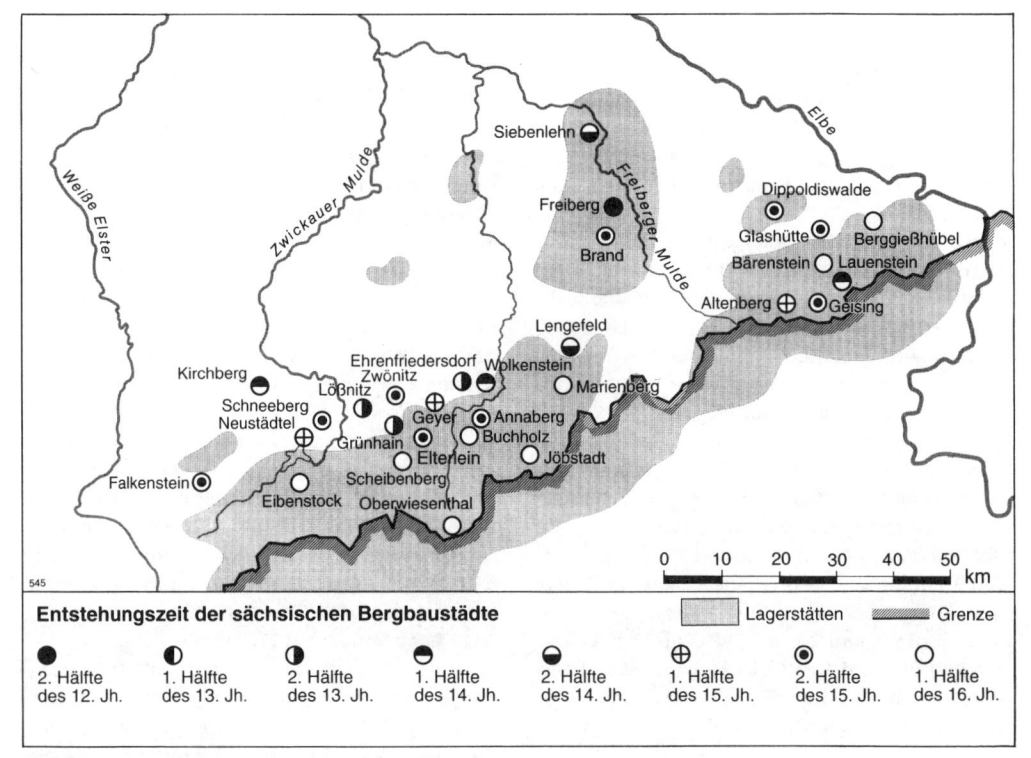

Symbol	Zeitraum
●	2. Hälfte des 12. Jh.
◐	1. Hälfte des 13. Jh.
◑	2. Hälfte des 13. Jh.
⊖	1. Hälfte des 14. Jh.
⊜	2. Hälfte des 14. Jh.
⊕	1. Hälfte des 15. Jh.
◉	2. Hälfte des 15. Jh.
○	1. Hälfte des 16. Jh.

Abb. 6.7: Die sächsischen Bergbaustädte vom 12. bis 16. Jahrhundert
Quelle: GRUNDMANN u. a. 1992

Abb. 6.8: Historischer Stadtkern von Chemnitz
Quelle: WUTTKE 1900

A – Benediktinerkloster (1. H. 12. Jh.)
B – Markt (Mittelpunkt der planmäßigen Stadtanlage – 2. H. 12. Jh.)
C – Jacobikirche

Die Wirkungen des Bergbaus im Erzgebirge blieben nicht auf diesen Raum beschränkt. Mit der Herausbildung von erz- und metallverarbeitenden Gewerken und der Bevölkerungskonzentrationen im Gebirge entwickelten sich im Vorland eine Reihe von Städten. Ursprünglich sind diese Zentren das Ergebnis des Besiedlungsprozesses ab dem 12. Jh. Entlang von West-Ost-verlaufenden mittelalterlichen Handelswegen (z. B. Süddeutschland – nördliches Vorland der Mittelgebirge – Osteuropa) wurden Städte als Fernhandelsplätze planmäßig gegründet bzw. entwickelten sich aus dörflichen Siedlungen (Plauen, Zwickau, Chemnitz, Dresden). Das dort lokalisierte Handwerk bekam durch die bergbaulichen Aktivitäten in den Gebirgen einen Aufschwung. Als Beispiel für diese Entwicklung soll in Übersicht 6.2 die Entwicklung der Stadt *Chemnitz* dargestellt werden.

Die frühe wirtschaftsräumliche Gliederung 109

> Das nördliche Vorland des Erzgebirges gehörte zum großen Miriquidi-Wald. Ständige Siedlungen gab es hier nicht. Oberhalb des Übergangs der „Alten Salzstraße" über den Fluß Chemnitz (Name ist slawischen Ursprungs und bedeutet „Steinbach") wurde 1136/37 ein Benediktiner-Kloster angelegt und mit Mönchen aus Pegau besetzt. Dieses erhielt als Fernhandelsprivileg das Marktrecht (es wurde 1143 von König Konrad III. verliehen). Im Schutze des Klosters entstanden mehr als 40 Bauerndörfer mit dem regelmäßigen Waldhufengrundriß. Um 1165 wurde planmäßig in der zuvor trockengelegten Aue des Flusses eine Stadt gegründet (Abb. 6.8), die den Namen des Fließgewässers („Chemnitz") erhielt, und auf die das Marktrecht überging. Städte waren in dieser Zeit bestimmende Stützen der Territorialpolitik des staufischen Königs Friedrichs I. Barbarossa.
>
> Die ökonomische Basis für diese städtische Siedlung waren der Fernhandel und das Handwerk. Vor allem die Schafhaltung in den Gebirgslagen und die Wollproduktion führten zu einer Entwicklung von Zweigen des Textilgewerbes (Tuchmacherei). Hier, am Schnittpunkt der großen Überlandwege von Halle und Leipzig nach Prag und von Nürnberg und Augsburg nach Breslau (Abb. 6.2), erhielt die Stadt im Jahre 1357 die „landesherrliche Genehmigung zur Veredlung des von den Bauern aller Siedlungen im Umkreis von 10 Meilen verwebten Flachses" – Bleichprivileg (BARTH u. a. 1979, S. 21). Dieses Privileg bewirkte einen weiteren Aufschwung dieser Branche; Chemnitz wurde so zu einem Mittelpunkt des obersächsischen Garn- und Leinwandhandels.
>
> Die bergbaulichen Aktivitäten im mittleren Erzgebirge ab dem 15./16. Jahrhundert führten dazu, daß das städtische Bürgertum von Chemnitz dort Geld investierte (Familien Schütz, Thiele, Welser u. a.) und dieses dann mit dem entsprechenden Gewinn zurückfloß. Chemnitz wurde so selbst ein Standort der Erzver- und Metallbearbeitung (z. B. Betrieb einer Saigerhütte) und ein Umschlagplatz für Waren, die im Gebirge benötigt wurden (Textilien, Lebensmittel) und für Produkte, die im Gebirge erzeugt wurden (metallische Erzeugnisse). Diese etwa ein Jahrhundert andauernde Periode beschleunigte das städtische Wachstum (bauliche Tätigkeit) und die Ausdehnung der gewerblichen Aktivitäten (Entstehung und Entwicklung von Zünften). Besonders das Wirken von Georgius Agricola als Stadtarzt und Bürgermeister von Chemnitz (von 1531 bis zu seinem Tod 1555 Einwohner und Bürger von Chemnitz) brachte einen deutlichen Aufschwung für die Stadt.

Übersicht 6.2: Mittelalterliche Entwicklung von Chemnitz als Beispiel einer sächsischen Handels- und Gewerbestadt

Aber auch in weiterer Entfernung zu den Gebirgen sind die Wirkungen des Bergbaus in dieser Zeit deutlich zu spüren. So ist die Entwicklung der Stadt *Leipzig* zu einem Handelsplatz (erste Messe im Jahre 1165 bezeugt, Messeprivilegien von 1497 und 1507)

Abb. 6.9: Historischer Stadtkern von Leipzig
Quelle: WUTTKE 1900

A – Nicolaikirche (älteste Stadtanlage 12. Jh.)
B – Pleißenburg
C – Markt (Mittelpunkt der planmäßigen Stadtanlage nach dem Magdeburger Recht – 2. H. 12. Jh.)
D – Thomaskirche (Stadtkirche von C)

Der Gesamtdurchmesser der alten Stadtanlage betrug 600 m. Die Anlage der Stadt erfolgte an der Kreuzung von West-Ost- mit Nord-Süd-verlaufenden Handelsstraßen.

und Wirtschaftsstandort (Entwicklung des Handwerks, z. B. Buchdruck, Herstellung von Rauchwaren; Gründung der Universität 1409; Bau der Leipziger Börse 1678–1682) von europäischem Rang auch auf den Umschlag von bergbaulichen und handwerklichen Erzeugnissen aus dem Erzgebirge und dem Harz zurückzuführen. Die Stadt entstand als Zentralort (Nahmarktfunktion) für die dörflichen Siedlungen in diesem lößgeprägten Altsiedelland recht früh. Bedingt durch die günstige Lage an der „Hohen Straße", einem mittelalterlichen Handelsweg, der Süddeutschland mit Ost- und Südosteuropa verband, erhielt die Stadt auch das Fernhandelsprivileg.

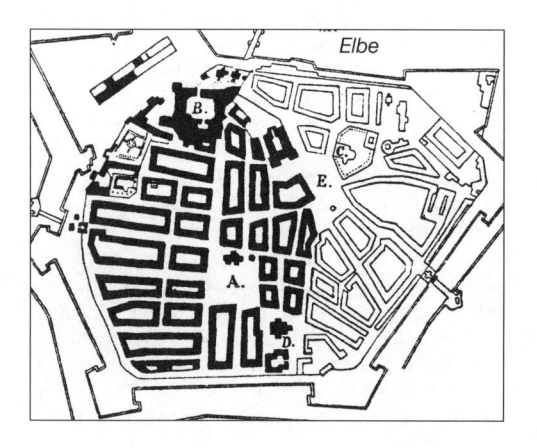

Abb. 6.10: Historischer Stadtkern von Dresden
Quelle: WUTTKE 1900

A – Altmarkt
B – Burg auf dem Taschenberge
C – Frauenkirche
D – Kreuzkirche
E – Neumarkt

Der Name Dresden erscheint zuerst 1206; schon im Jahre 1216 wird Dresden in einer landesherrlichen Urkunde als civitas nostra bezeichnet. Die Anlage der Stadt war fast kreisrund, mit einem Durchmesser von 500 m.

Nach der Leipziger Teilung Sachsens im Jahre 1485 in eine Albertinische und Ernestinische Linie begann der Aufstieg *Dresdens* als Residenzstadt. Herzog Albrecht der Beherzte machte Dresden zur Hauptstadt seines selbständigen Herzogtums Sachsen.

Über entsprechende Abgaben und Steuern (so erließ der Kurfürst 1554 eine neue Bergordnung) floß ein ständig zunehmender Strom von Silbermünzen an die Elbe, der hier von den sächsischen Kurfürsten zur Hofhaltung, aber auch zum Ausbau des Handwerks, der Wissenschaft sowie von Kunst und Kultur eingesetzt wurde. Besonders in der Regierungszeit von Kurfürst Friedrich August I. (der Starke) und von dessen Sohn, Friedrich August II., erlebte die Stadt dann im 17./18. Jahrhundert einen spürbaren wirtschaftlichen und städtebaulichen Aufschwung.

Die wirtschaftliche Entwicklung Sachsens im 16. Jahrhundert wurde zusätzlich positiv beeinflußt durch die Wirkungen der *Reformation*. Dieser auf den ersten Blick rein „kirchliche Akt" hatte aber deutliche Wirkungen auf das wirtschaftliche Leben. Das Bürgertum griff diese fortschrittlichen Ideen auf. Es kam zur staatlichen Förderung von Handwerk, Bergbau, Handel und Verkehr. Auch die Landwirtschaft erhielt damals durch die Einführung von neuen Getreidesorten und von anderen Fruchtarten (vor allem nach der Entdeckung Amerikas) Impulse.

Die frühe wirtschaftsräumliche Gliederung

> Die Entwicklung im östlichen Randgebiet Sachsens, in der *Oberlausitz*, steht einerseits im Zusammenhang mit der Lage am Rande des eroberten Territoriums. Damit war es ein Raum ständiger Auseinandersetzungen zwischen deutschen, polnischen und böhmischen Interessen.
>
> Andererseits gehörte die Region mehrere Jahrhunderte zum Königreich Böhmen (erstmals ab dem Jahre 1076, dann von 1158 mit Unterbrechungen bis 1635). Damit konnte sich faktisch bis zum Dreißigjährigen Krieg keine Zentralgewalt etablieren. Das Markgraftum Oberlausitz wurde von den Städten des Sechsstädtebundes (im Jahre 1346 gegründet; Mitglieder waren die Städte Bautzen, Görlitz, Kamenz, Löbau, Zittau, Lauban) dominert und von den Ständen kollektiv regiert. Eine Assimilierung der Sorben in die deutsche Bevölkerung fand im Prinzip nicht statt. Die quantitativ dominierende sorbische Einwohnerschaft lebte in der Regel auf dem Lande und ging bäuerlicher Tätigkeit nach, während die Städte von den Deutschen beherrscht wurden (Handel, Handwerk, Gewerbe).
>
> Obwohl die Oberlausitz im Jahre 1635 an Kursachsen fiel, blieb sie offiziell noch bis 1815 böhmisches Lehen. Damit konnte sich dort die Reformation nicht völlig durchsetzen.
>
> Das Textilgewerbe (Leineweberei, Tuchmacherei) bildete sich im 15. und 16. Jahrhundert als zweites wirtschaftliches Standbein, neben der Landwirtschaft heraus. Der Dreißigjährige Krieg und die Ansiedlung von Glaubensflüchtlingen (böhmische Exulanten) veränderten die Wirtschafts- und damit die Raumstruktur deutlich. Aus der agrarisch geprägten Region entwickelte sich über den Zeitraum des 17. bis 19. Jahrhunderts ein industriell-gewerblich strukturierter Raum. Seinen deutlichen räumlichen Ausdruck fand dies zum Beispiel in der Überprägung der dörflichen Siedlungsstrukturen. Aus den landwirtschaftlich geprägten Waldhufendörfern aus der zweiten Etappe der Ostkolonisation entwickelten sich bevölkerungsreiche Weberdörfer, die sich oft kilometerlang in den Fluß- und Bachtälern erstrecken und ineinander übergehen (Siedlungsbänder). Wahrzeichen dieser Dörfer ist das Umgebindehaus, eine Konstruktion aus Blockhaus- und Fachwerkbau, das auch für zahlreiche Heimweber Werkstatt war. Das älteste noch existierende Umgebindehaus der Oberlausitz wird auf 1602/03 datiert.
>
> Ein weiteres Kennzeichen der wirtschaftlichen Entwicklung ist das Aufblühen des Handwerks in den Städten. Aus den kleinen Ackerbürgerstädten wurden Handwerkerstädte mit einer deutlichen inneren Strukturdifferenzierung.

Übersicht 6.3:
Mittelalterliche und frühneuzeitliche Entwicklung von Territorium, Wirtschaft und Raumstruktur in den östlichen und westlichen Randgebieten Sachsens

Übersicht 6.3.1:
Das Fallbeispiel Oberlausitz

Erst der Dreißigjährige Krieg von 1618–48 unterbrach diese Aufschwungphase. Sachsen mußte – wie alle in den Krieg einbezogenen Länder – große Verluste an Menschen und wirtschaftlichem Potential hinnehmen. Eine längere Stagnationsphase war die Folge.

Positiv wirkte sich in dieser Zeit der Zuzug von etwa 150 000 böhmischen Exulanten aus. Sie brachten neue wirtschaftliche Impulse nach Sachsen, die sich vor allem auf das Handwerk und Gewerbe auswirkten. So gründeten beispielsweise 58 Familien aus Böhmen im Jahre 1654 die Stadt Johanngeorgenstadt.

Die Entwicklung in den östlichen und westlichen Randgebieten Sachsens, in der *Oberlausitz* und im *Vogtland*, verlief relativ eigenständig und getrennt vom übrigen Territorium, wie es in Übersicht 6.3 zur Darstellung kommt.

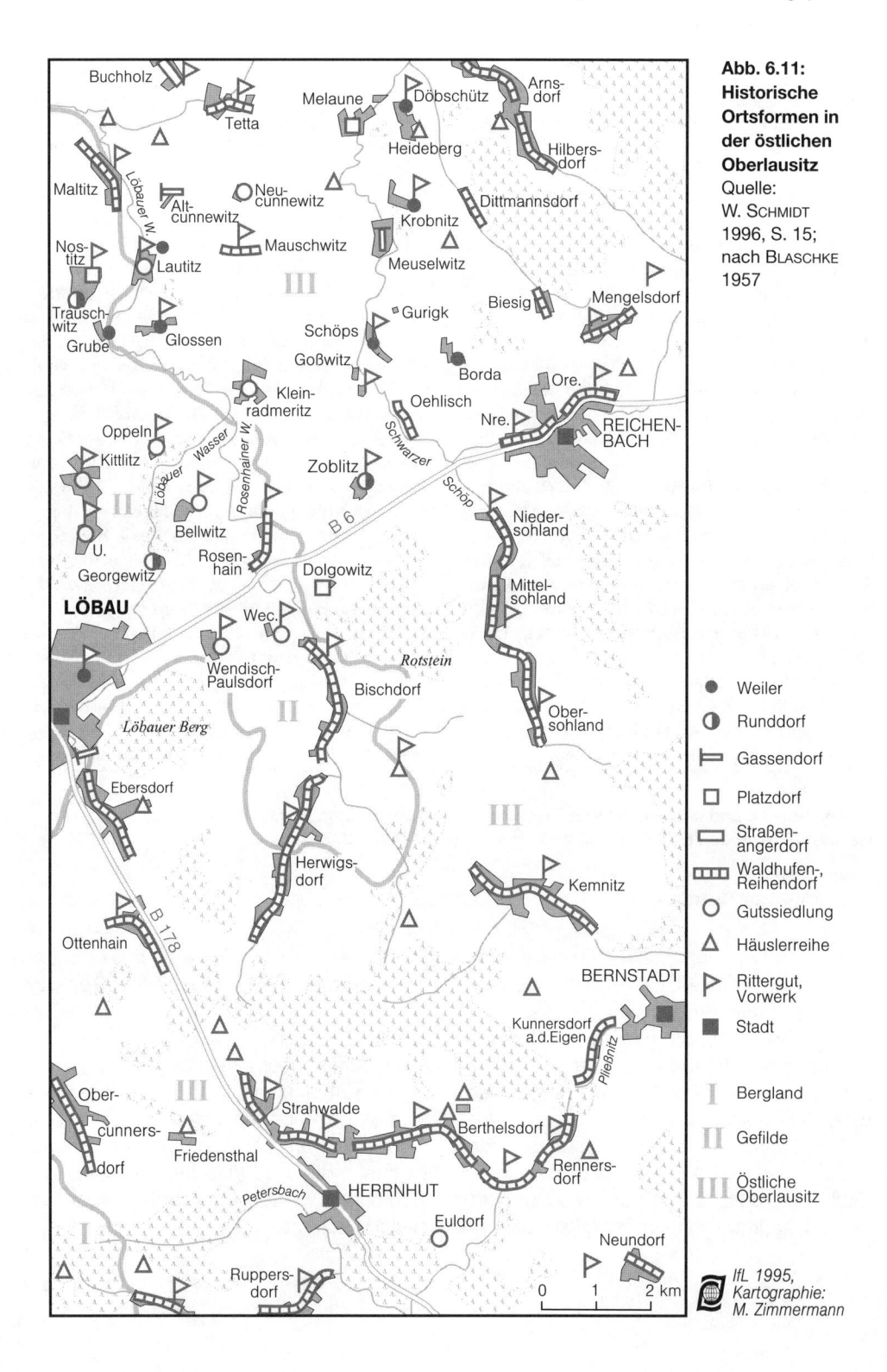

**Abb. 6.11:
Historische
Ortsformen in
der östlichen
Oberlausitz**
Quelle:
W. SCHMIDT
1996, S. 15;
nach BLASCHKE
1957

- ● Weiler
- ◐ Runddorf
- ⊨ Gassendorf
- ☐ Platzdorf
- ▭ Straßen-angerdorf
- ⧈ Waldhufen-, Reihendorf
- ○ Gutssiedlung
- △ Häuslerreihe
- ▷ Rittergut, Vorwerk
- ■ Stadt

- I Bergland
- II Gefilde
- III Östliche Oberlausitz

IfL 1995,
Kartographie:
M. Zimmermann

Die frühe wirtschaftsräumliche Gliederung

> Eine weitere periphere Region Sachsens mit einer gewissen eigenständigen Entwicklung bildet das *Vogtland*. In diesem geographischen Raum ging die Besiedlung vor allem von Süden, d.h. von Franken, aus. Die fränkische Dominanz unter den Neusiedlern wie auch die Nachbarschaft zum Ausgangspunkt der Besiedlung zeigen sich noch heute in der dörflichen Architektur („Volksarchitektur") und in dem Dialekt der Sprache.
> Die führenden Kräfte waren beim Landesausbau im westlichen Teil des Gebirges (gemeint ist das Erzgebirge, das diesen Namen aber erst im 16. Jahrhundert erhielt) und südlich des Pleißenlandes Reichsministeriale (Vögte) im königlichen Auftrag. Obwohl die Region im 13. Jahrhundert mehrfach unter den Linien des Adelsgeschlechtes der Vögte von Weida geteilt wurde, bürgerte sich allmählich der Name „Vogtland" (das „Land der Vögte") für den ganzen Herrschaftsbereich der Weidaer Vögte ein. Infolge des Niedergangs der deutschen Zentralgewalt schwand seit dem 13. Jahrhundert deren Einfluß, und an ihre Stelle traten als Landesherren die Wettiner. Die Bedeutung der lokalen/regionalen Gewalt ist aber auch in den folgenden Jahrhunderten noch zu spüren. So versuchten z.B. die Vögte von Plauen im 14. Jahrhundert ihre Unabhängigkeit durch „eine besonders tätige Städtepolitik" (BLASCHKE 1990b) zu sichern. Siedlungen wie Markneukirchen, Mylau, Schöneck, Treuen und Pausa erhielten so innerhalb des kurzen Zeitraumes von 50 Jahren das Stadtrecht (MAERKER/PAULIG 1993).
> Für die wirtschaftliche Entwicklung spielt die Ansiedlung von böhmischen Exulanten im 17. Jahrhundert eine wichtige Rolle. Mit ihnen wurde das Handwerk stark belebt. Sie brachten neue Techniken im Bereich der textilen Produktion sowie die Musikinstrumentenproduktion mit und siedelten sie hier an.

noch Übersicht 6.3   **Übersicht 6.3.2: Das Fallbeispiel Sächsisches Vogtland**

Das *Augusteische Zeitalter* (Regierungszeiten von Friedrich August I./1694–1733, Friedrich August II./1733–1763 und, bedingt, Friedrich August III./1763–1827) ist für Sachsen geprägt von einem großen wirtschaftlichen und kulturellen Aufschwung. Das Handwerk, in Form der Manufakturen, kam zu voller Blüte. Die für das Handwerk geltenden Zunftverfassungen wurden um 1700 zunehmend zum Hemmnis für die handwerkliche Produktion, so daß sich eine fortschreitende Entwicklung des Manufakturwesens durch Neugründungen einstellte. Nach 1685 befand sich dieses in einer steten Aufwärtsentwicklung. Friedrich August I. (der Starke) unterstützte diesen Trend wohlwollend und war selbst durch die Gründung einiger Manufakturen daran beteiligt. Er gewährte ausländischen Handwerkern eine zehnjährige Steuerfreiheit und stellte unbebautes Land zur Verfügung.

„Die Manufakturen stellten Gewehre, Pulver, Tuche, Gold- und Silbergewebe, Messing, Glas, Spiegel, Porzellan, Damast, Blaufarben, Seiden- und Halbseiden- und leonische Waren sowie Tapeten her, befriedigten in erster Linie Bedürfnisse des Staates und des Hofes, aber auch in steigendem Maße den Massenkonsum. Für die Produktion gab es im Lande vielfältige Roh- und Hilfsstoffe, aus der Landwirtschaft und Viehzucht Hanf, Flachs, Wolle, Hopfen, Leder, aus dem Bergbau Silber, Blei, Kobalt, Wismut, Zinn, Kupfer und Eisen" (CZOK 1989, S. 264).

Beispiele sind die 1710 gegründete Porzellanmanufaktur in Meißen, eine kurfürstliche Spiegelhütte in Friedrichsthal (1709), eine Stahl- und Gewehrfabrik in Olbernhau, drei Glashütten usw.

Neben dem Bergbau wurde auch das Hüttenwesen weiter ausgebaut. In der Metallverarbeitung verbesserten sich die technischen Bedingungen (Bohrmaschinen, Drehbänke).

Der Handel erlebte einen Aufschwung. So wuchs die Stadt Leipzig zu einem bedeutenden Messe- und Handelszentrum heran. Die Straßen wurden vermessen und mit den für Sachsen typischen Postmeilensäulen (Entfernungssäulen) ausgestattet.

Im 17./18. Jahrhundert erfolgte der Ausbau der Stadt Dresden zu einer der schönsten barocken Residenzen Europas. Künstler und Baumeister schufen unter anderem in dieser Zeit den Zwinger, die Frauenkirche und die Hofkirche. Aber nicht nur in Dresden herrschte rege Bautätigkeit, auch in anderen Städten und auf dem Lande entstanden neue Schlösser, wurden alte Bauwerke völlig umgebaut. Auf diese Zeit gehen beispielsweise die Schlösser Pillnitz, Großsedlitz und Moritzburg zurück.

Wichtig für die wirtschaftliche Entwicklung Sachsens war auch die Förderung der Wissenschaft im 18. Jahrhundert. So wurde 1765 die Bergakademie Freiberg als erste montanwissenschaftliche Bildungseinrichtung der Welt gegründet. Freiberger Professoren, z. B. Charpentier (1738–1805), Werner (1749–1817) oder C. H. Müller (1823–1907), haben sich bleibende Verdienste für die Erkundung und Systematisierung der erzgebirgischen Lagerstätten und der geologischen Wissenschaften insgesamt erworben.

Die Verbindung mit Polen (seit 1697 war August der Starke gleichzeitig König von Polen) wirkte sich wechselvoll für Sachsen aus. Die dadurch ausgelösten finanziellen und militärischen Belastungen erhielten auf der ökonomischen Seite ein nicht unbedeutendes Äquivalent. Zum einen erhielt der Handel zwischen Sachsen und Polen Vorrang gegenüber anderen Ländern, zum anderen wurde der Versuch unternommen, die Wirtschaftsverbindungen und Handelsstraßen vom Orient über Polen nach Deutschland zu führen. Auch eine Belebung von Rohstoffimporten aus Polen einerseits und eine Ausfuhr von Fertigerzeugnissen nach Polen andererseits war unverkennbar. ... „ ... doch insgesamt hatte die Nachbarschaft Polens für die sächsischen Provinzen kaum Auswirkungen, zumal Schlesien, erst österreichisch, dann ab 1742 preußisch, einen direkten Zugang von Sachsen nach Polen verhinderte" (MAERKER/PAULIG 1993, S. 17).

Zum Ende dieser Periode stand Sachsen vor allem nach den Folgen des Siebenjährigen Krieges und der Napoleonischen Kriege vor dem Kollaps. Militärische Niederlagen, Verwüstungen und Zerstörungen, Epidemien hatten das Land und seine Wirtschaft stark geschwächt. Auf dem Wiener Kongreß des Jahres 1815 mußte Sachsen eine weitere Niederlage hinnehmen. Bis zum Schluß auf der Seite des Verlierers Napoleon stehend, verlor Sachsen auf dem Verhandlungsweg drei Fünftel seines Territoriums sowie ein Drittel der Bevölkerung an das Königreich Preußen und die Ernestiner (Sachsen–Weimar). Der thüringische und der Kurkreis, die Niederlausitz und die östliche Oberlausitz mußten abgetreten werden.

Sachsens politische Stellung innerhalb Deutschlands und Europas war endgültig zugunsten Preußens und Österreichs zurückgedrängt. Es setzte nunmehr eine Periode der Reformen ein, die besonders vom Bürgertum vorangetrieben wurde.

Im Ergebnis der aufgezeigten Entwicklung werden für die frühe wirtschaftsräumliche Gliederung des sächsischen Territoriums zwei Leitlinien deutlich:

1. Die kulturlandschaftliche Entwicklung setzt dort ein, wo die naturräumliche Ausstattung günstige Bedingungen für die Inwertsetzung durch den Menschen bietet (ertragreiche Böden, günstige klimatische Bedingungen, nutzbare Bodenschätze).
2. Die Inwertsetzung des Naturraumes hängt ab von dem Entwicklungsstand der Technik und wird beeinflußt durch politische Entscheidungen.

Frühzeitig kommt es damit in Sachsen zur Herausbildung räumlicher Disparitäten, die teilweise bis heute spürbar sind. Wirtschaftlichen Aktivräumen im Lößgürtel und im Erzgebirge (einschließlich des direkten nördlichen Vorlandes) stehen zum Anfang des 19. Jahrhunderts gering bzw. unentwickelte Räume (Tieflandsbereich, Kammzone des Erzgebirges) gegenüber.

6.2 Die räumlichen Wirkungen des Industrialisierungsprozesses

Im 18. Jahrhundert vollzogen sich in West- und Mitteleuropa, ausgehend von den Entwicklungen in England, rasche Veränderungen im Bereich der Produktion und ihrer Organisation. Spätestens die Erfindung der Dampfmaschine durch James Watt (Patent 1769) revolutionierte die Entwicklung des Handwerks und war schließlich der Ausgangspunkt für den Ende des 18./Anfang des 19. Jahrhunderts einsetzenden Industrialisierungsprozeß.

Politisch wurde dieser Prozeß durch eine Reihe von Entwicklungen positiv beeinflußt und damit befördert. Zu nennen sind dabei u. a. der Machtzuwachs des Bürgertums in einer Reihe europäischer Staaten (England, Frankreich), die Wirkungen der französischen Revolution, die Reformen in Preußen.

Als 1815 der Wiener Kongreß die Landkarte Mitteleuropas neu ordnete, standen politische Gesichtspunkte im Vordergrund. Wirtschaftsräumliche Gegebenheiten und Notwendigkeiten wurden außer Acht gelassen. In Deutschland entstand mit dem Deutschen Bund eine locker gefügte Vereinigung von 39 souveränen Staaten, ein wie BECHTEL (1956) sagt, „erkünsteltes Gebilde", das durch widerstrebende wirtschaftspolitische Kräfte und Ziele gekennzeichnet war. In diesem Bund waren die Voraussetzungen für einen zügigen Industrialisierungsprozeß nicht gegeben. Wichtig war die Schaffung einer wirtschaftsräumlichen Einheit in Deutschland. Dies geschah bis zu einem gewissen Grade durch die Gründung des Zollvereins (22.3.1833). Die staatliche Souveränität blieb davon unberührt.

In Sachsen (seit dem Friedensvertrag von Posen am 11.12.1806 war Sachsen Königreich) gab es in der ersten Hälfte des 19. Jahrhunderts eine Reihe von Entscheidungen (Reformen), die sich positiv auf die wirtschaftliche Entwicklung auswirkten. An erster Stelle steht die Verfassung von 1831 mit dem Zweikammersystem, die den liberalen Wünschen des Bürgertums teilweise entgegenkam. Weitere Reformmaßnahmen, die sich auf die wirtschaftliche Entwicklung positiv auswirkten, waren: 1832 Städteordnung sowie Gesetz über Ablösungen und Gemeinheitsteilungen, das die Fronpflicht der Bauern und in der Oberlausitz die Erbuntertänigkeit beseitigte; 1834 Gründung der Landrentenbank (Bauern konnten sich ohne Aufgabe ihrer Hofstellen freikaufen); 1835 Volksschulgesetz und Einrichtung von Kreisdirektionen in Dresden, Leipzig, Zwickau und Bautzen; 1838 Landgemeindeordnung.

Um den Bildungsstand zu heben und um wissenschaftliche Grundlagen für die verschiedenen Wirtschaftszweige zu schaffen, wurden neue Lehreinrichtungen ins Leben gerufen. So ging 1816 aus der privaten forstlichen Lehranstalt von Heinrich Cotta in Tharandt die Königlich Sächsische Forstakademie hervor. Im Jahre 1828 wurde die Technische Bildungsanstalt in Dresden eingeweiht. Aus dieser ging 1890 die Technische Hochschule, seit 1961 Technische Universität, hervor. Etwa zur gleichen Zeit entstanden der Börsenverein Deutscher Buchhändler in Leipzig (1825), der Industrieverband für das Königreich Sachsen (1828) und die Handelslehranstalt in Leipzig (1831; seit 1898 Handelshochschule).

Auf der Basis einer vergleichbaren, wenn auch zeitversetzten wirtschaftlichen Entwicklung von England und Sachsen (Schafhaltung, Textilproduktion, Metallverarbeitung) hatten sich bereits Ende des 18. Jahrhunderts Verbindungen zwischen Unternehmern beider Staaten angebahnt. Englische Spezialisten kamen nach Sachsen und brachten Maschinen mit (z. B. die „Spinning Jenny"), die hier eingesetzt, kopiert und weiterentwickelt wurden. Die 1806 von Napoleon über England verhängte Kontinentalsperre wurde von den sächsischen Produzenten mit Erfolg zu ihrem Vorteil ausgenutzt. Die sächsische Textilproduktion entwickelte sich ohne die englische Konkurrenz beschleunigt. Aus den bereits um die Jahrhundertwende bestehenden Textilmanufakturen wurden nach 1820 Industriebetriebe.

Handwerker, Mechaniker, Maschinenbauer und risikobereite Unternehmer bestimmten schließlich das beginnende Fabrikzeitalter in Sachsen: „...der Leineweber Friedrich Pfaff aus Zschopau mit einer Krempelmaschine, der Zimmermann Frey und die Firma Gräser aus Langensalza mit einer Spinnmaschine, die Kaufleute Wöhler und Lange in Chemnitz, der aus dem Rheinland stammende Textilkaufmann Carl Friedrich Bernhard, der Mechaniker Wilhelm Schönherr aus Plauen oder Johann Jacob Bodmer in Zschopau" (GROSS 1991, S. 2).

6.2.1 Die Entwicklung in Chemnitz und seinem Umland

Am Beispiel *Chemnitz* wird deutlich, daß der Industrialisierungsprozeß (Periode von 1800 bis zum Zweiten Weltkrieg) die Raumstrukturen völlig veränderte. Bedingt durch die unter Übersicht 6.2 aufgezeigte frühe Entwicklung (Marktrecht, Bleichprivileg, Beziehungen zum Bergbau) hatten sich in der Stadt viele Handwerksbetriebe angesiedelt. Als Vorläufer der industriellen Revolution in Chemnitz können die seit den siebziger Jahren des 18. Jahrhunderts heimisch gewordene Kattundruckerei und Strumpfwirkerei gelten. So zählte z. B. die Chemnitzer Strumpfwirkerinnung 1822 in der Stadt und ihrem Umland 1 538 Meister, 630 Gesellen und 346 Lehrlinge.

Entscheidende Voraussetzung für den erfolgreichen Beginn des Industrialisierungsprozesses war dann aber der aus den Spinnmühlen, mit englischen Spinnereimaschinen arbeitenden Fabriken und ihren Reparaturwerkstätten, hervorgegangene Textil- und Dampfmaschinenbau. Im Zuge dieser Entwicklung wurde die Handarbeit in zunehmendem Maße von der Tätigkeit an Maschinen verdrängt. Nach einer Aufstellung der Chemnitzer Weberinnung aus dem Jahre 1876 ging die Zahl der betriebenen Handwebstühle allein in den Jahren von 1860 bis 1876 von 2 416 auf 920 zurück. 1864 gab es in Chemnitz 64 Maschinenfabriken mit etwa 6 450 Arbeitern, in denen 57 Dampfmaschinen aufgestellt waren (BARTH 1979).

Das Spektrum der Industriebranchen zeigt für den Standort Chemnitz eine deutliche Weiterentwicklung von den Zweigen der Textilindustrie zum Maschinenbau und zur Metallverarbeitung (später wird der Branchenmix ergänzt durch den Fahrzeugbau, die Elektrotechnische / elektronische Industrie und die Chemie). Stimulierend für den Maschinenbau war anfangs der Bedarf der Textilindustrie an Maschinen. Aus den Abteilungen, die für die Reparatur und Weiterentwicklung der Maschinen in den Textilbetrieben zuständig waren, entwickelten sich seit den 1830er Jahren eigenständige Maschinenbauwerkstätten, die anfangs ausschließlich auf den Bau von Textilmaschinen spezialisiert waren, aber auch bald – wie z. B. die Firma von Richard Hartmann in Chemnitz (Abb. 6.12) – ein breites Profil im Bereich Maschinen- und Fahrzeugbau erlangten. Dieser Entwicklungsprozeß im

Tab. 6.1: Entwicklung der Industriestruktur in Chemnitz 1890–1922
Quelle: nach BARTH 1979

	1890	1912	1922
Zahl der Fabriken	522	1 926	2 228
Beschäftigte	34 500	72 781	85 628
davon			
– Metallverarbeitung	o. A.	7 312	8 787
– Maschinenindustrie	o. A.	30 682	38 090
– Textilindustrie	o. A.	20 570	23 426
– Bekleidungsindustrie	o. A.	3 361	3 554

Die räumlichen Wirkungen des Industrialisierungsprozesses

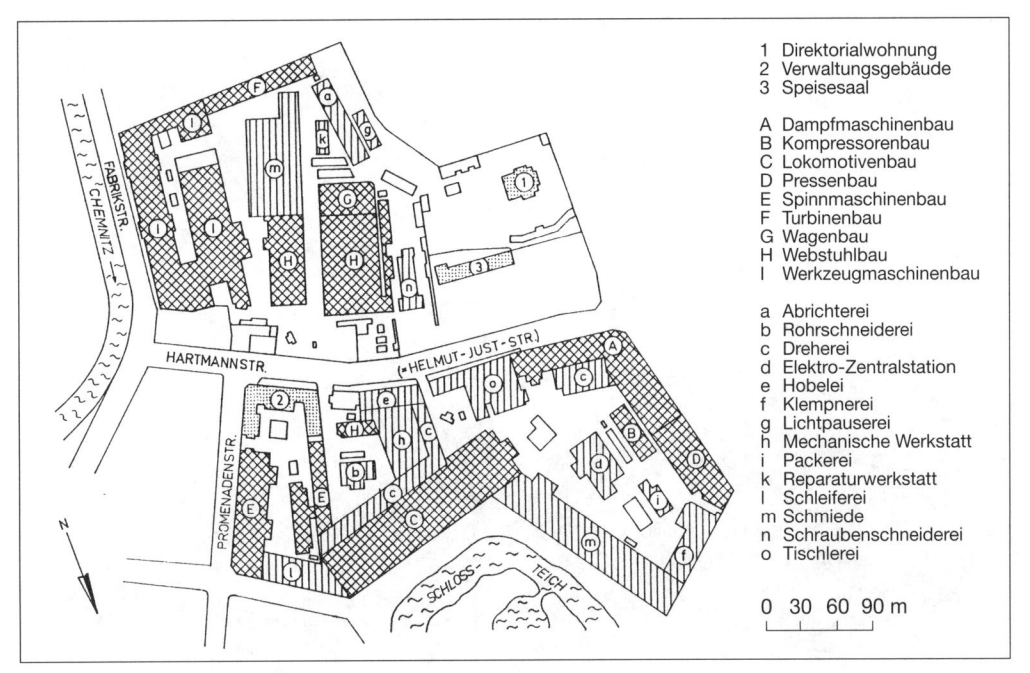

Abb. 6.12:
Situationsplan der Sächsischen Maschinenfabrik (vorm. Richard Hartmann) in Chemnitz 1909
Quelle: BARTH 1979, S. 107

1 Direktorialwohnung
2 Verwaltungsgebäude
3 Speisesaal

A Dampfmaschinenbau
B Kompressorenbau
C Lokomotivenbau
D Pressenbau
E Spinnmaschinenbau
F Turbinenbau
G Wagenbau
H Webstuhlbau
I Werkzeugmaschinenbau

a Abrichterei
b Rohrschneiderei
c Dreherei
d Elektro-Zentralstation
e Hobelei
f Klempnerei
g Lichtpauserei
h Mechanische Werkstatt
i Packerei
k Reparaturwerkstatt
l Schleiferei
m Schmiede
n Schraubenschneiderei
o Tischlerei

19. Jahrhundert hatte eine deutliche Verbreiterung des Branchenspektrums der Industrie zur Folge.

Trotz dieser scheinbaren Branchenvielfalt wird die Industrie in Chemnitz (im Prinzip bis heute) dominiert von den Zweigen des Maschinen- und Fahrzeugbaus.

Diese Entwicklung im Bereich der Industrie hatte Auswirkungen auf die Einwohnerzahl. Die Betriebe benötigten immer mehr Arbeitskräfte; dieser Bedarf konnte aus der städtischen Bevölkerung nicht gedeckt werden. Die Folge war die Ansiedlung von Einwohnern. In der Landwirtschaft wurden in dieser Zeit durch Spezialisierungs- und Arbeitsteilungstendenzen Arbeitskräfte freigesetzt, die in die Städte abwandern konnten. Gab es 1834 in Chemnitz erst 21 137 Einwohner, so stieg ihre Zahl bis 1871 um das 3,2fache und bis 1890 sogar um das 6,6fache an.

Dies hatte einen gewaltigen Wohnungsbau zur Folge. Auf der einen Seite entstanden Arbeiterwohngebiete mit ihren für die Gründerzeit typischen Mietskasernen („Sonnenberg" für 50 000 Einwohner, Schloßchemnitz) und zum anderen wurden Viertel für die Mittel- und Oberschichten errichtet (Kaßberg, Schloßviertel). Um die Jahrhundertwende begann auch die Eingemeindung stadtrandnaher dörflicher Siedlungen, die ebenso schnell ihre Einwohnerzahl vergrößerten (z. B. wuchs die Zahl der Einwohner in Hilbersdorf zwischen 1834 und 1890 auf das 12,3fache, in Kappel auf das 20fache und in Gablenz auf das 11,6fache).

Aber auch die Anforderungen an die sozialen Versorgungs- und Betreuungseinrichtungen (z. B. 1882/83 Schlachthof, 1891 Markthalle) stiegen, und es wurden technische Versorgungseinrichtungen notwendig (1854 Gasanstalt, 1872/74 Wasser-

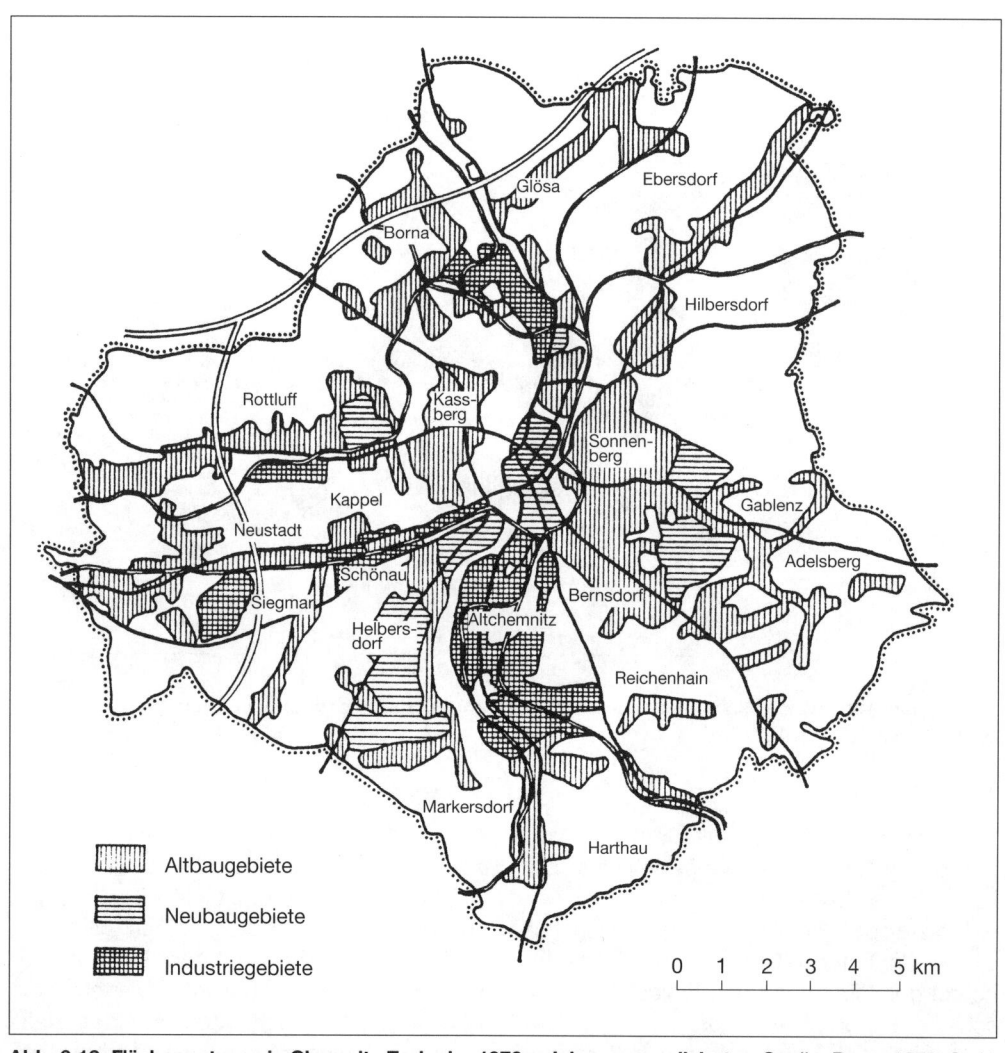

Abb. 6.13: Flächennutzung in Chemnitz Ende der 1970er Jahre, generalisiert   Quelle: BARTH 1979, S. 40

werk, 1891/93 Trinkwassertalsperre Einsiedel, 1880 Pferdebahn, 1893 elektrische Straßenbahn, 1894 Elektrizitätswerk).

Mit den städtischen Funktionen wuchs auch die Bedeutung von Chemnitz als Verwaltungszentrum (Bau eines Gebäudes für die Kreis- und Amtshauptmannschaft 1905, Oberpostdirektionsgebäude 1904, Neues Rathaus 1907/11). Als wissenschaftlich-technisches Zentrum (in Folge der Innovativität in der Industrie) trat Chemnitz insbesondere durch seine Staatliche Akademie für Technik, den Vorläufer der heutigen Technischen Universität, hervor, als Mittelpunkt für Kunst und Kultur durch die Eröffnung des Opernhauses und des städtischen Museums (1909).

Aus der Handwerkersiedlung Chemnitz entwickelte sich so in weniger als 100 Jahren die Industriestadt Chemnitz, die in der ersten Hälfte unseres Jahrhunderts bezogen auf die Gesamtbevölkerung (1925 330 000 –

Die räumlichen Wirkungen des Industrialisierungsprozesses

Jahr	Einwohnerzahl
1300	2 000
1600	3 000
1834	21 137
1871	68 229
1883	100 000
1890	138 954
1910	301 295

Jahr	Einwohnerzahl
1925	331 665
1939	337 645
1946	250 188
1964	293 549
1971	299 411
1981	318 578
1988	311 765

Tab. 6.2: Einwohnerentwicklung von Chemnitz / Karl-Marx-Stadt 1300 – 1988
Quelle: Stat. Jahrbücher der DDR, div. Jg.

Tab. 6.2) den höchsten Anteil an Industriebeschäftigten in Gesamt-Deutschland hatte. Aufgrund ihrer Struktur trug sie den Namen „Sächsisches Manchester" (im Volksmund wurde sie wegen der Umweltbelastungen „Ruß-Chams" genannt).

Von der industriellen Entwicklung und dem damit verbundenen Strukturwandel wurde auch das Umland der Stadt erfaßt. Ein interessantes Beispiel bietet die Entwicklung der Gemeinden Limbach und Oberfrohna (heute Große Kreisstadt Limbach-Oberfrohna).

Die heutige Stadt Limbach-Oberfrohna (Regierungsbezirk Chemnitz, 26 000 Einwohner / 1999) besteht aus drei Dorfkernen (Limbach, Oberfrohna, Rußdorf), deren Anlage aus der hochmittelalterlichen Kolonisationszeit stammt. Sie besitzen die für die Mittelgebirge und ihre Vorländer typische Waldhufen-Grundrißform.

Bedingt durch die territoriale Zersplitterung gehörte das heutige Stadtgebiet bis zum 19. Jahrhundert verschiedenen politisch-administrativen Einheiten an (Frohna und Limbach dem Amt Chemnitz der Kurfürstlich Sächsischen Erblande; Rußdorf dem Herzogtum Sachsen-Altenburg).

Im Zuge der frühen Industrialisierung wurden die Ortslagen bedeutend erweitert und in ihrem Erscheinungsbild verändert. Die Ansiedlung von „Hausindustrien" (Leineweberei, Tuchmacherei, Strumpfwirkerei) führte zur Entwicklung von Bauern-Weber-Dörfern bzw. Wirker-Dörfern. So entstanden z. B. nach 1750 in Limbach zwei Häuslersiedlungen für die Beschäftigten im Textilgewerbe (Helenenberg, Dorotheenberg).

Ab Mitte des 19. Jahrhunderts erfolgte der Übergang zur Massenproduktion von Industriewaren (Handschuhfabrikation, Trikotagenproduktion, Gummibortenerzeugung). Ein wichtiger Standortfaktor war der im Jahre 1872 erfolgte Anschluß an das

Abb. 6.14: Entwicklung von Limbach-Oberfrohna zur Industriestadt
Quelle: Ökonomische und soziale Geographie der DDR 1990, S. 371

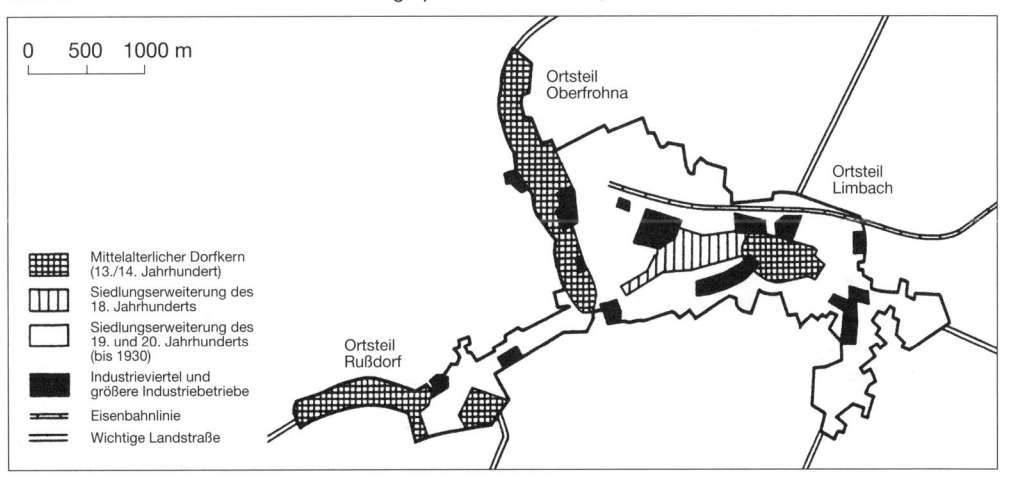

Eisenbahnnetz. Dies bedingte einen neuen Schub bei der Industrialisierung. Angesiedelt wurden die Baumaterialienherstellung (Ziegelei), die Metallindustrie und der Textilmaschinenbau. Die Industrialisierung führte zu baulichen Aktivitäten (Wohngebäude, Produktionsanlagen, Einrichtungen, Trassen und Netze der Infrastruktur), die ein Zusammenwachsen der Dörfer zur Folge hatten.

Im Jahre 1883 erhielt Limbach Stadtrecht (1795 war bereits als Anerkennung der wirtschaftlichen Bedeutung die Erhebung zum „Marktflecken" erfolgt). Der politisch-administrative Zusammenschluß der Gemeinden begann 1931 mit der Eingemeindung von Teilen Mittelfrohnas (Kreuzeiche, Schweizerhof) nach Limbach; 1935 wurde Rußdorf nach Oberfrohna eingemeindet. Im Jahre 1950 wurde durch die Vereinigung von Limbach und Oberfrohna die Industriestadt Limbach-Oberfrohna gegründet.

6.2.2 Die Entwicklung in der südlichen Oberlausitz

Als zweites regionales Beispiel für die Entwicklung der Raumstruktur im Zuge des Industrialisierungsprozesses in Sachsen soll der Südteil der *Oberlausitz* stehen:

Im Ergebnis der im Kapitel 6.1. aufgezeigten Entwicklung erhielt dieser Teil der Oberlausitz bis zum Beginn des 19. Jahrhunderts eine durch Handwerk und Gewerbe geprägte Raumstruktur. Dabei war die Produktion von Textilerzeugnissen bereits seit dem Anfang des 18. Jahrhunderts frühindustriell geprägt (Verlagssystem) und auf den Absatz im europäischen Raum und nach Übersee gerichtet.

Die Industrie fand im 19. Jahrhundert in dieser Region günstige Standortbedingungen für die Ansiedlung vor (zentrale Lage in Europa, Roh- und Grundstoffe, quantitatives und qualitatives Humankapital, Handwerksbetriebe und Manufakturen für Kooperationsbeziehungen, eine für damalige Verhältnisse gut ausgebaute technische Infrastruktur). Die Industrialisierung ergriff rasch das gewerbereiche Bergland der Oberlausitz und setzte an die Stelle der Hausweberei die z. T. maschinelle Großproduktion (Tab. 6.3).

Im Zusammenhang mit der Textilproduktion entwickelte sich mit bedienender Funktion der Maschinenbau (Textilmaschinenbau), aus dem sich dann der Fahrzeugbau spezialisierte. Es kam weiterhin zur Lokalisation von Zweigen des Ernährungsgewerbes, der Baumaterialienindustrie, der chemischen Industrie und der Elektrotechnik. Im Raum Olbersdorf/Hirschfelde erfolgte die Nutzung der Braunkohlevorkommen.

Dennoch blieb die Textil- und Bekleidungsindustrie – als endogene Entwicklungslinie der Oberlausitz – strukturbestimmend. Verwendet wurden im Prinzip alle Textilfasern: Baumwolle, Leinen mit Halbleinen, Jute, Hanf, Seide, Kunstseide usw. Spinnereien, Webereien und Färbereien wiesen ein überaus breites Sortiment textiler Erzeugnisse auf (u. a. Damast, Fottierstoffe, Dekorations-, Futterstoffe, Flanells, Texturseiden, Segeltuch). Damen-, Herren- und Kinderkonfektion, Sportbekleidung und die Herstellung von Strickwaren prägten die Palette der Bekleidungsindustrie. Zu Beginn des 20. Jahrhunderts waren ca. 75 % der Industriebeschäftigten in der Region Löbau–Zittau im Textil- und Bekleidungsgewerbe tätig. Anfang der 1930er Jahre belief sich der Anteil noch auf 65 % (PRESCHER 1996). Zu berücksichtigen ist bei diesen Zahlen ein

Tab. 6.3: Entwicklung der Zahl der in der Hausweberei Tätigen in der Oberlausitz 1872/73 – 1925
Quelle: Beiträge zur Geographie. Bezirk Dresden, Dresden 1988, S. 62

Jahr	1872/73	1915	1920	1925
Breitweber	28 063	2 059	1 256	724

nicht unbedeutender Anteil an hausgewerblicher Produktion und Heimarbeit. Gründe für die Abnahme des Beschäftigtenanteils in der Textil- und Bekleidungsbranche liegen vor allem in einer extensiven Entwicklung des Maschinen-, aber auch des Fahrzeugbaus (Zittau, Görlitz, Bautzen, Löbau).

Auswirkungen des Industrialisierungsprozesses für die Raumstruktur in der südlichen Oberlausitz waren:
– die weitere Überprägung der Siedlungsstruktur durch die Entstehung von Industriedörfern und industriegeprägten Kleinstädten;
– die Entstehung einer vielfältigen Industriestruktur mit einer Dominanz weniger (traditioneller, arbeitskräfteintensiver) Branchen, die aber eine große Produktionstiefe aufweisen;
– eine deutliche Zunahme der Handelstätigkeit (als Ausdruck der Zunahme der Arbeitsteilung);
– der quantitative und qualitative Ausbau und die Verdichtung der Einrichtungen, Trassen und Netze der Infrastruktur (Straßen-, Eisenbahnnetz, Versorgungs- und Betreuungseinrichtungen usw.).

Die Oberlausitz als wirtschaftsräumliche Einheit entwickelte sich aber nicht homogen. Auf der Basis der differenzierten naturräumlichen Bedingungen, der historischen Entwicklung, der unterschiedlichen Standortbedingungen für die Industrie sowie der Spezialisierung und Arbeitsteilung entstanden Disparitäten. Für den Anfang des 20. Jahrhunderts läßt sich die Region in folgende wirtschaftsräumliche Einheiten gliedern:
– das Textilgebiet im südlichen Teil (Pulsnitz – Großharthau, Kirschau, Schirgiswalde, Ebersbach, Neugersdorf, Oberoderwitz, Großschönau);
– das Bergbau- u. Energiegebiet im Osten (Hirschfelde, Berzdorf, Hagenwerder, Zittau);
– das Fremdenverkehrsgebiet im Südosten (Zittauer Gebirge, Lausitzer Bergland);
– die Maschinen- und Fahrzeugbaustadt Görlitz;
– die Landwirtschaftsregion nördlich von Bautzen.

Als Ergebnis der aufgezeigten Veränderungen entwickelte sich die südliche Oberlausitz im 18. und 19. Jh. zu einer der dichtbesiedeldsten „ländlichen" Regionen Deutschlands. Die Bevölkerungsdichte stieg von 86 Ew./km^2 (um 1700) auf 217 Ew./km^2 (1849).

6.2.3 Die Entwicklung der sächsischen Landeshauptstadt Dresden

Die sächsische Hauptstadt *Dresden* fällt – bezogen auf die Wirkungen des Industrialisierungsprozesses – etwas aus dem Rahmen. In der Stadt hatten sich, bedingt durch die Residenzfunktionen, in der produktiven Sphäre vor allem Gewerke angesiedelt, die den höfischen Bedarf abdeckten. Die Hofhaltung der sächsischen Kurfürsten und Könige war für die wirtschaftliche Entwicklung der Stadt und Region Dresden somit entscheidend.

Eine frühe Industrialisierung wurde in der Stadt aber vor allem durch die 1720 erlassene Baugesetzgebung behindert. Sie schrieb sowohl die Bauhöhen als auch die Nutzungsstruktur der Gebäude fest. So durfte eine Ansiedlung bestimmter Gewerke, die das Stadtbild stören konnten, nicht erfolgen. Dies beeinflußte auch die Entwicklung von Manufakturen und Industriebetrieben in der Stadt erheblich. So hatten im Jahre 1830 von den 190 in Sachsen existierenden Fabriken nur fünf ihren Standort in Dresden (GROSS 1991).

Eine Folge dieser Restriktionen war das Ausweichen der Produzenten an die Peripherie (in die Vorstädte) und in die Umlandgemeinden. So entwickelte sich ein „Ring" industriegeprägter Dörfer und Kleinstädte um die Stadt Dresden. Der Lauf der Elbe und die Eisenbahntrassen wurden in dieser Zeit zu einem bestimmenden Element für die

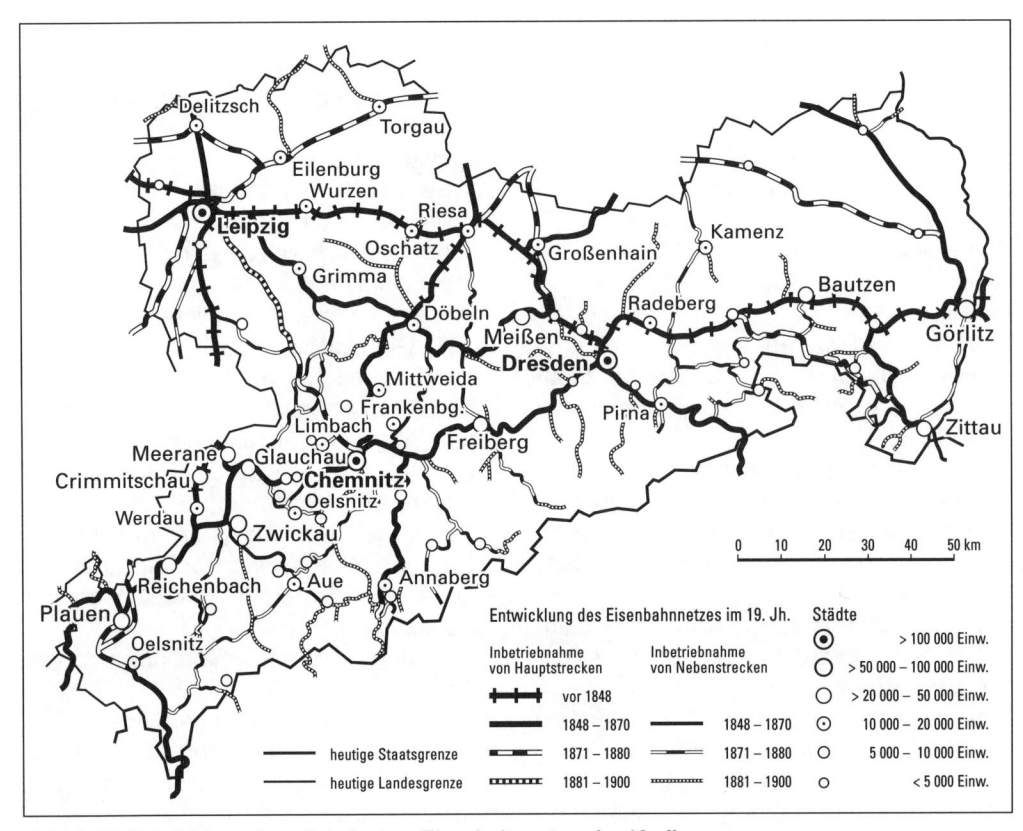

Abb. 6.15: Entwicklung des sächsischen Eisenbahnnetzes im 19. Jh.
Quelle: Terra Geographie 10 Gymnasium Sachsen 1999

Lokalisation der Industrie. Zwischen Pirna und Heidenau an der verkehrsgünstig gelegenen linken Seite des Elbtales, entstanden so Zellulose- und Papierfabriken und Betriebe des Maschinenbaus. Vergleichbare Entwicklungen vollzogen sich nordwestlich zwischen Dresden und Meißen (Radebeul, Coswig) und entlang der Eisenbahntrassen (Abb. 6.15) nach Freiberg/Chemnitz (Freital) und nach Osten (Klotzsche, Radeberg). So entwickelten sich neben dem „Industriegürtel" um die Stadt auch Achsen.

Die Industrialisierung und die damit verbundene Bevölkerungszunahme bewirkten ein Zusammenwachsen ehemals deutlich getrennter Siedlungskerne.

In der zweiten Hälfte des 19. Jahrhunderts setzte der Industrialisierungsprozeß auch in der Stadt Dresden ein. Gefördert wurde die Entwicklung durch den wirtschaftlichen Aufschwung, den Sachsen nach dem Beitritt zum Deutschen Zollverein (1834) und nach der Gründung des Deutschen Reiches 1871 nahm. Zum einen kam es zu ersten Eingemeindungen (ab 1835; vgl. HAHN/NEEF 1985) von industriell oder agrarisch geprägten Dörfern, die funktional mit der Stadt verbunden waren, und zum anderen ließen sich Betriebe damals modernerer Branchen in der Stadt nieder. Häufig basierte dies auf der Tradition des „höfischen Gewerbes" oder auf dem Zusammenhang mit der Technischen Bildungseinrichtung.

Begünstigt wurde diese Entwicklung auch durch die Schleifung der Festungswerke (1817/19), die Entwicklung des Eisenbahnnetzes (ab 1836 – Abb. 6.15), die Aufnahme der Dampfschiffahrt auf der Elbe (1837) und das Gewerbegesetz (Gewerbefreiheit) von 1861. So kam es in der Stadt zur Entstehung einer arbeitsintensiven und leistungsfähigen Leichtindustrie, bei der der Schwerpunkt auf Veredlung und Weiterbearbeitung lag. Als wichtige Branchen sind desweiteren zu nennen: Maschinenbau, wissenschaftlicher Gerätebau, Feinmechanik / Optik, Porzellanherstellung, Arzneimittel- und pharmazeutische Produktion, Lebensmittel, Genußmittel.

„1835 verlegte Ludwig Gehe seine chemisch-pharmazeutische Fabrik nach Dresden. Die Dresdner Glashütte der Gebrüder Siemens vollzog mit der Einführung des von Friedrich Siemens entwickelten Regenerativfeuerungsverfahrens und des Wannenofens 1856 den Übergang von der Manufaktur zur Fabrik. Diese Fabrik betrieb die erste industrielle Glasherstellung in der Welt. Im gleichen Jahr wurden die keramischen Werke von Villeroy und Boch gegründet. 1866 gab es fünf Unternehmungen in der Stadt, die Fotopapiere herstellten. 1855 gründete Clemens Müller eine Nähmaschinenfabrik als erste ihrer Art in Deutschland. Vierzehn Jahre später entstand die Nähmaschinenfabrik von Seidel und Naumann. Im Jahre 1867 wurden in Dresden 11 000 Nähmaschinen produziert. Die Zigarettenindustrie wurde in der Stadt heimisch, als 1862 die „Compagnie Laferme" als erste Zigarettenfabrik Deutschlands ihre Produktion aufnahm. Die Zucker- und Schokoladenherstellung wurde ebenso entwickelt wie die Bierbrauerei" (GROSS 1991, S. 2).

Die in der Region Dresden / Oberes Elbtal in der zweiten Hälfte des 19. Jahrhunderts bis zum Ersten Weltkrieg entstandene gewerbliche Wirtschaft wurde überwiegend von Klein- und Mittelbetrieben getragen. Nach statistischen Angaben gab es 1875 bereits 2 456 Betriebe mit ca. 50 000 Beschäftigten.

Jahr	Einwohnerzahl
1453	ca. 3 000
1603	14 800
1699	21 300
1727	46 500
1772	53 800
1832	71 400
1846	89 300
1852	104 200
1880	220 800
1900	396 100

Jahr	Einwohnerzahl
1910	548 300
1933	649 300
1946	468 000
1950	494 200
1971	502 400
1981	521 100
1988	518 000
1991	485 100
1995	469 100
1997	453 700

Tab. 6.4: Einwohnerentwicklung von Dresden 1453–1993
Quelle: HAHN / NEEF 1985; Landeshauptstadt Dresden (Hrsg.): Bevölkerung 1997, 1998

Das Ergebnis dieser aufgezeigten Entwicklung war die Herausbildung eines monozentrischen Ballungsgebietes (Verdichtungsraum) in der Form einer Conurbation im oberen Elbtal mit dem Kern Dresden. Diese Region zeichnete sich insgesamt durch eine überdurchschnittlich hohe Bevölkerungs- und Infrastrukturnetzdichte und eine große Branchenvielfalt im Bereich des produzierenden Gewerbes aus. Daneben existierte ein großes Potential im Bereich Wissenschaft und Kultur.

Der Kern der Agglomeration, die Residenzstadt Dresden, stand zum Ende des 19. Jahrhunderts mit knapp 400 000 Einwohnern (Tab. 6.4) an vierter Stelle der deutschen Städte hinsichtlich der Industriebeschäftigten und an fünfter Stelle bezüglich zentraler überregionaler Funktionen (Beiträge zur Geographie Bezirk Dresden 1988).

In der Zwischenkriegszeit vollzog sich eine relativ schnelle Weiterentwicklung im produktiven Bereich, dabei vor allem durch den Ausbau bestehender Branchen an vorhandenen Standorten (Maschinenbau, Feinmechanik / Optik / Gerätebau, Elektrotechnik). Auch wurde die Stadtfläche durch eine Vielzahl von Eingemeindungen stadtrandnaher Dörfer und Städte vergrößert. Zudem fanden auch Eingemeindungen und Vereinigungen von Siedlungen im Umland Dresdens statt (Beispiel: Gründung der Stadt

Freital – Übersicht 6.5). Verbunden war dies in Dresden mit einer Einwohnerzunahme von 530 000 (1919) auf 650 000 (1933).

Diese Entwicklung wurde durch den Zweiten Weltkrieg abrupt beendet. Fast bis zum Ende von Zerstörungen verschont geblieben, wurde Dresden am 13./14. Februar 1945 durch drei anglo-amerikanische Bombenangriffe zerstört. 15 km² Stadtfläche, darunter die gesamte Innenstadt, lagen in Schutt und Asche. Von 220 000 Wohnungen wurden 75 000 völlig zerstört, zehntausende mehr oder weniger schwer beschädigt, die kulturhistorischen Gebäude der Innenstadt, darunter 20 Kirchen, 8 Kapellen, 35 Schulen, 114 öffentliche Gebäude und 40 Krankenhäuser und Kliniken, vernichtet. Die Trümmermenge, die Reste des Gebauten aus Jahrhunderten, belief sich auf etwa 18 Mio. m³. Die amtlichen Schätzungen sprechen von über 35 000 Toten (Hahn/Neef 1985). Befragt nach der Stadt Dresden sagte der britische Air-Marshal Harris, der den Befehl zur Vernichtung der Stadt gab: „Dresden? Es gibt kein Dresden mehr!" Auch Erich Kästner formulierte 1945 voller Trauer: „... die Stadt Dresden gibt es nicht mehr. Sie ist, bis auf einige Reste, vom Erdboden verschwunden. Der Zweite Weltkrieg hat sie, in einer einzigen Nacht und mit einer einzigen Handbewegung, weggewischt" (Ostertag/Kowalke 1993, S. 22).

Die Einwohnerzahl Dresdens betrug im April 1945 nur noch 369 000.

6.3 Industrialisierungsprozeß und Bergbau

Eine wichtige Quelle für den Industrialisierungsprozeß in Sachsen waren der *Bergbau* und die auf ihm basierenden Gewerke. Rasch entwickelten sich in den Gebirgen und in den Städten metallverarbeitende Betriebe. Auch die Traditionen in der Textilproduktion und im holzverarbeitenden Gewerbe wirkten stimulierend. Die Folge war, daß sich in den Dörfern der Mittelgebirge kleine Familienbetriebe entwickelten. Deutlich sind diese Tendenzen im Erzgebirge und im Vogtland nachzuweisen.

Dies führte zu Veränderungen der Wirtschaftsstruktur (Dominanz der Industrie gegenüber der Landwirtschaft), zur Überprägung der Sozialstruktur der Bevölkerung, zur Veränderung der dörflichen Bebauungsstrukturen (Verdichtung der Waldhufendörfer durch die Ansiedlung von Handwerkern, durch den Bau nicht landwirtschaftlich genutzter Gebäude/Industriebetriebe, soziale Einrichtungen), zur Verdichtung der Verkehrstrassen, zu einer stärkeren Nutzung der einheimischen Ressourcen (Holz, Wasser, Fläche), zur Ansiedlung von Menschen und damit zur weiteren Konzentration und Verdichtung.

Typisch für diese Entwicklung sind z. B. die Industriedörfer im Erzgebirge. Aber auch die Städte erhielten neue Funktionen bzw. die vorhandenen wurden ausgebaut (Industrie, Versorgung, Administration). Damit veränderten sich die Struktur und die Physiognomie. Es entstanden die typischen industriegeprägten Klein- und Mittelstädte (z. B. Crimmitschau, Werdau, Wilkau-Haßlau, Hohenstein-Ernstthal).

Mit dem Beginn des Industriezeitalters steht auch der zunehmende Bedarf an Primärenergieträgern im Zusammenhang. Sowohl die Industriebetriebe als auch die Bevölkerungskonzentrationen in den Städten und in den ländlichen Verdichtungsbereichen benötigten Brennstoffe. Anfangs stand dafür nur das Holz zur Verfügung. Schnell stellte sich bei dem steigenden Bedarf ein Mangel ein. Dies führte einerseits im 19. Jahrhundert zu einem Waldumbau (Anbau von schnell nachwachsenden Baumarten; Übergang zu Monokulturen), aber noch deutlicher ist der Übergang zur Nutzung anderer Energieträger.

Für Sachsen hieß das konkret: Rückgriff auf die Kohle (*Braunkohle* im mitteldeutschen Revier und in der Lausitz; Steinkohle im Döhlener Becken nahe Dresden und im Erzgebirgischen Becken – Zwickau, Lugau/ Oelsnitz). Anfangs wurde die Kohle ausschließlich in kleinen Gruben gefördert und als Brennmaterial für die in der Industrie eingesetzten Dampfmaschinen und als Hausbrand verwendet. Es galt für den Abbau das sächsische Bergbaumandat vom 19.8.1743, das den Bergbau als Grundrecht des Bodeneigentümers definierte.

Nach der Mitte des vorigen Jahrhunderts begann die Veredlung der Kohle. 1858 erfand Karl Exter die Brikettpresse (Brikettierung); bereits seit dem Jahre 1854 wurde die Braunkohle verschwelt. Dies bedeutete, daß die Nachteile des neuen Brennstoffes Braunkohle (hoher Wassergehalt / 55 – 60 %, hoher Aschegehalt / bis 20 % und damit geringer Heizwert), die einen weiteren Transport uneffektiv werden ließen, teilweise ausgeglichen wurden.

Forciert wurde die Veredlung und der verstärkte Einsatz der Braunkohle durch die weitere wirtschaftliche Entwicklung in Sachsen:
– Aufbau eines Eisenbahnnetzes ab 1836 (Abb. 6.15);
– Entwicklung von Großstädten und Verdichtungsräumen mit der entsprechenden Konzentration von Bevölkerung (Einsatz von Briketts für den Hausbrand);
– Elektrifizierung der Wirtschaft (Verstromung der Braunkohle in Kraftwerken);
– Entwicklung der chemischen Industrie (Einsatz der Braunkohle als Rohstoff).

Die Entwicklung im Mitteldeutschen Braunkohle-Revier*

Da die Braunkohle in Konkurrenz zur Steinkohle und zur billigeren böhmischen Braunkohle stand, verlief die Entwicklung anfangs gebremst. Trotzdem stieg der Bedarf ständig an, was sich auch in der Förderleistung widerspiegelt.

Dieser zunehmende Bedarf an Rohbraunkohle bedingt kurz vor der Jahrhundertwende den Übergang von kleinen Tagebauen zum Tiefbau. Es wurde jetzt möglich, durch den Einsatz technischer Großgeräte in größeren Teufen lagernde Flöze abzubauen und damit eine Steigerung der Förderung zu erreichen. Diese Entwicklung führte zur Entstehung erster Aktiengesellschaften.

Aufgrund der zentralen Lage in Deutschland und der besseren Lagerungsverhältnisse und Kohlequalitäten hatte das nach Preußen übergreifende *mitteldeutsche Revier* (große zusammenhängende Braunkohlenvorkommen von 2 500 bis 2 700 km^2) günstigere Ausgangsbedingungen als die Lausitz. Positiv wirkten sich die Lage zur schnell wachsenden deutschen Hauptstadt Berlin, die Verkehrsanbindung (Eisenbahn) und die Schwelkohle-Lagerstätten aus. In fünf größeren Teilrevieren wurde Braunkohle abgebaut: Halle, Geiseltal, Zeitz – Weißenfels, Borna – Meuselwitz und Bitterfeld. Die um die Jahrhundertwende stark expandierende chemische Grundstoffindustrie des Rhein-Main-Gebietes eröffnete Zweigwerke, zum Beispiel vor allem im Raum Bitterfeld / Wolfen. Dabei handelte es sich vorwiegend um Betriebe, die auf elektrolytischem Wege wichtige chemische Grundstoffe in Großanlagen produzierten (Übersicht 6.4).

Im Zusammenhang mit der Vorbereitung der beiden Weltkriege wurde auch der Braunkohlenabbau in der Leipziger Tieflandsbucht intensiviert. Damit im Zusammenhang erfolgte der großindustrielle Ausbau des Ballungsgebietes Halle – Leipzig. Benötigt wurde die Kohle als Rohstoff für die chemische Industrie zur Herstellung von Sprengstoff (Stickstoff für die Munitions-

---

* Das Wirtschaftsgebiet umfaßt heute Regionen in den Bundesländern Sachsen, Sachsen-Anhalt und Thüringen. Aus historischen und methodischen Gründen soll hier eine Gesamtdarstellung (ohne eine gesonderte Ausgliederung des sächsischen Raumes) erfolgen

Zeitabschnitt	Gebiet Leipzig	Gebiet Halle	Braunkohlegebiet
1850 – Ende 1880er Jahre	Industrieentwicklung beginnt; Kleinbetrieb, Hinterhofindustrie, Buchgewerbe dominiert Hauptfaktoren: Konzentration von Kapital und Bevölkerung, Rohstoffangebot und Absatz, gute Verkehrslage	Industrialisierung setzt ein; Grundlagen der Industriestruktur (Maschinenbau, Nahrungsmittelproduktion, Chemie) entstehen Hauptfaktoren: Industrie in der Umgebung (Kohle, Salz, Zucker), Verkehrsknoten, Erstarken des Handels	Bergbau wird selbständiger Industriezweig Hauptfaktoren: Bedarf der Landwirtschaft und Baustoffindustrie, z.T. auch frühe Chemieindustrie (Solaröl, Paraffin); Vorbedingung: Eisenbahnanschluß; kleine Gruben am Rande des Flözes
1890 – Ende 1920er Jahre	Entstehung der Großbetriebe, beginnender Export; Leipziger Westen wird Ballungsraum (Terraingesellschaften!)	Hauptentwicklungsphase: Entstehung der Industrieviertel im Osten und Süden; Verstärkung der Handels- und Verwaltungsfunktion; keine wesentliche Veränderung der Standortfaktoren	Entwicklung der kohleverbrauchenden Großindustrie (besonders Chemie, Brikettierung, später Stromerzeugung) führt zur großindustriellen Ausbildung des Bergbaus; Verarbeitungsindustrie orientiert an Betriebswasser und -gelände
1930 – 1945	Industrieentwicklung setzt auch im Osten und Norden ein (Eisenbahnring, Kanal); Weiterwirken der alten Faktoren bei gegenseitiger Verstärkung; Rüstungsproduktion; Urbanisierung der Randzone; unzureichende Kapazitäten im Nahverkehr	Langsamere Weiterentwicklung; keine Veränderungen im Standort- und Funktionsgefüge, aber stärkere Verflechtung mit der chemischen und Großindustrie im Süden der Stadt	Herausbildung der großindustriellen Agglomeration mit allen Folgeerscheinungen als Folge der Autarkiebestrebungen und Umstellung auf die Kriegswirtschaft

Übersicht 6.4: Überblick über die wichtigsten Entwicklungsetappen der einzelnen Teilgebiete des Mitteldeutschen Industriegebietes 1850–1948
Quelle: SCHOLZ 1977, S. 114

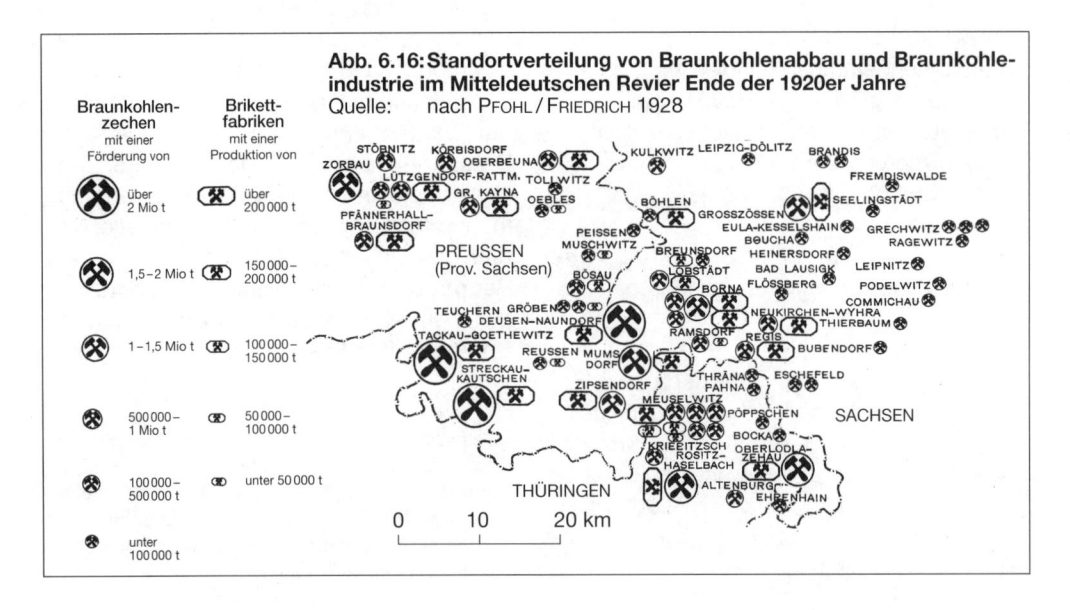

Abb. 6.16: Standortverteilung von Braunkohlenabbau und Braunkohleindustrie im Mitteldeutschen Revier Ende der 1920er Jahre
Quelle: nach PFOHL / FRIEDRICH 1928

herstellung) und von Treibstoffen (Mineralöle). „Die wissenschaftlich-technische Entwicklung hatte inzwischen die Voraussetzungen zur Produktion dieser Stoffe auch auf Braunkohlenbasis geschaffen (Ammoniaksynthese nach dem Haber-Bosch-Verfahren, Gewinnung synthetischen Kautschuks nach dem Fischer-Tropsch-Verfahren, Braunkohleverschwelung nach der Methode von Lurghi), und die für die 1. Hälfte des 20. Jahrhunderts noch gegebene relative strategische Sicherheit der Leipziger Tieflandsbucht ließ diesen Raum als besonders günstig für entsprechende Investitionsvorhaben erscheinen" (SCHOLZ 1995, S. 118). Erwähnt werden sollen in diesem Zusammenhang der Aufbau der Leuna-Werke in den Jahren 1916/18, der Teerverarbeitungswerke in Rositz und Regis und des Mineralölwerkes in Lützkendorf; dazu auch der der neuen Kraftwerke in Leuna und Böhlen.

Nach dem Ersten Weltkrieg ermöglichten neue Abbautechnologien für die Braunkohle (Schaufelradbagger, Förderbrücke) den erneuten Übergang zum Tagebau. Im Unterschied zur ersten Etappe der Förderung handelte es sich um große Tagebaue (z. B. im Jahre 1921 Aufschluß des Tagebaus Böhlen), die in den folgenden Jahrzehnten zu den intensivsten Strukturveränderungen in den Wirtschaftsräumen führten. Betrug z. B. die Förderung von Rohbraunkohle im Revier Meuselwitz/Rositz im Jahre 1905 erst 3,9 Mio. t, so waren es 1925 bereits 9,4 Mio. t (SCHOLZ 1977).

Der steigende Arbeitskräftebedarf (z. B. Revier Meuselwitz/Rositz 1905 4 471 Arbeitskräfte, 1920 13 442 Arbeitskräfte) führte durch die Ansiedlung von Bevölkerung zu einem Ausbau der städtischen, aber auch der dörflichen Siedlungen. Es entstanden erste „Wohnagglomerationen" und es kam zur Urbanisierung. Das industrielle Ballungsgebiet Halle/Leipzig entwickelte sich zu einem wirtschaftlichen Schwerpunkt am Rande Nordwestsachsens und darüber hinaus in Deutschland.

Die Umstellung der deutschen Wirtschaft auf die Erfordernisse der militärischen Vorbereitung des Zweiten Weltkrieges (im Zusammenhang mit den Autarkiebestrebungen des „Dritten Reiches") führte in der Leipziger Tieflandsbucht zu einem Aufschluß weiterer Großtagebaue und zu einem verstärkten Ausbau der chemischen Grundstoffindustrie auf Braunkohlenbasis. Es entstanden fünf große Braunkohlenschwelereien (1934 in Böhlen, 1935/36 in Deuben, 1938 in Deutzen, 1942 in Espenhain und 1943 in Profen), das Bunawerk zur Herstellung von künstlichem Kautschuk sowie das Hydrierwerk in Böhlen (SCHOLZ 1995, S. 119). Eine wichtige Rolle für den Ausbau der Region spielte neben den Rohstoffvorkommen und der guten Verkehrsanbindung nach wie vor auch die relative militärische Sicherheit im Zentrum Deutschlands.

Bedingt durch den Arbeitskräftebedarf erfolgte ein weiterer Ausbau der Siedlungen und der Infrastruktur. Die Anlage ausgesprochener Wohnsiedlungen (z. B. Schkopau, Böhlen) sowie die Umwandlung der Dörfer in Arbeiterwohngemeinden veränderten die Siedlungsstruktur weiter.

Mit der Entwicklung in der Zwischenkriegszeit war der Strukturwandel vom agrarisch geprägten ländlichen Raum zum industriellen Ballungsgebiet in der Leipziger Tieflandsbucht im wesentlichen abgeschlossen. Charakteristisch waren die vergleichsweise wenigen, aber sehr großen Standorte der Grundstoffindustrie, die mit ihrem Arbeitsplatzangebot die Basis für die Urbanisierung der dörflichen Siedlungen bildeten. Aus den Bauerndörfern wurden so Berg- und Industriearbeiter-Wohnsiedlungen. In nur 100 Jahren bildete sich so vom Raumtyp her ein großindustrielles Ballungsgebiet heraus.

Die Entwicklung in der Niederlausitz*

Die Entwicklung im Raum der anderen Braunkohlenlagerstätte – in der *Lausitz* – verlief etwas anders. Die Niederlausitz war bis zum Beginn des 19. Jahrhunderts eine landwirtschaftlich geprägte Region, die zu den rückständigsten Gebieten ganz Deutschlands gehörte. Die Landwirtschaft auf den armen Sandböden war wenig effektiv, und im Bereich des Produzierenden Gewerbes gab es nur kleinere Kapazitäten der Textil- und Glasbranche, dazu die Produktion von Keramik und Ziegeln.

Den ersten Braunkohlenfunden bei Lauchhammer (1789) wurde keine größere Bedeutung beigemessen. Der Beginn der industriellen Nutzung der Braunkohlen in der Lausitz kann mit dem Jahre 1850 angegeben werden. Ab dieser Zeit wurde die Kohle als Brennstoff in Ziegeleien verwendet. Die erste Grube, „Jenny", wurde 1851 im Grünhauser Forst bei Kostebrau angelegt, es folgten 1864 die „Viktoria" bei Kleinräschen und 1867 „Felix" bei Klettwitz.

Einen entscheidenden Einfluß auf die Entwicklung des Braunkohlenabbaus hatte – neben der Veredlung durch das Brikettierverfahren – der verkehrsmäßige Anschluß der Lausitz an die preußische (später deutsche) Hauptstadt Berlin durch den Bau von Eisenbahnlinien (1866 Görlitz–Cottbus–Berlin; vgl. Abb. 6.15).

Der verstärkte Abbau des oberflächennahen Oberflözes im „Kernrevier" (Senftenberg–Großräschen) leitete eine neue Entwicklungsphase ein. Die großzügige Lagerstättennutzung wurde erleichtert durch die Aufhebung der einschränkenden Faktoren im sächsischen Bergrecht. Die Braunkohlenförderung war nicht mehr Anhängsel und Folgeerscheinung der bestehenden Industriebetriebe sondern entwickelte sich zum wichtigsten selbständigen Industriebereich der Niederlausitz an sich. Ab 1865 erfolgte nach und nach in den verschiedenen Branchen des Verarbeitenden Gewerbes die Umstellung von der Holzfeuerung auf Kohle. Dies brachte z. B. auch die Neulokalisation von Fabriken in der Nähe der Braunkohlengruben.

Durch Aktivitäten Berliner Unternehmer wurde 1872 die erste Brikettfabrik „Victoria II" bei Großräschen aufgebaut. Mit der Gründung von Aktiengesellschaften zwischen den Jahren 1880 und 1900 wurden vor allem finanzielle Voraussetzungen für einen Bergbau und die Verarbeitung der Kohle in größerem Rahmen geschaffen. In dieser Zeit wurde der Grundstein für die Überprägung der Raumstruktur in dieser Region gelegt.

Mit der Entwicklung der ersten dampfbetriebenen Greifer- und Eimerkettenbagger war Ende des 19. / Anfang des 20. Jahrhunderts die Voraussetzung für den Übergang des Abbaus vom Tief- zum weitaus rationelleren Tagebau gegeben. Der Beginn kann mit dem Jahr 1885 angegeben werden. Im Bereich des Lausitzer Urstromtales zwischen Lauchhammer, Senftenberg und Hoyerswerda fand dann nach 1900 der Abbau von Braunkohle großflächig statt (Beginn des Abbaus des II. Lausitzer Flözes). Damit verbunden war ein sprunghafter Anstieg der Förderung (1889 2 Mio. t, 1912 20,5 Mio. t). Auch die Veredlung der Rohbraunkohle zu Briketts nahm zu. Gab es 1875 erst 3 Brikettfabriken, so waren es 1913 bereits 49. Damit war die Niederlausitz an der Förderung in Deutschland 1907 mit 23 % (Produktion von Briketts 35 %) und 1936 mit 35 % (Briketts 40 %) beteiligt.

---

* Dieses Wirtschaftsgebiet erstreckt sich heute auf Regionen in Sachsen (südlichster Teil) und Brandenburg. Der Name „Niederlausitz" ist für das hier so bezeichnete Gebiet historisch und geographisch nicht korrekt. Der Autor verwendet ihn deshalb, weil sich nach 1949 in der Wirtschaftsgeographie die Bezeichnung als Synonym für den Kohle- und Energiebezirk Cottbus der DDR, der geographisch Teile der Ober- und Niederlausitz umfaßt, eingebürgert hat

Die räumlichen Wirkungen des Industrialisierungsprozesses 129

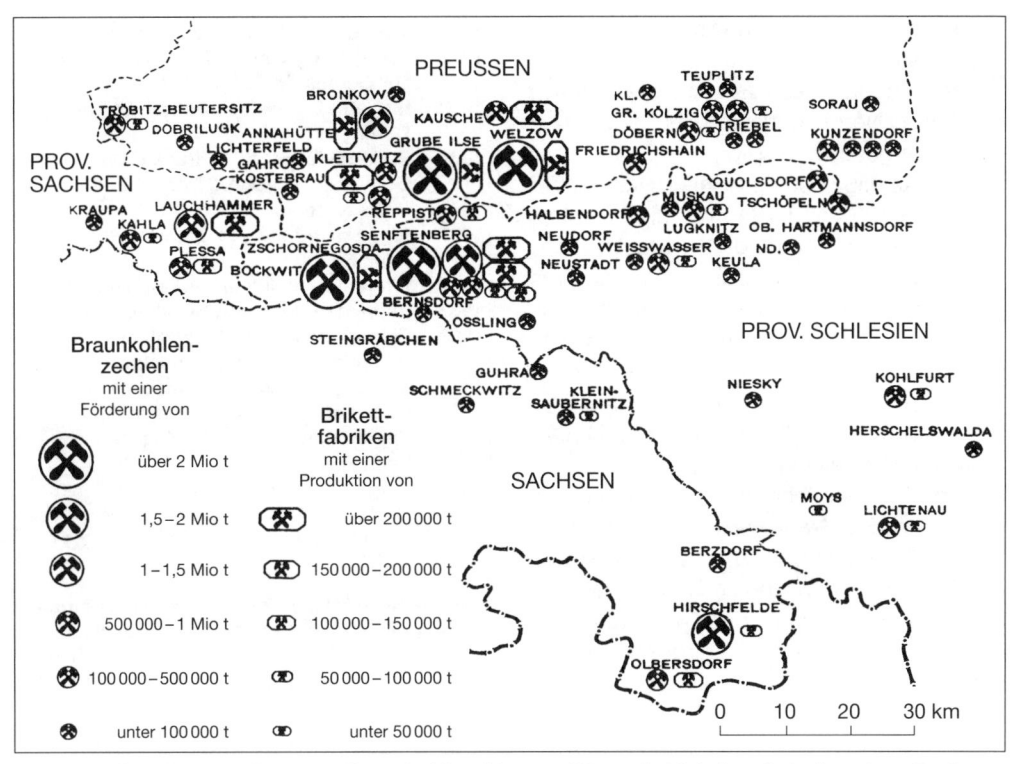

Abb. 6.17: Standortverteilung von Braunkohlenabbau und Braunkohleindustrie im Lausitzer Revier und den sächsisch-schlesischen Nachbarrevieren Ende der 1920er Jahre
Quelle: SCHERF / VIEHRIG 1995, nach PFOHL / FRIEDRICH 1928

27 000 Arbeitskräfte waren 1925 „in der Braunkohle" beschäftigt.

Während des Ersten Weltkrieges setzte die zweite Entwicklungsphase der Braunkohlenwirtschaft ein. Es begann die Verstromung in Elektrokraftwerken. 1915 wurden in günstiger Entfernung zur Kohle und zur Spree die „Niederlausitzer Kraftwerke" Trattendorf als Zweiggesellschaft der Elektrischen Kraftversorgung AG Mannheim gegründet. Weitere Industrialisierungsansätze stehen damit in Verbindung: 1916 ein Salpeter-Werk und 1917 / 19 das Aluminium-Werk in Lauta.

Schon vor der Jahrhundertwende gab es erste Ideen zu einer neuen Abbautechnologie, die durch die Erfindung und den Einsatz des Gummigurtförderers besonders beeinflußt wurde. Ziel war es, den Abraum auf kürzestem Weg zu transportieren und zu verkippen. Nach 1920 wurden Lagerstätten erschlossen, die ein ungünstiges Abraum-Kohle-Verhältnis (2 : 1) aufwiesen. Der Einsatz einer hochproduktiven Technologie zum Beräumen des Deckgebirges war damit aus Konkurrenzgründen zu einer Existenzfrage für den Lausitzer Braunkohlenbergbau geworden. Die erste Abraumförderbrücke kam im Jahre 1924 bei Plessa zum Einsatz und führte zum nochmaligen Anstieg der Abbauergebnisse.

Diese dargestellte Entwicklung hatte deutliche Auswirkungen auf die Raumstruktur des Wirtschaftsraumes:
– Beginn einer Bevölkerungskonzentration;
– Ausbau und Verdichtung des Netzes der technischen Infrastruktur (z. B. Verkehrsnetz);

– Beginn der Devastierung von Siedlungen im Zusammenhang mit der flächenhaften Ausdehnung des Braunkohlenabbaus (1924 fiel Neu-Laubusch als erste Siedlung dem Bergbau zum Opfer; bis 1945 wurden fünf Orte mit 2 260 Einwohnern verlegt).

Zwischen 1933 und 1945 hat die Lausitzer Braunkohle eine besondere wirtschaftliche Bedeutung erlangt. Im Zusammenhang mit den Autarkiebestrebungen im Dritten Reich wurden neue Einsatzmöglichkeiten dieses Rohstoffes geprüft. So realisierte man in einem eigens errichteten Betrieb in Schwarzheide die Hydrierung der Braunkohle zur Herstellung von Treibstoffen.

In den 1940er Jahren hatte die räumliche Verteilung des Braunkohleabbaus und die Verarbeitung der Kohle in der Lausitz folgendes Muster. Es gab eine zusammenhängende Konzentration im Gebiet Lauchhammer – Klettwitz – Senftenberg – Laubusch sowie Einzelstandorte: Welzow-Haidemühl, Knappenrode, Burghammer, Greifenhain (Ökonomische und soziale Geographie der DDR 1990, Beiträge zur Geographie. Bezirk Dresden 1988, Materialien der LAUBAG o. J., Bezirkskabinett für Weiterbildung 1969).

Zusammenfassend kann man insgesamt einschätzen, daß es zu einer wirtschaftsräumlichen Aufwertung der bis dahin rückständigen Region kam. Es entstanden während des Betrachtungszeitraumes aber auch deutliche Disparitäten zwischen den Kernrevieren der Braunkohlenförderung und -verarbeitung und den land- bzw. forstwirtschaftlich geprägten Regionen.

Die Entwicklung des Steinkohlenbergbaus

Ein weiterer Primärenergieträger, der im Rahmen der Industrialisierung Sachsens zum Einsatz kam, war die *Steinkohle*. Abbauwürdige Lagerstätten fand man im Döhlener Becken (südwestlich von Dresden) und im Erzgebirgischen Becken (bei Zwickau und Lugau – Oelsnitz).

Die Steinkohle im *Umland von Dresden* wurde bereits seit dem 18. Jahrhundert ge-

1907	Trennung Coßmannsdorf von Somsdorf
1912	Vereinigung von Groß- und Kleinburgk zur Gemeinde Burgk
1913	Eingemeindung von Eckersdorf nach Coßmannsdorf
1921	Bildung der Stadt Freital aus den Gemeinden Deuben, Döhlen und Potschappel
1922	Eingemeindung von Zauckerode nach Freital
1923	Eingemeindung von Birkigt nach Freital
1933	Eingemeindung von Burgk nach Freital
1933	Eingemeindung von Coßmannsdorf mit Eckersdorf nach Hainsberg
1963	Eingemeindung von Hainsberg mit Coßmannsdorf und Eckersdorf nach Freital
1973	Eingemeindung von Saalhausen nach Freital
1974	Eingemeindung von Wurgwitz, Kleinnaundorf, Somsdorf und Weißig nach Freital

Übersicht 6.5:
Entwicklung der Gemeindezusammenlegungen im Raum Freital, südwestlich von Dresden
Quelle: Bezirkskabinett für Weiterbildung 1974; Beiträge zur Geographie, Bezirk Dresden 1988

nutzt. Ein intensiver Abbau begann aber erst im 19. Jahrhundert. Er bildete die Grundlage für den Industrialisierungsprozeß in dieser Region. Zu nennen sind die Glasherstellung (ab 1801), die Gaserzeugung (1828), die Produktion von Dampfmaschinen (1834) und von Gußstahl (1836).

1905 wurden im Plauenschen Grund (Döhlener Becken) durch 2 600 Bergleute 0,5 Mio. t Steinkohle gefördert (zum Vergleich 1905: Sachsen 4,5 Mio. t, Deutschland 121 Mio. t).

Die Industrialisierungs- und Urbanisierungsprozesse führten zu einer völligen Veränderung der Raumstruktur dieser Region. In der ersten Hälfte des 19. Jahrhunderts befanden sich im Plauenschen Grund mehr als zehn kleine dörfliche Siedlungen. Die stürmische Industrieentwicklung in der zweiten Hälfte des 19. Jahrhunderts zog eine rege Bautätigkeit in und zwischen den Siedlungen nach sich, so daß bald die gesamte Talweitung mit einer regellosen Anhäufung von Industrie-, Wohn- und Infrastrukturbauten erfüllt war. Mit dieser Entwicklung verbunden waren eine starke Zunahme der Einwohnerzahl und eine Änderung der politisch-administrativen Gliederung. Im Jahre 1921 kam es dann zum Zusammenschluß mehrerer Siedlungen und damit zur Gründung der Stadt Freital (Übersicht 6.5). Gleichzeitig vollzogen sich die Konzentrationstendenzen in anderen Regionen des Dresdner Umlandes, so daß sich geschlossene Siedlungsbänder herausbildeten. Neben der Achse in Richtung Südwest (Freital–Tharandt) entwickelten sich solche bandförmigen Siedlungsgassen im Elbtal nach Nordwesten (Radebeul–Coswig–Meißen) und Südosten (Heidenau–Pirna). Eine weitere Verdichtungsachse entstand (abgeschwächt) auch nach Nordosten (Klotzsche–Radeberg). In den stadtnahen Dörfern setzte ein sozioökonomischer Funktionswandel zu Arbeiterwohngemeinden ein. Die Steinkohleförderung im Döhlener Becken wurde nach dem Zweiten Weltkrieg noch einmal – im Zusammenhang mit dem verstärkten Ausbau der Schwerindustrie in der DDR – intensiviert. Die Geringmächtigkeit der Flöze und der bereits vorhandene Auskohlungsgrad führten dann 1959 zur Einstellung der Förderung.

Die Steinkohlenlagerstätten im *Erzgebirgischen Becken* (Zwickau–Lugau–Oelsnitz) waren bereits seit dem 14. Jahrhundert bekannt (erste urkundliche Erwähnungen von 1316 und 1348). Der Abbau oberirdisch ausstreichender Flöze setzte in kleinem Rahmen 1534 ein (HÄNSCH / PELZ 1908). Nutzer war das Handwerk (Nagelschmiede, Eisenarbeiter). Nach der Abschaffung zweier Privilegien aus dem Mittelalter konnte in der ersten Hälfte des 19. Jahrhunderts mit der Ausweitung des Steinkohlenabbaus begonnen werden. Mit der Einführung der Dampfmaschine (1826 in der Wasserhaltung) wurde es möglich, in größere Teufen zu gelangen.

Der nennenswerte Abbau von Steinkohle setzte im Zwickauer Teilrevier ein (1837 östlich von Zwickau und im eigentlichen Stadtgebiet); im Raum Lugau–Oelsnitz kann man erst nach 1844 davon sprechen. Weitere kleine Abbaureviere befanden sich zwischen Hainichen und Frankenberg und bei Oederan. Hier wurde die Förderung aber bereits in den 60er bzw. 80er Jahren des 19. Jahrhunderts eingestellt.

Die Steigerung der Steinkohleförderung stand im engen Zusammenhang mit dem steigenden Bedarf an Primärenergieträgern in der Region nördlich des Erzgebirges, v. a. im Erzgebirgischen Becken. Hier lagen Innovationszentren des sächsischen Maschinenbaus (hervorgehend aus dem Textilmaschinenbau) und des Fahrzeugbaus (Chemnitz, Zwickau). Dafür wurden Roheisen und Stahl benötigt, die hier geschmolzen wurden (z. B. Königin-Marienhütte in Cainsdorf bei Zwickau, das König-Albert-Werk und Maximilianshütte in Lichtentanne). Besonders der Bau der Eisenbahnlinie Werdau–Leipzig (1845) wirkte sich positiv auf den Absatz der Kohle aus. 1858 wurde die Eisenbahn Riesa–Chemnitz nach Zwickau fortgeführt. Sie war für den Kohletransport nach Chemnitz und in andere Städte wichtig (Abb. 6.15).

Auf der Grundlage der Steinkohleförderung siedelten sich schnell weitere Industriebranchen an (z. B. Porzellan- und Glasfabriken, Ziegeleien).

Bereits 1905 existierten im Zwickauer Revier zwölf Gruben mit 48 Schächten. 12 900 Arbeitskräfte förderten 2,4 Mio. t Steinkohle. Im Raum Lugau–Oelsnitz bauten 10 000 Bergleute in elf Gruben mit 25 Schächten ca. 1,7 Mio. t Kohle ab.

Der Abbau der Steinkohle wurde zwischen 1970 und 1977 wegen geringer Effektivität endgültig eingestellt. Im Bereich der oberirdischen Produktionsanlagen wurden andere Produktionen angesiedelt: Metallleichtbau, Elektromotorenbau, Baumaterialienindustrie (Bezirkskabinett für Weiterbildung 1971, Ökonomische und soziale Geographie der DDR 1990).

Auf der Basis der Förderung und Verarbeitung der Steinkohle und der Ansiedlung von Folgeindustrien (Metallurgie, Maschinenbau) hat sich die Region Lugau–Oelsnitz in einem Zeitraum von knapp 150 Jahren zu einer Industrielandschaft mit einer hohen Konzentration der Elemente der Raumstruktur entwickelt. Zwickau wurde – auch im Ergebnis der Steinkohleförderung – zu einem Zentrum des deutschen Automobilbaus.

6.4 Die Entwicklung des sächsischen Fahrzeugbaus als Beispiel für den Industrialisierungsprozeß

Eine für Sachsen sehr wichtige endogene Linie des Industrialisierungsprozesses ist der *Fahrzeugbau*. Wie an anderer Stelle bereits dargestellt, entwickelte sich aus der Textilindustrie der Textilmaschinenbau. Einige Unternehmen dieser Branche begannen sehr zeitig mit der Spezialisierung auf andere Produktionslinien des Maschinenbaus. Eine – nämlich der *Bau von Lokomotiven* – ist im direkten Zusammenhang mit der Entwicklung des Eisenbahnnetzes in Sachsen (Abb. 6.15) und darüberhinaus in Deutschland zu sehen. Besonders muß hier die Maschinenbauwerkstatt von Richard Hartmann (Abb. 6.12) erwähnt werden. Mitte der 1830er Jahre errichtete er seine erste Fabrik in der ehemaligen Klostermühle in Chemnitz. Nach WIECK (1840) war diese „besonders ausgezeichnet im Bau von Maschinen für die Tuchfabrikation, Streichgarnspinnereien und Dampfmaschinen" (zitiert bei BARTH 1979, S. 70). Nach der Verlagerung (1845) in den Stadtteil Schloßchemnitz verbreitete sich das Produktionsspektrum und der Betrieb entwickelte sich zu einem Großbetrieb des Allgemeinen Maschinenbaus. 1870 in eine Aktiengesellschaft mit dem Namen „Sächsische Maschinenfabrik" umgewandelt, bestand das Unternehmen aus fünf Abteilungen: Lokomotiven, Werkzeugmaschinen, Dampf- und Spinnereimaschinen und Webereieinrichtungen.

Der Betrieb lieferte in der zweiten Hälfte des 19. Jahrhunderts einen großen Teil der Lokomotiven für die sächische Eisenbahn.

Zirka 40 % der Produktion wurden auch bereits exportiert.

Neben dem Bau von Lokomotiven spezialisierten sich sächsische Betriebe in Görlitz und Bautzen auch auf den *Bau von Eisenbahnwagen und Fahrzeugen für den innerstädtischen Verkehr* (Straßenbahnen). Als Beispiel soll die Waggonbau AG Görlitz angeführt werden. Dieser heute noch existierende Betrieb entwickelte sich aus der 1828 von Christoph Lüders gegründeten Wagenbauanstalt. 1921 schlossen sich mehrere Görlitzer Unternehmen dieser Branche zur WUMAG (Waggon- und Maschinenbau AG) zusammen.

Als weitere Linie des sächsischen Fahrzeugbaus ist der *Automobilbau* zu nennen. Bereits 1904 gründete August Horch in Zwickau eine Automobilfirma. Nach weiteren Gründungen vereinigten sich 1932 die Werke von Audi, Horch und Wanderer mit den Motorradwerken in Zschopau zum „Sächsischen Automobilblock", der Auto-Union-AG, dem ersten bedeutenden deutschen Automobilkonzern. Er beschäftigte damals 4 500 Mitarbeiter und war somit wichtigstes Standbein in dieser Region.

Auch Zittau hatte sich als Standort des Automobilbaus entwickelt. Der Ausgangspunkt hier war die Spezialisierung eines Textilmaschinenunternehmens auf den Bau von Fahrrädern (1889). Ab 1900 erfolgte die Umstellung auf die Produktion von „Phänomen"-Motorrädern. Nach dem Ersten Weltkrieg spezialisierte sich die Fabrik dann auf den Bau von Lastkraftwagen.

6.5 Zusammenfassung – der Industrialisierungsprozeß in Sachsen bis 1945 und seine raumstrukturellen Wirkungen

Zusammenfassend kann man sagen, daß die in Sachsen frühzeitig einsetzende Industrialisierung zur dauerhaften Umgestaltung der Landschaft, zur Ausgestaltung einer intensiv genutzten Kulturlandschaft führte. Auf der Grundlage des Trends zur räumlichen Konzentration bestimmter Industriebranchen entstanden
- *großstädtische Ballungsräume*
  (Oberes Elbtal / Dresden, Leipzig / Halle, Chemnitz / Zwickau) und
- *industrielle Dichtegebiete* (mit zumeist traditioneller Industriestruktur: südliche Oberlausitz, Vogtland, Freiberg / Osterzgebirge).

Daneben bildeten sich in der Raumstruktur Sachsens weitere Regionstypen heraus:
- die *bergbaulich genutzten Regionen* (Südraum Leipzig, Regionen der Lausitz);
- die *Regionen mit einer intensiven Landwirtschaft*
  (Leipziger Tieflandsbucht, Lommatzscher und Großenhainer Pflege, Region Bautzen);
- *vom Fremdenverkehr geprägte Räume* (Sächsische Schweiz, Zittauer Gebirge, Teile des Erzgebirges und des Vogtlandes).

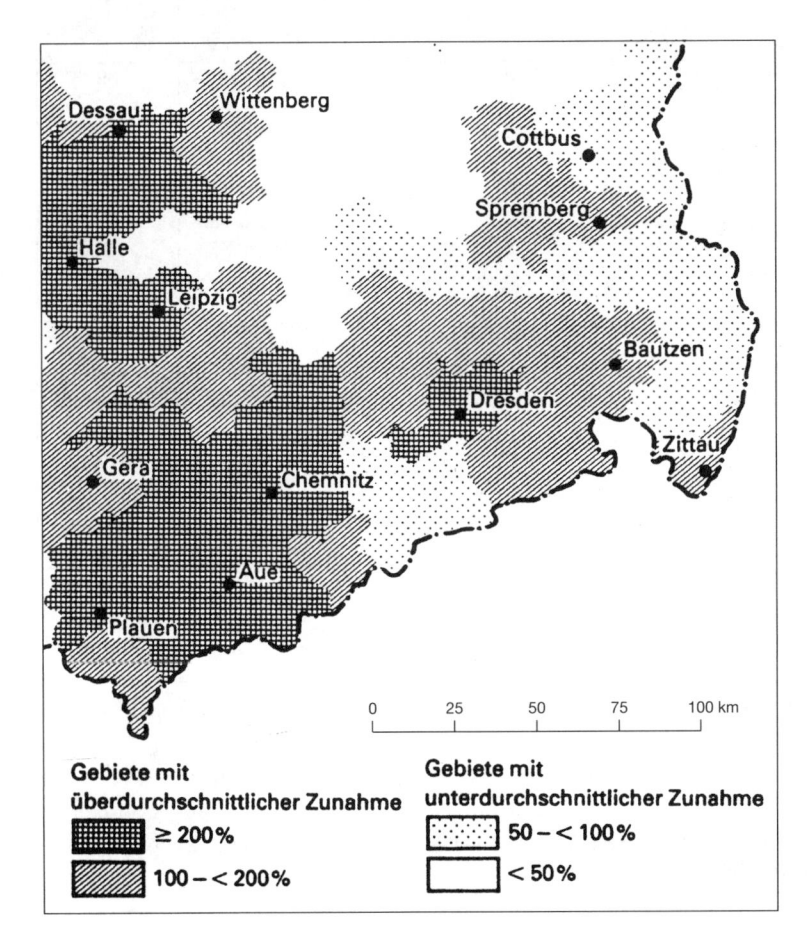

Abb. 6.18:
Entwicklung der relativen Beschäftigtendichte in Industrie und Handwerk in Mitteldeutschland 1875–1939, bezogen auf die Gesamtentwicklung in Deutschland in den Grenzen von 1937
Quelle: Ökonomische und soziale Geographie der DDR 1990

Gebiete mit überdurchschnittlicher Zunahme
- ≥ 200 %
- 100 – < 200 %

Gebiete mit unterdurchschnittlicher Zunahme
- 50 – < 100 %
- < 50 %

Gebiet \ Jahr	Einheit	Chemnitz / Karl-Marx-Stadt – Zwickau – Greiz – Gera	Halle – Leipzig – Dessau	Dresden / Oberes Elbtal	Bautzen – Görlitz – Zittau	Cottbus – Senftenberg – Weißwasser
1895	Industriebeschäftigte[1] (in 1000 Arbeitskräfte)	527	181	173	94	34
	Fläche (in km^2)	6 950	2 470	2 230	1 910	1 230
	Industriedichte (in Industriebeschäftigte / km^2)	76	73	78	49	28
1907	Industriebeschäftigte[1] (in 1000 Arbeitskräfte)	693	259	225	111	49
	Fläche (in km^2)	7 160	2 100	2 230	1 910	1 230
	Industriedichte (in Industriebeschäftigte / km^2)	97	124	101	58	40
1925	Industriebeschäftigte[1] (in 1000 Arbeitskräfte)	855	414	312	137	67
	Fläche (in km^2)	6 920	3 500	2 250	1 910	1 240
	Industriedichte (in Industriebeschäftigte / km^2)	124	118	138	72	54
1939	Industriebeschäftigte[1] (in 1000 Arbeitskräfte)	839	509	315	132	69
	Fläche (in km^2)	6 900	4 020	2 300	1 910	1 220
	Industriedichte (in Industriebeschäftigte / km^2)	122	127	137	69	56
1956	Industriebeschäftigte[1] (in 1000 Arbeitskräfte)	675	546	294	162	89
	Fläche (in km^2)	6 010	4 150	2 630	2 050	1 670
	Industriedichte (in Industriebeschäftigte / km^2)	112	132	112	79	53
1968	Industriebeschäftigte[1] (in 1000 Arbeitskräfte)	641	541	288	155	116
	Fläche (in km^2)	5 418	3 230	2 293	2 039	1 670
	Industriedichte (in Industriebeschäftigte / km^2)	118	168	126	76	70
1985	Industriebeschäftigte[1] (in 1000 Arbeitskräfte)	635	635	285	164	151
	Fläche (in km^2)	6 460	6 970	2 293	2 398	2 188
	Industriedichte (in Industriebeschäftigte / km^2)	98	91	124	68	69

1 einschl. Produzierendes Handwerk
Abgrenzung der Ballungs- und Dichtegebiete nach der Industriedichte, die jeweils ein Drittel über der des Gesamtterritoriums liegt.

Tab. 6.5: Langfristige Veränderungstendenzen in den sächsischen und benachbarten Ballungs- und Dichtegebieten 1895 – 1985
Quelle: Ökonomische und Soziale Geographie der DDR 1990

Das dichteste Verkehrsnetz in Deutschland (seit 1820 Chaussee-Bau, ab 1836 Bau von Eisenbahnen (Abb. 6.15), 1836 Einsatz von Dampfschiffen, im Jahre 1936 Beginn des Autobahnbaus) war einerseits Voraussetzung / Bedingung, andererseits Folge dieser Entwicklung.

Diese umgestaltenden Vorgänge erstreckten sich über etwa ein Jahrhundert und traten in den verschiedenen Regionen des Landes zu unterschiedlichen Zeiten auf. Bis zum Beginn des Ersten Weltkrieges war dieser Umbau der Kulturlandschaft im großen und ganzen abgeschlossen.

Sehr deutlich wirkten sich die differenzierten Standortbedingungen aus. Die Industrie siedelte sich vor allem dort an, wo sie die besten Bedingungen vorfand. Dies führte zu einer Zunahme der Disparitäten. Auf der einen Seite entstanden dort, wo die Bedingungen günstig waren, Industriekonzentrationen (Verdichtungsräume, Großstädte – Tab. 6.5, Abb. 6.18); es entwickelten sich so wirtschaftliche Aktivräume. Diesen standen andererseits Regionen mit einer geringeren wirtschaftlichen Leistung gegenüber. Die Entwicklung führte zu einer deutlichen regionalen Differenzierung mit einer ausgeprägten Arbeitsteilung.

Die Industriestruktur Sachsens war in der ersten Hälfte des 20. Jahrhunderts durch eine Polystrukturalität, d. h. durch ein Nebeneinander vieler Branchen und Zweige gekennzeichnet. Begründet liegt dies im Reichtum an Bodenschätzen, in der früh einsetzenden Industrialisierung, in der Entwicklung des Marktes, im quantitativ und qualitativ vorhandenen Humankapital usw. Sachsen bildete den Industrieraum Deutschlands. Bezogen auf die Gesamtbevölkerung gab es hier den höchsten Anteil an Industriebeschäftigten.

Diese Industrialisierungsprozesse in Sachsen hatten deutliche Auswirkungen auf alle Elementarstrukturen:

Der Ausbau des Bergbaus und die Entwicklung der Industrie führten zu einem extremen Arbeitskräftebedarf in vielen Regionen Sachsens. Zur Deckung des Bedarfs kam es einerseits zu Bevölkerungsverschiebungen innerhalb des Landes (Zuwanderung in die aufstrebenden Industrieregionen, Land-Stadt-Wanderung, aber auch Pendelwanderung), andererseits aber auch zu Zuwanderungen aus anderen Regionen Deutschlands und Europas. Zurückgehende Sterberaten bedingten darüber hinaus ein natürliches Bevölkerungswachstum. Aus diesen beiden positiven Salden resultierte für Sachsen eine Bevölkerungszunahme; gab es im Jahre 1815 erst 1,18 Mio. Bewohner, waren es 1871 bereits 2,56 Mio. und 1900 4,20 Mio. Einwohner (Tab. 5.1). 1905 hatte das Deutsche Reich eine Bevölkerungsdichte von 112 Ew. / km^2; Sachsen aber bereits 301 Ew. / km^2. Bis zum Ausbruch des Zweiten Weltkrieges nahm dann die Bevölkerungszahl noch einmal um eine Million zu. Dieses Wachstum kam dabei einerseits den Städten zugute. Das heißt, als Folge des Industrialisierungsprozesses ergab sich ein deutlicher Urbanisierungsprozeß. Der Verstädterungsgrad lag um die Wende zum 20. Jahrhundert schon bei etwa 50 %. Andererseits nahm auch die Bevölkerung in den Altindustrieräumen außerhalb der Agglomerationen (südliche Oberlausitz, Vogtland) zu.

Die Industrialisierung bewirkte ebenso Strukturveränderungen in dem bis dahin dominierenden Wirtschaftssektor, der Landwirtschaft: War die Nutzungsstruktur bis Ende des 18. Jahrhunderts deutlich auf die Eigenversorgung der Landbevölkerung ausgerichtet, veränderte sich jetzt mit der Bevölkerungskonzentration und -zunahme, vor allem der nicht in der Landwirtschaft beschäftigten Personen, die Anbau- und Nutzungsstruktur. Notwendig wurde der Übergang zur Produktion für den Markt (Versorgung der nichtlandwirtschaftlichen Bevölkerung in den Städten und Verdichtungsgebieten, Bereitstellung von Rohstoffen für die Industrie). Dies ging einher mit

Reformen in der Landwirtschaft, mit Spezialisierungstendenzen beim Anbau, mit dem Einsatz von Maschinen, mit der Züchtung von besserem Saatgut. Ergebnisse dieses Prozesses waren die Freisetzung von Arbeitskräften, die dann in die Industrie der Städte abwandern konnten, die Steigerung der Hektarerträge und die beginnende Umstrukturierung der Dörfer (Veränderung der Sozialstruktur der Bewohner, Überbauung, Ansiedlung von Handwerk und Gewerbe bzw. Industrie).

Auch die Bereiche der Infrastruktur erhielten einen bedeutenden Aufschwung. Für die technische Versorgung bedeutet dies Straßen- und Eisenbahnbau (Abb. 6.15), Anschluß an die öffentliche Wasserversorgung und Abwasserentsorgung, Errichtung von Stadtgas- und Elektrizitätswerken und Verlegung der dafür notwendigen Trassen und Netze. Es entstanden auch Talsperren und Rückhaltebecken für Trink- und Brauchwasser.

Die soziale Infrastruktur erlebte vor allem durch die Bevölkerungskonzentration in den Städten einen bedeutenden Impuls. Notwendig wurden Einrichtungen zur Versorgung und Betreuung der Bevölkerung (Handel, Gesundheits- und Sozialwesen, Bildung).

Im Zuge des Industrialisierungsprozesses in Sachsen kam es nicht nur zu einer Verstärkung der vorhandenen Disparitäten in der Raumstruktur, sondern es entstanden neue. Darüber hinaus führte dieser Prozeß zu einer Verdichtung aller Elemente der Raumstruktur. Während es z. B. im sächsischen Landesdurchschnitt 1905 301 Ew./km^2 gab, so waren es im Erzgebirgischen Becken 786 und im Amtsgerichtsbezirk Aue 723 Ew./km^2.

Die Zeit nach 1933 hatte – ausgehend von sich verändernden Ausgangsbedingungen und Zielstellungen in der Wirtschaftspolitik – auch Auswirkungen auf die Raumstruktur und ihre Elemente. Ein wichtiger Punkt waren die Autarkiebestrebungen der damaligen Machthaber.

Ergebnis dieses Unabhängigmachens von Importen war z. B. die Intensivierung der Forschungen zum flexibleren Einsatz von einheimischen Rohstoffen. Als Beispiele sollen die Verflüssigung von Braunkohle zur Herstellung von Kraftstoffen (ab 1936 Aufbau des Synthesewerkes in Schwarzheide – s. o.) und die Herstellung von künstlichem Kautschuk (Aufbau des Buna-Werkes bei Schkeuditz) genannt werden.

Ab 1935 „kam ein weiteres Ziel hinzu, das dann schnell die Priorität erhielt. ... die Dezentralisierung der Industrie aus Gründen der Risikovermeidung bei einem Luftkrieg bei gleichzeitigem Abrücken der Industriestandorte von den Reichsgrenzen" (TIETZE u. a. 1990, S. 51). Ziele waren die Auflösung großstädtischer, besonders industrieller Ballungen (Ruhrgebiet, Oberschlesien, bedingt Sachsen) und die Ansiedlung von Bevölkerung auf dem Lande und in Kleinstädten („Reagrarisierung", vgl. „Gesetz über einstweilige Maßnahmen zur Ordnung des deutschen Siedlungswesens" von 1934) (TIETZE u. a. 1990).

Seit dem Jahre 1938/39 kam es zur Umstellung der Industrie auf die Kriegsproduktion. Die Rüstungsausgaben stiegen von 1939 32,3 Mrd. RM auf 1943 117,9 Mrd. RM (TIETZE u. a. 1990). Der Ausbau der rüstungswichtigen Industrien erfolgte in einem für den Kriegsfall angenommenen „Rumpfdeutschland", das den Raum zwischen Weser und Oder umfaßte. Sachsen wurde so zu einem Zentrum der Kriegswirtschaft. An den Standorten erfolgten Um- und Neuprofilierungen, die teilweise mit Erweiterungs- und Ergänzungsinvestitionen verbunden waren. So wurden im Bereich des Maschinen- und Fahrzeugbaus nun Rüstungsgüter (Militärfahrzeuge, Panzer, Waffen) produziert. Auch die Textilindustrie erhielt neue Aufgaben (Produktion von Uniformen und Fallschirmstoffen). Diese Neuorientierung wertete ausgewählte Standorte auf. Unternehmensgründungen und -erweiterungen für die Kriegswirtschaft waren das Werk

Böhlen bei Leipzig (1936), die Großschwelereien von Espenhain, Regis und Deutzen (s. o.). Das Stahl- und Walzwerk Gröditz wurde erweitert. 16 Gruben der Zinn-, Wolfram-, Kobalt-, Wismut-, Blei- und Silbererzförderung im Erzgebirge wurden reaktiviert.

Im Zuge der Kriegsvorbereitung und der Kriegswirtschaft stiegen so die Beschäftigtenzahlen ausgewählter Industriebranchen an. Zu nennen sind der Maschinenbau, die Bau- und Baustoffindustrie, die Elektrotechnik/Elektronik und die Feinmechanik/Optik. Die Textil- und Bekleidungsindustrie wies erstmals in ihrer Geschichte einen absoluten Rückgang auf.

Die Entwicklung des Kriegsgeschehens, vor allem die Verluste und Niederlagen der deutschen Wehrmacht ab 1942/43, führten dann immer mehr zu Engpässen in der industriellen Produktion. Die Erzeugung von Gütern für die Kriegsführung erhielt eindeutiges Primat.

Die letzten beiden Kriegsjahre, dabei vor allem die Zerstörungen in den letzten Monaten des Zweiten Weltkriegs, hinterließen auch in Sachsen ein Chaos. Große Bevölkerungsverluste, schwerzerstörte Dörfer und Städte (mit Einbußen bei der Wohn- und Produktionsfunktion) und eine völlig am Boden liegende Infrastruktur waren das Ergebnis dieses furchtbarsten aller Kriege. Die Raumstruktur Sachsens ist um Jahrzehnte, wenn nicht sogar Jahrhunderte zurückgeworfen worden.

7 Die Entwicklung Sachsens zwischen 1945 und 1989/90

In den letzten Monaten des Zweiten Weltkrieges rückten von Osten die Soldaten der Roten Armee und von Westen die amerikanischen Truppen auf Sachsen zu. Beide besetzten Teile des Landes (die sowjetische Armee Ost- und Mittelsachsen und die Amerikaner Westsachsen bis etwa zur Mulde bei Grimma). Eine Besonderheit stellte das südwestlich von Chemnitz gelegene Territorium um Schwarzenberg und Aue dar, das zunächst unbesetzt blieb („Republik Schwarzenberg"). Ein erstes Treffen der Verbündeten gab es am 25. April 1945 in Torgau auf der Elbbrücke.

Die Zugehörigkeit Sachsens zu unterschiedlichen Besatzungsmächten war jedoch nur von kurzer Dauer. Im Ergebnis der Konferenzen von Jalta und Teheran (später in Potsdam bestätigt) wurde Deutschland in Besatzungszonen aufgeteilt. Danach (auch im Austausch für die Westsektoren von Berlin) zogen die westlichen Alliierten aus Sachsen ab und die Sowjetunion übernahm am 1.7.1945 das gesamte Land.

Im Ergebnis des Zweiten Weltkrieges veränderte sich Deutschland als politisch-administrative Einheit. Damit wurde auch der Wirtschaftsraum in Mitteleuropa, der zwischen 1871 und 1945 als „Deutsches Reich" existierte, aufgespalten. Vier „Teile" entstanden: die drei Westzonen (die sich zuerst zur Bi-, dann zur Trizone und 1949 zur Bundesrepublik Deutschland zusammenschlossen), die Sowjetische Besatzungszone (aus der ebenfalls 1949 die Deutsche Demokratische Republik hervorging), die in vier Sektoren geteilte Stadt Berlin (bereits 1949 wurde Ost-Berlin die Hauptstadt der DDR, übrig blieb die „Politische Einheit" Berlin-West) und die im Ergebnis der Potsdamer Konferenz an die Sowjetunion und Polen fallenden deutschen Gebiete östlich von Oder und Neiße.

Mitten durch Deutschland verlief nun eine neue Grenze. Sie trennte nicht nur Deutschland in westliche und östliche Besatzungszonen, sie trennte auch die Einflußsphären der westlichen (kapitalistischen) und östlichen (sozialistisch/kommunistischen) „Welt" voneinander. Diese Grenze, die später während der Zeit des „Kalten Krieges" den Namen „Eiserner Vorhang" erhielt, wurde spätestens seit Anfang der 1960er Jahre die bestgesichertste Grenze der Welt.

Diese „Aufspaltung" des Wirtschaftsorganismus Deutschland und die Einbeziehung der vier Besatzungszonen in den politischen, wirtschaftspolitischen und wirtschaftlichen Herrschafts- und Einflußbereich einerseits der westlichen Staaten (USA, Großbritannien, Frankreich) und andererseits der Sowjetunion bedeutete – ausgehend von den unterschiedlichen Zielstellungen – ein Auseinanderentwickeln.

Bereits 1945/46 begann in der Sowjetischen Besatzungszone (SBZ) der Prozeß der Überführung des Privateigentums in Staatseigentum. Für den Bereich der Industrie spielte Sachsen den Vorreiter. Hier fand am 30. Juni 1946 ein Volksentscheid „zur entschädigungslosen Enteignung aller Betriebe der Naziaktivisten und Kriegsschuldigen und für die Übergabe dieser Betriebe in die Hände des Volkes" (DOERNBERG 1968, S. 95) statt. Diese von der Sozialistischen Einheitspartei Deutschlands (SED) – 1946 aus der „Vereinigung" von KPD und SPD hervorgegangen – initiierte und gelenkte Maßnahme brachte das von den Machthabern gewollte Resultat von 77,7 % Zustimmung. Im Ergebnis der Abstimmung wurde ein Großteil der Industriebetriebe enteignet und verstaatlicht, das heißt in sogenanntes Volkseigentum übergeführt. Die Maßnahme betraf in Sachsen ca. 23 000 der insgesamt 37 000 Unternehmen (Flick, IG Farben, Junkers, Osram, Siemens, Daimler u. a. – Abb. 7.1).

Auf der Potsdamer Konferenz wurde festgelegt, daß Deutschland an die Sieger-

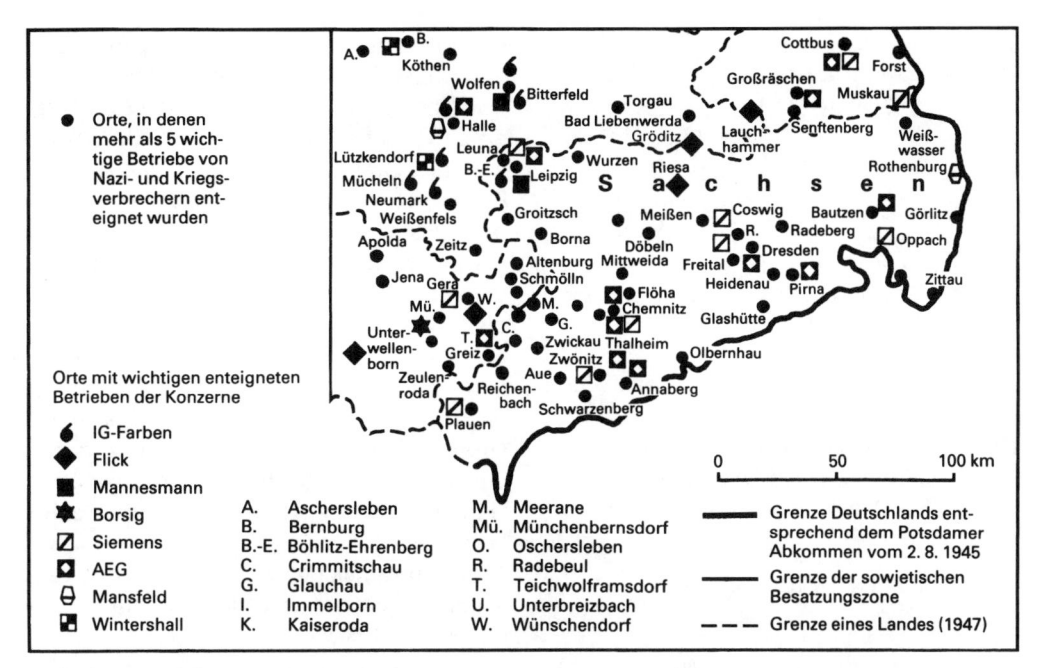

Die Entwicklung Sachsens zwischen 1945 und 1989/90

Abb. 7.1: In Sachsen und seinen Randgebieten 1946–1948 durchgeführte Enteignungen von Industriebetrieben
Quelle: nach Atlas zur Geschichte, Bd. 2, 1975, S. 64

mächte Reparationen in Höhe von 20 Mrd. Dollar zu zahlen hat. Die Ansprüche der Sowjetunion und Polens sollten aus der sowjetischen Besatzungszone befriedigt werden. 676 Industriebetriebe sowie Anlagen der technischen Infrastruktur wurden auf Befehl der Sowjetischen Militärverwaltung demontiert und in die Sowjetunion verschickt. Besonders war der Raum Leipzig–Halle von der Demontage betroffen. Darüber hinaus mußten mehr als 200 sächsische Betriebe (in der Regel bis 1952) für den sowjetischen Markt produzieren. Sie gingen unter der Bezeichnung Sowjetische Aktiengesellschaften (SAG-Betriebe) in das Eigentum der Sowjetunion über.

Bereits 1945 hatte die Sowjetunion wichtige Groß- und Mittelbetriebe beschlagnahmt und zu sowjetischem Eigentum erklärt (Befehle 124 und 126 der SMAD zur Beschlagnahme des Eigentums der Naziaktivisten und Kriegsverbrecher, der Nazi-organisationen und des faschistischen Staates). Ein Teil davon wurde im Frühjahr 1946 in die Verfügungsgewalt der sächsischen Landesverwaltung übergeben.

Im Ergebnis dieser Entwicklung wurde die bereits durch die Umstellung auf die Kriegsproduktion seit spätestens 1935 und die gewaltigen Kriegszerstörungen schwer in Mitleidenschaft gezogene wirtschaftliche Basis in Ostdeutschland und damit auch in Sachsen weiter ausgehöhlt und geschwächt. Insgesamt ergaben sich damit ungünstige Ausgangsbedingungen für den notwendigen wirtschaftlichen Neuanfang.

Dieser wurde auch noch zusätzlich durch die im Verhältnis zu Westdeutschland schlechtere Ausstattung mit Bodenschätzen und Industriekapazitäten erschwert. Von der Vorkriegsproduktion Deutschlands entfielen bei Roheisen nur 1,3 %, bei Steinkohle 2,3 %, bei der Eisenschaffenden Industrie 6,6 % und bei der Stahlerzeugung etwa 7 %

Zahl der Objekte	Enteignete und landabgebende Betriebe bzw. Institutionen	Fläche (ha)
4 537	Besitz aktiver Faschisten und Kriegsverbrecher (unter 100 ha)	131 742
7 160	Besitz von Junkern und sonstigen Großgrundbesitzern (> 100 ha)	2 512 357
169	Siedlungsgesellschaften und faschistische Institutionen	22 764
2 223	Staats- und sonstiger Grundbesitz	626 219
14 089	Summe	3 293 082

Tab. 7.1: Verteilter Bodenfonds während der Bodenreform in der Sowjetischen Besatzungszone Deutschlands
Quelle: Ökonomische und soziale Geographie der DDR, 1990, nach Atlas zur Geschichte, Bd. 2, 1975, Karte 1, S. 64

auf das Territorium der SBZ. Während es in den drei Westzonen über 120 Hochöfen gab, war es in Ostdeutschland nur ein Hüttenwerk mit vier veralteten Hochöfen. Die aufgezeigte Situation komplizierte sich noch dadurch, weil die historisch gewachsenen nahräumlichen Zulieferbeziehungen der sächsischen Industrie aus dem westlichen Teil Deutschlands abgelöst wurden durch fernräumliche Lieferbeziehungen mit der Sowjetunion und den anderen osteuropäischen Ländern.

In der Landwirtschaft wurde ebenfalls 1945/46 mit der Bodenreform ein Umstrukturierungsprozeß eingeleitet. Die KPD und später die SED wollten mit dieser Maßnahme „das Abhängigkeitsverhältnis der Landarbeiter und Bauern von den Großgrundbesitzern beseitigen" (DOERNBERG 1968, S. 60).

Anfang September 1945 erließ die sächsische Landesverwaltung die Verordnung zur Durchführung der Bodenreform. Der Besitz von aktiven Anhängern des Naziregimes, von Kriegsverbrechern und Kriegsschuldigen sowie der Grund und Boden von Großbauern, Großgrundbesitzern und Landjunkern mit über 100 ha Fläche wurden entschädigungslos enteignet. Ziel der Bodenreform war es, die bereits bestehenden kleinen Bauernhöfe bis zu 5 ha zu vergrößern, selbständige Bauernwirtschaften für Landarbeiter, landarme Bauern und Umsiedler aus dem Osten zu schaffen sowie kleinere Parzellen für Arbeiter für den Gemüseanbau bereitzustellen. Auf dieser Grundlage wurde in Ostdeutschland in nur zwei Monaten insgesamt 2,9 Mio. ha Fläche enteignet und diese auf über 330 000 Landarbeiter und Bauern aufgeteilt (Tab. 7.1). Die Neubauernhöfe hatten in Sachsen eine Durchschnittsgröße zwischen 7 und 8 ha. Mit dieser in der Größenordnung einmaligen Aktion in der Geschichte Deutschlands fand sehr frühzeitig eine tiefgreifende sozioökonomische Veränderung auf dem Lande statt.

In den westlichen Besatzungszonen verlief im Gegensatz dazu der Neuanfang problemloser. Vorteile waren hier:
– die Einbeziehung in den westlichen Markt, d. h. das Verbleiben unter marktwirtschaftlichen Bedingungen,
– die insgesamt geringeren Kriegszerstörungen,
– das größere Wirtschaftspotential (vor allem Industrie),
– die bessere Ausstattung mit Ressourcen (z. B. Bodenschätzen),
– die geringeren Demontagen der wirtschaftlichen Substanz.

Vor allem aber die Marshall-Plan-Hilfe, die ab 1947 durch die USA geleistet wurde, erleichterte die Belebung der westdeutschen Wirtschaft. Bereits in dieser Zeit wurde der Grundstock für den differenzierten wirtschaftlichen Entwicklungsstand zwischen West- und Ostdeutschland gelegt.

Nachdem bereits mit dem Befehl Nr. 5 der SMAD vom 9.7.1945 die innere politisch-administrative Struktur der SBZ festgelegt wurde (Bildung der fünf Länder Mecklenburg [später umbenannt in Mecklenburg-Vorpommern], Brandenburg, Sachsen-Anhalt, Thüringen, Sachsen), erfolgte am 7. Oktober 1949 in der Sowjetischen Besatzungszone die Gründung der Deutschen Demokratischen Republik. Entsprechend der Verfassung war es ein „Staat der Arbeiter und Bauern", der auf den Grundlagen der sozialistischen / kommunistischen Prinzipien aufbaute. Entsprechend des sowjetischen Vorbildes wurde die Verwaltung aufgebaut und die Wirtschaft geleitet und strukturiert. Sowohl in der Politik als auch in der Wirtschaft wurden die „Erfahrungen der Sowjetunion" direkt übernommen. Das bedeutete den Übergang zur sozialistischen Wirtschaftsordnung (die 2. Parteikonferenz der SED 1952 legte mit ihren Beschlüssen die Grundlagen für den Aufbau des Sozialismus in der DDR) und damit auch die Aufgabe des föderativen Systems. Durchgesetzt wurde Schritt für Schritt das zentralistische System der Lenkung und Leitung von Staat und Wirtschaft (DOERNBERG 1968).

Wichtige Schritte mit raumstrukturellen Wirkungen in dieser Zeit waren:
– die Verstaatlichung der wichtigsten Bereiche der Industrie (Gründung „Volkseigener Betriebe" – VEB),
– die Übernahme von Großgrundbesitz der Landwirtschaft in Staatseigentum (Gründung „Volkseigener Güter" – VEG),
– der Beginn der Kollektivierung der Landwirtschaft (ab 1952 Gründung von Landwirtschaftlichen Produktionsgenossenschaften – LPG) ,
– die politisch-administrative Neuordnung (1952 Auflösung der Länder und Großkreise, Gründung von Bezirken und kleineren Landkreisen),
– die Übernahme und Umsetzung sowjetischer „Theorien und Erfahrungen" der Planung und Leitung der Volkswirtschaft (z. B. die gleichmäßige Verteilung der Industriestandorte über das Land).

Mit Wirkung vom 23.7.1952 wurde das Land Sachsen in die drei Bezirke Dresden, Leipzig und Chemnitz (1953 Umbenennung der Stadt Chemnitz in Karl-Marx-Stadt) aufgeteilt. Diese Neugliederung erfolgte nach politischen, administrativen, wirtschaftlichen, militärpolitischen und planerischen Gesichtspunkten. Hauptzielsetzung war die Schaffung einer dem zentralistischen System adäquaten politisch-administrativen Struktur mit kleinen, von der Zentrale Berlin (Ost) leichter überschaubaren und damit leitbaren administrativen Einheiten. Die neuen Grenzen hielten sich nur bedingt an historische oder wirtschaftliche / wirtschaftsräumliche Grenzen. Häufig wurden historisch-landschaftlich gewachsene Zusammenhänge dabei zerschnitten.

Bei der Auswahl der drei Bezirksstädte griff man auf die Großstädte mit ihren oberzentralen Funktionen zurück. Bei den Kreisstädten war dies – da die Anzahl der Kreise fast verdoppelt wurde – komplizierter. Zum einen behielten Städte ihre traditionelle

Tab. 7.2:
Fläche, Bevölkerung und Beschäftigte in Industrie und Handwerk auf dem Territorium der ehemaligen DDR und ihrer Bezirke (Anteile in %) im Jahre 1939
Quellen: KOHL u. a. 1976; Stat. Jahrbuch der DDR 1956, S. 8f.; Statistisches Jahrbuch der DDR 1985, S. 1; Ökonomische und soziale Geographie der DDR 1990

	Fläche	Bevölkerung	Beschäftigte
Nördliche Bezirke			
Rostock	6,5	3,6	1,9
Schwerin	8,0	2,7	1,3
Neubrandenburg	10,1	3,1	1,5
Mittlere Bezirke			
Frankfurt / Oder	6,6	3,9	2,5
Potsdam	11,6	6,7	5,2
Cottbus	7,6	4,4	4,3
Magdeburg	10,6	8,0	6,3
Südwestliche Bezirke			
Erfurt	6,8	7,0	6,8
Gera	3,7	3,8	4,5
Suhl	3,6	3,0	3,8
Südliche Bezirke mit Ballungsgebieten			
Halle	8,1	10,3	9,9
Leipzig	4,6	9,3	10,0
Karl-Marx-Stadt (heute Chemnitz)	5,6	12,9	19,1
Dresden	6,2	11,8	12,8
DDR	100	100	100

administrative Funktion (29), andererseits erhielten Mittel- und Kleinstädte diese Funktion neu (19). In diesen Städten mußten nun die politischen Führungs- und Verwaltungsfunktionen für ihre Kreise lokalisiert werden (z. B. in Brand-Erbisdorf, Reichenbach / Vogtland, Werdau, Wurzen). In der Folgezeit wurden aber auch andere zentrale Funktionen dort ausgebaut (Industrie, Bau- und Verkehrswirtschaft, soziale Infrastruktur). Der Sitz einer Kreisverwaltung wurde bereits vor 1952 verlagert, von Rothenburg / Niederschlesien nach Niesky.

Mit der Zunahme der Anzahl der Kreisstädte und der damit verbundenen Lokalisation von Funktionen wurde die zentralörtliche Funktion im Städtenetz der Bezirke gestärkt. Damit war aber auch über die 40 Jahre DDR hinweg die Entstehung von Disparitäten verbunden (Bevorzugung der Kreisstädte bei der Vergabe von Investitionen, Ausbau der sozialen und technischen Infrastruktur, Vergabe von Mitteln für den Wohnungsbau). Viele kleine Unterzentren verloren durch Benachteiligung an Zentralität. Die Entwicklungen im Städtenetz hatten schließlich auch Veränderungen bei den Einzugsbereichen der Arbeits-, Versorgungs- und Bildungspendelwanderung zur Folge. Auch die Migrationsströme wurden entsprechend beeinflußt (z. B. durch die Konzentration des staatlich gelenkten Wohnungsbaus).

7.1 Zum Wandel der Wirtschaftsstrukturen

Die Sowjetische Besatzungszone umfaßte 23 % des Staatsgebietes des Deutschen Reiches (Grenzen von 1937). Auf diesem Gebiet lebten 1939 16,75 Mio. Einwohner (ohne Berlin-West). Dies entsprach 24,1 % der „Reichsbevölkerung".

Die Spaltung des Wirtschaftsorganismus Deutschland nach 1945 und die schwerwiegenden Disproportionen, die aus den Deformierungen der Wirtschaftsstruktur während des „Dritten Reiches", der Spaltung, den Kriegszerstörungen und den Demontagen resultierten, bedingten die (wirtschaftliche und politische) Notwendigkeit, die Funktionsfähigkeit des neuen Wirtschaftsorganismus DDR herzustellen. Die praktizierte Lösung des anstehenden Problems war von den strukturpolitischen und standorttheoretischen Leitsätzen der damaligen sowjetischen Wirtschaftsdoktrin geprägt.

Die Herstellung der Funktionsfähigkeit des Wirtschaftsorganismus DDR war so nur über die extensive Entwicklung bestimmter Branchen und damit von Standorten möglich. Wichtige Grundbausteine für die Entwicklung bildeten dabei auch die übernommenen Potentiale, die Standorte und Netze, Trassen und Anlagen.

7.1.1 Die Industrie

Bezogen auf das Deutsche Reich in seinen Grenzen von 1937 hatte die SBZ einen Anteil an den Industriebeschäftigten von 27,8 % (1939) und beim Industrieumsatz von 27,3 % (1936). Branchenschwerpunkte bildeten die Textilindustrie (44,3 % der Beschäftigten, 40,1 % des Umsatzes), die chemische Industrie (33,9 / 29,6 %) und der Maschinenbau (31,9 / 24,7 %); unterrepräsentiert waren folgende Branchen: Bergbau 14,5 %, Metallurgie 16,6 % (15 % des Umsatzes) (Ökonomische und soziale Geographie DDR, 1990).

Die Auswirkungen des Zweiten Weltkrieges auf die industrielle Produktion zeigen folgende Zahlen: Produktionsvolumen 1946 42 % von 1936, darunter Grundstoffindustrie 52 %; Nahrungsmittelindustrie 39 %;

Metallverarbeitende Industrie 29 % (Ökonomische und soziale Geographie DDR, 1990).

Die Ausgangssituation für die industrielle Entwicklung in Sachsen war nach dem Zweiten Weltkrieg trotz aller aufgezeigter Probleme als günstig zu bezeichnen. Auf der Grundlage eines über hundertjährigen Industrialisierungsprozesses hatte sich eine Industriestruktur mit einem breiten Branchenspektrum herausgebildet. Mehr als ein Drittel aller industrieller Kapazitäten der SBZ (z. B. knapp 42 % der in Industrie und Handwerk Beschäftigten) konzentrierten sich in Sachsen. Das zur Verfügung stehende Humankapital wies einen hohen Qualifikationsgrad auf. Auch die vorhandene technische Infrastruktur kann – trotz der Zerstörungen – als Positivfaktor bewertet werden.

Diese Ausgangssituation muß aber – damit eine objektive Einschätzung möglich ist - vor dem Hintergrund der Gesamtsituation in der SBZ/DDR bewertet werden. Historisch und auf der Grundlage der naturräumlichen Ausstattung hatten sich in Bezug auf den wirtschaftlichen Entwicklungsstand deutliche Disparitäten zwischen dem Norden und dem Süden herausgebildet. Basierend auf der zentralistisch orientierten Wirtschaftspolitik in der DDR muß deshalb die Gesamtentwicklung der Industrie in der DDR gesehen und Sachsen dort eingeordnet werden. Desweiteren kommen die neuen – von der Sowjetunion übernommenen – standortpolitischen und -theoretischen Leitsätze hinzu.

Das Tempo der Verstaatlichung der Industrie in der SBZ wird durch folgende Zahlen deutlich:
Anteil des staatlichen Sektors an der industriellen Warenproduktion (in %)
1947 36,8 (+ 19,5% Anteil der SAG-Betriebe)
1948 39,0 (+ 22,0% Anteil der SAG-Betriebe)
1949 46,6 (+ 21,9% Anteil der SAG-Betriebe)
(nach: Ökonomische und soziale Geographie der DDR, 1990)

Die erste zeitliche Etappe nach der Gründung der DDR (1949 bis 1955 / 60; Zweijahrplan, 1. und 2. Fünfjahrplan) sowie deren Einbeziehung in den von der Sowjetunion initiierten Rat für gegenseitige Wirtschaftshilfe (RGW; 1950 Aufnahme der DDR) hatte für die Industrie im gesamten Land und in den einzelnen Regionen deutliche Auswirkungen:

Nach dem Wiederaufbau der kriegszerstörten Substanz lag das Primat der Industrialisierung in dieser Phase auf der Entwicklung der Schwerindustrie. Einerseits war sie unterrepräsentiert in der DDR vertreten (so war mit der Maxhütte in Unterwellenborn bei Saalfeld nur ein Roheisenerzeuger mit vier veralteten Hochöfen auf dem Territorium der SBZ lokalisiert) und zum anderen sollte sie – entsprechend der Zielstellung der Sowjetunion, daß jede „Volksdemokratie" über eine eigene Schwerindustrie und eine metallurgische Basis verfügen muß – die Grundlage für die weitere industrielle Entwicklung im Land bilden. Einige wenige Beispiele sollen dies demonstrieren:

Es erfolgte ein Auf- und Ausbau der metallurgischen Basis (traditionelle Standorte in Brandenburg, Hennigsdorf und Riesa; 1.1.1951 Grundsteinlegung für das Eisenhüttenwerk Ost in Stalinstadt, später umbenannt in Eisenhüttenstadt). Die Rohstoffversorgung mußte dafür gelöst werden. Rammler und Bilkenroth entwickelten so ein Verfahren zur Verkokung der Braunkohle. Ab 1952 wurde in der Großkokerei Lauchhammer Braunkohlenhochtemperaturkoks (BHT-Koks) hergestellt. Für die Verwertung der minderwertigen Eisenerzvorkommen der DDR entwickelte Säuberlich das Niederschachtofenverfahren. Auf dieser Basis wurden die Eisenwerke West in Calbe aufgebaut. Im Zuge der Bezirksbildung wurden 1952 die kohleführenden Landesteile von Sachsen und Brandenburg zum Bezirk Cottbus zusammengeschlossen. Aufbauend auf Ministerratsbeschlüssen begann 1953 der Ausbau dieses Bezirkes zum „Kohle- und Energiezentrum der DDR" (Aufschluß neuer Großtagebaue, Aufbau des Gaskombinates Schwarze Pumpe, des größten braunkohleverarbeitenden Betriebes der Welt; Bau der Braunkohlekraftwerke in Lübbenau und Vetschau). Diese Entwicklung stand unter der Losung „Elektrifizierung der Volkswirtschaft".

Für die Steigerung des Außenhandels wurde ein eigener Schiffbau an der Ostsee aufgebaut (Ausbau der Werften in Stralsund, Wismar und Rostock), und man begann mit dem Ausbau von Rostock zum Überseehafen.

An den Standorten in Berlin, Eberswalde, Leipzig, Chemnitz, Köthen, Erfurt und Gera erfolgte der Aus- und Aufbau eines Schwermaschinen- und Anlagenbaus.

Mit der hier dargestellten Entwicklung begann die – auch von der sowjetischen Wirtschaftstheorie vorgegebene und angestrebte – Industrialisierung der nördlichen und östlichen Bezirke. Dabei wurden die historisch gewachsenen Unterschiede zwischen dem Norden und dem Süden teilweise abgebaut, ohne sie zu überwinden. Wichtig war dieser Schritt auch vor dem Hintergrund der „Ansiedlung der Arbeiterklasse als fortschrittlichster Klasse" in den von der „kleinbürgerlichen" Bauernschaft geprägten Landwirtschaftsregionen.

Bereits in den 1960er Jahren vertiefte sich die Zusammenarbeit der RGW-Länder; es erfolgte eine Abstimmung der Volkswirtschaftspläne, und daraus entwickelten sich Spezialisierungstendenzen. Unter dem Motto „Chemisierung der Volkswirtschaft" wurde nach 1960 eine Kampagne mit dem Ziel des Ausbaus der chemischen Industrie eingeleitet. Basis dafür war unter anderem der Bau der Erdölleitung „Freundschaft" (Fertigstellung 1963) zwischen der Sowjetunion und den sozialistischen Ländern. Somit erfolgte eine teilweise Substitution des Rohstoffs Braunkohle durch den Rohstoff Erdöl. Ein weiterer Grund für diese Entwicklung war der Mangel an metallurgischen Erzeugnissen in der DDR, man wollte Metalle sparen und dafür Plaste einsetzen. Die Petrolchemie entwickelte sich vor allem am Endpunkt der Pipeline „Freundschaft" in Schwedt an der Oder sowie in Böhlen und Leuna.

Die eindeutige Ausrichtung der Wirtschaft auf die Sowjetunion und die anderen ost- und südosteuropäischen „Volksdemokratien" eröffnete der DDR-Wirtschaft einen Markt, der faktisch unbegrenzt war. Die zwischen den sozialistischen Ländern abgestimmten Volkswirtschaftspläne mit der entsprechenden Spezialisierung in den einzelnen Ländern ermöglichten die Umstellung der Industrie auf die Großserienproduktion. Quantität in der Produktion stand eindeutig vor Qualität. Dieser sichere Markt trug dazu bei, den Zwang zur Neuerung, zu Innovationen zu reduzieren. Die Ausrichtung auf den Ostmarkt verhinderte aber auch eine Orientierung am Weltmarkt. Besonders das 1970 beschlossene „Komplexprogramm des RGW" beschleunigte das Zusammenwachsen der Volkswirtschaften der Mitgliedsstaaten und damit diese Entwicklung.

Ergebnis dieser „Sozialistischen Ökonomischen Integration" war auch eine Veränderung der Zweig- und Raumstruktur der Industrie. Es entwickelten sich ausgewählte Branchen im Rahmen der sozialistischen Planwirtschaft bevorzugt: Elektrotechnik / Elektronik / Gerätebau (EEG), Feinmechanik / Optik und Zweige des Maschinenbaus (Werkzeug-, Textil-, Landmaschinenbau). Damit war eine Erweiterung bzw. Umprofilierung bestehender Produktionskapazitäten in den industriellen Ballungs- und Dichtegebieten sowie die Neuansiedlung von Industriebetrieben in den südwestlichen, mittleren und nördlichen Bezirken der DDR verbunden. Charakteristisch für die Strukturveränderungen waren die räumliche Spezialisierung und Profilierung bestimmter Entwicklungsregionen, so z. B.:

– Bezirk Rostock: See- und Hafenwirtschaft, Schiffbau,
– Bezirk Cottbus: Energie- und Brennstoffindustrie,
– Bezirk Frankfurt / Oder: Eisenmetallurgie, chemische Industrie.

Zum Wandel der Wirtschaftsstrukturen

Im Ergebnis dieser „Errungenschaften des Sozialismus" entstanden industrielle Monostrukturregionen.

Diese als „grundlegende(n) ökonomisch- und sozialgeographische(n) Strukturwandlungen beim Aufbau des Sozialismus ... mit einer räumlichen Umverteilung von produziertem Nationaleinkommen zugunsten der ökonomisch und sozial schwächeren Regionen und deren überdurchschnittlich rasche gesellschaftliche Entwicklung" noch im 1990 erschienenen Buch „Ökonomische und soziale Geographie der DDR" (S. 59) gefeierte Situation führte zur extremen Benachteiligung altindustrialisierter Regionen in Sachsen mit den heute bekannten und spürbaren Problemen.

Neben den ökonomischen Zwängen spielten auch politische Entscheidungen in dieser Zeit eine wichtige Rolle und beeinflußten die Entwicklung und letztendlich auch die Standortverteilung der produktiven Kapazitäten im Lande:
- das Unabhängigmachen von Importen aus der Bundesrepublik und anderen westlichen Ländern (Autarkiebestrebungen);
- die 1950 erfolgte Einbeziehung der DDR in den 1949 gegründeten Rat für gegenseitige Wirtschaftshilfe (RGW) und in das Militärbündnis „Warschauer Vertrag";
- die Umsetzung wirtschaftspolitischer Doktrinen (die „Gleichverteilung der Kapazitäten im Lande");
- ideologische Fragestellungen;
- die zweigliche Schwerpunktsetzung bei der Entwicklung der Industrie (Industriekampagnen).

Diese für die gesamte DDR zutreffenden Aussagen sollen im folgenden für die Entwicklung der Industrie in Sachsen für den Zeitraum der 1950er und 1960er Jahre dargestellt werden:

Die historisch gewachsene Standortverteilung der Industrie in Ostdeutschland zeigte deutliche Disparitäten. Über ein Drittel der Produktionskapazitäten waren in den drei sächsischen Bezirken konzentriert. Die Branchenstruktur der Industrie zeigte dabei eine hohe Vielfalt. Neben dem für den Neuaufbau der Wirtschaft wichtigen Maschinen- und Fahrzeugbau, der Metallurgie und dem Bergbau existierten aber auch für die Versorgung der Bevölkerung bedeutende Industriezweige (Textil- und Bekleidungsindustrie, Leicht- und Lebensmittelindustrie). Daraus resultierten im Verständnis der führenden Politiker der DDR Versorgungsaufgaben für das gesamte Land (und darüberhinaus für die anderen „Volksdemokratien").

Für die Entwicklung nach 1989/90 erscheint es wichtig, bereits an dieser Stelle darauf zu verweisen, daß diese Entscheidung später spürbare Auswirkungen zeigte. Es geht um das Mißverhältnis von Nutzung der vorhandenen Kapazitäten zu eingesetzten Investitionsmitteln zum Ausbau bzw. Erhalt dieser Kapazitäten. Die Konzentration des Augenmerks auf ausgewählte Branchen (vor allem die damit verbundene staatlich gelenkte Investitionspolitik) und die Knappheit an Investitionsmitteln führte über die 40 Jahre sozialistischer Industriepolitik und -entwicklung dazu, daß die nicht privilegierten Industriezweige viel zu wenig Mittel erhielten, um Erhaltungs- bzw. Modernisierungsmaßnahmen durchführen zu können. Das Ergebnis ist ein sehr hoher Verschleißgrad der baulichen Anlagen und der technischen/technologischen Ausstattung.

Nachdem es in den ersten Jahren nach dem Krieg um ein Wiederbeleben der sächsischen Industrie (durch den Aufbau kriegszerstörter Substanz) zur Versorgung der Bevölkerung und des Bedarfs der Siegermacht Sowjetunion ging, spielte ab 1949/50 der Ausbau der Industrie eine zunehmende Rolle; diese ordnet sich in die o. g. „Kampagnen" ein.

Einige Beispiele sollen dies belegen:
In den 1950er Jahren erfolgte im mitteldeutschen (DDR-Bezirke Halle und Leipzig) und Niederlausitzer (DDR-Bezirk Cottbus)

Anteile des Bezirkes Cottbus am DDR-Aufkommen (in %)				
	1936*	1952	1967	1977
Braunkohleförderung	35	27	45	54
Briketterzeugung	40	28	43	51
Elektroenergiegewinnung	15	8	40	46
Stadtgasproduktion	–	–	33	72

Entwicklung der Produktion ausgewählter Erzeugnisse im DDR-Bezirk Cottbus				
	Rohkohle-förderung (Mio. t/a)	Brikett-produktion (Mio. t/a)	Elektro-energie-erzeugung (Gwh)	Stadtgas-produktion (Mrd. m³)
1880	1,1	0,04	–	–
1900	9,7	2,3	–	–
1913	20	7	–	–
1936	35	10	–	–
1952	42	12	2	–
1970	128	26	26	2,3
1975	134	25	41	3,6

Tab. 7.3: Position des Bezirkes Cottbus in der DDR-Wirtschaft
* Anteil der Niederlausitz bezogen auf den DDR-Anteil nach 1945
Quellen: Lausitz 1985, S. 86 u. 88

Braunkohlenrevier der Ausbau der Rohstoff- und Energiebasis. So begann z. B. 1954 der Aufbau des Braunkohlenveredlungswerkes Schwarze Pumpe (seit 1990 verläuft die Grenze zwischen den Bundesländern Brandenburg und Sachsen direkt durch das Werksgelände). In diesem Kombinat, dem größten Braunkohlenverarbeitungswerk der Welt, wurden ab den 1970er Jahren über 40 Mio. t Rohbraunkohle pro Jahr verarbeitet und veredelt (Gewinnung von Elektroenergie in drei Kraftwerken, Brikettierung in drei Brikettfabriken, Herstellung von BHT-Koks, Produktion von Stadtgas auf der Basis der Vergasung von Braunkohle). Für die Belegschaft (in Spitzenzeiten über

Abb. 7.2:
Wichtige Standorte im DDR-Bezirk Cottbus 1971
Die DDR-Kreise Hoyerswerda und Weißwasser gehören heute zum Land Sachsen.
Quelle:
KOHL u. a. 1976; aus SCHERF / VIEHRIG (Hrsg.) 1995

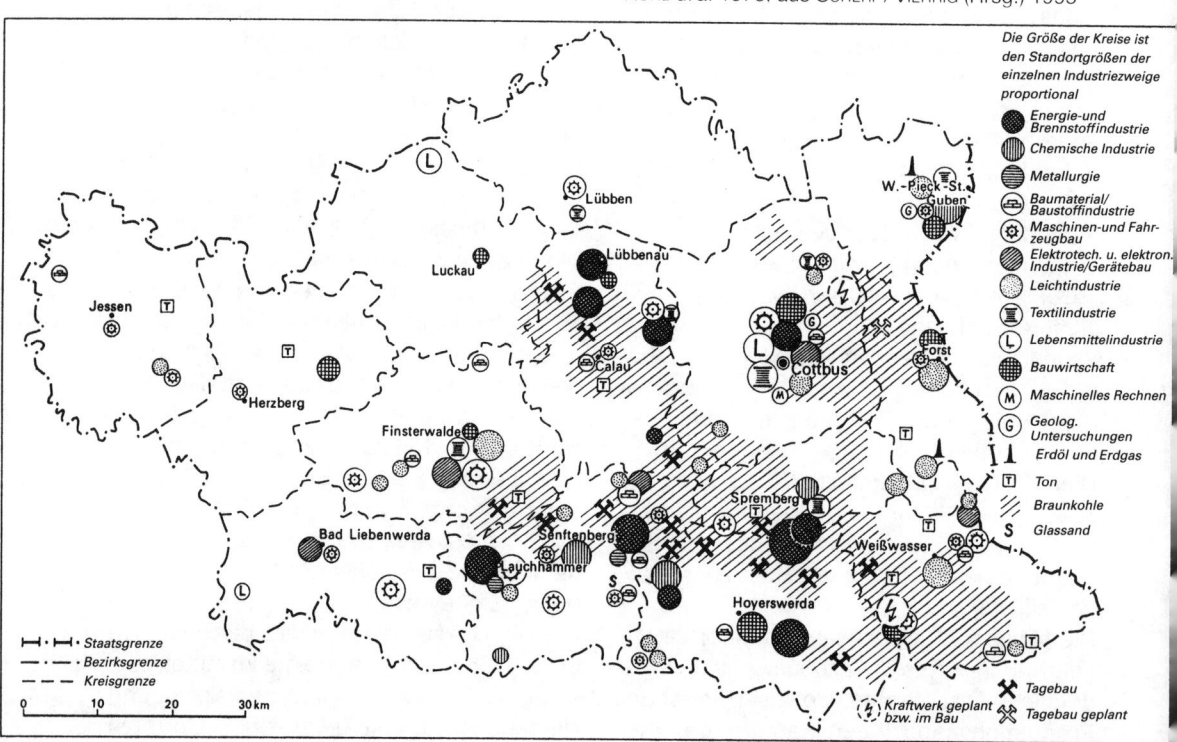

Zum Wandel der Wirtschaftsstrukturen

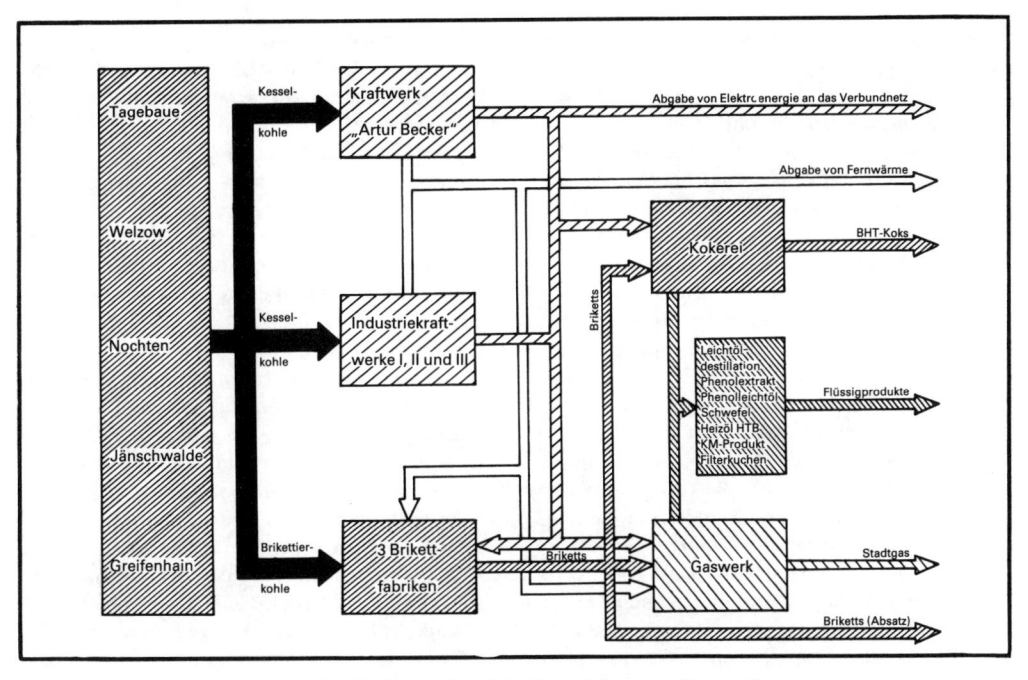

Abb. 7.3: Produktion im Stammbetrieb des Kombinates „Schwarze Pumpe"
Quelle: nach DÖRSCHEL / WEISSPFLUG 1982, Beilage; aus Ökonomische und soziale Geographie der DDR, 1990

Tab. 7.4:
Einwohnerentwicklung der heute sächsischen Kreise des Bezirkes Cottbus von 1971–1989
Quelle: Stat. Jahrbücher der DDR

	1971	1981	1989	Veränderung 1989/1971 (%)
Weißwasser	47 156	58 186	60 498	128,2
Hoyerswerda	107 722	114 340	109 847	101,9

15 000 Arbeitskräfte) wurde die Bergarbeiterstadt Hoyerswerda-Neustadt aufgebaut (Mitte der 1980er Jahre 70 000 Einwohner).

Im Ballungsgebiet Karl-Marx-Stadt (heute wieder Chemnitz) – Zwickau erfolgte ein Ausbau der Kapazitäten des Maschinen- und Fahrzeugbaus (Karl-Marx-Stadt: Werkzeug- und Textilmaschinenbau [„Fritz Heckert", „Germania", „Textima", „Webstuhlbau"], Fahrzeugbau [„Barkas", „Diamant"]; Zwickau: Fahrzeugbau [„Trabant"]) und – aber nur teilweise – der Textilindustrie (Umland von Karl-Marx-Stadt, mittleres Erzgebirge). Im Bezirk Dresden erfolgte der Ausbau eines leistungsfähigen Landmaschinenbaus.

In den 1960er Jahren – im Zuge der „Chemisierung der Volkswirtschaft" – wurden die Kapazitäten der chemischen Industrie im Ballungsgebiet Halle – Leipzig extensiv erweitert (Raffinerie und Olefinkomplex in Böhlen, Mineralölwerk in Lützkendorf, dazu Leuna II, Buna II).

An der großräumigen Standortverteilung der Industrie änderte sich in Sachsen im Prinzip sehr wenig. Intensivierung stand bei den meisten Branchen vor Extensivierung, Nutzung der vorhandenen Kapazitäten vor

Nach 1945 war es strategisches Ziel der Sowjetunion, das Atomwaffenmonopol der USA zu brechen. Die Siegermacht suchte Ausgangsmaterial für ihre Bombe und fand ihn in Sachsen. Bereits 1789 wurde im Erzgebirge Uran entdeckt. Für die Erkundung und Förderung wurde 1947 die Sowjetische Aktiengesellschaft (SAG) Wismut gegründet. Mit rasanter Geschwindigkeit breitete sich vor allem ab Anfang der 1950er Jahre unter der Losung „Je mehr Erz, desto stärker die Sache des Friedens!" die Uranerzgewinnung im Erzgebirge (später auch im Elbsandsteingebirge und in Thüringen) aus. Zeitweilig arbeiteten 137 000 Menschen bei der Wismut; insgesamt waren es über 500 000 (SCHMID 1997). 220 000 t Uranerz-Konzentrat (Yellow Cake) sind, seit 1946 der Abbau in Johanngeorgenstadt und Schlema begann, in die Sowjetunion geliefert worden.

1954 wandelte sich die SAG zur SDAG (Sowjetisch-Deutsche Aktiengesellschaft), die Sowjetunion blieb aber Hauptaktionär. Die Wismut wuchs zum „Staat im Staate" heran, über den KGB und Stasi zugleich wachten. „Wismutland" war militärisches Sperrgebiet. Die Aufbereitungswerke in Crossen und Seelingstädt (Thüringen) produzierten „Yellow Cake", den Grundstoff für die Atomwaffenherstellung, zunächst als Reparationsleistung und durch Zwangsarbeit im Rahmen der Entnazifizierung, später getrieben vom Kalten Krieg. 1967 erreichte die Jahresproduktion mit 7 100 t Uran ihren Höhepunkt.

Die Privilegien, die die Beschäftigten bei der Wismut besaßen, und der Arbeitskräftebedarf führten in der Blütezeit des Abbaus zu einer deutlichen Zunahme der Bevölkerung in ausgewählten Städten (Johanngeorgenstadt, Schlema, Aue).

Ende 1990 wurde die Erzförderung im Prinzip eingestellt (nur die Produktionsstätte bei Königstein produziert noch zur Vorbereitung der gefahrlosen Stillegung bis nach dem Jahr 2000) und im Frühjahr 1991 übergab die Sowjetunion die Wismut-Unternehmen endgültig in deutsche Hand.

Seitdem ist die Bundesregierung alleinige Eigentümerin und allein für die Hinterlassenschaft zuständig. Aus der sowjetisch-deutschen Aktiengesellschaft wurde eine GmbH mit dem Ziel, die Anlagen stillzulegen und vor allem die gigantischen Umweltschäden zu reparieren, die der drittgrößte Uranproduzent der Welt (nach den USA und Kanada) hinterlassen hat!

Was bleibt von 45 Jahren der Aktion „Erz für den Frieden" in Sachsen und Thüringen?

– „Es bleibt der Schock angesichts der Enthüllung einer verdrängten, ignorierten, verheimlichten Ökokatastrophe, die in der Welt Vergleichbares sucht. Das mit dem Silber glänzend begonnene Bergbaukapitel im Erzgebirge endet in einem „strahlenden" Desaster.
– Es bleiben offiziell 5 237 Strahlentote (die Dunkelziffer liegt viel höher). Das radioaktive Radongas führt insbesondere zur „Schneeberger Krankheit" – Bronchialkrebs. 14 500 Bergleute erkrankten an der gefürchteten Silikose.
– Es bleiben 3 600 radioaktiv verseuchte Abraumhalden überall in der Landschaft, radioaktiver Industrieschrott und 1 200 km² mit Pyrit, Arsen und Uran kontaminierte Böden und Gewässer.
– Eine siebenmal höhere Becquerel-Belastung als im übrigen Deutschland, bei Crossen ist sie sogar 19mal höher.
– Bei Zwickau existiert ein industrieller Spülteich mit einer Schlammschicht aus Uran und Chemikalien.
– Der Sanierungskostenbedarf wird für die nächsten 15 Jahre auf 15 Mrd. DM geschätzt.
– Es bleiben 42 Gruben, die ingenieurtechnisch und ökologisch kompliziert zu sichern sind..." (GRUNDMANN u. a. 1992, S. 77).

Übersicht 7.1: Der Uranbergbau in Sachsen und seine Auswirkungen

Neuinvestitionen. Die weitere Konzentration vollzog sich vor allem über den Ausbau der vorhandenen Standorte (Verdichtungsräume, Städte, Bergbaugebiete).

Eine andere Situation zeigte sich bei dem nach dem Zweiten Weltkrieg durch die Sowjetunion initiierten Uranbergbau im Erzgebirge (Übersicht 7.1, Abb. 7.4).

Mit dem Übergang zur „Gestaltung der entwickelten sozialistischen Gesellschaft" begann nach dem VIII. Parteitag der SED (1971) eine qualitativ neue Periode. In den

Zum Wandel der Wirtschaftsstrukturen 149

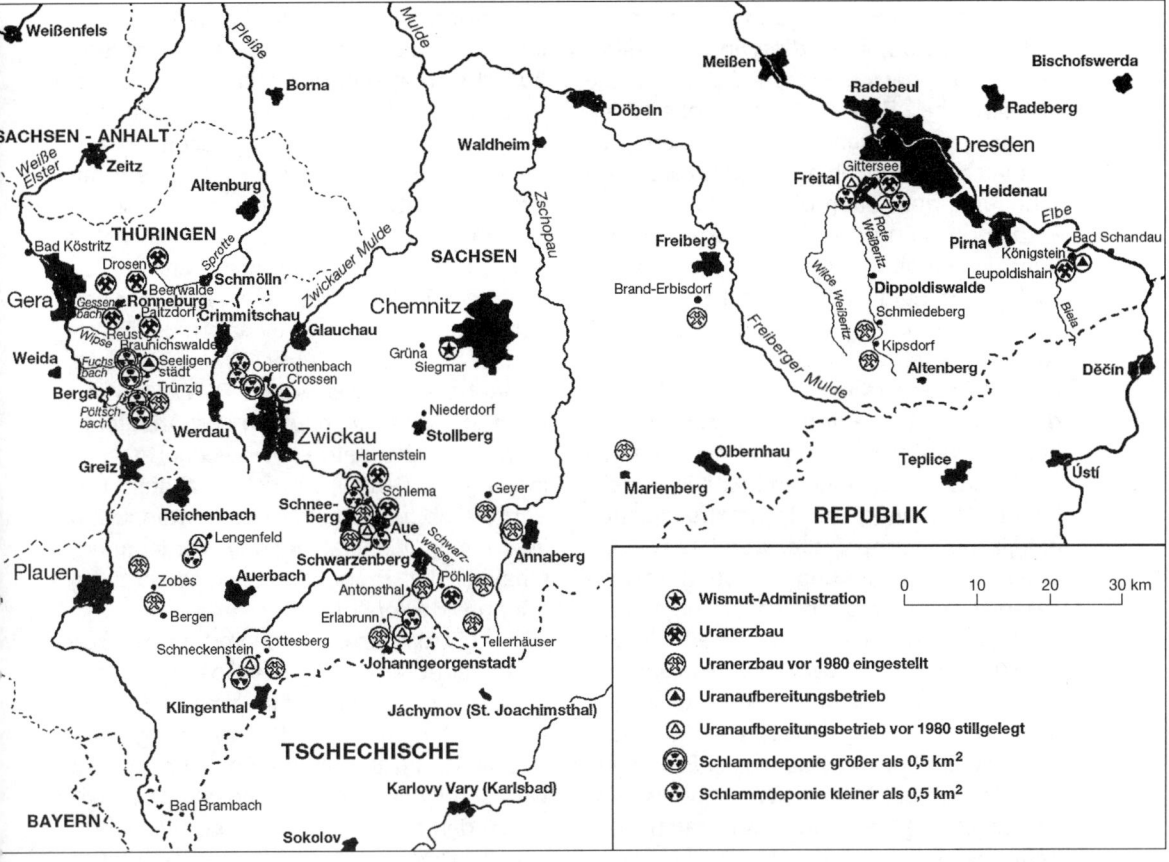

Abb. 7.4: Uranbergbau- und Erzaufbereitungsgebiete der DDR 1946–1990/91 Quelle: BELEITERS 1992

Mittelpunkt wurde die „Einheit von Wirtschafts- und Sozialpolitik" gestellt. Ziel war „die umfassende Intensivierung der Volkswirtschaft". Die „Ausschöpfung der wachsenden Potenzen der wissenschaftlich-technischen Revolution und der gesellschaftlichen Triebkräfte des Sozialismus erfordert[e] eine immer komplexere Entwicklung in den Territorien" (Ökonomische und soziale Geographie der DDR 1990, S. 59).

Der Zeitraum der 1970er Jahre wies differenzierte Entwicklungsbedingungen für die Wirtschaft der DDR auf:
– Politisch gab es „Tauwetter" (Entspannungspolitik in Europa: Schlußakte von Helsinki, Grundlagenvertrag Bundesrepublik – DDR, diplomatische Anerkennung der DDR, Aufnahme beider deutscher Staaten in die UNO).
– Wirtschaftlich zogen „Schlechtwetterfronten" heran (auf dem Weltmarkt rapide ansteigende Preise für Roh- und Brennstoffe, vor allem für Erdöl, verschlechterten die Bedingungen für den Außenhandel der DDR).
– Volkswirtschaftlich (bezogen auf die DDR) gab es mit der Schwerpunktsetzung auf die Sozialpolitik, mit dem „Kernstück" Wohnungsbauprogramm („Lösung des Wohnungsproblems als soziales Problem in der DDR bis 1990"), neue Prämissen für die Verteilung des Nationaleinkommens (Ausbau der Kapazitäten für das industrielle Bauen).

Diese genannten Ausgangsbedingungen wirkten sich stark auf die Wirtschaftssituation und -entwicklung der DDR aus. Die einheimischen Roh- und Brennstoffe erhielten eine neue Bewertung. Dies forcierte den Ausbau der Braunkohlenförderung und -verarbeitung, aber auch die Entwicklung des Erzbergbaus und die Verarbeitung der Erze (Zinn in Altenberg und Ehrenfriedersdorf, Nickel in St. Egidien, Buntmetalle in Freiberg u. a.). Auch die geologische Erkundung wurde intensiviert. Dabei wurden immer mehr minderwertige Erze abgebaut, denn die Zielstellung lautete: Minimierung der Importe zur Einsparung von Devisen. Auch der Einsatz von Sekundärrohstoffen und die höhere Veredlung der Rohstoffe spielten eine zunehmende Rolle. Forciert wurden damit Veredlungs- und Substitutionsprozesse in Verbindung mit dem „Übergang zur Intensivierung der Volkswirtschaft". In den Vordergrund trat die verstärkte Nutzung des Potentials traditioneller Standorte in den mittleren und südlichen Bezirken. Für Sachsen hieß dies konkret: Ausbau der Elektronikindustrie in Karl-Marx-Stadt (heute wieder Chemnitz), die Herstellung von Datenverarbeitungsanlagen in den Bezirken Dresden und Karl-Marx-Stadt, Ausbau des Metallleichtbaus in den Bezirken Leipzig und Karl-Marx-Stadt.

Zur Einsparung von Kraftstoffen erfolgte im Transportwesen eine schrittweise Umstellung „von der Straße auf die Schiene".

Seit der zweiten Hälfte der 1960er Jahre wurde die Zusammenarbeit der sozialistischen Länder intensiviert. Die Zielstellung dafür lautete: „Die sozialistische ökonomische Integration führt langfristig zu einem einheitlichen, proportional aufgebauten Wirtschaftsorganismus der RGW-Staaten. Sie vollzieht sich mittels einer planmäßigen internationalen territorialen Arbeitsteilung, bei der die einzelnen Länder bzw. deren Gebiete und Standorte spezielle Aufgaben der Produktion und der Erbringung von Leistungen im Interesse aller oder mehrerer Mitgliedstaaten des RGW übernehmen. Die internationale territoriale Arbeitsteilung äußert sich also in territorialen Spezialisierungen, so daß die Herausbildung einer den gesamten RGW-Bereich umfassenden einheitlichen Territorialstruktur einhergeht mit der Weiterentwicklung der einzelstaatlichen Territorialstrukturen" (KOHL / MARCINEK / NITZ 1981, S. 84 / 85). Diese sozialistische Zusammenarbeit mündete in einer sehr engen Verbindung der Volkswirtschaften der RGW-Länder, so wurden über 70 % des DDR-Außenhandels mit den RGW-Ländern getätigt. Diese Verknüpfung und Arbeitsteilung gewährleistete eine gesicherte Auslastung der DDR-Industriekapazitäten, bedeutete aber auch eine Abschottung vom Weltmarkt, Quantität stand im Vordergrund, Qualität der Produktion war zweitrangig („Tonnenideologie").

Die „Sozialistische Ökonomische Integration" bedeutete auch eine Spezialisierung der einzelnen Länder auf bestimmte Produktionsrichtungen. Das „Komplexprogramm des RGW" zielte auf eine Angleichung des wirtschaftlichen Entwicklungsstandes zwischen den Mitgliedsländern und dies führte zur Verlagerung ganzer Zweige. So mußte z. B. die DDR als hochentwickeltes RGW-Land Produktionen an andere, wirtschaftlich weniger entwickelte Staaten abgeben (Flugzeugbau in Dresden an die Sowjetunion, Produktionsrichtungen des Werkzeug- und Textilmaschinenbaus in Chemnitz an die damalige ČSSR, den Omnibusbau an Ungarn, den Diesellokomotivenbau an die Sowjetunion u. a.). Dies führte letztendlich zur industriellen Monostrukturentwicklung bestimmter Regionen und zum Abfluß von „High-tech".

Die Einbindung in das sozialistische Wirtschaftssystem beeinflußte auch (direkt und indirekt) die Standortverteilung der Industrie in der DDR. An dieser Stelle sei nur auf die Neulokalisation von Produktionskapazitäten an der Ostgrenze der DDR, die auf Rohstoffe aus den „Bruderstaaten" angewiesen waren, verwiesen (Erdölverarbeitungswerk / Petrolchemisches Kombinat Schwedt, Eisenhüttenkombinat Ost Eisenhüttenstadt). Die Konzentration auf ausgewählte Wirtschaftsbereiche, das Wohnungsbauprogramm, die Zielstellung des Stabilhaltens der Preise für Grundnahrungsmittel und Tarife, die Auswirkungen des Komplexprogramms des RGW bewirkten eine Neu- bzw. Umverteilung der zur Verfügung stehenden Mittel. Der Anteil des Akkumulationsfonds (Investitionsfonds) am gesamten Nationaleinkommen stagnierte bzw. ging ab Anfang der 1980er Jahre sogar zurück. Daraus resultierte eine Benachteiligung der nicht geförderten Branchen (vor allem für Sachsen bedeutend war die Vernachlässigung der traditionellen Industriebranchen Textil-, Bekleidungs- und Leichtindustrie). Auch die Modernisierung bzw. der Ausbau der Trassen, Netze und Anlagen der technischen Infrastruktur wurde gestoppt. Diese „Vernachlässigung" von Zweigen der Wirtschaft mündete in einer Zunahme des Verschleißes (technische / technologische Ausstattung, Bauhüllen).

Anfang der 1970er Jahre erfolgte die organisatorische Neustrukturierung der Industrie. Ausgangspunkt bildete die notwendige Intensivierung, Zielstellung war die Effektivierung der Industrieproduktion durch das Zusammenfassen von Betrieben zusammengehöriger Produktionsstufen (bzw. -ketten; „horizontale und vertikale Verflechtung"). Dies führte zur Bildung der Industriekombinate. Vorausgegangen war Ende der 1960er Jahre bereits die Bildung der „Vereinigungen Volkseigener Betriebe" (VVB). Ziel dieser Maßnahme war auch die Erhöhung des „territorialen Komplexitätsgrades" in der DDR sowie in den Regionen (HASENPFLUG / KOWALKE 1990).

Die Kombinatsbildung erfolgte in zwei Organisationsformen:
– Zentral geleitete Kombinate:
Diese unterstanden dem Ministerrat der DDR (Industrieministerien) und wurden

Jahr	Unternehmen		Arbeiter und Angestellte	
	Anzahl	Anteil bezogen auf 1960 (%)	Anzahl (1000 Personen)	Anteil bezogen auf 1960 (%)
1960	7 795	100	1 197	100
1970	5 985	76,7	1 117	93,3
1980	2 054	26,8	1 143	95,4
1985	1 312	16,8	1 161	96,9
1989	1 253	16,0	1 156	96,5

Tab. 7.5: Die Industrie Sachsens 1960–1980
Quelle: Stat. Jahrbuch Sachsen 1990, S. 91; HEINZMANN 1992

Übersicht 7.2: Branchenschwerpunkte und -standorte (Auswahl) in Sachsen (damalige DDR-Bezirke Dresden, Leipzig und Karl-Marx-Stadt)

Maschinen- und Fahrzeugbau	Dresden, Leipzig, Schmölln, Zwickau, Zschopau, Karl-Marx-Stadt (heute Chemnitz), Sebnitz, Bautzen, Bischofswerda, Großenhain, Radebeul, Zittau, Heidenau, Neustadt (Sachsen), Niesky, Görlitz, Plauen
Stahl- und Walzwerke	Riesa, Freital, Gröditz
Bergbau	Delitzsch, Borna, Böhlen, Hagenwerder, Freiberg, Altenburg
Chemische Industrie	Leipzig, Grimma, Karl-Marx-Stadt (heute Chemnitz), Dresden, Eilenburg
Elektrotechnik / Elektronik	Dresden, Leipzig, Karl-Marx-Stadt (heute Chemnitz), Riesa
Leichtindustrie	Dresden, Leipzig, Karl-Marx-Stadt (heute Chemnitz), Waldheim, Wurzen, Klingenthal/Markneukirchen, Plauen, Meerane, Lößnitz, Thalheim, Schwarzenberg, Heidenau, Pirna, Sebnitz, Neugersdorf
Glas und Keramik	Meißen, Torgau, Oschatz
Lebensmittelindustrie	Dresden, Leipzig, Karl-Marx-Stadt (heute Chemnitz), Delitzsch, Wurzen

jeweils von einem Generaldirektor, der wiederum direkt dem Minister unterstand, geleitet. Die wirtschaftliche Bedeutung der sächsischen Bezirke widerspiegelt sich auch in der Anzahl der Kombinatsstammbetriebe. Von den 133 zentral geleiteten Industriekombinaten der DDR hatten 48 ihren Stammbetrieb in Sachsen.
– Örtlich (bezirklich) geleitete Kombinate: Sie unterstanden dem Wirtschaftsrat des jeweiligen Rates des Bezirkes.

In diese Zeit (1972) fiel auch die letzte große Verstaatlichungswelle in der Industrie der DDR. Verstaatlicht wurden die kleinen Privatbetriebe und die „Betriebe mit staatlicher Beteiligung". Diese wurden in der Regel den Kombinatsbetrieben als Betriebsteile (Arbeits-/Produktionsstätten) angegliedert (Abb. 7.5). Dies hatte zur Folge, daß die gebrochene Fertigung oder die fehlende Produktion „unter einem Dach" zur gebietlichen Erscheinungsform wurde (HASENPFLUG/ KOWALKE 1991a). Der betriebliche (organisatorische) Konzentrationsprozeß führte zu einer drastischen Reduzierung der Anzahl der Betriebe und damit zu einem gebietlichen Funktionsverlust, in Sachsen vor allem die Oberlausitz, das Vogtland und das mittlere Erzgebirge betreffend.

Die Bildung der Kombinate besaß mehrere raumstrukturelle Wirkungen/Auswirkungen:
– Der Aufbau eines zentral geleiteten Kombinates war hierarchisch (1. Stufe: Kombinatsstammbetrieb = Sitz der Kombinatsleitung, 2. Ebene: ökonomisch und juristisch selbständige Kombinatsbetriebe, 3. Ebene: juristisch und ökonomisch nicht selbständige, den Kombinatsbetrieben zugeordnete Arbeits- und Produktionsstätten).
– Die zentralistische Industriepolitik der DDR vergab die Investitionsmittel zentral über die Industrieministerien an die Kombinatsleitungen, die wiederum die Aufteilung auf die Kombinatsbetriebe vornahmen; Investitionen erhielten in der Regel nur die Hierarchieebenen 1 und 2. Diese Strategie führte zu hohen Verschleißerscheinungen bei den Produktionsstätten (Bauhüllen, technische Ausstattung).
– Die Anzahl der den Kombinatsbetrieben angegliederten Arbeits- und Produktionsstätten schwankte in Abhängigkeit von der Industriebranche stark, bei den traditionellen Branchen war sie höher als bei den modernen Zweigen (Textilindustrie in Sachsen bis zu 30 pro Betrieb).
– Bedingt durch die regionale Konzentration und Spezialisierung bestimmter sächsischer Regionen ergab sich die Situation, daß in Räumen mit traditioneller Industrie eine sehr hohe Anzahl an Produktionsstätten lokalisiert war (Vogtland 38 Betriebe mit 508 Produktionsstätten, Oberlausitz 56 Betriebe mit 512 Produktionsstätten) (HASENPFLUG/ KOWALKE 1990).
– Durch die ökonomische und juristische Unterstellung der Produktionsstätten unter die Betriebe verbargen sich hinter den Leitungsbeziehungen auch Leistungsströme. Unabhängig von der Größe der Produktionsstätte wurde deren Leistung in dem juristisch selbständigen Betrieb abgerechnet, zu dem sie gehörte. Das bedeutete, daß Gebiete mit hoher Anzahl an Produktionsstätten und im Verhältnis dazu wenigen Betrieben sich durch einen Leistungsabfluß auszeichneten.
– Die organisatorische Konzentration in den Kombinaten bedeutete eine Herauslösung bestimmter Aufgaben (Lohnbuchhaltung, Absatz, Forschung und Entwicklung) aus den Produktionsstätten und eine Konzentration dieser in den Hierarchieebenen 1 und 2, dazu kam die hohe Spezialisierung der Produktionsstätten auf einige wenige Arbeitsschritte (Funktion der „verlängerten Werkbank"). Dies führte durch die Herauslösung hochqualifizierter Arbeitsplätze aus den Produktionsstätten zu einer Degradierung dieser; und auf der Basis der räumlichen Konzentration auch zu einer Degradierung ganzer Regionen.

Mit dem X. Parteitag der SED (1981) trat die Volkswirtschaft der DDR in eine qualitativ neue Phase ein. Die Verknappung der

Zum Wandel der Wirtschaftsstrukturen 153

Abb. 7.5: Zentralgeleitete Kombinate der Industrie der DDR 1987
Quelle: Ökonomische und soziale Geographie der DDR, 1990

zur Verfügung stehenden Mittel führte zwangsweise zu „einer neuen Etappe der umfassenden Intensivierung als arbeitskräfte-, fonds- und ressourcensparender Typ der Reproduktion" (HASENPFLUG/KOWALKE 1990, S. 90).

Raumrelevante Zielsetzungen waren: „ ...
- die intensive Verwertung der Roh- und Brennstoffe, verbunden mit der Erhöhung des eigenen Aufkommens;
- die umfassende Rationalisierung insbesondere über die Anwendung der Schlüsseltechnologien (Mikroelektronik, Informationstechnologien u. a.);
- der Abbau von Erweiterungsinvestitionen (weniger Neubau auf der „grünen Wiese") zugunsten von Ersatzinvestitionen für die Erneuerung bestehender Industrieanlagen" (HASENPFLUG/ KOWALKE 1991, S. 70).

Das Beispiel in Übersicht 7.3 soll dies verdeutlichen.

Mit dem Eintritt in die Etappe der Intensivierung wurden auch regionalpolitisch neue Leitbilder gesetzt. Mit der vorrangigen Orientierung auf vorhandene Potentiale galt es, die Agglomerationsvorteile, die Infrastruktur, das vielfältige und hochqualifizierte Arbeitskräftepotential in den altindustrialisierten Räumen effektiver als bisher zu nutzen sowie die Produktion zu modernisieren und zu rationalisieren.

Eine wichtige Zielstellung war die Absicherung der „produktionsbezogenen Komplexität" in allen geographischen Dimensionsstufen (Landkreis, Bezirk, DDR). Erreicht werden sollte dies nach WEHNER (1983) u. a. durch
- maximale Mobilisierung und effektive Nutzung natürlicher und demographischer Ressourcen;
- innergebietliche Produktionsverflechtungen;
- maximale Nutzung der Möglichkeiten zwischenbetrieblicher Zusammenarbeit zum effektiven Einsatz des Arbeitsvermögens, zur Auslastung der Grundfonds und zum Zwecke der Investitionskoordinierung;
- Bereitstellung von Kapazitäten der Infrastruktur;
- Verbindung von Produktion und Wissenschaft;
- regionale Stoffkreisläufe zur Schaffung abproduktfreier Territorien und optimaler Umweltbedingungen;
- Wiedereinsatz freigesetzter Arbeitskräfte.

Die Agglomerationen in Sachsen boten für diese Phase der „intensiv erweiterten Reproduktion" eine Reihe von Vorteilen:
- Konzentration von Elementen der Raumstruktur (Bevölkerung, Produktion, Infrastruktur);
- breite Palette an Wirtschaftsbranchen;
- hohe Intensität der Verflechtungen innerhalb und zwischen den Branchen.

Fehlende Investitionsfonds (durch Kürzungen zugunsten der Konsumtion) und die einseitige Favorisierung der Mikroelektronik führten jedoch dazu, daß diese Zielsetzung weder im nationalen noch im regionalen Rahmen erreicht wurde. Die Folge war das Entstehen neuer struktureller und räumlicher Disproportionen.

Übersicht 7.3:
Ausbau des Zinnbergbaus in Altenberg als Beispiel für die „Intensivierung der Volkswirtschaft" in der DDR in den 1980er Jahren

> Im Rahmen der „Intensivierung" erfolgte ein verstärktes Zurückgreifen auf einheimische Rohstoffe (vor allem zur Einsparung von Devisen, unabhängig von den Förderkosten). So erlebte der Zinnbergbau in Altenberg in den Jahren 1980 bis 1989 eine erneute Blüte. 1988 kamen aus dem Betrieb „Zinnerz Altenberg" 1 500 t Reinzinn (verhüttet in Freiberg), damit konnte der DDR-Bedarf gedeckt und ein Teil in die RGW-Länder exportiert werden. Neue Schacht- und Aufbereitungsanlagen zeugen von der Konjunktur des Bergbaus. Der Vergleich des Weltmarktpreises für Zinn mit den Kosten des Zinnes aus der Lagerstätte Altenberg (lagen mehr als das Vierfache darüber) führte im Jahre 1991 zur Schließung der Grube in Altenberg.

7.1.2 Die Landwirtschaft

Die Landwirtschaft Sachsens war bis 1945, bedingt durch die Gründung und die Tätigkeit der Bodenrentenbank bei der Ablösung feudaler Lasten, überwiegend durch klein- und mittelbäuerlichen Besitz geprägt. Historisch bedingt, spielte nur in der Oberlausitz der Großgrundbesitz eine Rolle.

Auch die Entwicklung der Landwirtschaft vollzog sich in der DDR unter gesamtvolkswirtschaftlichen und politischen Prämissen. ROUBITSCHEK gliederte vier Hauptetappen der Entwicklung aus (Ökonomische und soziale Geographie DDR, 1990):
- 1945–1952: antifaschistisch-demokratische Umwälzung (Bodenreform u.a. Maßnahmen);
- 1952–1960: Aufbau der sozialistischen Landwirtschaft; Übergang von der individuellen Bauernwirtschaft zur sozialistischen Großproduktion;
- 1960–1970: Festigung und Ausbau der sozialistischen Landwirtschaft (Nutzung industriell gefertigter Produktionsmittel);
- ab 1971: Landwirtschaft in der entwickelten sozialistischen Gesellschaft.

Mit der Bodenreform 1945/46 bereits in die Wege geleitet, ging es in den Folgejahren um den „Aufbau des Sozialismus auf dem Lande". Die 2. Parteikonferenz der SED (1952) beschloß die „Richtlinien über die Schaffung der Grundlagen des Sozialismus". Ein wichtiger Schwerpunkt war die „Inangriffnahme der sozialistischen Umgestaltung der Landwirtschaft durch die Förderung der landwirtschaftlichen Produktionsgenossenschaften". Die Bauern konnten sich in drei unterschiedlichen Typen von LPG zusammenschließen. „Diese drei Typen entsprachen den Bedürfnissen eines stufenweisen Übergangs von der einzelbäuerlichen zur genossenschaftlichen Wirtschaft" (DOERNBERG 1968, S. 227f.). Sie unterschieden sich durch den Grad der Vergesellschaftung der Produktionsmittel (Typ I: nur gemeinsame Nutzung des Ackerlandes; Typ II: Einbringen des Ackerlandes und der Maschinen und Geräte; Typ III: zusätzliches gemeinsames Bewirtschaften der Wälder, Wiesen und Weiden, Einbringen des Nutzviehs).

Die Kollektivierung der Landwirtschaft vollzog sich in den nördlichen und mittleren Bezirken der DDR, die durch ehemals vorherrschenden Großgrundbesitz und durch im Ergebnis der Bodenreform entstandenen höheren Neubauernanteil gekennzeichnet waren, schneller und reibungsloser als in den sächsischen Bezirken, die sich durch einen hohen Anteil von Klein- und Mittelbauernstellen auszeichneten. Hier war die Bindung der Bauern an ihren jahrhundertealten Grundbesitz sehr hoch. Noch Ende der 1950er Jahre waren 70–80 % der Bauern nicht Mitglieder der LPG bzw. in LPG des Typs I zusammengeschlossen. Auf der Basis eines „freiwilligen Zwangs" wurden bis 1960 auch hier die Bauern von den Vorteilen der Landwirtschaftlichen Produktionsgenossenschaften „überzeugt".

Im Frühjahr 1960 war die (im Prinzip vollständige) Kollektivierung in der Landwirtschaft der DDR durchgesetzt. Auf dem VI. Parteitag der SED (1960) wurde konstatiert: „Bis zum April 1960 hatten sich alle Bauern der DDR in sozialistischen Produktionsgenossenschaften vereinigt. Der Zusammenschluß war ein Ausdruck der gesellschaftlichen Reife; er vollzog sich im Laufe geduldiger Überzeugungsarbeit. Jedoch ging er nicht reibungslos vor sich. Der Übergang zur genossenschaftlichen Produktionsweise war ein langwieriger Prozeß. Er erfolgte im harten Klassenkampf, gegen den Widerstand reaktionärer Kräfte im Dorf".

In der zweiten Hälfte der 1960er Jahre griff die nächste qualitative Etappe der Entwicklung der Landwirtschaft, nämlich die Bildung von Kooperativen Abteilungen. Dies stellte eine Konzentration der Produktion im ländlichen Raum durch die Zusammenfassung mehrerer LPG benachbarter Orte dar.

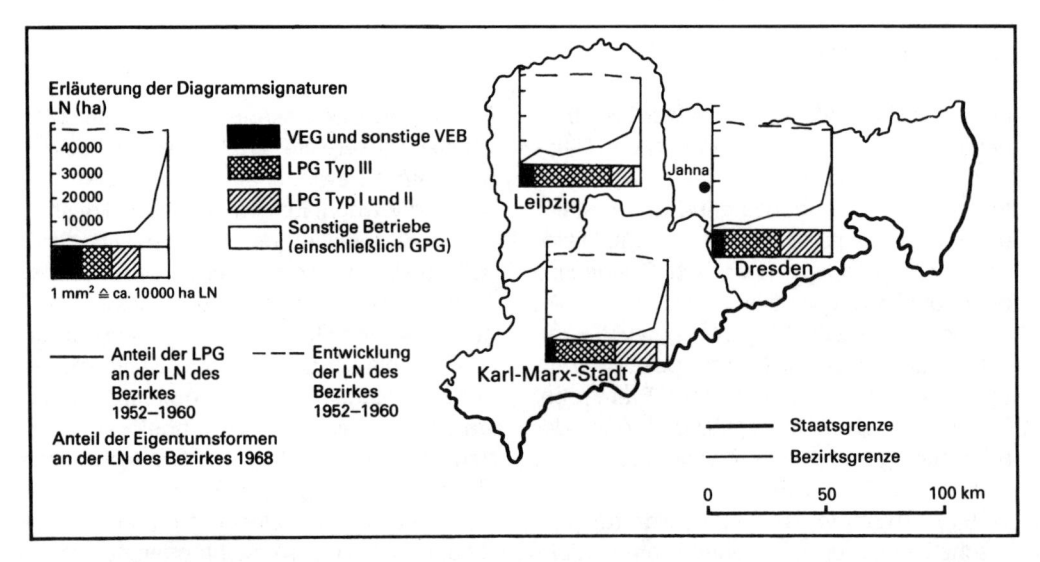

Abb. 7.6: „Sozialistische Umgestaltung" der Landwirtschaft in den sächsischen Bezirken der DDR 1952–1970
Quelle: Ökonomische und soziale Geographie der DDR 1990; nach Atlas zur Geschichte, Bd. 2, 1975, S. 72

Parallel dazu fand eine Trennung zwischen Pflanzen- und Tierproduktion statt. Die Kooperativen Abteilungen spezialisierten sich als KAP (Pflanzenproduktion) oder KAT (Tierproduktion).

Diese Entwicklung diente offiziell der Steigerung der Produktivität durch Spezialisierung und Arbeitsteilung. In der Realität brachte sie eine weitere Trennung des Bauern von seiner Fläche. Ein Ergebnis war die sinkende Arbeitsmoral auf dem Lande, was auch mit einer Stagnation der Erträge einherging. Dazu kamen Energie-, Transport- und Umweltprobleme im ländlichen Raum.

Weitere Merkmale der Entwicklung der Landwirtschaft in der DDR waren in den 1960er Jahren:
– Errichtung von Großviehanlagen zur industriemäßigen Produktion in der Viehwirtschaft;
– Umwandlung der Maschinen-Traktoren-Stationen in Reparaturstützpunkte;
– Bildung zwischenbetrieblicher Einrichtungen (Agrochemische Zentren, Bauorganisationen, Mischfutterwerke).

In Folge dieser Konzentrationen in der landwirtschaftlichen Produktion wurden ländliche Siedlungszentren ausgebaut (Lokalisation zentralörtlicher Funktionen unterer Stufe, Wohnungsbau, Ausbau der technischen Infrastruktur).

Die Entwicklung der Landwirtschaft nach 1971 ordnet sich ein in die Bemühungen um eine „Intensivierung der Volkswirtschaft der DDR" und zeichnet sich „durch Konzentration, Spezialisierung und Kooperation" aus (Ökonomische und soziale Geographie der DDR 1990, S. 209).

Hauptziel war die Einführung industriemäßiger Produktions- und Organisationsmethoden in der Landwirtschaft. Als Folge ergab sich die starke zweigliche und räumliche Spezialisierung und Konzentration.

Konkrete raumprägende Merkmale dieser Entwicklung waren:
– die enge Verbindung zu den produktionsvorbereitenden Zweigen (Düngemittelindustrie, Landmaschinenbau u. a.) und zu den Nachfolgebranchen der landwirtschaftlichen Produktion (Verarbeitungs-

industrien, z. B. Nahrungs- und Genußmittelindustrie);
- der verstärkte Düngemitteleinsatz zur Steigerung der Erträge;
- die wieder stärkere Betonung des Territorialprinzips (Rückgängigmachen der übermäßigen Konzentration in der Landwirtschaft durch das Auflösen der KAP und KAT und die Bildung spezialisierter LPG – (LPG (T), LPG (P);
- die Zunahme der Autarkietendenzen (Erhöhung des Grades der Eigenversorgung auch im regionalen Maßstab, damit verbunden Abnahme der Austauschbeziehungen);
- die Erhöhung des Exportanteils landwirtschaftlicher Produkte;
- Bemühungen zur „Schaffung bodenfruchtbarkeits- und effektivitätsfördernder, umweltfreundlicher geschlossener Stoffkreisläufe Boden – Pflanze – Tier – Boden" (ebenda, S. 61).

Die Landwirtschaft in der DDR zeichnete sich seit den 1960er Jahren durch eine Flächennutzung aus, die auf die Erzielung höchstmöglicher Erträge ausgerichtet war, ohne daß merkliche Rücksicht auf den Naturhaushalt genommen wurde. Dies dokumentierte sich in der durch die Großflächenwirtschaft ausgelösten „Ausräumung" der Landschaft, in einer homogenen Bewirtschaftung heterogener Standorte, in einer starken Belastung der Elemente des Naturraums durch den Einsatz von chemischem Dünger, Pflanzenschutzmitteln u. a., in einer Deformierung der Bodenstrukturen usw. Die ökologischen Wirkungen, die von der Landwirtschaft ausgingen, waren tiefgreifend.

Bedingt durch den Bergbau (vor allem Braunkohlenförderung in Großtagebauen), den extensiven Wohnungsbau sowie Verkehrsbauten erfolgte ein ständiger Entzug von landwirtschaftlicher Nutzfläche. Allein im Zeitraum zwischen 1950 und 1970 nahm die landwirtschaftliche Nutzfläche um 13 000 ha/a ab (Ökonomische und soziale Geographie DDR 1990). In den drei sächsischen Bezirken gingen zwischen 1955 und 1989 ca. 67 000 ha LNF (= 6 %) verloren (Stat. Jahrbuch DDR 1989).

Die Bedeutung der Landwirtschaft in der DDR widerspiegelt sich auch an den Wertschöpfungs- und Beschäftigtenanteilen. Betrug der Anteil der Land- und Forstwirtschaft an der Bruttowertschöpfung 1989 in den alten Bundesländern nur 1,8 %, so lag er in der DDR bei 9,2 %; bei den Beschäftigten war das Verhältnis 3,7 zu 10,8 % (Bundesministerium für Raumordnung, Bauwesen und Städtebau 1991). In den drei sächsischen Bezirken lag – bedingt durch den hohen Industrialisierungsgrad – der Anteil der Beschäftigten in der Land- und Forstwirtschaft 1988 mit 6,0 % (Bezirk Karl-Marx-Stadt) bis 8,3 % (Bezirk Leipzig) unter dem Durchschnittswert der DDR (Stat. Jahrbuch DDR 1989).

Bezogen auf die drei sächsischen Bezirke zeichnet sich für 1989 folgendes Bild:

Die Landwirtschaftliche Nutzfläche Sachsens betrug 1 052 800 ha. Damit hatte sie einen Anteil von 57,3 % an der Gesamtfläche der drei Bezirke.

733 Landwirtschaftliche Produktionsgenossenschaften, 70 Volkseigene Güter und 82 Gärtnerische Produktionsgenossenschaften bewirtschafteten 976 000 ha landwirtschaftlicher Nutzfläche (entspricht einem Anteil an der LNF von 92,7 %).

Die Durchschnittsfläche einer LPG lag somit bei 1 256 ha, die eines Volkseigenen Gutes bei 736 ha.

In den LPG waren 1989 197 978 Arbeitskräfte tätig, davon 38 % in der Pflanzen- und 52 % in der Tierproduktion. Daraus errechnet sich ein Arbeitskräftebesatz von 18,5 pro 100 ha.

Die Nutzung der landwirtschaftlichen Fläche erfolgte zu 71,8 % als Ackerland und zu 22,5 % als Grünland. Die Anbaustruktur des Ackerlandes war historisch – in Abhängigkeit von den naturräumlichen Bedingungen und den Markterfordernissen – gewachsen; sie wurde aber auch wirtschaftspolitisch beeinflußt. Nachweisbare Wirkungen resultierten vor allem aus den Autarkiebestrebungen der DDR (verstärkte Nutzung auch der Grenzertragsstandorte, keine brachliegenden Flächen; so lag z. B. 1989 der Anteil der LNF in den alten Bundesländern bei 53,7 % und in der DDR bei 57,0 % – nach Stat. Bundesamt) und aus der Notwendigkeit der Erzielung von Deviseneinnahmen durch den Export von landwirtschaftlichen Produkten in das „Nichtsozialistische Wirtschaftssystem" (überdurchschnittlich hoher Anteil von Ackerfutter für die Viehhaltung – in Sachsen auf 28 % des Ackerlandes – und von Kartoffeln).

Die Karte „Landschaften" im Vorderen Vorsatz dieses Buches zeigt auch die deutliche Differenzierung der Flächennutzung zu Beginn der 1990er Jahre in Sachsen. Sichtbar sind die hohen Anteile an Ackerland im Lößgürtel, die Zunahme des Grünlandanteils mit zunehmender Höhe über NN in den Mittelgebirgen und die Wald-LNF-Verteilung.

7.2 Regionale Beispiele

7.2.1 Die Stadt Dresden

Die Entwicklung der zum Ende des Zweiten Weltkrieges schwer zerstörten sächsischen Hauptstadt Dresden war in den ersten Jahren nach 1945 geprägt durch den Wiederaufbau zerstörter Substanz (Wohnungen, Betriebe, Infrastruktur). Bereits 1946 wurde der erste Aufbauplan beschlossen. Er enthielt Elemente der Planung für die Innenstadt, die Verkehrsführung, die Versorgungsnetze, aber auch für den Wiederaufbau kulturhistorisch bedeutsamer Gebäude.

Dieser Wiederaufbau verlief vor dem Hintergrund zahlreicher ideologischer Kämpfe. Es standen sich „Traditionalisten" (die den Aufbau nach historischem Vorbild, unter Erhalt der Stadtstrukturen wollten) und „Modernisten" (die eine völlige Neugestaltung ohne Rücksicht auf gewachsene Strukturen anstrebten, und die von Partei und Regierung unterstützt wurden) gegenüber. Der Wiederaufbau hatte so zum Teil einen Bruch mit den historischen Strukturen, mit dem Grundriß der Landschaft und der Stadt zur Folge (neue Baufluchten, Vergrößerung des Altmarktes, Verbreiterung der Hauptstraßen).

Ab 1956 setzte sich das industrielle Bauen durch, vorerst in Großblock-, später in Plattenbauweise. Dabei wurde sowohl in den inneren Vorstädten als auch am Rande des zentralen Bereiches kaum Rücksicht auf die gewachsenen Strukturen genommen. Im Vordergrund stand das Einhalten der zentral vorgegebenen Normative.

Die seit 1969, aber vor allem nach dem VIII. Parteitag der SED 1971 (Beschluß des Wohnungsbauprogramms als Kernstück der Sozialpolitik) in Plattenbauweise entstandenen Wohngebiete wurden in einer geschlossenen, kompakten Bebauung errichtet und setzten kräftige Akzente in der Stadt. Dabei wich der Wohnungsbau immer mehr an den Stadtrand, auf die „Grüne Wiese", aus. Paradebeispiele für diese Etappe des „extensiven Wohnungsbaus in der DDR" in Dresden sind die Wohngebiete Prohlis (1976–80) und Gorbitz (1980er Jahre). Verwendung fanden Typenbauten der Wohnungsbauserie (WBS) 70. Mit diesen großen Neubaukomplexen wurde die Stadtstruktur (vor allem die funktionsräumliche Struktur) verändert und gestört.

Mitte der 1980er Jahre setzte in der Stadtentwicklung der DDR ein gewisser Umdenkprozeß ein: Vom „extensiven Bauen" am Stadtrand ging man zur „intensiven Etappe des Wohnungsbauprogramms" über. Konkret bedeutete dies eine Hinwendung zu den bebauten Bereichen der Stadt, wobei das Wohnungsbauprogramm jetzt

Nutzungsart	Fläche (ha)	Anteil (%)
Baugebietsflächen	8 359	37,0
Forstwirtschaftl. Nutzflächen	6 164	27,3
Frei- und Erholungsflächen	3 260	14,4
Landwirtschaftl. Nutzflächen	2 606	11,5
Verkehrsflächen	1 087	4,8
Sonstige Freiflächen	673	3,0
Gewässerflächen	426	1,9
Gesamtstadtfläche	22 575	100,0

Tab. 7.6: Nutzungsstruktur der Stadtfläche von Dresden Anfang der 1990er Jahre
Quelle: Landeshauptstadt Dresden, 1997

stärker in der Kombination von Neubau und Erhaltung vorhandener Substanz interpretiert wurde. Neubau auf innerstädtischen Freiflächen bzw. Abrißflächen sowie Lückenbebauungen standen im Mittelpunkt (Verwendung von Plattenbauten der WBS 83). Beispiele dieser Phase in der Stadt Dresden sind der Albertplatz in der Neustadt und die Bebauung zwischen der heutigen St. Petersburger Straße, Prager Straße und Waisenhausstraße. So entstand über die 45 Jahre nach dem Zweiten Weltkrieg eine in großen Teilen total verplante (kein durchgehendes Konzept) und gleichzeitig ungeplante Stadt. Dabei verfiel die kulturell wertvolle Bausubstanz, die technische Infrastruktur und der produktive Sektor wurden vernachlässigt (KOWALKE 1998).

Die historisch entstandene Vielseitigkeit der Industrie, das hohe Qualifikationsniveau der Arbeitskräfte und das Wissenschaftspotential erwiesen sich beim Ausbau der industriellen Basis als Standortvorteile für die gesamte Region. Im besonderen ist für Dresden auf die Entwicklung der Branchen Feinmechanik/Optik, wissenschaftlicher Gerätebau, Pharmazie sowie Elektrotechnik/Elektronik zu verweisen. Dazu wurden in den folgenden Jahren planmäßig neue Industriezweige angesiedelt, so z. B. Mikroelektronik, Medizin-, Kälte- und Hochvakuumtechnik. Eine wichtige Rolle für die gesamte DDR und darüber hinaus für die Staaten des RGW spielten Betriebe wie Kombinat Robotron, Kombinat Meßelektronik, Transformatoren- und Röntgenwerk, Elektromat, Kombinat Elektromaschinen, Starkstromanlagenbau, Elektroschaltgeräte, Pentacon, Mikromat, Nagema, Möbelkombinat Hellerau usw.

Dabei tritt – auch bedingt durch die historische Entwicklung – die Industrie im Stadtbild wenig in Erscheinung. Sie konzentriert sich in den Außenvierteln der Stadt (z. B. im Norden: Industriegebiet Klotzsche, Industriegelände, Flugzeugwerft) bzw. abseits der Hauptverkehrsstraßen (Gittersee, Niedersedlitz, Reick).

Die Stadt Dresden erbrachte in den 1960er Jahren bereits mehr als ein Viertel der industriellen Bruttoproduktion des damaligen Bezirkes; Mitte der 1980er Jahre war es dann ca. ein Drittel der Wirtschaftsleistung (Beiträge zur Geographie. Bezirk Dresden 1988).

Mit der Verwaltungsreform im Jahre 1952 verlor Dresden seine Funktion als Hauptstadt des Landes Sachsen. Auf der Grundlage der Verkleinerung der administrativen Einheiten (Gründung der Bezirke) erhielt die Stadt den Status einer Bezirksstadt. Damit blieben ihr politische Führungs- und Leitungsfunktionen, aber die Fläche, die Bevölkerungszahl und das wirtschaftliche Potential, für die die Stadt zuständig war, das „Hinterland" also, verringerte sich um zwei Drittel. Zu dieser Zeit hatte die Stadt wieder eine Einwohnerzahl von einer halben Million erreicht.

Die Bevölkerungszahl der Stadt nahm nach dem Krieg rasch wieder zu. Wurden am 31.12.1945 454 249 Einwohner gezählt (zum Vergleich 1939 630 000), waren es 1950 schon wieder 494 000. Während der 40 Jahre DDR schwankte die Bevölkerungszahl um den Wert 500 000. Bedingt durch die Konzentration der zentralen und wirtschaftlichen Funktionen in der Stadt sowie durch die staatlich gelenkte Wohnungsbaupolitik nach dem VIII. Parteitag der SED (1971) (z. B. 1981–1985 Bau von 23 417 Wohnungseinheiten) nahm die Einwohner-

Strukturgebiete der überbauten Nutzungsflächen innerhalb der kompakten Stadt und der Stadtrandzone

Zentrumsgebiete

- ■ Stadtzentrum mit geschlossener städtischer Bebauung, durchgängiges Werterhaltungs- und Modernisierungsgebiet
- Für eine extensive Erweiterung des Stadtzentrums vorgesehenes Gebiet
- Gebiet mit überwiegend zentralen Einrichtungen außerhalb des Stadtzentrums, Werterhaltungs- und Modernisierungsgebiet
- Für zentrale Einrichtungen außerhalb des Stadtzentrums vorgesehenes Gebiet

Mischgebiete

- Mischgebiet mit geschlossener städtischer Bebauung, Werterhaltungs- und Modernisierungsgebiet
- Mischgebiet mit geschlossener städtischer Bebauung, vorgesehen für teilweise Umgestaltung und Rekonstruktion

Wohngebiete

- Wohngebiet mit geschlossener und halboffener städtischer Bebauung, Werterhaltungs- und Modernisierungsgebiet
- Wohngebiet mit geschlossener und halboffener städtischer Bebauung, vorgesehen für teilweise Umgestaltung und Rekonstruktion
- Für eine extensive Erweiterung des komplexen Wohnungsbaus vorgesehenes Gebiet
- Wohnsiedlung mit lockerer Bebauung im randstädtischen Bereich
- Stark urbanisiertes Dorf im randstädtischen Bereich
- Teilweise urbanisiertes Dorf im randstädtischen Bereich
- Ortslage außerhalb des administrativen Stadtgebietes

Industrie- und Verkehrsgebiete

- Industrie-Gewerbe-Verkehrsgebiet, größere Industriestandorte mit intensiver Entwicklung, teilweise Rekonstruktions- und Modernisierungsgebiet
- Für eine extensive Erweiterung der Industrie sowie für größere Gewerbe- und Verkehrsanlagen vorgesehenes Gebiet
- Kompaktes Verkehrsgebiet der Eisenbahn

Strukturgebiete der nicht überbauten Nutzungsflächen innerhalb der kompakten Stadt und der Stadtrandzone

Erholungsgebiete

- Parkanlage, Grünzug, Sportfläche, Friedhof, Kleingartenanlage
- Für Parkanlage, Grünzug, Sportfläche, Friedhof, Kleingartenanlage vorgesehenes Gebiet
- Forst- und Stadtwald
- Wasserfläche
- Vorgesehene Wasserfläche

Sonstige Nutzungsgebiete

Singuläre Strukturelemente der kompakten Stadt und der Stadtrandzone (Auswahl)

Komplexstandorte der sozialen Infrastruktur (außerhalb des Stadtzentrums)

- Stadtteilzentrum
- Vorgesehenes Stadtteilzentrum
- Versorgungszentrum
- Vorgesehenes Versorgungszentrum
- Sportkomplex
- Vorgesehener Sportkomplex

Primäranlagen der technischen Infrastruktur

Energieversorgung

- Heiz- und Heizkraftwerk
- Vorgesehenes Heiz- und Heizkraftwerk
- Gaswerk
- Umspannwerk
- Vorgesehenes Umspannwerk

Wasserversorgung und -entsorgung

- Wasserwerk
- Kläranlage

Lineare Strukturelemente der kompakten Stadt und der Stadtrandzone

- Fernverkehrsstraße, Hauptverkehrsstraße oder sonstige wichtige Straße
- Vorgesehene Hauptverkehrsstraße oder sonstige wichtige Straße
- Autobahn
- Vorgesehene Autobahn
- Bahntrasse
- Vorgesehene Bahntrasse
- Bahntrasse mit S-Bahnverkehr bzw. Vorortverkehr
- Vorgesehene Bahntrasse mit S-Bahnverkehr bzw. Vorortverkehr
- Wasserlauf

Grenzen

Nutzungsgrenzen

- Bebauungsgrenze
- Abbaugrenze Bergbau
- Grenze Bergbauschutzgebiet
- Bergbaufolgegrenze
- Mülldeponie
- Grenze von Forsten und Stadtwäldern

Administrative Grenzen

- Grenze administratives Stadtgebiet

Regionale Beispiele

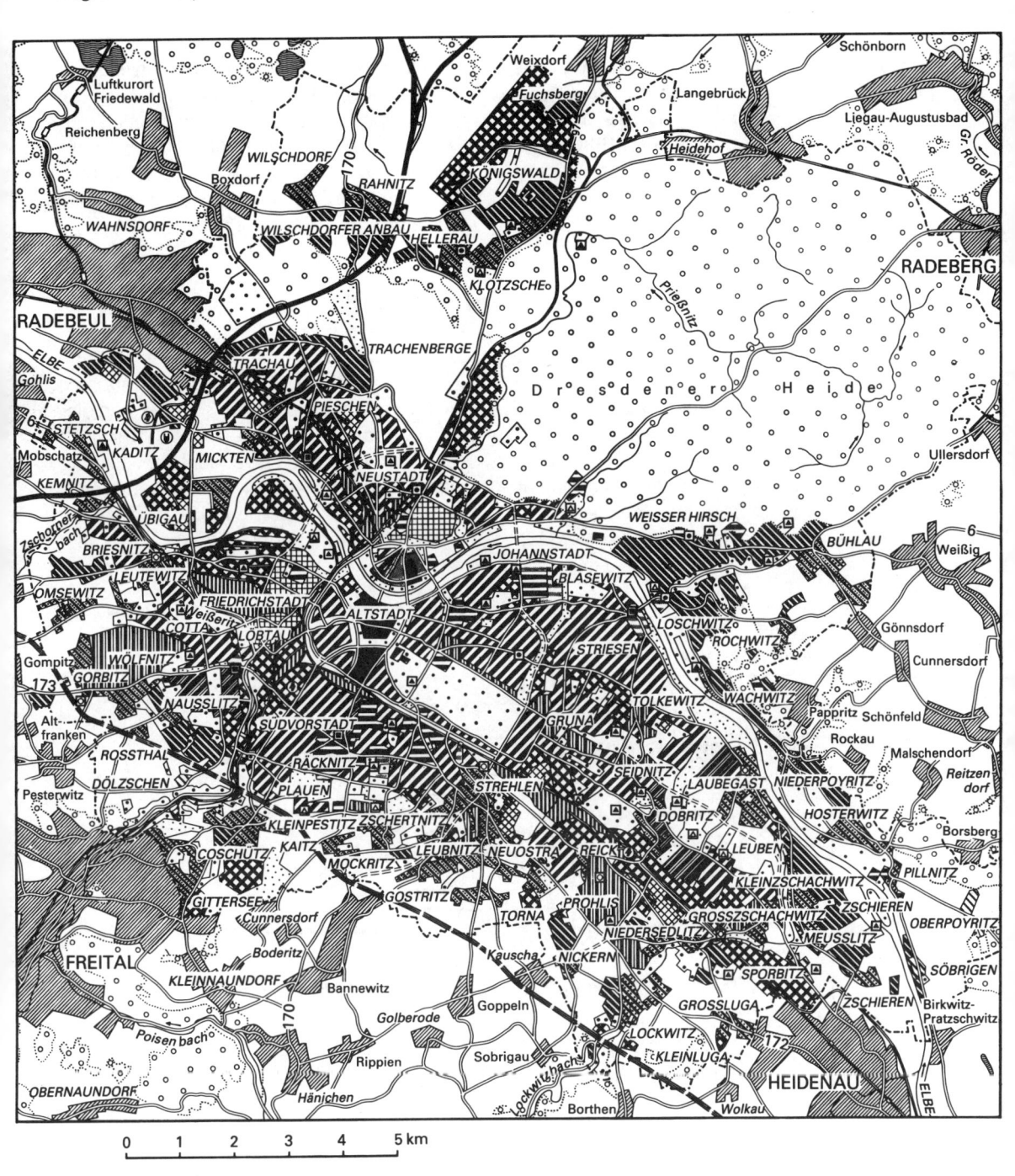

Abb. 7.7: Stadtstruktur von Dresden 1980
Quelle: Ökonomische und soziale Geographie der DDR, 1990, S. 375–376

zahl etwas zu (1981 521 000). Diese Erhöhung war vor allem das Resultat von Migrationsgewinnen (z. B. 1971 +4 501; 1972 +2 597). Ab Mitte der 1980er Jahre setzte durch die beginnende Abwanderung ein Rückgang der Einwohnerzahl ein (1985 519 000, 1990 493 000), der bis heute anhält.

Bedeutend für die Stadt ist ihre Vielfalt zentraler Funktionen. So gab es im Bereich der Forschung z. B. neben der Technischen Universität sechs Hochschulen, zehn Fachschulen sowie zahlreiche Institute. Auch im Bereich der industriellen Forschung bildete Dresden einen Schwerpunkt in der DDR.

7.2.2 Die südliche Oberlausitz (Das Dichtegebiet Oberlausitz)

Die Oberlausitz bildete sich über Jahrhunderte zu einer Industrieregion mit der Konzentration auf Textil- und Bekleidungsindustrie sowie Maschinen- und Fahrzeugbau (zusammen über 80 % der Industriebeschäftigten) heraus. Daneben spielte aber immer – auf der Basis ertragreicher Böden – die Landwirtschaft (im Norden Ackerbau, im Süden stärker Viehhaltung) eine wichtige Rolle. Als drittes wirtschaftliches Standbein muß der Tourismus genannt werden. An dieser Spezialisierung änderte sich im Prinzip während der sozialistischen Entwicklung nichts wesentliches. Die räumliche Gliederung und Spezialisierung blieben erhalten. Den hohen Industrialisierungsgrad (1985:

Abb. 7.8: Territoriale Verflechtung im Dichtegebiet Oberlausitz Ende der 1980er Jahre am Beispiel des VEB Herrenmode, Werk Neugersdorf
Quelle: Ökonomische und soziale Geographie der DDR 1990

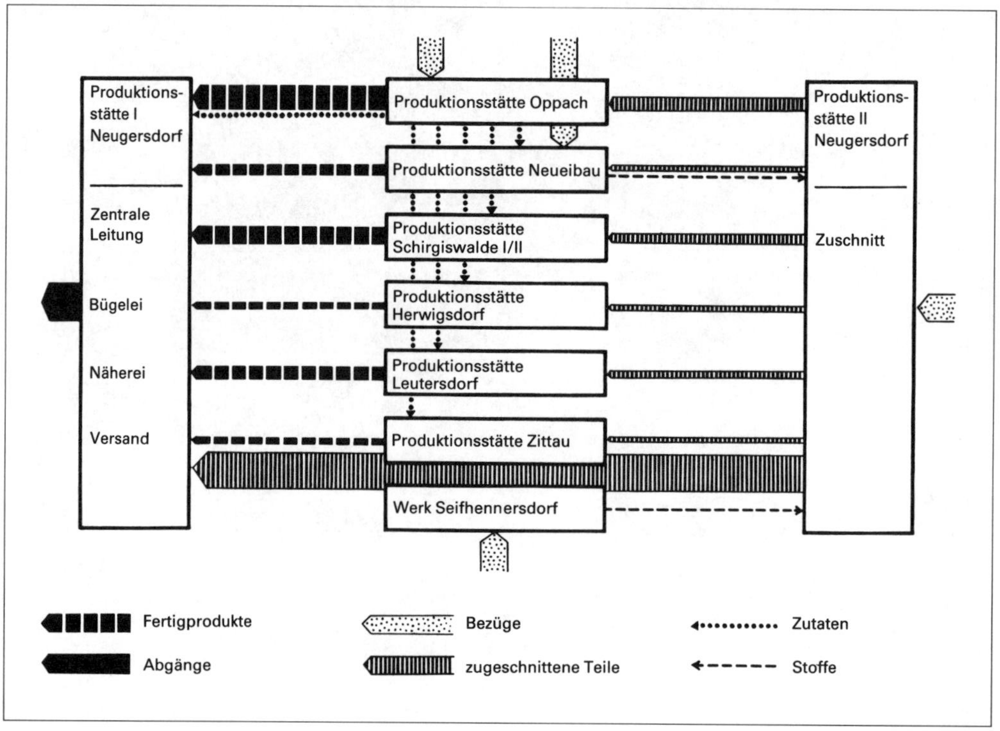

60,5 % Industriebeschäftigte) widerspiegelt ein Vergleich mit den Werten für die DDR (50,1 %) und für den Bezirk Dresden (53,9 %). Bedingt durch die industrielle Spezialisierung existierte ein ausgesprochen hoher Frauenbeschäftigungsgrad (über 90 %). Anfang der 1970er Jahre hatte das Oberlausitzer Industriegebiet einen Anteil am industriellen Bruttoprodukt des Bezirkes Dresden von über 25 % (Bezirkskabinett für Weiterbildung 1974).

Der frühzeitige Industrialisierungsprozeß und die Branchenstruktur bedingten eine Betriebsgrößenstruktur mit einer Dominanz der Kleinst-, Klein- und Mittelbetriebe sowie eine hohe standörtliche Zersplitterung. Der industrielle Entwicklungsprozeß in der DDR mit der zentralen Vergabe der Investitionen und der Bevorzugung bestimmter Branchen bedeutete für die Oberlausitz eine deutliche Benachteiligung, die noch durch die Kombinatsbildung verschärft worden ist. Es gab in der gesamten Region keinen Stammbetrieb eines zentralgeleiteten Industriekombinats, sondern nur Kombinatsbetriebe. Zu jedem Kombinatsbetrieb gehörten im statistischen Mittel neun ökonomisch und juristisch nicht selbständige Produktions- und Arbeitsstätten. Als Beispiel für das Ende der 1980er Jahre soll der VEB Oberlausitzer Textilbetriebe Neugersdorf mit seinen 13 Betrieben, 33 Produktionsstätten und 7 Produktionsbereichen in den Kreisen Löbau, Zittau, Bautzen und Görlitz stehen. Dies bedeutete, daß im Dichtegebiet Oberlausitz nur 36,4 % der Beschäftigten in Kombinatsbetrieben tätig waren (der Durchschnitt in den Verdichtungsgebieten der DDR lag bei 60 %). Auch ein Vergleich des Anteils der Beschäftigten in innovativen Industriezweigen verdeutlicht die Problematik – DDR 28,6 %, Oberlausitz 19,1 % (HASENPFLUG/ KOWALKE 1990).

Die aufgezeigte Situation – in Verbindung mit dem Alter der Gebäude, Anlagen und Ausrüstungen – brachte einen hohen Verschleißgrad mit sich.

Die hoch spezialisierte Industrie besaß eine enge Verzahnung mit den RGW-Staaten. Teilweise über 80 % der Erzeugnisse wurden in das „Sozialistische Wirtschaftssystem" exportiert. Strukturbestimmende Betriebe waren u. a.: Waggonbau Görlitz, Waggonbau Bautzen, Oberlausitzer Textilbetriebe „Lautex" Neugersdorf, ROBUR-Werke Zittau, Motorenwerk Cunewalde, Frottana Großschönau, Braunkohlenwerk Oberlausitz, Kraftwerk Hagenwerder, Erntemaschinenwerk Singwitz, Schaltelektronik Oppach.

Ein weiteres Kennzeichen dieser Region war der unterdurchschnittliche Besatz mit Beschäftigten im Infrastrukturbereich (1985: 30,3 %; zum Vergleich DDR 39,1 %, Bezirk Dresden 38,5 %) (Beiträge zur Geographie. Bezirk Dresden 1988).

Der Tourismus als wichtiges wirtschaftliches Standbein begann sich – vor allem im Zittauer Gebirge – in der zweiten Hälfte des vorigen Jahrhunderts zu entwickeln. Ausgangspunkt war der landschaftliche Reiz dieses Mittelgebirges (sicher auch im Zusammenhang mit der geographischen Lage zu sehen: Nähe zum Iser- und Riesengebirge).

In der DDR wurden die touristischen Potentiale des Raumes stark genutzt und ausgebaut. Man mußte für die Bevölkerung im Inland Möglichkeiten schaffen, da der Auslandstourismus stark eingeschränkt war. So kam es zum Ausbau von Übernachtungskapazitäten durch die Einheitsgewerkschaft FDGB, die Jugendorganisationen „Junge Pioniere" und Freie Deutsche Jugend (FDJ), aber auch durch die Industrie. Ökologisch wurde die Grenze der Belastbarkeit im kleinsten Mittelgebirge der DDR deutlich überschritten.

Auch in anderen Räumen der südlichen und mittleren Oberlausitz wurden die touristischen Kapazitäten ausgebaut, so z. B. im Oberlausitzer Bergland. Auch der Städtetourismus (Bautzen, Zittau, Görlitz) begann eine zunehmende Rolle zu spielen, ohne

Kreis	1950	1971	1981	1989	Veränderung 1989 zu 1950 (%)
Zittau	117 525	103 916	94 151	86 498	73,6
Löbau	121 713	108 970	99 619	95 431	78,4
Bautzen	137 011	130 341	126 747	124 957	91,2
Bischofswerda	78 728	72 357	67 946	64 251	81,6

Tab. 7.7
Bevölkerungsentwicklung in den DDR-Kreisen der Oberlausitz (Bezirk Dresden) 1950–1989
Quelle: Stat. Jahrbücher der DDR

daß aber finanzielle Mittel für die städtebauliche Aufwertung zur Verfügung gestellt wurden.

Weitere Potentiale, die touristisch genutzt wurden, sollen hier nur kurz benannt werden:
– die Sorben und ihr Brauchtum (Übersicht 7.4, Abb. 7.9),
– die Talsperre Bautzen,
– der Urzoo in Kleinwelka,
– die Oberlausitzer Heide- und Teichlandschaft,
– die Landschaft der Umgebindehäuser, usw.

Die Bevölkerungsentwicklung widerspiegelt teilweise die wirtschaftliche Situation. Insgesamt vollzog sich im Dichtegebiet Oberlausitz ein deutlicher Rückgang der Einwohnerzahl (1981 : 1971 −6,5 %, 1985 : 1971 −8,9 %). Diese Entwicklung war das Resultat sowohl des Rückganges der Geburtenraten als auch der Abwanderung.

Übersicht 7.4: Die Sorben in der Lausitz

Wie im Geschichtsteil (vgl. Kap. 2) beschrieben, siedelten sich im Zuge der Völkerwanderung (6./7. Jh. n. Chr.) bis zur Elbe-Saale-Linie – so auch in der Lausitz – westslawische Stämme an. Dieser Siedlungsraum und seine Bevölkerung wurden seit dem 10. Jahrhundert durch „Germanisierung", d. h. die Besiedlung durch Deutsche, beeinflußt. Das Territorium wurde kleiner, viele Slawen wurden in die deutsche Bevölkerung integriert.

Trotz der fast tausendjährigen Beeinflussung – es wechselten sich dabei Unterdrückung, Duldung und Förderung ab – überlebte das slawische Element in Deutschland bis heute als nationale Minderheit und behielt seine nationale Identität (Sprache, Kleidung, Traditionen) bei.

Das heutige slawische (sorbische/wendische) Siedlungs- und Sprachgebiet befindet sich in zwei Regionen der Lausitz (Abb. 7.9.). Im Norden (Cottbus und nördlich anschließend) wird niedersorbisch gesprochen. Im mittleren Teil (zwischen Spremberg/Hoyerswerda/Weißwasser und Bautzen) gibt es das Obersorbische und Übergangsdialekte. Die Zahl der sorbischen Bevölkerung ist nur schwer zu erfassen. Seit dem Zweiten Weltkrieg fehlen verläßliche demographische Untersuchungen. Sie wird mit ca. 60 000–70 000 Menschen angegeben (OSCHLIES 1991, Landratsamt Bautzen 1995). Noch um das Jahr 1900 wohnten etwa 150 000 Sorben in der Lausitz (ELLE 1991).

Das Zentrum der in Deutschland gleichberechtigten sorbischen Minderheit ist die Stadt Bautzen. Hier befindet sich der Sitz der DOMOWINA – Bund der Lausitzer Sorben e. V., das Sorbische Institut, das Sorbische Nationalensemble, das Sorbische Museum, ein Verlag, ein Gymnasium und andere Einrichtungen. Das Siedlungsgebiet der Sorben ist zweisprachig; dies kommt z. B. auch in der amtlichen Beschilderung zum Ausdruck.

Regionale Beispiele

Zeichenerklärung:

○ Kreisstädte
● Kreisstädte von gemischtnationalen Kreisen der DDR
⊢•⊣ Staatsgrenze
⊢•⊣ Staatsgrenze im Wasserlauf
—•— Bezirksgrenze
— — Kreisgrenze
——— heutige Landesgrenze Sachsens
⌇ Gewässernetz
▬▬ Südgrenze des geschlossenen sorbischen Sprachgebietes der Landbevölkerung um 1500
▨ Siedlungsgebiet der Sorben in den gemischtnationalen Kreisen der DDR
⌂ Sitz der Domowina
◧ Institut für sorbische Volksforschung
⊛ Museum für Geschichte und Kultur der Sorben
⊠ Museum für sorbisches Schrifttum
✺ Deutsch-sorbisches Volkstheater

Abb. 7.9: **Sorbisches Sprach- und Siedlungsgebiet in der DDR Ende der 1980er Jahre**
Quelle: Ökonomische und soziale Geographie der DDR 1990, S. 401

8 Entwicklungen der Raumstruktur nach 1990 – Perspektiven und Probleme

Die Entwicklung der Wirtschaft in den hochentwickelten Ländern der Erde war vor allem seit Ende der 1960er/Anfang der 1970er Jahre geprägt durch den Übergang von einer industriell geprägten Struktur zur Dienstleistungsgesellschaft. Dies zeigte sich unter anderem in der Veränderung des Einsatzprofils der Arbeitskräfte. Der Anteil der in der Landwirtschaft sowie Industrie Beschäftigten nahm ab, dafür kam es zu einem deutlichen Anstieg der Zahl und des Anteils der Arbeitsplätze im Tertiären Sektor (vgl. FOURASTIE 1954). Heute sind in letzterem bereits 60–70 % aller Beschäftigten tätig.

Auch in der Bundesrepublik Deutschland wird dieser Entwicklungstrend im Ergebnis des wirtschaftlichen Strukturwandels deutlich. Anfang der 1990er Jahre arbeiteten bereits ca. 60 % der Erwerbstätigen im Tertiären Sektor; sie erbringen einen Anteil am Bruttoinlandprodukt (BIP) von fast 60 %.

8.1 Ausgangsbedingungen für den Übergang zur sozialen Marktwirtschaft (1989/90)

In der DDR, und damit auch in den drei sächsischen Bezirken, verlief die wirtschaftliche Entwicklung abgekoppelt von den Tendenzen des Weltmarktes (vgl. Aussagen in Kap. 7.1.1; Abb. 8.1). Ein wirtschaftlicher Strukturwandel fand in einem sehr geringen Umfang statt. Im Ergebnis gab es hier 1989/90 eine Beschäftigtenstruktur, die etwa der der Bundesrepublik Ende der 1960er/Anfang der 1970er Jahre entsprach: Für Sachsen bedeutete dies einen Industriebeschäftigtenanteil von über 50 % (Tertiärsektor 40 %, Landwirtschaft 5 %).

Die vier Jahrzehnte planwirtschaftlicher Entwicklung hinterließen deutliche Spuren in allen Bereichen des wirtschaftlichen und gesellschaftlichen Lebens in Sachsen. GERLACH (1993, S. 21) formuliert zutreffend: „... jener industrielle Ursprungsraum auf dem europäischen Festland (hat) seine ökonomische Spitzenposition verloren und zudem in seiner geographischen Realität unübersehbare Schäden erlitten." Bedingt durch die zentralistischen Eingriffe des DDR-Staates in den Markt und damit in den Zyklus der durch die Marktgesetze ausgelösten „Eigen-Reproduktion" der Wirtschaftsbranchen zeigen sich in Sachsen deutliche Deformierungen der Elemente der Raumstruktur und bei deren Verflechtungen.

Bundesland	Bruttoproduktion[1]			Nettoproduktion der Landwirtschaft[2]	Einzelhandelsumsatz[1]
	Industrie	Handwerk	Bauwesen		
Mecklenburg-Vorpommern	6,8	8,7	12,4	21,0	12,1
Brandenburg	16,7	14,9	15,2	19,0	15,4
Sachsen-Anhalt	22,4	17,1	19,7	22,0	16,9
Thüringen	15,9	15,2	15,3	14,5	15,6
Sachsen	32,6	36,9	28,4	22,7	29,0
Ostberlin	5,7	7,2	9,0	0,8	11,0
DDR	100	100	100	100	100

Tab. 8.1: Wirtschaftsstrukturelle Ausgangsposition der Neuen Bundesländer anhand ausgewählter Daten
1 Statistisches Amt der DDR
2 Durchschnitt 1984/1987

Entwicklungen der Raumstruktur nach 1990 – Perspektiven und Probleme 167

Abb. 8.1:
Strukturwandel in der Bundesrepublik 1965–1989 und Vergleich der Wirtschaftsstrukturen Bundesrepublik (1965) und DDR (1988)
Quelle: Wirtschaftsatlas Neue Bundesländer, 1994, S. 39

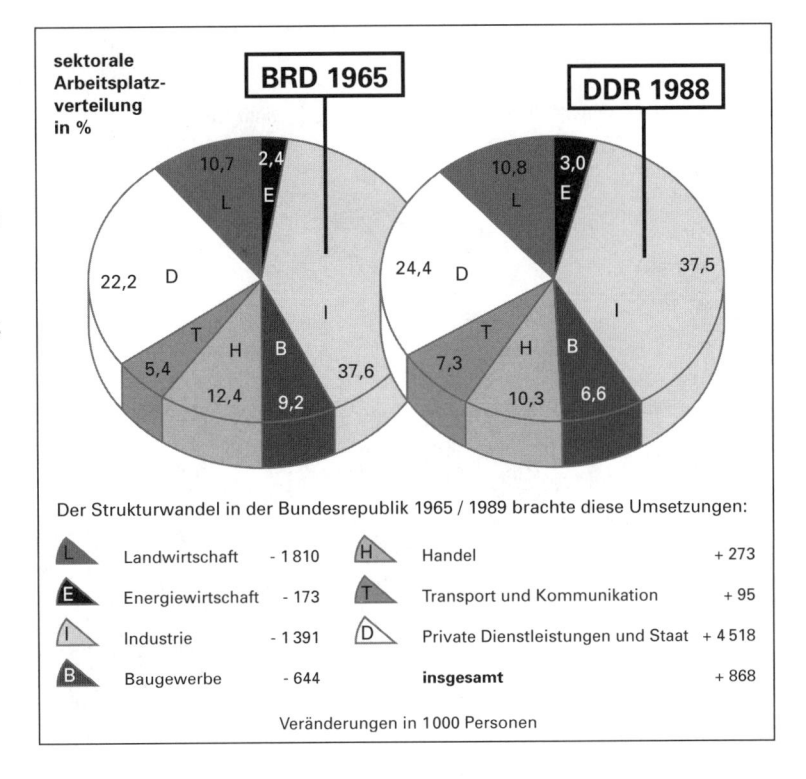

sektorale Arbeitsplatzverteilung in %

BRD 1965

10,7 L | 2,4 E
22,2 D
5,4 T | H | B
12,4 | 9,2 | 37,6 I

DDR 1988

10,8 L | 3,0 E
24,4 D
7,3 T | H | B
10,3 | 6,6 | 37,5 I

Der Strukturwandel in der Bundesrepublik 1965 / 1989 brachte diese Umsetzungen:

L	Landwirtschaft	- 1 810	H	Handel	+ 273
E	Energiewirtschaft	- 173	T	Transport und Kommunikation	+ 95
I	Industrie	- 1 391	D	Private Dienstleistungen und Staat	+ 4 518
B	Baugewerbe	- 644		**insgesamt**	**+ 868**

Veränderungen in 1 000 Personen

Vergleicht man die wirtschaftsräumliche Gliederung der DDR (Abb. 8.2) und die Standortverteilung der Industrie in der DDR von 1989/90 mit der Ausgangssituation nach dem Zweiten Weltkrieg, wird deutlich, daß im Prinzip keine tiefgreifende Veränderung eingetreten ist; das historisch gewachsene Süd-Nord-Gefälle blieb – trotz der extensiven Entwicklung der Industrie in den nördlichen und östlichen Bezirken – erhalten.

Bereits mit Einführung der D-Mark zum 1.7.1990 wurden die Probleme der DDR-Wirtschaft auch in und für Sachsen spürbar:
– fehlende Konkurrenzfähigkeit aufgrund unproduktiver Kostenrelationen,
– veralteter Kapitalstock,
– überhöhter Arbeitskräftebesatz,
– veraltete Produktionsmethoden,
– fehlende oder veraltete Infrastruktur,
– geringe Innovationsfähigkeit
(HASENPFLUG / KOWALKE 1991b).

Ausgangssituation im Bereich der Industrie

Der Freistaat Sachsen ist Teil des Industriegürtels im Süden Ostdeutschlands. Auf der Basis der naturräumlichen Ausstattung, günstiger Lagefaktoren und des Fleißes seiner Bewohner entwickelte sich Sachsen in seiner tausendjährigen Geschichte zu dem Bundesland mit dem größten Industriepotential im Osten Deutschlands. Dieser altindustrialisierte geographische Raum Sachsen besaß damit einen hohen Industrialisierungsgrad. Von den 2,6 Mio. Beschäftigten (1989) war die reichliche Hälfte in der Industrie (einschließlich Produzierendes Handwerk und Bauwesen) tätig (Tab. 8.2 u. 8.3). Sachsen war geprägt durch die Konzentration traditioneller Branchen (Textilindustrie, Leichtindustrie) und daraus hervorgegangener Zweige (Maschinen- und Fahrzeugbau). Die Betriebsgrößenstruktur wurde dominiert von Klein- und Mittelbetrie-

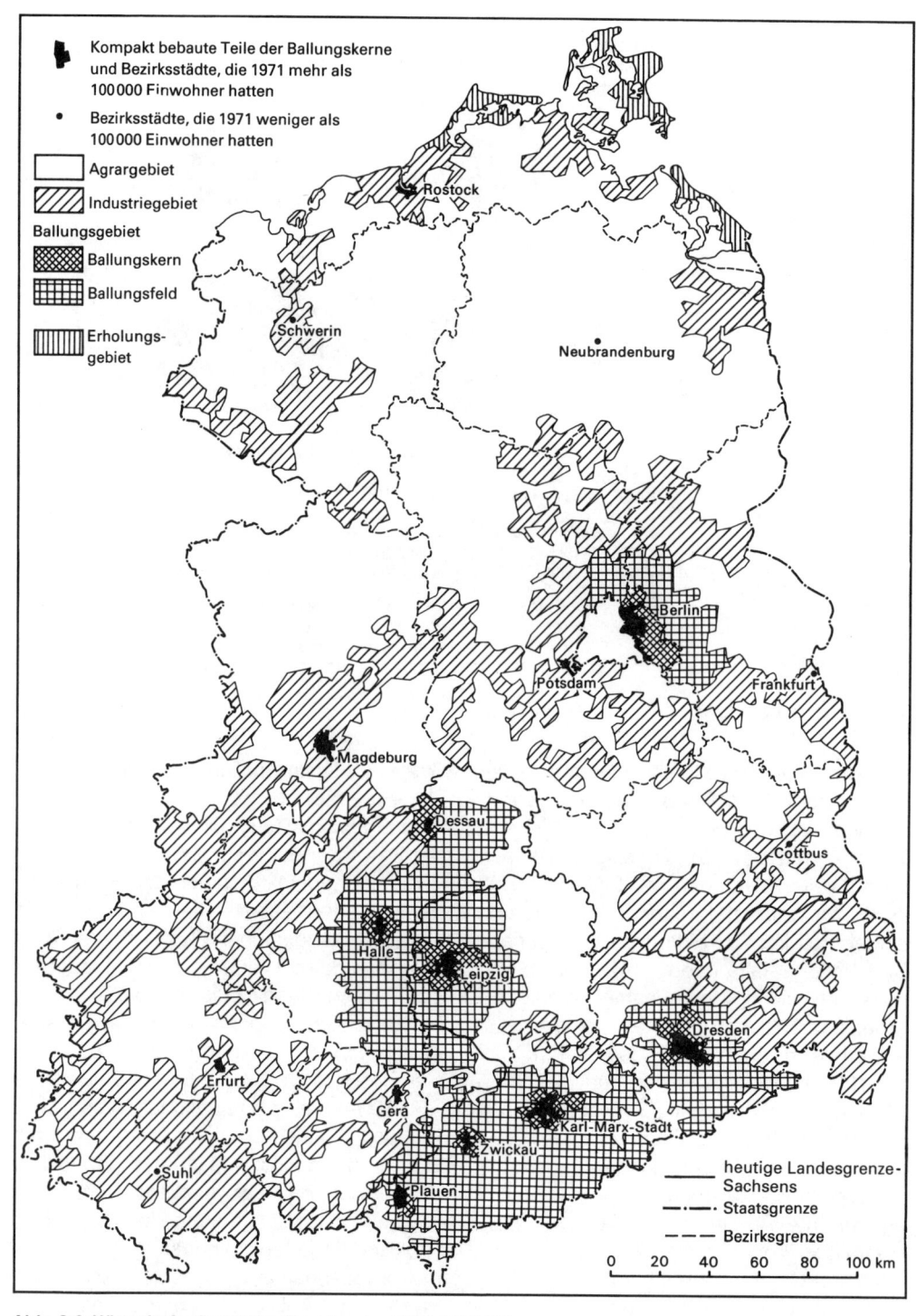

Abb. 8.2: Wirtschaftsräumliche Struktur der DDR 1989 / 90
Quelle: SCHOLZ / GUHRA 1985, aus Ökonomische und soziale Geographie der DDR, 1990, S. 297

Wirtschaftsbereich	Sachsen						DDR	BRD
	Beschäftigte							
	1960		1980		1989		1989	
	absolut	Anteil (%)	absolut	Anteil (%)	absolut	Anteil (%)	Anteil (%)	Anteil (%)
Berufstätige insgesamt	2 716 081		2 564 706		2 561 468			
davon								
Industrie	1 247 080	45,9	1 145 999	44,6	1 128 743	44,1	37,3 }	} 32,1
Produzierendes Handwerk	166 273	6,2	103 074	4,1	104 780	4,1	3,2 }	
Bauwirtschaft einschl. Handwerk	139 636	5,2	163 834	6,4	155 214	6,1	6,6	6,5
Land- und Forstwirtschaft	285 988	10,5	179 485	6,9	185 145	7,2	10,8	3,8
Verkehr, Post- und Fernmeldewesen	161 534	5,9	164 192	6,4	164 006	6,4	7,6	5,7
Handel	301 179	11,1	250 570	9,7	244 673	9,6	10,3	13,3
Sonstige produzierende Bereiche	} 414 431	} 15,2	96 278	3,8	80 247	3,1	3,0 }	} 38,6
Nichtproduzierende Bereiche			459 274	18,1	498 660	19,4	21,6 }	

Tab. 8.2: Beschäftigtenstruktur nach Wirtschaftsbereichen in Sachsen 1960 – 1989 im Vergleich zur DDR und zur Bundesrepublik (1989)
Quellen: Statistische Jahrbücher Sachsen, DDR, BRD 1990; HEINZMANN 1992

ben (der in der DDR-Statistik ausgewiesene hohe Anteil von Großbetrieben war in erster Linie das Ergebnis der statistischen Abrechnung auf der Kombinatsbasis), die einen überdurchschnittlich hohen Verschleißgrad (bauliche Hüllen, technische und technologische Ausstattung) aufwiesen.

Die „planmäßige" Ausgestaltung der Industriestruktur der DDR war von Anfang an durch eine ungleichmäßige und ungleichgewichtige Entwicklung der Branchen geprägt. Vielfältige „Programme" (Schwerindustrieprogramm von 1950, Kohle- und Energieprogramm von 1957, Programm der Chemisierung der Volkswirtschaft von 1958, Mikroelektronikprogramm Anfang der 1970er Jahre) wechselten einander ab und trugen meist kampagnenartigen Charakter. Damit wurde der sich selbst regulierende Reproduktionszyklus der Branchen verhindert, da der Investitionsfonds zu einem hohen Anteil zentral zweckgebunden für eine oder wenige Branchen vergeben und damit die anderen Bereiche benachteiligt wurden. Insbesondere ab Mitte der 1980er Jahre spitzte sich die Situation zu. Bei dem

Tab. 8.3: Branchendifferenzierung der sächsischen Industrie 1989
Quelle: Deutsche Bank, 1990, S. 48
* Zahl enthält nur die juristisch und ökonomisch selbständigen Betriebe (nicht die Produktions- und Arbeitsstätten)

Industriebranche	Anzahl der Unternehmen*	Anzahl der Beschäftigten	Industrielle Warenproduktion (Mio. Mark)
Energie- und Brennstoffindustrie	14	70 245	5 313
Chemische Industrie	109	57 360	7 596
Metallurgie	21	43 150	5 815
Baumaterialienindustrie	50	31 601	1 684
Wasserwirtschaft	4	6 337	533
Maschinen- und Fahrzeugbau	504	360 634	22 298
Elektrotechnik/Elektronik/Gerätebau	132	152 204	7 680
Leichtindustrie (ohne Textilindustrie)	382	186 109	10 369
Textilindustrie	126	149 232	11 615
Lebensmittelindustrie	176	63 429	7 732
Industrie gesamt	1 518	1 120 301	80 435

insgesamt sehr geringen Investitionsvolumen der Industrie (der Anteil des Akkumulationsfonds am Nationaleinkommen [= Summe des innerhalb eines Zeitraumes in der Volkswirtschaft neu geschaffenen Wertes] sank zugunsten der Konsumtion auf unter 20 %) mußte unter der Prämisse einer hohen Eigenbedarfsdeckung an Roh- und Brennstoffen ein Großteil dieser Fonds bereits hier gebunden werden.

Das damit reduzierte Investitionsvolumen für die Industrie wurde einseitig den jeweilig zu dieser Zeit bevorzugten Branchen zugeführt. Damit war automatisch eine Zurückstellung und somit eine Stagnation bzw. ein Rückgang in der Leistungsentwicklung anderer Branchen vorprogrammiert. Im Ergebnis dieser Entwicklung und bedingt durch das Alter zeichneten sich die baulichen und technischen (maschinellen) Anlagen und Ausrüstungen insbesondere in den Bereichen Textil- und Leichtindustrie, Lebensmittelindustrie, zum Teil auch Maschinen- und Fahrzeugbau durch einen hohen Verschleißgrad aus (HASENPFLUG / KOWALKE 1991a).

Ein weiterer zu beachtender Aspekt ist die Entwicklung der Organisations- und Leitungsstruktur der Industrie in der DDR und ihre Wirkungen / Auswirkungen für den Übergang zur Marktwirtschaft.

Im Ministerrat der DDR gab es für jeden Industriebereich ein eigenes Ministerium (z. B. Ministerium für Chemische Industrie) mit einem Minister an der Spitze. Der Ministerrat der DDR war das übergeordnete Organ. Daneben existierte für die Koordinierung der Entwicklung der Wirtschaft die Staatliche Plankommission der DDR.

Ende der 1960er / Anfang der 1970er Jahre wurde die Neustrukturierung der Leitungs- und Organisationsstruktur der DDR-Industrie diskutiert. Ein erster wichtiger Schritt war die Gründung der Vereinigungen Volkseigener Betriebe (VVB). Ziel war der Zusammenschluß bzw. die Koordinierung der Zusammenarbeit von Betrieben (horizontal bzw. vertikal) einer Branche bzw.

einer Produktkette / eines Produktzyklusses. Dahinter stand die Frage der Erhöhung der Effektivität der Produktion.

Diese Entwicklung mündete in die Gründung der Industriekombinate im Jahre 1972 (gebildet wurden den jeweiligen Industrieministerien unterstellte, d. h. zentralgeleitete Kombinate und den Wirtschaftsräten der Bezirke unterstellte, sogenannte bezirklich oder örtlich geleitete Kombinate). Diese besaßen einen hierarchischen Aufbau:

1. Ebene: Kombinatsstammbetrieb; Sitz des Generaldirektors des Kombinates, der Abteilungen Forschung und Entwicklung (FuE), des Absatzes;
2. Ebene: ökonomisch und juristisch selbständige Kombinatsbetriebe;
3. Ebene: ökonomisch und juristisch unselbständige Produktionsstätten.

Bei den Produktionsstätten handelte es sich zumeist um 1972 enteignete kleine Privatfirmen, die dann als „verlängerte Werkbänke" den Kombinatsbetrieben leitungsmäßig und organisatorisch angeschlossen wurden. Mit den Kombinaten erhöhte sich der Grad der Arbeitsteilung, die Spezialisierung nahm zu. Besonders traf dies für die Produktionsstätten zu, denen nur eine eng begrenzte Fertigungsaufgabe zugewiesen wurde. Alle Leitungs-, Forschungs- und Absatzfunktionen wurden in der 1. (und bedingt 2.) Ebene der Kombinate konzentriert. Diese Herauslösung von Funktionen führte zu Deformierungen in der 3. Hierarchieebene. Arbeitsplätze für hochqualifiziertes Personal gab es kaum noch. Der Schlüssel für die zentrale Vergabe der Investitionen berücksichtigte in der Regel die Produktionsstätten nicht. Dies führte zu einem hohen Verschleißgrad in diesen produktiven Einheiten.

Die Kombinatsbildung ging in den traditionellen Branchen nicht einher mit Konzentrationstendenzen. Der hohe räumliche Zersplitterungsgrad der Standortverteilung der Industrie blieb im Prinzip erhalten. Die in der Statistik ausgewiesene Konzentration resultiert nur aus dem Abrechnungsmodus. Die

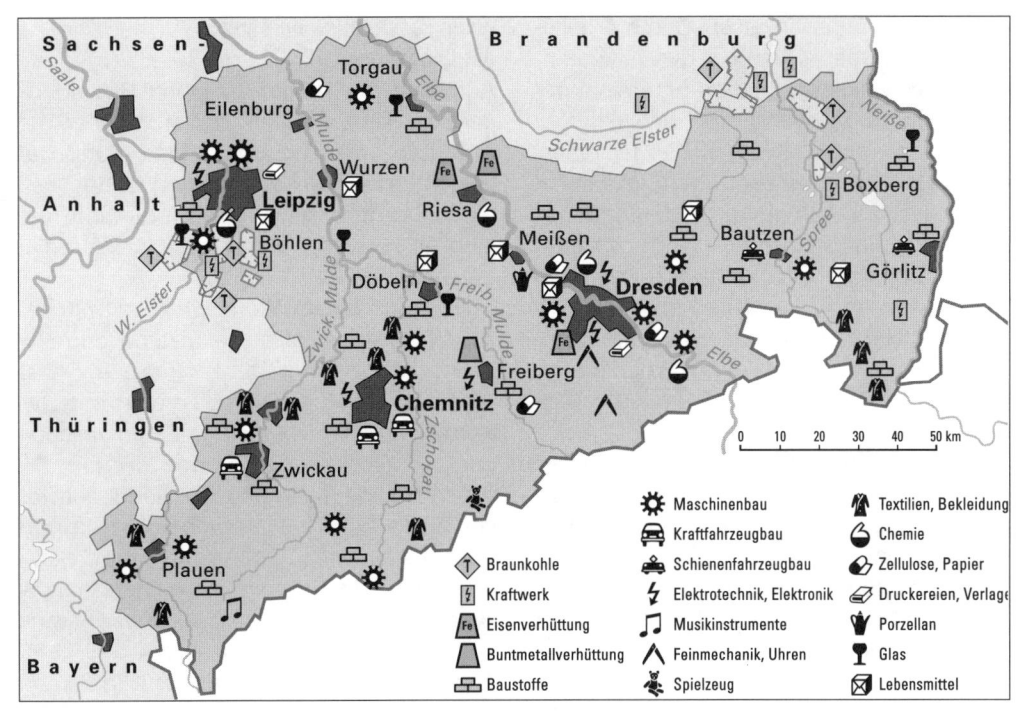

Ausgangsbedingungen für den Übergang zur sozialen Marktwirtschaft (1989/90) 171

Abb. 8.3: Industrie Sachsens am Anfang der 1990er Jahre
Quelle: Terra Geographie 5 für Sachsen, 1993ff.

Produktionsergebnisse und die Beschäftigtenzahlen der Produktionsstätten wurden am Standort des Betriebes abgerechnet. Dadurch zeigte sich in der Statistik der DDR ab Mitte der 1970er Jahre ein hoher Anteil an Großbetrieben.

Ein spezielles, geographisches Problem der Bildung der Industriekombinate war die regionale Komponente. Besonders die in Sachsen als altindustrialisierter Region konzentrierten traditionellen Branchen besaßen sehr viele Produktionsstätten. Damit ergab sich ein sehr ungünstiges numerisches Verhältnis von Kombinatsbetrieb zu Produktionsstätten. 20 Produktionsstätten pro Betrieb waren keine Seltenheit. Das territoriale Problem lag aber in der Konzentration von Produktionsstätten in geographischen Räumen. Bedingt durch die Degradierung im Rahmen der Spezialisierung war der Anteil an Arbeitsplätzen für hochqualifiziertes Personal unterdurchschnittlich.

Die Industriebetriebe in der DDR hatten die Möglichkeit Fonds zu bilden, die sie für bestimmte Aufgaben einsetzen konnten (z. B. die KuS-Fonds für kulturelle und soziale Aufgaben). Solche Möglichkeiten gab es auch für den Ausbau der Infrastruktur an ihren Standorten. Damit konnten sie kommunale Hilfestellung leisten. Das heißt, Gemeinden, die einen oder mehrere Betriebe auf ihrem Territorium hatten, waren gegenüber Kommunen, die nur Standort von Produktionsstätten waren (die keine Fonds bilden durften), eindeutig bevorteilt.

Die Folge dieser Entwicklung war also auch die Benachteiligung ganzer Regionen, dabei vor allem von Räumen mit einer Konzentration traditioneller Branchen (südliche Oberlausitz, Vogtland, Teile des Erzgebirges).

1971 wurde dann das Komplexprogramm des Rates für Gegenseitige

Wirtschaftshilfe beschlossen. Durch Arbeitsteilung und Spezialisierung, durch Abstimmung der Volkswirtschaften untereinander sollte eine Angleichung des Entwicklungsniveaus der sozialistischen Länder innerhalb des RGW erreicht werden. Im Ergebnis wurde die Abhängigkeit der nationalen Wirtschaften untereinander weiter erhöht. Da die DDR zu den hochentwickelten Staaten im RGW zählte, mußte sie im Rahmen der „Sozialistischen Ökonomischen Integration" bestimmte Produktionskapazitäten an Partnerländer abgeben (vgl. Kap. 7.1.1).

Die Standortverteilung der Industrie, die in Sachsen historisch gewachsen ist, wurde während der 40 Jahre Planwirtschaft nicht entscheidend, aber doch für bestimmte Regionen spürbar beeinflußt.

Folgendes sektorales Standortmuster zeigte sich 1989/90 in Sachsen:

Es gab Industriebranchen mit einer hohen Konzentration an bestimmten Standorten bzw. in Regionen (Abb. 8.3):
- Textil- und Bekleidungsindustrie:
  Oberlausitz, Vogtland, Teile des Agglomerationsraumes Chemnitz/Zwickau
- Maschinen- und Fahrzeugbau:
  Groß- und Mittelstädte;
  Verdichtungsraum Chemnitz/Zwickau
- Elektrotechnik/Elektronik und Feinmechanik/Optik:
  Ballungskern Dresden.
- Braunkohlenförderung und -verarbeitung:
  nördliche und südöstliche Oberlausitz, Südraum des Verdichtungsgebietes Leipzig

Zweige der Leichtindustrie, der Baumaterialienindustrie sowie die Lebensmittelindustrie wiesen eine disperse Verteilung über das sächsische Staatsgebiet auf.

Typisch für die sächsische Industrie war auch der hohe Anteil an Kleinst-, Klein- und Mittelbetrieben; wobei besonders die kleineren Produktionskapazitäten durch die jahrzehntelange Vernachlässigung einen hohen Verschleißgrad aufwiesen.

Ausgangssituation im Bereich der Landwirtschaft

Aufgrund der naturräumlichen Bedingungen, der Konzentration der Verbraucher, der Anforderungen aus der Industrie und der langen Landwirtschaftstradition ist Sachsen ein Raum intensiver Agrarproduktion, mit zum Teil deutlich höherer Produktivität als in den anderen Neuen Bundesländern.

Von der Gesamtfläche wurden 1990 ca. 57 % landwirtschaftlich genutzt, davon 72 % als Ackerland und 23 % als Grünland. Dabei wies die Flächennutzung eine deutliche Differenzierung auf; während in den nördlichen und mittleren Kreisen wegen der klimatischen Bedingungen und der Bodenqualität vor allem Ackerbau betrieben wurde und noch heute wird, nahm und nimmt noch heute in den Mittelgebirgen die Grünlandnutzung und damit die Bedeutung der Viehwirtschaft zu (z. B. Landkreis Bautzen 78 % Ackerland, 22 % Grünland; Landkreis Marienberg 50 % Acker- und 50 % Grünland).

Die Organisation der Landwirtschaft lag zu weit über 90 % in den Händen der spezialisierten Landwirtschaftlichen Produktionsgenossenschaften und der Volkseigenen Güter. Dazu kamen noch Gärtnerische Produktionsgenossenschaften (GPG) und Zwischenbetriebliche Einrichtungen der Tierproduktion (ZBE). Über 900 organisatorische Einheiten bewirtschafteten in Sachsen 1 Mio. ha landwirtschaftlicher Nutzfläche. Die Durchschnittsfläche, für die diese „Juristischen Personen" standen, lag bei über 1 200 ha. Die in der Statistik ausgewiesenen 956 „Natürlichen Personen" waren private Kleinstproduzenten (LPG-Bauern, Rentner, Industriearbeiter), die für den Eigenbedarf (und teilweise für den städtischen Markt) nebenher produzierten.

Auf der Basis der Autarkiebestrebungen der DDR (Sicherung einer Eigenversorgung) gab es im Prinzip keine Brachflächen, d. h., die Kennziffern „Landwirtschafliche Nutzfläche" und „Landwirtschaftlich genutzte Fläche" stimmten überein. Diese ökonomische Prämisse führte, im Zusammenhang

Ausgangsbedingungen für den Übergang zur sozialen Marktwirtschaft (1989/90) 173

mit der Notwendigkeit der Erwirtschaftung von Devisen, auch zur Nutzung von Grenzertragsstandorten und zur Veränderung der Nutzungsstruktur des Ackerlandes (überdurchschnittlicher Anbau von Kartoffeln und Ackerfutter) – (Tab. 8.4 u. 8.4).

Der Arbeitskräftebesatz (AK / 100 ha LNF) in der Landwirtschaft war mit einem durchschnittlichen Wert von über 15 mehr als dreimal so hoch wie in der Bundesrepublik.

Die Großflächenlandwirtschaft der DDR hatte deutliche Auswirkungen auf die ökologische Situation. Die Zusammenlegung der Flächen führte zu einer Ausräumung und damit „Verarmung" der Landschaft. Die Gefahr des Bodenabtrags durch Wind und

Produkt	Erzeugung absolut (kt)	Anteil an der DDR-Produktion (%)
Schlachtvieh insgesamt* davon	542,4	19,2
Schwein	309,1	17,5
Rind	164,4	22,3
Geflügel/Kaninchen	59,8	21,1
Schaf/Ziege	8,7	22,1
Kuhmilch (4% Fett)	2 051,1	24,7
Hühnereier	1 387,5 Mio. Stck.	23,5
Schafwolle	1 714,0 t	20,3

Tab. 8.4: Produktion tierischer Erzeugnisse in Sachsen 1989
Quelle: HEINZMANN 1992   * Lebendmasse

Abb. 8.4: Nutzung des Ackerlandes in den sächsischen Kreisen 1989   Quelle: HEINZMANN 1992, S.108

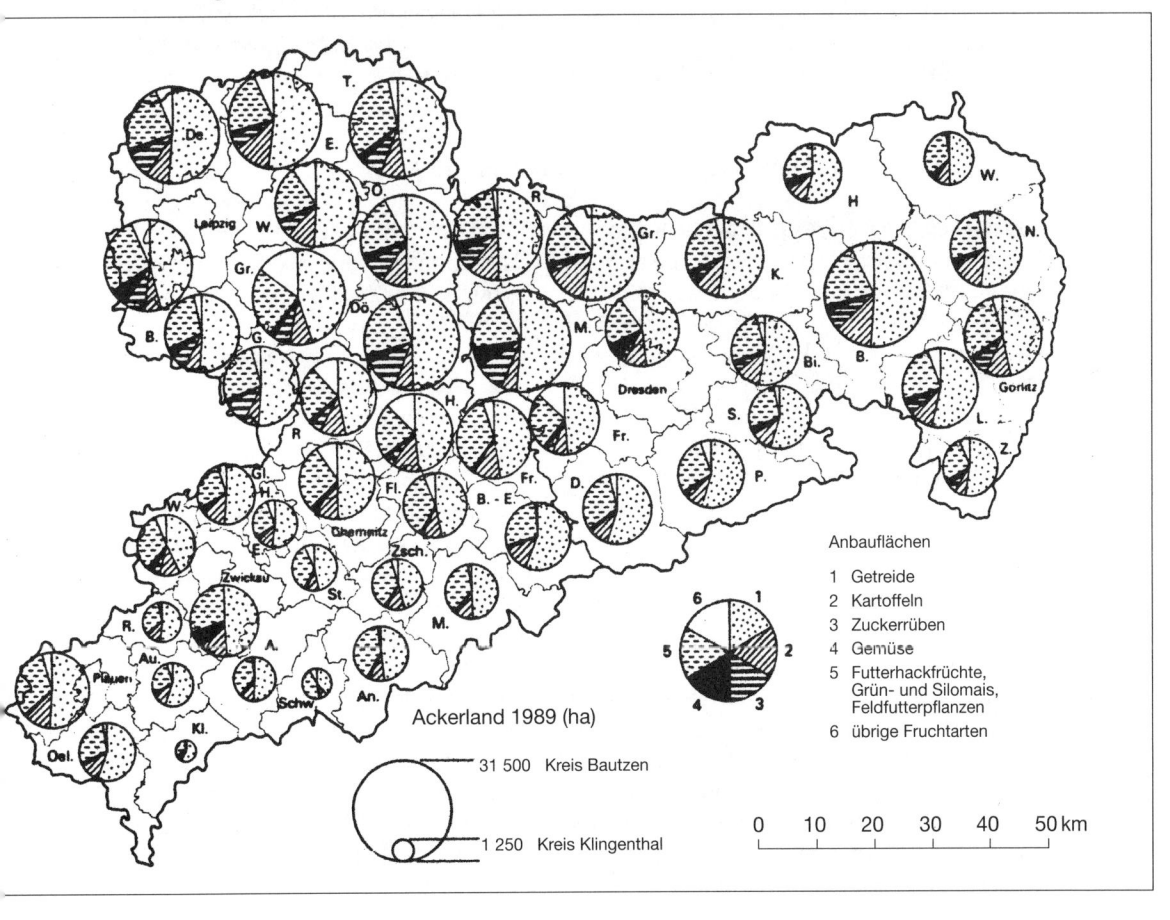

Anbauflächen
1 Getreide
2 Kartoffeln
3 Zuckerrüben
4 Gemüse
5 Futterhackfrüchte, Grün- und Silomais, Feldfutterpflanzen
6 übrige Fruchtarten

Ackerland 1989 (ha)
31 500 Kreis Bautzen
1 250 Kreis Klingenthal

0 10 20 30 40 50 km

	Anbaufläche (1 000 ha)	Anteil am Ackerland (%)	Erntemenge (1 000 t)	Ertrag (dt/ha)
Getreide	381,7	50,5	1 926,4	51,1
darunter				
Weizen	136,8	18,1	614,1	45,2
Roggen	44,3	5,9	182,9	41,3
Gerste	173,6	23,0	1 059,2	59,6
Hafer	18,7	2,5	66,2	36,3
Kartoffeln	75,2	10,0	1 897,5	252,5
Zuckerrüben	33,2	4,4	1 248,8	375,6
Ölfrüchte	12,8	1,7	32,6	25,5
Futterhackfrüchte	9,0	1,2	...	...
Grün- und Silomais	58,1	7,7	...	427,4
Feldfutterpflanzen	133,8	17,7	...	522,2
Feldgemüse	15,6	2,1	466,0	...
Übrige Kulturen	36,7	4,7	x	x
Ackerland	756,1	100,0	x	x
Grünlandfläche	236,8	–	x	376,0*

Tab. 8.5:
Hauptzweige der Pflanzenproduktion in Sachsen 1989
Quelle: HEINZMANN 1992, S. 107
*Wiesen und Weiden

Wasser vergrößerte sich. Die Landwirtschaft der DDR „lebte" von einem hohen Einsatz chemischer Dünger, und es wurden Pflanzenschutz- und Insektenvertilgungsmittel in sehr großen Mengen eingesetzt. Dies führte u. a. zu einer Nitratanreicherung im Grundwasser, zur Eutrophierung und Verlandung von Gewässern. Auch der Gülleanfall in den industriemäßig betriebenen Großviehanlagen konnte nur teilweise beherrscht werden.

8.2 Strukturveränderungen zwischen 1990 und 1992

Strukturwandlungsprozesse in der Industrie
In der altindustrialisierten Region Sachsen waren 1989 noch 53,2 % der Beschäftigten im Sekundärsektor (Industrie, Bergbau, Produzierendes Handwerk, Bauwirtschaft) tätig. Die Branchenstruktur der Industrie (nach Beschäftigten) zeigte folgendes Bild:
– Investitionsgüterindustrie 45,1 %,
– Verbrauchsgüterindustrie 31,0 %,
– Bergbau u. Grundstoffindustrie 18,0 %,
– Nahrungs- und
 Genußmittelindustrie 5,9 %
(ergänzt nach Zentralverwaltung für Statistik 1987/88).
Der Übergang der DDR-Wirtschaft von einer zentralistisch gelenkten Planwirtschaft in die soziale Marktwirtschaft war für die Industrie in Sachsen bereits 1989/90 mit schmerzhaften Einschnitten verbunden, die sich in drei Zeithorizonte – verbunden mit drei markanten Ereignissen – gliedern lassen (HASENPFLUG / KOWALKE 1991b):

1. die Grenzöffnung am 9. November 1989:
Die Öffnung der innerdeutschen Grenze zeigte bald erste Folgen im Konsumverhalten der DDR-Bevölkerung:
– Bevorzugung von „Westprodukten"
– Masseneinkaufsverkehr von Ost nach West
– Wirksamwerden von „Fliegenden Händlern" aus der Bundesrepublik auf dem DDR-Binnenmarkt.
Diese rasch einsetzenden Prozesse beeinflußten die Absatzchancen für Waren aus der DDR-Produktion negativ. Dies führte bereits nach wenigen Wochen zu einem Rückgang der Einzelhandelsumsätze, vorrangig bei Konsumgütern, zur Stornierung von Lieferaufträgen des Großhandels gegenüber der Industrie und, daraus resultierend, zu Produktionseinschränkungen in der Industrie.
2. die Herstellung der Wirtschafts- und Währungsunion zwischen der Bundesrepublik Deutschland und der DDR am 1. Juli 1990:

Abb. 8.5:
Entwicklung des Exportes der Neuen Bundesländer in mittel- und osteuropäische Länder* nach Warengruppen 1989–1993

* Albanien, Bulgarien, ehem. ČSSR, Polen, Rumänien, ehem. UdSSR, Ungarn

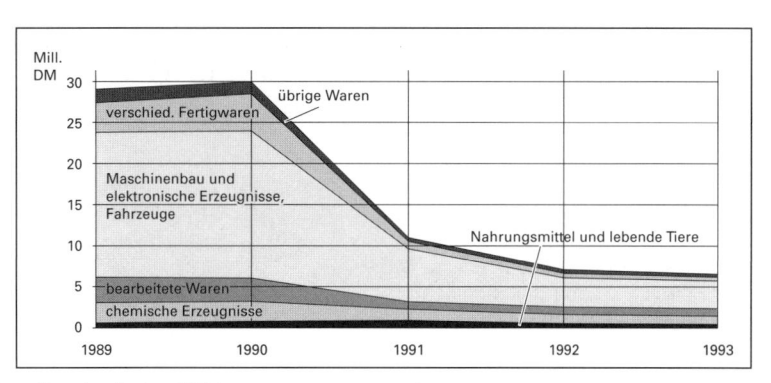

Quelle: Wirtschaftsatlas Neue Bundesländer, 1994

Mit der Wirtschafts- und Währungsunion war eine Voraussetzung für das Funktionieren der Marktwirtschaft auf dem DDR-Territorium geschaffen worden. Die Währungsumstellung, d. h. die Einführung der D-Mark, brachte für die Industriebetriebe in Ostdeutschland eine Reihe von Problemen mit sich:
Die Übertragung der alten Staatskredite (Investitionen) als Schulden für die Betriebe (Übertragung im Verhältnis 2 : 1) bedeutete eine Einschränkung der Kreditwürdigkeit dieser Betriebe gegenüber Banken. Aus diesem Kapitalmangel (in Verbindung mit dem nicht vorhandenen Eigenkapital) resultierte eine fehlende Investitionsfähigkeit.

Dazu kam, daß den Industriebetrieben der Zugang zum Markt erschwert (oder teilweise sogar verwehrt) wurde. Ursachen dafür waren
– die fehlende Wettbewerbsfähigkeit der Ostprodukte auf dem Weltmarkt,
– das fehlende Marketing und die fehlenden Markennamen der Ostprodukte,
– das Ausbleiben der privaten und öffentlichen Investitionen im Osten,
– die Ausschließlichkeitsverträge (Listungen) der westlichen Handelseinrichtungen, die zur Verweigerung der Annahme von Ostprodukten führte,
– die Konkurrenzsituation zwischen West- und Ostbetrieben.
Die „Abschaffung" der Planwirtschaft brachte nicht automatisch die „Entstehung" der Marktwirtschaft mit sich. Kennzeichen dafür sind auch die sich sehr langsam entwickelnden Verflechtungen zwischen den Industriebetrieben in Ost und West und die Schließung vieler durch westliche Unternehmen übernommenen / aufgekauften ehemaligen DDR-Betriebe.

3. der Wegfall des transferablen Rubels als Zahlungs- und Verrechnungseinheit im Osthandel zum 31. Dezember 1990:
Der transferable Rubel diente bis zum 31.12.1990 als „kollektive RGW-Währung" der Verrechnung des Warenaustausches zwischen den Ländern des Rates für gegenseitige Wirtschaftshilfe (Comecon). Das betraf noch 1990 über 75 % des Exportes der Industrie in Sachsen (in einigen Branchen sogar bis zu 90 %). Damit wurde auch etwas mehr als die Hälfte der industriellen Arbeitsplätze gesichert.

Der Wegfall dieser Verrechnungseinheit und damit der Zwang, diesen Warenaustausch in frei konvertierbaren Zahlungsmitteln fortzusetzen, brachte die Länder des RGW in Schwierigkeiten. Die Folgen für die sächsische Industrie waren deutliche und sofort spürbare Einbrüche im Export mit den Haupthandelsländern im Osten, was entsprechende Auswirkungen auf die Produktion hatte (Abb. 8.5).

Die für den Zeitraum 1989/90 aufgezeigten Einschnitte sind in ihrer zeitlichen, sektoralen und räumlichen Wirkung sehr differen-

Wirtschaftsbereiche	Beschäftigtenzahl absolut (1 000)				Index (Basis 1989 = 100)		
	1989	1990	1991	1992	1990	1991	1992
Land- und Forstwirtschaft, Fischerei	193	158	88	58	81,9	45,6	30,1
Energie- und Wasserversorgung, Bergbau, Verarbeitendes Gewerbe	1 355	1 180	809	525	87,1	59,7	38,7
Baugewerbe	170	173	168	190	101,8	98,8	111,8
Handel	238	215	186	189	90,3	78,2	79,4
Verkehr und Nachrichtenübermittlung	170	160	142	123	94,1	83,5	72,4
Kreditinstitute und Versicherungsgewerbe	17	22	29	29	129,4	170,6	170,6
Dienstleistungen von Unternehmen und freien Berufen	163	183	231	256	112,3	141,7	157,1
Organisationen ohne Erwerbszweck, private Haushalte	57	31	39	42	54,4	68,4	73,7
Gebietskörperschaften und Sozialversicherung	503	487	392	397	96,8	77,9	78,9
Zusammen*	2 865	2 607	2 083	1 810	91,0	72,7	63,1

* Abweichungen von der Summe der einzelnen Wirtschaftsbereiche durch Rundungen bedingt

Tab. 8.6: Entwicklung der Erwerbstätigenzahl im Freistaat Sachsen 1989 – 1992 (Jahresdurchschnitte – Ergebnisse des Mikrozensus)
Quelle: Stat. Landesamt Sachsen; KOWALKE 1995a, S. 51

ziert (Tab. 8.6 u. 8.7). Abhängig war dies vor allem von der Branchenstruktur der Industrie (Branchenmix) in den Regionen. Während bei der Textil-, Bekleidungs- und Leichtindustrie – als traditionelle Branchen – die Negativwirkungen (Abbau von Arbeitsplätzen, Schließung von Betrieben) sofort spürbar waren, zeigten sich die Auswirkungen im Maschinen- und Fahrzeugbau erst 1991/92. Teilweise wurden hier Produktionsaufträge der ehemaligen sozialistischen Länder durch HERMES-Bürgschaften der Bundesregierung gestützt und konnten so noch ausgeliefert werden. Im Bereich der Brennstoff- und Energiewirtschaft zeigte der Wettbewerbsdruck sogar erst 1992/93 Auswirkungen.

Tab. 8.7: Beschäftigungsentwicklung in ausgewählten Industriezweigen und im Verarbeitenden Gewerbe Sachsens 1991/92 (Jahresdurchschnitt) nach Planungsregionen
Quelle: Stat. Landesamt Sachsen

	Oberlausitz / Niederschlesien	Oberes Elbtal / Osterzgebirge	Chemnitz / Oberes Erzgebirge	Westerzgebirge / Vogtland	West- sachsen	Sachsen insgesamt
Eisenschaffende Industrie	k. A.	k. A.	k. A.	–43,4	k. A.	–49,2
Maschinenbau	–46,8	–48,8	–48,5	–33,7	–52,4	–46,0
Chemische Industrie	–62,5	–30,8	–34,7	–27,6	–42,0	–39,5
Steine und Erden	–41,5	–39,2	–26,5	–32,4	–48,5	–37,6
Stahl- und Leichtmetallbau / Schienenfahrzeugbau	–24,8	–11,5	–2,5	–14,0	+5,6	–9,4
Elektrotechnik/Elektronik	–49,2	–53,3	–59,3	–61,2	–40,9	–52,8
Straßenfahrzeugbau	–69,7	–73,8	–68,6	–36,9	–46,0	–59,0
Eisen-, Blech- u. Metallwaren	–48,2	–46,8	–41,7	–30,6	–77,1	–48,9
Holzverarbeitendes Gewerbe	–71,0	–40,1	–33,9	–37,3	–31,2	–42,7
Textilindustrie	–68,6	–60,6	–69,8	–65,0	–67,2	–66,2
Bekleidungsindustrie	–62,0	–59,9	–50,8	–61,9	–63,4	–59,6
Nahrungs- und Genußmittelindustrie	k. A.	k. A.	k. A.	k. A.	k. A.	–33,1

Für die negative Entwicklung der sächsischen Industrie beim Übergang in die soziale Marktwirtschaft gab es noch weitere Ursachen:
- die geringe Eigenkapitalausstattung der Unternehmen,
- der Grundsatz aus dem Einigungsvertrag „Rückgabe vor Entschädigung",
- Entscheidungen der Treuhandanstalt bei der Privatisierung (nicht nachvollziehbare Verkäufe an unseriöse Anbieter, Vernachlässigung der Sanierung),
- unseriöse „Machenschaften" von Konkurrenten aus den Alten Bundesländern,
- fehlendes Marketing,
- Mißmanagement,
- Altlastenprobleme
usw.

Schnell und drastisch zeigten sich Abbautendenzen bei den traditionellen, konsumentenorientierten Industriebranchen: Textil-, Leicht- und Lebensmittelindustrie. Das Ausbleiben des Kaufinteresses der ehemaligen DDR-Bürger bzw. das Vorziehen von westlichen Produkten, das Wegbrechen des Ostmarktes und die nicht vorhandene Effektivität der Produktion in Verbindung mit den Schwierigkeiten, auf dem Weltmarkt Fuß zu fassen, bedeuteten innerhalb einer kurzen Zeit (ein reichliches Jahr) den Abbau von bis zu drei Vierteln der industriellen Kapazitäten.

Andere Industriezweige (Maschinen- und Fahrzeugbau, Brennstoff- und Energiewirtschaft, Chemische Industrie, Elektrotechnik/Elektronik) wurden erst später (1992/93) stärker von Umstrukturierungstendenzen betroffen. Gründe hierfür waren u. a.
- der „hohe Treuhandeinfluß und Fördermaßnahmen" (R. SCHMIDT u. a. 1995, S. 43),
- die HERMES-Bürgschaften der Bundesregierung für Exporte in die Reformstaaten Ost- und Südosteuropas,
- die internationalen Entwicklungstendenzen (besonders bedeutend für den Maschinen- und Fahrzeugbau),
- die notwendige Umrüst- und Umstellungszeit für Energieträger.

Bei der vorhandenen Standortverteilung der Industriebranchen hatte diese Entwicklung deutliche räumliche Wirkungen. Regionen mit einer vielseitigen Branchenstruktur und/oder Wachstumsbranchen nahmen eine vergleichsweise günstige Entwicklung. Industrielle Monostrukturen, das Vorherrschen von Betrieben der Verbrauchsgüterindustrie, die einseitige Dominanz von Produktionsstätten und das Fehlen von Großbetrieben bewirkten dagegen häufig einen beschleunigten Abbau von Arbeitsplätzen. Die Folge war das Entstehen neuer Disparitäten im sächsischen Wirtschaftsraum. Der Deindustrialisierung ganzer Regionen (Oberlausitz, Kreise des Erzgebirges und des Vogtlandes) stehen andererseits positivere Entwicklungen in den Großstädten (Dresden, Leipzig) gegenüber.

Für den Zeitraum 1990–1992 können die Veränderungen in der sächsischen Industrielandschaft wie folgt zusammengefaßt werden (vgl. Abb. 8.6 u. 8.7):
- Es erfolgte ein extremer Abbau industrieller Kapazitäten und damit von Arbeitsplätzen in den konsumentenorientierten Industriebereichen. Übrig blieb weniger als ein Viertel der industriellen Arbeitsplätze (so erfolgte z. B. in der Textil- und Bekleidungsindustrie ein Abbau von 80 %). Die Verbrauchsgüterindustrie insgesamt baute zwischen 1988 und 1992 83,6 % der Arbeitsplätze ab (R. SCHMIDT u. a. 1995).
- Die Abwärtsentwicklung bei den Branchen Maschinen- und Fahrzeugbau, Brennstoff- und Energiewirtschaft, chemische Industrie, Elektrotechnik/Elektronik setzte ebenfalls ein, aber mit einer geringeren Intensität (auf 30–50 % des ursprünglichen Niveaus). Die Investitionsgüterindustrie als Gesamtbranche verlor im Zeitraum 1988 bis 1992 in Sachsen 71,8 % ihrer Arbeitsplätze.
- Ein geringerer Abbau von Kapazitäten (auf 60–70 %) ergab sich beim Braunkohlenbergbau (nur langsame Substitution des Rohstoffs möglich) und bei der Nahrungs-

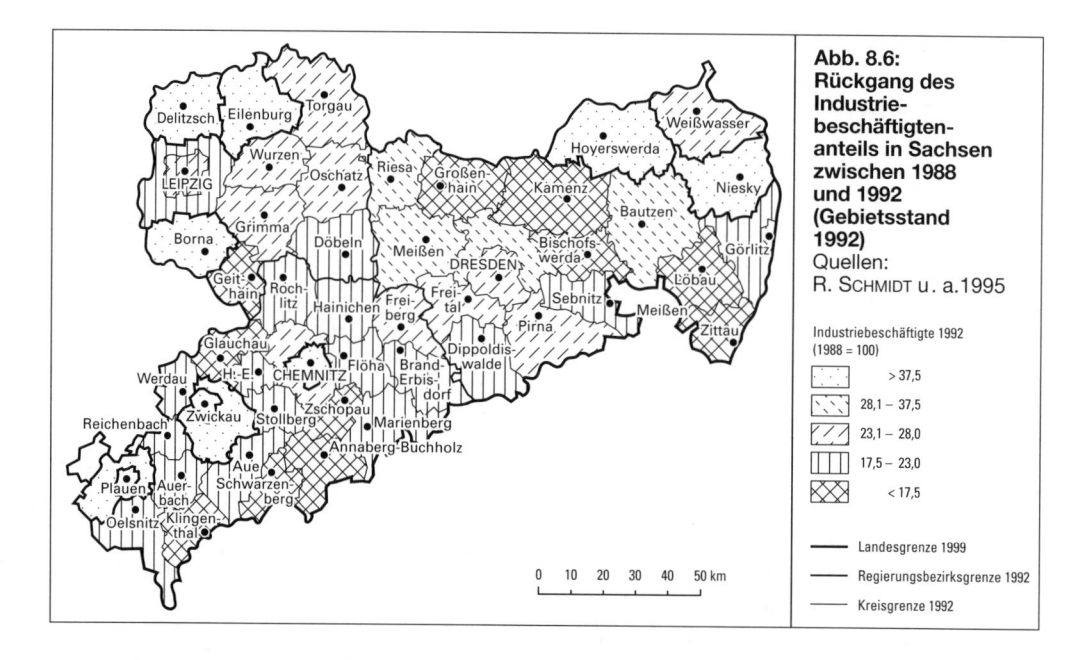

Abb. 8.6:
Rückgang des Industriebeschäftigtenanteils in Sachsen zwischen 1988 und 1992 (Gebietsstand 1992)
Quellen:
R. SCHMIDT u. a. 1995

Industriebeschäftigte 1992 (1988 = 100)
- \> 37,5
- 28,1 – 37,5
- 23,1 – 28,0
- 17,5 – 23,0
- < 17,5

— Landesgrenze 1999
— Regierungsbezirksgrenze 1992
— Kreisgrenze 1992

und Genußmittelindustrie (Rückbesinnen der Bevölkerung auf einheimische Produkte).
– Die Ansiedlung von Wachstumsbranchen verlief deutlich langsamer als gewünscht.
– Es erfolgte eine Veränderung der Unternehmensgrößenstruktur (Bedeutungszunahme der Klein- und Mittelbetriebe und damit des industriellen Mittelstandes).

Daraus ergab sich eine fast flächenhafte Deindustrialisierung mit einem extremen Abbau von Arbeitsplätzen (von 1989 1,1 Mio. auf 1992 0,4 Mio.; Abb. 8.6 – 8.8, Tab. 8.8 u.

Abb. 8.7: Beschäftigtenentwicklung in den Hauptgruppen der sächsischen Industrie 1991 – 1994
Quelle: Stat. Landesamt Sachsen 1995

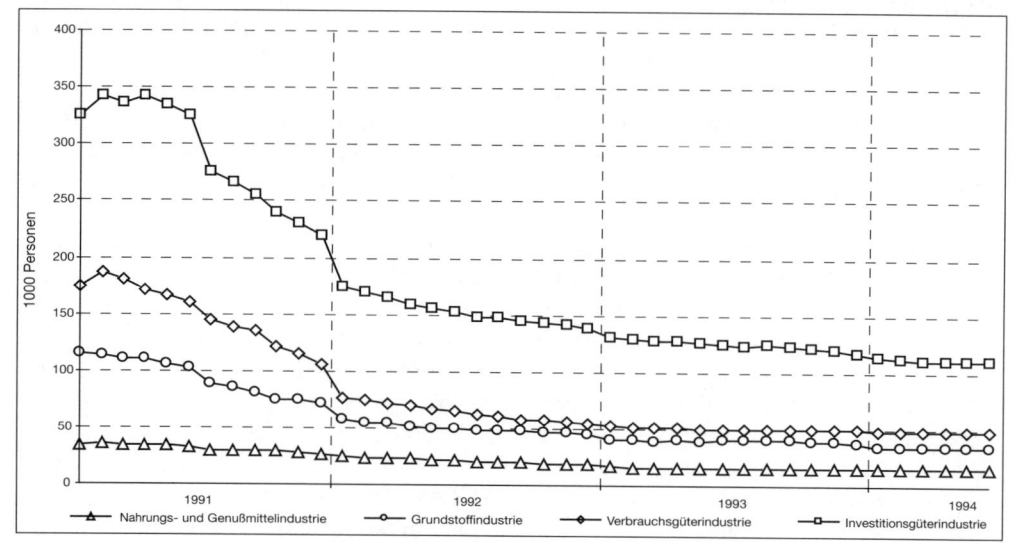

— Nahrungs- und Genußmittelindustrie — Grundstoffindustrie — Verbrauchsgüterindustrie — Investitionsgüterindustrie

Strukturveränderungen zwischen 1990 und 1992

Abb. 8.8:
Beschäftigtenstruktur nach Wirtschaftsbranchen im Bergbau, Verarbeitenden Gewerbe, Bauhaupt- und Ausbaugewerbe Sachsens 1992
Quelle:
Stat. Landesamt
Sachsen 11 / 1993

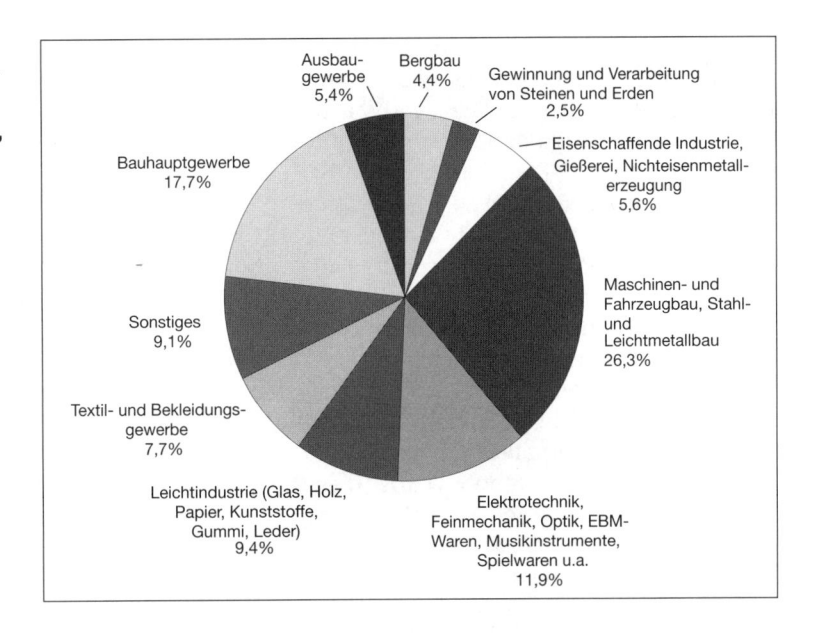

Pie chart segments:
- Ausbaugewerbe 5,4%
- Bergbau 4,4%
- Gewinnung und Verarbeitung von Steinen und Erden 2,5%
- Bauhauptgewerbe 17,7%
- Eisenschaffende Industrie, Gießerei, Nichteisenmetallerzeugung 5,6%
- Maschinen- und Fahrzeugbau, Stahl- und Leichtmetallbau 26,3%
- Sonstiges 9,1%
- Textil- und Bekleidungsgewerbe 7,7%
- Leichtindustrie (Glas, Holz, Papier, Kunststoffe, Gummi, Leder) 9,4%
- Elektrotechnik, Feinmechanik, Optik, EBM-Waren, Musikinstrumente, Spielwaren u.a. 11,9%

Tab. 8.8:
Rückgang des Industriebeschäftigtenanteils in den Hauptwirtschaftsgruppen der südlichen Neuen Bundesländer zwischen 1988 und 1992
Quelle: R. Schmidt u. a. 1995, S. 11

Bundesland	Index des Rückgangs der Industriebeschäftigtenzahl (1988 = 100)			
	Bergbau und Grundstoffindustrie	Investitionsgüterindustrie	Verbrauchsgüterindustrie	Lebensmittelindustrie
Sachsen	32,0	28,2	16,4	31,1
Sachsen-Anhalt	33,5	36,3	21,4	30,3
Thüringen	22,5	25,1	19,8	30,3

Tab. 8.9:
Ausgewählte Indikatoren des Bergbaus und Verarbeitenden Gewerbes in der Bundesrepublik Deutschland im Juni 1992
(Betriebe von Unternehmen mit 20 und mehr Beschäftigten)
Quellen:
laufende Raumbeobachtungen der Bundesanstalt für Landesplanung und Raumordnung, Scherf / Viehrig 1995, S. 102

1 Beschäftigte je 1000 erwerbsfähige Personen (15–64jährige)
2 Umsatz (in DM) je DM Lohnkosten

Bundesland	Industriebesatz[1]	Zahl der Beschäftigten je Betrieb	Umsatz je Beschäftigter (DM)	Umsatz-Lohn-Relation[2]
Schleswig-Holstein	99	107	23 763	5,0
Hamburg	115	179	29 878	5,1
Niedersachsen	132	155	26 247	5,8
Bremen	174	224	28 795	5,7
Nordrhein-Westfalen	164	167	22 201	4,5
Hessen	159	167	20 221	4,0
Rheinland-Pfalz	148	144	23 882	4,9
Baden-Württemberg	218	150	20 254	3,6
Bayern	180	145	20 880	4,4
Saarland	179	217	19 651	4,2
Berlin	92	147	24 170	5,8
Brandenburg	95	170	8 016	3,4
Mecklenburg-Vorpommern	48	125	9 880	4,4
Sachsen	100	154	7 678	3,4
Sachsen-Anhalt	110	175	9 268	4,0
Thüringen	91	121	6 999	3,3
Alte Bundesländer	167	155	22 031	4,4
Neue Bundesländer	93	150	11 333	4,3
Bundesgebiet insgesamt	150	154	20 586	4,4

8.9). Wenn man 1988 = 100 % setzt, so waren im Jahre 1992 in Sachsen nur noch 25,4 % der industriellen Arbeitsplätze vorhanden. Der Anteil des Sekundären Wirtschaftssektors sank auf 47,0 % im Jahre 1991 (R. Schmidt u. a. 1995) und 39,5 % im Jahre 1992 (Kowalke / Kallis 1995). Verzeichnete Sachsen 1991 noch eine Industriedichte von 129 Industriebeschäftigten / 1 000 Ew., so waren es 1992 nur noch 66. Damit rutschte Sachsen weit unter den Durchschnitt der Alten Bundesländer (113 Industriebeschäftigte / 1 000 Ew.) ab. Die Folge dieser Entwicklung war ein drastischer Anstieg der Arbeitslosigkeit. Abgefedert wurde diese Entwicklung durch arbeitsmarktpolitische Maßnahmen (Kurzarbeit, Vorruhestand, ABM, Umschulung usw.).

Auf der anderen Seite wurde eine deutliche Zunahme der Produktivität erreicht. So erhöhte sich bis zum Jahre 1992 der Umsatz pro Beschäftigten auf das dreieinhalbfache (von 1991 3 500 auf 1993 12 300 DM). Zum anderen konnte auch eine Steigerung des Umsatzes pro Arbeitsstunde von 57 auf 129 DM verbucht werden (Sächs. Staatsministerium für Umwelt und Landesentwicklung 1994a).

Entwicklungstendenzen in der Landwirtschaft
Die ostdeutsche Landwirtschaft und ihre Strukturen waren sehr stark geprägt durch die Entwicklungen der vierzigjährigen sozialistischen Periode.

Seit 1990, vor allem bedingt durch den Übergang zur Marktwirtschaft und die Konfrontation mit der EG-/EU-Agrarstrukturpolitik und EG-/EU-Marktordnung, befindet sich die sächsische Landwirtschaft im Umbruch. Dies betrifft sowohl die Organisations- als auch die Anbaustrukturen, die Viehwirtschaft, das Arbeitsplatzangebot, die durch die Landwirtschaft genutzte Fläche usw.

Die Hauptentwicklungslinien und -tendenzen der sächsischen Landwirtschaft sollen im folgenden kurz zusammengefaßt dargestellt werden:

Die Organisationsstrukturen
Die „sozialistischen" Organisationsstrukturen der Landwirtschaft mußten den veränderten politischen und wirtschaftlichen Bedingungen angepaßt werden. Ziel der sächsischen Staatsregierung war dabei die Entwicklung einer leistungs- und wettbewerbsfähigen Landwirtschaft, die mit wirtschaftlichen Unternehmen marktgerecht produziert.

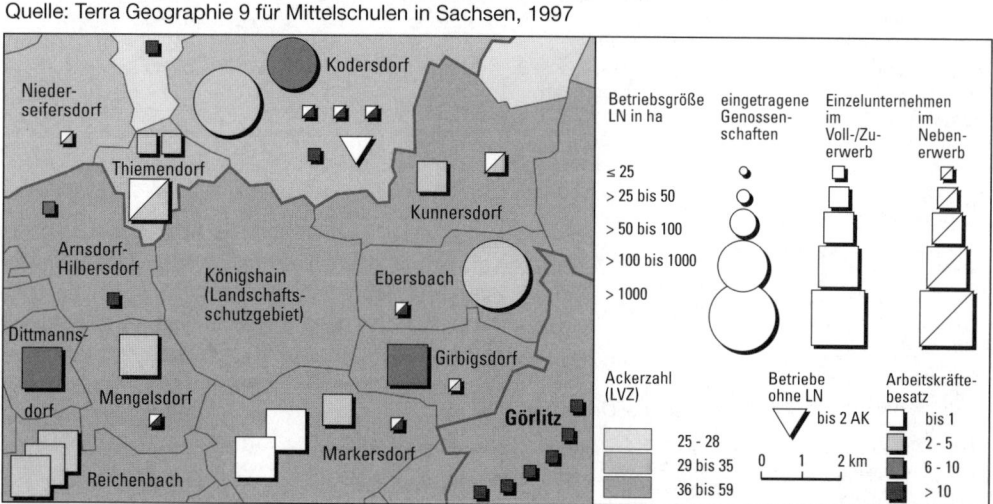

Abb. 8.9: Agrarstruktur in der östlichen Oberlausitz Mitte der 1990er Jahre
Quelle: Terra Geographie 9 für Mittelschulen in Sachsen, 1997

Mit dem Landwirtschaftsanpassungsgesetz vom Juni 1990 (novelliert im Juli 1991) war die gesetzliche Grundlage zur Wiederherstellung der privaten Verfügungsgewalt über Grund und Boden geschaffen.

Die 1990 in der Landwirtschaft existierenden Produktionsgenossenschaften und Staatsgüter sollten im Zeitraum von etwa zwei Jahren in marktwirtschaftliche Organisationsstrukturen umgewandelt werden. Mit dem Auslaufen des LPG-Strukturgesetzes zum 31.12.1991 bestanden Mitte 1992 in Sachsen 611 „Juristische Personen", davon 277 eingetragene Genossenschaften, 266 GmbH und 68 GmbH & Co KG. Dazu kamen 5383 „Natürliche Personen": 137 Gesellschaften bürgerlichen Rechts und 5246 Einzelunternehmer (Sächsischer Agrarbericht 1992).

Die Entwicklung bei den landwirtschaftlichen Einzelunternehmen zeigt, daß die Zahl der Betriebe, die mehr als die Hälfte ihres Einkommens aus außerlandwirtschaftlicher Tätigkeit beziehen (Nebenerwerbsbetriebe) ansteigt (1991 Haupterwerbsbetriebe 2563, Nebenerwerbsbetriebe 1243; 1992 Haupterwerbsbetriebe 2668, Nebenerwerbsbetriebe 2578).

Obwohl der Anteil der „Juristischen Personen" an der Zahl der Betriebe nur 10 % beträgt, bewirtschaften sie 73 % der landwirtschaftlich genutzten Fläche (die Einzelunternehmer bewirtschaften 23 %).

Die durchschnittlichen Betriebsgrößen betrugen 1992:
- eingetragene Gesellschaften 1430 ha,
- GmbH 609 ha,
- GmbH & Co KG 1147 ha,
- Gesellschaften bürgerl. Rechts 285 ha,
- Einzelunternehmer (Haupterwerb) 99 ha,
- Einzelunternehmer (Nebenerwerb) 15 ha
(nach Sächs. Staatsministerium für Landwirtschaft, Ernährung und Forsten 1993, S. 53).

Es zeigt sich deutlich die Tendenz der Entwicklung in Richtung einer „Mischstruktur" in der Landwirtschaft (Beispiel östliche Oberlausitz in Abb. 8.9). Diese besitzt eine hohe Dynamik. Ende 1992 war der organisatorische Umstrukurierungsprozeß in der Landwirtschaft dabei noch nicht abgeschlossen.

Weitere Tendenzen lassen sich erkennen (vgl. MAERKER / PAULIG 1993):
- der Anteil der Wieder- / Neueinrichter nimmt mit steigender Bodenqualität zu,
- der Anteil von Investitionen aus den Alten Bundesländern nimmt mit steigender Bodenqualität zu,
- genossenschaftliche Betriebsformen sind bei hoher Bodenqualität oft einem Auflösungsdruck, bei sehr geringer Bodenqualität einem Liquidationsdruck unterlegen.

Die Anbaustrukturen

Mit der deutschen Einheit und der Einbeziehung Ostdeutschlands in den Geltungsbereich der Gesetze und Verordnungen der Europäischen Gemeinschaften (1990) veränderten sich die Bedingungen für die landwirtschaftliche Produktion. Die Anbaustruktur (Abb. 8.10) wird neben den Natur- und Marktbedingungen zunehmend durch die dirigistische Festlegung der Referenzpreise und der Produktionsquoten bestimmt.

Die Betriebe reagierten mit einer Anpassung der Anbaustrukturen. Folgende Entwicklungslinien zeigten sich zwischen 1990 und 1992:
- Trend zur „Vergetreidung",
- Rückgang der Anbauflächen für Ackerfutter (vor allem bedingt durch den Abbau der Tierbestände),
- drastische Reduzierung des Anbaus von Obst und Gemüse (wegen der Importe aus den EG-Ländern bzw. den Entwicklungsländern),
- Rückgang der Kartoffelanbauflächen (von 54 160 ha auf 15 397 ha),
- Zunahme des Anbaus von Ölfrüchten (Steigerung auf das 6,4fache).

Insgesamt war diese Umstrukturierung verbunden mit einem Rückgang der landwirtschaftlich genutzten Fläche um ca. 20 %. Diese wurde aus der Nutzung genommen für
- eine Umwidmung der Flächen (z. B. Aufforstung in Mittelgebirgslagen),

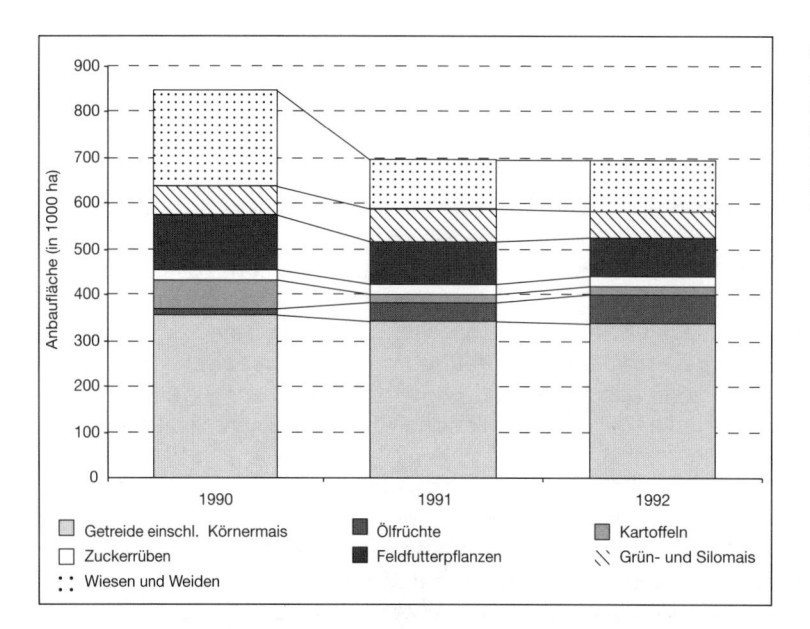

Abb. 8.10:
Anbauflächen ausgewählter Fruchtarten in Sachsen 1990–1992
Quelle:
Stat. Jahrbuch Sachsen 1993

Legende:
- Getreide einschl. Körnermais
- Zuckerrüben
- Wiesen und Weiden
- Ölfrüchte
- Feldfutterpflanzen
- Kartoffeln
- Grün- und Silomais

- eine Umnutzung durch Inanspruchnahme von Siedlungen und Verkehrsanlagen,
- Brachen (entsprechend der EG-Agrarstrukturpolitik).

Ein weiterer wichtiger Grund für den Rückgang der landwirtschaftlich genutzten Fläche ist die Aufgabe von Grenzertragsstandorten. Bei den derzeitigen Rahmenbedingungen ist dort keinerlei landwirtschaftliche Flächennutzung kostendeckend möglich.

Die Viehwirtschaft

Die Tierbestände wurden in der DDR für die Eigenversorgung der Bevölkerung und für den Export von Fleisch und Fleischprodukten planmäßig ausgebaut. Der Tierbesatz wies damit 1990 eine Spitzenstellung in Europa auf und lag weit über dem westdeutschen Durchschnitt.

Mit der deutschen Einheit traten auch hier deutliche Veränderungen ein, die zu einem schnellen Abbau der Tierbestände führten:
- Es veränderten sich die Eßgewohnheiten der Menschen (stärkere Hinwendung zu Obst, Gemüse, Fisch).
- Der Export verringerte sich.
- Fleisch und Fleischwaren werden importiert.

Dazu kam, daß die Produktivität in den arbeitsintensiven Bereichen relativ gering war.

	Rinder insgesamt	darunter Milchkühe	Schweine insgesamt	darunter Sauen	Schafe insgesamt
1960	92,5	48,0	133,7	14,1	28,9
1970	105,6	47,7	153,8	16,2	23,2
1980	118,8	47,2	201,4	18,7	37,3
1985	121,1	45,6	195,6	17,4	48,2
1989	119,8	44,2	187,9	16,5	46,2
1990	105,5	38,5	142,0	13,1	26,1
1992	78,3	30,9	93,7	11,3	14,8
1994	72,5	27,9	68,2	8,3	13,7
1996	69,4	27,3	62,5	8,3	12,8
1997	68,0	27,5	64,0	8,6	12,8
1998	65,8	25,6	69,4	8,8	k. A.

Tab. 8.10:
Entwicklung des Viehbesatzes (in Stck. / 100 ha LF*) in Sachsen 1960–1998
Quelle: Sächs. Staatsministerium für Landwirtschaft, Ernährung u. Forsten 1998/1999

* bis 1990 landwirtschaftliche Nutzfläche, ab 1991 Landwirtschaftlich genutzte Fläche

Das Arbeitsplatzangebot
In der sächsischen Landwirtschaft waren 1989 mehr als 15 Arbeitskräfte / 100 ha LNF beschäftigt. Der Abbau von Arbeitsplätzen erfolgte im Rahmen der Umstrukturierung. 1992 war im Vergleich zur Vorwendezeit noch rund ein Viertel der Arbeitskräfte in der Landwirtschaft tätig (40 000, einschließlich Gartenbau- und andere Spezialbetriebe). 75 % davon arbeiteten in Betrieben „Juristischer Personen" und 25 % in Personengesellschaften und Einzelunternehmen. Diese Beschäftigtenzahl entsprach einem Arbeitskräftebesatz von 4 pro 100 ha LNF. Damit lag Sachsen bereits 1992 unter dem Durchschnittswert für die Alten Bundesländer.

Der Anteil der Beschäftigten im Primären Sektor an der Gesamtbeschäftigtenzahl sank damit im Freistaat Sachsen von 7,2 % im Jahr 1989 auf 3,8 % im Jahre 1991 (R. SCHMIDT u. a. 1995).

8.3 Aktuelle Entwicklungstendenzen

Sachsen befindet sich an der Wende zum dritten Jahrtausend in einem deutlichen Spannungsfeld zwischen den Bedingungen aus den ererbten, historisch gewachsenen Strukturen einerseits (gegenwärtige Raumausstattung) und den Erfordernissen der Gegenwart und Zukunft andererseits.

Die – gleichzeitige – Überlagerung mehrerer Entwicklungslinien und -erfordernisse (resultierend aus der deutschen Einheit, der Notwendigkeit eines in nur wenigen Jahren zu vollziehenden Strukturwandels, den Wirkungen der Globalisierung, aus Regionalisierungstendenzen) überfordert Sachsen gegenwärtig.

Die Notwendigkeit einer im Verhältnis zu den Alten Bundesländern und entwickelten Regionen in Europa und der Welt rascheren Entwicklung, um den Abstand zu verringern, kann nicht realisiert werden. Resultat dessen ist, daß sich die Schere weiter öffnet, d. h., daß der Abstand wieder größer wird (Tab. 8.11).

Die notwendige Entwicklung der Strukturen im Raum ergibt sich aus dem Verhältnis von Nutzung und Erhalt des Vorhandenen und Veränderung. Im Ergebnis der Auswirkungen der letzten Jahrzehnte und der Erfordernisse der Zukunft bedeutet dies für Sachsen in erster Linie einen Neuaufbau. Spätestens die Entwicklung der letzten fünf Jahre zeigte, daß der Anteil der erhaltenswerten wirtschaftlichen Substanz sehr gering ist. In Sachsen konnte sich kein Strukturwandel im klassischen Sinne vollziehen, notwendig war ein tiefgreifender Strukturumbruch.

Nach dem absoluten Wert des Bruttoinlandprodukts (BIP, als Ausdruck der Wirtschaftskraft einer Region) steht der Freistaat an erster Stelle unter den Neuen Bundesländern. 1998 erwirtschaftete das Land einen Anteil von 3,3 % am Inlandprodukt der Bundesrepublik (Neue Bundesländer insgesamt 11,4 %). Betrachtet man alle 16 Bundesländer Deutschlands, so steht Sachsen damit an 9. Stelle (Tab. 8.12).

Noch deutlicher wird der Rückstand Sachsens, wenn man das BIP auf die Einwohnerzahl umrechnet. Diese 3,3 % BIP-Anteil werden von einem Bevölkerungsanteil von 5,5 %

Tab. 8.11:
Entwicklung des sächsischen Bruttoinlandproduktes – BIP – (tatsächliche Wachstumsrate gegenüber dem Vorjahr) 1994 – 1999
Quelle: Sächsische Zeitung, nach Berlecon Research
* 1999 Durchschnitt geschätzte Wachstumsrate für Jan. – Aug.

	BIP-Wachstumsrate (%)
1994	11,5
1995	4,9
1996	3,9
1997	1,8
1998	1,2
1999*	2,6

Land	BIP (Mrd. DM)	Anteil (%)
Nordrhein-Westfalen	827	22,0
Bayern	643	17,1
Baden-Württemberg	546	14,5
Hessen	353	9,4
Niedersachsen	331	8,8
Rheinland-Pfalz	161	4,3
Berlin	156	4,1
Hamburg	146	3,9
Sachsen	*125*	*3,3*
Schleswig-Holstein	117	3,1
Brandenburg	78	2,1
Sachsen-Anhalt	71	1,9
Thüringen	66	1,8
Mecklenburg-Vorpommern	48	1,3
Saarland	46	1,2
Bremen	42	1,1
Deutschland gesamt	3 758	100,0
Alte Bundesländer	3 329	88,6
Neue Bundesländer	429	11,4

Tab. 8.12: Bruttoinlandprodukt der Bundesrepublik nach Bundesländern 1998
Quelle: Stat. Jahrbuch Bundesrepublik Deutschland 1999

erwirtschaftet. Sachsen nimmt damit unter den Neuen Bundesländern nur einen Mittelplatz ein.

Bezogen auf die Europäische Union wird der Rückstand ebenfalls sichtbar. Setzt man die mittlere Wirtschaftskraft (BSP) der Regionen der EU = 100, besitzt Ostdeutschland nur einen Wert von 49 (Sachsen 48). Damit steht die Region noch hinter Portugal und Griechenland (Stand 1995). In der täglichen Realität bedeutet dies, daß ca. zwei Drittel der Ausgaben nur durch Kapitaltransfer aus den Alten Bundesländern bzw. der EU zu realisieren sind.

Abb. 8.11: Beschäftigte in den Bereichen Forschung und Entwicklung in Sachsen 1989
Quelle: GRUNDMANN u. a. 1992

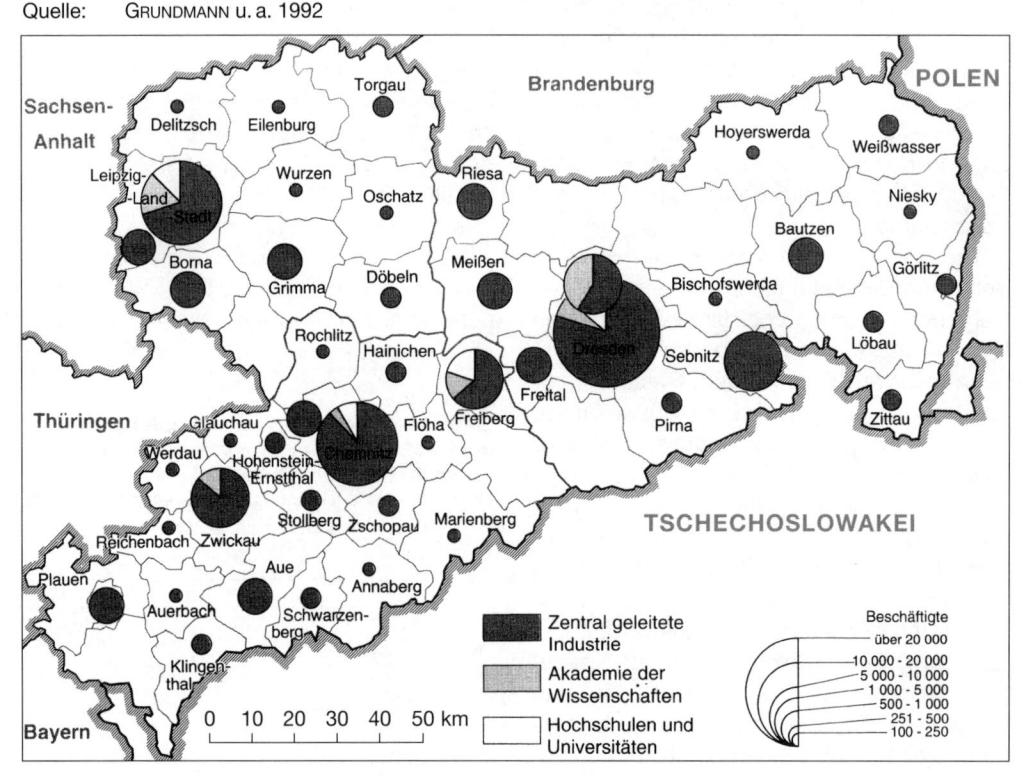

	Privat-wirtschaft	Universität/ Hochschule	Sonstige	Summe
Stadt Leipzig				
Anzahl der untersuchten Einrichtungen	58	6	40	104
Anzahl der Mitarbeiter insgesamt	10 670	4 230	2 760	17 660
davon Mitarbeiter in Forschung und Entwicklung	1 060	2 210	650	3 920
darunter wissenschaftliche Mitarbeiter	370	1 130	380	1 880
Stadt Chemnitz				
Anzahl der untersuchten Einrichtungen	48	1	17	66
Anzahl der Mitarbeiter insgesamt	13 032	700	600	14 392
davon Mitarbeiter in Forschung und Entwicklung	1 670	400	400	2 470
darunter wissenschaftliche Mitarbeiter	620	250	90	960
Stadt Dresden				
Anzahl der untersuchten Einrichtungen	89	5	41	135
Anzahl der Mitarbeiter insgesamt	4 950	7 780	1 900	14 630
davon Mitarbeiter in Forschung und Entwicklung	1 540	3 680	950	6 170
darunter wissenschaftliche Mitarbeiter	930	2 160	600	3 690

Tab. 8.13: **Struktur der Beschäftigung im Forschungs- und Entwicklungsbereich in den sächsischen Großstädten 1993**
Quelle: Forschungsagentur Berlin GmbH 1993; ADAM / BARTH / STEINBACH 1994

Wichtige ökonomische Zukunftsperspektiven für Sachsen sind in folgenden Entwicklungslinien zu sehen:
- Hochtechnologien: Mikro- und Nanoelektronik, Optoelektronik, Werkstofftechnik, Informations- und Kommunikationstechnik;
- Dienstleistungen im Bereich der Daten- und Informationstechnik, betriebliche Dienstleistungen, Kommunikationsdienstleistungen („Quartärer Sektor");
- Auftragsforschung mit schneller Umsetzung in marktfähige Produkte.

Für diese notwendige Entwicklung besitzt der Freistaat eine Vielzahl endogener Potentiale (zur Ausgangssituation 1990 vgl. Abb. 8.11, Situation 1993 vgl. Tab. 8.13), die bewußt genutzt oder teilweise erst aktiviert werden müssen. Dazu zählen u. a.:
- Nutzung der Vielfalt der „weichen" Standortfaktoren (Image, Wissenschafts- und Kultureinrichtungen, Naturausstattung, Ökologie);
- Nutzung des quantitativen, aber vor allem qualitativen Humankapitals (hochqualifizierte Arbeitskräfte);
- Aktivierung der Beziehungen zu den östlichen und südöstlichen Nachbarländern;
- Nachnutzung und Ausbau der Kapazitäten der traditionellen „Industriekerne";
- Inwertsetzung der Kapazitäten der sozialen und technischen Infrastruktur.

Diese Potentiale aus der eigenen Entwicklung und Substanz heraus gilt es geschickt zu kombinieren mit den exogenen Faktoren (Fördermittel vom Bund und aus der EU, Impulse aus der Entwicklung in den östlichen Nachbarländern).

International und national setzen sich die Tendenzen des wirtschaftlichen Strukturwandels – des Übergangs von der Industrie- zur Dienstleistungsgesellschaft – fort. In Deutschland entfielen im Jahre 1996 auf den Dienstleistungssektor bereits 63,3 % aller Erwerbstätigen und 65,5 % des Bruttoinlandprodukts (KULKE 1998). Auch in der Wirtschaftsstruktur Sachsens ist dieser Tertiärisierungsprozeß nachweisbar. Zwischen den Jahren 1989 und 1992 stieg der Anteil der Beschäftigten im Dienstleistungsbereich von 40,1 % auf 57,3 % (absolut bedeutete dies aber keinen Zuwachs an Beschäftigten!), 1998 lag er bei 60 %.

Neben dem Strukturwandel durch die Änderung des politischen und des Wirtschaftssystems auf dem eigenen Territorium beginnen sich Wettbewerbs- und Produktionsstrukturen der Wirtschaft Sachsens auch mit der Öffnung Ost- und Südosteuropas grundlegend zu verändern. Zudem ist der Freistaat auch in globale Veränderungen der Arbeitsteilung involviert.

Industrie – Stabilisierung auf niedrigem Niveau

Der Zeitraum ab 1993/94 ist für Sachsen einerseits gekennzeichnet durch den weiteren Abbau industrieller Kapazitäten und andererseits durch den Beginn der wirtschaftlichen Stabilisierung. Beeinflußt wird diese Entwicklung durch
– die negative Situation in Gesamtdeutschland,
– die Auswirkungen der Globalisierung,
– den sehr langsam verlaufenden Entwicklungsprozeß in den Reformstaaten Ost- und Südosteuropas.

Für die sächsische Industrie heißt dies konkret, daß sich das Beschäftigungsniveau in den traditionellen Branchen auf einem sehr niedrigen Niveau (10 % der Beschäftigten des Jahres 1989) einpegelt. Einigen Betrieben gelingt es, sich auf die Herstellung von Nischenprodukten zu konzentrieren, mit denen sie auf dem Markt Fuß fassen, oder die Betriebe übernehmen Lohnarbeiten für westdeutsche Betriebe. So verfügte z. B. im Jahre 1997 das Textil- und Bekleidungsgewerbe noch über 231 Betriebe mit 15 300 Arbeitskräften; 1989 waren in Sachsen in diesen Branchen 220 000 Arbeitskräfte tätig.

In den Bereichen Maschinenbau (1997 noch 357 Betriebe mit 30 900 Arbeitskräften), Braunkohlenbergbau und -verarbeitung, Elektrotechnik erfolgt jetzt ein deutlicher Abbau von Kapazitäten (und damit Arbeitsplätzen).

In einigen wenigen Branchen (Mikroelektronik, Ernährungsgewerbe – 1997 331 Betriebe mit 24 900 Arbeitskräften, Baumaterialienindustrie) stabilisiert sich die Produktion, und es kommt sogar zum Ausbau bestehender Einheiten bzw. zur Neuschaffung von Kapazitäten (Stat. Landesamt 1999).

Probleme stellten sich ein durch die nachlassende Konjunktur in Deutschland, die zu einem Rückgang der jährlichen Wachstumsraten führte, und damit zu einem verlangsamten Wachstum, einer Stagnation bzw. sogar Rückgang von Entwicklungskennziffern auch in den Neuen Bundesländern.

Die Auswirkungen der Globalisierung sind jetzt auch verstärkt in der ostdeutschen Industrie nachweisbar. Besonders problematisch stellt sich in diesem Zusammenhang für Sachsen die Nähe zu den Billiglohnländern Polen und Tschechien dar. „Verlangte vor einigen Jahren die Verlegung der Produktion in Billiglohnländer noch die Überwindung großer Entfernungen und kulturel-

	Industriebesatz				Veränderung 1994 gegenüber 1991
	1991	1992	1993	1994	(%)
Ostberlin	91,8	46,5	32,4	29,1	31,7
Brandenburg	114,2	72,7	50,3	42,1	36,9
Mecklenburg-Vorpommern	63,2	37,8	28,7	26,9	42,6
Sachsen	*147,4*	*76,4*	*53,9*	*47,1*	*32,0*
Sachsen-Anhalt	152,5	103,4	61,6	51,2	33,6
Thüringen	162,2	68,7	48,4	44,4	27,4
Neue Bundesländer und Ostberlin	131,5	69,9	49,1	46,5	35,4

Tab. 8.14:
Veränderung des Industriebesatzes (Industriebeschäftigte je 1 000 Ew.) in der ostdeutschen Industrie 1991/1994 (jeweils Monat Januar)
Quelle:
NOLTE/ZIEGLER 1994, S. 255–265; SCHERF/VIEHRIG 1995, S. 413

ler Schwellen sowie den Aufbau relativ aufwendiger logistischer Systeme, liegen heute Billiglohnländer wie Tschechien und Polen direkt an der Grenze der EU." (KOWALKE / KALLIS 1995, S. 241). Investoren „überspringen" den Freistaat und gehen in die angrenzenden Regionen der Nachbarländer und Unternehmen aus Ostsachsen verlagern die Produktion über die Grenzen, was wiederum zu einem Abbau von Arbeitsplätzen führt.

Insgesamt setzte sich in Sachsen die Deindustrialisierung im Zeitraum nach 1992 fort. Deutlich wird dies durch einen weiteren, wenn auch verlangsamten Abbau von industriellen Arbeitsplätzen auf eine Zahl von ca. 198 000 (ohne Bergbau; 1997). Verbunden ist dieser Prozeß mit einer deutlich fortschreitenden räumlichen Differenzierung („Kern" – „Peripherie" bzw. Aktiv- und Passivräume). Es kommt zur Entstehung neuer bzw. zum Ausbau vorhandener, teilweise historisch gewachsener Disparitäten. Parallel dazu ist eine Modernisierung der Branchenstruktur der Industrie festzustellen, die allerdings langsam und räumlich differenziert abläuft.

1997 gab es im Freistaat Sachsen 2 638 Industriebetriebe (über 20 Beschäftigte) mit 205 600 Arbeitskräften, davon zählten 2 556 zum Verarbeitenden Gewerbe (198 200 Arbeitskräfte) und 82 zum Bergbau (7 450 Arbeitskräfte).

Die Standortverteilung zeigt folgendes Bild (1997):
– Regierungsbezirk Dresden
  956 Betriebe   mit 80 650 Arbeitskräften;
– Regierungsbezirk Leipzig
  523 Betriebe   mit 39 000 Arbeitskräften;
– Regierungsbezirk Chemnitz
  1 151 Betriebe mit 86 000 Arbeitskräften.

Die Betriebsgrößenstruktur wird dominiert vom Klein- (50 % haben 20 – 49 Arbeitskräfte) und Mittelbetrieb (26 % liegen zwischen 50 und 99 Beschäftigten). Nur 13 sächsische Betriebe beschäftigen mehr als 1 000 Arbeitskräfte (Stat. Landesamt 1999).

Diese Statistik wird ergänzt durch 2 288 Kleinstbetriebe (unter 20 Arbeitskräfte) mit 18 200 Arbeitskräften (Stand 1995).

Die Entwicklungen in der Industrie Sachsens wurden und werden teilweise bis heute bestimmt und beeinflußt durch folgende weitere Probleme:
1. Die Rückübertragung auf die Alteigentümer wurde u. a. behindert durch
– die geringe Eigenkapitalausstattung in Verbindung mit der zögerlichen Kreditvergabe durch die Banken;
– den maroden Zustand der Produktionseinrichtungen;
– die hohen Kosten der Altlastensanierung.
2. Die Investoren wurden behindert durch
– die Festlegung „Rückgabe vor Entschädigung" im Einigungsvertrag ;
– Bürokratiehürden in den Kommunen / Land- und Stadtkreisen.

Wettbewerbsfähige Strukturen sind dort entstanden, wo lokale und regionale Märkte zurückgewonnen bzw. erschlossen werden konnten. Davon profitieren vor allem die Nahrungs- und Genußmittelindustrie, die Druckindustrie sowie Teile des Grundstoff- und Produktionsgütersektors (Mineralölwirtschaft). Hier sind durch frühzeitige Privatisierungen auch die notwendigen Modernisierungsinvestitionen rasch in Angriff genommen worden. Besonders schwierig ist die Situation dort, wo der Kapitalstock besonders veraltet war sowie in den Industriezweigen, die auf den wettbewerbsintensiven überregionalen Märkten Fuß fassen müssen. Das gilt für Investitionsgüterbereiche (Maschinenbau, Bürotechnik, Elektrotechnik / Elektronik), vor allem aber für Zweige des Verbrauchsgütersektors (Textil- und Bekleidungsindustrie).

Seit den Jahren 1990 / 91 bemühen sich die Betriebe ihre Exportorientierung breiter zu streuen.

Für die Ausfuhr von Erzeugnissen zeigte sich 1997 folgende Verteilung auf Länder bzw. Regionen (zusammengestellt und berechnet nach (Stat. Landesamt 1999):

- Länder der Europäischen Union
  4,29 Mrd. DM (41,5 %),
- Reformstaaten Ost- und Südosteuropas
  2,99 Mrd. DM (28,8 %),
  davon Rußland 0,93 Mrd. DM (9,0 %),
- USA 0,46 Mrd. DM (4,4 %),
- Japan 0,09 Mrd. DM (0,9 %);
  Gesamtausfuhr 10,3 Mrd. DM.

Die sächsische Exportstruktur des Jahres 1997 wird eindeutig dominiert von den Fertigwaren (9,3 Mrd. DM = 90 %, darunter Maschinen 2,0 Mrd. DM = 19 %, Kraftfahrzeuge 2,1 Mrd. DM = 20 %); Halbwaren (0,3 Mrd. DM) und Nahrungs- und Genußmittel (0,6 Mrd. DM) spielen eine untergeordnete Rolle.

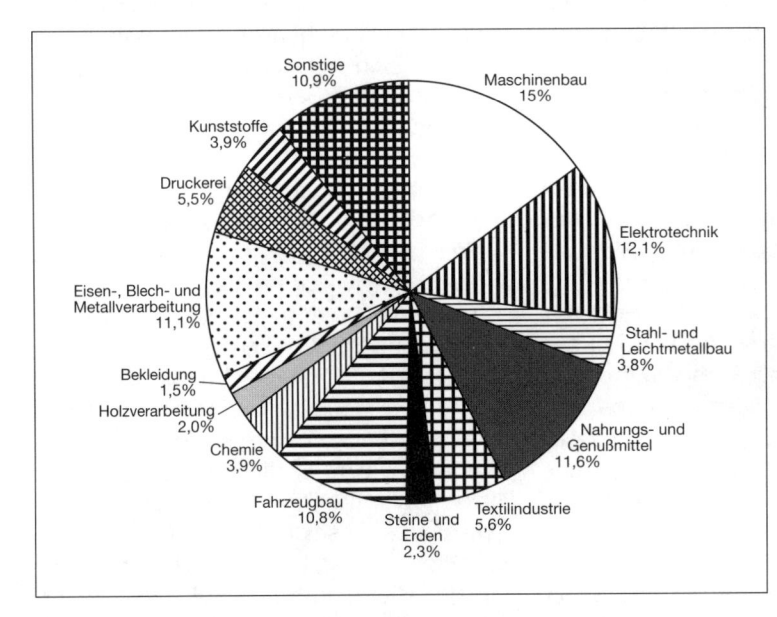

Abb. 8.12:
Beschäftigtenanteile in der sächsischen Industrie 1998
Quelle:
Stat. Landesamt Sachsen; 1999

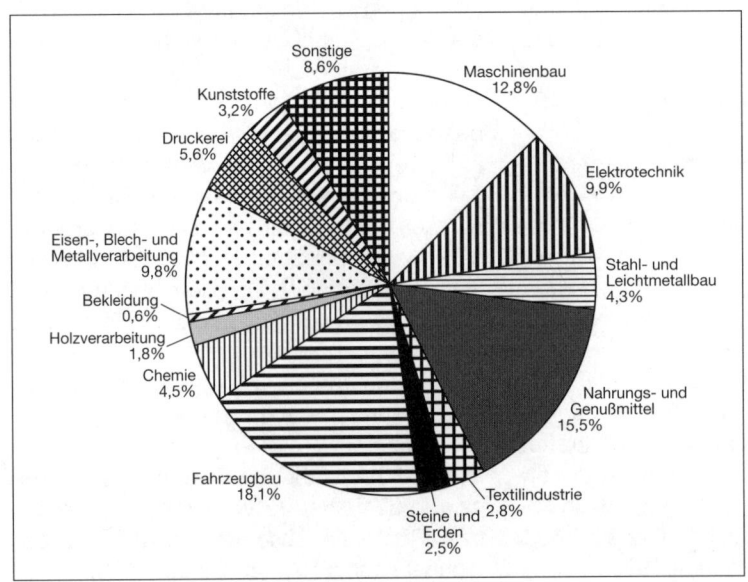

Abb. 8.13:
Umsatzanteile der sächsischen Industrie 1998
Quelle:
Stat. Landesamt Sachsen, 1999

Die Importstruktur (nach Ländern bzw. Regionen) zeigt ein vergleichbares Bild (1997): 40,3 % kommen aus der EU, 39,0 % aus Ost- und Südosteuropa (darunter 14,5 % aus Rußland), 5,2 % aus den USA und 4,6 % aus Japan. Bei einer Importmenge von (1997) 9,1 Mrd. DM besitzt Sachsen einen Außenhandelsüberschuß von 1,2 Mrd. DM.

Die Einfuhr nach Warengruppen wird ebenfalls dominiert von den Fertigwaren (68 %, darunter Maschinen und Kraftfahrzeuge 25 %); die Halbwaren haben einen Anteil von 22,5 %, die Nahrungs- und Genußmittel 7 % und die Rohstoffe 2 %.

Teilweise konnte bei der Entwicklung der Industrie auf „Wurzeln" aufgebaut werden, so z. B. bei der Entwicklung der Mikroelektronik am Standort Dresden.

Landwirtschaft – vereinigungsbedingter Umstrukturierungsprozeß abgeschlossen

Insgesamt läßt sich einschätzen, daß der Umstrukturierungsprozeß in der Landwirtschaft im Prinzip abgeschlossen ist. Die weitere Strukturentwicklung „wird zunehmend von marktwirtschaftlichen Anforderungen und evtl. steuerrechtlichen Neuerungen und abnehmend durch das Wirksamwerden besonderer vereinigungsbedingter rechtlicher Regelungen (...) geprägt" (Sächs. Staatsministerium für Landwirtschaft, Ernährung und Forsten 1996, S. XXXII; Tab. 8.15).

Auch die Wirkungen, die von der vorgesehenen Veränderung der Förderpraxis der EU (Agenda 2000) ausgehen werden, können die Strukturentwicklung der Landwirtschaft in Sachsen negativ beeinflussen.

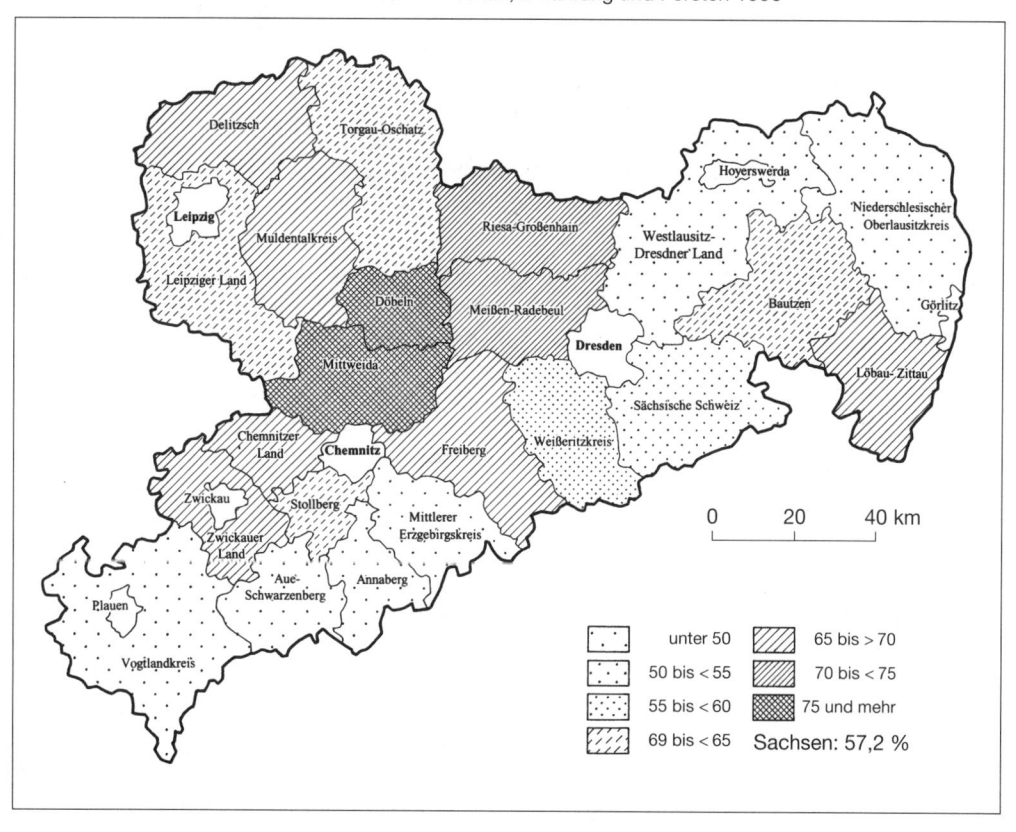

Abb. 8.14: Anteil (in %) der landwirtschaftlichen Nutzfläche (LN) an der Territorialfläche in Sachsen 1994
Quelle: Sächs. Staatsministerium für Landwirtschaft, Ernährung und Forsten 1996

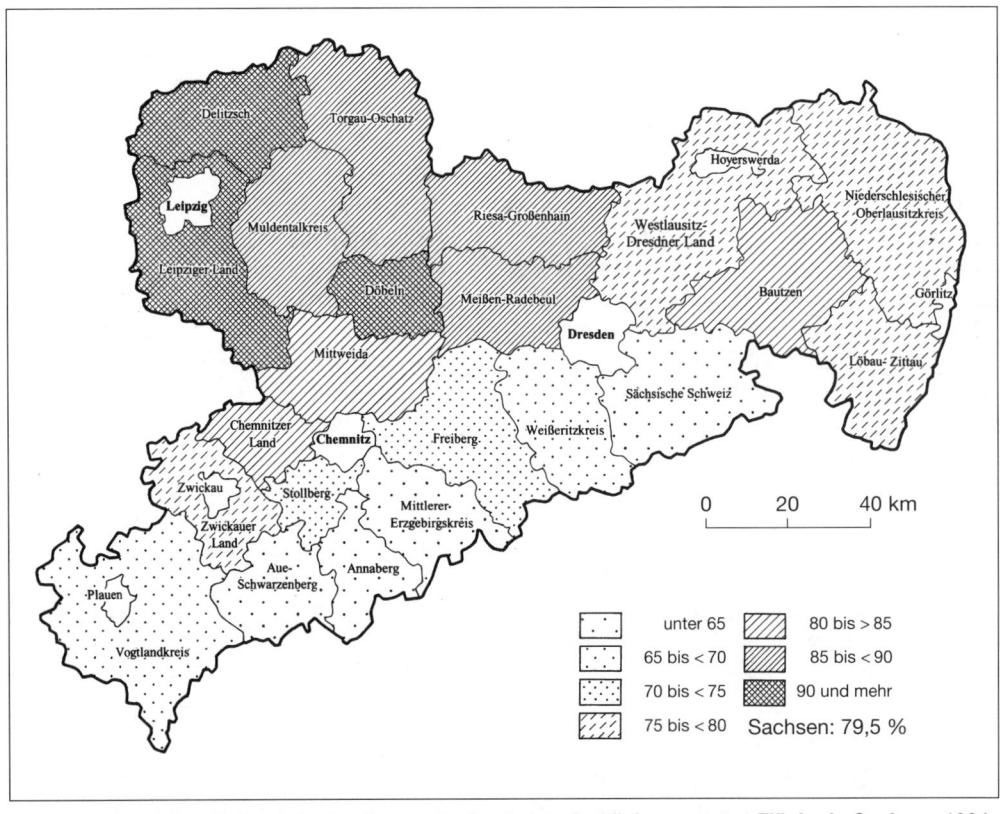

Abb. 8.15: Anteil (in %) des Ackerlandes an der landwirtschaftlich genutzten Fläche in Sachsen 1994
Quelle: Sächs. Staatsministerium für Landwirtschaft, Ernährung und Forsten 1996

Gegenwärtig läßt sich einschätzen, daß die sächsische Landwirtschaft, ausgehend von den naturräumlichen Bedingungen und den in den letzten neun Jahren entstandenen „gemischten" Organisationsstrukturen (mit einem hohen Anteil „juristischer Personen" und den großflächigen Privatunternehmen), günstige Voraussetzungen für die zukünftige Entwicklung aufweist.

1998 existierten in Sachsen 7 019 landwirtschaftliche Betriebe, davon befanden sich 565 in der Rechtsform „Juristische Personen" und 6 454 in der Rechtsform „natürliche Personen" (davon 386 Personengesellschaften und 6 068 Einzelunternehmen). Die durchschnittliche Größe der Landwirtschaftsbetriebe (ohne Gartenbau) beträgt bei „Juristischen Personen" 1 067 ha LF, den Personengesellschaften 312 ha LF, den Haupterwerbsbetrieben 105 ha LF und den Nebenerwerbsbetrieben 13 ha LF.

Der Abbau von Beschäftigten in der Landwirtschaft ist insgesamt abgeschlossen; der durchschnittliche Arbeitskräftebesatz liegt bei den „Juristischen Personen" bei 2,75 AK/100 ha und bei den Haupterwerbsbetrieben bei 1,9 (Sächs. Staatsministerium für Landwirtschaft, Ernährung und Forsten 1999).

Der Abbau der Viehbestände wurde nach 1992 in einem geringeren Tempo als nach der Wende fortgesetzt (vgl. Tab. 8.10). Neben den oben genannten Gründen kamen die Preiseinbrüche bei Wolle, Milch und Fleisch (Diskussion um BSE) hinzu. Die Besatzzahlen von Rindern, Milchkühen und

Aktuelle Entwicklungstendenzen

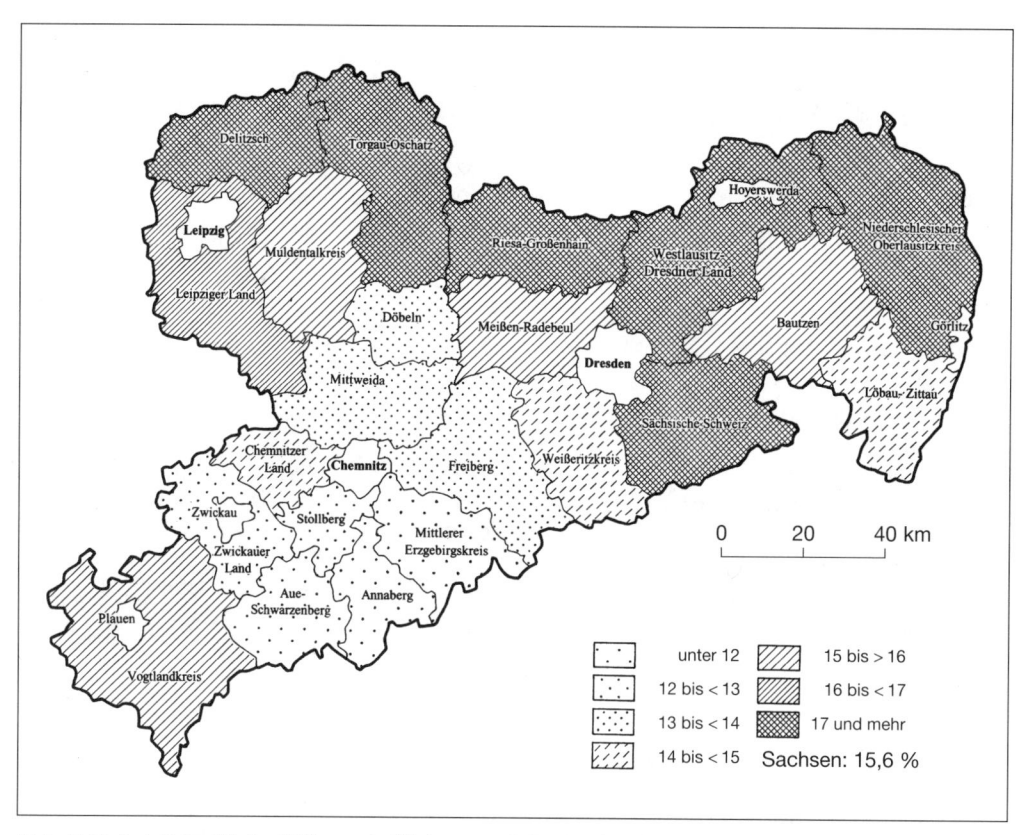

Abb. 8.16: Anteil (in %) der Stillegungsflächen am Ackerland in Sachsen 1994
Quelle: Sächs. Staatsministerium für Landwirtschaft, Ernährung und Forsten 1996

Schweinen erreichen in Sachsen teilweise kaum die Hälfte der westdeutschen Werte. So schöpfen zum Beispiel die sächsischen Milcherzeuger die ihnen vorgegebene Milchquote (Referenzmenge) nur zu etwa 90 % aus.

Bei der Entwicklung der Bodennutzung sind folgende Trends sichtbar:
- weitere Zunahme der Getreideanbaufläche,
- Stabilisierung des Ölfrüchteanbaus auf einem hohen Niveau,
- leichte Zunahme der Kartoffelanbaufläche,
- weitere Reduzierung des Anbaus von Feldfutter,
- Steigerung des Anbaus nachwachsender Rohstoffe.

Von der gesamten landwirtschaftlichen Nutzfläche gehören 33,6 % zu den nach vorgegebenen Kriterien festgelegten benachteiligten Gebieten (353 085 ha). An die Landwirte dieser Räume erfolgen Ausgleichszahlungen.

Der ökologische Landbau stellt für die sächsische Landwirtschaft eine günstige Alternative dar. Wurden 1991 erst 650 ha nach den bundesweit einheitlichen Regeln bearbeitet, so waren es 1992 schon 2 660 ha. Nach den 1993 von der EU festgelegten Bewirtschaftungsregeln nahm die Bedeutung weiter zu. Im Jahre 1995 gab es in Sachsen 97 Betriebe von Öko-Bauern, die 7026 ha bewirtschafteten, 1998 165 Betriebe mit 12611 ha Fläche (Sächs. Staatsministerium für Landwirtschaft, Ernährung und Forsten 1996.

	Einheit	1989	1991	1997
Fläche				
Gesamtfläche	1 000 ha	1 834	1 834	1 841
Landwirtschaftliche Nutzfläche (LF)	1 000 ha	1 052	1 049	1 042
Anteil an der Landesfläche	%	57	57	57
Waldfläche	1 000 ha	486	484	508
Anteil an der Landesfläche	%	26	26	28
Wasserfläche	1 000 ha	30	32	32
Anteil an der Landesfläche	%	2	2	2
Benachteiligte Gebiete	1 000 ha	k. A.	353	353
Anteil an der Landwirtschaftsfläche	%	k. A.	34	34
Bevölkerung				
Bevölkerung insgesamt	1 000	4 901	4 679	4 538
Einwohnerdichte	Ew./m²	267	255	246
Erwerbstätige insgesamt	1 000	2 865	2 193	1 865
Erwerbstätige in der Landwirtschaft	1 000	193	101	57
Arbeitskräftebesatz	AK/100 ha	15,0	9,1	2,7
Erwerbstätige in der Ernährungswirtschaft	1 000	65	33	23
Betriebe in der Ernährungswirtschaft	Anzahl	131	276	296*
Landwirtschaftliche Betriebsstruktur				
Rechtsform				
Landwirtschaftliche Betriebe insgesamt	Anzahl	1 840	4 675	6 884
davon Juristische Personen	Anzahl	885	429	554
darunter Eingetragene Genossenschaften	Anzahl	0	292	249
GmbH	Anzahl	0	20	204
GmbH & Co. KG	Anzahl	0	117	55
davon Natürliche Personen	Anzahl	955	4 246	6 330
darunter GbR	Anzahl	0	177	343
Einzelunternehmer	Anzahl	955	4 064	5 976
davon Haupterwerb	Anzahl	955	114	1 829
Nebenerwerb	Anzahl	0	3 950	4 147
Betriebsgrößenklassen				
Betriebe unter 2 ha LF	Anzahl	k. A.	1 159	463
mit bis unter 10 ha LF	Anzahl	k. A.	956	2 300
mit 10 bis unter 50 ha LF	Anzahl	k. A.	1 389	2 156
mit 50 bis unter 100 ha LF	Anzahl	k. A.	346	643
mit 100 ha LF und mehr	Anzahl	k. A.	825	1 322
davon Betriebe mit 100 bis unter 1000 ha LF	Anzahl	k. A.	525	1 045
Betriebe mit 1000 bis unter 3000 ha LF	Anzahl	k. A.	257	260
Betriebe mit 3000 ha LF und mehr	Anzahl	k. A.	43	17
Bewirtschaftung LF				
LF der Juristischen Personen	1 000 ha	935	713	571
darunter Pachtland	%	k. A.	k. A.	88
LF der Natürlichen Personen	1 000 ha	3	151	345
darunter Pachtland	%	k. A.	k. A.	68

Tab. 8.15: Agrardaten des Freistaates Sachsen 1989, 1991 und 1997 *1996
Quelle: Sächs. Staatsministerium für Landwirtschaft, Ernährung und Forsten 1999

Kulturart	Anbaufläche (ha)				Verarbeitungsprodukte
	1993	1994	1995	1998	
Winterraps	5 177	10 211	39 890	23 395	RME (Rapsmethylester), Chemisch-Technische Öle / Schmierstoffe
Sonnenblumen	–	3 167	3 267	295	Glyzerin, Fettsäurederivate, Technische Öle, Treibstoffe
Öllein	314	614	287	20	Grundstoff für Lacke u. Linoleum (Chemische Industrie)
Winterweizen	811	1 910	1 011	–	stärkehaltige Produkte, Konditionierungsmittel für Papier- und Baustoffherstellung
Roggen	–	–	31	–	stärkehaltige Produkte
Mais	–	15	78	–	Versuchszwecke
Erbsen	–	–	22	–	Stärke / Amylose
Flachs	–	–	10	6	Technische Fasern
Kamille	41	10	–	–	Kamilleextrakte, Apothekerwaren
Miscanthus	7	13	24	44	Versuchszwecke
Summe	6 350	15 940	44 620	23 716	

Tab. 8.16: Anbau nachwachsender Rohstoffe auf stillgelegten Flächen Sachsens 1993–1998
Quelle: Sächs. Staatsministerium für Landwirtschaft, Ernährung und Forsten 1996, S. 77; 1999, S. 78

Der Anbau von nachwachsenden Rohstoffen bzw. Sonderkulturen ist eine Zukunftsstrecke der sächsischen Landwirtschaft (Tab. 8.16). Die Konzeption orientiert sich „an der Sicherung der heimischen Versorgung mit Rohstoffen, Schonung der fossilen Energieträger, am Umweltschutz, an wirtschaftspolitischen Zielen wie Einkommenssicherung in der Landwirtschaft, Schaffung neuer Absatzmärkte und Stärkung der Wettbewerbsfähigkeit" (Sächs. Staatsministerium für Landwirtschaft, Ernährung und Forsten 1993, S. 9).

Eine zunehmend wichtige Aufgabe für die Landwirtschaft wird die Erhaltung der Kulturlandschaft. Bedingt durch die Flächenstillegung wächst die Gefahr der Verstrauchung / Verbuschung. Dieser muß durch Ausgleichszahlungen von der EU und vom Bund an die Bauern entgegengewirkt werden. Mögliche bzw. notwendige Maßnahmen sind
– die Pflege der stillgelegten Ackerflächen (Mahd),
– die Extensivierung der Viehhaltung (Nutzung der Flächen als Weide),
– die Aufforstung.
In der Zeit nach 1992 setzte sich insgesamt der Prozeß der Abnahme der Bedeutung der Land- und Forstwirtschaft bezogen auf die Bruttowertschöpfung fort. Er betrug im Jahre 1998 in Sachsen 1,4 % (bei etwa 3,5 % der Gesamtbeschäftigten).

Der Dienstleistungssektor – Nachholen im Tertiärisierungsprozeß

Wie in der Einleitung zu diesem Kapitel (8.3) angedeutet, hat sich der Anteil der Beschäftigten im Dienstleistungssektor in Sachsen nach der Wende von 40,1 % (1989) auf 57,3 % (1992) erhöht. (Heute liegt der Anteil bei 60,5 %.) Bei der Gesamtentwicklung der Beschäftigten im Land (Rückgang der Zahl der Erwerbstätigen um 36,8 %) bedeutete dies aber für diese erste Periode absolut keinen Gewinn an Arbeitsplätzen.

Es verändert sich die Branchenstruktur innerhalb des Tertiärsektors. Bedingt durch den Rückstand im Tertiärisierungsprozeß (im Verhältnis zu den Alten Bundesländern) lassen sich bei der Entwicklung des Dienstleistungssektors in Sachsen u. a. folgende Tendenzen feststellen:
– Die Entwicklung des sächsischen Einzelhandels vollzog sich zum größten Teil außerhalb der klassischen Einkaufslagen der Städte, d. h. auf der „Grünen Wiese" („nichtintegrierte Standorte"). Die Übernahme durch Handelsfirmen aus Westdeutschland, eine erst im Aufbau befindliche Verwaltung (Fehlen von regionalen Raumordnungsprogrammen und Flächennutzungsplänen),

Umlandregionen	Verkaufsraumfläche	
	absolut (m²)	relativ (m²/Ew.)
Umland Dresden	179 000	0,8
davon Landkreis Dresden	53 000	0,5
übriges Umland	126 000	1,0
Umland Görlitz	75 000	3,6
Umland Leipzig	570 000	3,8
davon Landkreis Leipzig	419 000	3,3
übriges Unmland	151 000	6,8
Umland Plauen	46 000	1,1

Tab. 8.17: Neue Einkaufszentren in ausgewählten Umlandregionen Sachsens 1992
Quelle: Stat. Landesamt Sachsen

ungeklärte Eigentumsverhältnisse, hohe Immobilienpreise und Mieten, Bürokratiehürden in den großen Städten u. a. spielten dabei eine wichtige Rolle.
– Folgen sind der Verlust von Kaufkraft in den Innenstädten und damit die Schließung von Handelseinrichtungen, der Verlust bestimmter Branchen („Food-Bereich"), die „Filialisierung" (Konzentration von Filialen großer Handelsketten, die die Mieten zahlen und eventuelle Verluste durch Ausgleich tragen können; in Dresden 1994 bereits knapp 50 % aller Geschäfte) und die „Konfektionierung" (Zunahme der Handelseinrichtungen aus dem „Non-Food-Bereich"). Insgesamt zeigt sich im Bereich des Einzelhandels in den Innenstädten eine große Dynamik mit einer hohen Leerstandsquote von Geschäften.
– Diese Entwicklung geht einher mit Veränderungen der Größenstruktur der Handelseinrichtungen. Die flächenkleinen Geschäfte gingen stark zurück, und dafür nahm die Bedeutung der großen Fachgeschäfte sowie der Super- und Verbrauchermärkte deutlich zu.
– Eine weitere Folge dieser Konzentration im Einzelhandel ist die der Ausdünnung des Verkaufsstellennetzes im ländlichen Raum. Der typische „Tante-Emma-Laden" in den Dörfern existiert im Prinzip nicht mehr.
Insgesamt aber hat sich die Verkaufsraumfläche in Sachsen zwischen 1988 und 1993 mehr als verdoppelt (von 1,5 Mio. m² auf ca. 3,5 Mio. m²). Deutlich wird dies auch bei der pro Einwohner zur Verfügung stehenden Verkaufsfläche: 1988 0,3 m², 1992 0,7 m² (KULKE 1998, PÜTZ 1994, 1997).

Im Bereich der Kinderbetreuung (Kindergärten, Kinderkrippen), im Bildungssektor (Grundschulen, Mittelschulen) sowie bei Kultur und Sport geht die Anzahl der Beschäftigten zurück. Gründe hierfür sind vor allem in dem deutlichen Rückgang der Geburtenzahlen (vgl. Kap. 5), in veränderten Einstellungen der Eltern, in einer Verteuerung der angebotenen Leistungen, im Sparkonzept des öffentlichen Bereichs u. a. zu sehen.

Bedeutungszuwachs (und damit verbunden auch die Neuschaffung von Arbeitsplätzen) erzielen im Gegensatz dazu folgende Branchen des Dienstleistungssektors:
– Finanz- und Kreditinstitute, Versicherungsgewerbe, Immobilienhandel,
– Dienstleistungen freier Berufe,
– unternehmensorientierte Dienstleistungen.
In Sachsen findet ein deutlicher technologischer Wandel im Bereich der Industrie statt. Dies und der Zwang zur Effektivierung der Produktion führen zu einer Ausgliederung von nicht zur eigentlichen Produktion gehörenden Bereichen („lean production", „just-in-time"). Diese „verselbständigen" sich.

Die aufgezeigte Entwicklung besitzt für Sachsen auch eine räumliche Komponente. Während die konsumentenorientierten Dienstleistungen vor allem auf den Einzelkunden orientieren, besitzen sie meist eine disperse Standortverteilung. Die unternehmensorientierten Dienste wählen in der Regel Städte, die eine gute Verkehrs- und Kommunikationsverbindung besitzen. Sie bilden dort funktionale Cluster mit anderen Dienstleistern (KULKE 1998). Diese Veränderung der Branchenstruktur im Dienstleistungsbereich führt also zu einer deutlichen Aufwertung der sächsischen Großstädte und Agglomerationsräume (Dresden, Leipzig) und zu Funktionsverlusten im (vor allem peripheren) ländlichen Raum (Erzgebirge, Oberlausitz, Vogtland).

8.4. Regionale Beispiele
8.4.1. Die Landeshauptstadt Dresden

Mit der Länderneubildung 1990 erhielt Dresden seine angestammte Funktion als Hauptstadt des Landes (Freistaates) Sachsen zurück. Während in anderen Neuen Bundesländern über den Standort der Hauptstadt diskutiert wurde (Sachsen-Anhalt: Halle, Magdeburg, Dessau; Mecklenburg-Vorpommern: Rostock, Schwerin; Thüringen: Erfurt, Weimar), wurde die Position von Dresden als Hauptstadt Sachsens nie in Frage gestellt. Dies allein zeigt schon die Stellung, die Dresden – natürlich auch bereits historisch bestimmt – in dieser Region besitzt.

Ende des 19. Jahrhunderts stand Dresden bereits an vierter Stelle der deutschen Städte hinsichtlich der Zahl der Industriebeschäftigten und an fünfter Stelle bezüglich zentraler, überregionaler Funktionen. Die wichtigsten Wirtschaftsfaktoren waren dabei immer die Verknüpfung von Wissenschaft und technischem Wissen und deren Umsetzung in marktfähige Produkte sowie das Image der Stadt als Wohnort hoher Lebensqualität (Beiträge zur Geographie. Bezirk Dresden 1988).

Die Entwicklung nach dem Zweiten Weltkrieg war für die Stadt widersprüchlich; einerseits gab es Funktionsverluste (Hauptstadtfunktion), andererseits einen Ausbau von Kapazitäten der Forschung und der Wirtschaft (Technische Universität, außeruniversitäre Forschungseinrichtungen; Mikroelektronik, Feinmechanik/Optik). So waren 1988 über 37 % aller Beschäftigten in der Industrie tätig.

Auch in Dresden setzte 1990 eine Deindustrialisierung ein, die aber aufgrund des günstigen Branchenmix (größere Anzahl moderner Branchen, Fehlen von eigentlichen Problembranchen), der relativ modernen Betriebsstätten, des vorhandenen Forschungspotentials und anderer weicher Standortfaktoren unter den Werten anderer ostdeutscher Regionen bzw. Städte blieb.

Die Branchenstruktur der Industrie blieb – natürlich auf niedrigerem Niveau – erhalten. So bestimmen Elektrotechnik, Elektronik (Informations- und Kommunikationstechnik), Medizintechnik und Feinmechanik/Optik in Verbindung mit ausgewählten Branchen des Maschinenbaus und der Nahrungs- und Genußmittelindustrie weiterhin die Industrielandschaft von Dresden. Besonders mit den Bereichen Mikroelektronik, Medizintechnik und Präzisionstechnik sind Wachstumsbranchen vorhanden, die auch die Internationalisierung des Standortes Dresden ermöglichen (Abb. 8.17) (KOWALKE 1998).

Mit der Ansiedlung von Siemens (heute Infineon) und AMD gelang es in den letzten Jahren, die Stellung von Dresden als Standort der Mikroelektronik zu erhalten und sogar auszubauen (Tab. 8.18). Viele sprechen bereits von einem sächsischen (oder gar europäischen) „Silicon Valley".

Tab. 8.18:
Mikroelektronikstandort Dresden 1999
Quelle: Landeshauptstadt Dresden 1999, S. 19
* Herstellung mikroelektronischer Bauelemente (vom Halbleiter bis zum Bauelement) bzw. Unternehmen, die unmittelbar mit diesem Prozeß verknüpft sind

Unternehmensleistung bzw. Angebot	Anzahl der Unternehmen
Herstellung mikroelektronischer Komponenten	14
Spezielle Dienstleistungen für die Mikroelektronik	11
Herstellung halbleiterspezifischer Materialien	2
Produktion von Equipment für die Dresdner Mikroelektronik	25
Dienstleistungen an bzw. für Equipment der Mikroelektronik	32
Unternehmen im Kernbereich* insgesamt	84
Anzahl der Arbeitsplätze	ca. 7 000

Insgesamt existierten im Jahre 1998 in der Stadt 192 größere Industriebetriebe (über 20 Beschäftigte) mit 19 395 Arbeitskräften, davon gehörten 34,9 % der Betriebe mit 36,5 % der Arbeitskräfte zu den Vorleistungsgüterproduzenten, 40,6 % mit 36,6 % der Arbeitskräfte zu den Investitionsgüterproduzenten, 20,8 % mit 24,8 % der Arbeitskräfte zu den Verbrauchsgüterproduzenten und 3,6 % mit 2,0 % der Arbeitskräfte zu den Gebrauchsgüterproduzenten. Zum Vergleich: Im Jahre 1988 gab es in Dresden 294 Betriebe mit 1 045 Arbeitsstätten, in denen 100 076 Menschen tätig waren, drei Jahre später, 1991, waren es 162 Betriebe mit 50 446 Beschäftigten (Stat. Landesamt 1997, Landeshauptstadt Dresden 1999)

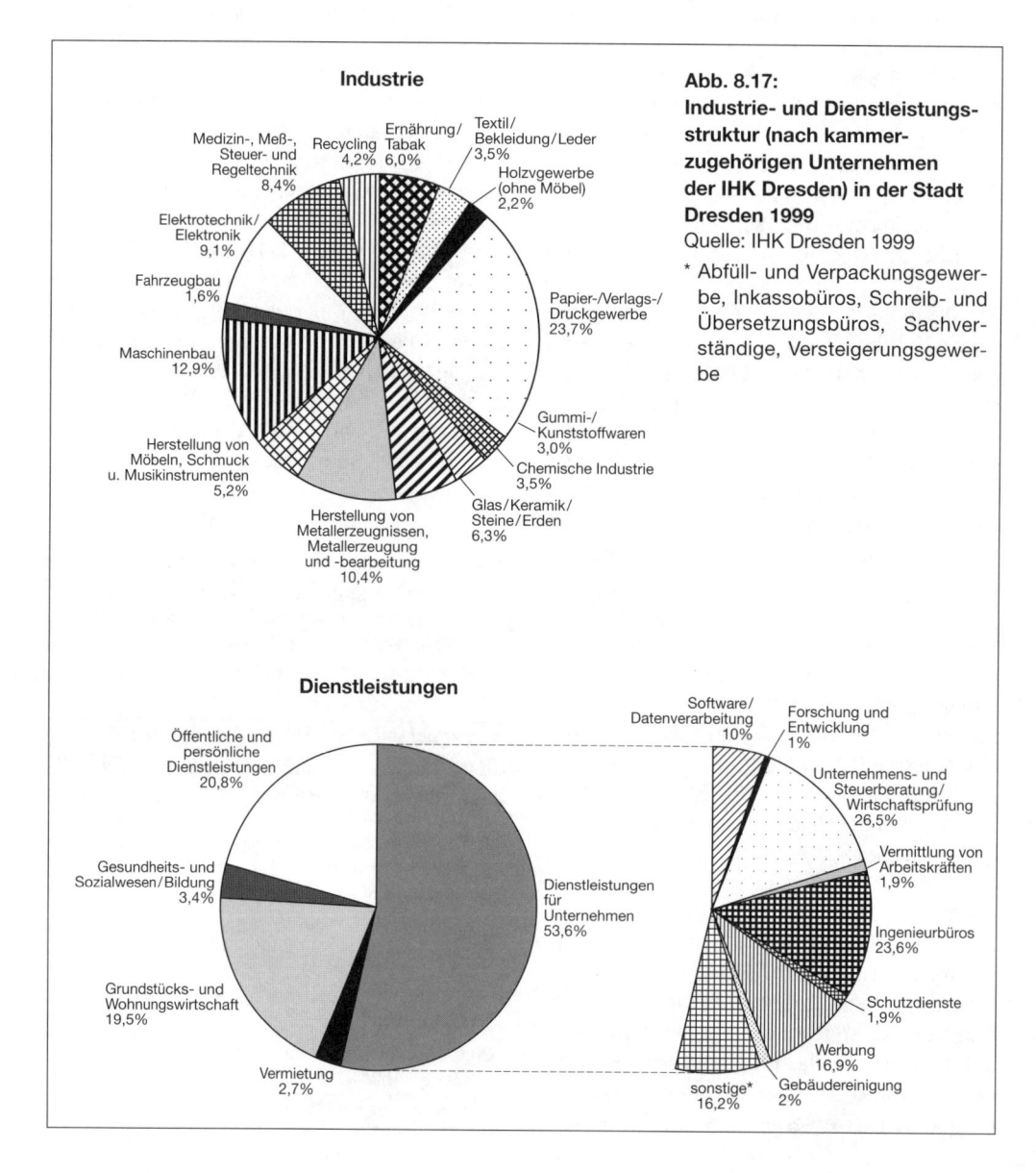

Abb. 8.17:
Industrie- und Dienstleistungsstruktur (nach kammerzugehörigen Unternehmen der IHK Dresden) in der Stadt Dresden 1999
Quelle: IHK Dresden 1999

* Abfüll- und Verpackungsgewerbe, Inkassobüros, Schreib- und Übersetzungsbüros, Sachverständige, Versteigerungsgewerbe

Ein wichtiger Faktor für die wirtschaftliche Entwicklung der Stadt ist das weiterhin hohe Niveau an Forschungs- und Entwicklungseinrichtungen. Neben den universitären Einrichtungen (Technische Universität Dresden, Fachhochschule für Wirtschaft und Technik) sind dies vor allem die Fraunhofer-Institute, die Max-Planck-Institute, die Institute der Leibniz-Gesellschaft, die privaten Forschungs- und Entwicklungsinstitute und die sogenannten Forschungs-GmbH. Über 50 % der Industrieunternehmen betreiben selbst Forschung (SPECHT 1999). Dresden verfügt mit dieser Struktur neben Berlin über die höchste Dichte wissenschaftlicher und industrieller Forschungskapazitäten in Ostdeutschland.

Einen deutlichen Wachstumsschub gab es in Dresden nach 1990 im tertiären Bereich. Hier waren die größten Defizite zu verzeichnen. Vor 1989 waren erst 20 % der Beschäftigten der Stadt im Dienstleistungssektor tätig, 1993 waren es 35 % und heute sind es bereits 59 % (die Zahl der Beschäftigten stieg bis 1998 auf über 136 500 an). Gab es 1990 erst ca. 5 000 Dienstleistungsunternehmen, waren es 1998 bereits über 7 850 (dazu kommen noch über 2 300 Handelseinrichtungen mit mehr als 22 000 Beschäftigten).

Wichtige Dienstleistungsbranchen haben sich in der Landeshauptstadt angesiedelt bzw. entwickelt, so gibt es über 100 Niederlassungen von Banken, Versicherungen u. ä., über 300 Steuerberater, 400 Rechtsanwälte, etwa 280 Werbeagenturen usw. Die Stadt ist heute ebenfalls als Zentrum unternehmensnaher Dienstleistungen anzusehen (Abb. 8.17).

Besonders in der touristischen Bedeutung von Dresden liegen weitere Entwicklungsimpulse für den Dienstleistungssektor. Die Stadt steht mittlerweile in der Beliebtheitsskala (gemessen an den Gäste-Übernachtungen) an vierter Stelle in Deutschland. Das Beherbergungsgewerbe kann dabei als beschäftigungsintensive Branche gerade bezüglich der Frauenarbeitslosigkeit zu Entlastungen führen. Neben dem Städtetourismus wird versucht, den Standort als Messe-, Kongreß- und Tagungszentrum zu etablieren. Auch in der Einbeziehung des näheren und weiteren Umlandes liegen noch große Reserven.

Im Bereich der Dienstleistungen sieht sich Dresden einem starken Konkurrenzdruck durch Leipzig ausgesetzt. Dresden als Sitz der Landesregierung besitzt aber einen Standortvorteil, da die Nähe zu allen Entscheidungsträgern der föderalen Struktur (Land, Regierungsbezirk, Stadt) Unternehmen veranlaßt, Landesvertretungen und Hauptverwaltungen in die sächsische Hauptstadt zu verlegen. Die Ministerien und ihre nachgeordneten Einrichtungen sind mit fast 50 000 Arbeitsplätzen der größte Arbeitgeber der Stadt.

Mit dem Transformationsprozeß vollzogen sich auch im Einzelhandel Strukturveränderungen (PÜTZ 1994, 1997).

Durch die Errichtung von Einkaufszentren auf der „Grünen Wiese" (Abb. 8.18; vgl. auch Tab. 8.17) wurde der autofreundliche Einkauf zur Deckung der Grundversorgung (teilweise auch darüber hinausgehend) bei günstigen Preisen erreicht. Wenn auch keine Shopping Center wie um Leipzig herum (vgl. Abb. 8.20) entstanden sind, geriet besonders der kleinstrukturierte Handel stark unter Druck und mußte viele Geschäfte schließen. Wuchs die Verkaufsfläche von 133 000 m^2 (1990) auf 308 000 m^2 (1994), konnte die City davon nur 3 % auf sich ziehen (PÜTZ 1994). Dies zeigt den Bedeutungsverlust, den die Innenstadt zugunsten des dynamischen Stadtrandes und der Umlandgemeinden hinnehmen mußte. Anfang des Jahres 1999 standen der Bevölkerung der Stadt insgesamt 726 000 m^2 Verkaufsraumfläche zur Verfügung (1,4 m^2/Ew.)

Die für den Handel aufgezeigten Suburbanisierungstendenzen zeigen sich auch im Bereich des Wohnungsbaus (Abb. 8.18). Die Umlandgemeinden erzielen einen starken Einwohnergewinn aus der Stadt Dresden. Jährlich ziehen zwischen 5 000 und

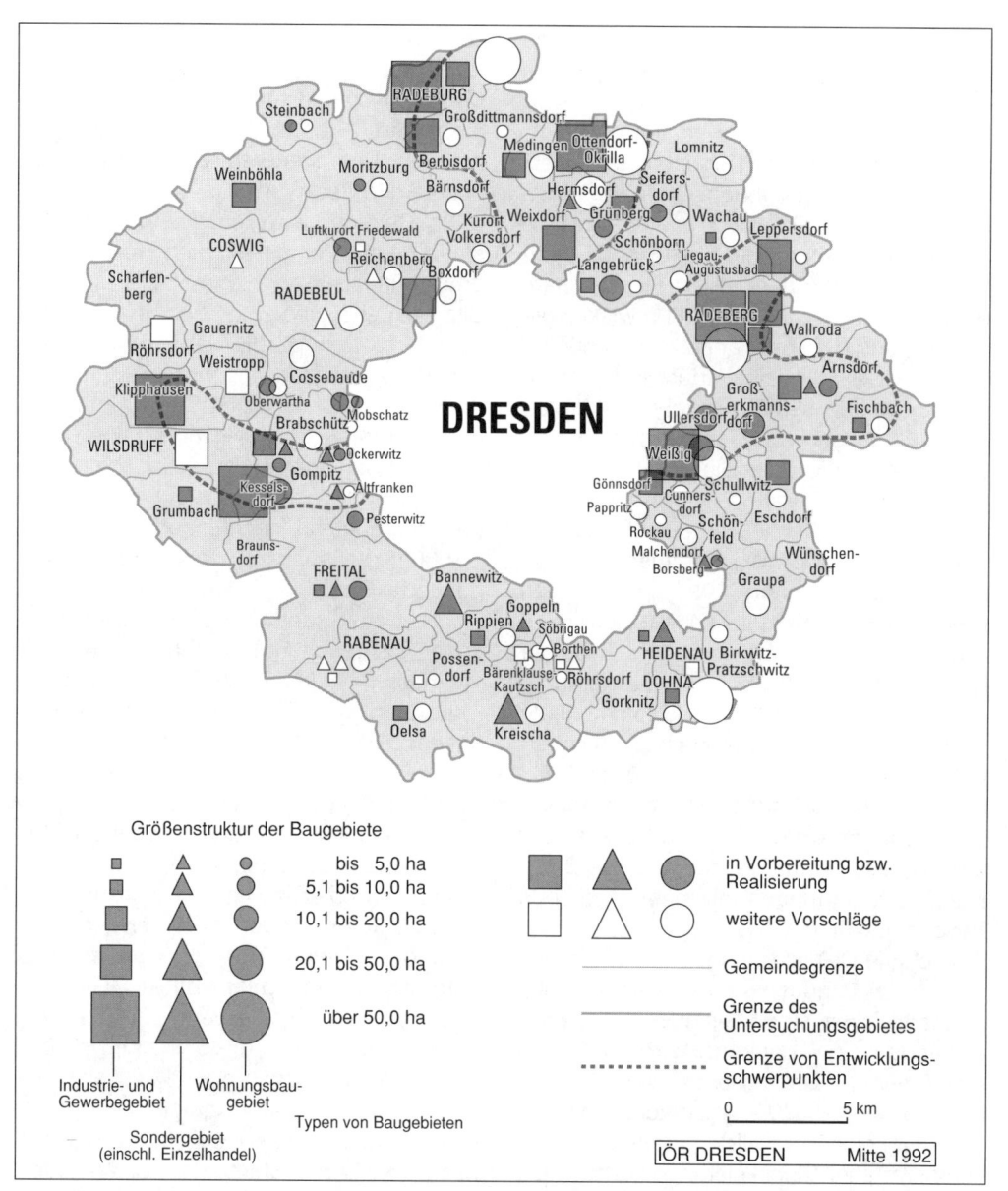

Abb. 8.18: Neue Baugebiete im Umland von Dresden 1992 (Realisierung, Vorbereitung, Vorschläge)
Quelle: Institut für Ökologische Raumentwicklung Dresden e. V. 1992, internes Arbeitsmaterial

Quell- / Zielgebiet	Zuzüge	Wegzüge
Region Dresden	3 147	9 559
Freistaat Sachsen	2 244	2 066
übrige Bundesrepublik	7 140	5 782
Ausland	6 460	3 803

Tab. 8.19: Wanderung über die Grenzen der Stadt Dresden 1995
Quelle: Stadtverwaltung Dresden 1996

Regionale Beispiele

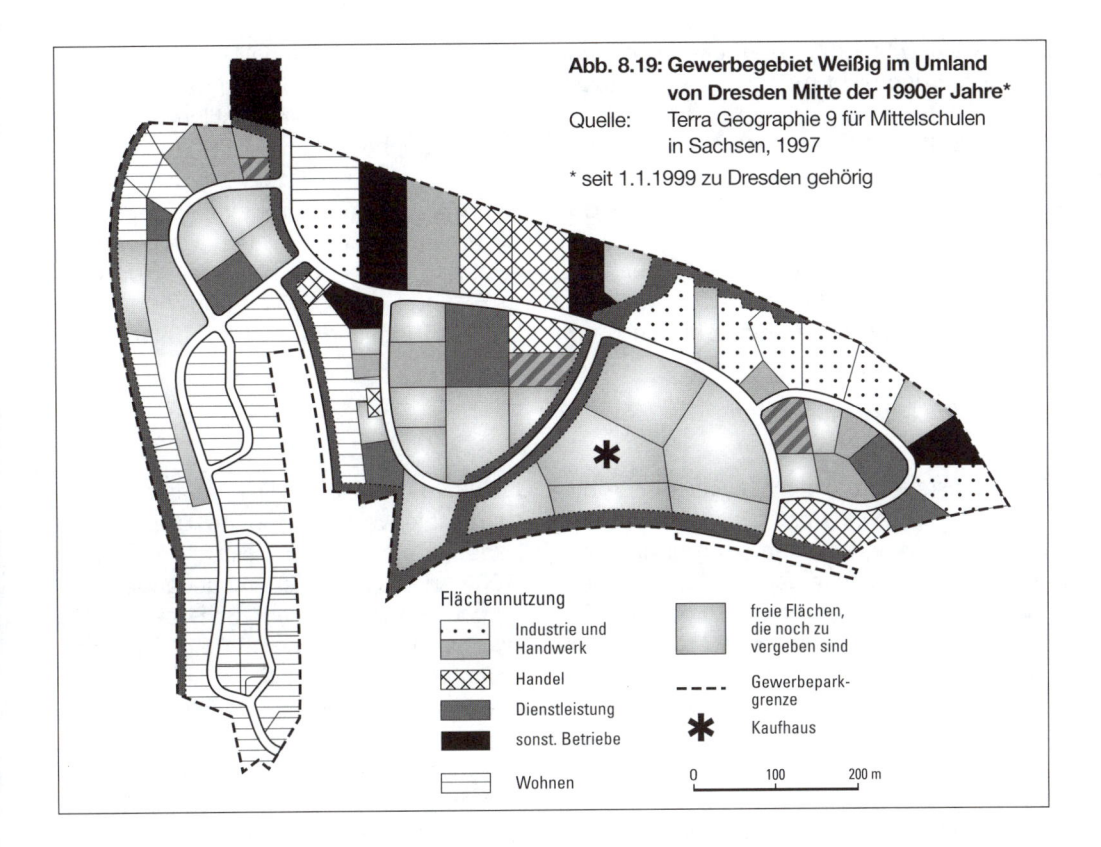

Abb. 8.19: Gewerbegebiet Weißig im Umland von Dresden Mitte der 1990er Jahre*

Quelle: Terra Geographie 9 für Mittelschulen in Sachsen, 1997

* seit 1.1.1999 zu Dresden gehörig

Flächennutzung:
- Industrie und Handwerk
- Handel
- Dienstleistung
- sonst. Betriebe
- Wohnen
- freie Flächen, die noch zu vergeben sind
- Gewerbeparkgrenze
- * Kaufhaus

10 000 Dresdner in das Umland (Tab. 8.19; vgl. auch Tab. 8.21). Im Rahmen der Kommunalreform wurde ein Teil der Umlandgemeinden nach Dresden eingemeindet (vgl. Kap. 3.2), so daß die Negativwirkungen der Abwanderung von vor allem finanzkräftiger Bevölkerung verringert werden konnte.

Suburbanisierungstendenzen treten auch beim Gewerbe auf. Gewerbegebiete schossen in Umlandgemeinden wie Pilze aus dem Boden, z. B. in Weißig (Abb. 8.19), Kesselsdorf oder Bannewitz. Die Folge dieser „Speckgürtel"-Entwicklung um die Stadt Dresden ist die Herausbildung neuer – kleinräumiger – Disparitäten im Stadt-Umland-Bereich.

Hatte man 1989 die Hoffnung, daß die Städte in der ehemaligen DDR von unangemessenen Verplanungen und Umbau zur autogerechten Stadt verschont bleiben, so weicht heute (nach zehn Jahren) dieser Optimismus immer mehr einer berechtigten Skepsis. Mangelndes Kapital, Ausbleiben der Blechlawine und sozialistischer Planungsschlendrian hatten in der DDR manche Städte, manche Stadtstrukturen,

Tab. 8.20: Flächennutzungsstruktur Dresdens 1999 (nach den Eingemeindungen vom 1.1.1999)

Quelle: Landeshauptstadt Dresden 1999

Flächennutzung	Flächenanteil (%)
Wohnflächen	17
Gemischte Bauflächen	5
Gewerbliche Bauflächen	4
Sonderbauflächen	2
Sonderflächen	1
Verkehrsflächen	5
Flächen für Ver- und Entsorgung	1
Grün-, Frei- und Wasserflächen	14
Dresdner Heide	27
Landwirtschafts- und Waldflächen	23

Straßen- und Stadträume erhalten, die man in Westeuropa nicht mehr oder kaum noch antrifft.

Die Entwicklungen nach 1990 in den sächsischen Großstädten, dabei auch speziell in Dresden, bestätigen, daß sich diese Hoffnungen nicht erfüllen.

Der Ausbau und die Belebung der City gehen trotz des großen, teilweise unbebauten Flächenpotentials nur sehr langsam voran. Die Entscheidungsträger tun sich mit einer baulichen Veränderung der Innenstadt sehr schwer. Mit dieser künstlich erzeugten Bodenknappheit stiegen die Boden- und Mietpreise in der Innenstadt enorm an, so daß heimische Anbieter größtenteils verdrängt wurden. Im zentralen Teil der Stadt Dresden ergibt sich damit heute im Einzelhandelsnetz ein Filialisierungsgrad von über 50 % (zum Vergleich Dortmund 30 %, PÜTZ 1994).

8.4.2 Die Messestadt Leipzig

Der politische und wirtschaftliche Umbruch 1989/90 hat, wie man jetzt nach einem Jahrzehnt erkennen kann, zu grundlegenden Veränderungen in der Stadt Leipzig geführt. Davon sind alle Strukturen betroffen.

Im Mittelpunkt der gesamten städtischen Veränderungen steht das fast vollständige Wegbrechen der wirtschaftlichen Basis. In erster Linie ist für Leipzig die Deindustrialisierung zu nennen. Von über 100 000 industriellen Arbeitsplätzen in der Stadt blieben bis 1995 weniger als 15 000 übrig. Der Beschäftigtenbesatz der Industrie ist inzwischen auf 30–40 % von dem westdeutscher Großstädte mit hohem Tertiäranteil gesunken (USBECK 1994). „Die führenden Leipziger Industriebetriebe haben den Charakter von kleinen und mittelständischen Unternehmen, vielfach als Filialbetriebe und in der Regel ohne (nennenswerte) eigene F/E-[Forschungs- und Entwicklungs-]Basis" (ebenda, S. 126).

Dazu kam der vollständige Niedergang der Braunkohlenverarbeitung im Umland der Stadt; auch dadurch sind mindestens 25 000 Arbeitsplätze verlorengegangen.

Nach dem Zusammenbruch der Industrie gewann zunehmend der Tertiäre Sektor an Bedeutung, der in Leipzig an vielfältige Traditionen (Handel, Kultur, Bildung) anknüpfen konnte. „Mit Mut zum Risiko sowie erstaunlicher Weitsicht wurden bereits kurz nach der Wende einige strukturbestimmende Projekte, wie die Verlagerung der Messe, auf den Weg gebracht" (GRUNDMANN u. a. 1996, S. 20). Die Messetradition weist der Stadt nach wie vor eine wichtige Stellung im Handel zu. Wichtig ist für Leipzig dabei der Lagefaktor im Osten Deutschlands. Ziel muß es sein, die Drehscheibe für den West-Ost-Handel zu werden bzw. diese Funktion weiter auszubauen. Die neue Messe im Norden der Stadt bietet dazu alle Voraussetzungen.

	1988	1990	1993	Veränderung (%)	
				1993 zu 1988	1993 zu 1990
Stadtkreis Leipzig	545 307	513 580	492 640	90,3	95,9
Landkreis Leipzig	134 745	128 233	124 731	92,6	97,3
Stadtkreis Dresden	518 057	493 174	480 202	92,7	97,4
Landkreis Dresden	106 787	101 577	100 147	93,8	98,6
Stadtkreis Chemnitz	31 765	296 303	280 790	90,1	94,8
Landkreis Chemnitz	101 727	97 518	91 288	89,7	93,6
Stadtkreis Zwickau	121 749	115 695	108 835	89,7	94,1
Landkreis Zwickau	81 303	78 864	77 734	95,6	98,6

Tab. 8.21: Einwohnerentwicklung ausgewählter sächsischer Städte und ihrer Landkreise 1988–1993
Quellen: Stat. Jahrbuch DDR 1989, Stat. Jahrbücher Sachsen 1991 u. 1994, eigene Berechnungen

Leipzig entwickelte sich in den letzten Jahren nach Frankfurt am Main zum zweitwichtigsten Bankenzentrum in Deutschland. Über 100 Banken haben sich inzwischen mit Filialen (teilweise sogar mit Regionalverwaltungen bzw. Hauptsitzen) in Leipzig niedergelassen.

Die Tertiärisierung der Stadt zeigt sich auch durch die Ansiedlung zahlreicher Institutionen des Gerichts- und Verwaltungswesens.

„Öffentliche Großinvestitionen in eine neue Infrastruktur für Handel, Güterverteilung und Dienstleistung haben eine enorme Bautätigkeit in Gang gesetzt, ..." (ebenda, S. 20). Leipzig ist somit auf dem Wege, Servicezentrum für den gesamten sächsischen, sächsisch-anhaltinischen und thüringischen Raum zu werden.

Nach 1990 entwickelte sich in Leipzig – auf der Basis von Angebot und Nachfrage – ein Markt für Wohnungen, Büros und Gewerbeflächen. Damit in Verbindung stand die Differenzierung der Bodenpreise. Auswirkungen dieser Entwicklung sind Segregation, Zweckentfremdung, Verdrängung und Suburbanisierung. Letzteres Phänomen betrifft alle größeren Städte in Sachsen. Hintergründe hierfür sind
- ein großer Bedarf, der in der DDR durch das zentralisierte Wohnungsbauprogramm unterdrückt wurde,
- die zu geringe (und auch zu langsame) Ausweisung von Bauland im Stadtgebiet,
- die geringere Bürokratie in den Umlandgemeinden der Städte,
- niedrigere Boden- und Mietpreise im Umland.

Leipzig verliert auf diesem Wege jährlich zwischen 7 000 und 10 000 Einwohner an die Gemeinden des Umlandes.

Die Suburbanisierung umfaßt aber nicht nur den Bau von Wohnungen in den Umlandgemeinden, parallel dazu kommt es zur Verlagerung von Gewerbe (Gewerbegebiete, Industrieparks) und von Handelseinrichtungen (auf der „Grünen Wiese" wurden rund 500 000 m^2 Verkaufsfläche neu geschaffen).

„Die Verlagerung bzw. Neuerrichtung von Großeinrichtungen, wie der Messe, des Güterverkehrszentrums und des Großmarktes in den Jahren 1995/96 verstärkt den Trend zu den peripheren Standorten. Die räumlichen Muster dieser Suburbanisierungswelle orientieren sich an den Transportmöglichkeiten, d. h. für Großhandels- und Verteilerfunktionen eine Ausrichtung auf Flughafen, Autobahnen und Güterverkehrszentrum, für Einzelhandels- und Wohnfunktionen ausschließlich auf den Individualverkehr. Dabei haben sich die Bereiche westlich und nordwestlich der Stadt an den Bundesstraßen B 181 und 6 sowie um das Autobahnkreuz Schkeuditz als die wachstumsstärksten erwiesen. Weitere Wachstumsimpulse gehen von dem neuen Messegelände im Norden der Stadt aus. In geringerem Maße entwickelt sich eine Achse nach Osten" (ebenda, S. 23).

Die Auswirkungen dieser Prozesse auf die Stadt Leipzig sind vielfältig. Neben dem genannten Einwohnerverlust kommt es zu Verlusten bei der Kaufkraft (Abwanderung in die Shopping Center des Umlandes), zu Steuereinbußen, zu einem Preisverfall des innerstädtischen Wohnungsmarktes, zu Überlastungserscheinungen der Verkehrsstrassen, zu ökologischen Problemen (Verlust von Frei- und Grünflächen in der Stadtrandzone), zu Flächennutzungsveränderungen u. a.

In der Stadt ergeben sich durch die aufgezeigten Entwicklungen vielfältige funktionsräumliche Verschiebungen. Diese verschärfen „die in den 1970er Jahren mit dem Aufbau der Großsiedlung Grünau forcierten stadträumlichen Disproportionen in der Lokalisation von Konzentrationsräumen des Wohnens und des Arbeitens weiter, mit allen sich daraus ergebenden Wirkungen auf den Stadtverkehr, die Stadtökonomie und auch die Stadtökologie" (USBECK 1994, S. 138).

Eine Maßnahme, die eine Verringerung dieser Auswirkungen zur Folge haben soll,

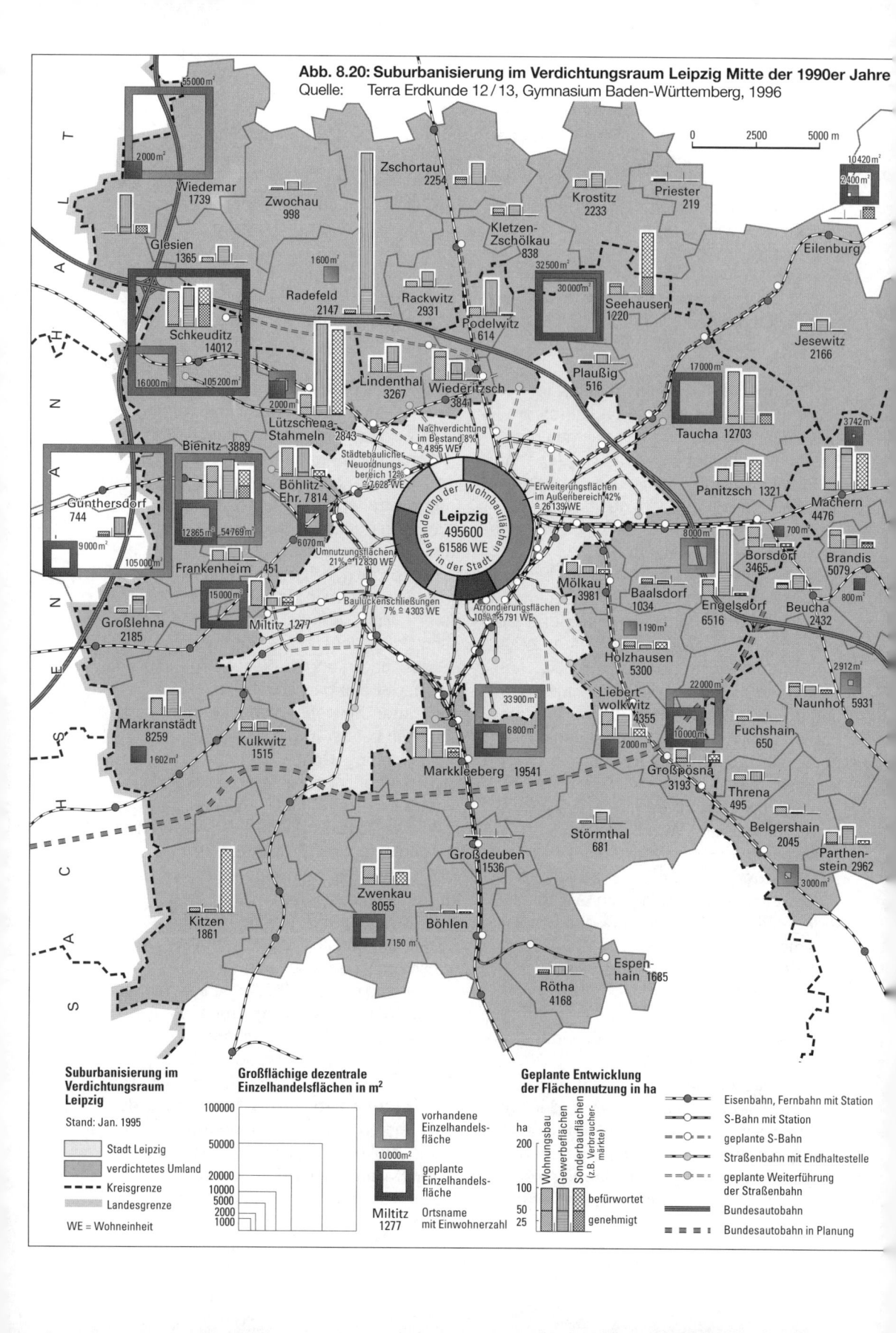

Abb. 8.20: Suburbanisierung im Verdichtungsraum Leipzig Mitte der 1990er Jahre
Quelle: Terra Erdkunde 12/13, Gymnasium Baden-Württemberg, 1996

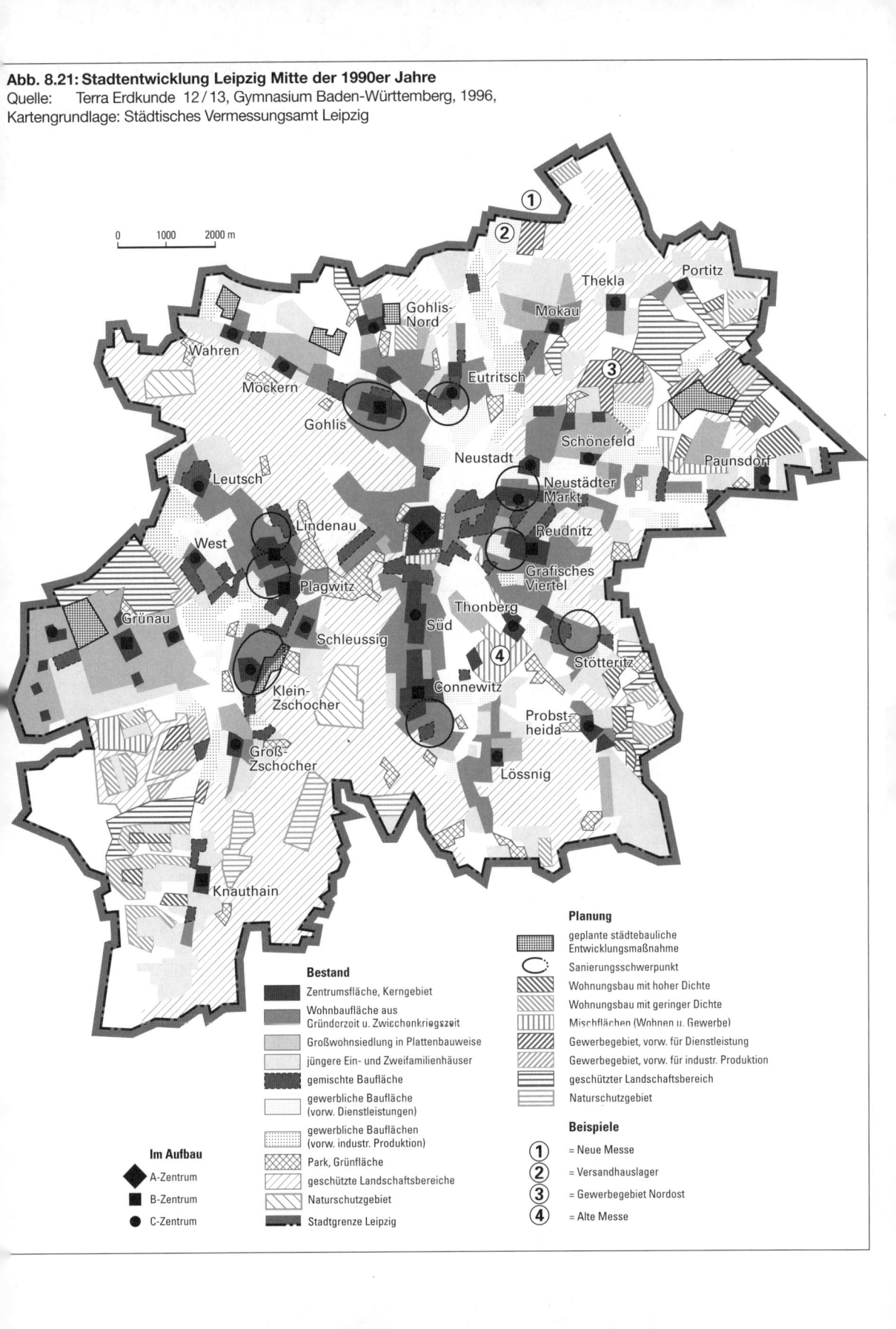

Abb. 8.21: Stadtentwicklung Leipzig Mitte der 1990er Jahre
Quelle: Terra Erdkunde 12/13, Gymnasium Baden-Württemberg, 1996,
Kartengrundlage: Städtisches Vermessungsamt Leipzig

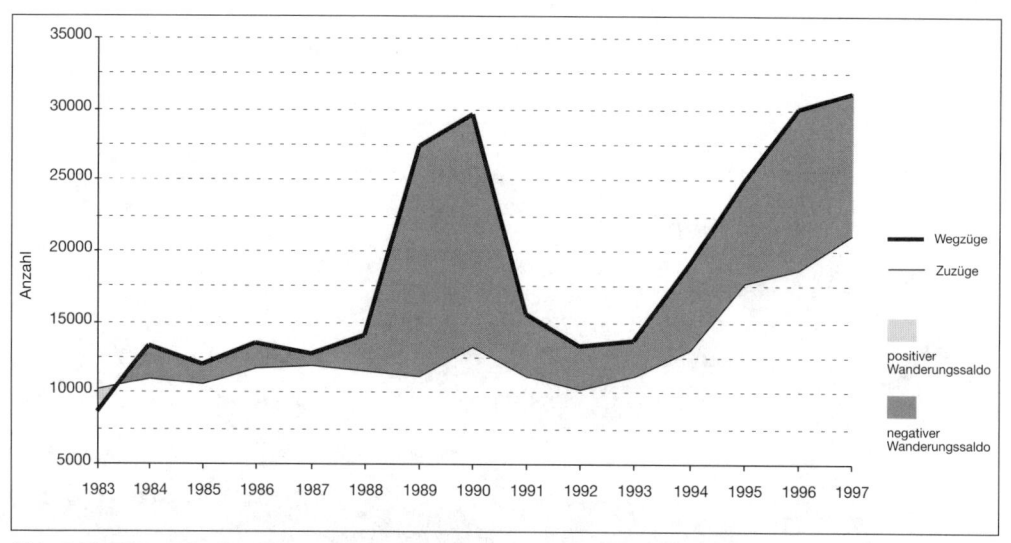

Abb. 8.22: Räumliche Bevölkerungsbewegung der Stadt Leipzig 1983–1997
Quellen: Stat. Jahrbücher der DDR und Sachsens; H. SCHMIDT 1994

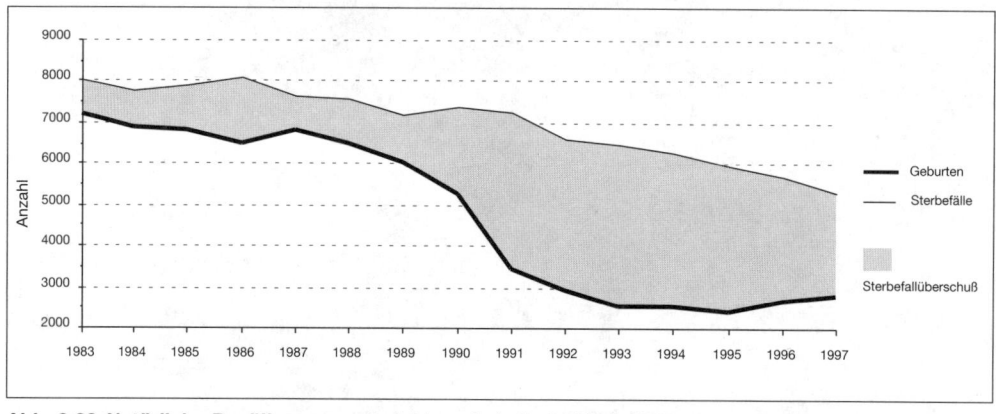

Abb. 8.23: Natürliche Bevölkerungsentwicklung in Leipzig 1983–1997
Quelle: Stat. Jahrbücher der DDR und Sachsens; H. SCHMIDT 1994

ist die Ausweisung von Wohnflächen in der Kernstadt. So weist ein im Herbst 1996 von der Stadt vorgelegter Wohnflächenplan 334 Standorte mit möglichen 72 000 Wohneinheiten aus.

Mit dem Inkrafttreten des Stadt-Umland-Gesetzes für Leipzig wurden zum 1.1.1999 vier Gemeinden mit 27 900 Einwohnern in die Stadt eingemeindet, dazu kommen noch zwei Teileingliederungen mit 4 000 Einwohnern; vor dem genannten Termin sind bereits zehn Gemeinden mit 26 800 Einwohnern nach Leipzig eingemeindet worden. Auch dies ist eine Maßnahme zur Verringerung der Auswirkungen der Suburbanisierung (Sächs. Staatsministerium des Innern 2000).

Dem Standort Leipzig werden aber in verschiedensten Umfragen und Studien (nach USBECK 1994) neben Berlin die günstigsten Entwicklungschancen unter den ostdeutschen Großstädten eingeräumt. Grundlage hierfür sind insbesondere Standortvorzüge, wie verkehrsgeographische Lage, Humankapital, Branchenvielfalt, stärkere Ausprägung unternehmensbezogener Dienstleistungsbereiche und das durch die Bevölkerungs- und Wirtschaftskonzentration gegebene Marktpotential. Aus ihnen resultieren die wichtigsten Investitionsentscheidungen der letzten Jahre zur Ansiedlung bzw. zum Ausbau überregionaler Funktionen.

8.4.3 Die südliche Oberlausitz

Die Wirtschaftskraft des altindustrialisierten Dichtegebietes der Oberlausitz, gelegen in Ostsachsen, im Dreiländereck Sachsen/ Niederschlesien/ Böhmen, stützte sich bis 1989/90 auf den Waggon- und Landmaschinenbau, die Textilindustrie, den Braunkohlenbergbau, die Landwirtschaft und den Tourismus. Auf dieser Basis entwickelte sich dieser geographische Raum zur am dichtesten besiedelten ländlichen Region Deutschlands.

Die zentralistische Wirtschaftspolitik und -entwicklung in den 40 Jahren DDR hatte eine deutliche Verlangsamung der wirtschaftlichen Dynamik der südlichen Oberlausitz zur Folge. Das geringe Investitionsvolumen und die Vernachlässigung dieser Region brachten eine deutliche Überalterung der industriellen Grundfonds und eine Abwanderung von wirtschaftlichen Potentialen mit sich. Ausdruck dieser negativen Situation war z. B. auch der Rückgang der Einwohnerzahl dieses Raumes (1970 bis 1985 −9 %) (HASENPFLUG / KOWALKE 1990).

In der Zeit nach 1989/90 ist die Region durch ihre bisherige Ausrichtung auf vor allem „Schrumpfungsbranchen" der Industrie, die Landwirtschaft sowie durch die Konzentration militärischer Einrichtungen und ihre periphere Lage an der Ostgrenze Deutschlands, die gleichzeitig die östliche Außengrenze der EU ist und damit eine „Wohlstandsgrenze" zwischen dem „armen Osten" und dem „reichen Westen" darstellt, als benachteiligtes Gebiet anzusehen.

Mit der deutschen Einheit verlor die südliche Oberlausitz ihren Charakter als Industrieraum. 1989 waren hier noch 60 % der Beschäftigten im Sekundären Sektor tätig. Mit der Wirtschaftstransformation brachen die strukturbestimmenden Zweige des Produzierenden Gewerbes, die Textil- und Bekleidungsindustrie sowie (teilweise) der Maschinen- und Fahrzeugbau, zusammen. Damit ging bereits in den ersten beiden Jahren nach der Wende die Zahl der Beschäftigten im Sekundärsektor um mehr als 50 % zurück. 1992 war dann ein Stand von 21,8 % des Ausgangsniveaus von 1988 erreicht worden (R. SCHMIDT u. a. 1995). In der Textilindustrie blieben bis heute weniger als 10 % der Arbeitsplätze von 1989 übrig; in anderen Bereichen sind es zwischen 20 und knapp 50 %. Speziell die Unternehmen konnten überleben, denen es gelang, Marktnischen zu finden (Textilindustrie: Damastweberei; Maschinenbau: Holzbearbeitungsmaschinen), intelligenzintensiv zu produzieren, unmittelbare Kundennähe zu praktizieren und flexible Kollektionen vorzustellen. Neben den traditionellen Branchen Textil- und Bekleidungsindustrie, Maschinen- und Fahrzeugbau (Waggonbau in Görlitz und Bautzen) sind in der Region noch Betriebe der Baumaterialien-, Lebensmittel- und Leichtindustrie vertreten. Dabei dominiert (mit Ausnahme der Städte Görlitz und Bautzen) eindeutig die Kategorie Kleinst- und Kleinbetrieb.

Trotz dieser Aussagen muß man feststellen, daß zwischen 1989 und 1995 der Anteil der in der Industrie Beschäftigten auf deutlich weniger als ein Fünftel des Ausgangsbestandes zurückgegangen ist. Da der Umstrukturierungsprozeß im Produzierenden Gewerbe noch nicht abgeschlossen ist (z. B. Maschinen- und Fahrzeugbau), ist mit

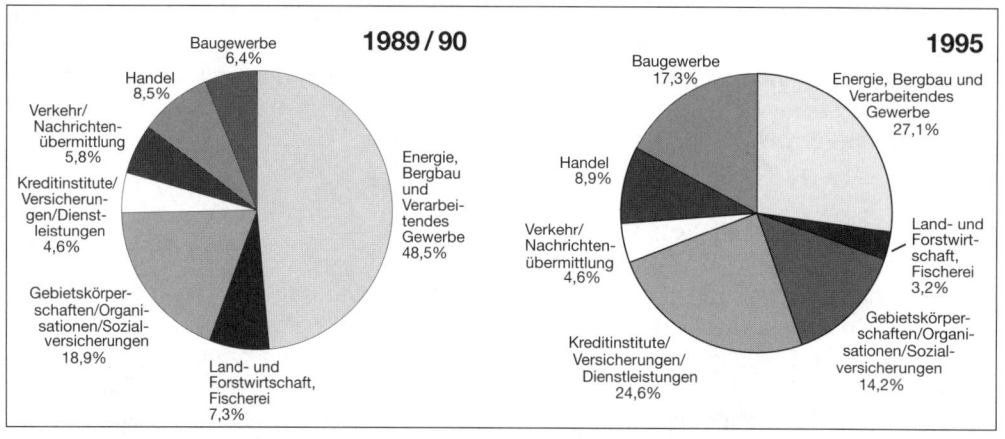

Abb. 8.24: Veränderung der Erwerbstätigenstruktur in den Oberlausitzer Altkreisen Löbau und Zittau 1989/90–1995
Quelle: Stat. Landesamt Sachsen, PRESCHER 1996

einem weiteren Rückgang der Bedeutung dieses Sektors zu rechnen (KOWALKE / KALLIS 1995, KOWALKE 1998).

In der zweiten Hälfte der 1990er Jahre wurden auch die Braunkohlenförderung und -verarbeitung zwischen Görlitz und Zittau eingestellt. Im nördlichen Teil der Oberlausitz (Hoyerswerda, Weißwasser) konnten dagegen Kapazitäten im Braunkohlenbergbau erhalten werden (Abb. 8.26 u. Tab. 8.22).

Probleme für den Industriesektor resultieren auch aus der geographischen Lage, nämlich der Nähe zu den Billiglohnländern Polen und Tschechien. Seit 1992/93 ist festzustellen, daß Investoren aus Westdeutschland bzw. der EU die Oberlausitz „überspringen" und sich in Westpolen bzw. im Norden Tschechiens ansiedeln. Auch „wandern" Produktionskapazitäten und damit Arbeitsplätze aus der Oberlausitz in die genannten Regionen ab. Haupt-

Abb. 8.25: Sozialversicherungspflichtig Beschäftigte am Wohnort Bautzen Mitte 1997
Quelle: Stat. Landesamt Sachsen, Arbeitsamt Bautzen 1998

Tab. 8.22: Tagebaue der Lausitzer Braunkohle AG (LAUBAG) 1994
Quelle: LAUBAG (Hrsg.): Im Überblick, Kalenderjahr 1997

* in Sachsen

Tagebau	Braunkohlenförderung (Mio. t)	Abraumbewegung (Mio. t)	Wasserhebung (Mio. m3)
Jänschwalde	12,6	66,4	59,0
Cottbus-Nord	6,5	26,1	46,5
Welzow-Süd	13,5	92,2	47,8
Nochten*	12,9	90,5	133,9
Reichwalde*	4,7	18,3	46,2
gesamt	50,2	293,5	339,4

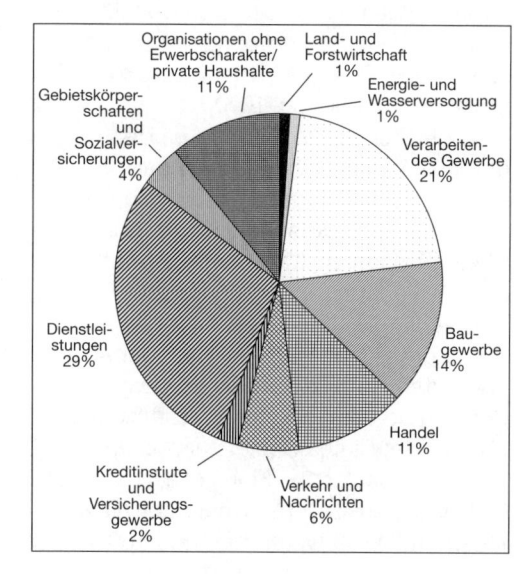

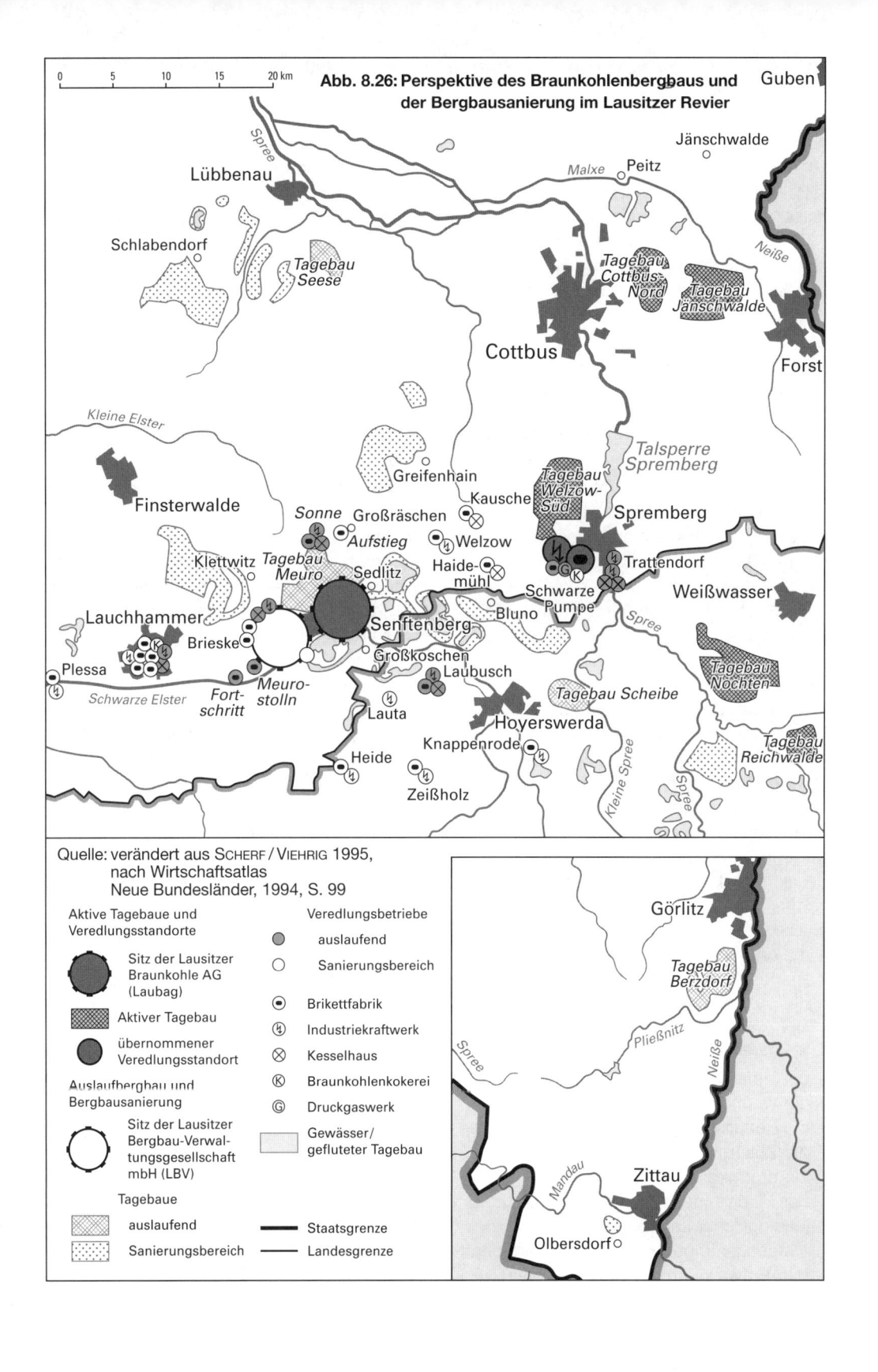

Abb. 8.26: Perspektive des Braunkohlenbergbaus und der Bergbausanierung im Lausitzer Revier

Quelle: verändert aus SCHERF / VIEHRIG 1995, nach Wirtschaftsatlas Neue Bundesländer, 1994, S. 99

Aktive Tagebaue und Veredlungsstandorte:
- Sitz der Lausitzer Braunkohle AG (Laubag)
- Aktiver Tagebau
- übernommener Veredlungsstandort

Auslaufbergbau und Bergbausanierung:
- Sitz der Lausitzer Bergbau-Verwaltungsgesellschaft mbH (LBV)

Tagebaue:
- auslaufend
- Sanierungsbereich

Veredlungsbetriebe:
- auslaufend
- Sanierungsbereich
- Brikettfabrik
- Industriekraftwerk
- Kesselhaus
- (K) Braunkohlenkokerei
- (G) Druckgaswerk
- Gewässer / gefluteter Tagebau
- Staatsgrenze
- Landesgrenze

grund ist die Differenz bei den Lohn- und Lohnnebenkosten. Sie betragen in der Regel in Polen und Tschechien nur ca. 10–25 % der entsprechenden Kosten in Sachsen.

Das Ziel für die Industrieentwicklung der südlichen Oberlausitz ist vor allem im Ausbau einer diversifizierten Branchenstruktur zu sehen.

Dabei gilt es
- die vorhandenen Strukturelemente zu erhalten, zu stabilisieren und auszubauen (endogene Potentiale) sowie
- neue Branchen zu lokalisieren bzw. Bedingungen für die Entwicklung dieser zu schaffen (exogene Potentiale),

damit quantitativ und qualitativ ausreichend Arbeitsplätze für die einheimische Bevölkerung zur Verfügung gestellt werden können. Nur auf diesem Weg ist das weitere „Ausbluten" der alten Kulturlandschaft Oberlausitz zu verhindern.

Auch die Landwirtschaft als wichtiger Wirtschaftsbereich in weiten Teilen der Oberlausitz (Gefildezone) hat wesentlich an Bedeutung verloren. Seit 1990 mußte sie sich einerseits gegenüber den enormen Umstrukturierungsproblemen der ehemaligen Landwirtschaftlichen Produktionsgenossenschaften (LPG) und andererseits gegenüber dem erhöhten Anpassungsdruck auf den Agrarmärkten behaupten. Notwendige Schritte zur Umstrukturierung waren:
- die Änderung der Rechtsformen der Betriebe („Juristische Personen"),
- die „Ansiedlung" von Wieder- und Neueinrichtern („Natürliche Personen"),
- die Verkleinerung der Betriebsgrößen,
- die Veränderung der Anbaustrukturen,
- die Verringerung der Tierbestände,
- die Reduzierung der Beschäftigtenzahlen,
- die Zusammenlegung von Pflanzen- und Tierproduktion,
- das Finden „neuer" Produktionsmethoden (ökologischer Landbau).

Ein wichtiger Impuls der heutigen wirtschaftlichen Entwicklung geht auch in dieser Region vom Tertiärsektor aus. So hat der Anteil der Beschäftigten in diesen Zweigen in nur drei Jahren (1989 bis 1992) um rund 15 % zugenommen. Zum einen resultiert dieser Zuwachs aus dem großen Nachholebedarf dieser vernachlässigten Region und zum anderen werden große Anstrengungen unternommen, den Tourismus als wichtige Wirtschaftsbranche weiter auszubauen. Bei der insgesamt negativen Arbeitsplatzentwicklung bedeutet dies aber keinen absoluten Zuwachs an Arbeitsplätzen.

Der wirtschaftliche Umbruch spiegelt sich auch in der Arbeitsmarktsituation der Oberlausitz wider. So stieg die Arbeitslosenquote von 6,4 % Ende 1990 auf über 20 % 1998 an. Damit liegt der Wert deutlich über dem sächsischen Durchschnitt. Besonders betroffen sind Frauen (fast 70 %), die früher in der Textil- und Bekleidungsindustrie tätig waren (Arbeitsamt Bautzen 1998).

In der südlichen Oberlausitz zeigen sich bei der Arbeitslosigkeit deutliche regionale Unterschiede. Die höchsten Arbeitslosenquoten ergeben sich im Oberlausitzer Bergland durch das Wegbrechen der traditionellen Industrien. In den im Norden gelegenen stärker agrarisch strukturierten Gemeinden ist die Quote geringer.

Als Ergebnis der negativen wirtschaftlichen Entwicklung verzeichnet die Region einen enormen Bevölkerungsrückgang; allein zwischen 1988 und 1992 ging die Einwohnerzahl um fast 10 % zurück. Durch den Wegzug junger Menschen und den starken Rückgang der Geburtenrate ergeben sich Überalterungstendenzen der Bevölkerung. Dieser damit im Zusammenhang stehende Bevölkerungsrückgang führt zu „Ausdünnungserscheinungen" der Infrastruktur (Kindertagesstätten, Schulen, Handelseinrichtungen, Postfilialen, Einstellung von Linien des ÖPNV).

Aus dieser Situation resultieren Anforderungen an die Raumordnung und Landesplanung. Der Landesentwicklungsplan (1994) stuft diese Region in die Raumkategorie „Ländlicher Raum mit Verdichtungsansätzen" ein.

Besondere Bedeutung kommt der qualitativen Ausgestaltung des Siedlungsnetzes zu, dabei speziell der weiteren Ausprägung der Stadt-Umland-Beziehungen, der Stärkung der Funktionen der zentralen Orte und der Arbeitsteilung zwischen diesen.

Um das Leitziel der Landesplanung in Sachsen – die Schaffung gleichwertiger Lebens- und Arbeitsbedingungen für die Bevölkerung in allen Teilräumen des Landes – zu realisieren, macht es sich erforderlich, in dünner besiedelten Landesteilen (im nördlichen und mittleren Teil der Oberlausitz), in siedlungsstrukturell zersplitterten sowie in topographisch stark gegliederten Räumen (Mittelgebirge) zentralörtliche Einrichtungen auch dann vorzuhalten, wenn deren Auslastung nicht immer sichergestellt ist. Dabei kommt dem Aspekt der Erreichbarkeit dieser Einrichtungen mit zumutbarem Aufwand besondere Bedeutung zu.

Der Entwurf des Regionalplanes Oberlausitz–Niederschlesien (1997) nennt weitere Schwerpunkte für die Entwicklung des Raumes:
– Ausbau der funktionsteiligen Vernetzung der Region mit der sich entwickelnden Wachstumsregion Dresden,
– Intensivierung der Zusammenarbeit der regionalen Wirtschaft mit den Forschungskapazitäten der Hochschulen im Raum,
– Ausbau des oberzentralen Städteverbundes Bautzen–Görlitz–Hoyerswerda,
– Erhöhung des Waldanteils in der Region durch Aufforstung auf 36 %,
– Ausbau des grenzüberschreitenden Fremdenverkehrs mit Polen und Tschechien.

8.4.4 Das Vogtland

Das sächsische Vogtland bildet eine eigenständige Wirtschaftsregion, die sich historisch auf der Basis von Landwirtschaft, Bergbau, Handwerk und Gewerbe herausgebildet hat. Im vorigen Jahrhundert veränderte die Industrialisierung die Wirtschaftsstruktur und damit das Erscheinungsbild dieser Region. In unserem Jahrhundert kam noch der Fremdenverkehr als wichtige Branche hinzu.

Für das Vogtland und seine wirtschaftliche Entwicklung spielt die Veränderung der geographischen Lage im Laufe der Geschichte eine wichtige Rolle. Historisch gesehen ist es eine Region, die größer ist als das heutige Sächsische Vogtland. Es umfaßt Teile Nordfrankens, Ostthüringens und Nordwestböhmens. So besaß es bis zum Zweiten Weltkrieg eine relativ zentrale Lage in Deutschland und Europa, was sich in der positiven wirtschaftlichen Entwicklung widerspiegelte. Die Teilung Deutschlands als Folge des Krieges brachte – neben einer Teilung der historischen Region – ein „an den Rand rücken". Das sächsische Vogtland lag peripher in Sachsen, im Bezirk Karl-Marx-Stadt und auch in der DDR. Dies führte zu deutlichen Funktionsverlusten (Rückgang der Einwohnerzahl der Stadt Plauen von 120 000 auf 80 000).

Ähnlich wie für die Oberlausitz gilt auch hier die Aussage, daß die Region in der Zeit nach dem Zweiten Weltkrieg wenig Aufwertungen durch größere Investitionen erhielt. Der Verschleißgrad an sozialer und technischer Infrastruktur, industrieller und Wohnbausubstanz, von Maschinen und Anlagen war deshalb überdurchschnittlich hoch.

Vernachlässigt wurden Umweltschutz und weltmarktfähige Produktneuentwicklungen. Ausdruck dieser Situation war auch der große Bevölkerungsverlust der gesamten Region zwischen 1945 und 1989.

In der Industrie des Vogtlandes dominierten der Maschinenbau, die Textilindustrie und die Leichtindustrie. Die Produktion

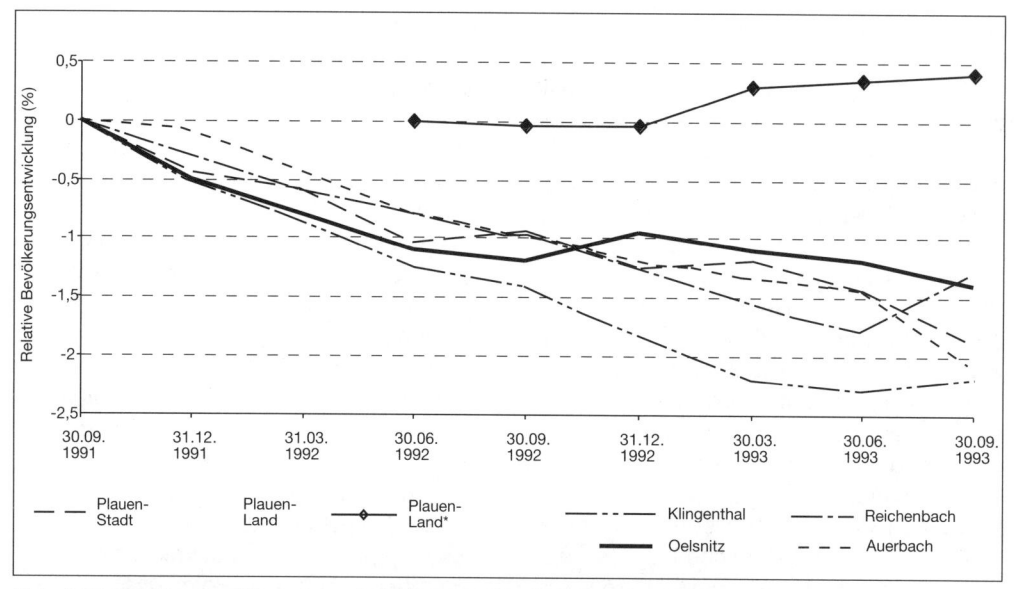

Abb. 8.27: Relative Bevölkerungsentwicklung der Vogtlandkreise 1991 – 1993
Quelle: Stat. Landesamt Sachsen, IHK Südwestsachsen, Regionalkammer Plauen 1994
* Gebietszugang Landkreis Plauen, Neuberechnung ab 30.06.1992

erfolgte vielfach in kleinen, räumlich zersplitterten und oftmals technologisch getrennten Produktionsstätten, die – wie auch größere Betriebe – unter marktwirtschaftlichen Bedingungen kaum konkurrenzfähig waren (Abb. 8.28).

Der seit 1990 andauernde wirtschaftliche Transformationsprozeß hat im Vogtland gravierende Spuren hinterlassen. Alle Branchen der gewerblichen Wirtschaft haben einen erheblichen Rückgang an Produktion und Beschäftigung erfahren. Bereits im Jahre 1990 ging die Beschäftigtenzahl durch die Auflösung der Großbetriebe (und der Kombinate), die daraus folgende Hinwendung zu klein- und mittelständischen Unternehmen, die eingeleitete Privatisierung / Reprivatisierung und die damit verbundene Anpassung an die Erfordernisse der Marktwirtschaft um mehr als ein Drittel zurück. Negativ wirkte sich auch der Wegfall traditioneller Märkte (vor allem im Osten) aus, zum anderen fiel es schwer, neue Absatzgebiete zu erschließen.

Der industrielle Strukturwandel der Region verlagert sich in den letzten Jahren immer deutlicher in Richtung qualitativer Veränderungen. Die schnelle Umsetzung wissenschaftlicher Erkenntnisse in international wettbewerbsfähige Produkte, Technologien und Dienstleistungen und der Ausbau der Innovationsfähigkeit der Unternehmen werden immer wichtiger.

Das Jahr 1993 war der Beginn der Konsolidierung der vogtländischen Wirtschaft (IHK Südwestsachsen 1993). Im Vergleich zum Jahre 1992 stieg der Umsatz des vogtländischen Verarbeitenden Gewerbes um etwa 30 %. Auf niedrigem Niveau stabilisierte sich eine klein- und mittelständische Struktur mit dem Schwerpunkt Metallverarbeitende Industrie (Maschinenbau und Stahlbau), daneben blieben Betriebe der Textilindustrie (Teppich- und Spitzenproduktion) und der Musikinstrumentenproduktion erhalten. Einen deutlichen Aufschwung nahm das Nahrungs- und Genußmittelgewerbe.

Regionale Beispiele

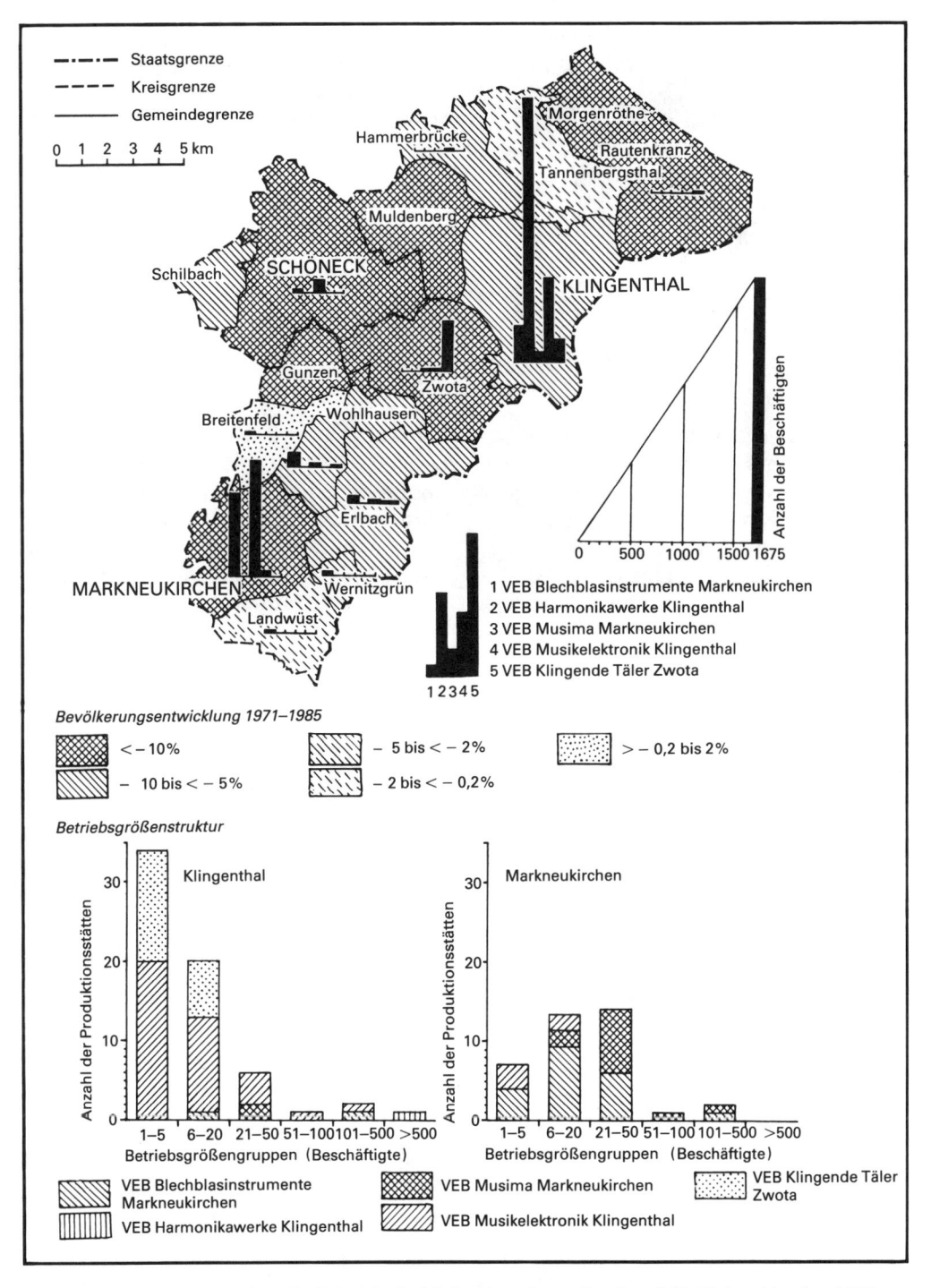

Abb. 8.28: Ausgangssituation für die wirtschaftliche Transformation im südöstlichen Vogtland Mitte der 1980er Jahre – Bevölkerungsentwicklung und Standortverteilung der Musikinstrumentenindustrie im Altkreis Klingenthal
Quelle: Ökonomische und soziale Geographie der DDR, 1990, S. 405

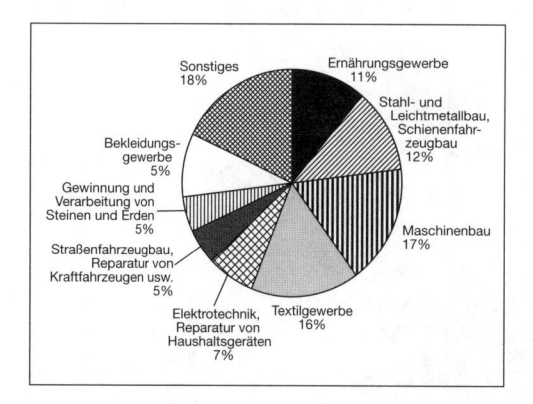

Abb. 8.29: **Beschäftigtenstruktur in Bergbau und Verarbeitendem Gewerbe im Sächsischen Vogtland 1993**
Quelle: Stat. Landesamt Sachsen; IHK Südwestsachsen, Regionalkammer Plauen 1994

Aufgrund der Veränderung des Wirtschaftssystems, des Wettbewerbsdrucks und des Zusammenbruchs wesentlicher Absatzmärkte sowie auf der Basis des Rückstandes beim wirtschaftlichen Strukturwandel wurde im Vogtland der Wandelungsprozeß von einem bloßen Produktionsstandort zu einem solchen mit einem qualitativ und quantitativ wesentlich verbesserten Dienstleistungsangebot für die Wirtschaft eingeleitet. Deutlich wird dies u. a. darin, daß im Jahre 1995 nur noch etwa 40 % der Beschäftigten im Verarbeitenden Gewerbe und in der Bauindustrie

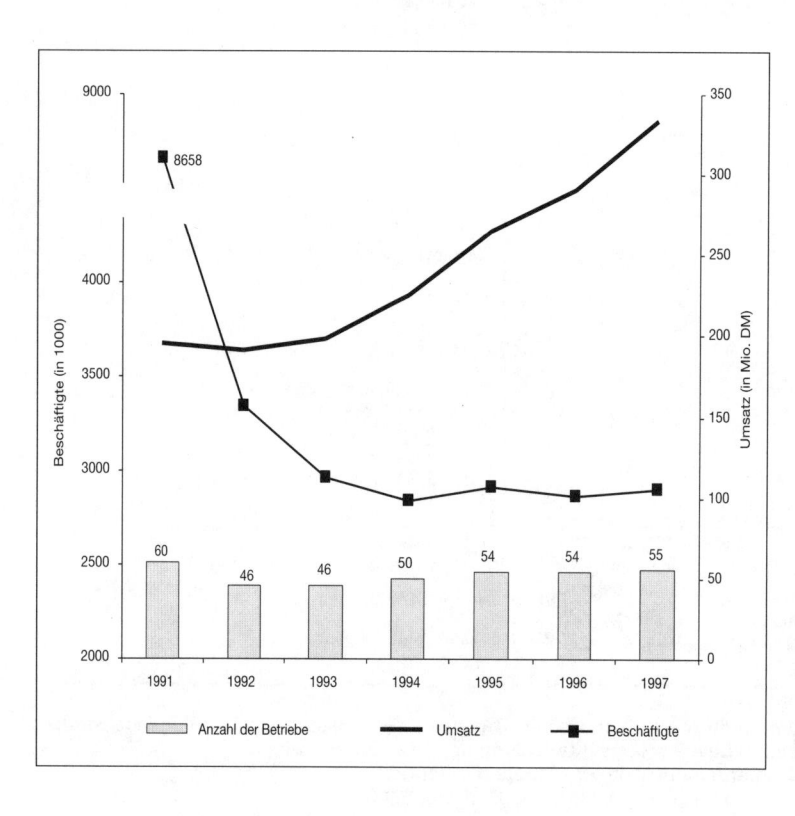

Abb. 8.30:
Entwicklung von Umsatz und Beschäftigung im Vogtlandkreis 1991–1997
Quelle: Stat. Landesamt Sachsen; IHK Südwestsachsen, Regionalkammer Plauen 1998

tätig waren, aber bereits über 50 % im Dienstleistungssektor.

Deutlich zeigt sich, daß seit 1995 das Wachstumstempo des wirtschaftlichen Aufbauprozesses geringer wurde. Es zeigen sich konjunkturell bedingte Wettbewerbsschwächen bei einer Vielzahl von Unternehmen. „Der überwiegende Teil der ... Wirtschaft befindet sich zur Zeit in einem Konjunkturtal, wobei es nur relativ wenigen Unternehmen gelingt, positive Signale auszustrahlen" (IHK Südwestsachsen 1996, S. 81). Die weitere Zuspitzung der Ertragsschwäche führte zum Anstieg von Insolvenzen und Gesamtvollstreckungen. Ausdruck und Folge dieser Situation im Jahr 1996 war die extrem angespannte Lage auf dem Arbeitsmarkt. Die Zahl der Erwerbstätigen sank im sächsischen Vogtland gegenüber dem Vorjahr um ca. 5 % (IHK Südwestsachsen 1996).

Auf der anderen Seite profitiert das Vogtland von seiner Nachbarschaftslage zu Bayern. Die Region besitzt seit 1997 die niedrigste Arbeitslosenquote (1999: 14–15 %) in Sachsen (Entlastung des Arbeitsmarktes durch Pendelwanderung der Arbeitskräfte nach Nordbayern).

Mit der deutschen Einheit ergeben sich aus der neuen Lagesituation wichtige wirtschaftliche Entwicklungsimpulse, die genutzt werden sollten.

Ein wichtiges wirtschaftliches Standbein für das Vogtland ist der Tourismus. Der Fremdenverkehr soll in der Region, anknüpfend an langjährige Traditionen, als wichtiger Wirtschaftsfaktor ausgebaut und entwickelt werden. „Dabei sollen die vorhandenen Potentiale durch infrastrukturelle Maßnahmen so qualifiziert ergänzt werden, daß neue Zielgruppen angesprochen werden und die Verweildauer erhöht wird" (Entwurf des Regionalplanes 1997, S. Z–62). Nach der amtlichen Statistik buchten per 30.9.96 239000 Gäste rund 1,3 Mio. Übernachtungen in vogtländischen Beherbergungsstätten und blieben durchschnittlich 5,6 Tage.

8.4.5 Das Elbsandsteingebirge

Mit dem Elbsandsteingebirge besitzt Sachsen eine Landschaft von besonderem Reiz. Das erkannten schon am Ende des 18. Jahrhunderts die beiden Schweizer Naturromantiker Anton Graff und Adrian Zingg, die diesem Gebiet den Namen Sächsische Schweiz gaben.

Die Region weist aber auch eine lange und interessante kulturlandschaftliche Prägung auf. So bildet das Elbtal einen jahrtausendealten Durchzugsraum der Menschen. Diese strategische Lage brachte eine frühzeitige Anlage von Siedlungen und Burgen mit sich.

Auch der Bergbau, das Gewerbe und die Industrie haben diesen Raum jahrhundertelang beeinflußt und zu seiner Gestaltung beigetragen. Dieser wirtschaftliche Aufschwung in Verbindung mit dem seit dem 19. Jahrhundert einsetzenden Fremdenverkehr und der Herausbildung des Agglomerationsraumes Dresden führte zu einer deutlichen Zunahme der Einwohnerzahlen.

Seit dem Jahre 1967 erfolgt bei Königstein auf einem etwa 6 km² großen Abbaufeld die Förderung von Uranerz. Der Kammerpfeilerabbau wurde bereits in den 1970er Jahren durch Lösungsabbau ersetzt. Außer Schachtanlagen, den Verwaltungsgebäuden und einem kleinen Haldengelände sind oberirdisch kaum Beeinträchtigungen des Landschaftsbildes entstanden. Probleme bereitet allerdings die Sanierung des Bergbaubetriebes (Gefahr der Grundwasserbelastung), die noch mindestens 15 Jahre andauern wird.

Heute ergeben sich eine Reihe von Nutzungskonflikten im Elbsandsteingebirge, die vor allem aus dem Gegensatz von (notwen-

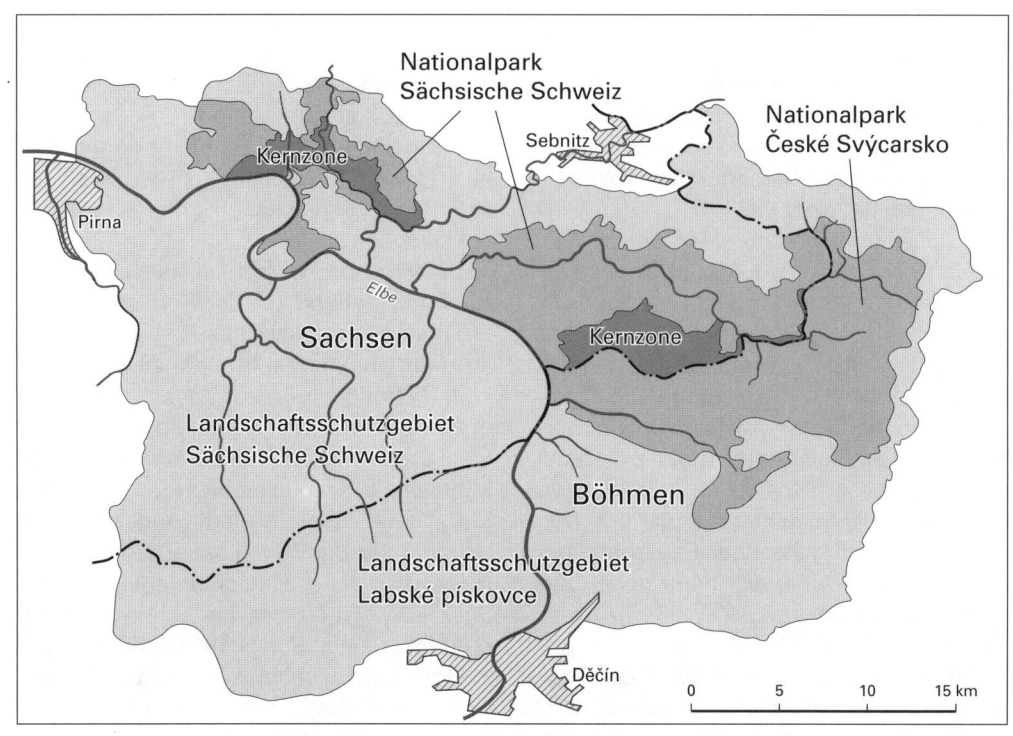

Abb. 8.31: Die Nationalparke Sächsische und Böhmische Schweiz
Quelle: Nationalparkverwaltung Sächsische Schweiz 2000

diger und gewünschter) wirtschaftlicher Entwicklung und Umweltschutz resultieren und die auch Auswirkungen auf den Tourismus haben.

Als Beispiele sollen genannt werden:
Der Konflikt im 1990 gegründeten Nationalpark „Sächsische Schweiz" und seiner Randzone (Abb. 8.31) zwischen den betroffenen Gemeinden und dem Regierungspräsidium Dresden bzw. der Landesregierung. Das Problem liegt in Restriktionen für die wirtschaftliche Entwicklung (Landwirtschaft, Tourismus, Gewerbegebiete). Die Betroffenen gehen von einer Abkopplung der Entwicklung ihrer Region von der außerhalb des Nationalparks und damit von einer wirtschaftlichen Benachteiligung aus.

Zur Minderung des Konflikts wurden in Gemeinden außerhalb des Nationalparks Gewerbegebiete gefördert, um so Arbeitsplätze auch für die betroffene Bevölkerung zu schaffen.

Dazu kommt der Konflikt zwischen den Interessen der Touristen (Ausbau der touristischen Infrastruktur, von Verkehrswegen, Parkplätzen) und den Notwendigkeiten des Natur- und Umweltschutzes. Der Kompromiß kann nur in einer ökologisch ausgerichteten Nutzung liegen, z.B. im „sanften Tourismus" (KAULFUSS / KOWALKE / KRAMER 1998). Zu diesem Komplex gehören auch noch die Probleme, die sich aus der Funktion der Sächsischen Schweiz als Kletterparadies für Bergsteiger ergeben.

Zum 1.1.2000 wurde auf der tschechischen Seite des Elbsandsteingebirges der Nationalpark „Böhmische Schweiz" ausgewiesen (Abb. 8.31). Damit ergibt sich ein größeres zusammenhängendes Schutzareal, das ökologisch große Vorteile hat.

9 Raumplanung und Landesentwicklung in Sachsen

„Es ist nicht Aufgabe der sächsischen Landesentwicklungspolitik, den Zufall durch bürokratische Planung zu ersetzen, sondern eine Perspektive für die künftige Gestaltung unseres Landes und der Lebensverhältnisse unserer Bürger zu geben" (VAATZ 1996).

9.1 Leitbild und allgemeine Grundsätze

Der Freistaat Sachsen verfügt – im Rahmen der Bundesrepublik Deutschland und der Europäischen Union – über sehr gute Entwicklungschancen.
Potentiale liegen vor allem in
- seiner vielgestaltigen Naturraumausstattung,
- seinen zahlreichen Rohstoffvorkommen,
- seinen guten Standortvoraussetzungen für die Land- und Forstwirtschaft,
- seinem Potential für die Ansiedlung von Gewerbe und Industrie,
- seiner wirtschaftlichen und kaufmännischen Traditionen,
- seinem qualifizierten Arbeitskräftepotential,
- seinem dichten, ausbaufähigen Verkehrsnetz,
- seinem wissenschaftlichen Potential an Universitäten und Hochschulen sowie in außeruniversitären Forschungseinrichtungen,
- seinem kulturhistorischen Potential, seiner kulturellen Traditionen und seinen vielfältigen kulturellen Einrichtungen,
- seiner gewachsenen Siedlungsstruktur,
- seinem ausgewogenen Verhältnis in der Struktur der wirtschaftsräumlichen Einheiten,
- seiner Lage an der EU-Außengrenze mit traditionellen Beziehungen nach Ost- und Südosteuropa

(vgl. Sächs. Staatsministerium für Umwelt und Landesentwicklung 1994b).
Diese Potentiale müssen aktiviert und zur Wirkung gebracht werden. Es ist unverzichtbar, daß der Freistaat Sachsen zu seiner eigenen, unverwechselbaren Identität findet und damit wieder in die Rolle des „europäischen Ideengebers" schlüpfen kann, die er über Jahrhunderte in Deutschland und Europa inne hatte.

Wesentliche Grundlage für das Erreichen dieses Zieles ist die rasche Überwindung der Folgen der vierzigjährigen sozialistischen Entwicklung, ist die Anpassung an das Entwicklungsniveau der Alten Bundesländer. Dazu gehört die Schaffung *gleichwertiger* Lebensbedingungen für die Bevölkerung in allen Teilen des Landes und vor allem auch im Vergleich mit den Alten Bundesländern. Dieses Ziel ist noch nicht erreicht; es bestehen erhebliche Unterschiede in den Wertigkeiten der Lebensbedingungen.

Aus dieser generellen Zielorientierung leiten sich die Hauptziele und Wege der sächsischen Landesentwicklungspolitik ab. Wichtig zur Erreichung des Zieles ist die weitere Ausgestaltung der Raumstruktur; sie besitzt grundlegende Bedeutung für die soziale, ökonomische und ökologische Entwicklung des Landes. Das Land Sachsen stellt sich dabei nicht als homogene Einheit dar. Die Raumstruktur wird geprägt von unterschiedlichen (naturräumlichen, historischen, demographischen, kulturellen, siedlungsstrukturellen, wirtschaftsräumlichen und verwaltungsmäßigen) Gegebenheiten der einzelnen Teilräume. Daraus ergibt sich die Notwendigkeit, die künftige Ordnung und Entwicklung differenziert nach teilräumlichen Voraussetzungen zu gestalten. Dies setzt ein vergleichbares raumordnerisches Instrumentarium voraus.

Ziel aller Maßnahmen – auch im Interesse einer vorteilhaften Gesamtentwicklung Sachsens – muß es sein, die bestehenden Disparitäten und Nutzungskonflikte abzubauen.

Normgeber	Gesetz	Verordnung / Satzung
Bund	Raumordnungsgesetz (RoG) 1965 in der Fassung der Bekanntmachung vom 28.4.1993	
Bund	Gesetz über die Inkraftsetzung des Raumordnungsgesetzes der Bundesrepublik Deutschland in der Deutschen Demokratischen Republik vom 5.7.1990	
Bund		Verordnung zu § 6 a, Abs. 2, des Raumordnungsgesetzes (Raumordnungsverordnung – RoV) in der Fassung vom 15.8.1994
Freistaat Sachsen	Gesetz zur Raumordnung und Landesplanung des Freistaates Sachsen (Landesplanungsgesetz – SächsLPlG) vom 24.6.1992, zuletzt geändert durch Artikel 13, 1. KGRÄndG, und durch Artikel 8, 2. KGRÄndG, vom 6.9.1995	
Freistaat Sachsen	Gesetz zu dem Staatsvertrag zwischen dem Freistaat Sachsen und dem Land Sachsen-Anhalt über die Zusammenarbeit bei der Raumordnung und Landesplanung im Raum Halle – Leipzig vom 20.1.1994	
Freistaat Sachsen		Verordnung der Sächsischen Staatsregierung über den Landesentwicklungsplan Sachsen (LEP) vom 16.8.1994
Freistaat Sachsen		Verordnung des SMU über Aufgaben und Dienstbezirke der Staatlichen Umweltfachämter, der ihnen angegliederten Stellen für Gebietsgeologie sowie der Regionalen Planungsstellen (Aufgabenübertragungsverordnung – AufgÜbVO – STUFÄ) vom 14.11.1994
Freistaat Sachsen		Fachliche Entwicklungspläne (Verordnung der Staatsregierung) (gemäß Handlungsbedarf)
Regionale Planungsverbände		Regionalpläne (in Erarbeitung)

Übersicht 9.1: Rechtsgrundlagen der Raumordnung und Landesplanung in Sachsen im Überblick
Quelle: Sächs. Staatsministerium für Umwelt und Landesentwicklung, 1996b, S. 10

Die rechtlichen Grundlagen

„In einem demokratischen Rechtsstaat ist staatliches Tätigwerden ohne sowie gegen eine rechtliche Grundlage nicht zulässig" (Sächs. Staatsministerium für Umwelt und Landesentwicklung 1996b, S. 8).

Im Grundgesetz der Bundesrepublik ist verankert, daß der Bund das Recht hat, Rahmenvorschriften für die Gesetzgebung der Länder über die Raumordnung zu erlassen. Hiervon hat der Bund 1965 mit dem Erlaß des *Raumordnungsgesetzes* als Rahmengesetz Gebrauch gemacht.

Noch im Juli 1990 übernahm die DDR das Raumordnungsgesetz der Bundesrepublik Deutschland.

Im Freistaat Sachsen wurde schon kurz nach dessen Gründung mittels zweier Vorschaltgesetze die Grundlage für eine räumlich geordnete Entwicklung geschaffen:
Dies waren:
- das *„Gesetz über die Vorläufigen Grundsätze und Ziele zur Siedlungsentwicklung und Landschaftsordnung im Freistaat Sachsen"* (20.6.91) und
- das *„Gesetz zur Vorläufigen Regelung der Raumordnung und Landesplanung"* (20.6.91).

Schwerpunkte dieser Vorschaltgesetze waren – den besonderen und dringenden Anforderungen der Zeit entsprechend – die Lenkung der Ansiedlung von Einkaufszentren und großflächigen Handelsbetrieben sowie die Ausweisung von Gewerbegebieten auf geeignete Standorte. Damit sollte dem Ansturm von Gewerbeansiedlungen auf der „Grünen Wiese" entgegengewirkt werden.

Ein Jahr später trat das *„Gesetz zur Raumordnung und Landesplanung des Freistaates Sachsen (Landesplanungsgesetz)"* (24. 6.92) in Kraft. Dieses Gesetz bestimmte und legte fest:
- die Aufgaben der Raumordnung und Landesplanung in Sachsen;
- die Instrumente:
  • Pläne (Landesentwicklungsplan, Fachliche Entwicklungspläne, Regionalpläne),
  • Unterrichtung und Beratung von Planungsträgern,
  • Raumordnungsverfahren und anderweitige Abstimmung raumbedeutsamer Planungen und Maßnahmen,
  • Untersagung raumordnungswidriger Planungen und Maßnahmen,
  • Auskunfts- und Mitteilungspflichten der öffentlichen und privaten Planungsträger,
  • Führung des Raumordnungskatasters;
- die Organisation der Raumordnungsbehörden;
- die Einteilung des Staatsgebietes in Planungsregionen;
- die Organisation der Regionalplanung.

Die Pläne der Landesentwicklung

Der durch Rechtsverordnung der Sächsischen Staatsregierung am 16.8.94 für verbindlich erklärte *Landesentwicklungsplan* ist das „landesplanerische Gesamtkonzept der Staatsregierung für die räumliche Ordnung und langfristige Entwicklung Sachsens und seiner Teilräume" (S. Z–I). Damit trat das Gesetz über die Vorläufigen Grundsätze und Ziele zur Siedlungsentwicklung und Landschaftsordnung (vom 20.6.91) außer Kraft.

Der Landesentwicklungsplan stellt auf der Grundlage einer Bewertung des Zustandes von Natur und Landschaft mit ihrer gewachsenen gesellschaftlichen Raumstruktur die Grundsätze und Ziele der Raumordnung und Landesplanung für die räumliche Ordnung und Entwicklung des Freistaates Sachsen, insbesondere in den Bereichen der Ökologie, der Wirtschaft, der Siedlung und der Infrastrukur auf. Er legt die Grundzüge der in Sachsen angestrebten räumlichen Entwicklung fest. Dem Landesentwicklungsplan kommt eine Koordinierungsfunktion für fachliche Planungen und Maßnahmen zu. Seine Aufgabe ist es nicht, ein starres Konzept vorzugeben, „sondern der langfristigen Entwicklung einen flexiblen Rahmen zu geben, der für die Wirtschaft den notwendigen Raum schafft, sich unter

Beachtung des Schutzes der natürlichen Lebensgrundlagen optimal zu entwickeln. Der Landesentwicklungsplan ist durch Fortschreibung der dynamischen Entwicklung des Freistaates Sachsen anzupassen" (S. Z – 1).

Die *Fachlichen Entwicklungspläne* enthalten – wie der Landesentwicklungsplan (LEP) – Grundsätze und Ziele der Raumordnung und Landesplanung. Sie werden aber – im Gegensatz zum Landesentwicklungsplan – von den Fachministerien erstellt. Die Fachlichen Entwicklungspläne werden vor allem für die Fachbereiche aufgestellt, in denen zur Entwicklung des Landes die Planschärfe des LEP nicht ausreichend ist.

Der *Regionalplan* ist eine Weiterführung des Landesentwicklungsplanes für ein bestimmtes Gebiet in Sachsen (Planungsregion); er konkretisiert allgemein gehaltene Ziele des LEP nach den regionalen Besonderheiten. Er bildet damit die Grundlage für die Regionalplanung. Diese ist Teil der Landesplanung, wird aber durch das Landesplanungsgesetz als Pflichtaufgabe fünf kommunal verfaßten Regionalen Planungsverbänden übertragen. Diese umfassen jeweils mehrere Landkreise und kreisfreie Städte.

Der Regionalplan ist ein übergeordnetes Konzept mit der Aufgabe,
„– eine räumlich ausgewogene Entwicklung der Region herbeizuführen,
– den Bürgern der Region wertgleiche Lebensbedingungen zu schaffen oder zu sichern,
– die natürlichen Lebensgrundlagen zu erhalten"
(Sächs. Staatsministerium für Umwelt und Landesentwicklung 1996b, S. 13).

In den Planungsregionen, in denen ein Braunkohlenabbau erfolgt, wird im Regionalplan für jeden Tagebau ein *Braunkohlenplan* bzw. ein *Sanierungsrahmenplan* aufgestellt.

Die Städte und Gemeinden sind per Gesetz verpflichtet, *Flächennutzungs- und Bebauungspläne* aufzustellen.

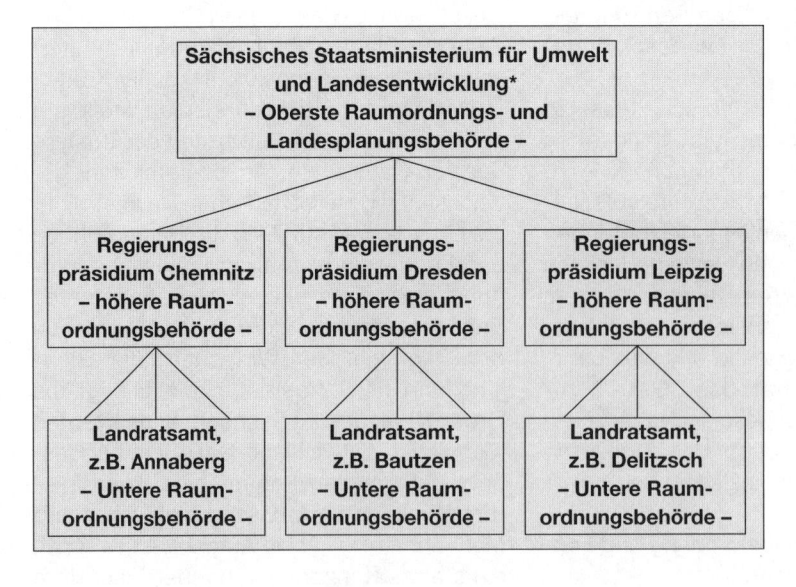

```
                Sächsisches Staatsministerium für Umwelt
                      und Landesentwicklung*
                  – Oberste Raumordnungs- und
                      Landesplanungsbehörde –

   Regierungs-           Regierungs-           Regierungs-
   präsidium Chemnitz    präsidium Dresden     präsidium Leipzig
   – höhere Raum-        – höhere Raum-        – höhere Raum-
   ordnungsbehörde –     ordnungsbehörde –     ordnungsbehörde –

   Landratsamt,          Landratsamt,          Landratsamt,
   z.B. Annaberg         z.B. Bautzen          z.B. Delitzsch
   – Untere Raum-        – Untere Raum-        – Untere Raum-
   ordnungsbehörde –     ordnungsbehörde –     ordnungsbehörde –
```

Hinweis:
Für die Kreisfreien Städte nimmt das jeweilige Regierungspräsidium die Aufgaben der Raumordnung wahr.

* seit 1999 Sächsisches Staatsministerium für Umwelt und Landwirtschaft

Übersicht 9.2: Die Organisation der sächsischen Raumordnungsbehörden

9.2 Ziele der Entwicklung der Raumstruktur Sachsens

Unter dem Gesichtspunkt der Berücksichtigung räumlicher Identitäten und Erfordernisse wurden in Sachsen die „Europäische Cityregion", Zentrale Orte, Gebiets- (Raum-)kategorien, Überregionale Achsen und Planungsregionen bestimmt, die einen problemnahen Zielanspruch ermöglichen. Diese Strukturelemente bilden das Planungsinstrumentarium zur Rahmensetzung und räumlichen Koordination, der für die Siedlungsentwicklung relevanten Fachpolitiken und der kommunalen Bauleitplanung. Den Gemeinden kommt bei der Entwicklung der Raumstruktur besondere Bedeutung zu, weil letztlich die Ziele der Raumordnung und Landesplanung in ihrem Bereich verwirklicht werden.

Im Verhältnis von Landesentwicklung und kommunaler Planung gilt das „Gegenstromprinzip". Es besagt, daß sich örtliche und überörtliche bzw. regionale und überregionale Planungen wechselseitig beeinflussen. Die Ordnung des Teilraumes muß sich in die Ordnung des Gesamtraumes einfügen, umgekehrt müssen bei der Festlegung der Ordnung des Gesamtraumes die Gegebenheiten und Erfordernisse der Teilräume berücksichtigt werden. Die Gemeinde ist so bei raumbedeutsamen Planungen und Maßnahmen an die Ziele der Raumordnung und Landesentwicklung gebunden. Diese geben der Gemeinde aber nur einen Rahmen für die Entwicklung vor. Es bleibt so ein genügender Handlungsspielraum für die Entscheidungsfreiheit der Gemeinde.

Europäische Cityregion „Sachsendreieck"

„Eine Europäische Cityregion ist eine räumliche Verflechtung von Oberzentren, der aufgrund ihrer Größe, Lage, Funktion und Komplexität ihrer Ausstattung eine wichtige Rolle für die gesamteuropäische Entwicklung zugewiesen ist. Sie bildet einen Schwerpunkt des wirtschaftlichen, sozialen und kulturellen Lebens in Europa" (Sächs. Staatsministerium für Umwelt und Landesentwicklung 1994, S. Z-9). In Sachsen sollen die Städte Dresden, Leipzig und Chemnitz/Zwickau durch den Ausbau ihrer räumlichen Verflechtungen zur Cityregion „Sachsendreieck" (Abb. 9.1) entwickelt werden, um die Wettbewerbsfähigkeit des Freistaates innerhalb Europas zu stärken. Dieser sächsische Städteverbund von Oberzentren bildet damit einen geeigneten Ansatzpunkt für die Bündelung von Investitionsvorhaben. Die von ihm aufgrund seiner potentiellen wirtschaftlichen Dynamik ausgehenden Entwicklungsimpulse sollen auch die Entwicklung in anderen Landes-teilen Sachsens beschleunigen.

Es handelt sich bei diesem Ansatz um die Anwendung der Städtenetzidee, die ihren Ursprung in europapolitischen Strategien und in raumordnungspolitischen Vorstellungen europäischer Nachbarländer (Schweiz, Niederlande) besitzt. Der „Raumordnungspolitische Orientierungsrahmen der Bundesrepublik Deutschland" (1992) greift diesen Ansatz für die Bundesrepublik auf und mißt ihm eine grundlegende Bedeutung bei.

Die Entwicklung der Europäischen Cityregion „Sachsendreieck" stellt eine langfristige (30–50 Jahre) und strategische Zielstellung der Landesplanung zur Entwicklung der Raumstruktur dar.

Zentrale Orte

„Zentrale Orte sind Städte und Gemeinden, die auf Grund ihrer Größe, Lage, Funktion und Komplexität der Ausstattung Schwerpunkte des wirtschaftlichen, sozialen und kulturellen Lebens im Freistaat Sachsen bilden oder als solche entwickelt werden sollen. Sie übernehmen über die Versorgung ihrer eigenen Bevölkerung hinaus Versorgungsaufgaben für die Bevölkerung ihres Verflechtungsbereiches" (Sächs. Staatsministerium für Umwelt und Landesentwicklung 1994b, S. Z-2).

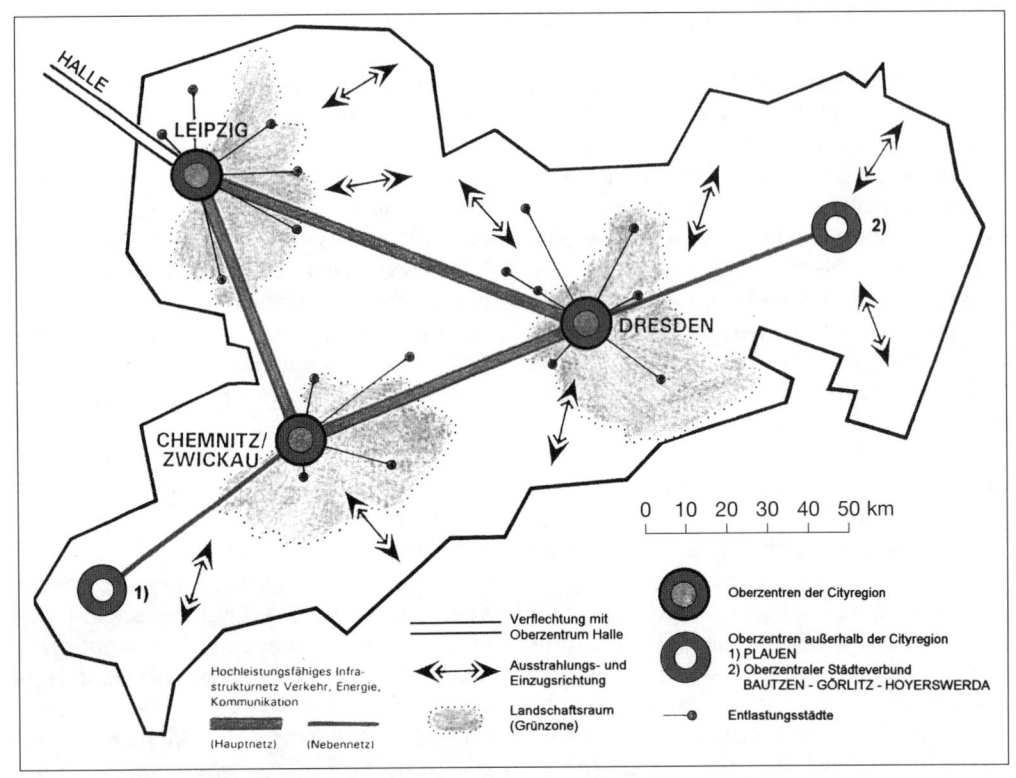

Abb. 9.1: Europäische Cityregion „Sachsendreieck" (Dezentrale Konzentration)
Quelle: Sächs. Staatsministerium für Umwelt und Landesentwicklung 1994b

Nach dem Grundsatz-§ 2 (Abs. 1, Nr. 2, Satz 4) des Raumordnungsgesetzes der Bundesrepublik Deutschland sollen in einer für die Bevölkerung zumutbaren Entfernung Zentrale Orte mit den dazugehörigen Einrichtungen gefördert werden. Unter den Instrumenten der Raumordnung, die auf die Schaffung gleichwertiger Lebensbedingungen in allen Landesteilen, die Erhaltung der gewachsenen Siedlungsstruktur und eine ökologisch und ökonomisch verträgliche Raumnutzung hinwirken, hat das System der Zentralen Orte besondere Bedeutung.

Innerhalb der historisch entstandenen, reich gegliederten Raum- und Siedlungsstruktur des Freistaates Sachsen haben sich siedlungsstrukturelle Kristallisationskerne für bestimmte Teilräume entwickelt. Die zentralörtliche Gliederung übernimmt diese Strukturen, baut sie in ein landesweites Konzept ein und ergänzt es, soweit es zur Schaffung gleichwertiger Lebensbedingungen unbedingt erforderlich ist. In dünner besiedelten, siedlungsstrukturell stark zersplitterten oder topographisch stark gegliederten Räumen und in Grenzlagen sollen Zentrale Orte auch entwickelt und gefördert werden, wenn die wirtschaftliche Tragfähigkeit der Einrichtungen nicht gegeben, aber ihre zentralörtliche Ausstattung für einen Verflechtungsbereich von erheblicher Bedeutung ist.

Bereits bei CHRISTALLER (1933) spielt der Gedanke der überörtlichen Funktionen (der Überschuß an Funktionen und Leistungen bestimmt den Grad der Zentralität) bei der Festlegung der Hierarchie der zentralen Orte eine wichtige Rolle.

Da die Zentralität nur bedingt meßbar ist, wurde bei der Bestimmung der Zentralen Orte in Sachsen von folgenden Kriterien ausgegangen (vgl. Sächs. Staatsministerium für Umwelt und Landesentwicklung 1994b, S. B–8):
– Einwohnerzahl des Zentralen Ortes,
– Einwohnerzahl im Verflechtungsbereich des Zentralen Ortes,
– Lage des Zentralen Ortes (insbesondere im dünner besiedelten Raum),
– Arbeitsplatzzentralität,
– Ausstattung mit zentralörtlichen Einrichtungen.

Ausgehend von der Bedeutung des Zentralen Ortes wurde unter Beachtung der Empfehlungen der Ministerkonferenz für Raumordnung seine Einordnung in die Hierarchiestufen Ober-, Mittel-, Unter- und Kleinzentrum vorgenommen (vgl. Farbkarte „Freistaat Sachsen, Zentrale Orte und überregionale Achsen" im Hinteren Vorsatz dieses Buches).

Die Verteilung der Zentralen Orte über das sächsische Staatsterritorium unterliegt dabei gewissen Regeln:
– der Zugriff der Bevölkerung auf Leistungen und Dienste muß in zumutbarer Entfernung gesichert sein,
– für die zentralen Einrichtungen muß ein weitgehend wirtschaftlich tragfähiger Verflechtungsbereich vorhanden sein,
– leistungsfähige Wirtschaftsstandorte sollen in allen Teilräumen des Landes vorhanden sein bzw. entwickelt werden,
– historisch gewachsene Siedlungsstrukturen sind zu nutzen und weiterzuentwickeln,
– der Zersiedelung der Landschaft muß entgegengewirkt werden.

Neben dem vierstufigen System Zentraler Orte wurden im Landesentwicklungsplan für Sachsen Sonderformen bei der zentralörtlichen Gliederung ausgewiesen:
– kooperierende Zentrale Orte,
– Städteverbünde (vgl. Farbkarte ebenda).
Sie sollen die zentralörtlichen Funktionen für ihren Verflechtungsbereich gemeinsam wahrnehmen, wenn der bestehende oder zu erwartende baulich-räumliche Zusammenhang oder eine bestehende oder anzustrebende funktionale Ergänzung der zentralörtlichen Funktion dies ermöglichen bzw. erfordern und dadurch eine leistungsfähigere und wirtschaftlichere zentralörtliche Versorgung der Bevölkerung erreicht wird.

Kooperierende Zentrale Orte wurden dort ausgewiesen, wo zwei etwa gleichwertige benachbarte Zentrale Orte zumindest teilweise gemeinsame Verflechtungsbereiche bilden. Beispiele hierfür sind:
– Hohenstein-Ernstthal / Lichtenstein,
– Neustadt (Sachsen) / Sebnitz,
– Lugau / Oelsnitz

Wenn Städte und Gemeinden mit gleicher oder verschiedener zentralörtlicher Hierarchiestufe in engem funktionsräumlichen und baulichen Zusammenhang stehen und in ihrer Komplexität als Zentraler Ort der jeweils höheren Stufe betrachtet werden können, wurden Städteverbünde ausgewiesen. Städteverbünde als raumordnerische Kategorie gibt es bisher bundesweit nur in Sachsen. Diese Sonderform wurde dort gewählt, wo auf der Basis der historischen und wirtschaftlichen Entwicklung ein sehr dichtes Netz Zentraler Orte entstanden ist. So wurde im ostsächsischen Raum ein Oberzentraler Städteverbund (Bautzen – Görlitz – Hoyerswerda) ausgewiesen; im Westerzgebirge (Aue – Lauter – Lößnitz – Schlema – Schneeberg – Schwarzenberg; Crottendorf – Scheibenberg – Schlettau), im oberen Vogtland (Auerbach – Ellefeld – Falkenstein – Rodewisch; Mylau – Netzschkau – Reichenbach) sowie in der südlichen Oberlausitz (Kirschau – Schirgiswalde – Sohland – Wilthen) existieren weitere mittel- und unterzentrale Städteverbünde.

Gebiets- (Raum-) kategorien
Es handelt sich hierbei um „Räume, die eine weitgehend einheitliche Raumstruktur aufweisen und deshalb hinsichtlich ihrer angestrebten Entwicklung einheitlich zu behan-

deln sind. Sie werden nach raumstrukturellen Kriterien abgegrenzt" (Sächs. Staatsministerium für Umwelt und Landesentwicklung 1994b, S. Z–24). Im „Gesetz über die Vorläufigen Grundsätze und Ziele zur Siedlungsentwicklung und Landschaftsordnung im Freistaat Sachsen" (20.6.91) sowie in der „Verordnung der Sächsischen Staatsregierung über den Landesentwicklungsplan Sachsen" (16.8.94) werden die Gebietskategorien „Verdichtungsraum", „Randzone des Verdichtungsraums", „Gebiete mit Verdichtungsansätzen im ländlichen Raum" und „Gebiete ohne Verdichtungsansätze im ländlichen Raum" ausgewiesen (vgl. Farbkarte „Freistaat Sachsen, Zentrale Orte und überregionale Achsen" im Hinteren Vorsatz dieses Buches).

„Verdichtungsräume" sind großflächige Gebiete mit einer über dem Landesdurchschnitt liegenden Konzentration von Elementen der Raumstruktur (Bevölkerung, Produktion, Infrastruktur) sowie einer hohen Intensität der Verflechtungen. Sie sind damit Zentren von Wirtschaft und Kultur. Verdichtungsräume sind immer an Oberzentren (Großstädte) gebunden. Im Interesse der Gesamtentwicklung des Freistaates Sachsen ist die Funktionsfähigkeit dieser Regionen zu erhalten und weiterzuentwickeln, und dabei sind die mit der Entwicklung entstandenen nachteiligen Erscheinungen (wie die Umweltbelastungen, der Verschleiß der Wohnsubstanz und der Infrastruktur, Defizit an Wohnraum) abzubauen.

Für den Freistaat Sachsen wurden drei Verdichtungsräume abgegrenzt, die ca. 14 % der sächsischen Staatsfläche mit etwa der Hälfte der Bevölkerung umfassen (KOWALKE 1994b):
– Verdichtungsraum Dresden/Oberes Elbtal (545 km^2, 720 000 Ew.),
– Verdichtungsraum Leipzig als Teil des Verdichtungsraumes Halle–Dessau–Altenburg–Leipzig
  (sächsischer Anteil: 510 km^2, 650 000 Ew.),
– Verdichtungsraum Chemnitz–Zwickau (1 558 km^2, 1 Mio. Ew.).

Die Gemeinden, die die Verdichtungsräume umgeben und eine besonders enge funktionale Bindung (Arbeitskräftependelwanderung, soziale und kulturelle Verflechtungen) an diesen besitzen, werden als Gebietskategorie „Randzonen der Verdichtungsräume" zusammengefaßt. Dabei bilden Verdichtungsraum und Randzone eine untrennbare funktionale Einheit. Die Gemeinden der Randzone profitieren einerseits aus ihrer Lage zum Verdichtungsraum, haben andererseits aber Aufgaben für diesen zu übernehmen (Landwirtschafts-, Erholungs-, Versorgungs-, Deponie-, Ergänzungsfunktion u. a.).

Die Randzonen der Verdichtungsräume sind desweiteren dadurch gekennzeichnet, daß der Konzentrationsgrad der Elementarstrukturen unter dem Wert der Verdichtungsräume liegt. Die Dichtewerte und Verflechtungsintensitäten nehmen von innen nach außen ab.

Bedingt durch die Flächenverknappung in den Verdichtungsräumen sowie aufgrund günstiger Standortbedingungen in den Randzonen, vor allem für Wohnen, Gewerbe und Handel, kommt es dort gegenwärtig zu großräumigen Verdichtungsprozessen. Dies kann zu negativen Auswirkungen, wie erhöhte Verkehrs- und Immissionsbelastung, Kaufkraftabfluß aus den Stadtzentren, Beeinträchtigung des Orts- und Landschaftsbildes, Aufhebung bedeutender Freiräume sowie Verlust der dörflichen Identität führen. Die Randzonen stehen somit zwischen dem Verdichtungs- und dem ländlichen Raum. Das Ziel für die Planung muß ein ausgeglichenes Verhältnis von baulicher Verdichtung und Freiflächen sein. Dies ermöglicht einerseits die Weitergabe von Entwicklungsimpulsen in den angrenzenden ländlichen Raum, und andererseits bleibt die Ergänzungsfunktion für den Verdichtungsraum erhalten.

Flächenmäßig umfassen diese Randzonen 12,5 % des sächsischen Territoriums mit etwa 310 000 Einwohnern:
– Randzone des Verdichtungsraumes Dresden (728 km^2, 85 000 Ew.),

Ziele der Entwicklung der Raumstruktur Sachsens 223

- sächsische Randzone des
  Verdichtungsraumes Leipzig
  (690 km², 75 000 Ew.),
- Randzone des Verdichtungsraumes
  Chemnitz–Zwickau
  (810 km², 150 000 Ew.).

Faßt man die Raumkategorien Verdichtungsraum und Randzone des Verdichtungsraums zusammen, so leben auf knapp 27 % der Fläche Sachsens knapp 60 % der Einwohner.

Die Raumkategorie „Gebiete mit Verdichtungsansätzen im ländlichen Raum" umfaßt Regionen des ländlichen Raumes, in denen sich aufgrund gewerblicher und industrieller Tradition und im Zusammenhang mit der extensiven Erweiterung der Industrie Räume mit Verdichtungsansätzen ohne großstädtische Verdichtungskerne herausgebildet haben. Diese Regionen besitzen relativ eigenständige, aber meist einseitige Wirtschaftsstrukturen, die heute oft nicht mehr wettbewerbsfähig sind. Sie sind in der Regel an Mittelzentren gebunden. Der Konzentrationsgrad der Elementarstrukturen ist dabei sehr unterschiedlich, liegt aber unter dem der Verdichtungsräume.

Für den Freistaat Sachsen wurden sechs Gebiete mit Verdichtungsansätzen im ländlichen Raum ausgegliedert, die eine Fläche von insgesamt 1 500 km² mit 640 000 Einwohnern umfassen:
- Südliche Oberlausitz
  (670 km², 230 000 Ew.),
- Görlitz und Umland (150 km², 80 000 Ew.),
- Region Riesa (220 km², 85 000 Ew.),
- Sächsisches Vogtland
  (190 km², 100 000 Ew.)
- Region Freiberg (140 km², 70 000 Ew.),
- Nördliche Oberlausitz / Region Hoyerswerda (120 km², 75 000 Ew.).

Bei den „Gebieten ohne Verdichtungsansätze im ländlichen Raum" handelt es sich um Räume, die keine oder nur geringe Verdichtungsansätze aufweisen. Sie sind eigenständige Lebens- und Wirtschaftsräume für etwa 30 % der Bevölkerung auf über 60 % der sächsischen Staatsfläche mit zunehmender Bedeutung für die Erhaltung natürlicher Lebensgrundlagen. Sie verfügen über umfangreiche natürliche Ressourcen und weisen oftmals eine geringe Umweltbelastung auf. Ihre Wirtschaftsstruktur ist als Mischstruktur zu charakterisieren, die einen überdurchschnittlich hohen Anteil der Beschäftigten im Primären Sektor (Land- und Forstwirtschaft) aufweist. Daneben besitzen sie gewerbliche und industrielle Einzelstandorte, die meist an die Städte gebunden sind und auf einheimische Ressourcen/Rohstoffe aufbauen. In einigen Teilgebieten spielt auch der Tourismus eine Rolle.

Die Vorzüge machen diese Räume für breite Bevölkerungskreise sowohl für Wohn- als auch für gewerbliche Siedlungstätigkeit interessant und unterstützen damit ihre weitere Entwicklung. Sie können Nachteile, wie etwa das Fehlen von Fühlungsvorteilen oder geringere Dichte an Versorgungseinrichtungen zumindest teilweise ausgleichen.

Häufig sind die Räume jedoch als strukturschwach einzuschätzen, daraus resultieren Abwanderung von Bevölkerung und Schließung von Infrastruktureinrichtungen. Auf der Basis von vorhandenen Frei- und Grünflächen stellen sie ökologische Ausgleichsräume dar. Die Gebiete ohne Verdichtungsansätze im ländlichen Raum sollen unter Berücksichtigung ihrer Eigenart mit ihren vielfältigen Funktionen als eigenständige, gleichwertige und zukunftsträchtige Lebensräume bewahrt und weiterentwickelt werden.

Überregionale Verbindungsachsen
Bei den überregionalen Verbindungsachsen handelt es sich um „großräumig bedeutsame Achsen, die das Grundgefüge der räumlichen Verflechtung von Verdichtungsräumen und von Oberzentren darstellen" (Sächs. Staatsministerium für Umwelt und Landesentwicklung 1994b, S. Z-29). Sie verbinden über Staats- und Ländergrenzen hinweg die sächsischen Oberzentren mit

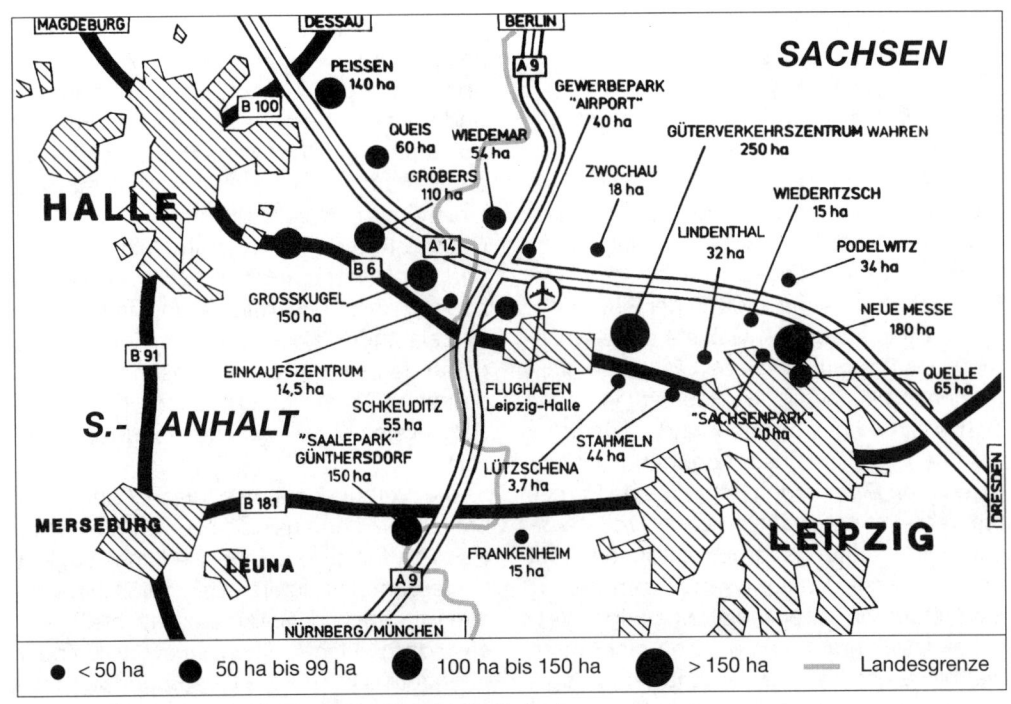

**Abb. 9.2: Überregionale Verbindungsachse Halle / Leipzig
mit den das Zusammenwachsen beschleunigenden Gewerbestandorten**
Quelle: H. SCHMIDT 1994, S. 502

entsprechenden Zentren in den angrenzenden Bundesländern (Beispiel: die über die sächsische Landesgrenze hinausreichende überregionale Verbindungsachse Leipzig / Halle in Abb. 9.2) und im benachbarten Ausland.

Die überregionalen Verbindungsachsen bilden zusammen mit den Zentralen Orten einen punkt-axialen Zusammenhang, der das Grundgerüst der räumlichen Verflechtungen und der angestrebten räumlichen Entwicklung des Landes darstellt. Die Ausweisung großräumig orientierter überregionaler Achsen ist dabei in Verbindung mit den in den Regionalplänen auszuweisenden regionalen Achsen und den Zentralen Orten ein geeignetes Instrument zur Ordnung der weiteren Entwicklung des Landes. Die überregionalen Verbindungsachsen verlaufen entlang von Bundesstraßen und Schienenverbindungen. Sie bieten damit im überregionalen Zusammenhang besondere Erreichbarkeits- und Standortvorteile für die jeweiligen Zentren und bilden damit das Grundgerüst für die Fortentwicklung der großräumigen Siedlungsstruktur.

Das Netz der überregionalen Verbindungsachsen wird durch ein bedeutend dichteres Netz regionaler Verbindungs- und Entwicklungsachsen ergänzt (vgl. Sächs. Staatsministerium für Umwelt und Landesentwicklung 1994b).

10 Zur Umweltsituation im Freistaat Sachsen
10.1 Grundlagen der sächsischen Umweltpolitik

Die Grundlagen der Umweltpolitik im Freistaat Sachsen finden ihre Verankerung in der Landesverfassung.

Am Ende des 20. Jahrhunderts zeigt es sich immer deutlicher, wie schwer es für die menschliche Gesellschaft sein wird, mit der uns umgebenden natürlichen Umwelt im Einklang zu leben. Aber gerade diese Einsicht zwingt uns zu einem gewandelten Verhältnis zu den natürlichen Lebensgrundlagen und der Mitlebewelt. Sollen soziale und vor allem wirtschaftliche Interessen mit einer gesunden und zukunftsfähigen Umwelt vereinbar sein, dann darf Natur- und Umweltschutz in der Abwägung mit anderen Interessen nicht zum Restposten verkommen.

Diesen gesellschaftlichen Aspekten trägt die Sächsische Verfassung mit ihren Festlegungen zu den Grundlagen des Staates schon weitgehend Rechnung. Als Beispiel dafür sollen hier *Artikel 1* sowie das dem Umweltbereich gewidmete Staatsziel im *Artikel 10* vorgestellt werden (Übersicht 10.1). Diese Textpassagen beschreiben anschaulich die Voraussetzungen, welche für die Verabschiedung von Fachgesetzen zum Umweltschutz in Sachsen existieren.

Übersicht 10.1:
Verankerung des Umweltschutzes in der Sächsischen Verfassung
Quelle:
Verfassung des Freistaates Sachsen 1992

> *1. Abschnitt: Die Grundlagen des Staates*
>
> **Artikel 1**
> Der Freistaat Sachsen ist ein Land der Bundesrepublik Deutschland. Er ist ein demokratischer, dem Schutz der natürlichen Lebensgrundlagen und der Kultur verpflichteter sozialer Rechtsstaat.
>
> **Artikel 10**
> (1) Der Schutz der Umwelt als Lebensgrundlage ist, auch in Verantwortung für kommende Generationen, Pflicht des Landes und Verpflichtung aller im Land. Das Land hat insbesondere den Boden, die Luft und das Wasser, Tiere und Pflanzen sowie die Landschaft als Ganzes einschließlich ihrer gewachsenen Siedlungsräume zu schützen. Es hat auf den sparsamen Gebrauch und die Rückgewinnung von Rohstoffen und die sparsame Nutzung von Energie und Wasser hinzuwirken.
> (2) Anerkannte Naturschutzverbände haben das Recht, nach Maßgabe der Gesetze an umweltbedeutsamen Verwaltungsverfahren mitzuwirken. Ihnen ist Klagebefugnis in Umweltbelangen einzuräumen! Das Nähere bestimmt ein Gesetz.
> (3) Das Land erkennt das Recht auf Genuß der Naturschönheiten und Erholung in der freien Natur an, soweit dem nicht die Ziele nach Absatz 1 entgegenstehen. Der Allgemeinheit ist in diesem Rahmen der Zugang zu Bergen, Wäldern, Feldern, Seen und Flüssen zu ermöglichen.

Das sächsische Naturschutzgesetz

Die Debatte um die Verabschiedung des Sächsischen Naturschutzgesetzes unterschied sich nur unwesentlich von gleichartigen Diskussionen in den Alten Bundesländern. Maßstab für die Abfassung dieses Gesetzes war die Einsicht, daß Naturschutz nur mit und nicht gegen die Menschen erreichbar ist. Trotz zahlreicher erheblicher Eingriffe in die Natur und die rücksichtslose Nutzung von Naturgütern in den vergangenen Jahrzehnten existieren in Sachsen noch eine Vielzahl schützenswerter Räume und Biotope, die mit Hilfe des Gesetzes auch zu einem Verbund entwickelt werden können.

Die modernen Züge des Gesetzes lassen sich u. a. in der Einbindung des ehrenamtlichen Naturschutzes in gesetzliche Regelungen erkennen, zumal ehrenamtliche Tätigkeit zur DDR-Zeit zum Erhalt zahlreicher Arten und von Landschaftsräumen mit entsprechender Diversität entscheidende Beiträge geleistet hat. Auch die frühzeitige Einführung der Schutzkategorie „Biosphärenreservat" verdient Anerkennung, da sie die Signalwirkung einzelner Bundesländer für die Bundesebene verstärkte.

Dem heutigen gesellschaftlichen Verständnis zur Rolle von Verbänden und Vereinen im Naturschutz und in der Landschaftspflege folgend, enthält das Gesetz auch Regelungen zur Verbandsklage. Eine Normenkontrollklage gegen die Regelungsdichte der Verbandsklage wurde vom Sächsischen Verfassungsgerichtshof im Frühjahr 1995 abgewiesen und die Koinzidenz zwischen Verfassungsauftrag und Gesetzesanwendung festgestellt.

Das sächsische Landesplanungsgesetz

Da es im Osten Deutschlands bis 1990 eine echte Landesplanung auf der Basis raumordnerischer Grundsätze nicht gegeben hat, bestand eine besondere Herausforderung darin, dieses Defizit durch eine rasche Verabschiedung gesetzlicher Grundlagen abzubauen. Der aktuelle Anlaß ergab sich darüber hinaus auch aus der Notwendigkeit, Leitlinien zu verabschieden, wie die nach der Wiedervereinigung einsetzenden Impulse für gewerbliches und privates Bauen gelenkt und strukturstärkend genutzt werden können. Anders ausgedrückt, mußte sichergestellt werden, daß sich Wildwuchs besonders im Umfeld der großen Zentren (Leipzig, Chemnitz, Dresden) nicht ausbreiten kann.

Abb. 10.1: Schäden durch bergbauliche Devastierung (Braunkohle) und landwirtschaftliche Intensivierung in Sachsen
Quelle: KOWALKE 1994b, S. 9; nach: Sächs. Staatsministerium für Umwelt und Landesentwicklung (Hrsg.): Umweltbericht Freistaat Sachsen, 1991, S. 25

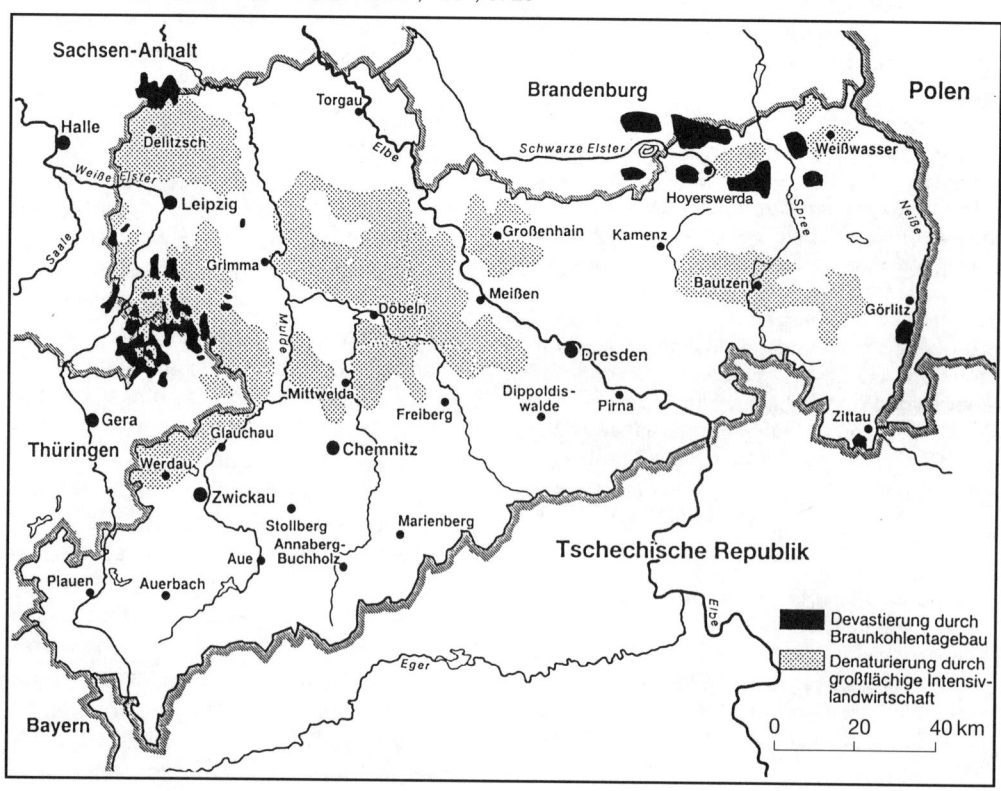

Grundlagen der sächsischen Umweltpolitik

Obwohl diese Grundlage in einem sog. Vorschaltgesetz auch frühzeitig zustande kam und ein vollständiges Gesetz dann schon im Sommer 1992 verabschiedet wurde, sind doch eine Vielzahl von Fehlentwicklungen zu verzeichnen.

Das Gesetz selbst leistet mit der vorgeschriebenen Primärintegration von Zielen der Landesentwicklung und solchen aus dem Landschaftsprogramm einen wichtigen Beitrag zu größerer Effektivität planerischer Koordinierung.

Hinsichtlich der Abgrenzung von Planungsregionen ist der Versuch unternommen worden, weitgehend historisch gewachsene Teilräume des Landes zusammenzuschließen und nicht, wie in manchen der Alten Bundesländer, die Landkreise zum Träger der Regionalplanung zu machen, was zu starker Zersplitterung führen kann (vgl. Kap. 9.1).

Ein weiteres Spezifikum des sächsischen Planungsgesetzes sind die Sondergremien für die Braunkohleabbaugebiete. Sowohl für die großflächig notwendige Sanierung (Abb. 10.1) als auch für die Vorbereitung noch zu erschließender Abbaugebiete (z. B. im Süden der Stadt Leipzig für ein neues 800-MW-Kraftwerk in Lippendorf) werden damit die regionalen und kommunalen Interessen gestärkt.

Das sächsische Abfallgesetz
Die Industriegesellschaft ist durch einen wachsenden Abfallberg gekennzeichnet, so daß rechtliche Regelungen erforderlich sind, die auf eine Eindämmung der Müllerzeugung gerichtet sind. Diesem Anliegen entsprach das „Erste Gesetz zur Abfallwirtschaft und zum Bodenschutz" vom August des Jahres 1991 bereits weitgehend. Es verfolgt die Strategie, Abfälle so weit wie möglich zu vermeiden und soviel wie möglich Reststoffe in den Stoffkreislauf zurückzuführen. Es fordert aber auch, den verbleibenden Abfall so weit wie möglich zu behandeln, um den nicht vermeidbaren Rest sicher und unschädlich deponieren zu können. Deshalb sind die Regelungen des Gesetzes streng auf das Verursacherprinzip orientiert. Ausdruck dieser Auffassung sind u. a. die Festlegungen im Gesetz, daß die Vergabe von Fördermitteln an die Strategie zur Abfallvermeidung gebunden wird.

In Umsetzung der bundesgesetzlichen Regelungen (Kreislaufwirtschaftsgesetz von 1996) und unter Nutzung der fast achtjährigen Erfahrungen beim Gesetzesvollzug, wurde das sächsische Abfallgesetz 1999 novelliert. Als besonders weitreichende Neuerungen sind die Pflicht zu einer transparenten Gebührenkalkulation sowie Anreize zur Kooperation der Aufgabenträger bei der Errichtung von Restabfallbehandlungsanlagen anzusehen.

Das sächsische Wassergesetz
Obwohl rund ein Drittel des Freistaates Sachsen von Naturräumen der Mittelgebirge und Bergländer eingenommen wird, ist Sachsen (vgl. Kap. 4.3.) ein wasserarmes Land. Ein gesetzlicher Rahmen zum Wasserhaushalt hat daher zu allererst von der Bilanzierung der Naturressource als Bewirtschaftungsgrundlage auszugehen, wie es in den Grundlagen zum Schutz und zur Bewirtschaftung der Gewässer des Ende 1992 verabschiedeten Wassergesetzes verankert ist. Ein weiteres Merkmal im Sächsischen Wassergesetz ist als Ausdruck des Daseinsvorsorgeprinzips die Festschreibung einer Wasserentnahmeabgabe für Großverbraucher, was die sparsame und kontrollierte Entnahme von Grund- und Oberflächenwasser sicherstellen soll.

Die Wasserversorgung und Abwasserbeseitigung wurde als kommunale Pflichtaufgabe fixiert, und hinsichtlich der Versorgungssicherheit wurde der Gewinnung aus örtlichen Reserven vor dem Bezug aus anderen Gewinnungsgebieten („Fernwasser") Vorzug eingeräumt. Allerdings werden die traditionell aus dem umfangreichen Talsperrensystem des Erzgebirges resultierenden Versorgungsbeziehungen dadurch nicht eingeschränkt. Mit dem Wassergesetz wurden zugleich die privatrechtlichen Eigentumsverhältnisse am Gewässerbett für solche Alteigentümer wieder eingeführt, die im Grundbuch eingetragen waren.

Die als Folge eines neuen Wasserhaushaltsgesetzes des Bundes (1996) notwendige Neufassung des sächsischen Wasserrechtes im Juni 1998 räumt einerseits unter bestimmten Voraussetzungen die Möglichkeit einer völligen Privatisierung hoheitlicher Aufgaben der Wasserver- und Abwasserentsorgung ein, wie es auch ausgewogene Regelungen zur Wasserkraftnutzung im Verhältnis zur Gewässerökologie enthält.

10.2 Ausgewählte Umweltaspekte
10.2.1 Wie sauber ist Sachsens Luft?

Nicht wenige Besucher und Durchreisende haben in den Jahren zwischen 1970 und 1990 immer wieder erklärt, daß man die innerdeutsche Grenze, wenn nicht sehen, so doch „riechen" könne. Und in der Tat war die Luftqualität im Osten Deutschlands in der Vergangenheit ausgesprochen schlecht. Seine Ursache hatte das in dem einseitigen (rd. 85 %) Primärenergieeinsatz von Braunkohle, der nicht nur für viel Staub und Schwebstaub, sondern vor allem für erhebliche Luftbelastungen durch Schwefeldioxid (SO_2) sorgte, welches letztlich die genannte „Geruchsgrenze" bewirkt hat. Hinzu kamen punkthaft, besonders im dicht besiedelten und hochindustrialisierten Süden der früheren DDR (z. B. Chemiebezirke Halle und Leipzig) sowie im Berliner Raum, Emissionsquellen für Schwefelwasserstoffe, Fluor und andere Luftschadstoffe.

Folgerichtig betrug die SO_2-Emission in der flächenmäßig kleinen DDR im Jahre 1989 das Fünffache des damaligen Bundesgebietes, und da Sachsen daran mit rd. 40 % beteiligt war, betrug die Menge des über Sachsen emittierten Schwefeldioxids noch immer das Doppelte des gesamten westlichen Teils Deutschlands. Rechnete man die Emissionswerte auf die zugehörigen Flächen um, so unterschieden sich Sachsen und die Alten Bundesländer bei SO_2 um einen Faktor von 28 und bei Staub um einen von 17 (Sächs. Staatsministerium für Umwelt und Landesentwicklung 1994c).

Der nach der Wiedervereinigung einsetzende Strukturwandel bei Industrie und Gewerbe (Stillegung von Industrieanlagen sowie veralteten Produktionsstätten, jedoch zugleich Einführung moderner Entstaubungs- und Entstickungstechnik), beim Einsatz von Brennstoffen sowie bei der völligen Umstellung im Straßenverkehr haben hinsichtlich der Luftbelastungen in einem relativ kurzen Zeitraum eine völlig veränderte Ausgangslage erzeugt.

Im einzelnen ergibt sich nach fast zehn Jahren folgendes Bild: Die Gesamtemission an Schwefeldioxid ging von ca. 1,9 Mrd. t im Jahre 1989 auf rd. 0,5 Mrd. t, demnach auf fast 25 % des Ausgangsniveaus, zurück. Die Staubemissionen reduzierten sich um mehr als 93 %, obwohl die Braunkohle noch immer zu etwa 50 % an der Energie- und Wärmeerzeugung beteiligt ist, und auch der CO_2-Ausstoß sank von 104 Mio. t im Jahre 1992 auf 71 Mio. t 1997. Das bis Mitte der 1990er Jahre noch immer hohe Emissionsniveau resultierte hauptsächlich aus der in der Großfeuerungsanlagenverordnung (Bundesimmissionsschutzgesetz) eingeräumten Restnutzungserlaubnis für einige Kraftwerke, die nicht mit moderner Abscheidetechnik ausgestattet werden mußten. Aber auch die zahlreichen Hausbrandfeuerstätten tragen zu einem noch immer erhöhten SO_2- und CO_2-Ausstoß bei.

Die erfreuliche Entwicklung hinsichtlich der lufthygienischen Situation beruht also

Ausgewählte Umweltaspekte

Tab. 10.1: Fallhäufigkeit (Anzahl der Ereignisse) des Übersteigens des Ozongrenzwertes (180 µg / m³) an ausgewählten Meßstellen in Sachsen 1990–1997
Quelle: Sächs. Landesamt f. Umwelt u. Geologie, Materialien zur Luftreinhaltung, Jahresberichte

Meßstation	1990	1991	1992	1993	1994	1995	1996	1997
Radebeul-Wahnsdorf	1	1	3	0	8	4	4	2
Fichtelberg	11	5	1	–	1	4	1	3
Carlsfeld	–	0	2	–	0	1	–	0
Leipzig-Mitte	–	–	0	1	2	0	0	0
Dresden-Mitte	–	0	1	0	6	1	1	0
Pirna	–	–	4	1	4	3	0	0
Zittau-Ost	–	0	–	0	0	1	0	0
Chemnitz-Mitte	–	–	3	0	10	3	0	1
Plauen	–	–	–	0	3	0	0	1

nicht in erster Linie auf der Deindustrialisierung, sondern zu großen Teilen auf dem technischen Fortschritt bei der Kraftwerksnachrüstung und auf der Umstellung von Heizungsanlagen auf andere Energieträger. Der Freistaat Sachsen hat diesen Prozeß seit 1992 mit rd. 130 Mio. DM gefördert. Inzwischen sind die meisten der überregionalen alten Kohlekraftwerke (z. B. HKW Leipzig, Dresden oder Hagenwerder bei Zittau) geschlossen worden. Statt dessen sind mit den Kraftwerken in Boxberg und Lippendorf zwei hochmoderne Anlagen in Betrieb bzw. im Entstehen, welche die Braunkohle umweltfreundlich verstromen.

Die in der Öffentlichkeit kontrovers diskutierte Ozonproblematik, vor allem für die sommerlichen Konzentrationen in Bodennähe, weist in besonderer Weise darauf hin, daß andere Luftschadstoffe inzwischen im Ansteigen begriffen sind. Es sind vor allem solche, die mit den neuen Emissionsquellen im Verkehr zu tun haben. Das betrifft vorrangig den Anstieg der Konzentration von Stickoxiden sowie von deren Vorläufersubstanzen bei der Ozonbildung, Benzol und (Diesel-) Ruß. Insofern ist Ozon ein sekundärer Luftschadstoff, der sich in Konzentrationsräumen beim Ausstoß von NO_x, Benzol und Ruß bildet, aber zugleich in verunreinigter Luft partiell wieder abgebaut wird, weil in den Nachtstunden der Verkehr mit seinem Ausstoß von Stickoxiden und Kohlenwasserstoffen in den Ballungsräumen nie ganz ruht und somit Ozonabbau stattfindet. Deshalb treten in den ländlichen Gebieten in Nachbarschaft zu den Ballungsräumen in Abhängigkeit von den Windfahnen die höchsten Ozonbelastungen auf. Erheblich begünstigt werden diese Konzentrationen durch intensive Sonnenstrahlung, weil die Abspaltung und Neubildung von Ozon am Boden von komplizierten photochemischen Prozessen gesteuert wird:

$$NO_2 + \text{Sonnenstrahlung} \longrightarrow$$
$$NO + O \longrightarrow O + O_2 \longrightarrow O_3.$$

Dennoch aber muß auch für den Luftschadstoff Stickoxid (NO_x) gesagt werden, daß großflächig der Grenzwert der TA Luft (80 µg NO_2/ m³ Luft) in Sachsen selbst in den Ballungsräumen, trotz eines allgemeinen Anstieges, zumeist unter 50 µg / m³ bleibt. D. h., es ist ein Anstieg der latenten Belastung mit wenigen kurzzeitigen Spitzenbelastungen zu registrieren. Selbstverständlich gibt es vor diesem Hintergrund Tage mit Überschreitungen der Ozonkonzentration von 180 µg/m³, was eine Unterrichtung der Bevölkerung und die Aufforderung zum freiwilligen Verzicht der Kraftfahrzeugbenutzung zur Folge hat.

Tabelle 10.1 gibt für die Jahre 1990–97 eine Übersicht über die Erreichung des Grenzwertes (Stundenmittelwerte) an besonders exponierten Meßstandorten in Sachsen.

Eine Ozonkonzentration von über 240 µg/m³, die den Grenzwert der Ozonverordnung des Bundes zur Auslösung von Verkehrsverboten darstellt, wurde 1990–98 in Sachsen nicht erreicht, wenn man von

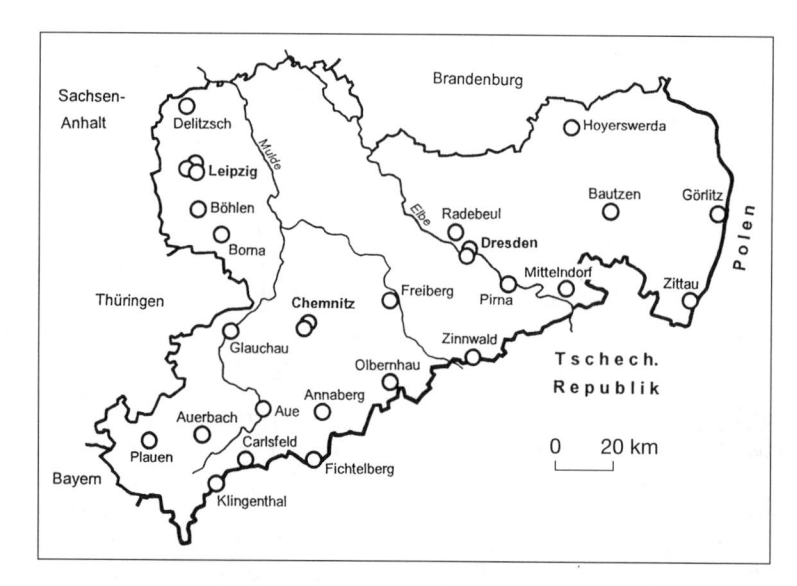

Abb. 10.2:
Immissionsmeßnetz in Sachsen
Quelle: Sächs. Landesamt für Umwelt und Geologie, Materialien zur Luftreinhaltung ... 1995
Zeichnung: U. Herzog

zwei Überschreitungen im Jahre 1990 am Fichtelberg absieht.

1993 hat die sächsische Staatsregierung ein landesweites Luftmeßnetz zur Beobachtung aller Luftschadstoffe eingerichtet (Abb. 10.2), das die 1990 bereits aufgenommenen Rastermessungen in Großstädten und anderen besonders luftbelasteten Gebieten flächendeckend und vernetzt ablöste. Das in Zuständigkeit des Landesamtes für Umwelt und Geologie betriebene stationäre Immissionsmeßnetz besteht gegenwärtig aus 30 Multikomponenten-Meßstationen und zwei nach Schwerpunkten der Luftbelastung ausgewählten SO_2-Stationen. Aktuelle Meßwerte können über Videotext des Mitteldeutschen Rundfunks und in T-online abgefragt werden. Das ist um so wichtiger, als die räumliche Anordnung der Meßstellen auch der Überwachung des grenzüberschreitenden Schadstofftransportes dienen muß, der in Sachsen eine hervorragende Bedeutung hat.

Als Folge besonderer Geländeverhältnisse und ebensolcher meteorologischer Bedingungen am Erzgebirgssüdrand bzw. im Nordböhmischen Becken ist die lufthygienische Situation des Erzgebirges von Klingenthal bis Hellendorf seit Jahrzehnten von erheblichen SO_2-Belastungen geprägt gewesen. Es bestand eine Wechselwirkung zwischen Luftqualität und Waldzustand. Obwohl bereits seit 1850 die Schadwirkungen an den Nadelbäumen des Osterzgebirges nachgewiesen waren, ist die Vernichtung der Wälder als Folge langanhaltender Einwirkungen des Assimilationsgiftes SO_2 ein Ergebnis der letzten 60 Jahre. Rechnete man etwa um 1965 noch mit Schwefeldioxidemissionen von rd. 2 000 t/Tag, die von Nordböhmen auf das deutsche Erzgebirge einwirkten, so hatte sich dieser Wert in kurzer Zeit verdoppelt bis verdreifacht. Kraftwerke, Heizwerke und eine Chemische Industrie in Nordböhmen, die auf den dortigen Braunkohlevorkommen basieren (Braunkohle mit einem Schwefelgehalt von durchschnittlich 3 – 3,5 %), sind zu großen Teilen dafür verantwortlich, daß 1991 im Erzgebirge rd. 60 000 ha Wald als stark bis extrem geschädigt galten, davon rd. 16 000 ha als Totalschaden.

Der gültige Grenzwert für SO_2 lag in der DDR bei 0,15 mg/m³ Luft und beträgt nach

Ausgewählte Umweltaspekte

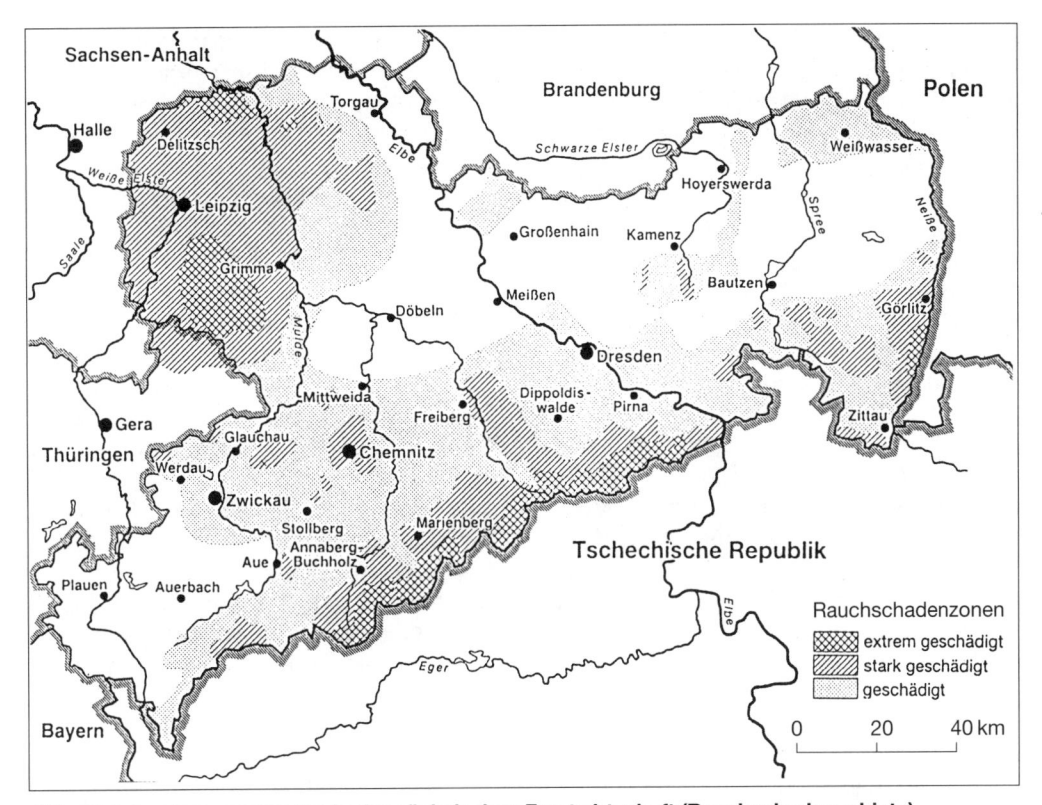

Abb. 10.3: Immissionsschäden in der sächsischen Forstwirtschaft (Rauchschadengebiete)
Quelle: KOWALKE 1994b, S.9; nach Sächs. Staatsministerium für Umwelt und Landesentwicklung (Hrsg.): Umweltbericht Freistaat Sachsen 1991, S. 25

der TA Luft 0,14 mg/m³. Die für die vielfach in Fichtenmonokulturen umgewandelten Bergmischwälder in Lagen über 700 m NN noch zuträglichen Schwefeldioxidkonzentrationen schwanken zwischen 0,05 und 0,07 mg/m³. Besonders in Kombination mit weiteren klimatologischen (Trockenheit, Frost) und pedologischen (Flachgründigkeit, Nährstoffarmut) Streßfaktoren wirken sich die hohen SO_2-Konzentrationen verheerend aus, zumal in den vergangenen Jahrzehnten die Belastung der Schadgebiete häufig wochenlang bei 1–1,5 mg/m³ SO_2 und hinsichtlich der Spitzenwerte bei 4–4,5 mg/m³ SO_2 und mehr lagen.

Diese „klassischen" Rauchgasschäden werden seit rund zehn Jahren von Auswirkungen „neuartiger" Waldschäden überlagert, die auf das Phänomen einer zusätzlichen Belastung aus Stickstoff-Ozon-Photooxidantien zurückgehen und zu Nährstoffmangelsymptomen (z. B. bei Magnesium) führen, aus denen letztlich das Absterben resultiert. Durch die Luftschadstoffe wird die Wachskutikula der Nadeln angegriffen, und es werden wichtige Spurennährstoffe ausgewaschen, so daß der Baum abstirbt.

In dieser Situation ist sowohl der Freistaat aufgefordert, alle nur möglichen Schadstoffvermeidungspotentiale zu nutzen, wie es auch andererseits im internationalen Rahmen zu Vereinbarungen kommen muß, um den Schadstoffausstoß und -transport zu reduzieren. Um den Eigenanteil an der Luftbelastung im Erzgebirge zu verringern (z. B. in den industrialisierten Tälern mit der bis 1990 noch flächenhaft dominierenden Ofenheizung, natürlich auch mit Braunkohle), hat der Freistaat vier Jahre lang mit fast 80 Mio. DM ein Emissionsschutzprogramm für das Erzgebirge gefördert, das zu nennenswerten Verbesserungen der Luftsituation geführt hat. Es war eine Kombination aus Energieträgerumstellung kommunaler Einrichtungen, wie Schulen, Krankenhäusern oder Behörden, und/oder die Umstellung ganzer Wohnviertel auf Blockheizkraftwerke.

Da auch nach Auslaufen des Sonderförderprogramms („Hausbrand in Grenznahen Gebieten") Ende 1998 immer noch 35 % der Privathaushalte kohlebeheizt werden, wurde ab dem IV. Quartal 1999 das Programm mit zunächst 5 Mio. DM/Jahr neu aufgelegt.

In Abstimmung mit der EU hat der Bund ein entsprechendes Abkommen mit der Tschechischen Republik geschlossen, das die notwendigen Schritte zur Stillegung und Nachrüstung der Kohlekraftwerke Nordböhmens festlegt. Die meisten Maßnahmen wurden bis zum Jahresende 1998 dank großer Anstrengungen auf böhmischer Seite (tschechischer Finanzmitteleinsatz von umgerechnet 2,5 Mrd. DM) und der Mithilfe der Bundesrepublik Deutschland mit 70 Mio. DM verwirklicht. Wie kompliziert dieser Weg war, obwohl es sichtbare Erfolge dabei gibt (z. B. stillgelegte Kraftwerke Prunešov und Tišova oder nachgerüstete Anlagen in Tušimice und Ledvice), bewies der strenge Winter des Jahres 1995/96, als Meßstationen im Erzgebirge wieder SO_2-Belastungen meldeten, die denen von 1990 nahekamen (1,1 – 1,5 mg/m^3). Als Ursache galt die Zwangssituation, daß die durch Umrüstungen reduzierte Kraftwerkskapazität infolge des langanhaltenden Frostwetters durch eigentlich stillgelegte Anlagen (ohne Filtertechnik) erhöht werden mußte.

Trotz dieser nach wie vor latenten Luftbelastung ist aber insgesamt die Situation gegenüber 1989 deutlich verbessert worden. Demzufolge konnte im Sommer 1999 die seit 1991 geltende Winter-Smogverordnung aufgehoben werden.

Wenn man über die Mängel der in Deutschland üblichen Erhebungsmethode zum Waldzustand einmal hinwegsieht, zeigen auch die Waldschadensberichte bis 1998, daß man die genannte Tendenz zur Stabilisierung des Waldes, speziell des Nadelwaldes erkennen kann, während allerdings zugleich der Zustand von Eichen und Buchen einen neuen Tiefpunkt erreicht hat. Dieser ist unmittelbar von den Vermeidungspotentialen im Verkehrsbereich abhängig.

Zugleich gibt es in Sachsen wirksame Initiativen, welche die Waldfläche von 27 % deutlich erhöhen wollen (um 50 000 ha auf 30 %). Ein derartiges Ziel würde auch einen wichtigen Beitrag zum Klimaschutz darstellen, da das CO_2-Minderungspotential von gesunden und naturverträglich bewirtschafteten Beständen sowie von den zusätzlichen Aufforstungsflächen recht beachtlich ist und auf über 4 Mio. t/a beziffert wird.

Eine weitere Verbesserung der Luftqualität in Sachsen ist jedoch nur bedingt mit ordnungsrechtlichen Maßnahmen zu erreichen. Zwar werden Vorsorgemaßnahmen des Staates weiter gezielt benötigt, aber besonders auf dem Verkehrssektor ist daneben auch das umweltgerechte Verhalten des Einzelnen, etwa bei der Kraftfahrzeugbenutzung, ein ernstzunehmender Faktor der Luftreinhaltung. Nur wenn dieses Zusammenspiel gelingt, kann erwartet werden, daß keine Schwellenwerte in Sachsen erreicht oder überschritten werden, welche die menschliche Gesundheit oder auch die Vegetation (Wald) bedrohen.

Ausgewählte Umweltaspekte

10.2.2 Ersticken wir in unserem Müll?

Als eine Begleiterscheinung der modernen Wohlstandsgesellschaft wird allgemein die wachsende Menge und Anzahl von Produktionsrückständen, aber auch von Reststoffen aus dem Konsumverhalten der Menschen angesehen (Produktionsabfälle, Filteraschen, Schlacken, Stäube, Klärschlamm, Bauschutt, Krankenhausabfälle, Verpackungsmüll, Haushaltsabfälle usw.). Infolge des Überflusses an nahezu allen materiellen Dingen hat sich daraus die schlechthin als „Wegwerfideologie" bezeichnete Verhaltensweise im Umgang mit Gütern, Produkten und Reststoffen herausgebildet.

Das Ergebnis ist: Es wird zu viel Müll produziert! Und es stellt sich die Frage: Wie kann er umweltgerecht entsorgt werden, und wie können wir wirkungsvoller seine Entstehung vermeiden?

Im vereinten Deutschland entstanden im Jahre 1990 immerhin noch 26,6 Mio. t Müll (20,6 in den Alten und 6,0 in den Neuen Bundesländern).

Angesichts des in den vergangenen Jahrzehnten stetig anwachsenden Abfallberges sind daher Maßnahmen unumgänglich, die diesen Trend aufhalten und, wenn möglich, zurückdrängen.

Eine somit ökologisch orientierte Abfallwirtschaft erfordert es, die isolierte Betrachtung von Produktion, Konsumtion und Entsorgung aufzugeben. Das Verursacherprinzip verpflichtet den Hersteller nicht nur für das umweltschonende Zustandekommen, sondern auch für eine umweltverträgliche Verwertung und Entsorgung. Aufgabe des Staates in diesem Zusammenhang ist es, dafür Sorge zu tragen, daß das ökologisch – und somit volkswirtschaftlich – Sinnvolle sich auch betriebswirtschaftlich lohnt! Oberstes Ziel abfallwirtschaftlicher Strategien, und damit soll nachfolgend auf sächsische Verhältnisse eingegangen werden, ist daher die Abfallvermeidung, die bei allen Planungsträgern, bei der Maßnahmedurchführung und dem öffentlichen Beschaffungswesen ansetzen muß.

Ist das deutschlandweit übliche Bild – auch unter Beachtung der im Kapitel 10.1 erörterten Gesetzeslage – auch für Sachsen zutreffend? Droht also eine nicht beherrschbare Müllflut? Oder gibt es begründete Anzeichen für eine Entspannung oder gar eine Trendwende?

Diese Frage soll an Hand von Abfallbilanzen der acht in Sachsen auf der Grundlage des Gesetzes bis Ende 1994 gebildeten Ab-

Tab. 10.2: Entwicklung des Anfalls fester Siedlungsabfälle in Sachsen 1991–1998
Quelle: Zusammenstellung K. Mannsfeld nach den Jahresbilanzen zur Abfallwirtschaft und Daten des Abfallwirtschaftskonzeptes des Sächs. Landesamtes für Umwelt und Geologie sowie des Umweltberichtes 1998

* u. a. Glas, Papier / Pappe / Karton, Schrott, Textilien, Holz

Abfallart	Einwohnerspezifisches Aufkommen (kg / Ew. · a)							
	1991	1992	1993	1994	1995	1996	1997	1998
Restabfälle aus Haushalten und Gewerben	379	411	367	363	305	269	229	206
Getrennt gesammelte biologisch abbaubare organische Abfälle davon		7	8	32	29	33	41	45	47
Bioabfälle (Haushalt / Gewerbe)	–	–	14	15	16	21	25	28
Grünschnitt, Park- und Gartenabfälle	–	–	18	14	17	20	20	19
Getrennt gesammelte Altstoffe*		53	86	114	138	132	139	144	151
Sperrige Abfälle aus Haushalt und Gewerbe	79	108	100	99	93	76	69	57
Straßenkehricht, Marktabfälle, Papierkorbabfälle	–	–	23	22	18	13	13	13
Gesamtsumme fester Siedlungsabfälle	518	613	636	651	581	538	501	474

fallzweckverbände beantwortet werden, welche das Landesamt für Umwelt und Geologie seit einigen Jahren regelmäßig veröffentlicht.

Obwohl die Vergleichszahlen von 1991 wohl eher Schätzungen, denn exakte Mengenangabe darstellen, ist die Entwicklung eindeutig rückläufig. Mußte bis 1994 noch mit einem Anstieg des Gesamtaufkommens fester Siedlungsabfälle gerechnet werden, was vorrangig von der Position „Sperrige Abfälle" verursacht war, so trugen ab 1995 die landesweiten Bemühungen zur Abfalltrennung und -vermeidung nachdrücklich Früchte. Ebenso positiv ist auch die Zunahme des verwerteten Anteils, der 1993 noch bei rd. 20 % lag und inzwischen auf etwa 32 % angestiegen ist.

Die Analyse der Situation im Lande ergibt aber auch Hinweise darauf, daß die entsorgungspflichtigen Körperschaften ihre Planungen über die notwendigen Anlagen (Deponien, thermische Behandlungsanlagen) sehr schleppend durchführen und trotz des augenscheinlichen Abfallrückgangs nicht den notwendigen Vorlauf zu einer risikolosen Verwertung und Entsorgung erreichen konnten. Ein dabei nicht zu unterschätzender Umstand ist die Tatsache, daß sich selbst in frühen Planungsstadien die örtlich Betroffenen im Umfeld einer möglichen Anlage dem „St.-Florian-Prinzip" verschreiben und ernsthaft die Notwendigkeit derartiger Anlagen unterstreichen, nur nicht im eigenen Gemeindegebiet.

Da moderne Deponietechnik zwar eine kostenintensive, aber nachhaltige Umweltmaßnahme darstellt, ist der teilweise erbitterte Widerstand Betroffener rational nicht erklärbar. Allein den für die Gewährleistung der Entsorgungssicherheit notwendigen Weiterbetrieb von Altanlagen mit aufwendiger technischer Nachrüstung hat sich Sachsen von 1992 bis 1994 etwa 130 Mio. DM in Form von Fördermitteln kosten lassen. Die Zahl der sächsischen Altdeponien für Siedlungsabfälle wird sich demnach in den kommenden Jahren drastisch verringern. Während von 1991 bis 1995 bereits rd. 40 Deponien geschlossen wurden, rechnet man infolge des Abfallrückganges und die durch die TA Siedlungsabfall vorgesehene Volumenverringerung für thermisch vorbehandelte Restabfälle nur noch mit wenigen Deponien nach 2005.

Auch die Abfallwirtschaftskonzepte des Freistaates von 1996 und 1999 orientieren sich an dieser Zeitmarke, zumal die Technische Anleitung (TA) Siedlungsabfall dann strenge Maßstäbe für die noch zulässigen organischen Anteile (bis 5 %) der zu deponierenden Restabfälle setzt.

Das zeichnet den Weg zur Errichtung thermischer Restabfallbehandlungsanlagen vor. Infolge der hohen Kosten dieser Anlagen, die allerdings hohen technischen Anforderungen an umfassenden Umweltschutz entsprechen, darf es zu keiner Überdimensionierung kommen, weil sonst auch im Abfallbereich dem Bürger neue Gebührenlasten drohen. Demzufolge steht die Förderpolitik des Staates vor der Aufgabe, hier lenkend einzugreifen, damit Kooperationen über Zweckverbandsgrenzen hinweg z. B. bei Neuanlagen zu Gebührenverträglichkeit führen. Dieser Aspekt ist um so mehr zu beachten, als nach den Übersichten (Tab. 10.2) klar erkennbar ist, daß das Gesamtmüllaufkommen seit 1995 stetig rückläufig ist und von rd. 1,2 Mio. t (264 kg/Ew. und Jahr) auf unter 1 Mio. t im Jahre 1998 gesunken ist und insofern die Prognosen weit unterboten hat, die eine solche Größenordnung erst für das Jahr 2003 vorsahen.

Wenn der Slogan „Jeder produziert Müll – doch keiner will ihn" seine besondere Berechtigung hat, dann im Sonderabfallbereich. Dieses Kapitel der Abfallwirtschaft hat in den Jahren 1992 bis 1995 eine besonders symptomatische Entwicklung dafür genommen, daß eine emotional und nicht mehr rational getragene öffentliche Debatte über Standorte der Sonderabfallentsorgung geführt wird. Nahezu synchron überlagert wurde diese Auseinandersetzung von aktualisierten und objektivierten Zahlengrundlagen über das tatsächliche Sonderabfallaufkommen und seine Entsorgungsmöglichkeiten auch fernab einer landeseigenen Autarkie, weil es plötzlich deutschlandweit neue Einsichten über das Verhältnis von Aufkommen und vorhandenen, aber nicht ausgelasteten Entsorgungsanlagen in zahlreichen Bundesländern gab.

Es soll noch einmal kurz benannt werden, was „Sondermüll" eigentlich ist. Hierbei handelt es sich um

1. Abfälle aus Industrie und Gewerbe, wie Teerrückstände, Säureharze, schadstoffhaltige Abfälle in verschiedener Konsistenz oder lösungsmittelhaltige Rückstände, aber auch Abwässer und Schlämme aus der chemischen und metallverarbeitenden Industrie,
2. Abfälle aus den Haushalten, wie Altöle, Lösungsmittel, Lacke, Frostschutzmittel, Laborchemikalien, Batterien, Säuren, Laugen, Pflanzenschutz- und Schädlingsbekämpfungsmittel u. a. m.

Als 1992 in Sachsen ein durchaus kostspieliges Standortsuchverfahren (rd. 2,3 Mio. DM) für eine Sonderabfalldeponie und ggf. für eine thermische Behandlungsanlage begann, schätzte man das Aufkommen auf rd. 230 000 t. Die Notwendigkeit einer soliden Entsorgung von Sondermüll war unbestritten, ist doch in der Vergangenheit der größte Teil o.g. Abfälle auf Haushaltsmülldeponien verbracht worden oder rostete in nicht abtransportierten Fässern und Behältern auf den Höfen vieler ehemaliger volkseigener Betriebe vor sich hin.

Am Ende eines objektivierten Standortsuchverfahrens, das sogar von einer Mediationsgesellschaft im Dialog mit den Betroffenen vor Ort begleitet wurde, blieben zwei Standorte übrig, die allerdings infolge bestimmter Randbedingungen des Standortauswahlprozesses (z. B. Flächengröße 100 ha!) keinerlei Akzeptanz in der Öffentlichkeit fanden.

Nach diesen Erfahrungen bevorzugte Sachsen den Weg einer ausschließlich privaten Organisationsstruktur in der Sonderabfallwirtschaft!

Nach gründlicher Analyse der tatsächlichen Mengen überwachungsbedürftiger Abfälle zeigte sich, daß 1996 im Freistaat Sachsen rd. 650 000 t Sonderabfälle erzeugt wurden, deren Hauptmenge auf Rückstände aus der Bauwirtschaft entfiel. Durch Nachrüstung bestehender großtechnischer Anlagen (z. B. in Böhlen, südlich von Leipzig) bzw. Neubauten (Secundärrohstoff-Verwertungs-Zentrum Schwarze Pumpe, nördlich von Hoyerswerda), aber auch durch den Aufbau von regionalen Entsorgungskapazitäten, z. B. Bodenreinigungsanlagen, können 80 % des Anfalls in Sachsen entsorgt werden. Etwa 20 % werden über die Landesgrenze in benachbarte Bundesländer verbracht. Die Gesamtmenge des verwerteten oder beseitigten Sonderabfalls aber liegt inzwischen bei rd. 900 000 t, was bedeutet, daß rd. 350 000 t aus anderen Gebieten nach Sachsen hineinströmen. Da Sachsen somit zum Importland für Sonderabfälle geworden ist, die aber, bei staatlicher Überwachung, gefahrlos entsorgt werden können, besitzt die Verbringung sächsischer Sonderabfälle in untertägige Anlagen in Thüringen oder Sachsen-Anhalt mit insgesamt 75 000 t nur noch eine nachgeordnete Bedeutung.

Bemerkenswert ist, daß eine Industrieabfall-Koordinierungsstelle, gebildet aus Vertretern von Industrie, Forschungseinrichtungen und Umweltministerium, den Gesamtprozeß moderiert und branchenspezifisch aufzeigt, welche Sonderabfallmengen zukünftig verwertet, thermisch oder physikalisch-chemisch behandelt oder welche nur auf Deponien abgelagert werden können. Sonderabfallwirtschaft, nach 1990 mit berechtigter Sorge betrachtet, kann knapp zehn Jahre später als geordneter wirtschaftlicher Prozeß eingeschätzt werden, aus dem sogar zunehmend wertvolle Rohstoffe dem Wirkungskreislauf zugeführt werden.

10.2.3. Sind Wasser und Abwasser noch bezahlbar?

Unter den die Landschaft prägenden Naturfaktoren nimmt das Wasser zweifellos eine dominierende Rolle ein, entscheidet sein Vorhandensein doch weitgehend über alle Lebens- und Wirtschaftsvorgänge. Auch in Sachsen werden Landschaftsräume durch Zahl und Anordnung von Gewässern unverwechselbar geprägt, z. B. das Elbtal von der böhmischen Grenze durch die Sächsische Schweiz bis in das Auenland von Riesa – Torgau, der Nordosten des Landes im Teichgebiet zwischen Wittichenau und Niesky, das Erzgebirge mit seinen Talsperren oder das Leipziger bzw. Lausitzer Braunkohlerevier mit seinen Tagebaurestseen. Andererseits hat auch der historisch begründete überdurchschnittliche Industrialisierungsgrad spürbare Auswirkungen auf Wasserdargebot und -beschaffenheit hinterlassen.

Das Wasserdargebot im Freistaat entspricht der regionalen Differenzierung des Niederschlagsdargebotes. Ausgesprochen regenarme Gebiete sind im westlichen Landesteil als Folge großräumiger Lee-Erscheinungen anzutreffen. Dazu gehören große Teile des Vogtlandes und besonders das Leipziger Land (Jahresmittel des Niederschlages bei 480–550 mm). Aber auch die Dresdner Elbtalweitung oder das Zittauer Becken mit dem Neißetal gehören zu Gebieten mit geringerem Niederschlag (550–600 mm). Als ausgesprochen niederschlagsreich gelten hingegen das Westerzgebirge, obere Lagen des Osterzgebirges sowie der Westrand des Oberlausitzer Berglandes (Niederschläge bei 950–1200 mm).

Geht man von einem langjährigen Mittel von rd. 740 mm Niederschlag für Sachsen aus (GRÜNEWALD 1992), so kann angenommen werden, daß davon rd. 520 mm verdunsten und ca. 65 mm (= 1,3 Mrd. m^3) zur Grundwasserneubildung beitragen.

Die räumlich und zeitlich bestehenden Disparitäten bei der Grundwasserneubildung führen in Abhängigkeit von der Verteilung trockener und stärker beregneter Gebiete sowie des unterschiedlichen Wasserbedarfs in den einzelnen Regionen zu durchaus nennenswerten Problemen für die Wasserwirtschaft.

Die natürliche Gebietsstruktur ist zudem zwischen 1945 und 1990 durch einschneidende Eingriffe in den Wasserhaushalt abgewandelt worden.

Die Industrie hat das begrenzte Wasserdargebot, einschließlich der öffentlichen Wasserversorgungsanlagen, weit über das tolerierbare Maß beansprucht und zugleich durch Ableitung unzureichend gereinigter Abwässer die Gewässerbeschaffenheit, einschließlich der Grundwasservorräte, erheblich beeinträchtigt.

Die Trinkwassernutzung wurde vor allem in den Großstädten bis an die Leistungsgrenze betrieben (Durchschnittsverbrauch 300–400 l/Ew. und Tag), während die Abwasserbehandlung häufig völlig fehlte.

Hinzu kam eine intensivierte Landbewirtschaftung, welche nach „Höchstertragskonzeptionen" arbeitend auch in Gebieten mit günstiger Bodenstruktur durch völlig überzogene Bewässerungsmaßnahmen einen erheblichen Wasserverbrauch verursachte (Abb. 10.1). Andererseits wurden Feuchtgebiete trockengelegt, um für die Ackertechnik auf großen Feldschlägen günstige Voraussetzungen zu schaffen.

Besondere Belastungen für die Umwelt ergaben sich im Wasserbereich durch Grundwasserabsenkungen, Einleitung verschmutzter Abwässer oder Flußverlegungen in den Braunkohleabbaugebieten.

Das Ergebnis – und somit Ausgangssituation aller Bemühungen zur Stabilisierung des Wasserhaushaltes – waren:
– stark verunreinigte Gewässer, abschnittsweise bis zur ökologischen Zerstörung (z. B. Elbe zwischen Pirna und Meißen, Zwickauer Mulde zwischen Eibenstock und Hartenstein, Weiße Elster zwischen

Regis-Breitingen und Leipzig oder das Würschnitz-/Chemnitz-Flußgebiet),
- hohe Schmutz- und Schadstofflasten bei besonderer Verunreinigung durch Schwermetalle, PSBM (Triazine, chlororganische Pestizide) u. a. infolge fehlender oder unzureichender Abwasserbehandlung,
- gebietsweise unvertretbare Inanspruchnahme der Wasserressourcen durch extensive Verwendung für Trink- und Brauchwasserzwecke.

Diese Merkmale für die Einschätzung des Zustandes der Wasserwirtschaft lassen sich zusätzlich an folgenden Zahlen veranschaulichen:

Im Jahr 1990 betrug der Anschlußgrad, bezogen auf die Einwohner in Sachsen (100 %):
- an die öffentliche Wasserversorgung 93,8 %
- an öffentliche Kläranlagen 57,0 %
   darunter an mechanisch-biologische Anlagen 24,0 %
- an das öffentliche Kanalnetz 75,4 %.

Insgesamt verfügten nur ca. 20 % aller Städte und Gemeinden in Sachsen über eine netzgebundene Abwasserreinigung (Kläranlage).

Ein weiteres Indiz ist die Nitratbelastung des Grundwassers, die sich in überhöhten Grenzwerten zwischen 50–90 mg/l (in Einzelfällen gar bis 150 mg/l) zeigt. Das betraf noch 1992 in den Regierungsbezirken Chemnitz und Leipzig 10–12 % aller Meßstellen, während im Raum Dresden an mehr als jeder fünften Meßstelle (von rd. 450) die Grundwasserbeschaffenheit durch unzulässige Nitratkonzentrationen beeinträchtigt gewesen ist.

Die jahrzehntelangen Versäumnisse beim Schutz der Wasservorräte und der rationellen Wassernutzung, vor allem beim Ausbau und der Erhaltung einer dem Stand der Technik entsprechenden Abwasserinfrastruktur, wirken sich zwangsläufig auf die Kosten aus, mit denen sich heute die kommunalen Träger der Wasserversorgung und Abwasserbeseitigung konfrontiert sehen. Der Neubau von Hauptsammlern, Ortsnetzen und Klärwerken oder die Erneuerung der teilweise 80–100 Jahre alten Leitungssysteme (in denen bis zu 35 % des ankommenden Trinkwassers durch Leckagen verloren gehen!) beeinflussen natürlich das Kostenniveau. Dabei ist noch zu unterscheiden, daß Gebühren für Trinkwasserlieferung und Abwasserbeseitigung jeder Bürger entrichtet, während die sog. Anschlußbeiträge den Grundstückseigentümern auferlegt werden, welche ja durch den Anschluß einen Vorteil (gesteigerter Verkehrswert, erweiterte Baumöglichkeit) haben.

Nach der Wiedervereinigung erlangten die Kommunen auch ihr Recht auf Selbstverwaltung wieder. Als die großen Staatsbetriebe der Wasserversorgung und Abwasserbehandlung („VEB WAB") nach 1990 „entflochten" wurden, scheiterte aber am kommunalen Willen der Versuch, relativ große Versorgungseinheiten zu erhalten, um einen gewissen Solidaritätseffekt bei den Gebühren zu erzielen. Eine fast kleinliche Denkweise führte z. B. im Bereich des Regierungsbezirkes Dresden Ende 1993 sogar dazu, daß ein Gesetz für diese Region beschlossen werden mußte, das die Versorgungssicherheit garantierte, weil zahlreiche Kommunen nicht bereit waren, sich zu einer vernünftigen Kooperationslösung (in der Regel Zweckverbände) zu entschließen. Durch diese Auslegung kommunaler Selbstverwaltung haben zahlreiche Kommunen unter falschen Annahmen der zu erwartenden Entwicklung der Einwohnerzahlen und vor allem der gewerblichen Struktur häufig überdimensionierte Anlagen in Auftrag gegeben oder den falschen Ehrgeiz entwickelt, bis in das letzte Gehöft (Streusiedlungen im Bergland!) den sofortigen Anschluß an den Hauptsammler vorzusehen. Jetzt fallen dadurch Kosten an, die in Anbetracht der geringen kommunalen Finanzausstattung in erheblichem Maße auf die Bürger zurückfallen.

In dieser Situation und unter Berücksichtigung der eher bewußtseinsmäßigen Erfahrung aus 40 Jahren DDR, daß Wasser und Abwasser nahezu kostenfrei waren, haben die z. T. aus Planungen hochgerechneten Gebühren und Anschlußbeiträge zu erheblicher Verunsicherung, insbesondere im ländlichen Raum, geführt. Das vor allem, weil der Maßstab für Anschlußbeiträge die bebaubare Grundstücksfläche ist. Zahlen von 40 000 – 80 000 DM Anschlußbeiträge für Grundbesitzer oder Gebühren von 15 – 20 DM/m^3 (bei angenommenem Jahresverbrauch einer Person von 40 m^3) für die einzelnen Haushalte, wurden mit Blick auf sonstige gestiegene Lebenshaltungskosten als Angriff auf das Eigentum bzw. auf den Sozialstatus empfunden. Die zuständigen Landesbehörden und die Landesregierung haben in dieser Situation Orientierungswerte als Obergrenzen der Kosten (z. B. 4,80 DM/m^3 Trinkwasser) für die Berechnungsgrundlagen der Zweckverbände festgelegt, welche die soziale Verträglichkeit beachten. In den zahlreichen Fällen, in welchen Mißmanagement oder Fehlplanungen nicht zu Lasten des Bürgers gehen dürfen, wird gezielt mit den Maßnahmen der Förderung eingegriffen, und zugleich wird eine größere Anzahl von Erleichterungen für den Bürger in Anwendung gebracht (Ratenzahlung, Verrentung, Stundung, z. B. auch zinslose Stundung für sozial Schwache oder eine zeitlich begrenzte zinslose Stundung – 5 Jahre – für Besitzer von Grundstücken über 1500 m^2 Fläche), wenn dessen soziale Lage dies erfordert.

Damit die Dreikammer-Klärgrube als Standard-Lösung der Abwasserbehandlung aus der DDR-Zeit im ländlichen Raum rasch überwunden wird, hat der Freistaat Sachsen seit 1991 ca. 4,7 Mrd. DM zur Förderung von Investitionen auf dem Wassersektor eingesetzt (wodurch für rd. 9,1 Mrd. DM entsprechende Vorhaben begonnen werden konnten). Im Zeitraum von 1991 bis 1998 wurden 489 Kläranlagen neu errichtet bzw. grundhaft saniert. Der Anschlußgrad an das öffentliche Netz konnte dadurch auf 97 % gesteigert werden. Dieser Zuwachs kam dabei vorrangig dem ländlichen Raum zugute (rd. 295 Kläranlagen wurden für eine Kapazität von weniger als 1 000 Einwohnern errichtet).

Sichtbarer Ausdruck dieser Entwicklung sind einerseits die erheblich zurückgegangenen Anteile organisch stark verschmutzter Gewässerstrecken. Waren 1991 noch 49 % der Gewässerläufe in die Kategorien stark und sehr stark verschmutzt einzuordnen, so fielen in diese Stufe 1997 nur noch 5,8 % aller untersuchten Wasserläufe (vgl. Farbkarte „Gewässergüte im Freistaat Sachsen" im Hinteren Vorsatz dieses Buches). Auch die 1998/99 beobachtete Rückkehr des Lachses über die Elbe in die Laichgebiete der Bäche des Elbsandsteingebirges gehört als untrüglicher Bioindikator in die erfolgreiche Bilanz der Gewässerreinhaltung.

Eine kritische Überprüfung der Betriebskosten bei den Zweckverbänden, der verstärkte Einsatz privater Betreibermodelle, einschließlich ihrer steuerlichen Gleichstellung zu den Kommunalbetrieben, und insgesamt ein an der wirtschaftlichen Leistungsfähigkeit orientierter Ausbau der Infrastruktur (nicht mit hohen Kosten 1 – 2 % zusätzliche Reinigungseffekte in allen Gebieten anstreben!) sollen, nicht nur in Sachsen, die Gewähr dafür bieten, daß Wasser und Abwasser bezahlbar bleiben.

Bisher kann dieses Ziel auch im Gebührensektor weitgehend als erfüllt angesehen werden, weist Sachsen doch im Bundesvergleich mit 124 DM/Ew. und Jahr die niedrigsten Entgeldbelastungen der Bürger auf.

10.3 Zukunftsinstrumente Landschaftsplanung und Natur- und Biotopschutz

Zu den vorrangigen Aufgaben staatlicher Daseinsvorsorge gehören Erhaltung, Schutz, aber auch die Ausgestaltung von Landschaftsräumen. Dabei verstehen wir unter Landschaft die uns umgebende natürliche und gebaute Umwelt, welche ihrerseits das Ergebnis der natürlichen Strukturen und Prozesse sowie ihrer Beeinflussung und Umgestaltung durch den Menschen darstellt. Besonders durch eine verstärkte Berücksichtigung ökologischer Gesichtspunkte in der räumlichen Gesamtplanung der Landschaften im o. g. Sinne hat sich die Landschaftsplanung als Leitplanung des vorsorgenden Umweltschutzes entwickelt.

„Landschaftsplanung ist die Planung für den Schutz und die Entwicklung der Landschaft als räumliches Gefüge von Ökosystemen mit dem Ziel, die nachhaltige Leistungsfähigkeit des Naturhaushaltes einschließlich der Erlebnisqualität der Landschaft zu sichern" (BASTIAN / SCHREIBER 1994).

Obwohl traditionell als „Fachplanung" im Kontext mit anderen raumbezogenen Planungsansätzen im Entscheidungsprozeß für gebietliche Entwicklungen verstanden, hat sich auf der Grundlage des Bundesnaturschutzgesetzes und der entsprechenden Länderregelungen der Gegenstand der Landschaftsplanung aus isolierten Einzelaspekten (Landschaftspflege, Naturschutz, Grünordnung im Siedlungsbereich und Erholungsvorsorge) zunehmend ein komplexer Gegenstand herausgebildet, der die aufgezählten Kompartimente in sich zu vereinen versucht.

Arbeitsgegenstand der Landschaftsplanung ist daher:
- der Landschaftshaushalt als Wirkungsgefüge abiotischer, biotischer und anthropogener Faktoren,
- die raum-zeitlich wirksame Eigenschaftsstruktur der Landschaft und ihrer Elemente in ökologischer, funktionaler und gestalterischer Bewertung sowie
- das Landschaftsbild als die visuell-physiognomisch wahrnehmbare Erscheinungsform eines Landschaftsraumes.

Im einzelnen widmet sich Landschaftsplanung in dieser Komplexität u. a. Fragen der
- Bewahrung und Wiederherstellung der naturraumspezifischen Vielfalt von Arten und Lebensgemeinschaften durch entsprechende Schutzmaßnahmen,
- Bewahrung und Wiederherstellung funktionsfähiger Böden durch Verhinderung von Degradierung oder durch gezielte Renaturierung,
- Bewahrung und Wiederherstellung funktionsfähiger Wasserkreisläufe durch Schutz vor Kontamination oder durch Sanierung von Grund- und Oberflächengewässern,
- Gewährleistung natur- und kulturraumtypischer Landschaftsbilder sowie erlebnisreicher Landschaften für die freiraumbezogene Erholung.

Daraus werden nicht nur die Nutzungsverträglichkeit von geplanten Vorhaben und Eingriffen in die Natur geprüft oder Nutzungskonflikte aufgezeigt, sondern vor allem Handlungsprogramme zur räumlichen Entwicklung der jeweiligen Landschaftsräume abgeleitet.

Wie sind vor diesem Hintergrund Aufgaben und Ziele der Landschaftsplanung in Sachsen zu bewerten?

Gemäß § 7 (1) des Sächsischen Naturschutzgesetzes (SächsNatSchG) sind die Gemeinden verpflichtet, für ihr Gemeindegebiet einen Landschaftsplan als ökologische Grundlage für die Bauleitplanung aufzustellen. Dessen Inhalt ist es, die Nutzungsansprüche mit der Tragfähigkeit des Naturhaushaltes abzustimmen und den Flächenverbrauch in der Landschaft auf das notwendige, umweltverträgliche Maß einzuschränken. Weiterhin enthält er die Analyse und Bewertung des Zustandes von Natur und Landschaft sowie die Darstellung der sich daraus ergebenden örtlichen Erfordernisse und Maßnahmen zum Schutz, zur Pflege und zur Entwicklung von Natur und Landschaft.

Diese Inhalte müssen in die Flächennutzungsplanung als vorbereitende Bauleitplanung der Gemeinde eingeordnet werden. Das Sächsische Naturschutzgesetz sieht kein eigenständiges Verfahren und keine Genehmigung für den Landschaftsplan vor. Der Landschaftsplan wird nur soweit verbindlich, als seine Darstellungen in den Flächennutzungsplan übernommen werden. Die Bedeutung des Landschaftsplanes für die Bauleitplanung steigt also, je größer der Anteil der für die Bauleitplanung verwertbaren Handlungsziele ist, die in den Planungsprozeß eingebracht werden können. Es ist somit wünschenswert, daß der Landschaftsplan als Vorlaufplan zum Flächennutzungsplan erstellt wird.

Daß das Instrument „Kommunale Landschaftsplanung" immer mehr an Akzeptanz gewinnt, zeigt die Tatsache, daß Kommunen, z. T. auch ohne Fördermittel, bereit sind, Landschafts- und Grünordnungspläne als Grundlage für die Bauleitpläne aufzustellen. So ist es trotz der zeitlich begrenzten Freiwilligkeit zur Landschaftsplanung bis 1997 [§ 65 (1) SächsNatSchG] bisher gelungen, in ca. 350 Gemeinden eine fundierte ökologische Grundlage für die Planung ihrer Flächennutzung zu erstellen. Zusätzlich haben gezielte Förderprogramme des Freistaates Sachsen und des Bundes (u. a. Bundesstiftung Umwelt) weitere Vorhaben mit Modellcharakter ins Leben gerufen. Das betraf weitere 31 Gemeinden in den Altkreisen Löbau, Zittau, Marienberg und Niesky. Daraus konnten Leitlinien für die kommunale Landschaftsplanung abgeleitet werden, um einen einheitlichen qualitativen Standard der zukünftig zu erarbeitenden Landschaftspläne abzusichern. Insgesamt lagen Mitte 1998 für rd. 50 % der Fläche des Freistaates Landschaftspläne vor oder waren in Bearbeitung.

Zusammengeführt sind die verschiedenen Aussagen der Planung (kommunale Planung, Regionalplanung, Landesplanung) entsprechend der Planungshierarchie im Landesentwicklungsplan des Freistaates, der seit dem Sommer 1994 als verbindlicher Orientierungsrahmen für alle öffentlichen Planungsträger vorliegt (vgl. Kap. 9.1). Die Landschaftsplanung erfüllt dabei eine wichtige Funktion für die zielgerichtete und somit weitgehend umweltverträgliche Ansiedlung von Industrie und Gewerbe, von Wohnungsbau- oder Straßenbauvorhaben usw. Sie wirkt dabei einmal als Negativplanung durch Ausweisung von „Tabu"-Flächen, wie sie auch andererseits als Angebotsplanung fungiert, weil sie auch Räume mit geringerem Konfliktpotential für die Umwelt, speziell den Wünschen des Naturschutzes und der Landschaftspflege, erkennbar macht.

Wo man in Sachsen auch hinschaut, erblickt man Zeichen eines enormen Baubooms, dessen Begleitmerkmale u. a. die vielen Baukräne, Betonmischer, Straßenbaumaschinen, Kiesgruben, Steinbrüche, aber auch Vermessungstrupps sind. Überall aber, wo gebaut wird, verlieren Freiflächen der Landschaft den größten Teil ihrer Funktionen im Naturhaushalt, was wiederum zum Verlust nicht nur einzelner Arten (Tiere und Pflanzen), sondern ganzer Lebensgemeinschaften und ihrer Lebensräume führt. Der wirtschaftliche Aufschwung und sein Motor, die Bau- und Ressourcenwirtschaft, genießen natürlich in der Öffentlichkeit große Sympathie, man setzt hohe Erwartungen in diese Branchen. In dieser Situation gerät der Naturschutz – insbesondere, wenn er ein verhältnismäßig traditionelles Konzept verfolgt – zwangsläufig in einen Interessenkonflikt. Nach langen Jahren, in welchen der staatliche Naturschutz im Osten Deutschlands eigentlich nicht vorhanden war und die zweifellos nennenswerten Erfolge bei Schutz und Bewahrung von Arten und Lebensräumen nahezu ausschließlich dem ehrenamtlichen Sektor zu verdanken waren, haben diese engagierten Kreise große Hoffnungen auf die Systemwende gesetzt. Das

Schutzgebietskategorie	Schutzstatus	Anzahl	Fläche (ha)	Anteil an der Landesfläche (%)	
Nationalpark	festgesetzt	1 (Sächsische Schweiz)	9 292	0,5	
Biosphärenreservat	einstweilig sichergestellt	1 (Oberlausitzer Heide- und Teichgebiet)	30 102	1,6	
Naturparke	festgesetzt	1 (Erzgebirge)	149 500		
	einstweilig sichergestellt	1 (Dübener Heide)	36 600		
Naturschutzgebiete	festgesetzt	206	44 507	2,42	} 2,5
	einstweilig sichergestellt	8	2 064	0,11	
Landschaftsschutz-gebiete	festgesetzt	163	509 458	27,67	} 28,1
	einstweilig sichergestellt (erweitert)	2	8 220	0,45	
Flächennaturdenkmale	festgesetzt	1 872	4 019	0,2	
Einzelbiotope (§ 26 SächsNatSchG)	festgesetzt	14 071	56 155	3,1	
strenger Naturschutz Landschaftsschutz				ca. 7,0 ca. 28,0	

Tab. 10.3: Naturschutz in Sachsen 1999
Quelle: Sächs. Landesamt für Umwelt und Geologie 1999

eher mentale Problem des Naturschutzes ist die Tatsache, daß bisher mit neuen und vielfach modernen Naturschutzgesetzen eine beinahe geringere Wirksamkeit erzielt worden ist, als sie vorher möglich war. In diesem Spannungsfeld zwischen wirtschaftlichem Aufschwung und Arbeitsplatzsicherung und Erhaltung bzw. Wiederherstellung von Biotopen und Lebensräumen, ist der Naturschutz herausgefordert, sein Selbstverständnis zu formulieren.

Um es noch einmal zu wiederholen: Naturschutz kann nach den wissenschaftlichen Erkenntnissen unserer Tage nicht mehr punkthaft und in isolierter Weise betrieben werden, sondern er muß sein Ziel im Anspruch naturgerechten Verhaltens und Wirtschaftens auf der ganzen Fläche sehen. Diese Vorstellung ist nicht mit einer Unterschutzstellung von 90 oder mehr Prozent der jeweiligen Landesfläche zu verwechseln.

Das Ziel, flächenhaft Nutzungspraktiken anzustreben, die dem Maßstab der Erhaltung von Natur und Landschaft verpflichtet sind, schließt zugleich ein vernetztes System besonders schützenswerter Lebensgemeinschaften und -räume ein, die den einschlägigen Schutzkategorien des Gesetzesrahmens zugeordnet werden können.

Daß der Naturschutz dennoch im Bewußtsein der Öffentlichkeit häufig noch als „Verhinderungsinstrument" empfunden wird, hat wohl letztlich zwei Ursachen. Einerseits ist eine solche Beurteilung Ausdruck des noch immer nicht problemadäquaten Bewußtseins vieler Menschen, während es auch andererseits häufig überzogene („fundamentalistische") Forderungen des Naturschutzes selbst sind, die eine solche Einschätzung gefördert haben.

Flächenverbrauch und Artensterben müssen jedoch konsequenter eingedämmt werden, d. h. alle Eingriffe müssen in genauer Abwägung mit anderen gesellschaftlichen Interessen sowie hinsichtlich denkbarer Neben- und Folgewirkungen vorgenommen werden. Die Notwendigkeit dieser Aussage soll daher anhand der vorliegenden Zahlen aus Sachsen belegt werden. Zu Beginn des Jahres 1990 verfügte der Freistaat Sachsen über 160 Naturschutzgebiete auf 16 715 ha Fläche (= 0,9 % der Landesfläche) sowie 137 Landschaftsschutzgebiete mit einem Umfang von etwa 445 000 ha (= 24,2 % der Landesfläche). Hinzu kam im Herbst 1990 mit der Festsetzung rechtselbischer Teile des Landschaftsschutzgebietes „Sächsische Schweiz" zum Nationalpark ein weiteres Areal (rd. 9 300 ha = 0,5 % der Landesfläche) zur Erhaltung natürlicher oder doch naturnaher Lebensgemeinschaften in einem naturräumlich besonders vielfältigen Teilraum. Darüber hinaus bestanden schon damals über 2 000 Flächennaturdenkmale, desweiteren 8 Feuchtgebiete von nationaler Bedeutung sowie 21 Vogelschutzgebiete (Important Bird Areas). Letztere sind beide keine eigenständigen Gebietskategorien nach deutschem Recht, jedoch garantieren die Länder dort die notwendigen Lebensräume zum Überleben, vor allem von Wasservögeln. Im Laufe der vergangenen Jahre ist von diesem Fundament aus eine erfreuliche Entwicklung bei der Ausweisung von Schutzgebieten verschiedenster Kategorien erfolgt, die der Tabelle 10.3 zu entnehmen ist.

Zusammengefaßt läßt sich daraus feststellen, daß inzwischen rd. 28 % der Landesfläche Sachsens von Landschaftsschutzgebieten eingenommen werden und auf 4,1 % (oder ca. 7,1 % unter Einschluß der Biotopkartierung) ein strengerer Natur- und Artenschutz besteht. Mit diesen Zahlen nimmt Sachsen im Vergleich mit den anderen Bundesländern einen guten Mittelplatz ein.

Der Sicherung und Erweiterung von Schutzgebieten im herkömmlichen Sinne sind aber Grenzen gesetzt, wesentlicher ist, daß diese Gebiete vor schädlichen Einflüssen oder gar (öko-)systemverändernden Eingriffen bewahrt werden. Gleichrangig ist auch dafür zu sorgen, daß bei der Abwägung mit anderen gesellschaftlichen Interessen (u. a. Straßen- und Wohnungsbau, Gewerbeparke, Erstaufforstung) die Belange des Naturschutzes ausreichend berücksichtigt werden. Der traditionelle Konflikt zwischen Landwirtschaft und Naturschutz ist, auch in Sachsen, noch nicht endgültig überwunden. Aber das Land hat mit seinem Programm zur umweltgerechten Landwirtschaft (Minderung bei Düngungs- und Pflanzenschutzmitteleinsatz, aber auch Anpassung der Schlagstrukturen und Fruchtfolge an die naturräumlichen Gegebenheiten) sowie dem Instrument des Vertragsnaturschutzes (Vereinbarung zwischen Bewirtschafter und Staat mit finanziellem Entgeld für freiwillig erbrachte, meist jedoch unterlassene Wirtschaftstätigkeit) alle Wei-

Artengruppe	Artenzahl	ausgestorben	vom Aussterben bedroht	stark gefährdet	gefährdet	potentiell gefährdet	Summe	Anteil (%)
Säugetiere	77	9	5	9	7	6	36	47
Vögel	196	16	22	22	16	15	91	46
Lurche und Kriechtiere	26	2	1	6	11	2	22	85
Fische	45	11	6	8	6	–	31	69
Großpilze	2 500	73	93	94	90	155	505	20
Moose	570	114	64	50	66	30	324	57
Farn- und Blütenpflanzen	1 583	135	163	184	171	114	767	48

Tab. 10.4: Gefährdungsgrad von Tier- und Pflanzenarten im Freistaat Sachsen
Quelle: Sächs. Staatsministerium für Umwelt und Landesentwicklung 1994c

chen auf ein gedeihliches Miteinander von Land-, Forst- und Fischereiwirtschaft gestellt.

Vor diesem Hintergrund stellt aber das erkennbare Anwachsen des Flächenverbrauchs einen ernstzunehmenden Prozeß dar, welcher den ganzheitlichen Schutzanspruch auch außerhalb von Schutzgebieten beeinträchtigt. Vorsichtigen Schätzungen zufolge hat der Flächenverbrauch in Sachsen durch Wohnungsbau, Straßenbau, Gewerbe u. a. rd. 11 000 ha (= 0,6 % der Landesfläche) in fünf Jahren erreicht. Zusätzlich nimmt der Gesteinsabbau, selbst bei restriktiver Bewilligungspraxis im Vergleich zum wesentlich umfänglicher dimensionierten Antragsvolumen noch einmal rd. 9 000 ha (0,5 % der Landesfläche) ein. Obwohl land- und forstwirtschaftlich genutzt, waren diese Flächen doch bisher Teil des Naturhaushaltes, dessen Funktionen sie nun nur noch eingeschränkt, zumeist gar nicht mehr erfüllen können, so daß Habitate (Wohn- und Standort einer Art) und Biotope verloren gehen.

Daher ist von diesen Entwicklungen besonders der spezielle Artenschutz betroffen. Ursachen für Rückgang oder gar Verlust von Tier- und Pflanzenarten sind die aus den o. g. wirtschaftlichen Maßnahmen resultierenden Vorgänge der Versiegelung oder Zerschneidung von Lebensräumen, ist die Beseitigung von Kleinstrukturen in der Offenlandschaft („Diversitätsverluste"), sind aber auch Immissionseinwirkungen oder solche aus touristischer Betätigung. Das Ergebnis des auch in Sachsen erkennbaren Artenschwundes veranschaulicht Tabelle 10.4. Die kritische Situation wird noch durch den notwendigen Hinweis verschärft, daß z. B. bei Farn- und Blütenpflanzen der Anstieg im Gefährdungsgrad allein von 1978 bis 1991 um 7 % (von 41 auf 48 %) zugenommen hat.

Deshalb kann im Interesse des Artenreichtums und des damit verbundenen Genpools nur eine flächenhaft schonende und naturverträgliche Wirtschaftsweise das Ziel sein, die von einem Leitbild der ökolgischen Funktionsfähigkeit einer nachhaltig genutzten Kulturlandschaft ausgeht. Gleichzeitig aber kommt es darauf an, die durch Nutzungseingriffe entstehende Verinselung von Lebensräumen zugunsten eines Biotopverbundes zu überwinden und mit differenzierten Schutzzielen Reste ursprünglicher Natur, aber auch ihre anthropogen bedingte biotische Vielfalt zu bewahren. Zu den aktuellen Aufgaben gehören daher außerdem für ausgewählte, besonders schutzbedürftige Arten (z. B. Fischotter, Elbebiber, Weißstorch, Flußperlmuschel) gesonderte Schutzprogramme zur Bestandserhaltung und -vermehrung.

Diese speziellen Ziele sind zugleich eingeordnet in die Maßnahmen zum allgemeinen Biotopschutz, welcher die Grundlage weiterführender Naturschutzarbeit darstellt.

Eine landesweite Biotopkartierung wurde 1991 begonnen und hatte Ende 1994 eine erste Arbeitsphase abgeschlossen, deren Ergebnis der flächentreue Nachweis von über 14 000 Biotopen auf 55 000 ha war. Eine selektive Arbeitsphase bis Ende 1997 umfaßte die endgültige Festsetzung sowie die notwendigen Entwicklungs- und Pflegeziele. Damit hat Sachsen in kürzester Zeit eine Lücke in seinen naturschutzfachlichen Grundlagen geschlossen und dadurch sogar Bundesländer überholt, die dieses Ziel schon viele Jahre vor sich herschieben.

Dennoch bleibt als Resumee, daß es dem Naturschutz wie auch der Landschaftsplanung bisher nicht gelungen ist, die zu Lasten der Natur gehenden Eingriffe im notwendigen Umfang aufzuhalten. Vor allem diese Eingriffe haben negative Folgen für die Arten- und Formenvielfalt bei Flora und Fauna sowie den Naturhaushalt als Ganzes. Gerade weil wir unserer hochentwickelten Kulturlandschaft keine realitätsferne Naturschutzdynamik überstülpen können, sind die positiven Aspekte der Naturschutzarbeit in Sachsen zu würdigen.

Menschliche Eingriffe in die Natur werden sich auch zukünftig nicht vermeiden lassen.

Sie dürfen aber nicht zur Zerstörung der Lebensgrundlagen führen. Insofern ist der Natur- und Artenschutz mehr als ein Schutz von Flora und Fauna vor dem Menschen, er ist letztlich ein Dienst am Menschen und an dessen weiterer Entwicklung. Nur wenn es den Instrumentarien des Naturschutzes und der Landschaftsplanung gelingt, diesen Zusammenhang zu vermitteln und wenn die Gesellschaft bereit ist, daraus die Konsequenzen zu ziehen, nur dann kann das Langfristziel erreicht werden, daß der Mensch wieder im Frieden mit der Natur lebt.

10.4 Die Umweltqualität ausgewählter sächsischer Regionen

10.4.1 Oberlausitzer Heide- und Teichgebiet (Biosphärenreservat)

Das Gebiet zwischen Schwarzer Elster und Weißem Schöps im Nordosten des Freistaates Sachsen stand, unabhängig von territorialen Zugehörigkeiten, immer ein wenig im Schatten der attraktiven Landschaftsräume im Süden und Südwesten Sachsens. Die Ursache für das geringe öffentliche Interesse am Oberlausitzer Heide- und Teichgebiet ist wohl eher in seiner Lage abseits der wirtschaftlichen und verkehrlichen Entwicklung als in seiner Naturraumausstattung zu sehen, denn diese weist höchst bedeutsame Lebensräume für andernorts bedrohte Tier- und Pflanzenarten auf.

Das änderte sich zunächst auch nicht, als mit Beginn unseres Jahrhunderts von Westen und Nordwesten (Raum Hoyerswerda bzw. Lohsa – Abb. 10.1) der bereits Mitte des 19. Jahrhunderts begonnene Abbau der Braunkohle nach Süden ausgriff und zu erheblichen, weitgehend negativen Folgewirkungen im Landschaftsraum führte.

Naturräumlich handelt es sich bei dem Gebiet um jene Teile des saalekaltzeitlichen Urstromtales, in welchem zum Unterschied vom „Heideland" der Niederlausitz grundwassernahe Talsande in Höhenlagen um 135 bis 150 m NN mit nur wenig eingesenkten, aber breiten Talböden vergesellschaftet sind. Daher bestimmen neben trockenheitsanfälligen und wenig nährstoffreichen Sand- und Schotterflächen vor allem vernäßte und vielfach vermoorte Areale den Charakter des Naturraumes. Während der Ostsiedlung kamen fränkische Bauern im 13. Jahrhundert in das von Sorben bewohnte Gebiet, rodeten die natürlichen Eichenmischwälder und legten bereits die ersten Teiche an. In Geländeeinsenkungen errichteten sie flache Dämme und leiteten über Grabensysteme das notwendige Wasser aus Überschußgebieten zu. Auf diese Weise entstand eine der reizvollsten Teichlandschaften Mitteleuropas mit rd. 1000 Einzelwasserflächen. Zugleich aber legte man auch Moore mit ihren Bruchwäldern trocken und versuchte, die feinerdereicheren Böden, besonders im Teilraum des Baruther Beckens, ackerbaulich zu nutzen. Spätere Aufforstungen der gerodeten Wälder ließen die uns bekannten Kiefernforste entstehen. So entstand nach und nach der charakteristische Wechsel von unterschiedlichsten Lebensräumen mit einheitlichen Lebensbedingungen, die wir heute als Biotope bezeichnen. Karge Ackerflächen, Feucht- und Naßwiesen, Dünenzüge, Moore und Teiche mit verschieden großen Verlandungszonen oder trockene Kiefernforste mit Unterwuchs von Heidelbeeren, Preiselbeeren oder nur von Flechten prägen daher die nutzungsbedingten Landschaftselemente.

Neben dem Kohleabbau, der sich vor allem durch Grundwasserabsenkungen bzw. Staub- und Schwefelemissionen nachhaltig auswirkte, hat in den letzten 60 Jahren auch die Nutzung größerer Flächen für militärische Zwecke sowohl den Naturraum wie auch die Lebensqualität der dort lebenden Bevölkerung betroffen. Aber auch die rücksichtslose Entwässerung von Feuchtflächen oder naturwidriger Gewässerausbau beeinträchtigten den Landschaftshaushalt.

Ein wichtiges wirtschaftliches Element der Vergangenheit war die Fischereiwirtschaft in den rd. 8500 ha Teichflächen. Vor allem in den letzten Jahrzehnten wurde Teichwirtschaft nach streng wirtschaftlichen Gesichtspunkten betrieben und das Landschaftselement Teich Zug um Zug von Intensivierungsvorgängen erfaßt. Galt um 1950 noch ein Fischertrag von 100 kg/ha Teichfläche als Norm, so wurde staatlicherseits das Ziel ab 1970 auf 2000 kg/ha festgesetzt. Um das zu erreichen, mußte eine gleichbleibende Wassertiefe der ohnehin kaum einen Meter tiefen Teiche, eine gut ausgebaute Wasserzu- und -abführung, vor allem aber eine entsprechende Zufütterung eiweißreicher Substanzen durchgesetzt werden. Die daraus resultierende Gewässereutrophierung hat schwere Schäden am Artenbestand des Biotops „Teich" in Gänze verursacht. Naturschützer sprachen zur DDR-Zeit von den Teichen als „belüfteten Mastschüsseln".

Als sich nach 1990 auch neue Möglichkeiten für den flächenhaften Schutz von Natur und Landschaft ergaben, sollten diese auch für eine Kulturlandschaft von europäischem Rang genutzt werden.

Im Gegensatz zu Nationalparks mit großräumigen Strukturen zur Erhaltung und Wiederherstellung reichhaltiger, aber noch naturnaher Gebiete, zielt die von der UNESCO 1970 im Rahmen des „Man and Biosphere"-Programms ausgewiesene Kategorie eines Biosphärenreservates auf besonders wertvolle Kulturlandschaften. Bedingt durch den günstigen Umstand, daß Sachsen in seinem Naturschutzgesetz eine solche Schutzkategorie aufgenommen hatte, obwohl sie im Bundesnaturschutzgesetz seinerzeit noch fehlte, konnte der zentrale Teil des Oberlausitzer Heide- und Teichgebietes als Biosphärenreservat einstweilig sichergestellt werden. Die Festsetzung, verbunden mit Auflagen europäischer Behörden, ist 1997 erfolgt. Die Anerkennung durch die UNESCO und die Aufnahme in das offizielle Verzeichnis der bestätigten Biosphärenreservate erfolgte bereits im April 1996 im Stadium der einstweiligen Sicherstellung. Das Schutzgebiet (zur Lage vgl. die Farbkarte „Fremdenverkehr und Schutzgebiete in Sachsen" im Hinteren Vorsatz dieses Buches) umfaßt rd. 30 000 ha Fläche und verteilt sich auf Teilräume des Naturraumes, wie z. B. die Wittichenau-Nieskyer Talsandebene oder das Baruther Becken. Topographisch läßt es sich ungefähr mit Großsärchen im Westen und Mücka im Osten abgrenzen.

Stichwortartig sei zunächst noch einmal der vorgefundene Reichtum der Tier- und Pflanzenwelt benannt. Die pflanzen- und tiergeographische Bedeutung der nördlichen Oberlausitz ergibt sich sowohl aus der Verzahnung atlantisch-subatlantischer mit nordisch-kontinentalen Arten als auch aus dem Vorkommen von andernorts stark bedrohten bis ausgestorbenen Arten (Moorveilchen!). So sind allein 164 bedrohte Farn- und Blütenpflanzen der von Botanikern erstellten „Roten Liste Sachsens" nachgewiesen, darunter sieben Orchideenarten. Unter den Säugetieren ragt besonders der Fischotter heraus, der hier die wohl stabilste Population in Mitteleuropa bildet, aber auch 15 Fledermausarten, rd. 140 Arten von Brutvögeln weisen ebenso wie Schwarzstorch, Seeadler oder Sumpfschildkröte auf reiche faunistische Besiedelung hin.

Die heutige Landschaft bildet als Folge wirtschaftender Tätigkeit des Menschen ein Mosaik aus offenen oder offen gehaltenen Flächen mit Besenheide, Silber- oder Rotem Straußgras, aus Kiefern- oder Kiefern-Birken-Eichenforsten, aus Feucht- und Naßwiesen, Teichen und Röhrichtzonen, aus stark anthropogen verarmtem Wirtschaftsgrünland und sandigen Ackerfluren, in die auch die Heidedörfer eingebettet sind. Diese historisch gewachsene Kulturlandschaft mit ihren oft sehr gegensätzlichen Lebensräumen soll in den naturnahen Refugien erhalten und in stärker überformten Gebietsteilen (Flußauen!) renaturiert werden. Dieser Zielstellung entspricht die Einteilung des Gebietes in vier Zonen unterschiedlicher Schutzansprüche.

– Die *Schutzzone 1*
(Totalreservat = 3,7 % der Reservatsfläche) verfügt über die größte Ursprünglichkeit. Die dort erhaltenen Ökosysteme sollen als Reste der ehemaligen Naturlandschaft gesichert werden und bleiben daher für die Öffentlichkeit unzugänglich.

– In der *Schutzzone 2*
(Pflegezone = 40,0 % der Reservatsfläche) sind die ökologisch bedeutsamen Teichgebiete mit den sie umgebenden Wäldern und Wiesen vertreten. Hier dürfen naturnaher Waldbau und eine stark extensivierte und „entchemisierte" Landwirtschaft (z. B. Wiesennutzung) und Teichwirtschaft betrieben werden. Naturschutzbelange werden mit dem Bewirtschafter durch sog. Vertragsnaturschutz geregelt und entgolten.

– Die *Schutzzone 3*
(Harmonische Kulturlandschaft
= 40,6 % der Reservatsfläche)
umfaßt im wesentlichen die Dorffluren sowie einen Großteil der fischereilich und ackerbaulich genutzten Flächen. Erosionsschutz, maßvolle Düngung, Gewässersanierung u.ä. sollen die wirtschaftliche Tätigkeit bestimmen.

– In der *Schutzzone 4*
(Regenerierungszone =
15,7 % der Reservatsfläche),
vor allem im Norden in Nachbarschaft zu den ehemaligen Braunkohletagebauen (Abb. 10.1) oder auch im Bereich der früheren Truppenübungsplätze, sollen langfristig die Schäden an der Natur ausgeglichen werden, um sie später in Zonen höherer Kategorie einzuordnen. Diese Kategorie wurde letztendlich gegenüber früheren Planungen, besonders im Vorfeld der Tagebaue, erheblich erweitert, weil eine Mindestflächengröße von 30 000 ha für Biosphärenreservate vorgeschrieben ist.

Die Belange der Landnutzer und der ansässigen Bevölkerung müssen mit den Zielen des Naturschutzes in Übereinstimmung gebracht werden. Da Naturschutz nur mit den und niemals gegen die Menschen durchsetzbar ist, erlangen Aufklärung, Öffentlichkeitsarbeit und gezielte Planungen zur Siedlungs- und Fremdenverkehrsentwicklung, aber auch zur Agrar- und Forstnutzung einen hohen Stellenwert. Die im Gebiet bestehenden Gemeinden und die Nutzer haben sich im Frühsommer des Jahres 1994 anläßlich der offiziellen Einweihung übereinstimmend zum Biosphärenreservat bekannt. Sie sehen darin auch eine Chance, daß die bisher periphere Region mehr Interesse findet. Sie wissen aber auch, daß die Entwicklung nur im Einklang mit den Schutzzielen erfolgen kann. Größere Gewerbeansiedlungen, der Ausbau neuer Verkehrstrassen oder Massentourismus sind daher nicht möglich.

Hingegen werden neben einer naturverträglichen Nutzung die Förderung des Naturerlebnisses auf Lehr- und Wanderpfaden oder andere Freizeitangebote betont. Jedoch darf auch der Naturschutz in einer nach wie vor genutzten Kulturlandschaft keine überzogenen Forderungen erheben.

Dieses Großschutzprojekt kann als weiteres Beispiel angesehen werden, wie langfristig unter Beachtung ökologischer Kriterien und der besonderen Schutzwürdigkeit vorhandener Biotope eine Mehrfachnutzung der Landschaft angestrebt werden kann, die mit der Leistungsfähigkeit des Raumes übereinstimmt, aber auch mit dem Anspruch, großflächig eine Raumstruktur zu erhalten und zu entwickeln, in welcher der menschliche Einfluß gegenüber früheren Epochen erheblich zurückgedrängt ist.

10.4.2 Der Elbtalraum um Dresden

Dieser Bereich zeichnet sich durch eine Vielgestaltigkeit naturräumlicher Strukturen und einen Reichtum an Kulturwerten im Spannungsfeld mit negativen Umwelteinflüssen aus Industrie, Gewerbe und Verkehr aus.

Die Vielfalt der in der Stadt Dresden und in ihrem Umland vorhandenen Landschaftsräume ist zu allererst ein Ergebnis der Lagebeziehungen zu den sich im Elbtal bei Dresden berührenden und durchdringenden mitteleuropäischen Naturregionen Norddeutsches Tiefland, Lößgefilde / Hügelland und Mittelgebirge / Bergland.

Die im einzelnen recht komplizierte Landschaftsgenese im Dresdner Raum bestimmt daher die Verzahnung verschiedener Naturregionen auf engem Raum, z. B. in einem 20-km-Radius um das Stadtgebiet, welcher vom Elbtal die Hänge und Geländestufen zum lößbedeckten Hügelland, zu den Ausläufern der Mittelgebirge, z. B. in Gestalt von engen Durchbruchstälern bis zu den Ausläufern des pleistozän geprägten Flachlandes, vor allem im Norden, umfaßt.

Diese an und für sich schon besondere Konstellation wird nun im erheblichen Maße durch Kostbarkeiten der Baukunst (Kirchen, Schlösser, Herrensitze, Profanbauten), vielfach in glänzender Ausnutzung natürlicher Proportionen, ergänzt, woraus ein unverwechselbarer Gestaltcharakter verschiedener Landschaftsräume in und um Dresden entsteht, welcher den „Reichtum der Dresdner ('Kultur-') Landschaft" (NEEF 1962) ausmacht, der sich trotz aller Wandlungen und Veränderungen bis heute erhalten hat.

Die Lage des Elbestromes mit Talaue und Terrassen rd. 100-130 m unter den umgebenden Hangkanten und Plateaus und bei nur durchschnittlicher Talbreite von 3 – 8 km schließt aber ebenso wie die teilweise zufällige Verteilung von Industrie- und Gewerbestandorten, teils auch gescharte Häufung entlang von Verkehrs- und Entwicklungsachsen, ein, daß im Stadtgebiet zahlreiche Umweltbelastungen auftreten, welche das Bild der harmonischen Kulturlandschaft negativ überlagern.

Einige Umwelteinwirkungen, die auch nach 1989 / 90 nicht schlagartig überwunden sind, sollen beispielhaft skizziert werden.

Die Dresdner Luft hat keinen guten Ruf! Es ist ein schwacher Trost, daß andere sächsische Großstädte teilweise noch ungünstigere Verhältnisse aufweisen, aber insbesondere im Winterhalbjahr mit austauscharmen Wetterlagen werden im Elbtal bei großflächigem Fortbestand von Einzelfeuerungsquellen, die mit Braunkohle beheizt werden, die Grenzwerte für wesentliche Luftschadstoffe überschritten. Obwohl nach 1990 nur zwei, seit 1994 immerhin vier Meßstellen die lufthygienische Situation im Talkessel registrieren, zeigt sich doch, daß die Belastung des Stadtgebietes, besonders im linkselbischen Teil, bei Schwefeldioxid, Staub, Stickoxid und Schwefelwasserstoff häufig kritisch genannt werden muß. Die Luftbelastung betrug im Jahre 1988 noch 22 000 t Staub, 16 000 t SO_2 und 1 700 t NO_x.

Erfreulicherweise stellt sich aber auch in Dresden der Trend vieler deutscher Großstädte ein, daß durch Umstellung der Energieträger die SO_2- und Staubkonzentration rückläufig ist. Hingegen hat durch den zunehmenden Kfz-Verkehr die Stickoxid- und Ozonbelastung sprunghaft zugenommen. Trotz verdoppelter Strom- und nahezu gleicher Wärmeerzeugung verringerte sich der noch verbleibende Anteil von Luftschadstoffen 1994 auf rd. 22 t Staub, auf 150 t SO_2 und 440 t NO_x.

Als günstiger Umstand ist zu werten, daß die Emissionsbelastung insofern einen positiven Ausgleich durch einen natürlichen Vorgang erfährt, als der Elbtalraum durch eine übernormale Häufigkeit südöstlicher Winde gekennzeichnet ist. Insbesondere bei Inversionswetterlagen im Winterhalbjahr fließt aus dem Böhmischen Becken Kaltluft ab, die entlang der Strömungspforte Elbtal geführt wird und zu einem Verwirbelungseffekt im Dresdner Raum führt.

Die im Talkessel von Dresden auftretenden Luftverunreinigungen haben zudem nur zum Teil ihren Ursprung in der Stadt selbst, wo die Stadtteile Pieschen, Altstadt und Cotta die wichtigsten Emittenten aufweisen. Zahlreiche Einflüsse stammen als Folge der „Hochschornsteinpolitik" in der Vergangenheit auch aus dem Ballungsraum Halle/Leipzig, aus der Lausitzer Braunkohlenverarbeitung sowie aus den die Stadt umgebenden industriellen Kleinzentren von Freital, Radebeul, Pirna oder Radeberg.

In Anbetracht der Tatsache, daß im Stadtgebiet durch die erhebliche Versiegelung des Bodens und dichte Bebauung das Lokalklima (geringere Luftfeuchte, gestörte Frischluftzufuhr, zelluläre Niederschlagsverteilung u. a. m.) beeinflußt wird, stellt der Straßenverkehr mit seinen Auswirkungen auf das Wohlbefinden und die Gesundheit der Einwohner einen besonderen Schwerpunkt dar. Mit rd. 75 % ist er heute in der Stadt an der CO-Emission und mit 70 % an der Stickoxidemission beteiligt. Er ist auch Hauptverantwortlicher für die Bildung der Vorläufersubstanzen (z. B. Diesel-Ruß, Benzol) für die Ozonbildung.

Technische Verbesserungen werden leider durch den starken Anstieg der Zahl zugelassener Fahrzeuge letztlich wieder kompensiert. Das Verhältnis, daß aus einem Kilogramm Mineralöl rd. 3,2 kg Emissionen (CO, CO_2, NO_x usw.) hervorgehen, ist letztlich Ursache für die teilweise unzumutbaren Luftverunreinigungen durch den Straßenverkehr. Auf der Basis des Verkehrsaufkommens von 1993 ist vom Amt für Umweltschutz, bezogen auf 260 km Hauptstraßennetz, ein Ausstoß von jährlich 434 t Benzol, 46 t Ruß, 3 356 t NO_x und 38 000 t CO_2 errechnet worden. Die Lebensqualität der Stadt wird also entscheidend davon beeinflußt werden, wie es gelingt, durch Verkehrsvermeidung und -beruhigung, durch einen attraktiven Öffentlichen Personennahverkehr und durch Lenkungsmaßnahmen, wozu auch der Bau der stadtnahen Autobahn Sachsen–Böhmen gehört, die lufthygienische Situation zu verbessern.

Weitere, besonders erwähnenswerte Umweltauswirkungen, die auf Grund früherer Nutzungen zu beheben sind, betreffen die schrittweise Sanierung strahlenbelasteter Flächen im Stadtgebiet. Die durch die geologische Situation ohnehin erhöhte natürliche Radioaktivität im Süden und Südwesten wird im ehemaligen Bergbaurevier Dresden-Coschütz und Dresden-Gittersee infolge des Uranabbaus zur DDR-Zeit in diesem Raum gesteigert. Zu den Rückständen der an diesem Standort gewonnenen rd. 15 000 t Rein-Uran gehören 4 Mio. t Schlamm und Abraum, die neben Uran auch Radium, Arsen und Blei enthalten. Auch etwa 450 000 m³ kontaminierte Bausubstanz sind abzutragen. Aus dieser Fläche sollen rd. 90 ha Bauland entwickelt werden, wofür hauptsächlich aus Bundesmitteln rd. 140 Mio. DM bereitstehen. Bis Ende 1994 ist rund ein Drittel des Geländes so weit entgiftet und rekultiviert worden, daß inzwischen die ersten Grundstücke des geplanten Gewerbegebietes verkauft sind.

Auch die beklagenswerte Situation der Stadt auf dem Sektor der Abwasserbeseitigung muß erwähnt werden, da ihre Lösung ganz entscheidend die weitere Stadtentwicklung bestimmt. Bis 1989 war die fast 100 Jahre alte Kläranlage Dresden-Kaditz selbst in ihrer Funktion zur mechanischen Reinigung nahezu wirkungslos, die Abwässer der Halbmillionenstadt ergossen sich faktisch ohne Klärung in die Elbe!

Das Sofortprogramm des Bundes zur Gefahrenabwehr von Umweltschäden der Vergangenheit stellte sicher, daß im November 1991 das Klärwerk Kaditz zur mechanischen Grobreinigung wieder funktionierte, und daß seit 1993 die biologische Reinigungsstufe für einen Abwasseranfall von 1,2 Mio. Einwohnergleichwerten in Betrieb ging. Fast noch entscheidender aber ist die Arbeit an der Sanierung der Hauptsammler, die mangels Wartung zur DDR-Zeit völlig funktionslos geworden waren. Im besonderen muß das insgesamt 19 km lange Hauptkanalnetz schrittweise aufnahmefähig gemacht werden, weil sich das Abwasser vielfach den kürzeren Weg über die Regenwasserentlastungskanäle gesucht hatte, welche direkt zur Elbe entwässern.

Auch die Verlärmung größerer Stadtgebiete im Norden durch den Fluglärm innerhalb der Umgebung des Verkehrsflughafens Dresden-Klotzsche stellt einen ernstzunehmenden Konflikt zwischen Wohn- und Verkehrsfunktion dar, weil die Zumutbarkeitsschwelle von 55 dB (A) großflächig überschritten wird und im Bereich Rähnitz–Hellerau bei fast allen Flugbewegungen Spitzenpegel von 75–85 dB (A) erreicht werden.

Einen besorgniserregenden Zustand weist auch ein erheblicher Teil des Großgrüns im Stadtbereich auf. Lag die Zahl der Straßenbäume (bei kleinerer Stadtfläche) vor dem Krieg bei rd. 70 000, so hat es seitdem eine Halbierung des Baumbestandes gegeben. Und die Tendenz, sich immer weiter vom Bild einer „Grünen Stadt" zu entfernen, hält an, sind doch zahlreiche Bäume, vorrangig Eichen, Linden und Spitzahorn, vom Absterben betroffen oder schon beseitigt. Allein 1995 wurden beim Grünflächenamt über 5 000, zumeist baubedingte Anträge zum Fällen gestellt. In Anbetracht der vielfältigen Ursachen für das Baumsterben ohne Abholzung sind die zweifellos nennenswerten Wiederbepflanzungen, deutlich über der Zahl der gefällten Bäume liegend, teilweise nur Symptombehandlung.

Alle aufgeführten Beispiele beschreiben das Spannungsfeld, in welchem sich die Elbmetropole mit ihren besonderen Vorzügen in naturräumlicher und kultureller Sicht durch die nach wie vor angespannte Umweltsituation befindet.

Die im Kapitel 10.1 bei der Erwähnung des Landesplanungsgesetzes getroffene Aussage über Fehlentwicklungen beim Flächenverbrauch soll abschließend am Beispiel Dresdens belegt werden.

Die Befürchtung unkontrollierten Flächenverbrauchs durch eine einseitige Bevorzugung von Gewerbe- und Wohnungsansiedlungen im Umland der Oberzentren kann demzufolge für Sachsen bestätigt werden, ohne die dabei sehr differenzierte Ursachenstruktur zu erörtern. Bezogen auf einige Vergleichszahlen aus der Landeshauptstadt Dresden und den sie umgebenden Landkreisen ergibt sich folgendes Bild (vgl. Tab. 10.5):

Tab. 10.5: Gewerbe- und Wohnungsbau in Dresden und Umland (Stand Mai 1996)
Quelle: Sächs. Staatsministerium des Inneren 1997

Baugebiete[1]	Stadtkreis Dresden		Umlandkreise[2]	
	Anzahl	Fläche (ha)	Anzahl	Fläche (ha)
Gewerbegebiete	15	318,50	81	1 528,60
Gewerbe-/Wohngebiete	15	460,95	21	235,70
Gewerbe-/Sondergebiete	2	15,5	7	105,90
Sondergebiete	7	43,35	17	65,70
Wohn-/Sondergebiete	0	k.A.	1	4,60
Wohngebiete	33	394,10	344	1 462,65
Wohneinheiten[3]				
genehmigt	18 056		12 371	
fertiggestellt	8 188		4 822	

[1] Planungen und Genehmigungen
[2] Landkreise Dresden, Meißen, Weißeritzkreis, Sächsische Schweiz
[3] 1993–1995, auch in Mischgebieten, auch Wohnheimplätze enthalten

Bei Gewerbeansiedlungen ist im Umland hinsichtlich Anzahl und Flächeninanspruchnahme ein fünffacher Wert im Vergleich zum Stadtgebiet zu verzeichnen. Gar auf 10:1 zugunsten des Umlandes steigt das Verhältnis bezüglich der Anzahl von Wohnbaustandorten an. Lediglich im Hinblick auf die Zahl der schaffbaren Wohnungseinheiten behält die Stadt ein Übergewicht, d. h., sie verdichtet erheblich stärker. Dennoch bleibt als Fazit, daß ein erheblicher Flächenverbrauch im Umland tatsächlich eingetreten ist. Damit sind Fakten geschaffen worden, die nur in mühevoller Weise planerisch und kommunikativ zu bewältigen sind. Korrekturen solcher Asymmetrien sind bei der Gemeindegebietsreform im Umland der Großstädte 1999 durch einen erheblichen Anteil von Eingemeindungen bereits vollzogen worden (vgl. Kap. 3.2 u. 8.4).

10.4.3 Das Erzgebirge

Umweltschäden durch historischen Bergbau im Beispielsgebiet Freiberg

Eines der traditionsreichsten deutschen Bergbaureviere und das älteste im Erzgebirge ist die Umgebung der „Stadt am freien Berge". Das heutige Freiberg verweist somit auf jene zwischen 1180 und 1223 errichtete städtische Siedlung, die im Zentrum eines Gebietes bergfreier Bodenschätze lag.

Schon seit 1168 hatten Silberfunde Bergleute aus Niedersachsen und von anderswo herbeigelockt. Die mehr als 800jährige Bergbaugeschichte prägt entscheidend den Landstrich zwischen Mulde und Striegis durch den Abbau von Silber, Blei, Zinn und Zink, sowie vor allem durch deren Verhüttung. Schachtanlagen, Huthäuser, Kunstgräben und -teiche und eine große Zahl heute oft buschbestandener Halden gehören zum unverwechselbaren Bild einer Bergbauregion von europäischem Rang.

Obwohl die Montanindustrie mit ihrer Herstellung von Währungs- und Gebrauchsmetall schon seit der Mitte des vergangenen Jahrhunderts zunehmend und seit 1913 zunächst gänzlich auf importierten Rohstoffen basierte, blieb Freiberg und seine Umgebung eine der am meisten von Umweltbelastungen betroffenen Bergbauregionen, auf die man in den letzten 20 Jahren auch außerhalb Ostdeutschlands aufmerksam wurde. Gründe dafür sind in der Überlagerung von Nachwirkungen des historischen Bergbaues mit jenen Einflüssen zu sehen, die sich aus der bis 1989 andauernden Verhüttungs- und Veredlungsindustrie ergaben. Hinzu kommt noch, daß sowohl zwischen 1935 und 1941 sowie von 1946 bis 1968 einige Schächte zur Erzgewinnung reaktiviert worden waren. Historische und rezente Einflüsse (Immissionen verschiedenster Art) haben daher in einem beträchtlichen Radius (rd. 20 km) um die alte Bergstadt zu stark erhöhten Werten von schwermetallhaltigen Rückständen im Boden und den Gewässern geführt, zumal zur DDR-Zeit praktisch keine Technik zum Umweltschutz existierte. Zudem sorgte die Aufschüttung und spätere Aufarbeitung von Haldenmaterial für eine Verteilung erzhaltigen Abraums auch auf geogen weniger vorgeprägten Flächen. Besonders aber die von den Standorten in Muldenhütten (südöstlich von Freiberg), Halsbrücke (nordöstlich von Freiberg) sowie innerhalb des Stadtgebietes ausgehenden Emissionen führten zu einer deutlichen Anreicherung von Blei, Zink, Arsen, Cadmium, Quecksilber u. a. in den Böden des Umlandes. Beredter Ausdruck dafür sind gegenüber unbelasteten Räumen die signifikant erhöhten Konzentrationen im Freiberger Raum bei Arsen auf das 4–5fache, bei Cadmium auf das 5–7fache oder Blei auf das 10–20fache. Gerade letzterer Wert erklärt sich u. a. durch die zur DDR-Zeit übliche Verwendung bleihaltiger

Schlacke als Winterstreugut, wodurch eine weite Verteilung eintrat, so daß erhöhte Konzentrationen in straßennahen Böden hauptsächlich davon herrühren.

Die sowohl durch Wind- und Wassererosion, vor allem aber über Immissionseinflüsse der noch bis 1989 betriebenen Bleischmelze in den Boden gelangten Schwermetalle wurden über pflanzliche und tierische Nahrung bis zum Menschen weitergegeben. Im Zusammenhang mit verminderten Humusgehalten und erniedrigtem pH-Wert in den Böden des Freiberger Raumes erhöhte sich die Schwermetallaufnahmefähigkeit von Kulturpflanzen derartig, daß in der zweiten Hälfte der 1970er Jahre halboffiziell Empfehlungen z. B. des Bezirkshygieneinstitutes Karl-Marx-Stadt (heute Chemnitz) dazu rieten, das in Kleingärten oder in unmittelbarer Nähe zu Emissionsquellen erzeugte Obst und Gemüse nicht nur gründlich zu waschen, sondern teilweise gar nicht zu verzehren. Darüberhinaus mußten die Verantwortlichen die Notwendigkeit eingestehen, Milch- und Getreideerzeugnisse des Gebietes mit solchen aus weniger belasteten Räumen zu mischen (zu „verschneiden") und die Innereien erlegter Wildtiere aus dem Tharandter Wald (im Lee der Freiberg-Halsbrücker Hochschornsteine gelegenes rd. 60 km² großes Waldgebiet) ebenso wie die dort wachsenden Pilze nicht zu verzehren. Gleiches galt später auch für die Viehherden des Freiberger Umlandes.

Anhand einer östlich von Freiberg (in der Hauptwindrichtung) vorliegenden Untersuchung (Tab. 10.6) lassen sich die Kontaminationsgefahren anschaulich demonstrieren.

Die Einstellung der Produktion der Hüttenindustrie an nahezu allen Freiberger Standorten bzw. der Weiterbetrieb einer Bleiaufbereitungsanlage unter Beachtung strenger Normen des Immissionsschutzgesetzes nach 1992 haben eine analytisch nachweisbare und auch optisch erkennbare Entspannung der Umweltsituation im Freiberger Raum mit sich gebracht.

Fruchtart	gemessene Werte		Richtwerte*	
	Pb	Cd	Pb	Cd
Probefläche A				
Kartoffel / 1	0,03	0,02	0,25	0,10
Tomate	0,06	0,02	0,25	0,10
Möhre	0,16	0,02	0,25	0,10
Zwiebel	0,04	0,04	0,25	0,10
Kartoffel / 2	0,06	0,08	0,25	0,10
Petersilie	4,10	0,1	2,00	0,10
Gartenboden (pH = 6,7)	890	6,10	50 – 300	1 – 3
Probefläche B				
Tomate	0,03	0,03	0,23	0,10
Brombeere	0,95	0,05	0,5	0,05
Buschbohne / 1	0,10	0,02	0,25	0,10
Buschbohne / 2	0,23	0,02	0,25	0,10
Boden (pH = 5,8)	1 400	8,4	50 – 300	1 – 3

Tab. 10.6.1:
Gegenüberstellung von Boden- und Produktbelastung mit Schwermetallen (Angabe der Werte jeweils in mg / kg) für den Ort Hilbersdorf, östlich von Freiberg, Ende der 1970er Jahre
Quelle: Freiberger Umweltbrief 1990

* Richtwerte für die Fruchtarten aus Bundesgesundheitsblatt 5 / 95, für den Boden: Bodenqualitätsnormen in der EG

Fruchtart	gemessene Werte[1]		Richtwerte[2]	
	Pb	Cd	Pb*	Cd*
Blattgemüse	26,2 (1,3 – 88)	5,3 (0,3 – 8,6)	0,8	0,1
Wurzelgemüse	7,3 (0,4 – 14)	1,8 (0,4 – 4,1)	0,25	0,1
Fruchtgemüse	4,7 (1,2 – 18)	1,4 (0,1 – 5,1)	0,25	0,1
Beerenobst	8,4 (2,4 – 18)	0,5 (0,2 – 0,7)	0,5	0,05
Kartoffeln	1,2 (0,6 – 2,7)	0,5 (0,2 – 0,8)	0,25	0,1

Tab. 10.6.2:
Untersuchungsergebnisse zur Obst- und Gemüsebelastung Ende der 1970er Jahre im Gebiet um Hilbersdorf, östlich von Freiberg
Quelle: Freiberger Umweltbrief 1990
1 in mg Schwermetall / kg Frischware = ppm
2 Bundesgesundheitsamt

Zur Erreichung dieses Zieles war zeitweilig beabsichtigt, eine spezielle Vorschrift des sächsischen Gesetzes zur Abfallwirtschaft und zum Bodenschutz zu nutzen. Sie sieht die Ausweisung von Bodenplanungsgebieten (im Gesetz bis 1998 als Bodenbela-

	Nitratgehalt (mg/l)			
	Min.	Mittel	Max.	Einzeldaten
1922 / 1925	0	4,3	12,1	35
1935 / 1937	4	11,3	25,0	127
Großanlagen der Wasserversorgung				1 350
1971 / 1975	14,8	28,7	36,8	
1976 / 1980	17,0	51,5	66,0	
1981 / 1985	26,0	56,6	63,4	
1986 / 1989	29,5	61,1	70,9	
Hausbrunnen und Kleinanlagen				1 150
1984 / 1989	<5	64,1	300	
Jan. – Sept. 1990				
Hausbrunnen	<5	69,4	250	113
Klein- und Gemeinschaftsanlagen	6	53,9	105	151
der Erzgebirgischen Wasser- und Abwasser AG	<5	46,7	135	70
Durchschnitt aller Werte 1990	–	(50,1)	–	334

Tab. 10.7:
Entwicklung der Nitratgehalte im Grundwasser des Landkreises Freiberg seit 1922 bis Ende der 1980er Jahre
Quelle: Freiberger Umweltbrief 1990

stungsgebiet bezeichnet) vor, um in verschiedenen Zonierungen Beschränkungen der Flächennutzung für Bebauungspläne bzw. hinsichtlich der Verwendung kontaminierten Bodenmaterials festzulegen. Sollten in entsprechenden Entwürfen einer Rechtsverordnung von 1996 bereits land- und forstwirtschaftliche Nutzflächen in der Vorschrift unberücksichtigt bleiben, verzichtete der Landkreis Freiberg später aus Imagegründen auf die Ausweisung derartiger Sanierungsgebiete, zumal inzwischen aktuelle Gefährdungen ausgeschlossen werden konnten.

Zu den Auswirkungen der Buntmetallindustrie um Freiberg gesellen sich für die Umweltqualität noch die Folgen des jahrzehntelang ungebremsten Stickstoffeinsatzes im Pflanzenbau und der industriell betriebenen Tierhaltung. Die bis zu 300 kg Reinstickstoff / ha und Jahr verabreichten Düngergaben mineralischer und organischer Art führten über Bodenbelastungen zugleich zu erheblichen Auswaschungsverlusten (unteres Bergland mit Jahresniederschlägen von 750 bis 850 mm auf Gneisverwitterungsböden zumeist guter Durchlässigkeit) mit daraus resultierender Grund- und Oberflächenwasserkontamination (Tab. 10.7).

Besonders betroffen von starker Nitratbelastung waren oberflächennahe Grundwasserleiter, aus denen zahlreiche Hausbrunnen gespeist wurden. Da der Anschlußgrad an zentrale Versorgungssysteme 1989 im Freiberger Umland erst rd. 92 % betrug, ist davon auszugehen, daß im ländlichen Raum häufig der Nitratgrenzwert (vormals 40 mg NO_3/l, seit 1990 50 mg NO_3/l) überschritten wurde. Einem Umweltreport des Landratsamtes Freiberg zufolge erhielten 1990 noch rd. 50 % aller Einwohner Wasser, das nicht den Vorschriften der Trinkwasserverordnung entsprach. Heute gibt es durch den Neuanschluß an zentrale Wasserversorgungen nur noch in Einzelfällen Grenzwertüberschreitungen, was durch ein Brunnenkataster belegt wird. Der Ausbau einer technisch einwandfreien Wasser- und Abwasserinfrastruktur hat in den letzten Jahren zwar erhebliche Fortschritte gemacht, aber die erheblichen Kosten haben sich auf die Bauzeit dahingehend ausgewirkt, daß viele Vorhaben „gestreckt" wurden und so erst in einigen Jahren die beschriebenen Zustände gänzlich der Vergangenheit angehören.

Für die bereits fertiggestellten Kläranlagen bedeutet hingegen die Schlammverwertung ein aktuelles Problem. Einem Vergleich der Zusammensetzung von Klärschlämmen (hier: Wasserwerk Freiberg, Tab. 10.8) ist zu entnehmen, daß sich die bedenklichen Schwermetallrückstände bereits zwischen 1990 und 1993 deutlich reduziert haben.

In seiner Zusammensetzung eignet sich der Klärschlamm aber dennoch nicht zum Einsatz auf landwirtschaftlich genutzten Flächen, daher fand er bei Rekultivierungsmaßnahmen (Haldenbegrünung) in den Brandenburger Braunkohleabbaugebieten Verwendung.

Ein weiteres dunkles Kapitel der Umweltsituation im Freiberger Raum war die Entsorgung von Abfällen aus Haushalten, Gewerbe und Industrie. Punkthaft im Gesamtgebiet sind die Auswirkungen ungeordneter Abfallbeseitigung nachweisbar. Das sind vor allem Abfallablagerungen an Örtlichkeiten, für die es weder Standortuntersuchungen noch Sicherheitsvorkehrungen gab. Jede einigermaßen geeignete Hohlform, wie alte Steinbrüche, Senken, Tümpel u. a, wurden bis 1990 zur Ablagerung genutzt. Besonders bedenklich dabei war, wie spätere Kontrollen ergaben, daß auch Sonderabfälle deponiert wurden. Die Analyse, Bewertung und schrittweise Sanierung dieser chemischen „Zeitbomben" war eine vordringliche Aufgabe des neuen Landratsamtes Freiberg. Während die Erfassung inzwischen abgeschlossen ist, wird bis zur endgültigen Risikoabwehr auf allen deponieähnlichen Flächen noch einige Zeit vergehen, so daß im Umfeld derartiger Standorte durch Messungen einer potentiellen Kontamination von Grund- und Oberflächenwasser vorgebeugt wird. Noch einige Zeit müssen daher Gefahrenabwehr und Risikovorsorge die grundsätzlichen Positionen bei der regionalen Umweltpolitik sein. Aus einer besonders ausgebeuteten und geschädigten Region entwickelt sich jedoch schrittweise wieder ein funktionsfähiger Landschaftsraum.

Para-meter	Klärschlamm (mg / kg Trockenmasse)			Grenzwerte* (mg / kg Trockenmasse)
	1990	Dez. 1993		
		Probe 1	Probe 2	
Zn	8 800	2 420,2	2 530,0	3 000
Cr	2 760	371,1	430,0	1 200
Ni	70	37,2	36,5	200
Cd	40	10,02	13,05	20
Pb	980	380,0	620,0	1 200
Cu	430	260,8	285,0	1 200
Hg	1,2	3,7	3,9	25

Tab. 10.8:
Klärschlammanalysen für das Wasserwerk Freiberg
Quelle: Landratsamt Freiberg, Umweltdezernat
* nach Klärschlamm-Verordnung

Umweltschäden durch Uranabbau im Beispielsgebiet Aue – Schneeberg

Keine Bergbautätigkeit hat in den vergangenen 800 Jahren das Landschaftsbild und den Naturhaushalt so beeinflußt wie der Uranbergbau, der sich von 1946 bis 1990 im westlichen und mittleren Erzgebirge, im oberen Elbtal und in Ostthüringen ausbreitete (Abb. 10.4; vgl. a. Abb. 7.4). Die sächsisch-thüringischen Reviere waren bis 1990 der nach den USA und Kanada drittgrößte Uranproduzent der Welt. Die „Sowjetisch-deutsche Aktiengesellschaft" Wismut förderte in diesem Zeitraum rd. 220 000 t Uran für den Bau sowjetischer Atombomben und später für die Kernenergie.

Folgen dieser intensiven Bergbautätigkeit waren beträchtliche Belastungen für die Umwelt, in erster Linie für die Bewohner in den Abbaugebieten. Zu den sichtbaren Hinterlassenschaften der Bergbau- und Aufbereitungstätigkeit gehören u. a. 48 große Halden mit 311 Mio. m^3 Abraum (insgesamt waren es mit den Hinterlassenschaften des Altbergbaus ca. 6 550 große Halden, allerdings häufig mit geringem Volumen), 14 Schlammteiche mit 160 Mio. m^3 radioaktivem Schlamm aus Schacht- und Grubenanlagen, Restlöcher oder Schachtanlagen.

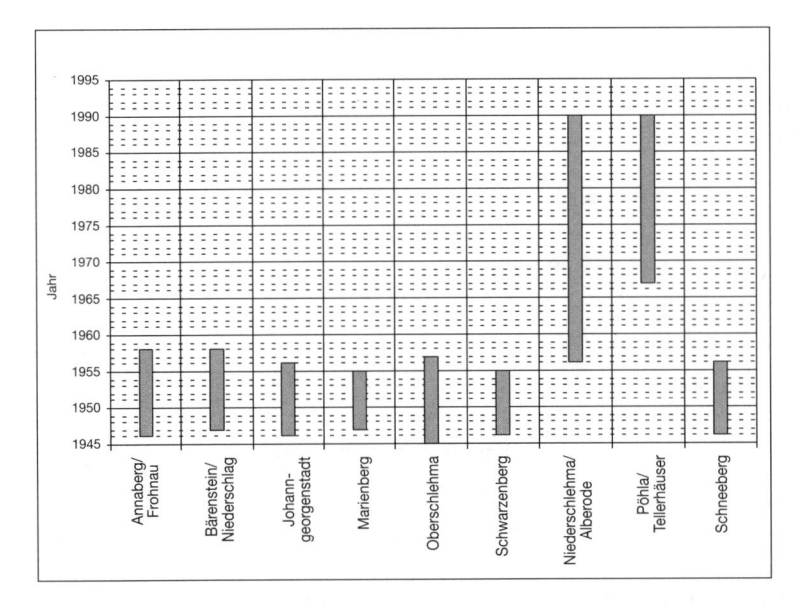

Abb. 10.4:
Zeitraum der Tätigkeit der SAG/SDAG Wismut in den Abbaurevieren des Erzgebirges
Quelle: Sächs. Heimatblätter 5, 1995, S. 278

Das hohe Abraumvolumen erklärt sich aus der Tatsache, daß zur Erzeugung einer Tonne Uran durchschnittlich 1 100 t Erz gewonnen werden mußten, bei dessen Abbau noch einmal 2 100 t Gestein herauszulösen und zu bewegen waren.

Geradezu als Synonym für Umweltzerstörung und menschenverachtende Wirtschaftsweise gilt in der Bewertung der Hinterlassenschaften des DDR-Regimes dieser Uranbergbau im sächsisch-thüringischen Revier. Dabei sind die „strahlenden" Hinterlassenschaften aus der Bergbauphase und ihr latentes Schadstoffpotential für die menschliche Gesundheit nur die eine Seite der Angelegenheit. Vor allem die Gesundheit der Bergleute bei teilweise anfangs unvorstellbar rücksichtslosen Arbeitsbedingungen ist der Preis dieses Raubbaus gewesen. Selbst nach dem unvollständigen Zahlenmaterial der stark restriktiven Einordnung zur Berufskrankheit Lungenkrebs wurden rd. 5 300 Fälle als solche anerkannt. Auf Grund der individuellen Konstitution und der Konvergenz mit anderen Schadfaktoren (in Luft, Wasser, Ernährung) sowie den Lebensgewohnheiten liegt die Dunkelziffer der Erkrankungen und Todesfälle um ein Vielfaches höher (vgl. Kap. 7.1.1 und Übersicht 7.1). Diese Erkenntnis vermittelt, daß die notwendige Sanierung der Umwelt nicht jene Schäden zu reparieren vermag, die in 40 Jahren an Leben und Gesundheit von Bergleuten und Bewohnern entstanden sind.

Dennoch setzte mit Einstellung des Abbaus Ende 1990 ein umfangreiches Programm zur kurzfristigen Gefahrenabwehr und langfristigen Sanierung ein, das sich nach vorsichtigen Schätzungen in einem 15–20jährigen Zeitraum auf rd. 13 Mrd. DM für die insgesamt 1 500 km² großen Alt- und Uranbergbauflächen in Sachsen und Ostthüringen belaufen wird. Politisch war es durchaus umstritten, den gleichen Betrieb als Stillegungs-, Sanierungs- und Rekultivierungsunternehmen zu entwickeln, der jahrzehntelang als Staatsbetrieb rücksichtslos mit der Gesundheit der Bewohner wie auch den Naturgütern umgegangen war. So war es auch keine Überraschung, daß das erste Sanierungskonzept der „neuen" Wismut vom Herbst 1991 auch vom sächsischen Umweltministerium als unzureichend

Standort	Überwachungs-gebietsgröße (km²)	Radonkonzentration (Bq/m³) Sommer 1991 Mittel	Sommer 1991 Maximum	Sommer 1993 Mittel	Sommer 1993 Maximum	Sommer 1994 Mittel	Sommer 1994 Maximum
Schlema–Alberoda	56	71	400	64	802	74 + 11	900 + 90
Pöhla	50	33	167	28	109	34 + 7	175 + 28
Königstein	36	34	78	33	57	42 + 8	90 + 14
Dresden-Gittersee	45	36	79	38	53	36 + 7	60 + 7
Crossen	48	38	224	28	96	48 + 8	190 + 18
Seelingstädt	60	46	125	28	78	34 + 6	65 + 8
Ronneburg	94	49	191	44	223	47 + 7	230 + 20

Tab. 10.9:
Überblick über die Radonkonzentration in den Überwachungsgebieten der Wismut-Standorte
Quelle: Wismut GmbH, Jahresberichte der Sanierungsbetriebe 1993–1995

bewertet wurde. Der Alleingesellschafter des neuen Unternehmens, das Bundesministerium für Wirtschaft, hat ehemalige Betriebsteile der Wismut zu eigenständigen Sanierungsbetrieben erhoben, die in den vergangenen knapp zehn Jahren allerdings auf eine beachtliche Leistung beim Rückbau und der Sanierung verweisen können.

Am Beginn aller Arbeiten stand eine analytische Phase zur Altlastenermittlung, Sanierungsplanung und zu überprüfbaren Maßnahmekonzepten. Mehr als 238 000 Einzelmessungen fanden Eingang in ein Umweltkataster, der wichtigsten Grundlage für die ersten Sanierungskonzepte. Dieser Schritt war notwendig, um einerseits keine grundlosen Ängste in der Bevölkerung zu schüren und andererseits keine „Sanierung" im Schnellverfahren durchzuführen. Dadurch gelang es, die bereits genannten rd. 1 500 km² Verdachtsflächen auf ca. 180 km², also auf 12 % der ursprünglichen Annahme, zu reduzieren, gleichwohl noch eine gewichtige Aufgabe.

Ein besonders belasteter Raum ist das Gebiet um Schneeberg und Aue im Landkreis Aue–Schwarzenberg, innerhalb dessen die Verdachtsflächen hoher Luft-, Wasser- und Bodenkontamination Schlema–Alberoda und Pöhla–Tellerhäuser herausragen. Diese Verdachtsflächen besitzen eine Größe von 52 km² und wurden zur Erfassung der Radonkonzentration in den Überwachungsgebieten (Tab. 10.9) in ein sog. Basismonitoring einbezogen, worunter Messungen in der Umgebungsluft von Schächten, Erzverladestellen, Aufbereitungsbetrieben u. a., in den Oberflächengewässern (z. B. Zwickauer Mulde-System) und im Grundwasser zu verstehen sind.

Am Beispiel des Raumes Schneeberg–Aue wird nachfolgend belegt, wie diese notwendige Konkretisierung des Überwachungsgebietes zu einer Gebietsdifferenzierung führt, welche den unmittelbaren Sanierungsaufwand erkennbar werden läßt.

Verdachtsfläche Schneeberg–Aue:
    5 250 ha
gemessene Fläche mit Angabe der Ortsdosisleistung:
    4 530 ha
Flächen nach Meßwertklassen:
   < 200 nSv/h*   = 1 478 ha (32,6 %)
   200 – 499 nSv/h* = 3 030 ha (66,9 %)
   500 – 999 nSv/h* =   17 ha (0,4 %)
   > 1 000 nSv/h* =   5 ha (0,1 %)

Die verschiedenen Strahlenarten haben im menschlichen Körper unterschiedliche Auswirkungen. Zu ihrer Vereinheitlichung wird als Maßstab aus der Energiedosis (Gray, Gy = 1 J/kg) und dem Verteilungsfaktor im Menschen die „Äquivalentdosis" (alte Einheit rem = roentgen equivalent medical) bewertet.

---

* Sievert (Sv) = Maßeinheit für die Äquivalentdosis

Die obige Übersicht läßt erkennen, daß rund ein Drittel der Schneeberg-Auer Verdachtsfläche den natürlichen, hier geogen bedingten Durchschnittswerten entspricht, so daß auf solchen Flächen jegliche Art der Bebauung erlaubt wäre. Auf etwa 65 % der Flächen lagen die radioaktiven Gehalte des Bodens unter 500 nSv/h*, so daß bei Beachtung bestimmter Strahlenschutzmaßnahmen eine gewerbliche Bebauung noch zulässig wäre. Nur 22 ha (0,5 %) des Gebietes weisen stark erhöhte Werte auf, so daß durch Abtrag des vorhandenen Materials, Abdeckung und andere Maßnahmen eine aufwendige Sanierung erforderlich ist, eine Bebauung jeglicher Art aber unterbleiben sollte.

Das Hauptproblem des Sanierungsbedarfs um Schneeberg–Aue ist die direkte Bebauung einerseits und die Tatsache andererseits, daß die Wismut eine Vielzahl von Halden in unmittelbarer Nähe zur Wohnbebauung angelegt hat, so daß diese Halden (immerhin 47 auf 314 ha mit 47 Mio. m^3 Abraum) in ihrem Zustand von 1990 eine permanente Quelle zur Freisetzung von Radionukliden oder anderen Schadstoffen waren.

In der Ortslage Schlema wurden im Rahmen der Sofortmaßnahmen zur Gefahrenabwehr erste Erfolge erzielt und die Halden 250 (1,1 Mio. m^3) und 13b umgelagert sowie die große Hammerberghalde abgedeckt. Auf einem ehemaligen Halden- und Schlammgelände wurde schon 1993 nach gründlicher Sanierung kontaminierter Flächen der neue Gemeindemarkt Schlema eröffnet.

Ein anderes, besonders kompliziertes Prozeßgefüge stellte die Eindämmung radioaktiver Emissionen aus Abwettergrubenbauen dar. Obwohl im Betriebsteil Schlema-Alberoda 1994 nur noch ein Abwetterschacht betrieben wurde und sich zunächst eine kontinuierliche Verringerung der Alphastrahlung im Abwetterstrom ergab, können die sanierungsbedingten Umstellungen der untertägigen Wetterführung, z. B. durch Flutung, ständig neue und auch wieder steigende Radonkonzentrationen hervorrufen. Dieser sich wiederholende Vorgang zwingt zu alternativen Bewetterungsmaßnahmen im Sanierungsendausbau. Im Zuge der Sanierung alter Uranbergbauanlagen wurde auch ein weiteres Spezifikum der Region entscheidungsreif: die vorrangig aus dem mittelalterlichen Erzbergbau herrührende Radonbelastung von Wohngebäuden. Radon 222 als Edelgas und Folgeprodukt von Radium ist in Wohngebäuden einer geogen schon stark erhöhten Normalkonzentration von 50 bis 250 Bq/m^3 (Bq = 1 radioaktiver Zerfall pro Sekunde) anzutreffen. Im Gebiet um Schneeberg–Schlema oder Johanngeorgenstadt wurden hingegen häufig Werte zwischen 2 000 und 5 000, örtlich und punkthaft sogar von 100 000 Bq/m^3 gemessen. Aus dem Untergrund kann Radon kurzfristig über die Keller in die Wohnräume aufsteigen, wobei es noch jahreszeitliche Schwankungen zu beachten gibt.

Um radonsicheres Bauen in dieser Altbergbauregion zu ermöglichen und vor allem stark kontaminierte Gebäude sofort zu sanieren, hatte der Bund 1993 ein Sonderprogramm von 6 Mio. DM aufgelegt, das später durch ein Landesprogramm ergänzt wurde. Die Einrichtung einer Beratungsstelle für radonsicheres Bauen in Schlema vervollständigt das Sanierungsbemühen. Am Beispiel des bereits erwähnten Marktzentrums Schlema konnte die Wirksamkeit der Bodenabdichtung und Dränage getestet werden, was durch Radonwerte zwischen 50 und 150 Bq/m^3 feststellbar ist.

Die herausgegriffenen drei Beispiele dürfen nicht den Blick dafür verstellen, daß die Art und Zahl weiterer Sanierungsbedürftigkeiten gewaltig ist. Stichwortartig sei nur an folgende Aufgabenfelder erinnert: Säuberung der Schachtgelände von wassergefährdenden Stoffen, die untertägige Verfüllung von Hohlräumen und die Flutung von

Grubengebäuden sowie die Fassung und Reinigung der nach der Flutung austretenden Wässer; sichere Einlagerung von kontaminiertem Abbruchmaterial, Bodenaushub und Schrott oder die Sanierung von Schäden bzw. Straßenabschnitten, die in der Wismutzeit mit radioaktiv belastetem Gesteinsmaterial errichtet wurden. So gesehen ist die bis Ende 1994 erfolgte Entsorgung von rd. 75 % (= 1 040 km) noch offener Grubenbaue und ihre Verfüllung (ca. 560 000 m^3 Verfüllmaterial) auch ein beachtenswertes Ergebnis.

Aus allen bisher vorliegenden Analysen kristallisiert sich folgende Einschätzung zur Situation im ehemaligen Wismutbergbaugebiet heraus. Große Teile des Gebietes weisen, hauptsächlich geogen bedingt, eine relativ hohe Strahlenexposition auf, die aber unter den gesundheitsbeeinträchtigenden Grenzwerten bleibt. Punkthaft gibt es hingegen beträchtliche Überkonzentrationen, die jedoch eine sehr zufällige Verteilung und sehr heterogene Ursachenstruktur besitzen, was regionale Planungen und Entwicklungen erheblich einschränken kann. Eine Bestätigung dieser Aussage findet sich beispielsweise auch in der Ausgabe Dezember 1995 der Werkzeitschrift „Dialog" der Wismut GmbH. Darin wird über Untersuchungen zur Strahlenbelastung berichtet, welche Schüler des Oberwiesenthaler Gymnasiums an sanierten und unsanierten Wismuthalden im Raum Hammerunterwiesenthal durchführten.

Aus über 320 Meßstellen setzte sich ein charakteristisches Belastungsbild zusammen. Der größte Teil aller Örtlichkeiten wies Strahlungsgehalte im Toleranzbereich von 150 – 300 nSv/h* auf, wie er für das Erzgebirge definiert ist. Die Untersuchung belegt somit die generelle Aussage zwar erhöhter, keineswegs aber flächenhaft bedenklicher Konzentrationen. Ebenso typisch ist aber zugleich der Nachweis von Einzelpunkten mit stark überhöhten Meßwerten. Dergleichen fand sich sowohl an einer früheren Entladestelle für LKW als auch an einem Steinhaufen unbekannter Herkunft mit einem Maximalwert von 5 231 nSv/h (17fache Grenzwertüberschreitung). Dieses differenzierte Bild unterscheidet sich demzufolge von Darstellungen der Zeit um 1990, die eine flächenhafte gesundheitsbeeinträchtigende Situation vermuteten. Da man schlußfolgern kann, daß an den bewußten Einzelpunkten kein Daueraufenthalt von Menschen stattfindet und bei Baumaßnahmen Messungen erforderlich sind, dürften auch gegenwärtig die direkten gesundheitlichen Gefahren als gering eingeschätzt werden.

Hinsichtlich der Einzelörtlichkeiten mit hohem Gefahrenpotential aus der früheren Bergbautätigkeit gibt es dann auch noch einen besonders brisanten Fall. Dabei handelt es sich um den Schlammteich in Oberrothenbach nördlich von Zwickau. Dort sind rd. 45 Mio. t radioaktiv und schwermetallbelasteter Schlamm eingelagert, dessen gefährliche Zusammensetzung durch den Hinweis auf jeweils 6,5 mg Uran oder 70 mg Arsen pro Liter Wasser charakterisiert werden kann.

Seit 1995 wird er schrittweise durch Wasserentzug und Aufbereitung saniert. Dennoch aber gibt es Zweifel an der Standsicherheit des 60 m hohen Dammes, der den Teich absperrt. Besonders nach dem Winter 1995/96 wurden neue Risse entdeckt, welche zu ständiger Überwachung zwingen, denn ein Dammbruch käme tatsächlich einer Umweltkatastrophe für die Region gleich. Obwohl nach gründlicher Untersuchung eine akute Gefahr von dem Betreiber und den Behörden verneint wird, bleibt trotz des Hinweises, daß mit jedem Liter abgepumpten Wassers der Druck nachläßt, ein Restrisiko, welches zu größter Sorgfalt zwingt.

Nicht verschwiegen werden soll abschließend ein weiteres Hindernis für eine zügige und kontinuierliche Sanierung. Es handelt sich um den fehlenden Genehmigungsvorlauf durch die zuständigen Behörden. Berg- und Strahlenschutz verfügten anfänglich über keinen rechtlichen Rahmen zur Verfahrensdurchführung bei unterschiedlicher Zuständigkeit. Da es Erfahrungen im bundesdeutschen Recht mit Strahlenschutzmaßnahmen dieser Größenordnung und Kompliziertheit nicht gab, waren auch alle gut gemeinten Ratschläge der Betroffenen zur Bündelung von Verfahren (z. B. Planfeststellung mit Umweltverträglichkeitsprüfung) nicht sofort umsetzbar.

Inzwischen sind auch diese Schränken der Bürokratie schon weitgehend überwunden und jedem aufmerksamen Betrachter der früheren Wismut-Region signalisiert das erste Grün auf sanierten Flächen ein Zeichen neuer Hoffnung, daß ein stark belastetes Gebiet durch die Erfolge der Sanierung auch schrittweise wieder an Attraktivität und damit Lebensqualität gewinnt, um welche ein bis zwei Generationen des Uranbergbaugebietes im Erzgebirge betrogen worden waren.

11 Sachsen und die Europäische Union

11.1 Der Freistaat Sachsen – eine periphere Region in der EU

Mit dem Beitritt der Länder der DDR zum Wirkungsbereich des Grundgesetzes der Bundesrepublik Deutschland am 3.10.1990 wurden Mecklenburg-Vorpommern, Brandenburg, Sachsen-Anhalt, Ost-Berlin, Thüringen und auch Sachsen „automatisch" Mitglied in den Europäischen Gemeinschaften. Damit verschob sich die Grenze dieses westeuropäischen Staatenbündnisses weiter nach Osten. Die Ostgrenze der „Neuen Bundesländer" Mecklenburg-Vorpommern, Brandenburg und Sachsen bildet damit jetzt die Außengrenze der Europäischen Union. Auf der anderen Seite der Grenze liegen Reformstaaten, in denen ebenfalls 1989/90 eine politische und wirtschaftliche Umorientierung hin zur Demokratie und sozialen Marktwirtschaft einsetzte. Diese Grenze ist eine Wohlstandsgrenze zwischen West- und Ostmitteleuropa.

Der im Südosten Ostdeutschlands gelegene Freistaat Sachsen grenzt an zwei ehemalige sozialistische Länder, Polen und die Tschechische Republik.

Bezogen auf die Europäische Union in ihren heutigen Grenzen ist Sachsen Teil von deren östlicher Peripherie. Die Gründungsstaaten „umgaben" sich im Laufe von Erweiterungen durch Neuaufnahmen mit einem Gürtel von wirtschaftsschwächeren Staaten. Dies begann 1973 im Nordwesten mit der Aufnahme von Irland und setzte sich in den 1980er Jahren mit der Süderweiterung um Griechenland, Spanien und Portugal fort. Der bisherige Endpunkt ist die „Aufnahme" der ostdeutschen Länder 1990.

Mit dieser Entwicklung kam es zum Anwachsen räumlicher Disparitäten in der EG/EU. Einem wirtschaftlich relativ starken „Kern" steht eine wirtschaftsschwache Peripherie gegenüber. Für den Abbau der Disparitäten innerhalb des Staatenbündnisses wurden die Instrumentarien der Strukturpolitik entwickelt. Die dafür eingesetzten Mittel kommen zum großen Teil der Peripherie zu gute.

Die für die nächsten Jahre und Jahrzehnte avisierte Ost- und Südosterweiterung der EU um die Reformstaaten Polen, Ungarn, Tschechien, Slowenien, Estland, Lettland, Litauen, Slowakei, Rumänien und Bulgarien verstärkt die Kern-Peripherie-Problematik und die Notwendigkeit des Einsatzes von Strukturmitteln. Die von den Regierungschefs der EU-Staaten beschlossene „Agenda 2000" soll die erforderlichen Mittel für die Erweiterung garantieren.

Das Gebiet Ostdeutschlands wurde bereits 1991 in die Förderung durch die EG einbezogen (Abb. 11.1). Zwischen 1991 und 1993 flossen so 1,5 Mrd. DM allein nach Sachsen. Davon gingen rund 888 Mio. DM

Abb. 11.1: Von der EU/EG an Ostdeutschland ausgereichte Strukturfondsmittel 1991–1993

Quelle: Zahlen nach Angaben des Stat. Bundesamtes, gerundet

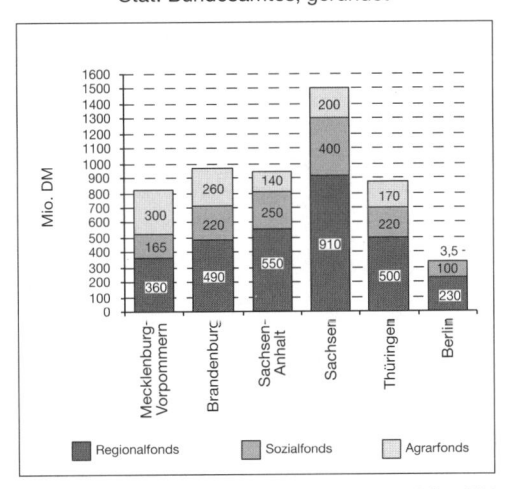

Zusätzlich wurden über den Bund rd. 500 Mio. DM aus EU-Sozialfondmitteln länderübergreifend ausgereicht.

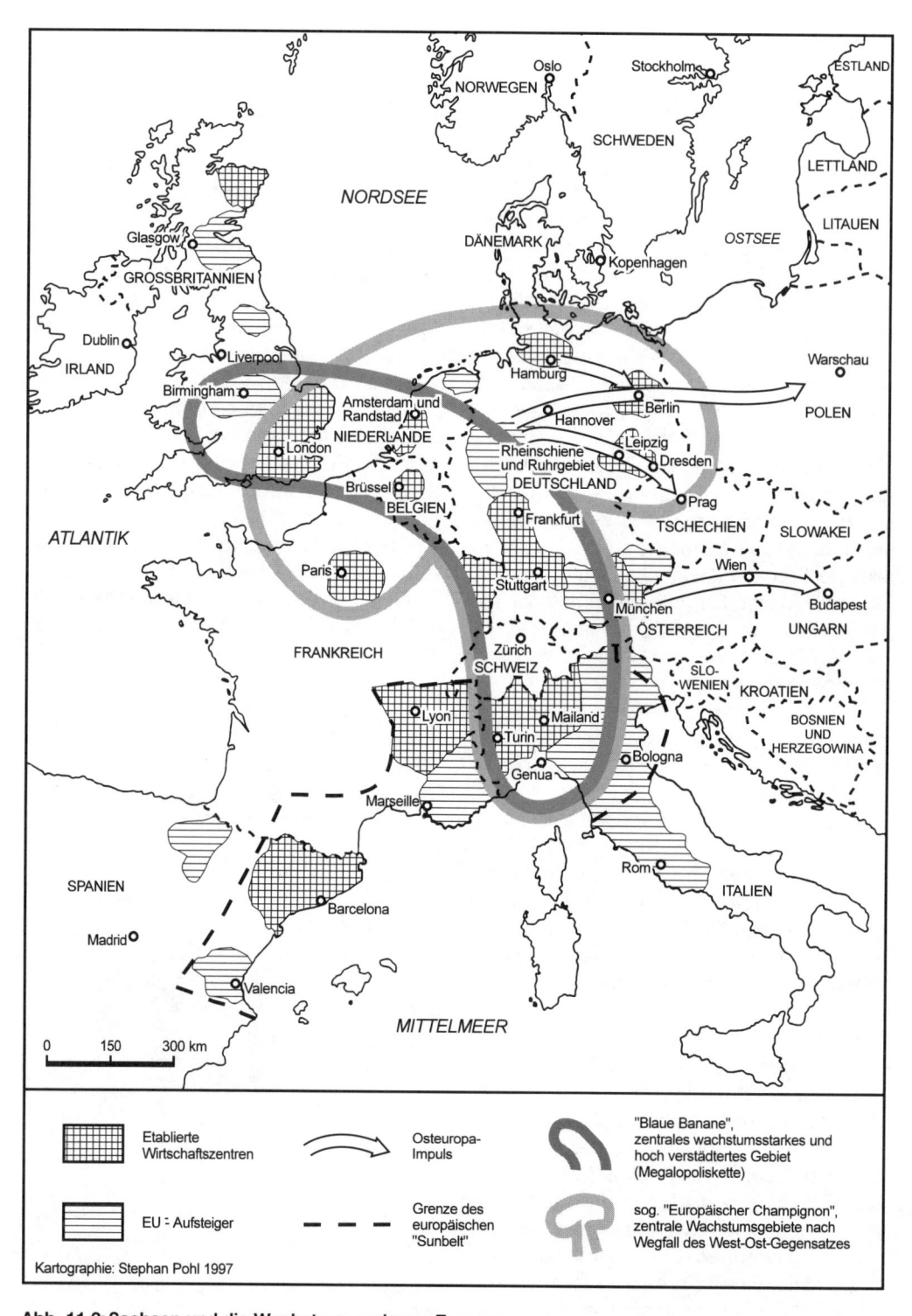

Abb. 11.2: Sachsen und die Wachstumsregionen Europas
Quelle: GLÄSSER / SCHMIED / WOITSCHÜTZKE 1995, verändert nach Geogr. Rundschau 48, 1996, 7–8

in Infrastruktur und Existenzgründungen und 370 Mio. DM in Aus- und Fortbildungsmaßnahmen für Jugendliche und Arbeitslose. Galten bis 1993 Übergangsbestimmungen, so findet für die fünf Neuen Bundesländer (einschließlich Berlin) nunmehr seit 1994 die Ziel-1-Förderung der EU (Förderung unterentwickelter Regionen) Anwendung. Desweiteren erhält der Freistaat Sachsen Fördermittel aus den „Töpfen" Ziel-2 (Industrieregionen im strukturellen Wandel) und Ziel-5b (Förderung benachteiligter Agrarregionen). Damit sind im Zeitraum bis 1999 insgesamt fast 7 Mrd. DM Fördermittel aus den Strukturfonds der EU nach Sachsen geflossen. Die Schwerpunkte des Einsatzes der Mittel sind die wirtschaftsnahe Infrastruktur, Verkehrsprojekte, Umweltschutzmaßnahmen, Technologietransfer und die Entwicklung des Fremdenverkehrs. Schließlich werden auch die Entwicklung des ländlichen Raumes und der Bildungssektor gefördert.

Die geographische Lage des Freistaates Sachsen bringt eine Reihe von Problemen, aber auch Entwicklungspotentiale mit sich:

a) bezogen auf die Lage innerhalb der Europäischen Union:
Die periphere Lage zur Hauptentwicklungsachse der EU („Blaue Banane", am Ostrand des „Europäischen Champignons" – Abb. 11.2) bedeutet für die gegenwärtige wirtschaftliche Entwicklung Sachsens eher Nach- als Vorteile. Die Möglichkeit eines Profitierens von den Entwicklungen im wirtschaftlichen Kernraum der EU ist gering. Die „Ausstrahlung" reicht nicht (oder nur bedingt) bis in den östlichsten Raum der EU.

Ausnahmen bilden aufgrund ihrer Attraktivität die Handelsmetropole Leipzig und die Landeshauptstadt Dresden. Besonders benachteiligt ist die Region der Oberlausitz.

Mit der vorgesehenen Erweiterung der EU nach Osten und Südosten rückt Sachsen weiter „in die Mitte" des Bündnisses (vgl. das Entwicklungsbild des „Europäischen Champignons" – Abb. 11.2). Damit verbunden könnte es zu einer Ostverlagerung von (wirtschaftlichen) Potentialen kommen, die zu einer Veränderung der Situation

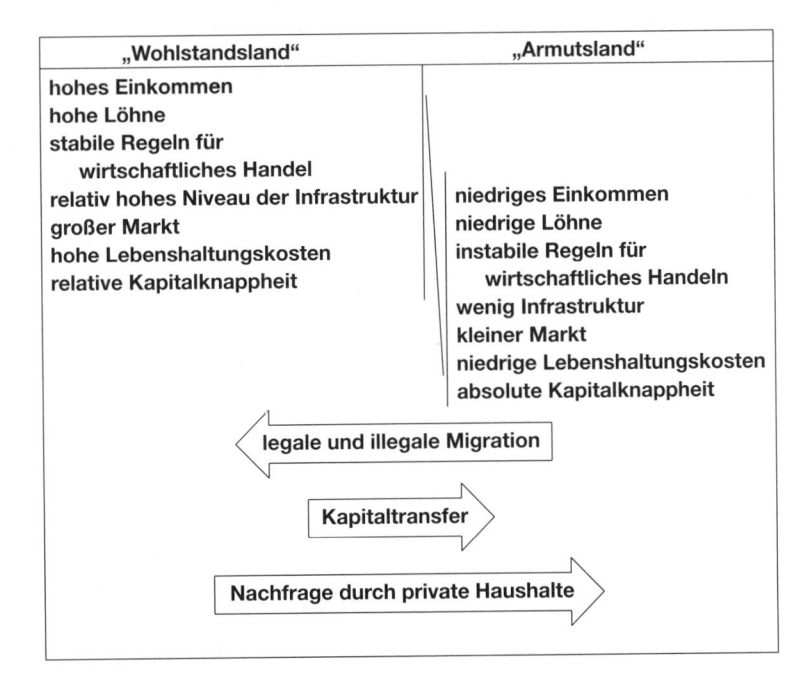

„Wohlstandsland"	„Armutsland"
hohes Einkommen	
hohe Löhne	
stabile Regeln für wirtschaftliches Handel	
relativ hohes Niveau der Infrastruktur	niedriges Einkommen
großer Markt	niedrige Löhne
hohe Lebenshaltungskosten	instabile Regeln für wirtschaftliches Handeln
relative Kapitalknappheit	wenig Infrastruktur
	kleiner Markt
	niedrige Lebenshaltungskosten
	absolute Kapitalknappheit

⇐ legale und illegale Migration

Kapitaltransfer ⇒

Nachfrage durch private Haushalte ⇒

Abb. 11.3: Wohlstandsgefälle und Ausgleichsströmungen an der Ostgrenze der EU
Quelle: SCHAMP 1995, S. 7

Handlungsfeld Maßnahmengruppe	Anzahl der bestätigten Projekte	Gesamt- kosten	Umfang der INTERREG- Förderung	weitere öffentliche Mittel	weitere private Mittel
		(in DM)			
1 Infrastruktur und Verkehr					
1.1 Verkehr	36	84 769 371	60 436 643	24 208 722	124 006
1.2 Sonstige Infrastruktur	63	55 427 490	24 684 570	19 562 715	11 180 205
1.3 Umwelt	48	88 790 263	58 379 019	28 760 016	1 651 228
2 Wirtschaft					
2.1 Wirtschaftliche Entwicklung	28	19 222 044	10 512 603	1 193 199	7 516 243
2.2 Tourismus	59	30 214 581	18 430 310	8 461 367	3 322 905
3 Ländlicher Raum					
3.1 Ländlicher Raum	45	45 753 342	22 695 899	13 459 582	9 597 861
3.2 Forstwirtschaft	15	41 992 762	29 622 322	10 482 337	1 888 073
4 Humanressourcen					
4.1 Berufliche Bildung	91	62 798 510	33 305 366	27 023 028	2 470 116
4.2 Soziokultur	31	15 182 094	8 491 199	5 286 603	1 404 292
5 Technische Hilfe					
5.1 Technische Hilfe-EFRE	29	4 606 916	3 031 993	1 574 922	0
5.2 Technische Hilfe-EAGFL	14	278 810	209 109	69 701	0
Gesamt	459	449 036 152	269 799 033	140 082 190	39 154 929

Tab. 11.1: **Förderung INTERREG IIa Sachsen, Bestätigungen im Lenkungsausschuß (Stand: 17. Lenkungsausschuß, 21.06.1999)**
Quelle: IÖR/TU Dresden 1999, S. 37, nach Sächs. Staatsministerium für Wirtschaft und Arbeit, Ref. 31

für Sachsen führt. Beispiel dafür ist die gegenwärtige „Aufwertung" von Berlin.

Auch die räumliche Differenz zwischen den Zentralen der politischen (Brüssel) und wirtschaftlichen Macht (London, Paris, Frankfurt am Main, Köln, Stuttgart, Ruhrgebiet) einerseits und dem Freistaat Sachsen andererseits wirkt sich negativ aus. Für die EU- und Bundespolitiker liegt Sachsen so außerhalb des direkten Blickfeldes. Mit einer Verlagerung des deutschen Regierungssitzes nach Berlin rückt Sachsen näher an die politische Schaltzentrale.

b) bezogen auf die Lage zu Ost- und Südosteuropa:

Die unmittelbare Nachbarschaft Sachsens zu Polen und Tschechien bedeutet gegenwärtig mehr Nach- als Vorteile für den Freistaat. Diese bestehen vor allem
– in den direkten Auswirkungen der Wohlstandsgrenze (Abb. 11.3), das sind z. B. illegale Grenzübertritte, Schmuggel, Diebstähle, und der damit verbundenen Notwendigkeit der verstärkten Sicherung dieser Grenzen (z. B. Durchsetzung des Schengener Abkommens),
– in dem bestehenden Lohn- und Gehaltsgefälle, was zur Verlagerung von Arbeitsplätzen in die Nachbarländer und damit zu einem Abbau von (z. B industriellen) Kapazitäten in Ostsachsen führt (vgl. Kap. 8.2 u. 8.3).

Die gegenwärtig bestehenden Möglichkeiten für die Zusammenarbeit in vielen Bereichen zwischen Deutschland und seinen östlichen Nachbarn werden mit der Bildung von Euroregionen genutzt (vgl. Kap. 11.2.).

Verwiesen werden soll an dieser Stelle nur auf die finanzielle Förderung dieser Zusammenarbeit durch Programme der EU (INTERREG II, PHARE – Tab. 11.1).

Die direkte Nachbarschaft zu den Reformstaaten Polen und Tschechische Republik und die Nähe zu den anderen ehemaligen Mitgliedsländern des RGW sowie die Zusammenarbeit dieser Länder über mehr als 40 Jahre sind Potentiale, die für die weitere Entwicklung des Freistaates Sachsen nicht zu unterschätzen sind. Östlich der Grenzen besteht ein Markt, der über 400 Mio. Einwohner umfaßt und damit für die sächsische Wirtschaft schier unerschöpflich scheint.

Das gegenwärtige Problem ist die Kapitalschwäche dieses Marktes (betrifft sowohl die Bevölkerung als auch die Wirtschaft), die eine solche Zusammenarbeit nur „auf Sparflamme" zuläßt.

Im Zusammenhang mit der Ost- und Südosterweiterung der Europäischen Union zeichnen sich neue Möglichkeiten für Sachsen ab:
– Vertiefung und Ausbau der Zusammenarbeit im wirtschaftlichen Bereich,
– Kapitaltransfer,
– „Brückenkopf"-Funktion.

11.2 Die Entwicklung von Euroregionen an der östlichen Außengrenze der EU

Die Jahre von 1989 bis heute haben Europa grundlegend verändert. Wo zuvor fast völlig geschlossene Grenzen das östliche vom westlichen Europa trennten, öffneten sich die Grenzen für vielfältige neue Austauschbeziehungen. Besonders für Deutschland war das Verhältnis zu seinen östlichen Nachbarn neu zu definieren. Über politische und ökonomische Zusammenarbeit hinaus haben die beiden Verträge über Nachbarschaft und freundschaftliche Zusammenarbeit, die im Jahre 1991 zwischen Deutschland und Polen und im Jahre 1992 mit der Tschechoslowakei geschlossen wurden, eine gewisse Vertrauensbasis für die Entwicklung grenzüberschreitender Aktivitäten in grenznahen Gebieten gelegt.

Die sächsische Grenze zu Polen und zur Tschechischen Republik ist dabei nicht nur eine „normale" Grenze zwischen Ländern, es ist die östliche Außengrenze der Europäischen Union. In diesem Sinne stellt sie – wie bereits oben erwähnt – eine Wohlstandsgrenze zwischen dem „reichen" Westen und dem „armen" Osten dar (vgl. Abb. 11.3). Die Besonderheit dieser Grenze besteht auch darin, daß sich bis 1945 das deutschsprachige Siedlungsgebiet jenseits der heutigen Grenzen fortsetzte, daß die dortige deutsche Bevölkerung bei Kriegsende aus ihrer Heimat vertrieben wurde und daß danach eine völlige Neubesiedlung durch Polen und Tschechen erfolgt ist.

Die Grenze Sachsen/Polen ist eine „junge" Grenze, die im Ergebnis des Zweiten Weltkrieges und der „Westverschiebung" Polens entstanden ist. An den gegenüberliegenden Ufern der Neiße wohnen Menschen, die sich nicht seit Generationen kennen. Die meisten (zumindest auf der heutigen polnischen Seite) zogen erst nach 1945 in diese Region (zum großen Teil aus Ostpolen, das an die Sowjetunion fiel).

Es war über mehr als 40 Jahre die „Freundschaftsgrenze" zwischen den „sozialistischen Bruderländern DDR und Volkspolen", eine im westlichen Sinne nicht gerade offene Grenze. Die „verordnete Freundschaft" förderte nicht oder nur bedingt die Kontakte zwischen den Menschen, den kommunal Verantwortlichen, den Trägern der Wirtschaft usw.

Die Grenze zwischen Sachsen und Böhmen ist eine alte, über mindestens fünf Jahrhunderte stabile Grenze in Mitteleuropa. Bedingt durch die Mittelgebirge ist es eine gering besiedelte Region. Problembeladen ist die Situation durch die Folgen und Wirkungen des Zweiten Weltkrieges, der Annektion Böhmens durch Hitlerdeutschland, der Vertreibung der Sudetendeutschen nach dem Krieg und die heutigen Ansprüche der Vertriebenen. Auch der Fakt, daß zwischen der DDR und der ČSSR/ČSFR seit 1972 ein vergleichsweise großzügiges Grenzreglement bestand, das die Grundlage für einen lebhaften beider-

Abb. 11.4:
Die acht Euroregionen an der östlichen Grenze der BR Deutschland Ende der 1990er Jahre
Quelle:
KOWALKE 1997, S. 16

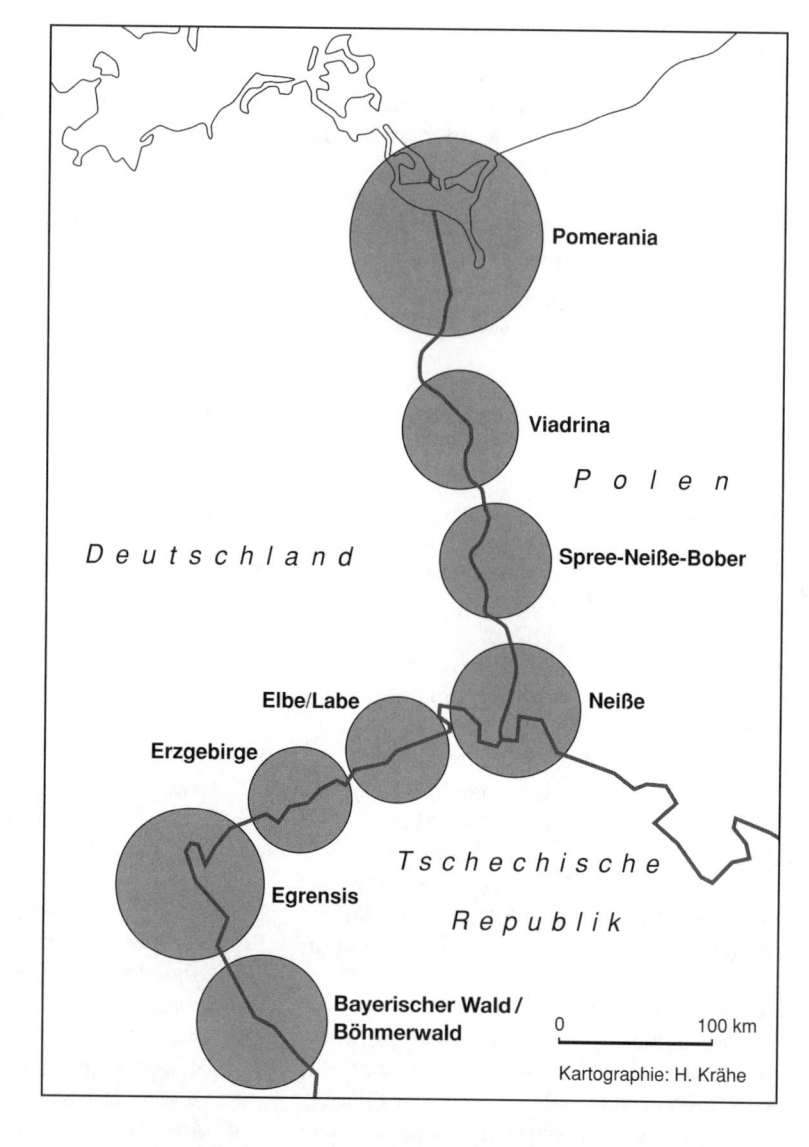

seitigen Besucherverkehr bildete, der sich mit touristischen und Einkaufsfahrten bis heute fortsetzt, spielt bei der Bewertung der Situation an dieser Grenze eine wichtige Rolle (KOWALKE 1995c, 1997).

Durch die politischen und wirtschaftlichen Veränderungen in Mittel- und Osteuropa einerseits und die Entwicklung des EU-Binnenmarktes andererseits rücken diese Grenzregionen stärker in das Blickfeld. Diese peripher gelegenen Wirtschaftsräume können nunmehr die Funktion wichtiger Bindeglieder zwischen den Volkswirtschaften wahrnehmen.

Bereits 1990 begann die Entwicklung grenzüberschreitender Kooperation an der östlichen Außengrenze der Europäischen Gemeinschaft deutlich Gestalt anzunehmen (Abb. 11.4). Aus einer Zusammenarbeit „von unten" (d. h. durch Kommunalpolitiker) resultierend, bildeten sich in den beiden Folgejahren die ersten „neuen" Euroregio-

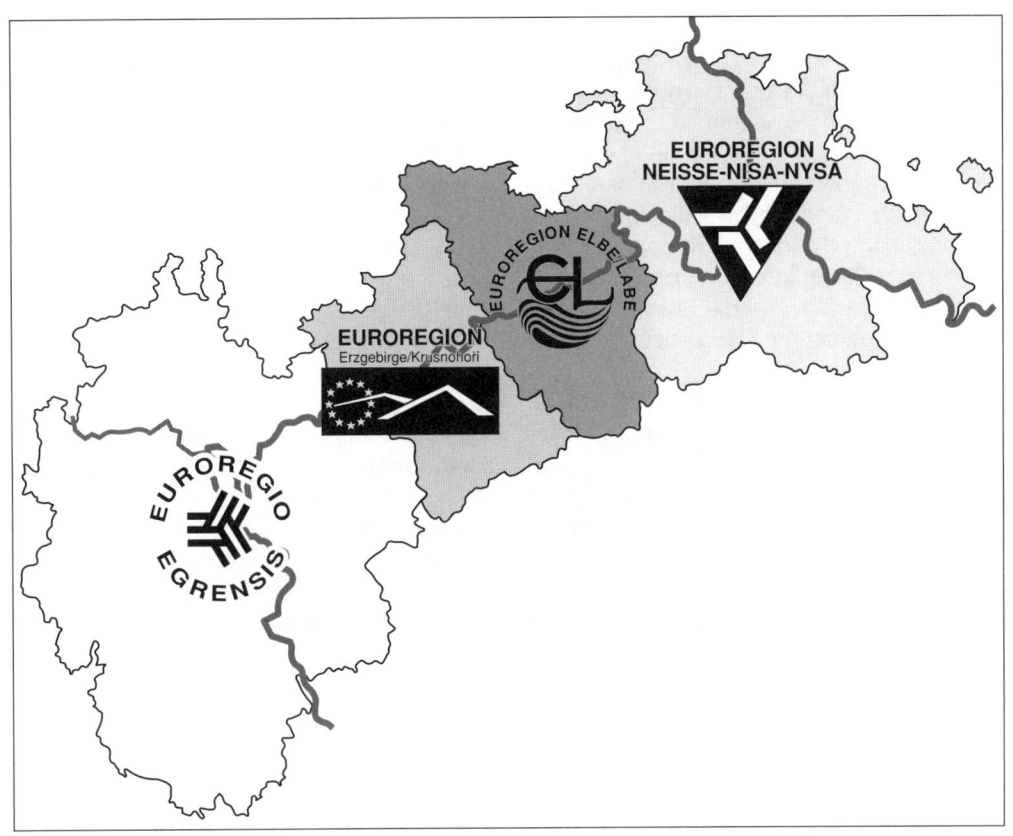

Der Freistaat Sachsen – eine periphere Region in der EU 265

Abb. 11.5: Die vier sächsischen Euroregionen Quelle: IÖR / TU Dresden 1999

nen. Entlang der sächsischen Außengrenze existieren derzeit vier Euroregionen mit folgenden Bezeichnungen: Neiße, Elbe / Labe, Erzgebirge, Egrensis (Abb. 11.5).

Bei aller Euphorie und allen positiven Ansätzen darf nicht übersehen werden, daß an der sächsisch-polnischen und sächsisch-tschechischen Grenze im Vergleich zu den EU-Binnengrenzen bzw. den bisherigen Außengrenzen zu marktwirtschaftlich orientierten Nachbarn trotz vielfältiger Bemühungen immer noch ein Defizit an Kontakten zu spüren ist. Die Ursachen sind vielfältig; sie liegen vor allem in der jüngeren Geschichte, im Sprachproblem, in Vorurteilen usw. begründet.

Ein wichtiger Aspekt für die Mitgliedschaft von Gemeinden und Landkreisen in einer Euroregion ist die daraus resultierende Möglichkeit, zusätzlich Fördermittel aus EU-Programmen zu erhalten. Das EG-Förderprogramm INTERREG, das ab 1990 finanzielle Mittel für Regionen an den Binnengrenzen der EG zur Verfügung stellte, wurde auf die Außengrenzen ausgedehnt. Damit standen aus dem Programm INTERREG II für die deutschen Grenzregionen in den Jahren von 1994 bis 1997 Mittel in Höhe von 2,5 Mrd. ECU zur Verfügung. In Ergänzung dazu wurde das EU-Förderprogramm PHARE für die angrenzenden Reformstaaten aufgelegt. Dabei handelt es sich um ein Programm, das den wirtschaftlichen und sozialen Reformen in den ehemaligen sozialistischen Ländern Finanzhilfe zukommen läßt.

Das Beispiel Euroregion Neiße

Ende Mai 1991 trafen sich Kommunalpolitiker aus der Oberlausitz, Nordböhmen und Niederschlesien in Zittau zur Konferenz „Dreiländereck". Ihre Absprachen zur regionalen, grenzüberschreitenden Zusammenarbeit stellten eine Art Initialzündung für die Verwirklichung der Idee zur Kooperation dar. Im Herbst 1991 folgte dann der Institutionalisierungsprozeß und die Erarbeitung der Grundsatzdokumente zur grenzüberschreitenden Zusammenarbeit.

Am 21.12.1991 kam es auf der ersten Ratssitzung in Zittau zur Bildung der trilateralen „Euroregion Neiße–Nisa–Nysa" an den Grenzen Polens, der damaligen Tschechoslowakei und Deutschlands (im folgenden Euroregion Neiße). Die Euroregion versteht sich dabei als „eine freiwillige Interessengemeinschaft von Gemeinden und Kreisen ... Ihre Zusammenarbeit beruht auf den durch das Europäische Rahmenübereinkommen über die grenzüberschreitende Zusammenarbeit zwischen Gebietskörperschaften ausgedrückten Prinzipien der Gleichberechtigung, das vom Europarat 1980 angenommen wurde" (EUROREGION Neiße–Nisa–Nysa, 1994, S.10).

Festgeschrieben wurde in den Dokumenten die Zusammenarbeit bei folgenden Schwerpunkten:

- Regionalplanung,
- Verbesserung der Umweltbedingungen,
- Wirtschaftsförderung,
- Angleichung des Lebensstandards zwischen den Teilräumen,
- Anpassung der grenzüberschreitenden Infrastrukturen,
- Kulturaustausch und Pflege des gemeinsamen Kulturerbes,
- Verbesserung der Beziehungen zwischen den Menschen,
- Zusammenarbeit im humanitären und sozialen Bereich.

Die Institution Euroregion sieht damit ihr Hauptbetätigungsfeld in der Bearbeitung gemeinde-, kreis- und grenzüberschreitender Aufgaben. Sie besitzt eine koordinierende Funktion zwischen den Institutionen. Ziel ist es, auf kommunaler und regionaler Ebene alle Tätigkeiten zu unterstützen, die zur Integration der beteiligten Länder in die EU führen.

Zur Charakteristik der Euroregion Neiße
(KOWALKE 1995c, 1997;
IÖR / TU Dresden 1999)
Die im Dreiländereck Deutschland–Polen–Tschechische Republik beiderseits der Lausitzer Neiße gelegene Euroregion umfaßt eine Fläche von 11 291 km^2 mit ca. 1,62 Mio. Einwohnern. Flankiert wird sie im Norden

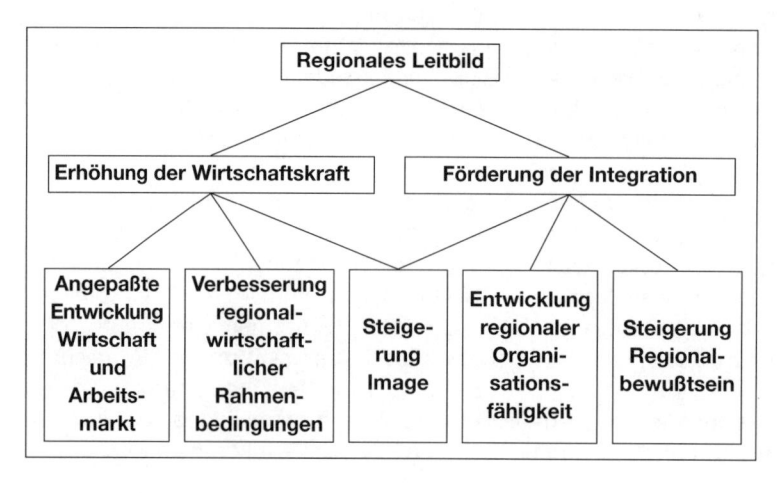

Abb. 11.6: Regionales Leitbild für die Euroregion Neiße
Quelle: KOWALKE 1997, S. 26; Dornier GmbH 1993

Der Freistaat Sachsen – eine periphere Region in der EU

Abb. 11.7: Die Euroregion Neiße – Nysa – Nysa

Staatsgrenze mit Straßengrenzübergang
státní hranice se silničním hraničním přechodem
granica panstwowa i drogowe przejscie graniczne

Grenze des Landes / des Bezirkes
hranice spolkových zemí / kraje
granica kraju zwiazkowego / krajów

Kreisgrenze
hranice okresu
granica powiatu

Gemeindegrenze
hranice obce
granica gminy

Sitz eines Eurobüros
sídlo kanceláře Euroregionu
siedziba biura Euroregionu

Autobahn / Autobahn geplant
dálnice / dálnice plánovaná
autostrada / planowana autostrada

Wichtige Straße
hlavní silnice
droga główna

Quelle: IÖR / TU Dresden 1999

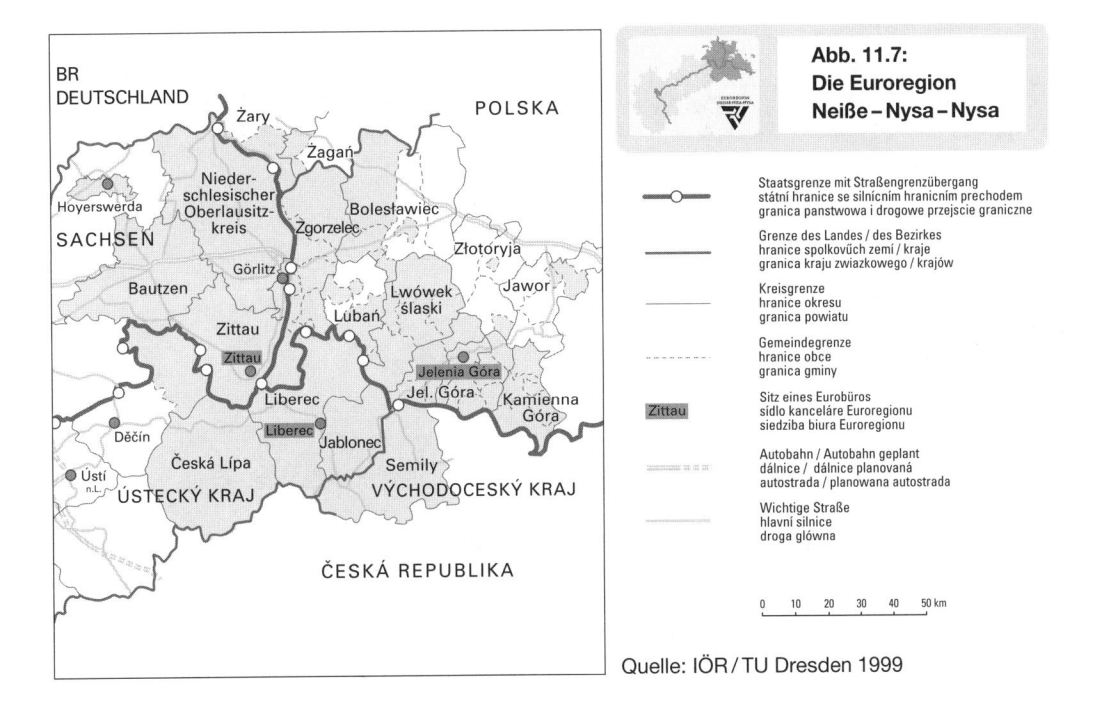

von der Euroregion Spree – Neiße – Bober (Deutschland / Polen) und im Westen von der Euroregion Elbe / Labe (Deutschland / Tschechien) (Abb. 11.5).

Administrativ gehören zu dem deutschen Teilraum die drei sächsischen Landkreise Niederschlesischer Oberlausitzkreis, Löbau – Zittau und Bautzen sowie die beiden kreisfreien Städte Görlitz und Hoyerswerda. Der polnische Teil umfaßt südliche und westliche Teile der Wojewodschaft Dolnoslaskie (Niederschlesien) und drei Gemeinden der sich nördlich anschließenden Wojewodschaft. Die tschechischen Kreise (okres) Česká Lípa (Böhmisch Leipa), Jablonec n. N. (Gablonz), Semily (Semil), Liberec (Reichenberg) sowie Gemeinden des Kreises Děčín (Tetschen) bilden den tschechischen Teil der Euroregion Neiße (Abb. 11.7).

Die drei Teilräume besitzen eine heterogene Struktur mit sehr unterschiedlichen Ausgangspositionen, mit vielfältigen Potenzen und Problemen. Allen gemeinsam ist die Grenzlage, die über Jahrzehnte eine Benachteiligung darstellte, die hohe Umweltbelastung und der Wille zur Verbesserung der Situation sowie – damit verbunden – zum wirtschaftlichen Aufschwung. Unterschiedliche Auffassungen gibt es durchaus über den Weg und die einzusetzenden Mittel.

Die *Bevölkerungsverteilung* zeigt folgendes Bild (Tab. 11.2): Von den 1,62 Mio. Einwohnern (1994) leben 30 % im tschechischen, 42,5 % im deutschen und 27,5 % im polnischen Teil der Euroregion. Mit einer Einwohnerdichte von 143 Ew. / km^2 (Tschechische Republik: 132; Sachsen: 158; Polen: 131) ist der Raum relativ dünn besiedelt (zum Vergleich EU: 144 Ew. / km^2; Deutschland: 223 Ew. / km^2).

Deutliche Unterschiede ergeben sich bei der *Bevölkerungsentwicklung*: Der deutsche Teilraum ist gekennzeichnet von einem bereits länger andauernden Bevölkerungsrückgang. Dieser resultiert sowohl aus der Komponente der natürlichen Bevölkerungs-

	Tschechischer Teil	Deutscher Teil	Polnischer Teil	Euroregion
Fläche (km²)*	3 545	4 377	3 369	11 291
Einwohner*	479 000	694 000	446 000	1 619 000
Bevölkerungsdichte (Ew./km²)*	132	158	131	143
Anzahl der Städte über 10 000 Ew** davon	8	10	11	29
10 000 – 20 000 Ew.	5	5	5	15
20 001 – 50 000 Ew.	2	3	5	10
50 001 – 100 000 Ew.	0	2	1	3
über 100 000 Ew.	1	0	0	1

Tab. 11.2:
Euroregion Neiße in Zahlen
Quelle: Euroregion Neiße 1993

* Stand 1994
** Stand 1993

bewegung (Sterberate höher als Geburtenrate) als auch aus der räumlichen Bevölkerungsbewegung (mehr Wegzüge als Zuzüge). Weitere Ergebnisse dieser Entwicklung sind eine Überalterung der Bevölkerung und ein überdurchschnittlicher Frauenanteil.

Die Bevölkerungsentwicklung im polnischen Teil ist durch einen deutlichen Zuwachs aus der natürlichen Reproduktion und eine ausgeglichene Wanderungsbilanz gekennzeichnet. Damit ergibt sich in dieser Region ein Bevölkerungszuwachs, der seine Widerspiegelung in einer sehr jungen Bevölkerung mit einem hohen Reproduktionsniveau findet.

Die Bevölkerungsentwicklung im tschechischen Teil ist uneinheitlich; Gebieten mit einem Rückgang (Liberec, Šluknov) stehen Räume mit einer positiven Bevölkerungsbilanz (Česká Lípá, Semily) gegenüber.

Damit konzentrieren sich die bevölkerungsstrukturellen Problemgebiete im deutschen Teil und dabei besonders in den wirtschaftlichen Niedergangsregionen Görlitz, Hoyerswerda, Löbau – Zittau.

Die Euroregion ist traditionell *wirtschaftlich* vielseitig geprägt und verfügt bzw. verfügte über eine Anzahl beachtlicher Potentiale in den Branchen
– Braunkohlenförderung und -verarbeitung,
– Elektroenergieerzeugung,
– Textil- und Bekleidungsindustrie,
– Glas- und Keramikindustrie,
– Maschinen- und Fahrzeugbau (Waggonbau),
– Eisen- und Stahlerzeugung,
– Holzbe- und -verarbeitende Industrie,
– Lebensmittelindustrie,
– Land- und Forstwirtschaft.

Nach dem Zusammenbruch des sozialistischen Planwirtschaftssystems (Ausgangssituation 1989 in Übersicht 11.1) und der damit verbundenen Notwendigkeit der wirtschaftlichen Umorientierung gehören viele dieser ehemals tragenden wirtschaftlichen Säulen zu den Krisen- und damit Schrumpfungsbranchen. Dieser Strukturbruch läßt gegenwärtig nur bedingt Aussagen zu Tendenzen der künftigen Entwicklung zu.

Die *Zahl der Beschäftigten* lag 1995 bei ca. 750 000, das heißt, bei ungefähr einer Million Einwohner im arbeitsfähigen Alter kommen auf vier Personen drei Arbeitsplätze.

Im tschechischen Teilgebiet sind dabei im Verhältnis noch überdurchschnittlich viele Arbeitsplätze vorhanden. Der Anstieg der Arbeitslosigkeit verlief hier relativ langsam (im Jahre 1996 erst ca. 4 %, 1998/99 aber bereits 10 %). Der ostsächsische Raum ist gekennzeichnet durch einen extremen Abbau von Arbeitsplätzen um mehr als 50 % (im Vergleich zu 1989) und damit verbunden einer hohe Arbeitslosenquote von über 20 %.

Im polnischen Teil findet man eine andere Situation vor. Dort fehlen seit jeher Arbeits-

Der Freistaat Sachsen – eine periphere Region in der EU

	Tschechischer Teil	Deutscher Teil	Polnischer Teil
Energiewirtschaft (Braunkohletagebaue und Wärmekraftwerke)	Česká Lipá (Uranabbau)	Hoyerswerda / Schwarze Pumpe, Weißwasser / Boxberg, Berzdorf, Hagenwerder / Hirschfelde / Zittau, Trattendorf	Turow / Bogatynia
Maschinen- und Fahrzeugbau	Jablonec n. N., Liberec	Görlitz, Bautzen, Niesky, Krauschwitz, Bischofswerda, Zittau, Königswartha, Cunewalde	Jelenia Góra, Legnica
Glas- und Feinkeramische Industrie	Jablonec n. N., Novy Bor	Weißwasser, Bischofswerda, Uthmannsdorf	Jelenia Góra, Piensk, Boleslawiec
Textil- und Bekleidungsindustrie	Liberec, Tanvald, Semily	Görlitz, Zittau, Hirschfelde, Neugersdorf, Seifhennersdorf, Großschönau, Ebersbach, Bischofswerda, Neusalza-Spremberg, Oppach, Kamenz	Liebutow, Kamienna Góra, Jelenia Góra
Baustoffindustrie	Liberec	Bautzen, Weißwasser, Königswartha, Löbau, Kamenz, Kodersdorf, Demitz-Thumitz, Wetro, Hoyerswerda	Nowogrodziéc

Übersicht 11.1: Überblick über die Industriestandorte in der Euroregion Neiße 1989
Quelle: KOWALKE 1997, S. 22

Übersicht 11.2: Überblick über die derzeitigen Industriestandorte in der Euroregion Neiße (1997)
Quelle: KOWALKE 1997, S. 23

	Tschechischer Teil	Deutscher Teil	Polnischer Teil
Energiewirtschaft (Braunkohletagebaue und Wärmekraftwerke)	keine	Hoyerswerda / Schwarze Pumpe, Weißwasser / Boxberg, Hagenwerder / Hirschfelde / Zittau (bis 1997), danach Rekultivierung der Grubenlandschaft)	Turow / Bogatynia (Modernisierung des Braunkohlekraftwerkes bis zum Jahre 2001, Aufschluß neuer Kohleflöze, damit verbundene negative Folgen für die Umwelt)
Maschinen- und Fahrzeugbau	Jablonec n. N.	Görlitz, Bautzen	Jelenia Góra
Glas- und Feinkeramische Industrie	Jablonec n. N., Novy Bor	Weißwasser, Bischofswerda	Jelenia Góra, Piensk, Boleslawiec
Textil- und Bekleidungsindustrie	Liberec, Tanvald, Semily	Görlitz, Zittau, Neugersdorf / Großschönau	Liebutow, Kamienna Góra
Baustoffindustrie	Liberec	Bautzen, Weißwasser, Königswartha, Hoyerswerda	Nowogrodziéc

plätze, was sich – neben einer hohen Arbeitslosigkeit von 15–20 % – in einer Abwanderung vor allem der jungen Bevölkerung zeigt.

Entsprechend der wirtschaftlichen Ausrichtung und Spezialisierung der drei Teilregionen ergeben sich große Unterschiede im Einsatz des Arbeitskräftepotentials bezogen auf die drei Wirtschaftssektoren: Im westlichen Teil der Wojewodschaft Dolnoslaskie (Niederschlesien) sind ca. 15 % der Beschäftigten im Primär- und knapp 50 % im Sekundärsektor tätig. Im Gegensatz dazu arbeiten im tschechischen Raum zwischen 5 und 10 % in der Land- und Forstwirtschaft und 55 % in der Industrie. In der Oberlausitz / Niederschlesien lautet dieses Verhältnis unter 5 zu unter 40 %. In allen drei Teilräumen ist der Dienstleistungssektor bisher unterrepräsentiert vertreten. Eine Ausnahme bildet der Fremdenverkehr. Besonders in den Bergländern und Mittelgebirgen besitzt er eine lange Tradition. Erwähnt seien das Lausitzer Bergland, das Zittauer Gebirge, das Gebiet des Ješted (Jeschken), das Iser- und das Riesengebirge, aber auch die historisch wertvollen Städte (Bautzen, Görlitz, Jelenia Góra, Liberec).

Der insgesamt geringe Tertiärisierungsgrad stellt einerseits ein Entwicklungshemmnis dar, bietet aber andererseits auch die Möglichkeit zur Schaffung neuer Arbeitsplätze.

Aufbauend auf den differenzierten naturräumlichen Bedingungen der Euroregion – sie umfaßt Bereiche des Tieflands, der Gefildezone und der Mittelgebirge einschließlich der Vorländer – ergeben sich unterschiedliche Inwertsetzungsbedingungen für die *Land- und Forstwirtschaft*, was Folgen für die gegenwärtig notwendige Umstrukturierung hat. Deutlich zeigen sich für Sachsen Trends zur Flächenstillegung der weniger produktiven Böden im Tieflandsbereich und in mittleren und oberen Lagen der Mittelgebirge sowie der Veränderung der Anbaustruktur und der Tierbestände. Die EU fördert teilweise diesen Umstrukturierungsprozeß in der Landwirtschaft. Als Entwicklungsrichtungen für die Euroregion ergeben sich aus den Förderrichtlinien der EU
– eine Orientierung auf den ökologischen Landbau,
– ein Anbau von Sonderkulturen (Arznei- und Gewürzpflanzen, Hopfen),
– der Anbau nachwachsender Rohstoffe.

Im polnischen und tschechischen Teil sind bisher kaum Veränderungen im Bereich der Landwirtschaft spürbar. Sie beschränken sich zum Beispiel auf organisatorische Umstrukturierungen und auf Flächenstillegungen.

Etwa die Hälfte der Fläche der Euroregion ist waldbedeckt (Tieflandsbereich, Mittelgebirge). Die vor allem aus Monokulturen (Kiefern, Fichten) bestehenden Forsten weisen einen hohen Schädigungsgrad auf. Sie sind vor allem durch die jahrzehntelange Verarbeitung der schwefelhaltigen Braunkohle immissionsgeschädigt, aber auch gefährdet und geschädigt durch die Grundwasserabsenkung bei der Braunkohleförderung. Die Umstrukturierung in naturnahe und standortgerechte Mischwälder muß langfristig in Angriff genommen werden, um die Nutz-, Schutz-, Erholungs- und Landschaftsfunktion des Waldes für die Zukunft zu gewährleisten. Da es im Zuge des wirtschaftlichen Strukturwandels in den letzten Jahren zu einer Stillegung von Tagebauen und von großindustriellen Emittenten kam, hat sich die luft- und wasserhygienische Situation in vielen Teilgebieten der Euroregion bereits deutlich verbessert.

Insgesamt gesehen ist die Möglichkeit, daß sich das Dreiländereck Sachsen – Böhmen – Schlesien von einem fünf Jahrzehnte benachteiligten Grenzland nur zu einem ökonomischen Durchzugsland entwickelt, das internationale Investoren auf der Suche nach günstigen Investitionsbedingungen in Richtung Osten nur streifen, immer noch nicht von der Hand zu weisen. Entsprechend gering sind in diesem Falle die Handlungsmöglichkeiten in der Region.

Faßt man die wichtigsten Ergebnisse der *Entwicklungskonzepte und -maßnahmen* für die Grenzregionen zusammen, dann ergeben sich – zur Abwendung dieser Gefahr – folgende Auswege bzw. Prioritäten zur Verbesserung der grenzüberschreitenden Zusammenarbeit und damit zur Nutzung der Potentiale der Euroregion:
– Förderung der grenzübergreifenden Wirtschafts- und Regionalpolitik
  • Festigung grenzüberschreitender Kooperationen zwischen Unternehmen,
  • Förderung zukunftsträchtiger Branchen,
  • Entwicklung einer größeren regionalen Branchenvielfalt,
  • Umsetzung einer grenzübergreifenden Arbeitsmarktpolitik;
– Intensivierung der grenzüberschreitenden Raumordnung, Landesplanung, Bauleitplanung und des Städtebaus
  • Entwicklung von geeigneten Fördermaßnahmen zum Ausgleich der bisherigen Disparitäten;
– Harmonisierung der Rechts- und Verwaltungssysteme;
– Ausbau der Infrastrukturen und der Kommunikationssysteme;
– Einrichtung grenzüberschreitender Organisationsrichtlinien auf allen Verwaltungsebenen;
– Verbesserung der Kenntnisse über den Nachbarn;
– Verringerung der Umweltschäden durch Zusammenarbeit in allen Ökologiebereichen;
– Intensivierung der Zusammenarbeit der Universitäten, Hochschulen und Forschungsinstitute im Grenzgebiet.

Diese Aussagen münden in die generelle Zielstellung der Minderung der hinderlichen Wirkungen der Staatsgrenzen. Es geht damit auch um die Anhebung des Lebensniveaus der Einwohner aller drei Teilgebiete, und dies wiederum entspricht dem Hauptziel der Raumordnung in der Bundesrepublik Deutschland, nämlich der Schaffung gleichwertiger Lebensbedingungen in allen Landesteilen.

Entwicklungsziel (vgl. Abb. 11.6) für die Euroregion Neiße – Nysa – Nisa sollte ein vom Entwicklungsstand her homogener, von der Branchenvielfalt und der Angebotsstruktur für Investoren her vielfältiger Wirtschaftsraum sein, der in der Lage ist, Investitionen langfristig zu binden. Inwieweit derartige Bemühungen um eine selbsttragende Entwicklung angesichts der zunehmenden Bedeutung globaler Faktoren für die Regionalentwicklung erfolgreich sein können, ist derzeit kaum absehbar.

BÜRKNER (1996) befürchtet, daß das weiterhin bestehende hohe regionale Einkommensgefälle zwischen der Bundesrepublik einerseits und Polen und Tschechien andererseits sowie die noch immer zu beobachtenden Abschottungstendenzen der EU gegenüber den Reformstaaten in ökonomischer wie auch in arbeitsmarkt- und bevölkerungspolitischer Hinsicht keine günstigen Rahmenbedingungen für die Formierung stabiler grenzüberschreitender Regionen darstellen.

Literatur

ABO-RADY, M. / WEISE, A. (1995):
Braunkohlenbergbau und Rekultivierung in Sachsen. In: LfUG-Bericht, H. 2, Mai 1995, S. 36–42

ADAM, U. / BARTH, U. / STEINBACH, H. (1994):
Bestandsaufnahme – Region Chemnitz – Teil 1, Chemnitz

Alexander. Kleiner Atlas Sachsen (1993):
Stuttgart

Amtliche Nachrichten der Bundesanstalt für Arbeit, Dezember 1991 bis 1994 und 1992 bis 1996, Nürnberg

ANDREAS, G. (1965):
Beiträge zur Kenntnis der Reliefgestaltung des Elbsandsteingebirges im Früh- und Altpleistozän.
In: Sächsische Heimatblätter, 11, S. 225–256

Arbeitsamt Bautzen (1998):
Mitteilungen, Bautzen

Atlas DDR, Karte 6, Böden (1981)
Gotha, Leipzig

Atlas des Saale- und mittleren Elbegebietes (Mitteldeutscher Heimatatlas), 3 Teile, Leipzig 1958–1961.

Atlas zur Geschichte:
Bd. 1 (1973), Bd. 2 (1975), Gotha / Leipzig; 3. Aufl. 1982, Gotha

BARTH, E. u. a. (1979):
Karl-Marx-Stadt (= Werte unserer Heimat, Bd. 33), Berlin

BARTH, U. / KARRASCH, P. (1994):
Analyse der Wirkung regionaler Wirtschaftsförderung im Transformationsprozeß in Ostdeutschland, Leipzig 1994

BARTHEL, H. (1965):
Zur geomorphologischen Dynamik der stillgelegten Sandsteinbrüche im Elbtal der Sächsischen Schweiz.
In: Sächsische Heimatblätter, 11, S. 194–222

BASTIAN, O. / SCHREIBER, K. F. [Hrsg.] (1994):
Analyse und ökologische Bewertung der Landschaft, Jena, Stuttgart

BECHTEL, H.:
Wirtschaftsgeschichte Deutschlands im 19. und 20. Jahrhundert, 3 Bd., München 1956

BEEGER, D. / MATTHÉ, G. / QUELLMALZ, W. / WEBER, W. (1988):
Das sächsische Erzgebirge – Geologie, Bergbau und Kultur.
Veröffentlichungen aus dem Naturhistorischen Museum Wien, N.F., 22, Wien

Beiträge zur Geographie. Bezirk Dresden (1988), Dresden

BELEITERS, M (1992):
Altlast Wismut; Frankfurt am Main

Bezirkskabinett für Weiterbildung der Lehrer und Erzieher [Hrsg.] (1969):
Bezirk Cottbus, Cottbus

Bezirkskabinett für Weiterbildung der Lehrer und Erzieher [Hrsg.] (1974):
Bezirk Dresden. Beiträge zur ökonomischen Geographie, Dresden

Bezirkskabinett für Weiterbildung der Lehrer und Erzieher Karl-Marx-Stadt [Hrsg.] (1971): Der Bezirk Karl-Marx-Stadt, Karl-Marx-Stadt

BILLIG, G. / GEUPEL, V. (1992):
Entwicklung, Form und Datierungen der Siedlungen in der Kammregion des Erzgebirges. In: Siedlungsforschung. Archäologie – Geschichte – Geographie, 10, S. 173–193, Bonn

BLASCHKE, K. (1957):
Historisches Ortsverzeichnis von Sachsen, Leipzig

BLASCHKE, K. (1967):
Bevölkerungsgeschichte von Sachsen bis zur Industriellen Revolution. Weimar 1967.

BLASCHKE, K. (1970):
Sachsen im Zeitalter der Reformation (= Schriften des Vereins für Reformationsgeschichte, Nr. 185, Jg. 75 u. 76), Gütersloh

BLASCHKE, K. (1990a):
Alte Länder – Neue Länder. Zur territorialen Neugliederung der DDR.

In: Aus Politik und Zeitgeschichte
(= Beilage zu: Das Parlament, 27),
S. 39–54, Bonn

BLASCHKE, K. (1990b):
Geschichte Sachsens im Mittelalter,
Berlin

BLASCHKE, K. (1991a):
Der Fürstenzug zu Dresden. Denkmal und Geschichte des Hauses Wettin,
Leipzig

BLASCHKE, K. (1991b):
Politische Geschichte Sachsens und Thüringens, München

BLASCHKE, K. (1992):
Das Werden der neuen Bundesländer.
In: Auf dem Weg zur Realisierung der Einheit Deutschlands (= Schriftenreihe der Gesellschaft für Deutschlandforschung, Bd. 35), S. 127–142, Berlin

BLASCHKE, K. (1998):
Geschichte der Oberlausitz im Überblick.
In 750 Jahre Kloster St. Marienstern. Festschrift (hrsg. v. K. BLASCHKE u. a.), Halle/Saale

Bodenübersichtskarte der Bundesrepublik Deutschland 1:1 Mio. (1995):
Hannover

BRUCH-KRUMBEIN, W./HOCHMUTH, E./ZIEGLER, A. (1996): Management- und Know-How-Transfer in Ostdeutschland.
In: Beschäftigungsförderung und Managementbeihilfen in der Diskussion (= Wirtschaftsbulletin Ostdeutschland, 5), S. 16–18, Düsseldorf

Bundesamt für Strahlenschutz (1992):
Erfassung und Bewertung bergbaubedingter Umweltradioaktivität, Salzgitter

Bundesanstalt für Arbeit [Hrsg.] (1995):
Der Arbeitsmarkt im November 1995, Nürnberg

Bundesanstalt für Arbeit [Hrsg.] (versch. Jg.):
Amtliche Nachrichten, Nürnberg

Bundesanstalt für Landesplanung und Raumordnung [Hrsg.] (o. J.):
Laufende Raumbeobachtungen, Bonn-Bad Godesberg

Bundesministerium für Raumordnung, Bauwesen und Städtebau [Hrsg.] (o. J.):
Raumordnung in Deutschland, Bonn-Bad Godesberg

Bundesministerium für Raumordnung, Bauwesen und Städtebau [Hrsg.] (1991):
Raumordnungsbericht 1991, Bonn-Bad Godesberg

Bundesministerium für Raumordnung, Bauwesen und Städtebau [Hrsg.] (1993):
Raumordnungspolitischer Orientierungsrahmen, Bonn-Bad Godesberg

BÜRKNER, H.-J. (1996):
Geographische Grenzraumforschung vor neuen Herausforderungen – Forschungskonzeptionen vor und nach der politischen Wende in Ostmitteleuropa.
In: BÜRKNER, H.-J./KOWALKE, H. [Hrsg.]: Geographische Grenzraumforschung im Wandel (= Praxis Kultur- und Sozialgeographie, 15), S. 1–11, Potsdam

CHRISTALLER, W. (1933):
Die zentralen Orte in Süddeutschland. Jena

CZOK, K: [Hrsg.] (1989):
Geschichte Sachsens, Weimar

Deutsche Bank [Hrsg.] (1990):
Die neuen Bundesländer, Frankfurt a. Main

DIALOG – Werkzeitung der Wismut GmbH (1995): 11, H. 12, S. 26–28, Chemnitz

DOERNBERG, S. (1968):
Kurze Geschichte der DDR, Berlin

Dokumente des VI. Parteitages der Sozialistischen Einheitspartei Deutschlands (1960): Berlin

Dornier GmbH Regional- und Umweltplanung (1993):
Entwicklungs- und Handlungskonzept für die Euroregion Neiße–Nisa–Nysa, Friedrichshafen

DÖRSCHEL, E./WEISSPFLUG, U. (1982):
Entwicklung und Aufgaben der Kombinate in Industrie und Bauwesen zur Verwirklichung der ökonomischen Strategie für die 80er Jahre. In: Zeitschrift f. den Erdkundeunterricht, 34, H. 11, S. 401–408, Berlin

EISSMANN, L. (1975):
Das Quartär der Leipziger Tieflandsbucht und angrenzender Gebiete, Schriftenreihe Geologische Wissenschaften, 20, Berlin

EISSMANN, L. (1981):
Periglaziäre Prozesse und Permafroststrukturen aus sechs Kaltzeiten des Quartär. Altenburger naturwiss. Forschungen, 1, Altenburg

EISSMANN, L. (1994):
Aktuelle und historisch bedingte Umweltprobleme des Braunkohlentagebaus unter besonderer Berücksichtigung des mitteldeutschen Raumes. In: EISSMANN, L./ LITT, T. [Hrsg.], S. 137-150, Altenburg

EISSMANN, L./ LITT, T. [Hrsg.] (1994):
Das Quartär Mitteldeutschlands. Ein Leitfaden und Exkursionsführer. Mit einer Übersicht über das Präquartär des Saale-Elbe-Gebietes. Altenburger naturwiss. Forschungen, 7, Altenburg

EISSMANN, L./ LITT, T., u.a. (1994):
Klassische Quartärfolge Mitteldeutschlands von der Elstereiszeit bis zum Holozän unter besonderer Berücksichtigung der Stratigraphie, Paläoökologie, Vorgeschichte (Exkursion B1). In: EISSMANN, L./ LITT, T. [Hrsg.], S. 250-356, Altenburg

ELLE, L. (1991):
Die Sorben in der Statistik. In: Macica Serbska. Sorbische wissenschaftliche Gesellschaft e. V. [Hrsg.]: Die Sorben in Deutschland, S. 24

Euroregion Neiße (1993):
Informationsmaterial, Liberec

Euroregion Neiße-Nisa-Nysa [Hrsg.] (1994): Euroregion Neiße-Nisa-Nysa. Geschichte - Entwicklung - Vision, Liberec

FALLU, F. A. (1868):
Grund und Boden des Königreichs Sachsen, Dresden

Folienatlas Geschichte, Die Frühe Neuzeit [hrsg. von A. BAUR, bearb. von H. U. RUDOLF] (1998):
Gotha

FORBERGER, R. (1958):
Die Manufaktur in Sachsen vom Ende des 16. bis zum Anfang des 19. Jahrhunderts, Berlin

FORBERGER, R. (1982):
Die Industrielle Revolution in Sachsen 1800-1961, Bd. 1, Berlin (Bd. 2, Leipzig 1999)

Forschungsagentur Berlin GmbH (1993):
Beschäftigungsentwicklung in der wirtschaftsnahen Forschung in den neuen Bundesländern (Ms.), Berlin

Forschungsgruppe Kursächsische Postmeilensäulen e. V. [Hrsg.] (1996):
Postsäulen und Meilensteine, Dresden

FOURASTIE, J. (1954):
Die große Hoffnung des 20. Jahrhunderts, Köln

Freiberger Umweltbrief [Hrsg.: Landratsamt Freiberg] (1990): Nr. 6, Teil 1:
Ökologische Sanierungs- und Entwicklungskonzeption des Landkreises Freiberg, Freiberg

FREYDANK, E., u. a (1983):
Karten der Wasserhaushaltsgrößen für das Gebiet der DDR. Zeitschrift für Meteorologie, 33, S. 244-257, Berlin

Gemeinde Schlema und Wismut GmbH, Abt. Öffentlichkeitsarbeit, Chemnitz [Hrsg.] (1993):
Schlema - Umweltsituation und erste sichtbare Ergebnisse der Sanierung, Chemnitz

Geologische Übersichtskarte des Freistaates Sachsen 1 : 400 000
[Hrsg.: Sächsisches Landesamt für Umwelt und Geologie] (1992): Dresden

GERLACH, S. [Hrsg.] (1993): Sachsen. Eine politische Landeskunde, Stuttgart, Berlin, Köln

Geschichte und Geschehen, Sachsen, D 3 (1996): Stuttgart u. a.

Literatur

GLÄSSER, E. / SCHMIED, M. W. / WOITSCHÜTZKE, C.-P. (1995):
Nordrhein-Westfalen, 2., völlige Neubearb., (Perthes Länderprofile) Gotha

GOLDSCHMIDT, J. (1950):
Das Klima von Sachsen. Abhandlungen des Meteorologischen Dienstes der DDR, 3, Berlin

GROSS, R. (1991):
Zur Wirtschaft und Gesellschaft Sachsens vom ausgehenden 17. bis zum 20. Jahrhundert. In: Sächsische Heimatblätter, 37, S. 1–3, Dresden

GRUNDMANN, L., u. a. [Hrsg.] (1992):
Sachsen. Kleine Landeskunde, Braunschweig

GRUNDMANN, L., u. a. [Hrsg.] (1996):
Leipzig. Ein geographischer Führer durch Stadt und Umland, Leipzig

GRÜNEWALD, U. (1992):
Gewässernetz und Grundwasser in Sachsen. In: Sächsische Heimatblätter 38, S. 160–167, Dresden

HAASE, G. (1975):
Bemerkungen zur Karte der Lößverbreitung in der DDR im Maßstab 1 : 500 000. In: Geographische Berichte, H. 76, S. 236–243, Gotha / Leipzig

HAASE, G. (1978):
Leitlinien der bodengeographischen Gliederung Sachsens. Beiträge zur Geographie, 29, S. 7–79, Berlin

HAASE, G. (1995):
Sächsische Lößgefilde.
In: MANNSFELD, K. / RICHTER, H.: Naturräume in Sachsen, Trier

HAASE, G., u.a. (1970):
Sedimente und Paläoböden im Lößgebiet. In: RICHTER, H. [Hrsg.]: Periglazial – Löß – Paläolithikum im Jungpleistozän der DDR (= Erg.-H. 274 zu Petermanns Geographischen Mitteilungen), Gotha

HAASE, J. (1971):
Die räumliche Struktur der Niederschlagsverhältnisse in den sächsischen Bezirken, Diss. (unveröff.), Halle-Wittenberg

HAHN, A., / NEEF, E. (1985):
Dresden. Ergebnisse der heimatkundlichen Bestandsaufnahme
(= Werte der Heimat, Bd. 42), Berlin

HAJNA, K.-H. (1995):
Länder – Bezirke – Länder.
Zur Territorialstruktur im Osten Deutschlands 1945–1990,
Frankfurt am Main u. a.

HÄNSCH, P. / PELZ, A. (1908):
Das Zwickauer-Chemnitzer Kohlengebiet (= Reihe: Landschaftsbilder aus dem Königreiche Sachsen, hrsg. von E. SCHÖNE), Meißen

HASENPFLUG, H. / KOWALKE, H. (1990):
Analyse und Bewertung territorialer Reproduktionsbedingungen in den Dichtegebieten der DDR unter besonderer Berücksichtigung der Industrie, Habil.-Schrift (unveröff.), Dresden

HASENPFLUG, H. / KOWALKE, H. (1991a):
Gedanken zur wirtschaftsräumlichen Gliederung der ehemaligen DDR und ihrer Anpassungsprobleme beim Übergang in die soziale Marktwirtschaft.
In: Zeitschrift für Wirtschaftsgeographie, 35, H. 2, S. 68–82, Frankfurt am Main

HASENPFLUG, H. / KOWALKE, H. (1991b):
Die industriellen Dichtegebiete Oberlausitz und Niederlausitz. In: Geographische Rundschau, 43, H. 10, S. 560–568, Braunschweig

HEINZMANN, J. (1991):
Strukturwandel altindustrialisierter Regionen in den neuen Bundesländern.
In: Raumforschung und Raumordnung, 49, H. 2/3, S. 100ff., Bonn-Bad Godesberg / Hannover

HEINZMANN, J. [Hrsg.] (1992):
Landesreport Freistaat Sachsen, Berlin, München

HENDL, M. (1966):
Grundriß einer Klimakunde der deutschen Landschaften, Leipzig

HENNINGSEN, D. / KATZUNG, G. (1992, 5. Aufl. 1998): Einführung in die Geologie Deutschlands, Stuttgart

HERZ, K. (1964):
Die Ackerflächen Mittelsachsens im 18. u. 19. Jh., Sonderdruck Sächsische Heimatblätter, Dresden

HEYNE, P. (1994):
Die Oberlausitzer Heide- und Teichlandschaft – Sachsens erstes Biosphärenreservat. In: Mitteilungen des Landesvereins Sächsischer Heimatschutz, H. 4, S. 52–57, Dresden

HILLER, A. / LITT, T. / EISSMANN, L. (1991):
Zur Entwicklung der jungquartären Tieflandstäler im Saale-Elster-Raum unter besonderer Berücksichtigung von ^{14}C-Daten. In: Eiszeitalter und Gegenwart, 41, S. 26–46, Hannover

HUNGER, W. (1992):
Die Böden Sachsens. Sächsische Heimatblätter, 38, H. 2, S. 91–98, Dresden

Industrie- und Handelskammer Dresden [Hrsg.] (1996):
Jahresbericht 1996, Dresden

Industrie- und Handelskammer Dresden [Hrsg.] (1993–1999):
Wirtschaftsdaten. Freistaat Sachsen – Kammerbezirk Dresden – Stadt Dresden, Dresden

Industrie- und Handelskammer Südwestsachsen Chemnitz – Plauen – Zwickau [Hrsg.] (1993–1998):
Jahresberichte, Chemnitz

Institut für Arbeitsmarkt und Berufsforschung (IAB) (1997):
Werkstattbericht 5/97, Nürnberg

Institut für ökologische Raumentwicklung e. V. [Hrsg.] (1995a): Strukturwandel und Entwicklungsfragen Altindustrialisierter Regionen (= IÖR-Schriften, 13), Dresden

Institut für ökologische Raumentwicklung e. V. / TU Dresden [Hrsg.] (1995b):
Regionaler und siedlungsstruktureller Wandel im ländlichen Raum des Freistaates Sachsen – eine exemplarische Untersuchung zu Entwicklungsproblemen und -chancen am Beispiel des Landkreises Bautzen, (Forschungsbericht, unveröff.), Dresden

Institut für ökologische Raumentwicklung e. V. / TU Dresden [Hrsg.] (1999):
Gemeinschaftliches Emtwicklungs- und Handlungskonzept für die grenzüberschreitende Zusammenarbeit in den vier sächsischen Euroregionen, (Forschungsbericht, unveröff.), Dresden

JUNGHANS, H. [Hrsg.] (1989):
Das Jahrhundert der Reformation in Sachsen, Berlin

KAULFUSS, W. (1981):
Landschaftliche Ausstattungsstruktur und Wirkungen hydromeliorativer Maßnahmen. In: Nutzung und Veränderung der Natur. Wissenschaftliche Abhandlungen der Geographischen Gesellschaft der DDR, Bd. 15, S. 193–201

KAULFUSS, W. (1984):
Untersuchungen zur landschaftlichen Ausstattung und zum Zustand landwirtschaftlicher Nutzflächen im Osterzgebirge. Diss. B (unveröff.), Dresden

KAULFUSS, W. / KOWALKE, H. / KRAMER, M. (1998): Natur- und kulturlandschaftliche Strukturen in Sachsen – Rahmenbedingungen der touristischen Entwicklung. In: Wissenschaftliche Zeitschrift der TU Dresden, 47, H. 1, S. 83–88

KIESEWETTER, H. (1988):
Industrie und Landwirtschaft. Sachsens Stellung im regionalen Industrialisierungsprozeß Deutschlands im 19. Jahrhundert (= Mitteldeutsche Forschungen, 94), Köln, Wien

Klima und Witterung im Erzgebirge (1973):
Abhandlungen des Meteorologischen Dienstes der DDR, 104, Berlin

Klimatologische Normalwerte 1951–1980 (1987): Abhandlungen des Meteorologischen Dienstes der DDR, Reihe B, Bd. 14, Potsdam

KOHL, H., u. a. (1969, 3. Aufl 1976):
Ökonomische Geographie der DDR,
Gotha/Leipzig

KOHL, H./MARCINEK, J./NITZ, B. (1981):
Geographie der DDR, Gotha/Leipzig

KÖTZSCHKE, R./KRETZSCHMAR, H. (1935):
Sächsische Geschichte, Dresden

KOWALKE, H. (1992):
Umstrukturierung der Industrie im Freistaat Sachsen. In: STANDORT –
Zeitschrift für Angewandte Geographie,
16, H. 3, S. 27–33, Köln

KOWALKE, H. (1994a):
Zur Abgrenzung der Raumkategorien
„Verdichtungsraum", „Randzone des
Verdichtungsraumes" und „Verdichtungsbereich im ländlichen Raum" im Freistaat
Sachsen. In: Geographieunterricht im
Freistaat Sachsen (= Mitteilungen des
Landesverbandes Sachsen im Verband
Deutscher Schulgeographen e. V.,
10/94), Dresden

KOWALKE, H. (1994b):
Der Freistaat Sachsen – ein geographischer
Überblick. In: Praxis Geographie, 14,
H. 9, Braunschweig

KOWALKE, H. (1995a):
Auswirkungen des wirtschaftlichen
Strukturwandels auf die Raumstruktur
Sachsens. In: Strukturwandel und
Entwicklungsfragen Altindustrialisierter
Regionen (= IÖR-Schriften, 13),
Dresden

KOWALKE, H. (1995b):
Braunkohle in Deutschland. Teil: Revier
Lausitz (Ms., unveröff.), Dresden

KOWALKE, H. (1995c):
Die Euroregion Neiße – Chancen für die
Umstrukturierung im Dreiländereck Sachsen – Schlesien – Böhmen.
In: Neue grenzüberschreitende Regionen
im östlichen Mitteleuropa
(10. Frankfurter Wirtschaftsgeographisches Symposium 4./5.2.94)
(= Frankfurter Wirtschafts- und Sozialgeographische Schriften, Bd. 67),
S. 75–90, Frankfurt am Main

KOWALKE, H. (1995d):
Wirtschaftliche Entwicklungspotentiale
im Landkreis Bautzen
(Forschungsbericht, unveröff.), Dresden

KOWALKE, H. (1997):
Die neuen Euroregionen an der östlichen
Außengrenze der Europäischen Union.
In: ECKART, K./KOWALKE, H. [Hrsg.]:
Die Euroregionen im Osten Deutschlands
(= Schriftenreihe der Gesellschaft für
Deutschlandforschung, Bd. 55),
S. 13–28, Berlin

KOWALKE, H. (1998):
Dresden und Lausitz. In: KULKE, H. [Hrsg.]:
Wirtschaftsgeographie Deutschlands,
S. 407–434, Gotha/Stuttgart

KOWALKE, H./KALLIS, P. (1995):
Sachsen zwischen Wirtschaftstransformation und globalem Strukturwandel. In:
Zeitschrift für Wirtschaftsgeographie, 39,
H. 3/4, S. 240–249, Frankfurt am Main

KULKE, E. [Hrsg.] (1998):
Wirtschaftsgeographie Deutschlands,
Gotha/Stuttgart

KRAMER, M. (1981):
Bodenerosion und Flurordnung im mittelsächsischen Lößgebiet. In: Nutzung und
Veränderung der Natur. Wissenschaftliche Abhandlungen der Geographischen
Gesellschaft der DDR, Bd. 15,
S. 211–220, Gotha/Leipzig

LAMPRECHT, F. (1935):
Gesteins- und flußbedingte Großformen
des Elbsandsteingebirges.
In: Mitteilungen des Vereins für Erdkunde
zu Dresden, N. F., Jg. 1934/35,
S. 112–157, Dresden

Landesarbeitsamt Sachsen [Hrsg.]
(1992–2000): Jahresstatistiken
1991–1999, Chemnitz

Landeshauptstadt Dresden [Hrsg.]
(1991–1997): Statistische Mitteilungen
1990–1996, Dresden

Landeshauptstadt Dresden [Hrsg.]
(1994/1999): Wirtschaft und kommunale
Wirtschaftsförderung, Dresden

Landeshauptstadt Dresden [Hrsg.] (1997):
Dresden in Zahlen 1993-1996, Dresden

Landeshauptstadt Dresden [Hrsg.] (1998):
Bevölkerung 1997 (= Statistische Mitteilungen 1998), Dresden

Landeshauptstadt Dresden, Dezernat Umwelt- und Kommunalwirtschaft und Amt für Presse und Öffentlichkeitsarbeit [Hrsg.] (1994, 1996): Umweltberichte 1993 und 1994/95, Dresden

Landratsamt Bautzen (1995):
Materialzusammenstellung (unveröff. Ms.), Bautzen

[Sächsischer Landtag] Landtagsdrucksache Nr. 02/1302 (1995): Antrag der CDU-Fraktion: Abfallaufkommen sowie Kapazitätsentwicklung für Anlagen zur Behandlung und Entsorgung von Abfällen in Sachsen, mit Antwort vom 31.07.1995, Dresden

[Sächsischer Landtag] Landtagsdrucksache Nr. 02/0431 (1996): Kleine Anfrage der Abgeordneten G. Klein: Immission von Schadstoffen aus Tschechien im Erzgebirge, mit Antwort vom 20.03.1996, Dresden

LAUBAG [Hrsg.] (1998):
Im Überblick, Kalenderjahr 1997, Senftenberg

LAUBAG [Hrsg.] (o. J.):
Materialien zur Entwicklung des Unternehmens (unveröff. Ms.), Senftenberg

Lausitz (1985):
Reisehandbuch Lausitz, Berlin/Leipzig

LÖSCHER, K. (1954):
Die bäuerliche Nachbesiedlung des Erzgebirges um 1500. In: Blätter für deutsche Landesgeschichte, Bd. 91, S. 130–157, Koblenz

MAERKER, L./ PAULIG, H. (1993):
Kleine sächsische Landeskunde, Dresden

MALISZEWSKI, B. (1996a):
Der ostdeutsche Arbeitsmarkt im Herbst 1996. In: Beschäftigungsförderung und Managementbeihilfen in der Diskussion (= Wirtschaftsbulletin Ostdeutschland 5/96), S. 16–18, Düsseldorf

MALISZEWSKI, B. (1996b):
Über vier Millionen Arbeitslose in Deutschland – ist der Winter an allem schuld? In: Beschäftigungspolitik am Ende? (= Wirtschaftsbulletin Ostdeutschland 2/96), S. 16–19, Düsseldorf

MALISZEWSKI, B. (1996c):
Unverändert hohe Arbeitslosigkeit in Ostdeutschland – Arbeitsmarktpolitik auf dem Rückzug. In: Industriepolitik auf dem Prüfstand (= Wirtschaftsbulletin Ostdeutschland 1/96), S. 24–28, Düsseldorf

MALISZEWSKI, B. (1997):
Arbeitsmarktpolitik sorgte für deutliche Entlastung. In: Neue Konzepte des Fördermitteleinsatzes (= Wirtschaftsbulletin Ostdeutschland, 2/97), Düsseldorf

MANNSFELD, K./ RICHTER, H. [Hrsg.] (1995):
Naturräume in Sachsen: Forschungen zur Deutschen Landeskunde, Bd. 238, Trier

MIDDEL, A. (1996):
Teure Altlasten im ostdeutschen Uran-Bergbau. In: DIE WELT vom 26.02.1996, Berlin

MIELKE, H. (1995):
Die Auflösung der Länder in der SBZ/DDR, Stuttgart

MÖBUS, G. (1956):
Einführung in die geologische Geschichte der Oberlausitz, Berlin

MÜNCHHEIMER, W.(1954):
Die Neugliederung Mitteldeutschlands bei der Wiedervereinigung, Göttingen

Nationalparkverwaltung Sächsische Schweiz (2000): Karte der Sächsischen und Böhmischen Schweiz, Bad Schandau

NEEF, E. (1962):
Der Reichtum der Dresdner Landschaft. In: Geographische Berichte, 7, H. 24, S. 259–269, Berlin

NOLTE, D./ ZIEGLER, A. (1994):
Neue Wege einer regional- und sektoralorientierten Strukturpolitik in den neuen Ländern. In: Informationen zur Raumentwicklung, 4, S. 255–265, Bonn-Bad Godesberg

Nowel, W. / Bönrich, R. / Schneider, W. / Schulze, H. (1995):
Geologie des Lausitzer Braunkohlenreviers, Senftenberg

Ökonomische und Soziale Geographie der DDR (1990): Gotha

Oschlies, W. (1991):
Die Sorben – slawisches Volk im Osten Deutschlands, Bonn-Bad Godesberg

Ostertag, R. / Kowalke, H. (1993):
Die Stärke der schwachen Kräfte.
In: Z. B. Dresden (= archithese 23, H. 3), S. 21–29, Zürich

Ostertag, R. / Kowalke, H. (o. J.):
Im Sinne einer Bewußtseinslandschaft. Zusammenspiel naturräumlicher Ausstattung und anthropogener Gestaltung am Beispiel Dresden. In: Stadt und Region (= werkundzeit, Perspektiven 1; Beiträge zur Zukunft der Moderne), S. 30–37, Frankfurt am Main

Peschke, G. (1992): Witterung und Klima Sachsens. In: Sächsische Heimatblätter, 3, S. 168–174, Dresden

Pfohl, E. / Friedrich, E. (o. J. [1928]):
Die Deutsche Wirtschaft in Karten, Berlin

Pietzsch, K. (1956, 2. Aufl. 1958):
Abriß der Geologie von Sachsen, Berlin

Pietzsch, K. (1962):
Geologie von Sachsen, Berlin

Prescher, J. (1996):
Textilindustrie Oberlausitz.
In: DIERCKE- Handbuch, S. 95–96, Braunschweig

Pütz, R. (1994):
Die City von Dresden im Transformationsprozeß. Analyse des Strukturwandels im Dresdner Einzelhandel vor und nach der Wende. In: Berichte zur deutschen Landeskunde, 68, H. 2, S. 325–357, Trier

Pütz, R. (1997):
Der Wandel der Standortstruktur im Einzelhandel der neuen Bundesländer. Das Beispiel Dresden.
In: Meyer, G. [Hrsg.]: Von der Plan- zur Marktwirtschaft (= Mainzer Kontaktstudium Geographie, Bd. 3), S. 37–65, Mainz

Rast, H. (1959):
Geologischer Führer durch das Elbsandsteingebirge, Freiberg

Rast, H. (1982):
Vulkane und Vulkanismus, 2. Aufl., Leipzig

Rau, S. / P. Heyne (1994):
Das Biosphärenreservat Oberlausitzer Heide- und Teichlandschaft. In: Naturschutzarbeit in Sachsen, 36, S. 5–14, Dresden

Rechmann, S. (1996a):
Konjunktur 1996: Aufschwung bis auf weiteres zurückgestellt.
In: Beschäftigungspolitik am Ende?
(= Wirtschaftsbulletin Ostdeutschland 2/96), S. 6–14, Düsseldorf

Rechmann, S. (1996b):
Wachstumseinbruch in Ostdeutschland zeichnet sich ab.
In: Industriepolitik auf dem Prüfstand
(= Wirtschaftsbulletin Ostdeutschland 1/96), S. 6–15, Düsseldorf

Regierungspräsidium Chemnitz [Hrsg.] (1995): Südwestsachsen. Eine Region im Wandel, Chemnitz

Regionaler Planungsverband Oberlausitz-Niederschlesien [Hrsg.] (1997):
Regionalplan Region Oberlausitz–Niederschlesien (Vorentwurf), Bautzen

Regionaler Planungsverband Südwestsachsen–Vogtland [Hrsg.] (1997):
Regionalplan (Entwurf), Plauen

Regionaler Planungsverband Westsachsen [Hrsg.] (1996): Regionalplanung in Westsachsen, Grimma

Richter, G. (1994):
Entwicklung der Landesplanung und Raumordnung in Sachsen. Von ihren Anfängen bis zur Auflösung der Länderstrukturen im Jahr 1952
(= IÖR-Schriften, 07), Dresden

Runst, H. (1987):
Die Reproduktionsbedingungen des VEB Herrenmode Dresden, Werk Neugersdorf, im industriellen Dichtegebiet der Oberlausitz, Dipl.-Arb., Sektion Geogr. der Päd. Hochschule (unveröff.), Dresden

Rutz, W. (1991):
Die Wiedererrichtung der östlichen Bundesländer. Kritische Bemerkungen zu ihrem Zuschnitt.
In: Bundesforschungsanstalt für Landeskunde und Raumordnung [Hrsg.]:
Raumforschung und Raumordnung,
49, H. 5, S. 279–286,
Bonn-Bad Godesberg

Rutz, W. (1995):
Die Gliederung der Bundesrepublik Deutschland in Länder. Ein neues Gesamtkonzept für den Gebietsstand nach 1990 (= Föderalismus-Studien, Bd. 4), Baden-Baden

Rutz, W. / Scherf, K. / Strenz, W. (1993):
Die fünf neuen Bundesländer.
Historisch begründet, politisch gewollt und künftig vernünftig?,
Darmstadt

Sächsische Heimatblätter (versch. Ausg.):
Dresden

Sächsische Landeszentrale für politische Bildung [Hrsg.] (1993): Wirtschaft in Sachsen, Dresden

Sächsische Staatskanzlei [Hrsg.] (1993):
Sächsisches Gesetz zur Kreisgebietsreform. In: Sächsisches Gesetz- und Verordnungsblatt 28 / 1993
(vom 22.7.93), Dresden

Sächsische Zeitung (versch. Ausgaben):
Dresden

Sächsisches Landesamt für Umwelt und Geologie [Hrsg.] (1994):
Fakten zur Umwelt, Dresden

Sächsisches Landesamt für Umwelt und Geologie [Hrsg.] (1995, 1996, 1997, 1998):
Materialien zur Luftreinhaltung,
Jahresberichte 1994, 1995, 1996, 1997, Dresden

Sächsisches Landesamt für Umwelt und Geologie [Hrsg.] (1998, 1999):
Abfallwirtschaftliche Eckdaten für 1997 und 1998, Dresden

Sächsisches Landesamt für Umwelt und Geologie [Hrsg.] (1999):
Schutzgebietsverzeichnis des Freistaates Sachsen, Dresden

Sächsisches Staatsinstitut für Bildung und Schulentwicklung – Comenius-Institut – [Hrsg.] (1996):
Sachsen im Bild, Diareihe mit Begleitheft, Dresden

Sächsisches Staatsministerium des Innern [Hrsg.] (1997):
Entwurf des Gesetzes zur Eingliederung von Gemeinden und Gemeindeteilen in die Stadt Dresden (Eingliederungsgesetz Dresden), Dresden

Sächsisches Staatsministerium des Innern [Hrsg.] (1998): Gesetz zur Eingliederung von Gemeinden und Gemeindeteilen in die Stadt Dresden, Dresden

Sächsisches Staatsministerium des Innern (2000): Informationsmaterial (unveröff. Ms.), Dresden

Sächsisches Staatsministerium für Landwirtschaft, Ernährung und Forsten [Hrsg.] (1993–1999): Sächsische Agrarberichte 1992–1998, Dresden

Sächsisches Staatsministerium für Umwelt und Landesentwicklung [Hrsg.] (1994a):
Landesentwicklungsbericht 1994, Dresden

Sächsisches Staatsministerium für Umwelt und Landesentwicklung [Hrsg.] (1994b):
Landesentwicklungsplan Sachsen, Dresden

Sächsisches Staatsministerium für Umwelt und Landesentwicklung [Hrsg.] (1994c, 1999): Umweltbericht 1994, 1998, Dresden

Sächsisches Staatsministerium für Umwelt und Landesentwicklung [Hrsg.] (1996a):
Abfallwirtschaftskonzept für den Freistaat Sachsen (Kurzfassung).
In: Materialien zur Abfallwirtschaft, Nr. 1, Dresden

Sächsisches Staatsministerium für Umwelt und Landesentwicklung [Hrsg.] (1996b): Eine Einführung in die Raumordnung, Landesplanung und Regionalplanung (= Materialien zur Landesentwicklung 1/96), Dresden

Sächsisches Staatsministerium für Umwelt und Landesentwicklung [Hrsg.] (1996c): Räumliche Bevölkerungsentwicklung in Sachsen (= Materialien zur Landesentwicklung 1996), Dresden

Sächsisches Staatsministerium für Umwelt und Landesentwicklung [Hrsg.] (1997): Materialien zur Landesentwicklung, 1/1997: Klimatologische Grundlagen für die Landes- und Regionalplanung, Dresden

Sächsisches Staatsministerium für Umwelt und Landesentwicklung [Hrsg.] (1998): Umweltbericht. Kurs Umwelt – Für Sachsen, Dresden

Sächsisches Staatsministerium für Umwelt und Landwirtschaft [Hrsg.] (1999): Landesentwicklungsbericht 1998 (= Materialien zur Landesentwicklung 1999), Dresden

Sächsisches Staatsministerium für Wirtschaft und Arbeit [Hrsg.] (1994a): Wirtschaft und Arbeit in Sachsen, Dresden

Sächsisches Staatsministerium für Wirtschaft und Arbeit [Hrsg.] (1994b): Energiebericht 1993, Dresden

Sächsische Zeitung (lfd. Ausgaben): Dresden

SCHAMP, E. W. (1995): Die Bildung neuer grenzüberschreitender Regionen im östlichen Mitteleuropa – eine Einführung. In: Neue grenzüberschreitende Regionen im östlichen Mitteleuropa (= Frankfurter Wirtschafts- und Sozialgeographische Schriften, H. 67), Frankfurt am Main

SCHERF, K./ VIEHRIG, H. [Hrsg.] (1995): Berlin und Brandenburg auf dem Weg in die gemeinsame Zukunft (Perthes Länderprofil), Gotha

SCHERF, K./ ZAUMSEIL, L. (1990): Zur politisch-administrativen Neugliederung des Gebiets der DDR. In: Raumforschung und Raumordnung, 48, H. 4/5, S. 4–9, Bonn-Bad Godesberg/Hannover

SCHLESINGER, W. [Hrsg.] (1965): Historische Stätten Deutschlands, Bd. 8: Sachsen, Stuttgart

SCHMID, K.-P. (1997): Grün im Tal des Todes. In: DIE ZEIT, 25.4.1997, S. 29, Hamburg

SCHMIDT, H. (1994): Leipzig zwischen Tradition und Neuorientierung. In: Geographische Rundschau, 46, H. 9, S. 500–507, Braunschweig

SCHMIDT, M. (1993): Entwicklung in der Textil- und Bekleidungsindustrie 1992 bis 1993. Sachsen – Kammerbezirk Dresden – Oberlausitz (Ms., unveröff.), Dresden

SCHMIDT, R. (1994): Der altindustrialiserte Raum Sachsen–Thüringen–Sachsen-Anhalt – Ausgangssituation und Problemlage. In: Zum Strukturwandel in altindustrialisierten Regionen Sachsens, Sachsen-Anhalts und Thüringens (= Arbeitsmaterial der Akademie für Raumforschung und Landesplanung, 211), S. 3–22, Hannover

SCHMIDT, R. (1995): Strukturveränderungen der Industrie in den neuen Ländern – Ergebnisse und Auswirkungen aus regionaler Sicht. In: Strukturwandel und Entwicklungsfragen Altindustrialisierter Regionen (= IÖR-Schriften, 13), S. 6–15, Dresden

SCHMIDT, W. [Hrsg.] (1996): Zwischen Löbau und Herrnhut (Werte der deutschen Heimat, Bd. 56), Weimar

SCHMIDT, R./ COLDITZ, U./ NEUMANN, I. (1995): Überblick über räumliche Auswirkungen des Bedeutungsrückganges und Strukturwandels der Industrie in Sachsen, Sachsen-Anhalt und Thüringen – Analyseergebnisse (= IÖR-Texte, 075), Dresden

SCHMIDT-EICHSTAEDT, G. (1993):
Kommunale Gebietsreform in den neuen Bundesländern. In: Aus Politik und Zeitgeschichte (= Beilage zu: Das Parlament, H. 36), S. 3–17, Bonn

SCHNABEL, F. / HASENPFLUG, H. (1994):
Gemeindegebietsreform in Sachsen – Abschluß der ersten Etappe. In: Die neue Verwaltung, H. 4, S. 9–11, Berlin

SCHNEIDER, H. (1993):
Der Aufbau der Kommunalverwaltung in der kommunalen Selbstverwaltung in den neuen Bundesländern. In: Aus Politik und Zeitgeschichte (= Beilage zu: Das Parlament, H. 36), S. 18–26, Berlin

SCHOLZ, D. (1977):
Die industrielle Agglomeration im Raum Halle–Leipzig zwischen 1850 und 1945 und die Entstehung des Ballungsgebietes. In: Hallesches Jahrbuch f. Geowissensch., Bd. 2, S. 87–116, Gotha / Leipzig

SCHOLZ, D. (1995):
Kontinuität und Brüche in der Entwicklung der Kulturlandschaft des Halle-Leipziger Raumes seit 1800. In: Siedlungsforschung. Archäologie–Geschichte–Geographie, Bd. 13, S. 115–127, Bonn

SCHOLZ, D. / GUHRA, C. (1985):
Wirtschaftsräumliche Struktureinheiten mittlerer Ordnung in der DDR. In: RICHTER, H., u. a. [Hrsg.]: Fortschritte in der geographischen Kartographie, S. 176–182, Gotha

SCHÖNE, E. [Hrsg.] (1908):
Landschaftsbilder aus dem Königreiche Sachsen, Meißen

SCHRETZENMAYR, M. (1960):
Sekundärmerkmale mitteleuropäischer Waldhöhenstufen. In: Archiv für Forstwesen, Jg. 1960, S. 730–738, Berlin

SCHWANECKE, W. (1977):
Die forstwirtschaftlichen Mosaiktypen im Mittelgebirge / Hügelland (Ms., unveröff.), Weimar

SCHWANECKE, W. / KOPP, D. (1974):
Klimagebiete. In: Atlas der Land- und Nahrungsgüterwirtschaft der DDR, Berlin

SEIFERT, A (1955):
Stratigraphie und Paläogeographie des Cenomans und Turons im sächsischen Elbtalgebiet. Freiberger Forschungshefte, C 14, Berlin

SIEGL, T. / VOLLMER, G. / FRIETSCH, G. (1995):
Eine Wald-Seen-Landschaft für Leipzig. In: LfUG-Bericht, H. 2, Mai, S. 31–35, Dresden

SPECHT, J. (1999):
Industrielle Forschung und Entwicklung: Standortstrategien und Standortvernetzungen. Am Beispiel der Regionen Rhein–Main, Bodensee und Dresden (Wirtschaftsgeographie, Bd. 14), Münster

Staatliche Zentralverwaltung für Statistik der DDR [Hrsg.] (1987/88): Ergebnisse der Erfassung der Arbeitsstätten der Betriebe des Wirtschaftsbereichs Industrie, Berlin

Statistische Jahrbücher der DDR (bis 1989): Berlin

Statistische Jahrbücher der Bundesrepublik Deutschland (versch. Jg.): Bonn

Statistisches Landesamt des Freistaates Sachsen [Hrsg.] (1996): Sächsische Gemeindestatistik. – Ausgewählte Strukturdaten, Kamenz

Statistisches Landesamt des Freistaates Sachsen [Hrsg.] (1990ff.):
Statistische Jahrbücher Sachsen 1990ff., Dresden / Kamenz

Statistisches Landesamt des Freistaates Sachsen [Hrsg.] (1991-1996):
Statistische Mitteilungen und Berichte, Dresden / Kamenz

Statistisches Landesamt des Freistaates Sachsen [Hrsg.] (1999):
Gemeindeverzeichnis zum Vollzug der Gesetze zur Gemeindegebietsreform im Freistaat Sachsen (Sonderheft), Kamenz

STREMME, H. (1950):
Bodenkarte der DDR. In: Bodenkunde und Bodenkultur, H. 1, Leipzig

Terra Erdkunde 12/13, Gymnasium Baden-Württemberg (1996): Gotha, Stuttgart

Terra Erdkunde, Ausgabe für Brandenburg, Sek. II, Teil III: (1996): Gotha, Stuttgart
Terra Geographie 5 für Sachsen (1993): Stuttgart
Terra Geographie 10, Gymnasium Sachsen (1999): Gotha, Stuttgart
Terra Geographie 9 für Mittelschulen in Sachsen (1997): Gotha, Stuttgart
TIETZE, W., u. a. [Hrsg.] (1990):
Geographie Deutschlands, Berlin/Stuttgart
TRAUTMANN, O. (1928):
Die Entstehung der Bergstadt Altenberg. Neues Archiv für sächsische Geschichte, Bd. 49, Dresden

USBECK, H. (1994):
Räumlicher Strukturwandel und Standortentwicklung in der Stadtregion Leipzig. In: Zum Strukturwandel in altindustrialisierten Regionen Sachsens, Sachsen-Anhalts und Thüringens (= Arbeitsmaterial der Akademie für Raumforschung und Landesplanung, H. 211), S. 125–143, Hannover
USBECK, H. (1995):
Standortentwicklung und Strukturwandel in altindustrialisierten Regionen Sachsens, Sachsen-Anhalts und Thüringens - Ergebnisse der LAG-Arbeitsgruppe. In: Strukturwandel und Entwicklungsfragen Altindustrialisierter Regionen (= IÖR-Schriften, 13), S. 16–19, Dresden

VAATZ, A. (1996):
Eröffnung, Begrüßung, Einführung. In: Regionalisierung der Landesentwicklungspolitik (= Arbeitsmaterial der Akademie für Raumforschung und Landesplanung, H. 223), S. 1–5, Hannover
Verfassung des Freistaates Sachsen 1992: Dresden

WAGENBRETH, O. / STEINER, W. (1982, 4. Aufl. 1990): Geologische Streifzüge, Leipzig
WEHNER, W. (1983):
Zur Kennzeichnung und Bewertung der territorialen Differenziertheit.
In: Symposium zur Ökonomischen und Sozialen Geographie (= 49. Wiss. Arbeitstagung der Fachsektion Ökonomische Geographie der Geographischen Gesellschaft der DDR), S. 25–41, Dresden
WIECK, F. G. (1841):
Sachsen in Bildern, Bd. 1, o. O
WIRTH, P. (1994):
Strukturwandel ländlicher Regionen im Umland großer Städte in Sachsen.
In: Zum Strukturwandel in altindustrialisierten Regionen Sachsens, Sachsen-Anhalts und Thüringens (= Arbeitsmaterial der Akademie für Raumforschung und Landesplanung, H. 211), S. 144–159, Hannover
Wirtschaftsatlas Neue Bundesländer (1994): Gotha
Wismut GmbH (1994, 1995, 1996):
Ergebnisse der Umweltüberwachung und Sanierungstätigkeit.
Teil: Sanierungsbetrieb Aue.
In: Jahresberichte 1993 bis 1995, Chemnitz
WOLF, L. / ALEXOWSKY, W., u. a. (1994):
Fluviatile und glaziäre Ablagerungen am äußersten Rand der Elster- und Saale-Vereisung, die spättertiäre und quartär Geschichte des sächsischen Elbegebietes (Exkursion 42). In: EISSMANN, L. / LITT, T. [Hrsg.], S. 190–234, Altenburg
WUTTKE, R.: (1900):
Sächsische Volkskunde, Dresden

ZEMMRICH, J. (1991):
Landeskunde von Sachsen
[hrsg. von K. BLASCHKE], Berlin

Verzeichnis der Abbildungen

Abb.	2. 1:	Besiedlung des heutigen Sachsens um 1100	12
Abb.	2. 2:	Territoriale Entwicklung Sachsens unter den Wettinern bis Ende des 15. Jahrhunderts	21
Abb.	2. 3:	Sachsen und Thüringen um 1800	22
Abb.	2. 4:	Territoriale Entwicklung Sachsens 1815–1945	24
Abb.	3. 1:	Historische Territorialgliederung auf dem Gebiet der heutigen Neuen Bundesländer in der ersten Hälfte des 19. Jahrhunderts	32
Abb.	3. 2:	Administrative Gliederung Sachsens 1923	33
Abb.	3. 3:	Administrative Gliederung der Sowjetischen Besatzungszone (SBZ) Deutschlands 1945	34
Abb.	3. 4:	Administrative Gliederung Sachsens 1947 und 1952	35
Abb.	3. 5:	Administrative Gliederung Sachsens 1990 und 1999	38
Abb.	3. 6:	Siedlungsverteilung in Sachsen 1990	42
Abb.	3. 7:	Eingemeindungen nach Dresden	46/47
Abb.	4. 1:	Leitlinien des varistischen Gebirgsbaues in Sachsen	51
Abb.	4. 2:	Sachsen, Geologie	52/53
Abb.	4. 3:	Verbreitung der Kreideformation in Sachsen	55
Abb.	4. 4:	Morphologische und stratigraphische Vertikalgliederung des Elbsandsteingebirges	56
Abb.	4. 5:	Entstehung der Basaltberge im Mittleren Erzgebirge durch Reliefumkehr	59
Abb.	4. 6:	Verbreitung weichselzeitlicher Lockersedimente in Sachsen	66
Abb.	4. 7:	Naturräume Sachsens	69
Abb.	4. 8:	Geologische Übersichtskarte zum Erzgebirge	72
Abb.	4. 9:	Die Zinnerzlagerstätte von Altenberg mit Pinge	73
Abb.	4.10:	Höhenstufung von Temperatur und Niederschlag in Sachsen westlich der Elbe	74
Abb.	4.11:	Durchschnittliche Jahressumme des Niederschlages in Sachsen	77
Abb.	4.12:	Föhnmodell für das Osterzgebirge bei einer antizyklonalen Südostwetterlage (Winter)	82
Abb.	4.13:	Bodengesellschaften Sachsens	
Abb.	5. 1:	Bevölkerungsdichte in den Kreisen u. Planungsregionen Sachsens 1995	89
Abb.	5. 2:	Natürliche Bevölkerungsbewegung in Sachsen 1955–1997	93
Abb.	5. 3:	Zuzüge und Fortzüge über die Landesgrenze Sachsens 1987–1997	94
Abb.	5. 4:	Bevölkerungsentwicklung in Sachsen 1989–1994	94
Abb.	5. 5:	Wanderungen über die Landesgrenze Sachsens vom 3.10.1990–31.12.1992	95
Abb.	5. 6:	Altersaufbau der sächsischen Bevölkerung am 31.12.1997 nach Familienstand und Geschlecht	98
Abb.	5. 7:	Arbeitslose und Arbeitslosenquote in Sachsen 1990–1997	99
Abb.	5. 8:	Regionale Differenzierung der Arbeitslosenquote in Sachsen nach Arbeitsamtsbezirken im Sept. 1999	99
Abb.	6. 1:	Historischer Stadtkern von Meißen	102
Abb.	6. 2:	Frühgeschichtliche Waldverbreitung in Sachsen und das Netz der Handelsstraßen um 1500	103
Abb.	6. 3 :	Grundrisse planmäßig angelegter sächsischer Siedlungen	104
Abb.	6. 3.1:	Erste Siedlungsphase – Rundling; Kralapp bei Colditz, mit ursprünglicher Einteilung	104
Abb.	6. 3.2:	Zweite Siedlungsphase – Teil der Waldhufenflur Altchemnitz nach Flurkroki um 1840	104

Abbildungsverzeichnis 285

Abb. 6. 4: Gang der Besiedlung im Raum Chemnitz bis 1250 — 105
Abb. 6. 5: Vorherrschende Furformen im heutigen Sachsen — 106
Abb. 6. 6: Historischer Stadtkern von Freiberg — 106
Abb. 6. 7: Die sächsischen Bergbaustädte vom 12. bis 16. Jahrhundert — 108
Abb. 6. 8: Historischer Stadtkern von Chemnitz — 108
Abb. 6. 9: Historischer Stadtkern von Leipzig — 119
Abb. 6.10: Historischer Stadtkern von Dresden — 110
Abb. 6.11: Historische Ortsformen in der östlichen Oberlausitz — 112
Abb. 6.12: Situationsplan der Sächsischen Maschinenfabrik (vorm. Richard Hartmann) in Chemnitz 1909 — 117
Abb. 6.13: Flächennutzung in Chemnitz Ende der 1970er Jahre — 118
Abb. 6.14: Entwicklung von Limbach-Oberfrohna zur Industriestadt — 119
Abb. 6.15: Entwicklung des sächsischen Eisenbahnnetzes im 19. Jh. — 122
Abb. 6.16: Standortverteilung von Braunkohlenabbau und Braunkohleindustrie im Mitteldeutschen Revier Ende der 1920er Jahre — 126
Abb. 6.17: Standortverteilung von Braunkohlenabbau und Braunkohleindustrie im Lausitzer Revier und den sächsisch-schlesischen Nachbarrevieren Ende der 1920er Jahre — 129
Abb. 6.18: Entwicklung der relativen Beschäftigtendichte in Industrie und Handwerk in Mitteldeutschland 1875 – 1939 — 133
Abb. 7. 1: In Sachsen und seinen Randgebieten 1946 – 1948 durchgeführte Enteignungen von Industriebetrieben — 139
Abb. 7. 2: Wichtige Standorte im DDR-Bezirk Cottbus 1971
Abb. 7. 3: Produktion im Stammbetrieb des Kombinates „Schwarze Pumpe" — 146
Abb. 7. 4: Uranbergbau- und Erzaufbereitungsgebiete der DDR 1946 – 1990/91 — 149
Abb. 7. 5: Zentralgeleitete Kombinate der Industrie der DDR 1987 — 153
Abb. 7. 6: „Sozialistische Umgestaltung" der Landwirtschaft in den sächsischen Bezirken der DDR 1952 – 1970 — 156
Abb. 7. 7: Stadtstruktur von Dresden 1980 — 160/161
Abb. 7. 8: Territoriale Verflechtung im Dichtegebiet Oberlausitz Ende der 1980er Jahre am Beispiel des VEB Herrenmode, Werk Neugersdorf — 162
Abb. 7. 9: Sorbisches Sprach- und Siedlungsgebiet in der DDR Ende der 1980er Jahre — 165
Abb. 8. 1: Strukturwandel in der Bundesrepublik 1965–1989 und Vergleich der Wirtschaftsstrukturen Bundesrepublik (1965) und DDR (1988) — 167
Abb. 8. 2: Wirtschaftsräumliche Struktur der DDR 1989/90 — 168
Abb. 8. 3: Industrie Sachsens am Anfang der 1990er Jahre — 171
Abb. 8. 4: Nutzung des Ackerlandes in den sächsischen Kreisen 1989 — 173
Abb. 8. 5: Entwicklung des Exportes der Neuen Bundesländer in mittel- und osteuropäische Länder nach Warengruppen 1989 – 1993 — 175
Abb. 8. 6: Rückgang des Industriebeschäftigtenanteils in Sachsen zwischen 1988 und 1992 — 178
Abb. 8. 7: Beschäftigtenentwicklung in den Hauptgruppen der sächsischen Industrie 1991 – 1994 — 178
Abb. 8. 8: Beschäftigtenstruktur nach Wirtschaftsbranchen im Bergbau, Verarbeitenden Gewerbe, Bauhaupt- und Ausbaugewerbe Sachsens 1992 — 179
Abb. 8. 9: Agrarstruktur in der östlichen Oberlausitz Mitte der 1990er Jahre — 180
Abb. 8.10: Anbauflächen ausgewählter Fruchtarten in Sachsen 1990 – 1992 — 182
Abb. 8.11: Beschäftigte in den Bereichen Forschung und Entwicklung in Sachsen 1989 — 184
Abb. 8.12: Beschäftigtenanteile in der sächsischen Industrie 1998 — 188
Abb. 8.13: Umsatzanteile der sächsischen Industrie 1998 — 188
Abb. 8.14: Anteil der landwirtschaftl. Nutzfläche an der Territorialfläche in Sachsen 1994 — 189
Abb. 8.15: Anteil des Ackerlandes an der landwirtschaftlich genutzten Fläche in Sachsen 1994 — 190

Abb. 8.16:	Anteil der Stillegungsflächen am Ackerland in Sachsen 1994	191
Abb. 8.17:	Industrie- und Dienstleistungsstruktur in der Stadt Dresden 1999	196
Abb. 8.18:	Neue Baugebiete im Umland von Dresden 1992 (Realisierung, Vorbereitung, Vorschläge)	198
Abb. 8.19:	Gewerbegebiet Weißig im Umland von Dresden Mitte der 1990er Jahre	199
Abb. 8.20:	Suburbanisierung im Verdichtungsraum Leipzig Mitte der 1990er Jahre	202
Abb. 8.21:	Stadtentwicklung Leipzig Mitte der 1990er Jahre	203
Abb. 8.22:	Räumliche Bevölkerungsbewegung der Stadt Leipzig 1983–1997	204
Abb. 8.23:	Natürliche Bevölkerungsentwicklung in Leipzig 1983–1997	205
Abb. 8.24:	Veränderung der Erwerbstätigenstruktur in den Oberlausitzer Altkreisen Löbau und Zittau 1989/90–1995	206
Abb. 8.25:	Sozialversicherungspflichtig Beschäftigte am Wohnort Bautzen Mitte 1997	206
Abb. 8.26:	Perspektive des Braunkohlenbergbaus und der Bergbausanierung im Lausitzer Revier	207
Abb. 8.27:	Relative Bevölkerungsentwicklung der Vogtlandkreise 1991–1993	210
Abb. 8.28:	Ausgangssituation für die wirtschaftliche Transformation im südöstlichen Vogtland Mitte der 1980er Jahre – Bevölkerungsentwicklung und Standortverteilung der Musikinstrumentenindustrie im Altkreis Klingenthal	211
Abb. 8.29:	Beschäftigtenstruktur in Bergbau und Verarbeitendem Gewerbe im Sächsischen Vogtland 1993	212
Abb. 8.30:	Entwicklung von Umsatz und Beschäftigung im Vogtlandkreis 1991–1997	212
Abb. 8.31:	Die Nationalparke Sächsische und Böhmische Schweiz	214
Abb. 9. 1:	Europäische Cityregion „Sachsendreieck" (Dezentrale Konzentration)	220
Abb. 9. 2:	Überregionale Verbindungsachse Halle / Leipzig mit den das Zusammenwachsen beschleunigenden Gewerbestandorten	224
Abb. 10. 1:	Schäden durch bergbauliche Devastierung (Braunkohle) und landwirtschaftliche Intensivierung in Sachsen	226
Abb. 10. 2:	Immissionsmeßnetz in Sachsen	230
Abb. 10. 3:	Immissionsschäden in der sächsischen Forstwirtschaft (Rauchschadengebiete)	231
Abb. 10. 4:	Zeitraum der Tätigkeit der SAG / SDAG Wismut in den Abbaurevieren des Erzgebirges	254
Abb. 11. 1:	Von der EU / EG an Ostdeutschland ausgereichte Strukturfondsmittel 1991–1993	259
Abb. 11. 2:	Sachsen und die Wachstumsregionen Europas	260
Abb. 11. 3:	Wohlstandsgefälle und Ausgleichsströmungen an der Ostgrenze der EU	261
Abb. 11. 4:	Die acht Euroregionen an der östlichen Grenze der BR Deutschland Ende der 1990er Jahre	264
Abb. 11. 5:	Die vier sächsischen Euroregionen	265
Abb. 11. 6:	Regionales Leitbild für die Euroregion Neiße	266
Abb. 11. 7:	Die Euroregion Neiße–Nysa–Nysa	267

Vorderes Vorsatz
links: Sachsen – Übersichtskarte (Quelle: Alexander. Kleiner Atlas Sachsen, 1993
rechts: Freistaat Sachsen – Zentrale Orte und überregionale Achsen
            (Quelle: Inst. für Kartographie der TU Dresden)

Hinteres Vorsatz
links: Sachsen – Fremdenverkehr und Schutzgebiete
            (Quelle: Inst. für Kartographie der TU Dresden)
rechts: Sachsen – Gewässergüte (Quelle: Inst. für Kartographie der TU Dresden)

Verzeichnis der Tabellen

Tab.	3. 1:	Verteilung der Einwohner Sachsens auf Gemeindegrößengruppen	41
Tab.	3. 2:	Größenstruktur der Gemeinden Sachsens 1990	42
Tab.	3. 3:	Größenstruktur der Gemeinden Sachsens zum 31.12.1995	43
Tab.	4. 1:	Qualitätskennziffern sächsischer Braunkohleflöze	63
Tab.	4. 2:	Flächenbilanz des sächsischen Braunkohlebergbaus für 1993	64
Tab.	4. 3:	Relative Häufigkeit von Windrichtungsgruppen in Sachsen	75
Tab.	4. 4:	West-Ost-Variation der Lufttemperatur und des Niederschlages in Sachsen	76
Tab.	4. 5:	Nordwest-Südost-Profil durch den Westteil des Sächsischen Lößgefildes	78
Tab.	4. 6:	Klimatische Kennwerte der Elbtalweitung bei Dresden	78
Tab.	4. 7:	Mittlere Niederschläge und Temperaturen im Westerzgebirge	80
Tab.	5. 1:	Bevölkerung und Fläche Sachsens 1815–1997	91
Tab.	5. 2:	Migration über die Landesgrenzen Sachsens 1991 und 1992	95
Tab.	5. 3:	Unterbeschäftigung und Beschäftigungsdefizit in Sachsen 1991–1997	100
Tab.	6. 1:	Entwicklung der Industriestruktur in Chemnitz 1890–1922	116
Tab.	6. 2:	Einwohnerentwicklung von Chemnitz/Karl-Marx-Stadt 1300–1988	119
Tab.	6. 3:	Entwicklung der Zahl der in der Hausweberei Tätigen in der Oberlausitz 1872/73–1925	120
Tab.	6. 4:	Einwohnerentwicklung von Dresden 1453–1993	123
Tab.	6. 5:	Langfristige Veränderungstendenzen in den sächsischen und benachbarten Ballungs- und Dichtegebieten 1895–1985	134
Tab.	7. 1:	Verteilter Bodenfond während der Bodenreform in der Sowjetischen Besatzungszone Deutschlands	140
Tab.	7. 2:	Fläche, Bevölkerung und Beschäftigte in Industrie und Handwerk auf dem Territorium der ehemaligen DDR und ihrer Bezirke im Jahre 1939	141
Tab.	7. 3:	Position des Bezirkes Cottbus in der DDR-Wirtschaft	146
Tab.	7. 4:	Einwohnerentwicklung der heute sächsischen Kreise des Bezirkes Cottbus von 1971–1989	147
Tab.	7. 5:	Die Industrie Sachsens 1960–1980	151
Tab.	7. 6:	Nutzungsstruktur der Stadtfläche von Dresden Anfang der 1990er Jahre	159
Tab.	7. 7:	Bevölkerungsentwicklung in den DDR-Kreisen der Oberlausitz (Bezirk Dresden) 1950–1989	164
Tab.	8. 1:	Wirtschaftsstrukturelle Ausgangsposition der Neuen Bundesländer anhand ausgewählter Daten	166
Tab.	8. 2:	Beschäftigtenstruktur nach Wirtschaftsbereichen in Sachsen 1960–1989 im Vergleich zur DDR und zur Bundesrepublik (1989)	169
Tab.	8. 3:	Branchendifferenzierung der sächsischen Industrie 1989	169
Tab.	8. 4:	Produktion tierischer Erzeugnisse in Sachsen 1989	173
Tab.	8. 5:	Hauptzweige der Pflanzenproduktion in Sachsen 1989	174
Tab.	8. 6:	Entwicklung der Erwerbstätigenzahl im Freistaat Sachsen 1989–1992	176
Tab.	8. 7:	Beschäftigungsentwicklung in ausgewählten Industriezweigen und im Verarbeitenden Gewerbe Sachsens 1991/92 nach Planungsregionen	176
Tab.	8. 8:	Rückgang des Industriebeschäftigtenanteils in den Hauptwirtschaftsgruppen der südlichen Neuen Bundesländer zwischen 1988 und 1992	179
Tab.	8. 9:	Ausgewählte Indikatoren des Bergbaus und Verarbeitenden Gewerbes in der Bundesrepublik Deutschland im Juni 1992	179
Tab.	8.10:	Entwicklung des Viehbesatzes in Sachsen 1960–1998	182
Tab.	8.11:	Entwicklung des sächsischen Bruttoinlandproduktes 1994–1999	183
Tab.	8.12:	Bruttoinlandprodukt der Bundesrepublik nach Bundesländern 1998	184
Tab.	8.13:	Struktur der Beschäftigung im Forschungs- und Entwicklungsbereich in den sächsischen Großstädten 1993	185
Tab.	8.14:	Veränderung des Industriebesatzes in der ostdeutschen Industrie 1991/94	186
Tab.	8.15:	Agrardaten des Freistaates Sachsen 1989, 1991 und 1997	192

Tab.	8.16:	Anbau nachwachsender Rohstoffe auf stillgelegten Flächen Sachsens 1993–1998	193
Tab.	8.17:	Neue Einkaufszentren in ausgewählten Umlandregionen Sachsens 1992	194
Tab.	8.18:	Mikroelektronikstandort Dresden 1999	195
Tab.	8.19:	Wanderung über die Grenzen der Stadt Dresden 1995	198
Tab.	8.20:	Flächennutzungsstruktur Dresdens 1999	199
Tab.	8.21:	Einwohnerentwicklung ausgewählter sächsischer Städte und ihrer Landkreise 1988–1993	200
Tab.	8.22:	Tagebaue der Lausitzer Braunkohle AG 1994	206
Tab.	10. 1:	Fallhäufigkeit (Anzahl der Ereignisse) des Übersteigens des Ozongrenzwertes an ausgewählten Meßstellen in Sachsen 1990–1997	229
Tab.	10. 2:	Entwicklung des Anfalls fester Siedlungsabfälle in Sachsen 1991–1998	233
Tab.	10. 3:	Naturschutz in Sachsen 1999	241
Tab.	10. 4:	Gefährdungsgrad von Tier- und Pflanzenarten im Freistaat Sachsen	242
Tab.	10. 5:	Gewerbe- und Wohnungsbau in Dresden und Umland 1996	249
Tab.	10. 6.1:	Gegenüberstellung von Boden- und Produktbelastung mit Schwermetallen für den Ort Hilbersdorf, östlich von Freiberg, Ende der 1970er Jahre	251
Tab.	10. 6.2:	Untersuchungsergebnisse zur Obst- und Gemüsebelastung Ende der 1970er Jahre im Gebiet um Hilbersdorf, östlich von Freiberg	251
Tab.	10. 7:	Entwicklung der Nitratgehalte im Grundwasser des Landkreises Freiberg seit 1922 bis Ende der 1980er Jahre	252
Tab.	10. 8:	Klärschlammanalysen für das Wasserwerk Freiberg	253
Tab.	10. 9:	Überblick über die Radonkonzentration in den Überwachungsgebieten der Wismut-Standorte	255
Tab.	11. 1:	Förderung INTERREG IIa Sachsen	262
Tab.	11. 2:	Euroregion Neiße in Zahlen	268

Anhang

Tab. A 2.1.1:	Gebiets- und Verwaltungseinteilung Sachsens 1997	335
Tab. A 2.2.1:	Klimatische Verhältnisse an ausgewählten Beobachtungsstationen Sachsens 1997	335
Tab. A 2.2.2:	Ausgewählte Flüsse Sachsens 1997	335
Tab. A 2.2.3:	Talsperren und Speicheranlagen in Sachsen	336
Tab. A 2.2.4:	Ausgewählte Gebirge bzw. Landschaften und ihre wichtigsten Erhebungen in Sachsen	336
Tab. A 2.3.1:	Entwicklung von Bevölkerung und Fläche Sachsens 1815–1997	337
Tab. A 2.3.2:	Sächsische Gemeinden mit 20 000 oder mehr Einwohnern 1997	337
Tab. A 2.3.3:	Gemeinden und Einwohner in Sachsen nach Gemeindegrößenklassen	338
Tab. A 2.3.4:	Eheschließungen, Lebendgeborene und Gestorbene in Sachsen 1997 nach Kreisen	338
Tab. A 2.3.5:	Ausländer in Sachsen 1997 nach ausgewählten Staatsangehörigkeiten, Geschlecht und Altersgruppen	339
Tab. A 2.3.6:	Bevölkerung Sachsens am 31.12.1997 nach Altersgruppen, Geschlecht und Staatsangehörigkeit	339
Tab. A 2.3.7:	Zu- und Fortzüge über die Grenze des Bundesgebietes 1997 in Sachsen nach Herkunfts- bzw. Zielgebiet	340
Tab. A 2.3.8:	Wanderungen über die sächsische Landesgrenze 1997 nach Herkunfts- bzw. Zielgebiet	340
Tab. A 2.4.1.1:	Bruttoinlandsprodukt, Erwerbstätige und Bruttoinlandsprodukt je Erwerbstätigen in Sachsen 1991 bis 1997	341
Tab. A 2.4.2.1:	Erwerbstätige in Sachsen im April 1997 nach Wirtschaftsabteilungen, Stellung im Beruf und Geschlecht	341
Tab. A 2.4.2.2:	Arbeitslose in Sachsen im Jahresdurchschnitt 1997 nach Arbeitsamtsbezirken und ausgewählten Gruppen	342
Tab. A 2.4.2.3:	Arbeitslose in Sachsen nach der Stellung im Beruf, Arbeitslosenquoten, Arbeitsvermittlungen und offene Stellen im Jahresdurchschnitt 1997 nach Arbeitsamtsbezirken	342

Tabellenverzeichnis

Tab. A 2.4.3.1: Bodenfläche Sachsens nach Art der tatsächlichen Nutzung 1997 nach Regierungsbezirken	343
Tab. A 2.4.3.2: Landwirtschaftlich genutzte Fläche der Betriebe in Sachsen 1991, 1995 u.1997 nach Betriebsgrößenklassen und Pachtverhältnissen	343
Tab. A 2.4.3.3: Strukturentwicklung der Unternehmen der sächsischen Landwirtschaft 1993 – 1997	344
Tab. A 2.4.3.4: Anbaufläche (in ha) in Sachsen 1997 nach Frucht- und Kulturarten und Regierungsbezirken	344
Tab. A 2.4.3.5: Entwicklung der Betriebsgrößen in der sächsischen Landwirtschaft nach Rechtsformen der Betriebe 1994 – 1997	345
Tab. 2.4.3.6: Hektarerträge ausgewählter Fruchtarten in Sachsen 1997 nach Kreisen	345
Tab. A 2.4.3.7: Viehbestände in Sachsen 1990 – 1997	346
Tab. A 2.4.3.8: Viehhalter und Viehbestände in Sachsen Ende 1996 nach Kreisen	346
Tab. A 2.4.4.1: Betriebe, Tätige Personen und Gesamtumsatz im Bergbau und Verarbeitenden Gewerbe Sachsens 1997 nach Wirtschaftszweigen	347
Tab. A 2.4.4.2: Unternehmen und deren Investitionen in Vorbereitenden Baustellenarbeiten, Hoch- und Tiefbau Sachsens 1996 nach Wirtschaftszweigen, Beschäftigten- u. Umsatzgrößenklassen	348
Tab. A 2.4.5.1: Anteil der Beschäftigten und des Umsatzes nach ausgewählten Wirtschaftszweigen und Gewerbegruppen am sächsischen Handwerk insgesamt 1997	349
Tab. A 2.4.6.1: Außenhandel Sachsens 1996 und 1997 nach Erdteilen	349
Tab. A 2.4.7.1: Beherbergungsstätten und Gästebetten in Sachsen 1996 und 1997 nach Betriebsarten	350
Tab. A 2.4.7.2: Ankünfte und Übernachtungen in Sachsens Beherbergungsstätten 1996 und 1997	350
Tab. A 2.5.1.1: Sächsische Straßen des überörtlichen Verkehrs	351
Tab. A 2.5.1.2: Bestand an Kraftfahrzeugen und Kraftfahrzeuganhängern in Sachsen nach Fahrzeugarten und Größenklassen	351
Tab. A 2.5.1.3: Öffentlicher Straßenpersonenverkehr in Sachsen 1997	351
Tab. A 2.5.2.1: Strukturdaten für den Eisenbahnverkehr in Sachsen	352
Tab. A 2.5.3.1: Flughafenverkehr in Sachsen 1992 – 1997	352
Tab. A 2.5.4.1: Binnenschiffahrt Sachsens – Güterumschlag nach Hauptverkehrsbeziehungen	352
Tab. A 2.6.1.1: Schüler / Schülerinnen an allgemeinbildenden Schulen und Förderschulen Sachsens 1997 nach Schularten	353
Tab. A 2.6.1.2: Lehrpersonen an allgemeinbildenden Schulen, Förderschulen und Schulen des zweiten Bildungsweges in Sachsen 1997 nach Beschäftigungsumfang und Schularten	353
Tab. A 2.6.1.3: Schüler / innen an Berufsschulen, Berufsfachschulen und Fachschulen in Sachsen 1997 nach Berufsbereichen und -gruppen	353
Tab. A 2.6.1.4: Lehrpersonen an berufsbildenden Schulen in Sachsen 1997 nach Beschäftigungsumfang und Schularten	354
Tab. A 2.6.1.5: Schulentlassene an allgemeinbildenden Schulen, Förderschulen und Schulen des zweiten Bildungsweges in Sachsen des Schuljahres 1996 / 97 nach Schularten und Abschlußarten	354
Tab. A 2.6.1.6: Schulentlassene der berufsbildenden Schulen in Sachsen im Schuljahr 1996 / 97 nach Schularten und Abschlußarten	354
Tab. A 2.6.1.7: Auszubildende in Sachsen am 31. Dezember 1997 nach Ausbildungsbereichen und Ausbildungsjahren	354
Tab. A 2.6.1.8: Studenten und Studienanfänger in Sachsen im Wintersemester 1997 / 98 nach Hochschularten, Hochschulen und Fächergruppen	355
Tab. A 2.6.2.1: Öffentliche Theater Sachsens (Spielzeit 1996 / 97)	356
Tab. A 2.6.2.2: Filmtheater in Sachsen 1995 – 1997	356
Tab. A 2.6.2.3: Wissenschaftliche Bibliotheken in Sachsen 1997	356
Tab. A 2.6.3.1: Rentenbestand in Sachsen 1997 nach Versicherungsträgern und Art der Rente	357
Tab. A 2.6.3.2: Einnahmen und Ausgaben der gesetzlichen Krankenversicherung in Sachsen 1996 nach Kassenart	357

Tab. A 2.6.3.3: Mitglieder der gesetzlichen Krankenversicherung
in Sachsen 1996 nach Kassenart 357
Tab. A 2.6.3.4: Nettoausgaben der Sozialhilfe in Sachsen je Empfänger 1997
nach Hilfearten 358
Tab. A 2.6.3.5: Empfänger von pauschaliertem Wohngeld in Sachsen 1997
nach der Höhe des monatlichen Wohngeldes 358
Tab. A 2.7.1: Umweltschutzinvestitionen im Verarbeitenden Gewerbe
Sachsens 1994–1996 359
Tab. A 2.7.2: Umweltschutzinvestitionen im Verarbeitenden Gewerbe
Sachsens 1994–1996 nach Umweltschutzzweck 359
Tab. A 3.1: Sachsen in der Bundesrepublik Deutschland 360–363
Tab. A 4.1: Sachsen in Europa 364–365

Verzeichnis der Übersichten

Übersicht 3.1: Das Fallbeispiel Stadt-Umland-Bereich Dresden 47/48
Übersicht 4.1: Verbreitung der ältesten Gesteinsserien in Sachsen 54
Übersicht 4.2: Das Fallbeispiel Elbsandsteingebirge 57
Übersicht 4.3: Reliefumkehr am Scheibenberg und Pöhlberg
im Mittleren Erzgebirge 60
Übersicht 4.4: Tertiärsedimente und Braunkohleflöze in Sachsen 61
Übersicht 4.5: Die Entstehung der Braunkohle in Sachsen 62
Übersicht 4.6: Lagerstätten im Erzgebirge 72
Übersicht 4.7: Der erzgebirgische Zinnbergbau 73
Übersicht 4.8: Der Erzgebirgsföhn 81
Übersicht 6.1: Das Erzgebirge und sein nördliches Vorland als Beispiel
für die mittelalterliche Besiedlung und die frühe wirtschaft-
liche Entwicklung des sächsischen Mittelgebirgsraumes 104, 107
Übersicht 6.2: Mittelalterliche Entwicklung von Chemnitz als Beispiel
einer sächsischen Handels- und Gewerbestadt 109
Übersicht 6.3: Mittelalterliche und frühneuzeitliche Entwicklung von
Territorium, Wirtschaft und Raumstruktur in den östlichen
und westlichen Randgebieten Sachsens 111, 113
Übersicht 6.3.1: Das Fallbeispiel Oberlausitz 111
Übersicht 6.3.2: Das Fallbeispiel Sächsisches Vogtland 113
Übersicht 6.4: Überblick über die wichtigsten Entwicklungsetappen der einzel-
nen Teilgebiete des Mitteldeutschen Industriegebietes 1850–1948
Übersicht 6.5: Entwicklung der Gemeindezusammenlegungen im
Raum Freital, südwestlich von Dresden 130
Übersicht 7.1: Der Uranbergbau in Sachsen und seine Auswirkungen 148
Übersicht 7.2: Branchenschwerpunkte und -standorte in Sachsen 151
Übersicht 7.3: Ausbau des Zinnbergbaus in Altenberg als Beispiel für die
„Intensivierung der Volkswirtschaft" in der DDR in den 1980er Jahren 154
Übersicht 7.4: Die Sorben in der Lausitz 164
Übersicht 9.1: Rechtsgrundlagen der Raumordnung und Landesplanung
in Sachsen im Überblick 216
Übersicht 9.2: Die Organisation der sächsischen Raumordnungsbehörden 217
Übersicht 10.1: Verankerung des Umweltschutzes in der Sächsischen Verfassung 225
Übersicht 11.1: Überblick über die Industriestandorte in der
Euroregion Neiße 1989 269
Übersicht 11.2: Überblick über die derzeitigen Industriestandorte in der
Euroregion Neiße (1997) 269

Ortsregister

Alberoda 255
Alpen 101
Alte Bundesländer 93, 96, 157f., 177, 180f., 183f., 193, 215
Alte Salzstraße 109
Altenberg 50, 75, 150, 154
Altenburg 79, 151, 222
Altenburg, Kreis 39
Altfranken 47f.
Annaberg 14, 28, 31, 50, 54, 60, 81, 107
Annaberg, Kreis 96
Annaberg-Buchholz, Arbeitsamtbezirk 100
Arntitz bei Lommatzsch 63
Aue 81, 96, 136, 138, 148, 221, 253
Aue, Kreis 96
Auerbach 221
Auersberg 75, 79, 80
Augsburg 109

Bad Brambach 50
Bad Schandau 57, 59, 65
Baden-Württemberg 89, 95f.
Balkanraum 13
Bannewitz 47f.
Bärenstein 59, 81
Baruther Becken 245
Bastei 57
Bautzen 28, 31, 33, 63, 103, 111, 115, 121, 132ff., 151, 163f., 205, 209, 221, 269f.
Bautzen, Arbeitsamtbezirk 100
Bautzen, Kreis 163, 172, 267
Bautzner Land 67, 87, 102
Bayern 8, 24, 31, 95f.
Berlin 33, 125, 128, 138, 144, 197, 204, 261f.
Berlin-Ost 36, 138, 141, 259
Berlin-West 92, 138, 142
Berthelsdorf 82
Berzdorf 62ff., 121, 269
Besatzungszone, östliche 138, s.a. Sowjetische Besatzungszone
Besatzungszonen, westliche 37, 90, 138, 140
Birkigt 130
Birkwitz-Pratzschwitz 48
Bischofswerda 79, 151, 269
Bitterfeld 62, 76, 92, 125
Bober 266
Bobritzsch 50
Bogatynia 269
Böhlen 127, 137, 144, 147; 151

Böhmen , Königreich 111
Böhmen 8, 13, 23, 25, 31, 107, 111, 263, 270
Böhmische Schweiz, Nationalpark 214
Böhmisches Becken 58
Böhmisches Mittelgebirge 58f.
Boleslawiec 269
Borna 31, 55, 63, 125, 151
Borna, Kreis 96
Boxberg 64, 269
Boxdorf 48
Brand-Erbisdorf 107; 142
Brandenburg, Land 34, 37, 39, 42, 128, 140, 143, 259
Breslau 25, 109
Brüssel 262
Buchholz 107
Bulgarien 259
Burghammer 130
Burgk 130
Burgstädt 54, 79

Cainsdorf 131
Calbe 143
Caminau 62
Carlsfeld 75
Chemnitz 7, 15, 17f., 24, 28f., 31, 34, 39f., 45, 50f., 63, 65, 70, 78ff., 108f., 116f., 122, 131f., 134, 138, 141, 144, 147, 150f., 219, 222f., 237
Chemnitz, Amt 119
Chemnitz, Fluß 109
Chemnitz, Regierungsbezirk 119, 187
Chemnitz, sächsisches Manchester 119
Chemnitz / Zwickau, Ballungsgebiet 90, 172
Chomutov (Komotau) 58
Christiansdorph 107
Colditz 54
Collmberg 50, 79
Cossebaude 47, 48
Coßmannsdorf 130
Coswig 122, 131
Cottbus 37, 128, 134
Cottbus, Bezirk 36, 39, 143f.
Crimmitschau 55, 124
Crossen 148
Crottendorf 221
Cunewalde 163, 269
Czorneboh 82

Dahlener Heide 77, 85
DDR 24, 36f., 39, 41, 90, 92, 131, 138, 140ff., 149ff., 162f., 166., 169ff., 177, 182, 199, 201, 209, 216, 263
Delitzsch 25, 62, 151
Demitz-Thumitz 50, 269
Dessau 134, 195, 222
Deuben 127, 130
Deutsch-Ossig 63
deutsche Gebiete östlich von Oder und Neiße 138
Deutsches Reich 7, 24, 31, 90, 135, 138, 142
Deutschland 7, 31, 33f., 37, 89f., 97, 114f., 119, 121, 123, 125, 127f., 130f., 135, 138ff., 142, 148, 183, 185f., 197, 201, 205, 209, 215, 262f., 266f.
Deutschland, Bundesrepublik 9, 36, 92, 138, 149; 166, 174, 183, 215f., 219, 271
Deutschneudorf 81
Deutzen 127, 137
Diesbar 78
Dippoldiswalde 107
Döbeln 31, 51, 96
Döbeln, Kreis 96
Döhlener Becken 125, 130, 131
Dohna 49
Döllnitztal 86
Dolnoslaskie, Wojewodschaft 267, 270
Dortmund 200
Dreiländereck Sachsen/ Niederschlesien / Böhmen 205
Dresden 15, 17f., 24, 29ff., 34, 36, 39f., 44f., 47f., 50, 57, 59, 64f., 78, 96, 108ff., 114f., 121ff., 130, 150f., 158ff., 162, 172, 177, 189, 194ff., 199f., 209, 213f., 219, 222, 229, 247ff., 261
Dresden, Ballungsgebiet 90
Dresden, DDR-Bezirk 24, 36f., 141, 147, 150, 163
Dresden, Landkreis 40f.
Dresden, Regierungsbezirk 187
Dresdner Elbtalzone 51, 58
Dübener Heide 76, 77, 85
Dubi (Eichwald) 58
Duppauer Gebirge 58, 59

Ebersbach 121, 269
Eberswalde 144
Eckersdorf 130
Ehrenfriedersdorf 50, 150

Eibenstock 50, 236
Eilenburg 19, 25, 76, 103, 151
Einsiedel 118
Eisenach 29
Eisenhüttenstadt 92, 143, 151
Elbe 10, 20, 25, 57, 65, 68f., 79, 82, 86, 102, 110, 122f., 265
Elbelinie 56, 71
Elbsandsteingebirge 55f., 59, 71, 82f., 87, 148, 213f.
Elbtal 55, 78f., 85f., 101f., 122, 131, 213
Elbtalschiefergebirge 54
Elbtalzone 54, 68
Ellefeld 221
Elster 68
Elsterwerda-Herzberger Elsterniederung 69, 76f.
England 23, 115
Erfurt 25, 30, 144, 195
Erzgebirge 7,17, 25, 28, 49f., 56, 59, 65, 71, 75, 79f., 82f., 87, 104, 107f., 110, 113f., 124, 131, 133, 137, 148, 171, 194, 265
Erzgebirgischer Kreis 31
Erzgebirgisches Becken 50f., 55, 70; 79; 125, 130f., 136
Erzgebirgsscholle 58
Erzgebirgsvorland 15
Espenhain 63, 127, 137
Estland 259
EU 181; 184f., 187, 189, 191, 193, 206, 259, 261, 267, 270f.
Europa 90, 107, 114, 120, 135, 149, 182f., 209, 215, 219, 263
Euroregion Elbe / Labe 267
Euroregion Neiße 266f.

Falkenstein 221
Fichtelberg 75, 79ff.
Flamen 102
Flandern 12, 26
Flöha 51, 70
Franken 102, 104, 113
Frankenberg 131
Frankenstraße 25
Frankfurt a. Main 25, 201, 262
Frankfurt / Oder, DDR-Bezirk 144
Frankreich 23, 33, 115, 138
Freiberg 7, 13, 28f., 31, 50, 81, 107, 122, 133, 150f., 154, 223, 250ff.
Freiberger Mulde 51, 70
Freital 48, 51, 54, 122, 130f., 151
Friedrichsthal 113
Frohburg 55
Frohna 119
Fürstenau 81

Gablenz 117
Geiseltal 125
Geisingberg 59
Geithain 55
Gera 144
Geyer 50
Gittersee 159
Glauchau 31
Gompitz 47, 48
Görlitz 15f., 18, 24f., 28f., 34, 37, 49f., 54, 63, 103, 111, 121, 128, 132, 134, 151, 163, 205, 209, 221, 223, 267ff.
Görlitz, Kreis 163
Götzenbüschchen 56
Gräfenhainichen 62
Graupa 48
Greifenhain 130
Griechenland 184, 259
Grimma 23, 30f., 54, 66, 103, 138, 151
Großbritannien 33, 138
Großburgk 130
Großenhain 31, 63, 151
Großenhainer Pflege 133
Großerkmannsdorf 48
Großharthau 121
Großräschen 128
Großschönau 121, 163, 269
Großsedlitz 114
Großsedlitz, Schlösser und Parkanlagen 29
Grumbach 58, 79
Grünau 201
Grünhain 29
Grünhauser Forst 128
Günthersdorf 44

Hagenwerder 121, 151, 163, 229, 269
Hainichen 51, 54, 131
Hainsberg 130
Halle 44, 92, 109, 125f., 134, 195, 216, 222, 224
Halle / Leipzig, Ballungsgebiet 127, 147
Hammerunterwiesenthal 257
Hartenstein 236
Harz 79, 110
Heidenau 48f., 58, 122, 131, 151
Heiliges Römisches Reich Deutscher Nation 8, 31
Hellendorf 230
Hellerau 159
Helsinki 93, 149
Hennigsdorf 143
Hessen 89
Heuersdorf 63
Hilbersdorf 117

Hinterhermsdorf 57f.
Hirschfelde 121, 269
Hirschstein 69
Hochstein 82
Hohe Straße 25, 110
Hohenstein-Ernstthal 31, 51, 124, 221
Hohnstein 55, 57f.
Hohwald 75
Holzhau 80
Hoyerswerda 24, 49, 96, 147, 209, 221, 223, 244, 267ff.
Hoyerswerda, Arbeitsamtbezirk 100
Hoyerswerda, Kreis 39, 94f.

Irland 259
Isergebirge 163, 270

Jalta 33
Jänschwalde 64
Japan 188f.
Jelenia Góra 269, 270
Ještěd (Jeschken) 270
Johanngeorgenstadt 111, 148
Jöhstadt 81

Kaiserwald 59
Kamenz 50, 62, 111, 269
Kamenz, Kreis 41
Kamenz, Landkreis 48, 267
Kamienna Góra 269
Kanada 148
Kappel 117
Karl-Marx-Stadt / Zwickau, Ballungsgebiet 147
Karl-Marx-Stadt 36, 37, 134, 141, 147, 150f.
Karl-Marx-Stadt, DDR-Bezirk 150, 157, 209
Karlovy Vary (Karlsbad) 58
Karlsruhe 96
Katharinenberg 50
Kauscha 48
Keilberg 80
Kemmlitz bei Mügeln 62
Kesselsdorf 47
Kirchberg 50
Kirnitzschtalklamm 57
Kirschau 82, 121, 221
Kleinburgk 130
Kleinnaundorf 130
Kleinräschen 128
Kleinwelka 164
Klettwitz 128, 130
Klingenthal 151, 230
Klosterpflege 67, 86
Klotzsche 122, 131, 159
Knappenrode 130

Ortsregister

Kodersdorf 269
Köln 262
Königstein 57, 148, 213
Königswartha 62, 269
Kostebrau 128
Köstritz 29
Köthen 144
Kottmar 82
Krakau 25
Krauschwitz 269
Kreischa 48, 54, 58
Kreischaer Becken 54
Krupka (Graupen) 58
Kulkwitzer See 64

Landeskrone bei Görlitz 59
Langebrück 48
Langensalza 116
Lauban 111
Laubusch 130
Lauchhammer 128, 130, 143
Lausche 59, 82
Lausitz 31, 37, 49, 56, 59, 62, 65, 67, 69, 75, 78, 82, 125, 128ff.
Lausitzer Bergland 121, 270
Lausitzer Gebirge 76, 82
Lausitzer Gefilde 87
Lausitzer Heide 76, 85
Lausitzer Neiße 266
Lausitzer Urstromtal 85, 128
Lauta 129
Lauter 221
Leipzig 13, 15ff., 23ff., 31, 34, 39f., 44f., 54, 62f., 66, 103, 109, 113, 115, 125f., 131, 133f., 137, 144, 151, 177, 194, 197, 200f., 204, 216, 219, 222, 224, 229, 237, 261
Leipzig, Ballungsgebiet 90
Leipzig, DDR-Bezirk 24, 36f., 39, 141, 150, 157
Leipzig, Regierungsbezirk 90, 96, 187
Leipzig, Verdichtungsraum 172
Leipzig-Land, Kreis 31, 94
Leipzig/Halle, Ballungsgebiet 133, 139
Leipzig-Schkeuditz, Flughafen 58
Leipziger Land 76, 79, 86
Leipziger Tieflandsbucht 101f., 125, 127, 133
Lerchenberg 59
Lettland 259
Leuna 127, 144, 147
Lichtenhain 57
Lichtenstein 221
Lichtentanne 131
Liebstadt 58

Liebutow 269
Limbach(-Oberfrohna) 79, 119f.
Lippendorf 64, 227
Litauen 259
Litvinov (Leutendorf) 58
Löbau–Zittau, Landkreis 267
Löbau 111, 120f., 240, 268f.
Löbau, Kreis 96, 163
Lohmen 58
Lohsa 244
Lommatzsch 68, 70, 79
Lommatzscher Pflege 70, 86, 102, 133
London 262
Lößnitz 151, 221
Lübbenau 144
Lucka 20
Lugau 125, 130ff., 221
Lützkendorf 127, 147

Magdeburg 25, 195
Mannheim 129
Marienberg 28, 50, 107, 240
Marienberg, Kreis 172
Markneukirchen 113, 151
Maxen 58
Maxhütte 143
Mecklenburg 34, 140
Mecklenburg-Vorpommern, Land 34, 37, 42, 140, 195, 259
Meerane 31, 55, 151
Meißen 10f., 23, 30f., 50, 55, 59, 62f., 65ff., 70, 78f., 113, 122, 131, 151
Meißen, Burg 7, 10, 102
Meißen, Kreis 41
Meißen, Landkreis 48
Meißen, Mark 7, 19, 102
Meißen, Markgrafschaft 11, 13, 20, 107
Meißen, sorbenländisches Bistum 10
Meißnischer Kreis 31
Merseburg 10, 23
Merseburg, sorbenländisches Bistum 10
Meuselwitz 125, 127
Miriquidi 104, 109
mitteldeutscher Raum 19
Mitteldeutsches Braunkohlerevier 125, 145
Mitteldeutschland 31
Mitteleuropa 101, 102, 115, 138, 263, 264
Mittelfrohna 120
Mittelsachsen 79
Mittelsächsisches Lößhügelland 70, 86
Mittleres Erzgebirge 147, 152

Mittweida 49f., 86
Mobschatz 48
Moritzburg 114
Moritzburg, Schlösser und Parkanlagen 29
Mügeln 55, 68, 70
Müglitz 49, 58
Muldenhütten 250
Muldenlößhügelland 79
Muldetal 85
Mutzschen 86
Mylau 113, 221

Naumburg 16, 23
Neiße 24, 34, 65, 68f., 78, 82, 85, 263, 265f., 271
Nerchau 86
Netzschkau 221
Neu-Laubusch 130
Neue Bundesländer 89, 93, 172, 183, 186, 195, 259, 261
Neue Messe Leipzig 200
Neugersdorf 121, 151, 163, 269
Neusalza-Spremberg 269
Neustadt (Sachsen) 151, 221
Nieder- und Oberlausitz 8, 37, 128
Nieder- und Oberlausitz, Markgrafschaften 23
Niederlande 219
Niederlausitz 62, 90, 92, 96, 114, 128
Niedersachsen 12, 20
Niederschlesien 34, 36f., 209, 266, 267, 270
Niederschlesischer Oberlausitzkreis, Landkreis 267
Niedersedlitz 159
Niesky 62, 63, 142, 151, 236, 240, 269
Nisa 266, 271
Nochten 64
Nordböhmen 56, 266
Nordfranken 209
Nördliche Oberlausitz 223
Nordrhein-Westfalen 89, 95f.
Nordsachsen 62, 79, 86, 101
Nordsächsisch-Niederlausitzer Heide 68
Nordsächsisches Tiefland 75
Nordwestböhmen 209
Nordwestlausitzer Bergland 79
Nordwestsachsen 49, 54, 127
Nossen 49, 63, 65
Novy Bor 269
Nowogrodziec 269
Nürnberg 25, 109
Nysa 266, 271

Oberes Elbtal 123, 133f., 222
Ob. Elbtal, Verdichtungsraum 47
Oberes Erzgebirge 75
Oberes Vogtland 87
Oberfranken 12
Oberfrohna 119f.
Oberlausitz 10, 11, 15, 18, 24ff., 62, 65, 86, 101f., 111, 114f., 120f., 135, 152, 155, 162f., 172, 177, 194, 205f., 208f., 261, 266, 270
Oberlausitz, Dichtegebiet 90, 162, 164
Oberlausitz, Markgraftum 111
Oberlausitzer Bergland 71, 75, 79, 82f., 86f., 163, 208
Oberlausitzer Gefilde 10, 67, 79, 86, 101
Oberlausitzer Heide- und Teichlandschaft 69, 77, 164
Oberlausitzer Industriegebiet 163
Oberlausitzer Kreis / Markgraftum Oberlausitz 31
Oberoderwitz 121
Oberrothenbach 257
Oberschlesien 136
Oberwiesenthal 80f., 107
Oder 24, 136
Oederan 131
Oelsa / Rabenau 56
Oelsnitz 51, 125, 130ff., 221
Olbernhau 113
Olbersdorf / Hirschfelde 120
Oppach 163, 269
Orient 114
Oschatz 29, 50, 54, 103, 151
Ost- und Mittelsachsen 138
Ost- und Südosteuropa 8, 110, 186, 189, 215, 262
Ostdeutschland 37, 139f., 145, 167, 175, 181, 184, 197, 259
Österreich 8, 23, 114
Osterzgebirge 10, 14, 18, 75, 80ff., 86
Osteuropa 108, 140, 264
Ostfrankenreich 102
Ostgebiete, ehem. deutsche 90
Ostpolen 263
Ostpreußen 90
Ostsachsen 50, 95, 187, 205, 262
Ostsee 25, 144
Ostthüringen 209
Ottendorf-Okrilla 64

Paris 262
Pariser Becken 25
Pausa 113
Pegau 109

Pesterwitz 47f.
Piensk 269
Pillnitz 59, 67, 78, 114
Pillnitz, Schlösser und Parkanlagen 29
Pirna 15, 28f., 31, 57, 59, 78f., 122, 131, 151
Plauen 18, 31, 108, 116, 151, 209
Plauen-Land, Kreis 94, 96
Plauenscher Grund 17f., 130
Pleißenland 19, 20, 102, 113
Plessa 129
Pöhla-Tellerhäuser 255
Pöhlberg 59f., 107
Polen 8, 34, 114, 138f., 186f., 206ff., 259, 262f., 266f., 271
Polen, Königreich 23
Polenztal 57
Pommern 90
Portugal 184, 259
Posen 115
Possendorf 59
Postelwitz 57
Potschappel 130
Potsdam 138
Prag 109
Presseler Heidewald 85
Preußen, Königreich 8, 23f., 31, 34, 114f., 125
Profen 63, 127
Prohlis 158
Promnitztal 48
Pulsnitz 79, 121

Rabenau 58
Rabenauer Grund 59
Rabensteiner Höhenzug 79
Radeberg 48, 65, 67, 122, 131
Radebeul 48, 58, 122, 131, 151
Rammenau 79
Rathen 57
Rathmannsdorf 58
Regis 127, 137
Regis-Breitingen 237
Rehefeld 80
Reichenbach / Vogtland 142, 221
Reichenberg 48
Reichwalde 64
Reick 159
Reitzenhain 50
RGW-Länder 144, 150; 154, 163, 175
Rhein-Main-Gebiet 125
Rheinland 116
Riesa, Kreis 94, 96
Riesa-Torgauer Elbtal 69, 83
Riesengebirge 163, 270
Rochlitz 31, 51, 54
Rodewisch 221

Röhrsdorf 48
Rositz 127
Roßwein 49
Rostock 92, 144, 195
Rostock, DDR-Bezirk 144
Rote Weißeritz 58f.
Rothenburg / Niederschlesien 142
Ruhrgebiet 136, 262
Rumänien 259
Rußdorf 119f.
Rußland 8, 23, 188f.

Saale 10, 19f., 25, 49, 83, 102
Saale-Park 44
Saalfeld 143
Saalhausen 130
Saarland 37, 89
Sachsen 7, 31, 33f., 36f., 39ff., 44, 89ff., 107, 110f., 113ff., 120ff., 128, 130, 132f., 135ff., 143, 145, 147f., 150f., 154f., 157f., 166f., 171f., 174f., 180f., 183ff., 188ff., 201, 208f., 215ff., 259, 261ff., 267, 270
Sachsen, albertinisches Herzogtum 20f., 110
Sachsen(-Wittenberg), ernestinisches Kurfürstentum 20, 111, 119f.
Sachsen, Freistaat 8, 19, 31, 37, 40f., 44, 90, 93, 96, 167, 183, 187, 195, 215ff., 222f., 259, 261ff.
Sachsen, Königreich 8, 23, 115
Sachsen, Land 34, 39, 141, 159, 195, 215
Sachsen, preuß. Provinz 23, 31
Sachsen-Altenburg, Herzogt. 119
Sachsen-Anhalt, Land 34, 37, 125, 140, 195, 216, 259
Sachsen–Weimar, Herzogt. 114
Sächsisch-Niederlausitzer Heideland 62, 76, 85
Sächsische DDR-Bezirke 152, 155, 157, 166
Sächsische Niederlausitz 88
Sächsische Schweiz 57, 133, 213f., 242
Sächsische Schweiz, Landkreis 41, 48
Sächsische Schweiz, Nationalpark 214
Sächsisches Lößgefilde 70, 77f., 101
Sächsisches Silicon Valley 195
Sayda 50
Scheibe 64

Ortsregister

Scheibenberg 59f., 107, 221
Schellerhau 50
Schirgiswalde 121, 221
Schkeuditz 136, 201
Schkopau 127
Schleenhain 63
Schlema 148, 221, 255f.
Schlesien 11, 25, 62, 90, 114, 270
Schlesien, preußische Provinz 24, 31
Schlettau 221
Schloßchemnitz 117, 132
Schmilka 57, 59
Schmölln 151
Schmölln, Kreis 39
Schneeberg 14, 28, 50, 107, 221, 253
Schöneck 71, 113
Schönfeld-Weißig 47f.
Schwarze Elster 244
Schwarze Pumpe 64, 146, 269
Schwarzenberg 96, 138, 151, 221
Schwarzenberg, Kreis 96
Schwarzenberg, Republik 138
Schwarzheide 130, 136
Schwedt an der Oder 144
Schweiz 219
Schwerin 195
Sebnitz 17, 151, 221
Sebnitz, Kreis 94
Seelingstädt 148
Seifhennersdorf 62, 269
Seilitz 62
Senftenberg 128, 130, 134
Seußlitz 78
Siebenlehn 86, 107
Singwitz 163
Skandinavien 16
Slowakei 259
Slowenien 259
Sohland 50, 82, 221
Sokolov (Falkenau) 58
Somsdorf 130
Sonnenberg 117
Sowjetische Besatzungszone (SBZ) 34, 36, 138ff.
Sowjetunion 33f., 138ff., 263
Spanien 259
Spree 69, 78, 82, 129, 266
Spreetal 82
St. Egidien 150
St. Marienstern, Kloster 87
Stalinstadt, heute Eisenhüttenstadt 143
Stollberg, Landkreis 45
Stolpen, Burgberg 59
Stralsund 144
Stuttgart 262

Süddeutschland 108, 110
Sudetenland (Böhmen) 8, 90
Südliche Oberlausitz 133, 171, 205, 221, 223
Südliches Muldelößhügelland 79

Tannenberg 79
Tanvald 269
Teheran 33
Thalheim 151
Tharandt 115, 131
Tharandter Wald 54, 65, 79, 251
Thüringen 8, 12, 19, 25, 31, 34, 37, 39, 102, 125, 140, 148, 195, 259
Thüringen, Land 39
Thüringen, Landgrafschaft 20
Thüringer Gebirge 79
Thüringischer Kurkreis 114
Tieflandsraum Nordsachsen 76
Torgau 15, 25, 29, 76, 85, 103, 138, 151
Torgauer Elbtal 76
Trattendorf 129, 269
Treuen 113
Triebisch 49
Tschechische Republik 186f., 206, 208f., 259, 262f., 266f., 271
Tschechoslowakei 8, 31, 263, 266
Turow 269

Übigau, Schlösser und Parkanlagen 29
Ullersdorf 47, 48
Ungarn 13, 150, 259
Unterwellenborn 143
USA 33, 138, 140, 148, 188f.
Uthmannsdorf 269

Varnsdorf 62
Venedig 25
Vetschau 144
Via imperii 25
Via regia 25
Vogtland 39, 41, 49, 59, 71, 79, 80, 82, 87, 104, 107, 111, 113, 124, 133, 135, 152, 171f., 177, 194, 209f., 212f., 221
Vogtland, industrielles Dichtegebiet 90
Vogtländischer Kreis 31

Wachwitz 59
Waldenburg 50
Waldheim 151

Wehrsdorf 82
Weimar 195
Weiße Elster 49, 70, 78f., 83, 85, 236
Weißelsterbecken 62
Weißenfels 125
Weißer Schöps 244
Weißeritzkreis, Landkreis 48
Weißig 130
Weißig bei Dresden 58
Weißwasser 269
Weißwasser, Kreis 39, 94
Weixdorf 48
Welzow-Haidemühl 130
Werdau 51, 65, 124, 131, 142
Weser 136
Westerzgebirge 14, 75, 80, 82, 221
Westpolen 206
Westpreußen 90
Westsachsen 18, 62, 67, 138
Wilde Weißeritz 58
Wildenhainer Bruch 85
Wilisch 58
Wilkau-Haßlau 124
Wilsdruff 49, 86
Wilthen 221
Wismar 144
Wittenberg 16
Wittichenau 236
Wolfen 125
Wurgwitz 130
Würschnitz 237
Wurzen 54, 142, 151

Zadlitz-Bruch 85
Zatec 81
Zauckerode 130
Zehren 86
Zeitz 10, 66, 125
Zeitz, sorbenländisches Bistum 10
Zeitzer Lößhügelland 79
Zinnwald 50
Zinnwald-Georgenfeld 81
Zittau 18, 24, 31, 62f., 65, 111, 120f., 132, 134, 151, 163, 240, 266, 268f.
Zittau, Kreis 96, 163
Zittauer Gebirge 55, 71, 82f., 121, 133, 163, 270
Zschopau 18, 80, 116, 132, 151
Zwenkau 63
Zwickau 15ff., 28, 31, 34, 51, 63, 65, 81, 108, 115, 125, 130f., 134, 148, 151, 219, 222f.
Zwickauer Mulde 51, 65, 70, 78, 80, 236
Zwickauer Revier 51, 131

Personenregister

Agricola, Georgius 7, 109
Albrecht der Beherzte, Mgf. v. Meißen 20, 110
Albrecht, Hzg. v. Sachsen 20
Askanier, dt. Fürstengeschl., 20
August I., sächs. Kfst. 23
August II. (August der Starke), Kg. v. Polen 114

Bach, Johann Sebastian 29
Bebel, August 27
Bernhard, Carl Friedrich 116
Bilkenroth 143
Bismarck 8
Boch 123
Bodmer, Johann Jacob 116
Bosch, Carl 127
Böttger, Johann Friedrich 7
Brühl, Heinrich 17

Charpentier 114
Christaller 220
Cotta, Heinrich 115

Daimler, Gottlieb 138
Dietrich, Mgf. v. Meißen 19

Ernst, sächs. Kfst. 20
Exter, Karl 125

Fallou, F. A. 83
Fischer-Tropsch 127
Flick, Friedrich 138
Frey 116
Friedrich August I. (August der Starke), sächs. Kfst. 8, 23, 110, 113
Friedrich August II., sächs. Kfst. 17, 110, 113
Friedrich August III., sächs. Kfst. u. Kg. 113
Friedrich der Streitbare, Mgf. v. Meißen 102
Friedrich der Weise, sächs. Kfst. 16
Friedrich I. Barbarossa, dt. Ks. 19, 109
Friedrich I., preuß. Kg. 20

Friedrich II., preuß. Kg. 23
Friedrich IV., Mgf. v. Meißen 20

Gehe, Ludwig 123
Georg, Hzg. v. Sachsen 21
Gräser 116

Haber, Rudolf 127
Harris, brit. Luftmarschall 124
Hartmann, Richard 116, 132
Hasse, Johann Adolf 29
Heinrich der Erlauchte, Mgf. v. Meißen 19
Heinrich I. von Eilenburg 19, 102
Heinrich I., dt. Kg. 10, 19, 102
Heinrich IV., dt. Ks. 19
Heinrich Raspe, Ldgf. V. Thür., dt. Gegenkg. 19
Heckert, Fritz 147
Hitler, Adolf 31
Horch, August 132

Johann der Beständige, Kfst. v. Sachsen 16
Johann Friedrich der Großmütige, Kfst. v. Sachsen 16
Junkers, Hugo 138

Kästner, Erich 124
Konrad, dt. Kg. 19

Lange 116
Lassalle, Ferdinand 27
Leibniz, Gottfried Wilhelm 30
Lessing, Gotthold Ephraim 30
Liebknecht, Wilhelm 27
Lüders, Christoph 132
Ludowinger, dt. Fürstengeschlecht 19
Lurghi 127
Luther, Martin 16, 21, 29

Maiziere, Lothar de 36
Milzener, sorb. Stamm 10
Modrow, Hans 36
Moritz, Hzg. u. Kfst. v. Sachsen 21

Müller, C. H. 114
Müller, Clemens 123

Napoleon Bonaparte, frz. Ks. 23 17, 23, 31, 115
Naumann 123

Osram 138
Otto, dt. Ks. 19

Pfaff, Friedrich 116

Rammler 143
Ries, Adam 8

Säuberlich 143
Schein, Johann Hermann 29
Schönherr, Wilhelm 116
Schütz 109
Schütz, Heinrich 29
Seidel 123
Siemens, Gebr. 123, 138, 195
Sigismund, dt. Ks. 20

Thiele 109
Torell, Otto 65

Vaatz, Arnold 39
Villeroy 123
Vögte von Plauen, dt. Adelsgechlecht 113
Vögte von Weida, dt. Adelsgechlecht 113

Wagner, Richard 29
Watt, James 115
Weber, Carl Maria v. 29
Welser, dt. Kaufmannsgeschlecht 109
Werner, Abraham Gottlob 60, 114
Wettiner, dt. Fürstengeschlecht 15, 19f., 31, 102, 110, 113
Wettiner, dt. Fürstengeschlecht, albertinische Linie 15
Wettiner, dt. Fürstengeschlecht, ernestinische Linie 15f., 114
Wöhler, Friedrich 16

Sachregister

Abdachungsfläche 58
Abfallwirtschaft 233
ABM 100
Abwanderung 91
Abwasserentsorgung und
 -beseitigung 237
Achsen, überregionale 219, 223f.
Acker-
 -bau 162, 172
 -land 157f., 172f.
ACZ 156
Adel 26f.
Agenda 2000 189, 259
Agglomerationen, Agglome-
 rationsraum 7, 154, 172,
 194, 213
Agrarverfassung 25
Agrochemische Zentren s. ACZ
Akkumulationsfonds
 (Investitionsfonds) 151, 170
Aktiv- und Passivräume 187
Allgemeiner Deutscher
 Arbeiterverein 27
Alliierte, westliche 138
Alliierter Kontrollrat der vier
 Siegermächte 33
Alters- und Sexualstruktur,
 Deformation der 92
Alters-
 -pyramide 97
 -struktur 97f.
Altindustrialisierte Räume 145,
 154, 174, 205
Altmoräne-
 -land 83
 -landschaft 83
 -platte 68f., 85
Altsiedelgebiete 11
Altsteinzeit 10
Amtshauptmannschaft 31, 33
Angerdörfer 103
Anschlußbeiträge 237f.
Arbeiterbewegung 25, 27
Arbeitsbeschaffungsmaßnahmen
 s. ABM
Arbeits-
 -kräftebesatz 157
 -losenquote 100, 208
 -losigkeit 180, 208
 -marktsituation 99
 -produktivität 13
 -teilung 13
 - -teilung, territoriale 150
Artenschutz 242
Atomwaffenmonopol 148
Aue(n)-
 -boden 83, 85

 -landschaft 69
 -lehm 68f.
Augusteisches Zeitalter 16, 29,
 113
Außengrenze der EU, östliche 8,
 205, 259, 263f.
Außenhandel der DDR 149
Autarkie 127, 130, 136, 145,
 157f., 172

Ballungsgebiet 37, 90, 127, 147
 – industrielles 90
 – monozentrisches 123
Barkas 147
Barockarchitektur, europäische
 29
basale Stufe 87
Basalt 59f.
Bauern(-) 25f.
 -legen 26
 -schutzgesetzgebung 26
 -Weber-Dörfer 119
Bau-
 -gesetzgebung 121
 -leitplanung 219, 271
 -organisationen 156
 -wesen 167
 -wirtschaft 174
Berg-
 -akademie Freiberg 7, 17, 114
 -arbeiterstadt 147
 -bau 7, 13, 28, 50, 90, 107f.,
 116, 124, 142, 145, 151, 154,
 157, 174, 187, 209, 213
 -folgelandschaft 64, 88
 -gebiete 148
 -kapital 148
 -revier Freiberg 250
 -siedlung 107
 -tätigkeit 89
 -hauptstadt 28
 -meister 28
 -ordnung 13, 28, 110
 -stadt 26, 107
 -zehnt 14
Besatzungs-
 -mächte 138
 -zonen 33, 138
Besiedlungsprozeß 107, 108
Bevölkerung(s-) 89, 222
 – , räumliche Verteilung 89
 -agglomeration 90
 -bewegung, natürliche 91, 93
 -bewegung, räumliche 93
 -dichte 14, 89
 -entwicklung 91, 267
 -konzentration 90

 -potential 90
 -verteilung 89, 267
Bezirk(-)e der DDR 24, 36f., 39,
 141, 143f., 147, 150, 155,
 157, 176, 163, 209
 -bildung 143
 -tag 36, 39
BHT-Koks 143, 146
Billiglohnländer 186f., 187, 206
Binnen-
 -düne 69
 -grenzen der EG 265
 -wanderungsverluste 92
Biosphärenreservat 69, 244
Biotopkartierung 243
Bizone 138
Blaue Banane 8, 261
Bleichprivileg 109, 116
Blei-Zink-Silbererz 50
Boden(-),
 –, ertragreicher 89
 –, reliktischer 86
 -decke 83
 -nutzung 191
 -planungsgebiet 251
 -reform 140, 155
 -region 83
 -rentenbank 155
 -versauerung 87
Böhmische(r)
 – Masse 56
 – Wind 81
Börsenverein Deutscher Buchhändler 115
Branchenstruktur 163, 195, 208
 – der Industrie 145, 176, 187,
 195
 – des Tertiärsektors 193
 – im Dienstleistungsbereich 194
Braunerde(-) 83, 85ff.
 -pseudogley 88
Braunkohle(-, n-) 125ff., 130,
 136, 144, 270
 – Vergasung 146
 – Verkokung 143
 -flöz 60, 62
 -förderung und -verarbeitung
 63, 146, 150, 172, 186, 200,
 206, 268, 270
 -formation 62
 -gebiet 96
 -kraftwerk 64, 144
 -bergbau 157, 177, 186, 205,
 206, 218
 -hochtemperaturkoks s. BHT-
 Koks
 -plan 218

-wirtschaft 129
-tagebaue 269
Braunlöß 86
Braunpodsol 68, 85ff.
Brennstoff- und
  Energiewirtschaft 176f.
Brikettierung 146
Bronchialkrebs 148
Bronzezeit 10
Bruchschollentektonik 57f.
Bruttoinlandprodukt 166, 183
Buchdruck 17
Buntmetall 150
Bürgertum 16, 27
Burggraf 11
Burgward 11, 19
Bürotechnik 187

Cenoman 56
Chemisierung der
  Volkswirtschaft der DDR 147
Cityregion "Sachsendreieck" 219
Conurbation 123

Dachschiefer 50
Dampfmaschine 17, 115
Dampfschiffahrt 123
Decksediment, pleistozänes 67
Deindustrialisierung 177f., 187, 195, 200
Demontage 139, 142
Deutsche Einheit 36, 37, 39f., 97, 182f., 213
Deutscher Bund 115
Deutscher Zollverein 122
Deutsches Reich, Gründung 122
Diabase 49
Diamant 147
Dichtegebiet 90, 162, 164
  –, industrielles 90
Dienstleistung(s-)en 185, 194, 197, 201, 210, 212
  –, konsumentenorientierte 194
  –, unternehmensbezogene 194, 205
  -gesellschaft 166, 185
  -sektor 185, 193f., 197, 213, 270
Disparitäten 89f., 97, 100, 142f., 145, 177, 187, 199, 215, 259, 271
  –, räumliche 259
Disproportionen 154
D-Mark 167
Dorfkern 119
Dreiländereck 266, 270
Dreiseithof 107
Dreißigjähriger Krieg 8, 16, 111

Drenthestadium 66
Dresdner Schloß 29
Dresdner Zwinger 29
Drittes Reich 130, 142
Druckindustrie 187
Düne 85

Ebenheit 57
EG-
  -Agrarstrukturpolitik 180, 182
  -Förderprogramm INTERREG 265
  -Marktordnung 180
Eingemeindung 45, 117, 122f.
Einigungsvertrag 177, 187
Einzelhandel(s-) 193, 194, 197
  -netz 200
Eisen- und Stahlerzeugung 268
Eisenbahn(-) 18, 131
  -netz 120, 123
Eisenerzvorkommen 143
Eisenmetallurgie 144
Eisenwerke West 143
Eiserner Vorhang 138
Eisrandlage 65
Eisstauseesediment 65
Elbflorenz 29
Elblineament 54, 56, 58
Elektrifizierung der
  Volkswirtschaft 144
Elektroenergieerzeugung 268
Elektrotechnik / Elektronik /
  Gerätebau (EEG) 144, 150f., 159, 172, 177, 186f., 195
Elsterkaltzeit 65
endogene Potentiale 185, 208
Energiewirtschaft 269
Enklaven 31
Entwicklungs-
  -konzepte 271
  -länder 181
  -maßnahmen 271
  -pläne, fachliche 216, 218
Erbuntertänigkeit 26
Erdöl 144, 148
Erdölleitung "Freundschaft" 144
Ernährungsgewerbe 186
Erster Weltkrieg 127, 129, 132, 135
Erzbergbau 71, 150
Erzgebirgsbruchlinie 58
Erzgebirgsföhn 81
Erzlagerstätten 50
Erzverarbeitung 109
EU-
  -Außengrenze 215
  -Binnengrenzen 265

-Binnenmarkt 264
-Förderprogramm PHARE 265
Europäische(r)
  – Cityregion
    „Sachsendreieck" 219
  – Gemeinschaften (EG) 259
  – Union 8, 184, 189, 215, 259, 261, 263
  – Champignon 261
Euroregionen 9, 262f., 265ff.
  –, neue 264
Exklaven 31
exogene
  – Faktoren 185
  – Potentiale 208
Exulanten, böhmische 111, 113

Fahlerde 83, 85ff.
Fahrzeugbau 7, 147
Fallwind, kalter 81
Familienstand 97
Feinmechanik / Optik 144, 159, 172, 195
Felsrevier 57
Fernhandel(s-) 108
  -privileg 109
  -städte 25
Fertigung, gebrochene 152
feudale Gewalt 26
Feudal-
  -gesellschaft 26
  -ordnung 13
  -staat 26
Feuersteinlinie 65
Filialisierungsgrad 200
Fischereiwirtschaft 245
Flächennutzung(s-) 68, 158, 172
  – und Bebauungspläne 218
  -planung 240
Flächenstillegung 193, 270
Flächenverbrauch 243, 250
Flexur 59, 71
Flözbildung 62
Flußsediment 60
föderaler Staatsaufbau,
  deutscher 31, 33, 141
Föhn, warmer 81
Förderrichtlinien der EU 270
Forschungs-
  und Entwicklungseinrichtungen 197
  -einrichtungen, außeruniversitäre 195
  -kapazitäten 209
  -potential 195
Forstakademie ,
  Königlich Sächsische 115
Foto-Kino-Industrie 18
Französische Revolution 115

Sachregister

Frauenkirche Dresden 114
Freiberger Bergrecht 13
Freiberger Silbererzbergbau 107
Freistaat 25
Fremdenverkehr 209, 213, 261, 270
Friedliche Revolution 24
Frostschutz 67, 70
Frühbürgerliche Bewegung 11, 16
Frühkapitalismus 14, 16
Fünfjahrplan der DDR, 1. und 2. 143

Gärtnerische Produktionsgenossenschaften s. GPG
Gaskombinat Schwarze Pumpe 143
Gassendörfer 103
Gebiete mit / ohne Verdichtungsansätzen im ländlichen Raum 222f.
Gebiets-
   -(Raum-)kategorien 219, 221f.
   -austausch 31
   -neugliederung 48
   -reform 40
Gebirgsboden, -region 83, 87
Gefildezone, Sächsische 70, 102, 208
geländeklimatischer Effekt 76
Geldwirtschaft 13, 26, 107
Gemeinde-
   -gebietsreform 33, 40, 41, 43, 44, 46
   -größenklasse 46
   -ordnung, Sächsische 42
Gerätebau, wissenschaftlicher 159
Germania 147
Gesamtvollstreckungen 213
Geschiebedecksand 67
Gesetz zur Abfallwirtschaft und zum Bodenschutz, Sächsisches 227
Gestein, jungvulkanisches 59
Gestorbenenüberschuß 92
Gewann- o. Gelängeeinteilung 12
Gewässergüte 238
Gewerbe 209, 213, 215
   -, Produzierendes 205
   -, Verarbeitendes 187, 210, 212
   -gebiet 217
Gipfellagen 80
Gips 55
Glashütte 18
Glaubensflüchtlinge 111
Gley 83, 85

Glimmerschiefer 49
Globalisierung 183, 186
Gneise 49, 50, 54
Goldene Pforte zu Freiberg 28
GPG 157, 172
Granit(-) 50f., 54
   -intrusion 50
   -landschaft 50
   -stock 50
Granodiorit 49, 50, 54, 71
Granulit 49, 50, 51, 54
Graugneise 50
Grenzertragsstandorte 158, 173, 182
Griserde 86
Großfeuerungsanlagenverordnung 228
Großflächenwirtschaft 157
Großgrün in der Stadt 249
Großgrundbesitz 155
Großkokerei 143
Großstädte 194
Gründerzeit 117
Grundfonds, industrielle 205
Grundgesetz der Bundesrepublik Deutschland 36, 37, 217, 259
Grundherrschaft 26
   -, mitteldeutsche 26
Grundlagenvertrag 149
Grundmoräne 65
Grundschotter 56
Grundstoff- und Produktionsgütersektor 187
Grundwasser-
   -absenkung 69, 70
   -beschaffenheit 237
Grüne Wiese 158, 193, 197, 201, 217
Grünland 157, 158, 172

Hallenkirchen, erzgebirgische 28
Handelshochschule 115
Handelswege, mittelalterliche 108
Handwerk 209
   -, Produzierendes 167, 174
Hanggley 88
Hauptverwerfungslinie 59
Hausindustrien 15, 119
Häuslersiedlungen 119
Heidelandschaft 67f.
HERMES-Bürgschaften 176f.
Herrschaftspfarreien 12
Hochflächenrelief 50
Hochlage 87
Hochtechnologien 185
Höhengrenze 80
Höhenstufung 75, 82
   -, klimatische 79
Holozän 65, 67

Holsteinwarmzeit 66
Hufe 107
Hügellandstufe 70
Humanismus 16
Hydromorphiegrad 85

Industrialisierung(s-) 7, 11, 16, 89, 93, 101, 119f., 133, 135, 209
   -grad 157, 162, 167
   -prozeß 90, 101, 107, 115f., 121, 124, 130, 132f., 135f., 163
Industrie 27, 90, 141ff., 151f., 159, 163, 166f., 170, 172, 174f., 177, 186f., 189, 194, 200, 205, 209, 213, 215, 223, 270
-Industrie
   -, Bau- 212
   -, Baumaterialien- 120, 172, 186, 205, 269
   -, Bekleidungs- und Leicht- 151, 176
   -, Chemische 7, 142, 144, 147, 177
   -, Chemisch-pharmazeutische 18
   -, Düngemittel- 156
   -, Eisenschaffende 139
   -, holzbe- und -verarbeitende 268
   -, Energie- und Brennstoff- 144
   -, Hütten- 251
   -, Glas- und Keramik- 151, 268f.
   -, Grundstoff- 142, 174
   -, Kraftfahrzeug- 18
   -, Lebensmittel- 151, 170, 172, 177, 205, 268
   -, Leicht- 151, 167, 172, 177, 205, 209
   -, Leicht- und Lebensmittel- 145
   -, Metall- 120
   -, Metallverarbeitende 143, 210
   -, Nahrungs- und Genußmittel- 142, 157, 174, 177, 187, 195
   -, Schwer- 18, 143, 169
   -, Textil- 7, 18, 96, 142, 147, 151f., 167, 177, 205, 209f.
   -, Textil- und Bekleidungs- 145, 162, 172, 177, 187, 205, 208, 268, 269
   -, Textil- und Leicht- 170

Industrie-
- -dichte 180
- -entwicklung 208
- -gesellschaft 185
- -gürtel 167
- -kampagnen 145
- -kombinate 151, 170f.
- –, zentral- / bezirklich- / örtlichgeleitete 163
- -politik 90
- -politik der DDR 152
- –, und -entwicklung, sozialistische 145
- -potential 167
- -sektor 206
- -struktur 169
- -zeitalter 17
- -zweige 145

Industrielle Revolution 17, 116
Infrastruktur 120, 201, 208, 217, 222f., 261, 266, 271
- –, soziale und technische 185, 209
- –, technische 143
- –, touristische 214

Inlandeis 65
- –, elsterkaltzeitliches 59

Insolvenzen 213
Internationalisierung 195
INTERREG II 262
Investitionsgüter-
- -bereich 187
- -güterindustrie 174, 177

Investiturstreit 11
Inwertsetzungs-
- -bedingungen 7, 270
- -möglichkeit 89

Jahreszeitenklima, thermisches 74
Jalta und Teheran, Beschlüsse von 33
Jungsteinzeit 10
Junkertum 27
Jura 55

Kalk 55
Kalkmergel 55
Kalter Krieg 138, 148
Kammlagen 87
Kaolintonlagerstätte 62
KAP 155ff.
Kapitulation der Deutschen Wehrmacht 33
Karlsdorfer Verwerfung 58
KAT 155ff.
Kaufmannssiedlung 13
Kern-Peripherie-Problematik 187, 259
Kippsubstrat 88

Kirchenordnung 12, 16, 21
Kirchschulen 30
Klima-
- -schutz 232
- -stufe 79
- -wirkung, kontinentale und ozeanische 74

Kohle- und Energieprogramm der DDR von 1957 169
Kohle- und Energiezentrum der DDR 143
Kohlebildung 63
Kollektivierung der Landwirtschaft 141, 155
Kolonisation 13
- –, deutsche 107

Kolonisationszeit, hochmittelalterliche 119
Kombinat(s-)e 152, 169f., 210
- –, bezirklich oder örtlich geleitete 170
- –, zentral geleitete 151, 170
- -betriebe 152
- -bildung 151, 163
- -stammbetrieb 152
- -struktur 96

Kommunalreform 199
Kommunalwahlen, erste freie in der DDR 39
Kommunistische Partei Deutschlands s. KPD
Komplexprogramm des Rates für Gegenseitige Wirtschaftshilfe (RGW) 144, 150f., 171
Konferenzen von Jalta und Teheran 138
Konglomerat 51, 54, 55, 56
kontinentale Kruste 49
Kontinentalität 75
- –, thermische 76

Kontinentalsperre 17, 115
Kooperative Abteilung Pflanzenproduktion s. KAP
Kooperative Abteilung Tierproduktion s. KAT
Korb III von Helsinki 93
KPD 138, 140
Kragenkreise 40
Kreide(-) 55
- -meer 59
- -sandsteintafel 57
- -sediment 56

Kreis-
- -direktion 31
- -freie Städte 34, 267
- -gebietsreform 40f., 44, 46
- -hauptmannschaft 31, 33
- -reformgesetz 41

Kreisstadt, Große 119
Kriegszerstörungen 142
Kruzianer 29
Kulturlandschaft 49, 101, 133, 135, 193, 208
Kulturraum 107
Kupfererz 50
Kurwürde 21
Kurzarbeit 100

Lagerstätte(n-) 50, 57
- -bildung 60

Land- und Forstwirtschaft 157, 215, 223, 268, 270
Länderbildung 36f., 39, 195
ländlicher Raum 90, 156, 194, 222, 223, 261
Landesbleiche 15
Landesentwicklung(s-) 215, 217f.
- -plan 208, 216ff., 221f., 240
- -politik 215

Landesplanung(s-) 40, 208f., 216ff., 271
- -gesetz 216f., 226

Landesregierung, Sächsische 36, 214
Landkreise 34
ländliche Regionen 205
Landmaschinenbau 144, 147, 156
Landoberfläche, präcenomane 56
landschaftliche Ausstattung 68
Landschafts-
- -planung 239
- -planung, kommunale 240
- -schutzgebiete 242
- -struktur 49
- -veränderung 69

Landstände 27
Landtag, Sächsischer 27, 36
Landwirtschaft 90, 140f., 155ff., 162, 166, 172ff., 180f., 183, 189ff., 193, 205, 208f., 214, 270
Landwirtschaftliche Nutzfläche s. LNF
Landwirtschaftliche Produktionsgenossenschaften s. LPG
Landwirtschaftsanpassungsgesetz vom Juni 1990 181
Latènezeit 10
Lausitzer
- – Granodiorit 50
- – Revier 64
- – Überschiebung 57f.

Leebereich 75
Leibeigenschaft 26
Leibniz-Gesellschaft, Institute der 197

Sachregister

Leineweberei 15, 119
Leipziger
– Messe 16f.109, 113, 200f.
  -privilegien 15, 109
– Ökonomische Societät 17
– Leipziger Stadtbrief 13
– Leipziger Teilung 20f., 110
Leitungs- und Organisationsstruktur der DDR-Industrie 170
Lessivierung 86
Letten 55
LNF 157f., 172, 191
Lockerdecken, weichselkaltzeitliche 70
Lockersedimente 50
Lokomotivbau 18
Löß 57, 67, 70
  -boden 10, 70
    -region 83, 86
  -decke 86
  -derivat 67
  -gefilde 7, 68, 70, 79
  -gürtel 49, 83, 101, 114, 158
  -hügelland 62, 68, 78
  -landschaft 78
  -lehm 67, 86
  -plateau 86
LPG 141, 155, 157, 172, 208
– Pflanzenproduktion (P) 157
– Tierproduktion (T) 157
–, spezialisierte 157
  -Strukturgesetz zum 31.12.1991 181
Luftmeßnetz 230
Luvbereich 75
Luv-Lee-Wirkung 79

Mäander 69
Manufakturen 17
Markt(-) 13
  -flecken 120
  -recht 109, 116
  -wirtschaft, soziale 174, 177
Marshall-Plan-Hilfe 140
Maschinen- und Fahrzeugbau 145, 147, 151, 162, 167, 170, 172, 176f., 205, 268f.
Maschinenbau 7, 17, 142, 144, 186f., 195, 205, 209f.
Maschinen-Traktoren-Station (MTS) 156
Medizin-, Kälte- und Hochvakuumtechnik 159
Menschenrechte 93
Metall-
  -aufbereitung 15
  -bearbeitung 109
  -leichtbau 150

Metallurgie 142, 145
Migration 162
Mikroelektronik 154, 159, 186, 189, 195
  -programm 169
Mischfutterwerke 156
Mittelbehörde 39
Mittelgebirg(s-)e 7, 101, 103, 158, 163
  -lagen 181
  -land 68, 70, 76, 83
  -schwelle 49
  -vorland 7
Mittelzentren 223
Molassestockwerk 51
Monostruktur
  -entwicklung, industrielle 150
  -regionen, industrielle 145
Moor 83, 85
  -boden 87
Moräne 68
Mulde 11, 68, 85f., 102, 138
Musik 29
Musikinstrumentenproduktion 113, 210

Nahrungs- und Genußmittelgewerbe 210
Napoleonische Kriege 31, 114
Nationaleinkommen 145, 149, 151, 170
Nationalpark 214, 242
NATO 8
Natur-
  -landschaft 101
  -park 85
  -raumausstattung 167, 215
  -regionen 49
  -schutzgebiete 242
  -schutzgesetz, Sächs. 225
naturräumliche
  – Bedingung 89, 172, 190
  – Gliederung 68
Naumburger Messe 16
Neolithikum 7, 70, 86, 101
Neuaufteilung Mitteleuropas 31
Neubauernanteil 155
Neubauernhöfe 140
Neue Messe Leipzig 200
Neusiedelgebiet 12
Nichtsozialistisches Wirtschaftssystem 158
Nickel 150
Nickelerz 50
Niederlausitzer Braunkohlenrevier 145
Niederschachtofenverfahren 143
Nischenprodukte 186

Nitratkonzentrationen 237
Norddeutscher Bund 31
Nordischer Krieg 23
Novemberrevolution in Deutschland 1918 27

Oberlausitzer Städte 15
Oberzentren 96, 219, 222f.
Oder-Neiße-Linie 8
Offenlandschaft 103
Ökologie 185, 217, 271
ökologische Ausgleichsräume 223
ökologischer Landbau 191, 208, 270
Organisations- und Leitungsstruktur der Industrie in der DDR 170
Ortsüberbaggerung 63
Ost-
  -bewegung, deutsche 8, 11, 19
  -erweiterung der EU 259, 263
  -grenze, deutsche 24
  -kolonisation, deutsche 101, 111
Ozonproblematik 229

Parabraunerde 83, 86
Pararendzinen 83
Parteikonferenz der SED, II., 1952 36, 155
Parteitag der SED
  –, VIII., 1971 148, 158f.
  –, VIII. und IX. 92
  –, VI., (1960) 155
  –, X. 152
Passivraum 97
periglaziale
  – Lockensediment-decke 67
  – Vorgänge 58
Periglazialgürtel 67
periphere Lage 205
Peripherraum 8
Permischer Rumpf 54
Pest 14
Petrolchemie 144
Pferdegöpel 14
PHARE 262
Pharmazie 159
Phonolith 59
Pläner 59
Planungs-
  -instrumentarium 219
  -regionen 217ff.
  -verbände, Regionale 216, 218
Planwirtschaft
  –, sozialistische 144, 150, 163, 268
  –, zentralistisch gelenkte 174

Plattenbauweise 158
Plattendolomit 55
Pleistozän 65
Podsol(-) 83, 85, 87
 -boden 68
 -ranker 87
politisch-administrative
 – Gliederung 31
 – Neuordnung 141
Porphyr = Rhyolith 51, 54
Porphyrite 54
Postmeilensäulen 113
Potentiale, touristische 163
Potsdamer Abkommen/
 Konferenz 33, 138
Primärer Sektor 183, 223, 270
Privateigentum, Überführung des 138
Produktion unter einem Dach 152
Produktions- und Organisationsmethoden in der Landwirtschaft, industriemäßige 156
produktionsbezogene Komplexität 154
Produktionsgenossenschaften 181
Programm der Chemisierung der Volkswirtschaft der DDR 169
Programm INTERREG II 265
Programme der EU 262
Pseudogley 83, 86, 87

Quartär 59, 65
Quartärer Sektor 185
Quarzite 49

Radonbelastung 256
Rat des Bezirkes 36
Rat für gegenseitige Wirtschaftshilfe s. RGW
Rauchschäden 14
Rauhfrostablagerung 81
Rauhreif 80
Raum-
 – und Siedlungsstruktur 220
 -kategorie „Gebiete mit Verdichtungsansätzen im ländlichen Raum" 209, 223
 -kategorien 223
 -ordnung(-s) 36, 37, 208, 216ff., 221, 271
  – und Landesplanung, Grundsätze und Ziele der 217, 219
 –, Instrumente der 220
 -behörde 217
 -gesetz 216f., 219
 -kataster 217

Raum-
 -ordnungspolitischer Orientierungsrahmen 219
 -ordnungsverfahren 217
 -planung 215
 -struktur 215, 217, 219, 221
  –, Elemente der 154, 222
  –, Entwicklung der 219
Reformation 16, 20, 29f., 110f.
Reformstaaten Ost- und Südosteuropas 8, 177, 186, 188, 259, 262, 271
Regierungs-
 -bezirk 33, 39, 90, 96, 119, 187
 -präsidien 39, 214
Regionalisierung 183
Regional-
 -pläne 209, 213, 216ff., 224
 -planung 37, 40, 217f., 266
Regionen, grenzüberschreitende 9
Reichs-
 -einigung, deutsche 18
 -exekution 28
 -gründung 8
Reihendörfer 104
Relief-
 -entwicklung, tertiäre 60
 -umkehr 60
religiöse Bewegungen 16
Renaissance 16, 29
Reparationen 139, 148
Reproduktionsverhalten 97
Residenzstadt 110, 123
Restlöcher 64
Rétablissement 17
Revolution 1848, deutsche 27
RGW 8, 143, 145, 150, 159, 172, 175
 –, Mitgliedsländer des 262
Rheinbund 23
Rhyolith s. Porphyr
Rittergüter 26
Rodungen 19
Rohbraunkohle 128, 146
Roheisen 139
Rohstoff-
 – und Energiebasis 146
 -vorkommen 215
Rohstoffe, nachwachsende 191
Rote Liste Sachsens 245
Rotgneise 50
Rubel, transferabler 175
Rumpftreppenrelief 58
Rundling 103
Rundweiler 102

Saaleeiszeit 65f.
Saale-Park 44
Sächsisches Manchester 119
sächsisch-polnische Verbindung 17
SAG 139, 143, 148
SAG Wismut 148
Salz 55
Sand(-) 56
 -löß 67
 -lößgebiet 83
 -stein 51, 54, 55, 56
 -schichten 55
Sander 68
Sanierungsbetriebe im Bergbau 255
Sanierungsrahmenplan 218
Sauerbraunerde 87
SBZ 8, 140, 142f.
Schadstoff 81
Schengener Abkommen 262
Schiefer(-) 49, 54
 -ton 54
Schiffbau 144
Schlösser und Parkanlagen 29
Schlüsseltechnologien 154
Schmelzwasserbildungen 65
Schneeberger Krankheit 148
Schneedecke(n-) 79
 -dauer 75
schneesichere Lagen 80
Schollentektonik, tertiäre 70
Schönburgische Rezeßherrschaft 31
Schotter 64f.
Schrumpfungsbranchen 205
Schutzgebietsverzeichnis 241
Schwarzerde 83
Schwefeldioxidemission 228
Schwemmlöß 86
Schwerindustrieprogramm der DDR 169
Schwermaschinen- und Anlagenbau 144
SDAG 148
SDAG Wismut 253
Sechsstädtebund, Lausitzer 111
SED 24, 138, 140f.
 -Regime 25
Sedimentakkumulation 60
See- und Hafenwirtschaft 144
Sekundärer Sektor 174, 180, 205, 270
Selbstverwaltung 26
 –, kommunale 39
Senftenberger Elbelauf 64
Sexualstruktur 97
Shopping-Center 201
Siebenjähriger Krieg 16f., 114

Sachregister

Siedelform 12
Siedlerpfarreien 12
Siedlungs-
  -abfälle 233
  -bänder 111
  -netz 209
  -struktur 46, 215, 221, 224
  -zentren, ländliche 156
Siegermächte 33
Silber(-) 148
  -bergbau 13, 107
  -erz 13, 50, 107
    -funde 7
  -Nickel-Uranerz 50
Slawen, Volksstamm 19
SMAD 34, 139, 140
Sonderabfall 235
Sonderkulturen 191
Sondermüll 235
Sonnenscheindauer 75
Sorben 10f., 26, 111, 164
sorbenländische Bistümer 10
Sowjetisch-Deutsche Aktiengesellschaft s. SDAG
Sowjetische Aktiengesellschaft s. SAG
Sowjetische Besatzungszone Deutschlands s. SBZ
Sowjetische Militäradministration in Deutschland s. SMAD
Sozialdemokratie 27
Sozialdemokratische Partei Deutschlands s. SPD
Sozialhilfe 100
Sozialismus 141
Sozialistische Einheitspartei Deutschlands s. SED
sozialistische
  – Gesellschaft 148
  – Länder 144, 150, 176, 259, 265
  – Ökonomische Integration 144, 150, 172
Sozialpolitik 149
sozialpolitische Maßnahmen 92
Sozialpolitisches Programm des VIII. Parteitages der SED 1971 90
Spätfrostgefahr 77
SPD 138
Speckgürtel 40, 199
Spinning Jenny 115
Staatl. Akademie f. Technik 118
Staats-
  -eigentum 138, 141
  -entwicklung 31
  -güter 181
  -reform 26
  -regierung, Sächsische 222

Städte(-) 13, 25, 148
–, hansische 25
-dichte 14
-netzidee 219
-tourismus 163
-verbund, Oberzentraler 209, 221
-verbund, Sächsischer 219
-verbünde 221
-wesen 19
Stadt-
  -kreise 34
  -ökologie 201
  -ökonomie 201
  -recht 113, 120
  -schulen 30
Stadt-Umland-
  -Bereich 199
  -Beziehungen 209
  -Gesetz 48, 204
  -Region 37
Stahl- und Walzwerke 151
Stahlerzeugung 139
Standort-
  -faktoren 119
  –, weiche 185, 195
  -verteilung der Industrie 145, 147, 150, 170, 177
  – in der DDR 167
Starkregenereignis 82
Staubemission 228
Stauchmoräne 66
Staunässebildung 86
Stauwirkung 77
Steinbruchbetrieb 57
Steinkohle(-) 17, 125, 130ff., 139
  -bergbau 130f.
  -flöz 54
  -lagerstätte 51
Störung, mittelsächsische 58
Straßendörfer 103
Stromkorrektion 69
Struktur-
  -bruch 268
  -fonds der EU 261
  -merkmale, biologische 97
  -politik, Instrumentarien der 259
  -wandel 119, 127, 145, 183, 185, 186, 212
    –, industrieller 174, 210
    –, wirtschaftlicher 166, 212, 270
Strumpfwirkerei 119
Suburbanisierung 96, 197, 199, 201, 204
Süderweiterung der EG 259
Sudetendeutsche 263
Süd-Nord-Gefälle 167

Südosterweiterung der EG 259, 263
Syenodiorit 50

Tafelberg 57
Talwanne 82
Talweitung 78
Tausendjähriges Reich 33
Technische
  – Anleitung (TA) Siedlungsabfall 234
  – Bildungsanstalt in Dresden 17, 115, 122
  – Hochschule 115
  – Universität Dresden 17, 115, 118, 162, 195, 197
Teichlandschaft 69
tektonische Vorgänge 56
Temperaturgradient 78
Terrassenschotter 67
Tertiär 56f., 59
Tertiärer Sektor 166, 200, 208
Tertiärisierung(s-) 201
  -grad 270
  -prozeß 185, 193
Tertiärsediment 60, 62, 63
Textil-
  -gewerbe 119
  -maschinenbau 120, 144, 147, 150
  – und Bekleidungsgewerbe 186
thermische Benachteiligung 80
Tiefengestein 50
Tiefland 7, 49, 68
Ton 55
  –, kaolinischer 60
Tourismus 162f., 205, 208, 213f., 223
  –, sanfter 214
Trabant 147
Transformationsprozeß 197, 210
Transgression 54, 56
Treibsand 67
Treuhandanstalt 177
Trias 55
Trockengebiet 79
Tuchmacherei 15, 119
Turon 56

Uhrenfabrikation 18
Umgebindehaus 111, 164
Umschulung 100
Umwelt(-) 13
  -bedingungen 154
  -schutz 193, 209, 214
  –, Staatsziel 225
Universität Leipzig 23, 30
UNO 149

Uran (-) 148
 -bergbau 57, 148, 253
 -erz 57, 213
Urbanisierung(s-) 127
 -grad 26
 -prozeß 130, 135
 -tendenz 92

Varistisches Gebirge, Gebirgsbildung 49ff., 54
VEB 141
VEG 141, 157, 172
Vegetationsperiode 77, 79f.
Verarbeitung der Erze 150
Verarbeitungsindustrien 156
Verbrauchsgüterindustrie 174, 177
Verbrauchsgütersektor 187
Verdichtungs-
 -ansätze 223
 -raum 47, 148, 172, 222f.
  –, Randzone des 222f.
Vereinigungen Volkseigener Betriebe der DDR s. VVB
Vereinte Nationen s. UNO
Vererzung 50
Verfassung, Sächsische, von 1831 31
Verflechtungsbereich 219, 220, 221
Verkaufsraumfläche 194
Verlängerte Werkbänke 170
Verleger 15
Verstaatlichung 141, 152
Verstädterung 90
Verstädterungsgrad 90, 135
Vertrag von Helsinki 93
Verursacherprinzip 227
Verwaltungs-
 -gliederung 31
 -reform 31, 39
  – der DDR 1952 36, 159
 –struktur, zentralistische 31
Verwerfung 58
Verwitterungsprodukt, kaolinisches 50
Viehwirtschaft 172, 180, 182
Viehzucht 162
Vierseithof 107
Völkerwanderung 7, 10, 101f.
Volksdemokratien 143, 145
Volksdemokratien, ost- und südosteuropäische 144
Volkseigene Betriebe s. VEB

Volkseigene Güter s. VEG
Volkseigentum 138
Volksentscheid zur entschädigungslosen Enteignung aller Betriebe der Naziaktivisten 138
Volkskammer der DDR 37, 39
Vorruhestand 100
Vulkanismus 54, 56, 59
VVB 151, 170

Waggon- und Landmaschinenbau 18, 205
Waidhandelsmonopol 15
Waldhufendörfer 12, 70, 107, 109, 111, 119, 124
Waldschäden 81, 231
Wanderung, selektive 97
Wärmekraftwerke 269
Warschauer Vertrag 8, 145
Warthestadium 67
Wasser-
 -entnahmeabgabe 227
 -gesetz, Sächsisches 227
 -haushalt 236
 -kraftnutzung 228
 -versorgung 237
WBS 83 159
WBS 70 158
Weberdörfer 111
Webstuhlbau 147
Weichselzeit 67
Weimarer Koalitionsregierung 28
Weiße Brüche 57
Wende, politische und ökonomische 93, 193
Werften 144
Werkzeugmaschinenbau 144, 147, 150
Westverschiebung Polens 8, 263
Wetterlage 74f.
Wiedervereinigung Deutschlands 25
Wiener Kongreß (1815) 8, 23, 31, 114f.
Wirker-Dörfer 119
Wirtschafts-
 – und Währungsunion 175
 -doktrin, sowjetische 142
 -organisation 14
 -organismus Deutschland 138
 -politik und –entwicklung, zentralistische 205
 -raum, sächsischer 177

Wirtschafts-
 -räumliche Gliederung der DDR 167
 -struktur 209
Wismut 57, 148
Wissenschaftspotential 159
Wittenberger Kapitulation 21
Wohlstandsgrenze 8, 205, 259, 262f.
Wohnungsbau, extensiver 158
Wohnungsbauprogramm 90, 92, 149, 151, 158
 –, intensive Etappe des 158
Wohnungsbauserie 70 s. WBS 70
Wohnungsbauserie 83 s. WBS 83
Wüstungsperiode 14

Yellow Cake 148

ZBE (T) 172
Zeilendörfer 103
Zeiss-Ikon AG 18
Zentralbehörden 27
Zentrale Orte 209, 219, 220, 221, 224
 –, kooperierende 221
 –, vierstufiges System 221
 –, Hierarchie der 220f.
 –, System der 220
Zentralität 220
Zentralitätsausgleichsprogramm 41
Zentralkomitee der deutschen Arbeiterverbrüderung 27
Zentralörtliche Gliederung 220f.
Zentralverwaltung 16, 23
Zinn(-) 150, 154
 -bergbau 154
 -erzlagerstätten 50
Zollverein 115
Zweijahrplan 143
Zweiter Weltkrieg 34, 39, 90, 97, 116, 124, 127, 131, 135, 137f., 142f., 148, 158f., 167, 195, 209, 263
Zwinger, Dresdner 114
Zwischenbetriebliche Einrichtungen der Tierproduktion s. ZBE (T)
Zwischenkriegszeit 123, 127

Sachsen

Fakten, Zahlen, Übersichten

Autoren:
A 1: H. Kowalke unter Mitarbeit / Recherche von K. Wienzek und R. Bartsch;
A 2 – 4: Datenzusammenstellung H. Kowalke; B. König, R. Bartsch, S. Schliebe

A 1   Sachsen und seine 22 Landkreise sowie 7 kreisfreien Städte

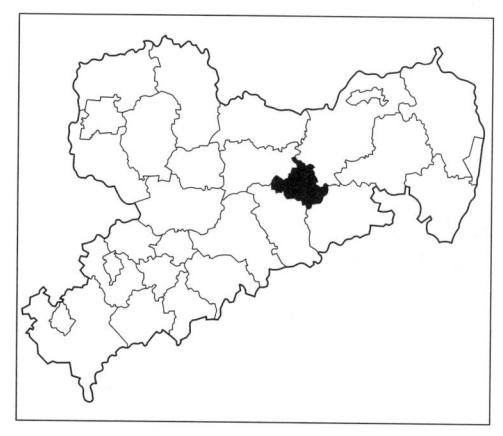

Stadtkreis Dresden (Landeshauptstadt)

Fläche: 238,38 km²
Bevölkerung: 480 988 (Stand: 1998)
Bevölkerungsdichte: 2 018 Ew. / km²
Landeshauptstadt, Hauptstadt des gleichnamigen Regierungsbezirkes, Oberzentrum

Geographische Lage
- im Südosten Sachsens,
- an der Elbe in ca. 110 m NN
- angrenzende Landkreise: Meißen (NW), Kamenz (NE), Sächs. Schweiz (SE), Weißeritzkr. (SW)
- Mitglied der Euroregion Elbe / Labe
- Kern des großstädtischen Ballungsgebietes (Verdichtungsraumes) Dresden

Naturräumliche Charakteristik
- Lage in der Naturraumeinheit Dresdner Elbtalweitung
- die Ausläufer des Osterzgebirges, der Lausitzer Granitplatte und des Elbsandsteingebirges bilden die reizvolle Umgebung der Stadt

Verkehrssituation
- günstige verkehrsgeogr. Lage in Deutschland u. Mitteleuropa (Verkehrsknotenpunkt)
- Straßennetz: Autobahnen A 4, A 13, A 17 (im Bau), Fernstraßen B 6, B 97, B 170, B 172, B 173
- Knotenpunkt im Schienennetz (Verbindungen im nationalen und internationalen Rahmen)
- Lage an der Elbe (Güterumschlaghafen, Fahrgastschiffahrt)
- Flugverkehr: Flughafen Dresden-Klotzsche (nationale und internationale Flüge)
- gut ausgebautes ÖPNV-Netz (Straßenbahn, Bus, S-Bahn, Bergbahn, Fähre)

Historische und administrative Entwicklung:
- Elbtalweitung ist seit dem Neolithikum ständig besiedelt (= Altsiedelland)
- Lage an der Kreuzung mittelalterlicher Handelsstraßen mit der Elbe
- sächsisch seit dem 10. / 11. Jh.
- Mitte 12. Jh. Anlage einer Burg auf dem Taschenberg
- 1206 erste urkundliche Erwähnung, 1216 Ersterwähnung als Stadt, 1485 Hauptstadtfunktion
- Eingemeindungen: 1835 Antonstadt, Leipziger Vorstadt, Friedrichstadt, 1892 Strehlen, Striesen, 1897 Pieschen, Trachenberge, 1899 Albertpark, 1901 Gruna, 1902 Räcknitz, Seidnitz, Zschertnitz, 1903 Cotta, Kaditz, Löbtau, Micken, Naußlitz, Plauen, Trachau, Übigau, Wölfnitz, 1912 Tolkewitz, 1913 Reick, 1921 Blasewitz, Briesnitz, Bühlau, Coschütz, Dobritz, Gorbitz, Gostritz, Kaitz, Kemnitz, Kleinpestitz, Kleinzschachwitz, Laubegast, Leuben, Leubnitz-Neuostra, Leutewitz, Loschwitz, Mockritz, Prohlis, Rochwitz, Stetzsch, Torna, Weißer Hirsch, 1930 Lockwitz, Nickern, Omsewitz, Wachwitz, 1934 Heidefriedhof, 1945 Albertstadt, Dölzschen, Gittersee, Roßthal, 1949 Dresdner Heide, 1950 Großluga, Großzschachwitz, Hellerau, Hosterwitz, Kleinluga, Klotzsche, Meußlitz, Niederpoyritz, Niedersedlitz, Oberpoyritz, Pillnitz, Söbrigau, Sporbitz, Wilschdorf, Zschieren, 1997 Altfranken, Cossebaude, 1999 Schönfeld-Weißig, Langebrück, Weixdorf, Gompitz, Mobschatz
- 1952 – 1990 Bezirkshauptstadt des gleichnamigen DDR-Bezirkes
- seit 1990 Landeshauptstadt des Freistaates Sachsen und Sitz des Regierungspräsidiums des sächsischen Regierungsbezirkes Dresden

Wirtschaft
- Oberzentrum mit administrativen und tertiären Funktionen (Landtag, Landesregierung, Landesämter, Regierungspräsidium, Technische Universität, Fachhochschule, Forschungsinstitute, mehrere Theater, Landeshauptarchiv, Galerien, Messen, Industrie- und Handelskammer)
- Kern eines stark industrialisierten und urbanisierten Gebietes (Conurbation)
- im Bereich der Industrie Branchenvielfalt (u. a. Mikroelektronik, Elektrotechnik, Gerätebau, Lebensmittelind., Maschinen- und Fahrzeugbau)
- wichtiger Wirtschaftsfaktor Fremdenverkehr:
  • vielseitige Parkanlagen (Großer Garten)
  • trotz starker Zerstörung im Zweiten Weltkrieg bedeutende Bauwerke z. B. Frauenkirche, Semperoper, Schloß Pillnitz,
  • attraktive Umgebung (Elbsandsteingebirge, Osterzgebirge)

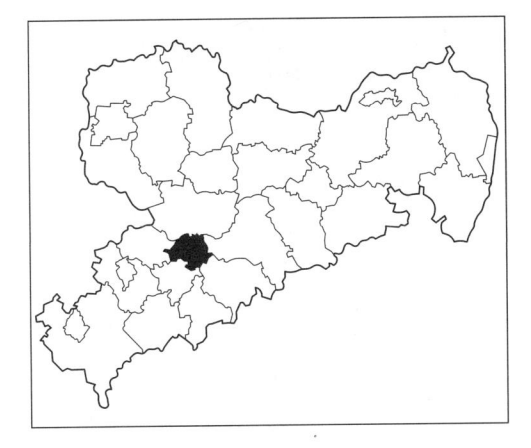

Stadtkreis Chemnitz

Fläche: 220,85 km²
Bevölkerung: 272 097 (Stand: 1998)
Bevölkerungsdichte: 1 232 Ew./km²
Hauptstadt des gleichnamigen Regierungsbezirkes, Oberzentrum

Geographische Lage
- im Süden Sachsens, am Mittelgebirgsfluß Chemnitz
- im sächsischen Mittelgebirge („Tor zum Erzgebirge"); bewegtes Relief
- angrenzende sächsische Landkreise: Freiberg (E), Mittlerer Erzgebirgskreis (SE), Stollberg (SW), Chemnitzer Land (W), Mittweida (N)

Naturräumliche Charakteristik
- Stadtgebiet wird in drei Einheiten gegliedert, das Granulitgebirge, das bis an das nördliche Stadtgebiet heranreicht, das Erzgebirge im Süden und das Erzgebirgische Becken im Hauptbereich von Chemnitz (= Teile des vor annähernd 300 Mio. Jahren angelegten varistischen Gebirges Mitteleuropas)
- Südgrenze der elsterzeitlichen Inlandsvereisung (Feuersteinlinie mit Markierungsstein)

Verkehrssituation
- bedeutender sächsischer Verkehrsknotenpunkt
- Straßennetz: Autobahnen A 4, A 72, Anschlüsse an A 9, A 13 u. A 14; Fernstraßen B 95, B 173
- Schienennetz: sehr gut ausgebaut („Sachsenmagistrale" Hof–Plauen–Zwickau–Chemnitz–Dresden–Görlitz; Berlin–Riesa–Chemnitz–Hof–Nürnberg, Chemnitz–Leipzig)
- Flugverkehr: Verkehrslandeplatz südl. von Chemnitz (Jahnsdorf); nächste Flughäfen: Halle/Leipzig (ca. 75 km), Dresden (ca. 70 km)
- öffentlicher Nahverkehr: gut ausgebautes Netz in Chemnitz und in das Chemnitzer Umland

Historische und administrative Entwicklung
- seit dem Mittelalter sächsisch
- erstmals 1136 erwähnt, in Verbindung mit einem gegründeten Benediktinerkloster St. Marien auf dem Schloßberg
- Stadtgründung um 1165 (planmäßige Stadtanlage)
- erste Eingemeindung 1165 (Zeisigwald), 1402 Borssendorrf, Streitdorf, Teile von Gablenz, Teile von Bernsdorf, 1844 Niklasgasse, 1880 bis 1894 Schloßchemnitz, Küchwald, Altchemnitz, 1900 Gablenz, Altendorf, Kappel, 1906–1914 Hilbersdorf, Bernsdorf, Helbersdorf, Furth, Borna, 1919 Ebersdorf, Markersdorf, 1922 bis 1929 Heinersdorf, Rottluff, Reichenhain, 1950 Draisdorf, Glösa, Rabenstein, Neustadt, Reichenbrand, Siegmar, Schönau, Stelzendorf, Harthau, Erfenschlag, Adelsberg, Niederhermsdorf, Oberhermsdorf und Staatsforstgebiete, 1953 Teile von Auerswalde; Eingemeindungen 1990–1999: Euba, Kleinolbersdorf-Altenhain, Einsiedel, Klaffenbach, Mittelbach, Grüna, Röhrsdorf, Wittgensdorf
- 1952–1990 Bezirkshauptstadt des gleichnamigen DDR-Bezirkes
- 1953 Umbenennung in Karl-Marx-Stadt
- 1990 Rückbenennung in Chemnitz
- seit 1990 Sitz des Regierungspräsidiums des sächsischen Regierungsbezirkes Chemnitz

Wirtschaft
- historisch: Handwerker- (Textilgewerbe) und Handelsstadt
- Industriestadt (Textilindustrie, Maschinenbau, Fahrzeugbau, Metallurgie, Metallverarbeitung, chemische Industrie, Gerätebau)
- Hauptindustriezweig im Umland war die Herstellung und Verarbeitung textiler Gewebe
- Chemnitz wies den höchsten Industriearbeiteranteil Sachsens auf
- Deindustrialisierungstendenzen traditioneller Branchen (Textil- und Bekleidungsindustrie, Maschinenbau, chemische Industrie)
- wichtige Industriezweige heute: Maschinenbau, Kraftfahrzeugbau, Nahrungs- und Genußmittelindustrie, Elektrotechnik/Elektronik, Baustoffindustrie
- heute: wichtige zentrale Funktionen (Oberzentrum)
- Kern eines Agglomerationsraumes (Ballungsgebiet Chemnitz-Zwickau), der bis in die Erholungsgebiete des Erzgebirges hineinreicht
- viele Sehenswürdigkeiten und damit ein Anziehungspunkt für die Touristen (Bsp.: Rathaus Chemnitz, Burg Rabenstein, das Opernhaus, Schlossbergmuseum, Talsperre Rabenstein, Felsendome Rabenstein

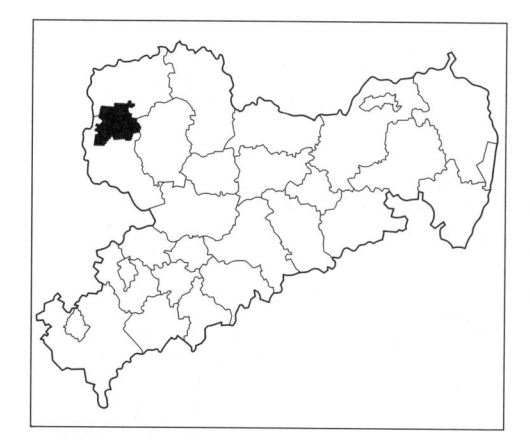

Stadtkreis Leipzig

Fläche: 290,59 km²
Bevölkerung: 494 914 (Stand: 1998)
Bevölkerungsdichte: 1 703 Ew. / km²
Hauptstadt des gleichnamigen Regierungsbezirkes, Oberzentrum

Geographische Lage
- im Nordwesten Sachsens
- an den Flüssen Weißen Elster, Pleiße und Parthe
- angrenzende Landkreise: Delitzsch (N), Leipziger Land (W, S, E)
- ein Kern des großindustriellen Ballungsgebietes Halle–Leipzig–Dessau–Altenburg

Naturräumliche Charakteristik
- Lage im Zentrum der Leipziger Tieflandsbucht (Naturraumeinheit Leipziger Land)
- große Talauen der Weißen Elster und der Pleiße bilden Kontrast zu den mehrere Meter höher liegenden Geschiebelehmplatten
- Platten stammen aus der Zeit der Elster- und Saalekaltzeit
  (Ablagerung großflächiger lehmhaltiger Grundmoränen)

Verkehrssituation
- bedeutender Verkehrsknotenpunkt internationalen Ranges
- Straßennetz: A 14 Halle–Leipzig–Dresden, A 9 München–Leipzig–Berlin; Fernstraßen B 87 Weimar–Leipzig–Torgau, B 184 Dessau–Delitzsch–Leipzig, B 6 Halle–Leipzig–Dresden, B 2 Potsdam–Wittenberg–Leipzig–Gera–Hof
- Eisenbahnnetz: Leipzig ist einer der Hauptverkehrsknotenpunkte im Eisenbahnnetz Deutschlands (Verbindungen im ICE-, IC- und EC- Netz)
- Flugverkehr: Flughafen Halle-Leipzig (Schkeuditz)(Fluggästekapazität bis 3 Mio.)
- öffentlicher Nahverkehr: gut ausgebautes innerstädtisches Netz;
  S-Bahnnetz (auch ins Umland)

Historische und administrative Entwicklung
- Altsiedelland (kontinuierliche Besiedlung seit dem Neolithikum)
- slawische Ortsgründung im 9. Jh.
- 1015 erste Erwähnung in der Chronik des Bischofs Thietmar von Merseburg (Burgwardsitz der Herren von Schkeuditz)
- sächsisch seit dem Mittelalter
- um 1165 Stadtgründung
- 12. Jh. Beginn der Messetätigkeit (Messeprivilegien 1497 und 1507)
- Eingemeindungen (Auswahl):
  1891 Plagwitz, 1899 Anger-Crottendorf, Reudnitz, Neuschönefeld, Sellerhausen, Volkmarsdorf, Thornberg,
  2. Eingemeindungswelle 1915–1936,
  3. Eingemeindungswelle nach 1945,
  Eingemeindungen ab 1997 14 Gemeinden (z. B. Liebertwolkwitz, Mölkau, Engelsdorf, Lindenthal, Lützschena)
- 1952–1990 Bezirkshauptstadt des gleichnamigen DDR-Bezirkes
- seit 1990 Sitz des Regierungspräsidiums des sächsischen Regierungsbezirkes Leipzig

Wirtschaft:
- Stadt besitzt eine polyfunktionale Struktur (Handels-, Banken- und Dienstleistungszentrum, Messestadt, Medienzentrum, Industriestadt, Zentrum von Bildung und Wissenschaft u. a.)
- bedeutende Industriebranchen:
  Buch- und Zeitschriftenproduktion, Elektrotechnik, Elektronik, Metallindustrie, Maschinenbau, Druckindustrie, Nahrungs- und Genußmittelindustrie, Textil- und Bekleidungsindustrie, Holzverarbeitende Industrie, Baustoffindustrie, Leder- und Rauchwarenindustrie
- wichtige Sehenswürdigkeiten:
  Altes Rathaus, Gewandhaus zu Leipzig, Königshaus, Messehäuser der Innenstadt, Nikolaikirche, Opernhaus, Thomaskirche u.a.
- Landwirtschaft im Umland von Leipzig (Leipziger Tieflandsbucht)
Fläche: 67,91 km²

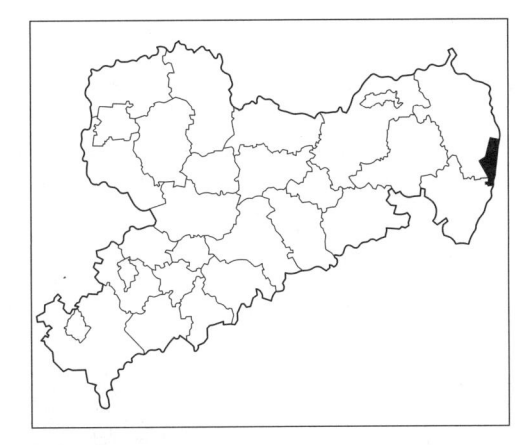

Stadtkreis Görlitz

Bevölkerung: 64 813 (Stand: 1998)
Bevölkerungsdichte: 954 Ew. / km²
Regierungsbezirk Dresden, Teil des Oberzentralen Städteverbundes Görlitz – Bautzen – Hoyerswerda

Geographische Lage
- liegt im Dreiländerdreieck von Deutschland, Tschechien, Polen im Südosten Sachsens
- ist die östlichste Stadt Deutschlands, direkt an der Grenze zu Polen gelegen (EU-Außengrenze)
- an der Neiße gelegen (östlicher Stadtteil [Zgorzelec] seit 1945 zu Polen gehörend)
- angrenzende Landkreise: Niederschlesischer Oberlausitzkreis (NW), Landkreis Löbau-Zittau (SW)
- größte niederschlesische Stadt Deutschlands
- Mitglied der Euroregion Neiße

Naturräumliche Charakteristik
- Naturraumeinheit: östliche Oberlausitz
- Landeskrone ist höchste Erhebung des Görlitzer Gebietes (419,5 m NN)
- Nähe zu den Mittelgebirgen Zittauer Gebirge, Iser- und Riesengebirge

Verkehrssituation:
- bedeutender europäischer Verkehrsknotenpunkt
- Straßennetz: Anbindung an die Autobahn A 4 (direkte Verbindung nach Polen) Fernstraßen B 6, B 99, B 115
- Schienennetz: (Verbindungen im nationalen und internationalen Rahmen)
- Flugverkehr: Verkehrslandeplätze in Rothenburg und Bautzen, Flughafen Dresden-Klotzsche
- grenzüberschreitender ÖPNV-Anschluß (Polen)
- Transitfunktion (Grenzübergangsstellen im Straßen- und Schienenverkehr)

Historische und administrative Entwicklung
- erste Erwähnung 1071
- Mitglied des Lausitzer Sechsstädtebundes
- mehrfacher Herrschaftswechsel (bis 1635 böhmisch bis 1815 sächsisch, bis 1945 preußische Provinz Niederschlesien)
- nach 1945 politisch-administrativ Sachsen zugeordnet
- nach dem Zweiten Weltkrieg eine geteilte Stadt (Oder-Neiße-Linie = neue polnische Westgrenze)
- seit 1952 eigenständiger Stadtkreis im DDR-Bezirk Dresden
- seit 1990 Teil des Freistaates Sachsen
- hat den Status einer EU-Grenzstadt
- seit 1998 „Europa – Stadt"
- Eingemeindungen: Schlauroth, Hagenwerder, Deutsch-Ossig, Schöpstal, Ludwigsdorf

Wirtschaft
- ist als traditioneller Wirtschaftsstandort von Unternehmen wie der Deutschen Waggonbau AG und der Siemens AG geprägt
- internationaler Bildungsstandort (Hochschule für Technik, Wirtschaft und Sozialwesen)
- bedeutende Industriezweige: Metallindustrie, Maschinen- und Fahrzeugbau, Nahrungs- und Genußmittelindustrie, Holzverarbeitende Industrie
- Fremdenverkehrszentrum (Vielzahl von denkmalgeschützten Bauten und Einrichtungen, z. B. Annenkapelle, Frauenkirche, Finstertor, Krematorium, Lutherkirche, Muschelminna, Nikolaikirche u. a.)
- Zittauer Gebirge als Ausflugsziel, Ausgangspunkt für Fahrten in das Iser- und Riesengebirge
- seit 1945 Verlust des östlichen Umlandes (Teil Polens)
- Transitfunktion
Fläche: 95,85 km²

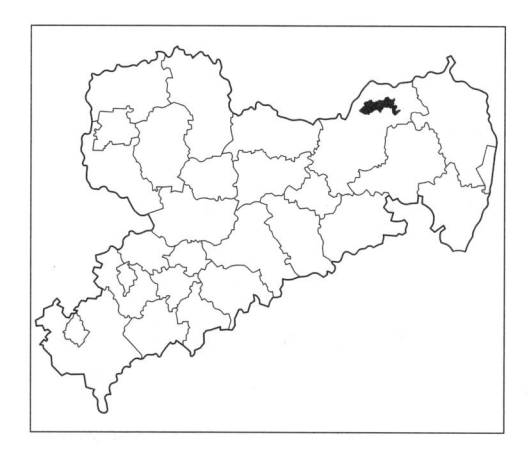

Stadtkreis Hoyerswerda

Bevölkerung: 55 441 (Stand: 1998)
Bevölkerungsdichte: 578 Ew./km²
Regierungsbezirk Dresden,
　Teil des Oberzentralen Städteverbundes
　Görlitz – Bautzen – Hoyerswerda

Geographische Lage
– im Norden Sachsens
　im Norden der Oberlausitz
– Regierungsbezirk Dresden
– Mitglied der Euroregion Neiße
– umgeben vom Landkreis Kamenz

Naturräumliche Charakteristik
– zählt zum
　Oberlausitzer Heide- und Teichgebiet
– angrenzende Naturräume:
　Königsbrück-Ruhländer Heide (Westen),
　Senftenberg-Finsterwalder Becken
　und Platten (Norden),
　Muskauer Heide (Osten)
– Lage im Lausitzer Braunkohlegebiet
Verkehrssituation
– Straßennetz: über Bundesstraßen Anschluß an das Autobahnnetz (A 4, A 15);
　Fernstraßen B 96, B 97
– Schienenetz: Anschluß an das DB-Netz (Dresden, Leipzig, Berlin u. a.)
– Flugverkehr: Verkehrslandeplätze in Rothenburg und Bautzen,
　Flughafen Dresden-Klotzsche

Historische und administrative Entwicklung
– erste urkundliche Erwähnung im Jahre 1268 (Oberlausitzer Teilungsurkunde)
– Stadtrecht seit 1423 durch die Herren von Duba
– ab 1635 sächsisch
– 1815–1945 preußische Provinz Niederschlesien
– kleines Ackerbürgerstädtchen
– Ende des 19. Jh. Beginn des Braunkohlenabbaus in der Region leitet frühe Industrialisierung ein
– seit 1952 zum DDR-Bezirk Cottbus gehörend („Kohle- und Energiebezirk der DDR")
– seit den 1950er Jahren Ausbau zur Wohnstadt für das Braunkohlekombinat Schwarze Pumpe („Sozialistische Stadt Hoyerswerda-Neustadt")
– seit 1990 Teil des Freistaates Sachsen
– Eingemeindungen: Schwarzkollm, Bröthen, Zeißig, Dörgenhausen
– Geschichte der Stadt mit den vielfältigen Bräuchen und den reichen Traditionen der sorbischen Bevölkerung verbunden

Wirtschaft
– Braunkohlenförderung, Elektroenergieerzeugung, Bergbausanierung / Landschaftsgestaltung, Geschäfts- und Wohnungsbau, Möbelherstellung, Chemiefabrik, Alkoholherstellung (Jägermeister GmbH)
– Sehenswürdigkeiten: sorbisches Trachtenmuseum, Lausitzer Grubenbahn,
　Stadtpark mit Martin-Luther-King-Haus
Fläche: 104,85 km²

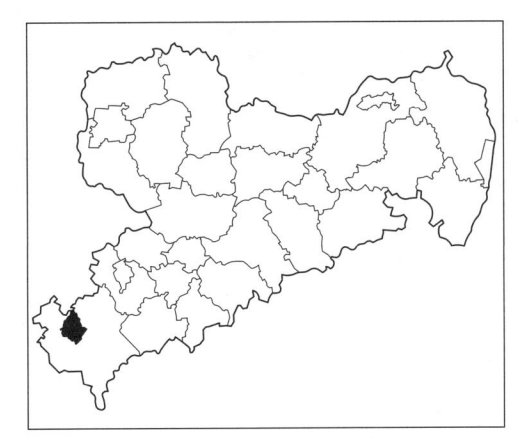

Stadtkreis Plauen

Bevölkerung: 72 376 (Stand: 1998)
Bevölkerungsdichte: 690 Ew. / km²
Regierungsbezirk Chemnitz,
Oberzentrum

Geographische Lage
- im Südwesten Sachsens,
  nahe der Grenze zum Freistaat Bayern und zur Tschechischen Republik
- „Hauptstadt" des Vogtlandes
- in unmittelbarer Nähe der Talsperren Pöhl und Pirk
- am Oberlauf der Weißen Elster
- angrenzende Landkreise:
  umgeben vom Vogtlandkreis,
- Mitglied der Euroregion Egrensis

Naturräumliche Charakteristik
- Naturraumeinheit: Vogtland
- von einem fast geschlossenen Waldgürtel umgeben
- Naturschutz-, Landschaftsschutz- und Naherholungsgebiete gruppieren sich um die Stadt
- liegt in einer typisch vogtländischen Kuppenlandschaft mit kleinen Bachtälern und Talauen

Verkehrssituation
- verkehrsgünstige Lage
  (an mittelalterlicher Handelsstraße West – Ost)
- Straßennetz:
  Autobahnen A 72 Hof – Plauen – Chemnitz;
  E 49 von A 72 über Mühltroff direkte Anbindung an die A 9;
  Fernstraßen: B 92 Cheb (Tschechien) – Oelsnitz – Plauen – Greiz – Gera
- Schienennetz: gute Eisenbahnanbindung durch die Strecken Nürnberg – Plauen – Leipzig, Hof – Plauen – Chemnitz – Dresden
- nächste Flughäfen: Verkehrslandeplatz Hof, Flughäfen Nürnberg und Leipzig

Historische und administrative Entwicklung
- Lage an der mittelalterlichen Frankenstraße
- erste geschichtliche Erwähnung 1122
- Fernhandelsmarkt, Zentrum des Handwerks
- frühe Industrialisierung
- Plauen entwickelt sich zur „Hauptstadt des Vogtlandes"
- 1907 kreisfreie Stadt
- 1912 größte Einwohnerzahl (128 014 Ew.)
- 1945 zu 75 % zerstört
- ab 1945 Randlage im DDR-Bezirk Chemnitz / Karl-Marx-Stadt
  (Verlust des südwestlichen Hinterlandes)
- seit 1990 Teil des Freistaat Sachsen
- Eingemeindungen: Großfriesen, Messbach, Jößnitz, Kauschwitz, Naundorf, Straßberg

Wirtschaft
- Standort von Handwerk und Gewerbe
  (vor allem Textilgewerbe)
- wichtigste Industriezweige: Metallindustrie, Maschinenbau, Textil- und Bekleidungsindustrie, Nahrungs- und Genußmittelindustrie, Elektrotechnik / Elektronik, Gerätebau
- Spezialproduktion: Plauener Spitze
- durch viele interessante Sehenswürdigkeiten beliebtes Ziel für in- und ausländische Touristen (Altes und Neues Rathaus, St. Johanniskirche, Lutherkirche, Malzhaus, Nonnenturm, Vogtlandmuseum)
- touristisch gut erschlossene Umgebung (Talsperren Pöhl, Pirk; Waldgebiete, Mittelgebirge)

Fläche: 103,05 km²

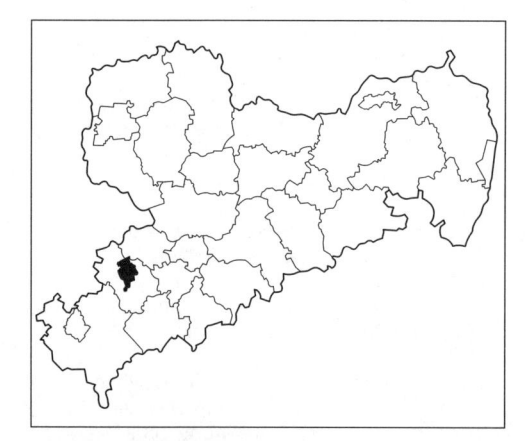

Stadtkreis Zwickau

Bevölkerung: 106 691 (Stand: 1998)
Bevölkerungsdichte: 1 035 Ew./km^2
Regierungsbezirk Chemnitz, Oberzentrum

Geographische Lage
- im Südwesten Sachsens
- an der Zwickauer Mulde
- an der mittelalterlichen Frankenstraße
- Teil des altindustriellen Agglomerationsraumes Chemnitz-Zwickau
- benachbarte Landkreise: Chemnitzer Land (NE), Zwickauer Land (W)

Naturräumliche Charakteristik
- Naturraumeinheit: Erzgebirgsbecken
- wichtig für die Inwertsetzung waren die Steinkohlenvorkommen
- Lage am Fuße des Erzgebirges
- naturräumlich ist die Grenze des Hügellandes gegen das Gebirge sehr markant, da sie mit der gebirgswärtigen Lößgrenze zusammenfällt
- beiderseits der Zwickauer Mulde liegen auf den Hochflächen tertiäre Sedimente, die sich bereits zwischen Meerane und Glauchau zu einem ununterbrochenen Band zusammenschließen

Verkehrssituation
- günstige Verkehrslage in der Region (Lage an der West-Ost-Achse im Vorland der Mittelgebirge)
- Straßennetz: Autobahn A 72 Nürnberg-Zwickau-Chemnitz; Fernstraßen B 175 Zwickau-Limbach-Döbeln; B 93 Zwickau-Meerane-Altenburg; B 173 Zwickau-Chemnitz-Dresden
- Schienennetz: regionaler Knotenpunkt, Strecken München-Hof-Zwickau-Leipzig-Berlin; Eisenach-Erfurt-Zwickau-Chemnitz-Dresden = Sachsenmagistrale); Zwickau-Aue
- Flugverkehr: nächster Flughafen Leipzig

Historische und administrative Entwicklung
- 1188 erste urkundliche Erwähnung
- sächsisch seit dem Mittelalter
- Zentrum von Handel, Handwerk und Gewerbe
- Frühe Industrialisierung auf der Basis der Erzfunde im Erzgebirge und der Steinkohlenvorkommen
- 1952 zum Bezirk Chemnitz (ab 1953 Karl-Marx-Stadt) gehörig
- seit 1990 Teil des Freistaat Sachsen
- Eingemeindungen: u. a. Rottmannsdorf, Hartmannsdorf, Cainsdorf, Oberrothenbach

Wirtschaft
- Lage an mittelalterlicher Handelsstraße führte zur frühen Entwicklung von Handwerk, Gewerbe und Handel
- günstige Bedingungen für die Landwirtschaft (Erzgebirgsbecken)
- Steinkohleabbau beförderte seit dem 18. Jahrhundert die industrielle Entwicklung (1975 eingestellt)
- bedeutender Wirtschaftsstandort mit Industriezweigen wie Metallindustrie, Maschinenbau, Eisenmetallurgie, Textil- und Bekleidungsindustrie, chemische Industrie
- einer der wichtigsten Automobilstandorte Deutschlands (seit 1904)
- heute bedeutender Standort für den Volkswagen-Konzern
- Zentrum von Kunst und Kultur
- Tourismuszentrum mit vielen Sehenswürdigkeiten von nationaler und internationaler Bedeutung (Dom St. Marien, Gewandhaus, Hochzeitshaus, Pulverturm, Robert-Schumann-Denkmal, Katharinenkirche)

Fläche: 1339,54 km^2

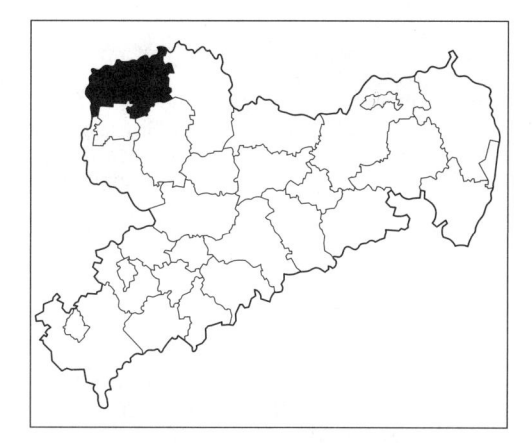

Landkreis Delitzsch

Fläche: 837,36 km²
Bevölkerung: 127 521 (Stand: 1998)
Bevölkerungsdichte: 152 Ew./km²
Regierungsbezirk Leipzig, Kreissitz: Delitzsch
Anzahl der Gemeinden: 19, davon 5 Städte (1999)

Geographische Lage
- nördlichster Landkreis Sachsens
- zählt zum nördlichen Randbereich des Ballungsraumes Leipzig
- Teile des Landkreises sind von Braunkohleflözen unterlagert
- angrenzende Stadt- und Landkreise: Leipziger Land (S), Stadtkreis Leipzig (S), Torgau-Oschatz (E), Muldentalkreis (SE)
- im N und NW an Sachsen-Anhalt grenzend

Naturräumliche Charakteristik
- Naturraumeinheiten: Leipziger Land (Süden), Düben-Dahlener Heide (Nordosten)
- Übergangsbereich zwischen Tiefland und Lößgürtel (saalekaltzeitliche Prägung); daraus resultieren differenzierte naturräumliche Bedingungen für die Land- und Forstwirtschaft
- das Tertiär der Leipziger Tieflandsbucht ist im Übergangsbereich zwischen der überwiegend von Meeren bedeckten Norddeutschen Senke und dem Böhmisch-Mitteldeutschen Festlandgebiet abgelagert worden
- epirogenetische Bewegungen, d. h. großflächige Hebungen u. Senkungen, bestimmten die Ablagerung des Tertiärs in diesem Übergangsbereich
- durch Hebungen zentraler Teile des Festlandsgebietes entwickelten sich Schuttfächer (jüngeres Eozän, Miozän)
- Braunkohlebildung

Verkehrssituation
- Leipzig ist Verkehrsknoten von europäischer Bedeutung, davon profitiert auch der Landkreis Delitzsch
- Straßennetz:
  Autobahnen A 14 Dresden–Leipzig–Halle im Süden und
  A 9 Hermsdorfer Kreuz–Berlin im Westen;
  Fernstraßen B 184 Leipzig–Delitzsch–Bitterfeld, B 183a Bad Düben–Delitzsch,
  B 100, B 2 Leipzig–Bad Düben
- Schienennetz:
  über Leipzig Anbindung an das nationale und internationale Schienennetz;
  Strecke Leipzig–Bitterfeld–Berlin
- Flugverkehr:
  nächster Flughafen Halle/Leipzig (Schkeuditz)

Historische und administrative Entwicklung:
- südlicher Teil (Leipziger Land) frühe Besiedlung (= Altsiedelland)
- sächsisch seit dem Mittelalter
- gehörte von 1952 bis 1990 zum DDR-Bezirk Leipzig
- seit 1990 Teil des Freistaates Sachsen
- durch Kreisgebietsreform 1994 entstand aus den Altkreisen Eilenburg und Delitzsch der Landkreis Delitzsch

Wichtige Städte/Gemeinden (1998)
Delitzsch (27 166 Ew., Mittelzentrum),
Eilenburg (19 413 Ew., Mittelzentrum),
Schkeuditz (17 350 Ew., Mittelzentrum),
Bad Düben (8 770 Ew., Unterzentrum)

Wirtschaft
- Landwirtschaft: im südlichen Teil (Lößgebiet) intensiver Ackerbau,
  im nördlichen Teil (Tiefland) Forstwirtschaft und inselhaft Landwirtschaft (Viehwirtschaft)
- wichtige Industriezweige entwickelten sich auf der Basis der Lage zu Leipzig (Zulieferfunktion), der Rohstoffe aus der Land- und Forstwirtschaft und der Braunkohle (chemische Industrie, Metallindustrie, Maschinenbau, Nahrungs- und Genußmittelindustrie, Holzverarbeitende Industrie, Baustoffindustrie)
- Tourismus:
  im N gute natürliche Potentiale (Düben-Dahlener Heide als Wald- und Wandergebiet = Naherholungsgebiet für die Bevölkerung Leipzigs)

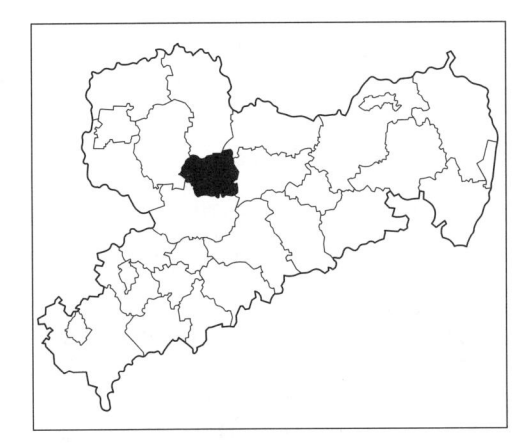

Landkreis Döbeln

Fläche: 423,95 km²
Bevölkerung: 80 214 (Stand: 1998)
Bevölkerungsdichte: 189 Ew./km²
Regierungsbezirk Leipzig, Kreissitz: Döbeln
Anzahl der Gemeinden: 14, davon 5 Städte (1999)

Geographische Lage
- einer der kleinsten und bevölkerungsärmsten Landkreise in Sachsen
- besitzt eine zentrale Lage im Städtedreieck Leipzig – Dresden – Chemnitz (ländlicher Raum mit Ausgleichs- und Ergänzungsfunktion)
- im östlichen Teil des Regierungsbezirkes Leipzig
- angrenzende Landkreise: Muldentalkreis (W, NW), Torgau-Oschatz (N), Riesa-Großenhain (NE), Meißen (E), Mittweida (S)

Naturräumliche Charakteristik
- Naturraumeinheiten: Mittelsächsisches Lößhügelland, Mulde-Lößhügelland
- der Landkreis besitzt günstige Inwertsetzungsbedingungen für einen intensiven Ackerbau (Böden auf Löß)
- geringer Waldanteil, beschränkt sich auf die Talbereiche mit hoher Reliefenergie
- reizvolle Landschaft in den Tälern der Mulde und Zschopau

Verkehrssituation
- Straßennetz: gut ausgebaut (Anbindung an die A 14 Leipzig – Dresden); Fernstraßen: B 175 Nossen – Döbeln – Limbach; B 176 Döbeln – Borna – Groitzsch; B 169 Riesa-Döbeln-Chemnitz
- Schienennetz: ungenügende Anbindung (große Maschendichte, ungünstige Taktzeiten), Strecke Berlin – Riesa – Chemnitz, ansonsten nur Nahverkehrsstrecken
- Flugverkehr: nächste internationale Flughäfen Leipzig (ca. 50–60 km), Dresden (60 km)

Historische und administrative Entwicklung
- Altsiedelland mit frühzeitiger landwirtschaftlicher und gewerblicher Inwertsetzung
- seit dem Mittelalter Teil Sachsens
- gehörte 1952–1990 zum DDR-Bezirk Leipzig
- seit 1990 Teil des Freistaates Sachsen
- durch Kreisgebietsreform 1994 entstand der heutige Landkreis Döbeln

Wichtige Städte / Gemeinden (1998)
Döbeln (24 252 Ew., Mittelzentrum),
Leisnig (7 868 Ew., Unterzentrum),
Roßwein (8 288 Ew., Unterzentrum),
Hartha (8 159 Ew., Unterzentrum),
Waldheim (9 570 Ew., Unterzentrum)

Wirtschaft
- Landwirtschaft: bis heute intensiver Ackerbau (Lößgebiet)
- gehört zur östlichen Randzone des Agglomerationsraumes Halle – Leipzig (Herausbildung vielfältiger Funktionen und Verflechtungen)
- Entwicklung einer Vielzahl von Industriezweigen im Rahmen der Zulieferfunktion für Standorte im Agglomerationsraum und der Verarbeitung einheimischer Rohstoffe (Textil- und Bekleidungsindustrie, Metallindustrie, Maschinenbau, Nahrungs- und Genußmittelindustrie, Leder- und Rauchwarenindustrie, Baumaterialienindustrie)
- nach 1990 durch das Wegbrechen von Zulieferbeziehungen und traditioneller Branchen Deindustrialisierungstendenzen
- der Landkreis besitzt eine Vielzahl von Sehenswürdigkeiten (z. B. die Burg Mildenstein, das Wasserschloß Sitten, Schloß Mockritz, Schloß Otzdorf, Schloß Choren, Ruine Kempe)

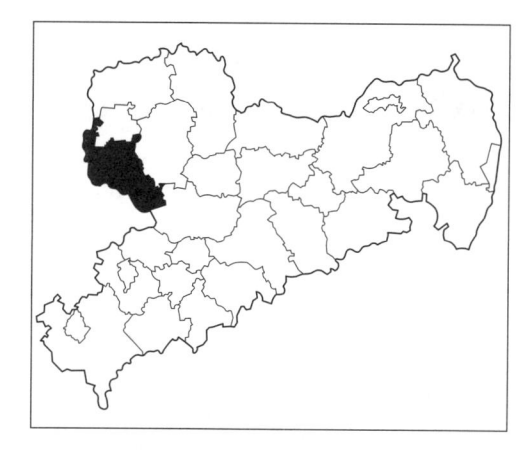

Landkreis Leipziger Land

Fläche: 773,01 km²
Bevölkerung: 160 121 (Stand: 1998)
Bevölkerungsdichte: 207 Ew. / km²
Regierungsbezirk Leipzig, Kreissitz: Leipzig
Anzahl der Gemeinden: 25, davon 13 Städte
(1999)

Geographische Lage
- Landkreis bildet den Südraum von Leipzig
- er ist ein traditionelles Braunkohlegebiet (Förderung und Verarbeitung)
- intensive funktionsräumliche Verflechtungen mit dem Oberzentrum Leipzig
- angrenzende sächsische Stadt- und Landkreise: Stadtkreis Leipzig (N), Delitzsch (N), Muldentalkreis (E), Mittweida (SE)
- im W und SW an Sachsen-Anhalt und Thüringen angrenzend

Naturräumliche Charakteristik
- Naturraumeinheiten: Leipziger Land, Mulde-Lößhügelland (SE), Altenburg-Zeitzer Lößhügelland (S), Weißenfelser Lößhügelland (W), Nordsächsisches Platten- und Hügelland (E)
- der Landkreis befindet sich in der Leipziger Tieflandsbucht; die günstigen natürlichen Bedingungen (Böden auf Löß) sind gute Voraussetzungen für die Landwirtschaft (Ackerbau);
  starke Beeinträchtigungen durch Braunkohlenbergbau (Tagebaurestlöcher, Halden und Kippen, Grundwasserabsenkung)

Verkehrssituation
- Leipzig ist ein wichtiger europäischer Verkehrsknotenpunkt, daraus resultiert auch eine gute Anbindung und Erschließung des Landkreises
- Straßennetz: Autobahn: A 9 Nürnberg–Leipzig, A 14 Leipzig–Dresden; Fernstraßen B 87 Weimar–Leipzig–Torgau, B 184 Dessau–Delitzsch–Leipzig, B 6 Halle–Leipzig–Dresden, B 2 Potsdam–Leipzig–Hof
- Schienennetz: günstige Anbindung an das IC- und EC-Netz in Leipzig; Strecke Leipzig–Halle–Magdeburg
- Fugverkehr: Internationaler Flughafen Halle–Leipzig (Schkeuditz)

Historische und administrative Entwicklung
- frühe Besiedlung (Neolithikum = Altsiedelland)
- sächsisch seit dem Mittelalter
- 1952–1990 Teil des DDR-Bezirkes Leipzig
- seit 1990 Teil des Freistaates Sachsen
- durch Kreisgebietsreform entstand 1994 aus Teilen der Altkreise Leipzig, Borna und Geithain der Landkreis Leipziger Land

Wichtige Städte / Gemeinden (1998)
Markkleeberg (22 495 Ew., Unterzentrum),
Borna (20 757 Ew., Mittelzentrum),
Pegau (5 201 Ew., Unterzentrum),
Kitzscher (7 462 Ew., Unterzentrum),
Geithain (7 272 Ew., Unterzentrum),
Zwenkau (8 835 Ew., Unterzentrum)

Wirtschaft
- Landwirtschaft: Lößgebiete (Leipziger Land) gut geeignet für intensiven Ackerbau (aber negative Einflüsse durch den Braunkohlenbergbau)
- wichtiger Industriestandort (Industrieentwicklung durch den Bergbau geprägt)
- Branchen: Baustoffindustrie, Metallindustrie, Maschinenbau, Schienenfahrzeugbau, Chemische Industrie, Braunkohlenveredlung, Nahrungs- und Genußmittelindustrie, Holzverarbeitende Industrie)
- Deindustrialisierung nach 1990 (Rückgang der Braunkohleförderung und -verarbeitung; Primärenergieträger- und Rohstoffsubstitution, heute: großer Rekultivierungs- und Sanierungsbedarf
- Tourismus: nur wenige natürliche und anthropogene Potentiale (in der direkten Umgebung von Leipzig einige Sehenswürdigkeiten)

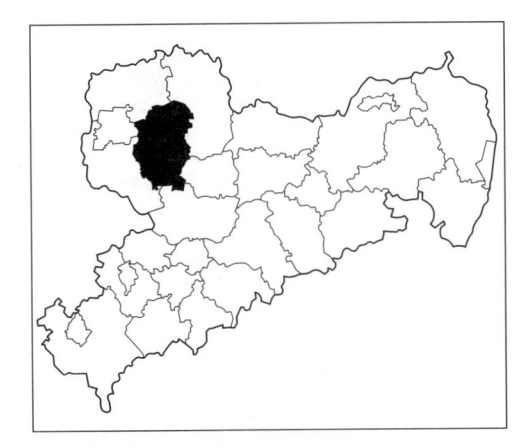

Landkreis Muldentalkreis

Fläche: 892,54 km²
Bevölkerung: 135 263 (Stand: 1998)
Bevölkerungsdichte: 152 Ew./km²
Regierungsbezirk Leipzig, Kreissitz: Grimma
Anzahl der Gemeinden: 23, davon 9 Städte (1999)

Geographische Lage
- liegt im Nordwesten Sachsens, östlich der Messestadt Leipzig (gehört zum Einzugsbereich der Großstadt Leipzig)
- im ländlichen Raum Sachsens
- angrenzende Land- und Stadtkreise: Stadtkreis Leipzig (W), Delitzsch (NW), Torgau-Oschatz (NE), Döbeln (SE), Leipziger Land (SW), Mittweida (SE)

Naturräumliche Charakteristik
- Naturraumeinheiten: Nordsächsisches Platten- und Hügelland, Mittelsächsisches Lößhügelland, Leipziger Land (Mulde-Lößhügelland, Düben-Dahlener Heide)
- wird durchflossen von der Mulde
- befindet sich in einem weiten Areal mit Vulkaniten des Rotliegenden, die zumeist in Bergkuppen das von quartären Sedimenten eingenommene flache Land überragen
- im Lößgürtel gelegen
- Übergangszone zwischen Tiefland (N) und Gefildezone (mittlerer Teil und S)

Verkehrssituation
- die Nähe zur Großstadt Leipzig garantiert eine gute Verkehrsanbindung
- Straßennetz: Autobahnen A 14 Halle–Leipzig–Dresden; Fernstraßen: B 6 Sachsen-Anhalt–Dresden–Leipzig, B 107 Bad Düben–Wurzen–Grimma–Chemnitz; B 176 Bad Lausick–Colditz
- Schienennetz: sehr gut ausgebaut, günstige Anbindung an das IC- und EC-Netz in Leipzig;
- Flugverkehr: Internationaler Flughafen Leipzig/Halle (ca. 45 km Entfernung)
- Anbindung an das mitteleuropäische Wasserstraßennetz (Flußhafen in Torgau, 50 km Entfernung)

Historische und administrative Entwicklung:
- sächsisch seit dem Mittelalter
- 1952–1990 Teil des DDR-Bezirkes Leipzig
- seit 1990 teil des Freistaates Sachsen
- durch Kreisgebietsreform entstand 1994 aus den Kreisen Eilenburg, Wurzen und Grimma der Landkreis Muldentalkreis

Wichtige Städte/Gemeinden (1998)
Grimma (19 000 Ew. Mittelzentrum),
Wurzen (16 494 Ew. Mittelzentrum),
Bad Lausick (8 217 Ew., Unterzentrum),
Brandis (6 262 Ew., Unterzentrum),
Colditz (6088 Ew., Unterzentrum)

Wirtschaft
- es existiert eine vielseitige Wirtschaftsstruktur: Maschinenbau, Nahrungsmittelindustrie, Textilindustrie, Papierproduktion, Elektrotechnik, Metallverarbeitung, Chemische Industrie, Farbenherstellung, Steinzeug- und Betonwarenindustrie, Baustoffindustrie
- weiterhin werden auch Rohstoffe, vor allem für die Baumaterialienindustrie, abgebaut, wie z. B. Porphyr, Sand und Kies, Kaolin, Lehm, Ton
- der Landkreis erfüllt vielfältige Zulieferfunktionen für Leipzig (östliche Randzone des Agglomerationsraumes Leipzig)
- intensive Landwirtschaft im Lößgebiet
- der Muldentalkreis besitzt eine Vielzahl von Sehenswürdigkeiten, die Touristen anziehen (Schloß und Park Machern, Historischer Altstadtkern der über tausendjährigen Stadt Wurzen, Klosterruine in Nimbschen)

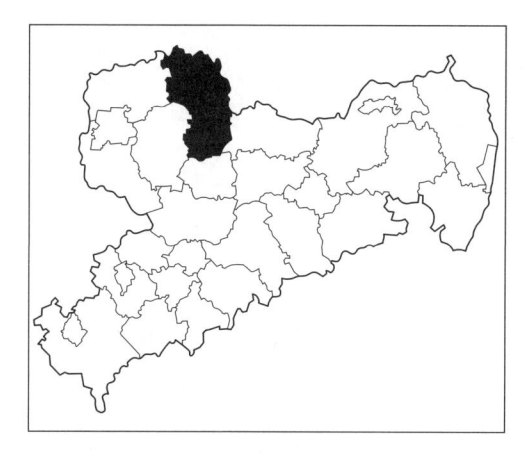

Landkreis Torgau-Oschatz

Fläche: 1167,49 km²
Bevölkerung: 103 862 (Stand 1998)
Bevölkerungsdichte: 90 Ew./km²
Regierungsbezirk Leipzig, Kreissitz: Torgau
Anzahl der Gemeinden: 21, davon 7 Städte (1999)

Geographische Lage
- liegt großräumig im Städtedreieck Leipzig – Berlin – Dresden
- östlicher Teil des Regierungsbezirkes, im Nordwesten Sachsens, flankiert von den Bundesländern Sachsen-Anhalt (N) und Brandenburg (E)
- angrenzende Landkreise: Delitzsch (W), Muldentalkreis (SW), Döbeln (S), Riesa-Großenhain (E)

Naturräumliche Charakteristik
- Naturraumeinheiten: Dübener-Dahlener Heide, Riesa-Torgauer Elbtal, Nordsächsisches Platten- und Hügelland
- Übergang vom pleistozän geprägten Tiefland (Altmoränenland im N) in die lößgeprägte Gefildezone (S) (Mittelgebirgsvorland), daraus resultieren differenzierte Inwertsetzungsbedingungen für die Landwirtschaft
- geprägt durch den Elblauf (weiträumige Elbauenlandschaft) und die Nebenflüsse Döllnitz und Jahna
- drei großflächige Heidegebiete (Dahlener, Dübener und Annaburger Heide)

Verkehrssituation:
- bedingt durch die geographische Lage ergibt sich eine sehr günstige Verkehrslage
- Straßennetz: Autobahn A 14 (in nächster Nähe die Auffahrten Mutzschen, Leisnig, Leipzig-Taucha);
  Fernstraßen: B 6 Dresden – Meißen – Oschatz;
  B 87 Lübben – Herzberg – Torgau – Leipzig;
  B 169 Elsterwerda – Riesa – Döbeln;
  B 183 Elsterwerda – Torgau – Bitterfeld;
  B 182 Riesa – Torgau – Lutherstadt Wittenberg
- Schienennetz: gut ausgebaut, wichtige Strecken Leipzig – Torgau – Cottbus; Leipzig – Oschatz – Dresden; Schmalspurbahn Oschatz – Mügeln – Kemmlitz
- Flugverkehr: Verkehrslandeplatz Oschatz; Internationale Flughäfen Leipzig – Halle und Dresden
- Anbindung an das mitteleuropäische Wasserstraßennetz (Flußhafen in Torgau)

Historische und administrative Entwicklung
- sächsisch seit dem Mittelalter
- 1952 – 1990 Teil des DDR-Bezirkes Leipzig
- seit 1990 Teil des Freistaates Sachsen
- durch Kreisgebietsreform entstand 1994 aus den Kreisen Torgau und Oschatz der Landkreis Torgau-Oschatz

Wichtige Städte/Gemeinden (1998
Torgau (19 618 Ew., Mittelzentrum),
Oschatz (17 890 Ew., Mittelzentrum),
Dahlen (5 734 Ew., Unterzentrum),
Mügeln (5 136 Ew., Unterzentrum)

Wirtschaft
- Landwirtschaft: sehr differenzierte Struktur; zum Teil Lößgebiet (Ackerbau), teilweise Altmoränenlandschaft (Grünlandnutzung / Viehwirtschaft)
- Forstwirtschaft besitzt in den Heidegebieten eine gewisse Bedeutung
- dominierende Industriebranchen sind Keramikproduktion, Papierverarbeitung, Holzverarbeitung, Metallverarbeitung, Maschinenbau, Glas- / Glasseidenherstellung und -verarbeitung (basierend auf einheimischen Rohstoffen)
- auf der Grundlage des Rohstoffabbaus (Steine und Erden) spielt die Bauwirtschaft eine Rolle
- Hauptanziehungspunkte für Touristen sind die über 1000 Jahre alte Kreisstadt Torgau, mit kulturhistorisch wertvollem Stadtkorn, dem Schloß Hartenfels und dem Rathaus
- touristisch interessant war die Torgauer Elbbrücke, an der sich 1945 die Alliierten (SU, USA) trafen (Ende der 1990er Jahre abgebrochen)
- die Gartenstadt Oschatz ist ebenfalls Anziehungspunkt für die Touristen (doppeltürmige St. Aegidienkirche)
- zahlreiche Seen bilden ein Potential

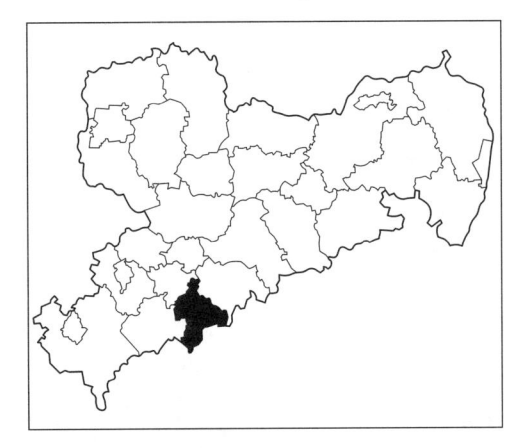

Landkreis Annaberg

Fläche: 438,17 km²
Bevölkerung: 90 563 (Stand 1998)
Bevölkerungsdichte: 207 Ew. / km²
Regierungsbezirk Chemnitz,
Kreissitz: Annaberg-Buchholz
Anzahl der Gemeinden: 17, davon 9 Städte (1999)

Geographische Lage
- liegt im Süden Sachsens an der Grenze zu Tschechien (EU-Außengrenze)
- Mitglied der Euroregion Erzgebirge
- angrenzende Landkreise: Aue-Schwarzenberg (W), Stollberg (NW), Mittlerer Erzgebirgskreis (NE)

Naturräumliche Charakteristik
- Naturraumeinheit: Mittelerzgebirge
- auf der nördlichen Abdachungsfläche des Erzgebirges (mittlere und obere / Kammlagen)
- differenzierte naturräumliche Inwertsetzungsbedingungen für die Landwirtschaft
- metamorphe Gesteine (Gneise, Glimmerschiefer, Phyllite, aber auch Grauwacken und Tonschiefer)
- Erosionsreste von Basaltströmen, die auf der während des frühen Tertiärs entstandenen Hochfläche in flache weite Flußtäler ausgeflossen waren; als Tafelberge herauspräpariert, heben sie sich als Geländeformen ab (= Reliefumkehr; Pöhlberg bei und Scheibenberg sowie Bärenstein südlich von Annaberg)
- insgesamt eine reizvolle Mittelgebirgslandschaft zw. 500 u. 1 214 m NN (Fichtelberg)
- Flüsse: Zschopau und ihre Nebenflüsse

Verkehrssituation
- Verkehrsanbindung u. -erschließung differenziert
- Straßennetz: relativ gute Verkehrsverbindungen (Fernstraße B 95 Chemnitz–Annaberg–Karlovy Vary (Karlsbad) mit Grenzübergang Oberwiesenthal, B 101 Annaberg–Freiberg–Meißen, in Chemnitz u. Nossen Anbindung an A 72 / A 4)
- Schienennetz: nur Regionalverkehrsstrecken, geringe Netzdichte, Streckenstillegungen; Schmalspurbahn Cranzahl–Oberwiesenthal
- Flugverkehr: nächste internationale Flughäfen in Dresden und Leipzig

Historische und administrative Entwicklung
- seit dem Mittelalter sächsisch
- Besiedlung und Nutzung seit der zweiten Etappe der Ostkolonisaion
- Bergbau prägte und veränderte die Raumstruktur seit dem 15./16. Jh. (Entstehen von Bergbaustädten, Bevölkerungskonzentration, Entstehung von Verkehrstrassen; ökologische Veränderungen usw.)
- 1952–1990 Teil des DDR-Bezirkes Chemnitz / Karl-Marx-Stadt
- seit 1990 Teil des Freistaates Sachsen
- durch Kreisgebietsreform 1994 entstand der Landkreis Annaberg

Wichtige Städte / Gemeinden (1998):
Annaberg-Buchholz (24 126 Ew., Mittelzentrum), Thum (6 207 Ew., Unterzentrum), Gelenau (5 393 Ew.), Ehrenfriedersdorf (5 781 Ew., Unterzentrum), Geyer 4 513 Ew., Unterzentrum), Oberwiesenthal (3 496 Ew., Unterzentrum)

Wirtschaft
- Landwirtschaft: wegen der Mittelgebirgslage wenig Ackerbau, mehr Vieh- und Forstwirtschaft (hoher Waldanteil; stark geschädigter Wald / Rauchschäden)
- lange Zeit bestimmte der Bergbau die wirtschaftliche Entwicklung und überprägte die Elemente der Raumstruktur
- in der Niedergangsphase des Bergbaus: Nutzung einheimischer Ressourcen (Flachs, Schafwolle, Holz) – Entstehung von Ersatzbranchen: Handwerk und Textilgewerbe
- wichtige Industriezweige entwickelten sich (teilweise in Folge des Bergbaus bzw. unter Nutzung der einheimischen Rohstoffe), z. B. Nahrungs- und Genußmittelindustrie, Textil- und Bekleidungsindustrie, Spiel- und Schmuckwarenindustrie, Metallindustrie, Maschinenbau, Elektrotechnik, Elektronik, Gerätebau, Holzverarbeitende Industrie, Zellulose- und Papierindustrie, Leder- und Rauchwarenindustrie (nach 1990 durch Wegbrechen des Bergbaus und der traditionellen Industriebranchen starke Deindustrialisierungserscheinungen)
- Spezialproduktion: Posamentenherstellung, Klöppelspitzen
- Tourismus: viele natürliche und anthropogene Potentiale (Mittelgebirge, Basaltberge, Wald, Schaubergwerke, Bergstädte und -dörfer); in den oberen Lagen vor allem Wintersportgebiet; grenzüberschreitende Tourismusaktivitäten

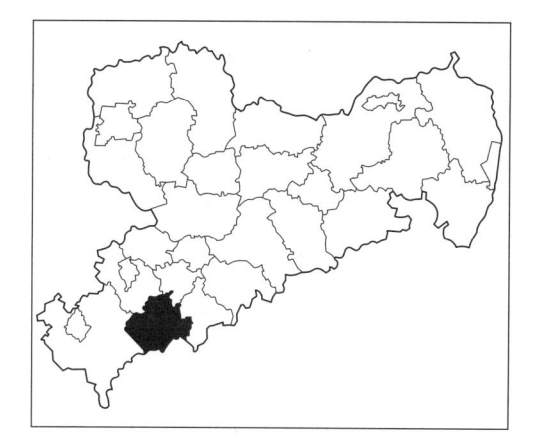

Landkreis Aue-Schwarzenberg

Fläche: 528,25 km²
Bevölkerung: 145 234 (Stand 1998)
Bevölkerungsdichte: 275 Ew./km²
Regierungsbezirk Chemnitz, Kreissitz: Aue
Anzahl der Gemeinden: 22, davon 8 Städte (1999)

Geographische Lage
- gehört zu den südwestlichen Kreisen Sachsens
- liegt an der Grenze zu Tschechien, (EU-Außengrenze), der Erzgebirgskamm dort eine der ältesten Grenzen Europas
- Mitglied der Euroregion Erzgebirge
- angrenzende Landkreise: Vogtlandkr. (W), Zwickauer Land (NW), Stollberg (N), Annaberg (E)

Naturräumliche Charakteristik
- Naturraumeinheiten: Mittelerzgebirge, Westerzgebirge
- erstreckt sich über den westlichen Teil des Erzgebirges bis zu den Kammlagen an der Grenze
- westlicher Teil wird auch als „Vogtländisches Erzgebirge" bezeichnet
- im Süden wird die wenig gewellte Hochfläche von flachgründigen Tälern und von in der Form vielfach einander ähnlicher Kuppen unterbrochen
- im Norden findet man eine Reihe markanter Berge, aber auch abgeflachte oder plateauartige Rücken
- vor allem in den mittleren und oberen Lagen überwiegend waldbedeckt
- von Südwesten nach Nordosten ist der Verlauf der eingeschnittenen, oft mäanderbildenden oberen Zwickauer Mulde reliefprägend

Verkehrssituation
- die Städtekette Aue-Schneeberg-Schwarzenberg ist Verkehrszentrum des Westerzgebirges und damit Knotenpunkt für den Personen- und Güterverkehr im Erzgebirge
- Straßenverkehr: kein direkter Autobahnanschluß, über Fernstraßen Anbindungen an die A 72 Hof-Chemnitz-Dresden und an die A 4 Kirchheimer Dreieck-Chemnitz-Dresden; Fernstraßen B 169 Stollberg-Aue-Rodewisch; B 283 Klingenthal-Aue
- Schienennetz: schlechte Anbindung, nur Nahverkehrsstrecken, deutliche Ausdünnung des Netzes durch Streckenstillegungen

Historische und administrative Entwicklung
- sächsisch seit dem Mittelalter, Grenzraum zu Böhmen
- erst späte Besiedlung (zweite Etappe der Ostkolonisation)
- Bergbau führte zur Herausbildung von Bergbaustädten und zu starken Verdichtungen in der Raumstruktur (Bevölkerung, Infrastruktur, Siedlungsstruktur)
- 1952-1990 Teil des DDR-Bezirkes Chemnitz/Karl-Marx-Stadt
- seit 1990 Teil des Freistaates Sachsen
- durch Kreisgebietsreform entstand 1994 aus den Kreisen Aue und Schwarzenberg der Landkreis Aue-Schwarzenberg

Wichtige Städte/Gemeinden (1998):
Aue (20 219 Ew.), Mittelzentraler Städteverbund mit Schneeberg (17 554 Ew.), Schwarzenberg (17 975 Ew.), Schlema (6 210 Ew.) und Lößnitz (10 349 Ew.);
Eibenstock (7 460 Ew., Unterzentrum), Schönheide (5 796 Ew., Unterzentrum)

Wirtschaft:
- Landwirtschaft: ungünstige Inwertsetzungsbedingungen für den Ackerbau, daher vorwiegend Viehwirtschaft
- über Jahrhunderte geprägt vom Bergbau und der Verarbeitung von Erzen (Silber, Zinn, Eisen, Wolfram, Wismut, Nickel und Kobalt), Einstellung des Bergbaus erst nach 1990
- Handwerk und Gewerbe folgten dem Bergbau und ersetzten ihn in einigen Regionen
- Forstwirtschaft hat große Bedeutung, jedoch durch „Waldsterben" eingeschränkt
- wichtige Industriezweige heute: Maschinenbau, Metallindustrie, Elektrotechnik/Elektronik, Gerätebau, Zellulose- und Papierindustrie, Textil- und Bekleidungsindustrie, Holzverarbeitende Industrie
- der Landkreis gilt auch als Tourismusregion (eine der schönsten Mittelgebirgslandschaften, zugleich eine historisch interessante Kulturlandschaft/Siedlungen, Bergstädte, Tradition des Bergbaus, „Weihnachtsland Erzgebirge")

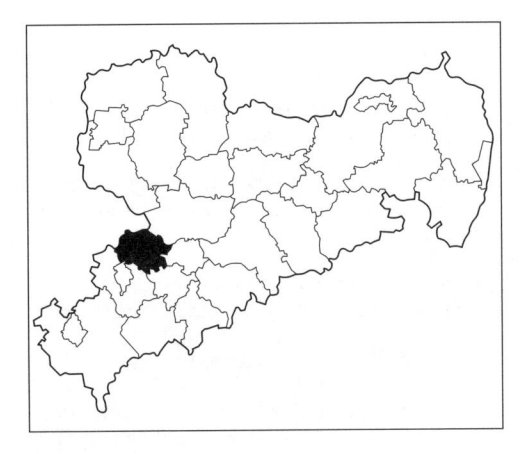

Landkreis Chemnitzer Land

Fläche: 335,52 km²
Bevölkerung: 143 113 (Stand 1998)
Bevölkerungsdichte: 427 Ew./km²
Regierungsbezirk Chemnitz, Kreissitz: Glauchau
Anzahl der Gemeinden: 16, davon 7 Städte (1999)

Geographische Lage
- Lage westlich des Ballungskernes Chemnitz; gehört zum direkten Einzugsgebiet des Oberzentrums Chemnitz
- Teil des Agglomerationsraumes Chemnitz–Zwickau (dichtbesiedelteste Region Sachsens mit 330–550 Ew./km²)
- Mitteleuropäische West-Ost-Achse schneidet den Kreis (Lagevorteil!)
- angrenzende Stadt- und Landkreise: Mittweida (NE), Stadtkreis Chemnitz (E), Stollberg (SE), Zwickauer Land (SW)
- im W Grenze mit Thüringen

Naturräumliche Charakteristik
- Naturraumeinheiten: Erzgebirgsbecken, Mulde-Lößhügelland (N), Altenburg-Zeitzer Lößhügelland (W), Mittelerzgebirge (SE)
- bildet den Übergang zwischen Lößgebiet und Erzgebirge (untere Lagen), daraus resultieren Unterschiede bei den Bedingungen für die Landwirtschaft zwischen N und S

Verkehrssituation
- Chemnitz ist wichtiger Verkehrsknotenpunkt, davon profitiert der Landkreis (gute Anbindung, gute Erschließung)
- Straßennetz: Autobahn: A 4 Dresden–Chemnitz–Gera–Erfurt; A 72 Nürnberg–Chemnitz; Fernstraßen: B 173 Chemnitz–Freiberg–Meißen; B 169 Aue–Chemnitz–Riesa
- Schienennetz: sehr gut ausgebaut („Sachsenmagistrale" Hof–Plauen–Zwickau–Chemnitz–Dresden–Görlitz;
- Flugverkehr: Verkehrslandeplatz südl. von Chemnitz (Jahnsdorf); nächste Flughäfen: Halle/Leipzig (ca. 75 km), Dresden (ca. 70 km)
- öffentlicher Nahverkehr: gut ausgebautes Netz von Chemnitz in den Landkreis

Historische und administrative Entwicklung
- seit dem Mittelalter sächsisch
- Besiedlung in der Phase der Ostkolonisation
- 1952–1990 Teil des DDR-Bezirkes Chemnitz/Karl-Marx-Stadt
- seit 1990 Teil des Freistaates Sachsen
- durch Kreisgebietsreform entstand 1994 aus den Altkreisen/Teilen der Altkreise Glauchau, Hohenstein-Ernstthal und Chemnitz-Land (Karl-Marx-Stadt-Land) der Landkreis Chemnitzer Land

Wichtige Städte/Gemeinden (1998)
Glauchau (27 870 Ew., Mittelzentrum),
Limbach-Oberfrohna (26 041 Ew., Mittelzentrum),
Meerane (19 283 Ew., Mittelzentrum),
Hohenstein-Ernstthal (14 939 Ew., Mittelzentrum),
Lichtenstein (14 384 Ew., Mittelzentrum),
Oberlungwitz (7 430 Ew., Unterzentrum)

Wirtschaft
- Landwirtschaft: intensiver Ackerbau (gute Bedingungen und großer Absatzmarkt, Zulieferung für Handwerk und Gewerbe)
- frühe wirtschaftliche Entwicklung (Textilgewerbe) und frühe Industrialisierung (Textilindustrie, Maschinenbau und Metallurgie = Zulieferfunktion für die Großstädte) durch die Lage zwischen den Ballungskernen Chemnitz und Zwickau
- wichtige Industriezweige entwickelten sich in der Folge (Metallindustrie, Maschinenbau, Kraftfahrzeugbau, Textil- und Bekleidungsindustrie, Nahrungs- und Genußmittelindustrie, Elektrotechnik, Elektronik, Gerätebau, Zellulose- und Papierindustrie); nach 1990 ist der Landkreis durch einen deutlichen Rückgang der Industrie (traditionelle Branchen) gekennzeichnet
- Tourismus: wenig Potentiale (starke Beeinträchtigung durch die Industrie)

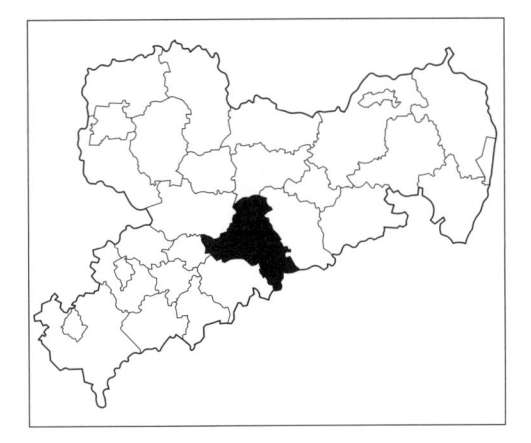

Landkreis Freiberg

Fläche: 913,52 km^2
Bevölkerung: 156 267 (Stand 1998)
Bevölkerungsdichte: 171 Ew./km^2
Regierungsbezirk Chemnitz, Kreissitz: Freiberg
Anzahl der Gemeinden: 29, davon 8 Städte (1999)

Geographische Lage
- Lage zwischen den Ballungsgebieten Dresden und Chemnitz–Zwickau
- im nördlichen Teil durchschneidet die wichtige mitteleuropäische West-Ost-Achse den Kreis
- im S begrenzt durch die Tschechische Republik (Erzgebirgskamm ist EU-Außengrenze)
- Mitglied der Euroregion Erzgebirge
- angrenzende Stadt- und Landkreise: Mittlerer Erzgebirgskreis (SW), Stadtkreis Chemnitz (W), Mittweida (NW), Meißen (N), Weißeritzkreis (E)

Naturräumliche Charakteristik
- Naturraumeinheiten: Mulde-Lößhügelland (N), Osterzgebirge (Mitte, S)
- Lage auf der Nordabdachung des Erzgebirges im Übergang zum Mittelsächsischen Hügelland
- im N ziemlich geschlossene Decke von Lößlehmen und lößartigen Sedimenten (günstige Inwertsetzungsbedingungen für den Ackerbau)
- der S eine vorwiegend aus verschiedenartigen Gneisen aufgebaute leicht gewellte Hochfläche
- tief eingeschnittene Täler (Sohlentäler) von Bobritzsch, Freiberger Mulde und Großer Striegis
- im Umland von Freiberg und im Erzgebirge gab es eine Vielzahl von Erzlagerstätten

Verkehrssituation:
- differenzierte Anbindungs- und Ausstattungsbedingungen (N gut bis sehr gut; S teilweise mangelhaft)
- Straßennetz: im N Anschluß an die A 4 (Chemnitz–Dresden); Fernstraßen: B 173 Chemnitz– Freiberg–Dresden; B 180 Stollberg–Flöha; B 101 Siebenlehn–Freiberg–Brand-Erbisdorf– Annaberg
- Schienennetz: im N günstiger Anschluß durch „Sachsenmagistrale" (Plauen–Zwickau–Chemnitz–Dresden–Görlitz); im S nur Nahverkehr, ausgedünntes Netz durch Streckenstillegungen
- Flugverkehr: Flughafen: Dresden (ca. 45 km)

Historische und administrative Entwicklung
- der N des Landkreises gehört zum Altsiedelland; die Besiedlung im mittleren und südlichen Teil erfolgte im Zuge der zweiten Phase der Ostkolonisation und des Bergbaus
- seit dem Mittelalter sächsisch
- bedingt durch den intensiven 800jährigen Bergbau in der Region erfolgte eine deutliche Prägung und Überprägung aller Elemente der Raumstruktur
- im 12. Jh. Gründung von Freiberg als Bergstadt
- 1952–1990 Teil des DDR-Bezirkes Chemnitz / Karl-Marx-Stadt
- seit 1990 Teil des Freistaates Sachsen
- mit der Kreisgebietsreform entstand 1994 der Landkreis Freiberg aus den Kreisen Freiberg und Brand-Erbisdorf

Wichtige Städte / Gemeinden (1998)
Freiberg (46 855 Ew., Mittelzentrum),
Flöha (12 377 Ew., Mittelzentrum),
Oederan (7 698 Ew., Unterzentrum),
Brand-Erbisdorf (10 085 Ew., Unterzentrum)

Wirtschaft
- Landwirtschaft: im N (Lößgürtel) intensiver Ackerbau, im S (Mittelgebirge) Viehwirtschaft und Forstwirtschaft
- Entwicklung durch den Bergbau (erste Silbererzfunde 1168, Einstellung des Bergbaus 1968)
- Entstehung von bergbaugeprägten Industriezweigen (z. B. Nichteisenmetallurgie), weiterhin entwickelten sich Metallindustrie, Maschinenbau, Textil- und Bekleidungsindustrie, Nahrungs- und Genußmittelindustrie, Elektrotechnik, Elektronik, Gerätebau, Glas- und feinkeramische Industrie, Zellulose- und Papierindustrie, Holzverarbeitende Industrie; nach 1990 durch Wegbrechen traditioneller Branchen Deindustrialisierungstendenzen (vor allem im Erzgebirge); in Freiberg relativ günstiger Branchenmix
- viele touristische Sehenswürdigkeiten (Stadtkern Freiberg mit Stadtmauer; Kornhaus, Schloß Freudenstein, Dom, Petrikirchturm; Thelersberger Stollen bei Linda, Grube „Alte Elisabeth", Bergakademie mit Mineraliensammlung
- starke ökologische Belastungen (Schwermetalle im Boden, Waldsterben)

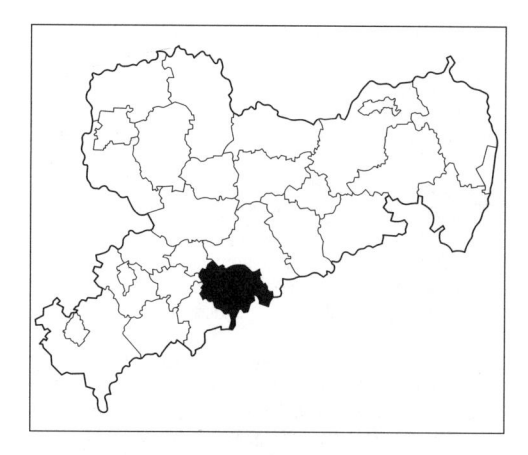

Landkreis Mittlerer Erzgebirgskreis

Fläche: 595,35 km²
Bevölkerung: 96 631 (Stand 1998)
Bevölkerungsdichte: 162 Ew. / km²
Regierungsbezirk Chemnitz, Kreissitz: Marienberg
Anzahl der Gemeinden: 24, davon 6 Städte (1999)

Geographische Lage
– erstreckt sich vom südlichen Chemnitzer Stadtrand in südöstlicher Richtung bis zur tschechischen Grenze
– Mitglied der Euroregion Erzgebirge
– Lage an der EU-Außengrenze (Tschechien), eine der ältesten Grenzen Europas)
– angrenzende Stadt- und Landkreise: Freiberg (E), Stadtkreis Chemnitz (N), Stollberg (NW), Aue-Schwarzenberg (W)

Naturräumliche Charakteristik
– Naturraumeinheit: Mittelerzgebirge
– eine der landschaftlich reizvollsten Gegenden Sachsens
– erstreckt sich von den unteren Lagen bis zu den Kammlagen des Erzgebirges, daher durch große naturräumliche und Nutzungsvielfalt gekennzeichnet (differenzierte Inwertsetzungsbedingungen)
– geprägt durch die Flüsse Zschopau, Preßnitz, Flöha und Schwarze Pockau mit ihren tiefeingeschnittenen Tälern einerseits und die Hochflächen des Erzgebirgskamms andererseits
– Vielzahl an Bodenschätzen

Verkehrssituation
– Verkehrsanbindungen differenziert (N günstig, Mitte und S mit ausgedünntem Netz)
– Straßennetz: keine direkte Autobahnanbindung; Fernstraßen B 101 Marienberg – Großhartmannsdorf – Freiberg; B 174 Chemnitz – Zschopau – Marienberg (– Chomutov, Tschechische Republik, mit Grenzübergang); B 171 Marienberg – Olbernhau – Dresden
– Eisenbahnnetz: unzureichende, nicht flächendeckende Anbindung nur im Regionalverkehr (Streckenstillegungen) durch die Strecken Flöha – Bärenstein, Flöha – Pockau-Lengefeld – Marienberg; wiederinstandgesetztes Reststück der Schmalspurbahn Wolkenstein – Jöhstadt als Tourismusattraktion
– Flugverkehr: große Entfernung zu den nächsten Flughäfen (Dresden, Leipzig, Prag)

Historische und administrative Entwicklung:
– sächsisch seit dem Mittelalter
– 1952 – 1990 Teil des DDR-Bezirkes Chemnitz / Karl-Marx-Stadt
– seit 1990 Teil des Freistaates Sachsen
– entstand im Zuge der Kreisgebietsreform 1994 aus den Kreisen Zschopau und Marienberg

Wichtige Städte / Gemeinden (1998)
Marienberg (12 799 Ew., Mittelzentrum),
Zschopau (11 196 Ew., Mittelzentrum),
Olbernhau (12 155 Ew., Mittelzentrum)

Wirtschaft
– Besiedlung im Zuge der zweiten Etappe der Ostkolonisation
– frühe Bergbautätigkeit und darauf aufbauend Entwicklung von Handwerk und Gewerbe
– traditionelle Industrieregion, nach 1990 deutliche Deindustrialisierungstendenzen (Wegbruch der alten Industriebranchen Textil-, Bekleidungs-, Holzverarbeitende Industrie)
– heutige Industriestruktur: Metallindustrie, Maschinenbau, Elektrotechnik / Elektronik, Gerätebau, Baustoffindustrie, Holzverarbeitende Industrie, Textilindustrie
– in den mittleren und oberen Lagen des Erzgebirges ungünstige Bedingungen für die Landwirtschaft (Ackerbau), vorwiegend Viehwirtschaft (Grünlandnutzung)
– Forstwirtschaft hat große Bedeutung (aber umweltgeschädigte Waldbestände)
– Fremdenverkehr: vielfältige touristische Potentiale (naturräumliche Ausstattung, Kultur)
– Sehenswürdigkeiten, z. B. Burg Scharfenstein, Burgruine Niederlauterstein, Schloß Wildeck, Zschopauer Tor in Marienberg, Wehrkirche in Lauterbach; weitere Anziehungspunkte für die Touristen sind das Schaubergwerk Pobershau, der Kupferhammer in Olbernhau-Grünthal, der Katzenstein aber auch das geologische Naturdenkmal Hirtstein bei Satzung
– bedingt durch die Schneesicherheit in den oberen Lagen sind Teile des Kreises beliebte Wintersportzentren

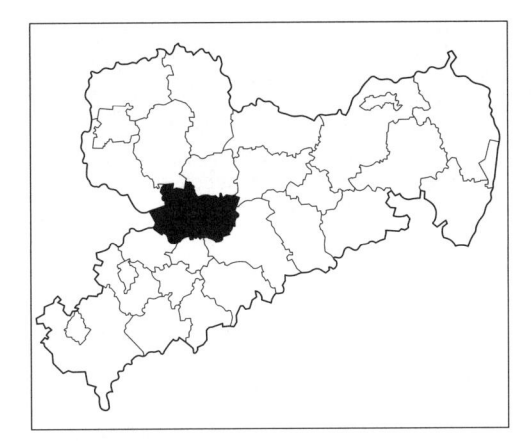

Landkeis Mittweida

Fläche: 773,20 km²
Bevölkerung: 140 369 (Stand 1998)
Bevölkerungsdichte: 182 Ew. / km²
Regierungsbezirk Chemnitz, Kreissitz: Mittweida
Anzahl der Gemeinden: 25, davon 8 Städte (1999)

Geographische Lage
– nördlich des Oberzentrums Chemnitz
– angrenzende Stadt- und Landkreise:
  Chemnitzer Land (SW), Stadtkreis Chemnitz (S), Freiberg (SE), Leipziger Land (NW), Muldentalkreis (N), Döbeln (N), Meißen (NE)
– im Westen an Thüringen grenzend

Naturräumliche Charakteristik
– Naturraumeinheiten: Mulde-Lößhügelland, Erzgebirgsbecken (S), Osterzgebirge (SE)
– naturräumliche Ausstattung bietet günstige Inwertsetzungsbedingungen für die Landwirtschaft (Ackerbau); Waldanteil im N und im Zentrum gering, Zunahme nach S hin
– die Zschopau durchfließt den Landkreis in einer Höhenlage zwischen 214 m und 342 m NN
– Landschaftsschutzgebiete von Bedeutung (z.B. „Mittleres Zschopautal")

Verkehrssituation:
– günstige Verkehrslage im Dreieck der Oberzentren Chemnitz, Dresden und Leipzig
– Straßennetz: Autobahn A 4 Chemnitz–Dresden mit Auffahrten in Chemnitz-Ost, Frankenberg und Hainichen, Nähe zur A 72 Hof–Chemnitz–Dresden; Fernstraßen B 176 Waldheim–Bad Lausick, B 169 Frankenberg–Hainichen–Döbeln, B 107 Burgstädt–Colditz–Grimma
– Schienennetz: gute Anbindung an die Strecken Chemnitz–Riesa–Berlin und Chemnitz–Leipzig
– ausgebautes ÖPNV-Liniennetz nach Chemnitz
– Flugverkehr: Flughäfen von Dresden und Leipzig in etwa 65 bzw. 90 km Entfernung

Historische und administrative Entwicklung
– sächsisch seit dem Mittelalter
– 1952–1990 Teil des DDR-Bezirkes Chemnitz / Karl-Marx-Stadt
– seit 1990 Teil des Freistaates Sachsen
– durch Kreisgebietsreform entstand 1994 aus den Kreisen Rochlitz und Hainichen der Landkreis Mittweida

Wichtige Städte / Gemeinden (1998)
Frankenberg (18 120 Ew., Mittelzentrum),
Mittweida (17 596 Ew., Mittelzentrum),
Burgstädt (12 742 Ew., Mittelzentrum),
Hainichen (10 087 Ew., Unterzentrum),
Rochlitz (7 923 Ew., Unterzentrum),
Penig (7 124 Ew., Unterzentrum),
Lunzenau (5 758 Ew.)

Wirtschaft
– durch Lage im Lößgebiet ist eine intensive Landwirtschaft (Ackerbau) möglich
– wichtige Industriezweige:
  Kraftfahrzeugbau, Textil- und Bekleidungsindustrie, Elektrotechnik / Elektronik, Gerätebau, Metallindustrie, Maschinenbau, Nahrungs- und Genußmittelindustrie, Zellulose- und Papierindustrie, Leder- und Rauchwarenindustrie
– nach 1989/90 deutliche Deindustrialisierungstendenzen (vor allem bei den traditionellen Branchen)
– kein ausgesprochenes Tourismusgebiet; touristische Potentiale sind gering ausgebildet bzw. werden wenig genutzt
– touristische Sehenswürdigkeiten (Postmeilensäule in Mittweida, der Taurasteinturm und der Seigerturm in Burgstädt, Schlösser Rochsburg und Rochlitz, Stiftskirche Wechselburg, Rochlitzer Berg)

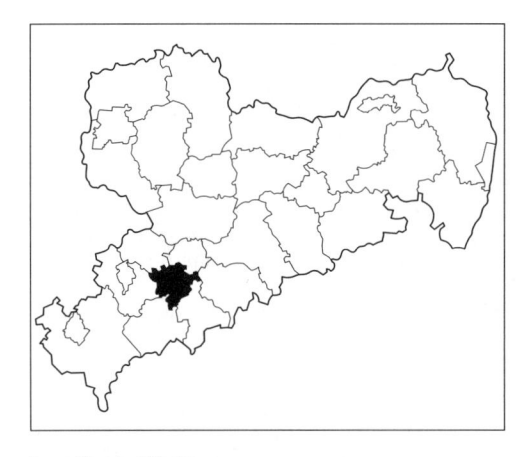

Landkreis Stollberg

Fläche: 266,54 km^2
Bevölkerung: 95046 (Stand 1998)
Bevölkerungsdichte: 356 Ew./km^2
Regierungsbezirk Chemnitz, Kreissitz: Stollberg
Anzahl der Gemeinden: 16, davon 5 Städte (1999)

Geographische Lage
- kleinster sächsischer Landkreis
- südwestlich des Oberzentrums Chemnitz
- Lage im Agglomerationsraum
  Chemnitz - Zwickau,
  gehört zum direkten Einzugsgebiet
  der Stadt Chemnitz
- obwohl nicht an der EU-Außengrenze gelegen, Mitglied der Euroregion Erzgebirge
- benachbarte Stadt- und Landkreise:
  Zwickauer Land (W), Chemnitzer Land (NW),
  Stadtkreis Chemnitz (NW),
  Mittlerer Erzgebirgskreis (E), Annaberg (SE),
  Aue-Schwarzenberg (S)

Naturräumliche Charakteristik
- Naturraumeinheiten: Mittelerzgebirge, Erzgebirgsbecken
- zwischen beiden Einheiten befindet sich das Wildenfelser Zwischengebirge mit den ältesten Gesteinen dieses Raumes (Gneise, Glimmerschiefer)
- der geologische Bau des Untergrundes, der über die Verwitterungsdecken der Gesteine Einfluß auf die Böden nimmt, wird durch mehrere große Einheiten charakterisiert
- Relief: wellig- bis flachwellige Hochfläche
- das Zwönitztal prägt Teile des Kreises

Verkehrssituation:
- relativ günstige Verkehrsanbindung (Straße)
- Straßennetz: Autobahn A 72 Nürnberg - Plauen - Chemnitz - Dresden;

Fernstraßen:
B 169 Aue - Stollberg - Chemnitz; B 180 Stollberg - Zschopau - Frankenberg
- Schienennetz:
  in Chemnitz Anbindung an die „Sachsenmagistrale" Hof - Plauen - Zwickau - Chemnitz - Dresden - Görlitz und die Strecken
  Chemnitz - Riesa - Berlin und
  Chemnitz - Leipzig;
  schlechte Anbindung im Regionalverkehr (Stillegung von Trassen)
- Flugverkehr:
  Verkehrslandeplatz Jahnsdorf bei Chemnitz; nächste internationale Flughäfen Dresden und Leipzig

Historische und administrative Entwicklung
- seit dem Mittelalter sächsisch
- Besiedlung vor allem in der zweiten Etappe der Ostkolonisation
- 1952 - 1990 Teil des DDR-Bezirkes Chemnitz / Karl-Marx-Stadt
- seit 1990 Teil des Freistaates Sachsen
- durch die Kreisgebietsreform entstand 1994 der neue Landkreis Stollberg

Wichtige Städte / Gemeinden (1998)
Stollberg (13 152 Ew., Mittelzentrum),
Oelsnitz / Erzgeb. (10 518 Ew., Unterzentrum),
Thalheim (8 397 Ew., Unterzentrum),
Lugau (8 553 Ew., Unterzentrum),
Zwönitz 10 757Ew., Unterzentrum)

Wirtschaft:
- frühe gewerbliche Entwicklung (Textilproduktion) auf der Basis einheimischer Ressourcen (Flachs, Schafwolle, Holz)
- Bergbau (Steinkohle) im Lugau-Oelsnitzer Becken überprägte die Raumstruktur seit dem 18. Jh. (1975 Förderung eingestellt)
- Entwicklung einer Vielzahl von Industriezweigen (Textil- und Bekleidungsindustrie, Elektrotechnik / Elektronik, Gerätebau, Metallindustrie, Maschinenbau, Kraftfahrzeugbau, Leder- und Rauchwarenindustrie)
- mit der Deutschen Einheit brach ein großer Teil der Zulieferfunktion für die Großindustrie (Chemnitz, Zwickau), und damit auch die traditionellen Industriezweige weg; die Folge sind Deindustrialisierungstendenzen
- für die Landwirtschaft existieren sehr unterschiedliche Bedingungen: im Erzgebirgsbecken findet man gute Inwertsetzungsbedingungen (lößgeprägt), dadurch Ackerbau und Viehzucht; im südlich davon gelegenen Erzgebirge sind die Bedingungen ungünstiger (Viehzucht und Forstwirtschaft)
- keine touristischen Potentiale

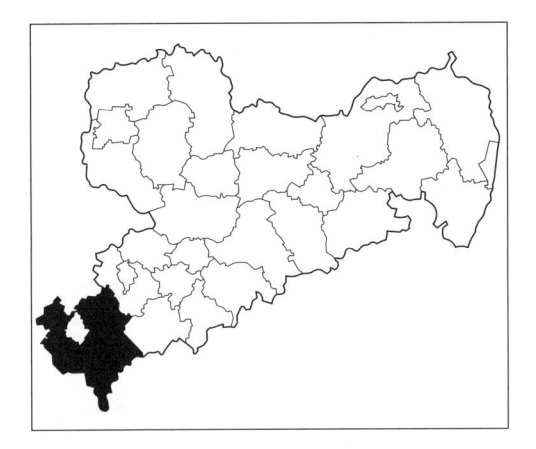

Vogtlandkreis

Fläche: 1307,08 km²
Bevölkerung: 207 297 (Stand 1998)
Bevölkerungsdichte: 159 Ew./km²
Regierungsbezirk Chemnitz, Kreissitz: Plauen
Anzahl der Gemeinden: 47, davon 17 Städte (1999)

Geographische Lage
- flächengrößter Landkreis Sachsens
- liegt im äußersten Südwesten Sachsens (ehem. innerdeutsche Grenze) und im Vierländereck (Sachsen, Böhmen, Thüringen, Bayern)
- liegt an EU-Außengrenze zu Tschechien)
- Mitglied der Euroregion Egrensis
- angrenzende Stadt- und Landkreise: umschließt vollständig den Stadtkreis Plauen, Zwickauer Land (NE), Aue-Schwarzenberg (E),

Naturräumliche Charakteristik
- Naturraumeinheiten: Westerzgebirge, Vogtland
- flachwellige Mittelgebirgslandschaft beidseitig der Weißen Elster
- gehört zur vogtländischen Mulde, einem Teil der Vogtländisch-Erzgebirgischen Synklinalzone, die als großes Senkungsgebiet von der Erzgebirgischen Mulde im NE bis zur Münchberger Gneismasse im SW reicht; im NW wird sie vom ostthüringischen Hauptsattel und im SW von der Fichtelgebirgisch-Erzgebirgischen Antiklinalzone begrenzt
- geprägt durch reizvolle Landschaft mit weitläufigen Waldflächen
- Heilquellen im Südteil

Verkehrssituation
- relativ günstige Verkehrslage
- Straßennetz: Autobahn A 72 (Nürnberg–Plauen–Chemnitz–Dresden) quert d. Kreis; Fernstraßen: B 92 Greiz–Plauen–B. Brambach–Tschechien, B 173 Hof–Plauen–Zwickau/Leipzig, B 169 Plauen–Auerbach Richtung Aue
- Schienennetz: ebenfalls gut ausgebaut (Lage an der „Sachsenmagistrale" Plauen–Zwickau–Chemnitz–Dresden–Görlitz)
- Flugverkehr: Verkehrslandeplatz in der Nähe von Auerbach, nächste internationale Flughäfen Leipzig und Nürnberg
- Grenzübergänge nach Tschechien

Historische und administrative Entwicklung:
- Besiedlung vor allem aus Franken in der zweiten Phase der Ostkolonisation (12./13. Jh.)
- im Mittelalter "Land der Vögte"
- sächsisch seit spätem Mittelalter
- 1952–1990 Teil des DDR-Bezirkes Chemnitz/Karl-Marx-Stadt
- seit 1990 Teil des Freistaates Sachsen
- durch Kreisgebietsreform entstand erst 1996 aus den Kreisen Plauen, Oelsnitz/V., Reichenbach (Teile), Auerbach und Klingenthal der Vogtlandkreis

Wichtige Städte/Gemeinden (1998)
Rodewisch (8 293 Ew.), Mittelzentraler Städteverbund mit Falkenstein (8 430 Ew.) und Auerbach (20 126 Ew.);
Klingenthal (10 609 Ew., Unterzentrum);
Oelsnitz/V. (12 926 Ew., Mittelzentrum);
Reichenbach (23 915 Ew.), Mittelzentraler Städteverbund mit Mylau und Netzschkau;
Elsterberg (5 514 Ew., Unterzentrum);
Adorf (6 238 Ew., Unterzentrum);
Markneukirchen (7 238 Ew., Unterzentrum);
Lengenfeld (7 616 Ew., Unterzentrum);
Treuen (7 863 Ew., Unterzentrum)

Wirtschaft
- Landwirtschaft: besitzt sehr differenzierte Ausgangsbedingungen (in Abhängigkeit von den natürlichen Gegebenheiten); im nördlichen Teil Ackerbau, im mittleren und südlichen Teil Vieh- und Forstwirtschaft
- Spezialproduktionen sind die Herstellung der Plauener Spitze, sowie der Musikinstrumentenbau (Klingenthal, Markneukirchen)
- weitere Industriebranchen: Textil- und Bekleidungsindustrie, Metallindustrie, Maschinenbau, Nahrungs- und Genußmittelindustrie, Elektrotechnik/Elektronik, Gerätebau, Baustoffindustrie, Spiel- und Schmuckwarenindustrie, Holzverarbeitende Industrie; nach 1990 tiefgreifende Deindustrialisierung; Folgen wurden durch die Nähe zu Bayern (Pendelwanderung der Arbeitskräfte) teilweise abgemindert
- Tourismus: viele natürliche und anthropogene Potentiale (Heilquellen erlauben Kurbetrieb in Bad Brambach, Bad Elster; viele Sehenswürdigkeiten (z. B. Musikinstrumentenmuseum)
- beliebtes Wintersportgebiet (z. B. Klingenthal/Mühlleithen)

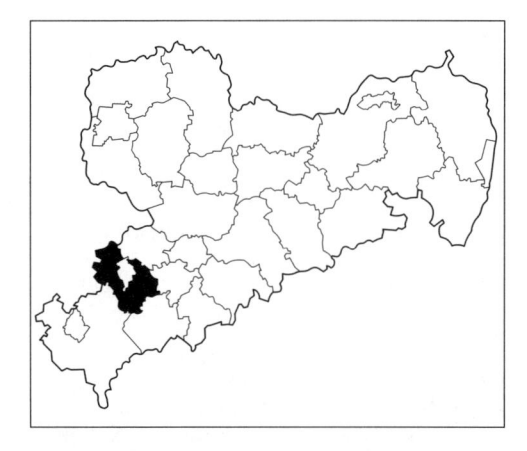

Landkreis Zwickauer Land

Fläche: 510,55 km²
Bevölkerung: 137 725 (Stand 1998)
Bevölkerungsdichte: 270 Ew./km²
Regierungsbezirk Chemnitz, Kreissitz: Zwickau
Anzahl der Gemeinden: 17, davon 6 Städte (1999)

Geographische Lage:
- im westsächsischen Raum am Fuße des Erzgebirges und des Vogtlandes
- im Agglomerationsraum Chemnitz – Zwickau (im funktionsräumlichen Einzugsbereich von Zwickau)
- wird von der wichtigen mitteleuropäischen West-Ost-Achse durchschnitten
- angrenzende Stadt- und Landkreise: umschließt den Stadtkreis Zwickau vollständig; Chemnitzer Land (NE), Stollberg (E), Aue-Schwarzenberg (SE), Vogtlandkreis (SW); im Westen an Thüringen grenzend

Naturräumliche Charakteristik
- Naturraumeinheiten: Erzgebirgsbecken, Westerzgebirge (Süden), Vogtland (Südwesten)
- erstreckt sich vom Gebirgsvorland bis zu den mittleren Lagen des Erzgebirges; daraus resultieren differenzierte geologische Bedingungen und unterschiedliche Niederschlags- und Bodenverhältnisse (Unterschiede in den Inwertsetzungsbedingungen für die Landwirtschaft)
- Zwickauer Mulde prägt den Kreis teilweise mit ihrer Talung
- Steinkohlevorkommen im Erzgebirgischen Becken bildeten einen wichtigen Rohstoff für die Wirtschaft
- im nördlichen Teil des Landkreises Grauwacken und Rotliegendes; im Erzgebirge Schwarz- und Tonschiefer, aber auch Quarzite
- tiefenbruchartige geologische Struktur (bezeichnet als Zentralsächsisches Lineament); diese tektonisch aktive Zone zeichnete sich durch eine wiederholte Absenkung und damit verbundene Ablagerungen von Schuttsedimenten vom späten Karbon bis gegen Ende des Rotliegenden in der sogenannten Vorerzgebirgs-Senke aus

Verkehrssituation
- bedingt durch die Lage zum Verkehrsknotenpunkt Zwickau gute Verkehrsanbindung und teilweise auch Erschließung
- Straßennetz: Autobahn A 72 (Nürnberg – Zwickau – Chemnitz) schneidet den Landkreis; Fernstraßen: B 175 Zwickau – Werdau – Gera; B 173 Zwickau – Chemnitz – Dresden
- Schienennetz: gut ausgebaut (Lage an der „Sachsenmagistrale" Plauen – Zwickau – Chemnitz – Dresden – Görlitz)
- Flugverkehr: nächste internationale Flughäfen: Leipzig und Nürnberg

Historische und administrative Entwicklung
- seit dem Mittelalter sächsisch
- Besiedlung im Zuge der Ostkolonisation
- 1952 – 1990 Teil des DDR-Bezirkes Chemnitz / Karl-Marx-Stadt
- seit 1990 Teil des Freistaates Sachsen
- durch Kreisgebietsreform entstand 1994 aus den Kreisen Werdau, Zwickau-Land und Teilen des Altkreises Reichenbach der Landkreis Zwickauer Land

Wichtige Städte / Gemeinden (1998)
Werdau (23 185 Ew., Mittelzentrum), Crimmitschau (23 312 Ew., Mittelzentrum), Hartenstein (5 253 Ew.), Lichtentanne (7 892 Ew., Unterzentrum), Wilkau-Haßlau (9 959 Ew., Unterzentrum), Kirchberg (10 364 Ew., Unterzentrum), Mülsen (13 265 Ew.)

Wirtschaft:
- Landwirtschaft: differenzierte Bedingungen; Ackerbau im N, Viehwirtschaft und Forstwirtschaft im S / SW (hoher Waldanteil)
- Bergbau beeinflußte die wirtschaftliche Entwicklung und damit die Raumstruktur nachhaltig
- wichtige Industriezweige: Metallindustrie, Maschinenbau, Textil- und Bekleidungsindustrie, Elektrotechnik / Elektronik, Gerätebau, Druckindustrie, Kraftfahrzeugbau, Baustoffindustrie; (nach 1990 Deindustrialisierungstendenzen bei den traditionellen Branchen)
- Tourismus: vor allem natürliche Potentiale (Gebirge, Waldreichtum)

Landkreis Bautzen

Fläche: 955,45 km²
Bevölkerung: 160 750 (Stand 1998)
Bevölkerungsdichte: 168 Ew./km²
Regierungsbezirk Dresden, Kreissitz: Bautzen
Anzahl der Gemeinden: 30, davon 5 Städte (1999)

Geographische Lage
- im östlichen Teil Sachsens, gehört geographisch zur Oberlausitz; vom Oberlauf der Spree (mit Stausee) durchflossen;
- westlicher Teil gehört zum Einzugsbereich der Stadt Dresden, zentraler und östlicher Teil zum sorbischen Siedlungsgebiet (Stadt Bautzen ist Sitz der DOMOWINA)
- Mitglied der Euroregion Neiße
- im S die EU-Außengrenze zu Tschechien
- angrenzende Landkreise: Sächsische Schweiz (SW), Kamenz (NW), Niederschlesischer Oberlausitzkreis (NE), Löbau-Zittau (SE)

Naturräumliche Charakteristik
- drei naturräumliche Einheiten: die ebene Oberlausitzer Heide- und Teichlandschaft (N), die hügelige Gefildelandschaft in der Mitte und im S das Mittelgebirge mit seinem Vorland (Lausitzer Bergland, Westlausitzer Hügel- und Bergland)
- geologisch dominiert vom Lausitzer Granit sowie dessen Verwitterungsprodukten sowie von Ablagerungen aus den Kaltzeiten
- naturräumliche Bedingungen bieten differenzierte Inwertsetzungsmöglichkeiten für die Landwirtschaft (bedeutend vor allem das Lößgebiet als Altsiedelland)
- wichtig auch die vielfältigen Vorkommen an Steinen und Erden

Verkehrsituation
- insgesamt günstige verkehrstechnische Lage mit guter Erschließung
- wird von der wichtigen mitteleuropäischen West-Ost-Magistrale tangiert
- Straßennetz: Autobahnen A 4 Görlitz – Dresden – Chemnitz – Gera – Erfurt und A 13 Berlin-Dresden; Fernstraßen: B 6 Dresden – Bautzen – Görlitz (– Polen); B 96 Hoyerswerda – Bautzen; B 156 Weißwasser – Bautzen
- Schienennetz: Bautzen mit regionaler Zentralität im Netz (Inter-Regio-Anschluß)
- Flugverkehr: Verkehrslandeplatz bei Bautzen; nächster internationaler Flughafen Dresden
- ÖPNV: Ausbau der Dresdner S- Bahn bis Bischofswerda vorgesehen
- wichtige Transitfunktion, Grenzübergänge nach Tschechien

Historische und administrative Entwicklung
- im Mittelalter der zentrale und östliche Teil zu Böhmen gehörig (Markgrafschaft Oberlausitz mit Hauptstadt Bautzen), seit dem Dreißigjährigen Krieg (1635) dieser Teil zu Sachsen; der westliche Raum (Region Bischofswerda) seit dem Mittelalter sächsisch
- 1952 – 1990 Teil des DDR-Bezirkes Dresden
- seit 1990 Teil des Freistaates Sachsen
- durch Kreisgebietsreform entstand 1994 aus den Kreisen Bautzen, Bischofswerda und Teilen des Altkreises Kamenz der Landkreis Bautzen

Wichtige Städte / Gemeinden (1998)
Bautzen (42 537 Ew., Teil des Oberzentralen Städteverbundes Görlitz – Bautzen – Hoyerswerda); Bischofswerda (14 190 Ew., Mittelzentrum); Neukirch / Lausitz (5 901 Ew., Unterzentrum); Wilthen (7 626 Ew), mittelzentraler Städteverbund mit Sohland a. d. Spree (8 035 Ew.)

Wirtschaft
- Ausgeprägte Landwirtschaftsregion mit intensivem Ackerbau (Lößgebiet)
- Zentrum des Schienenfahrzeugbaus (Waggonbau Bautzen)
- weitere wichtige Branchen: Baustoffindustrie, Metallindustrie, Maschinenbau, Glas- und feinkeramische Industrie, Nahrungs- und Genußmittelindustrie, Textil- und Bekleidungsindustrie
- Anziehungspunkt für Touristen (Bautzen: das Zentrum der Sorben in Deutschland, sorbische Kultur und Traditionen); vielfältige naturräumliche Ausstattung / Oberlausitzer Heide- und Teichgebiet, Mittelgebirge / ländliche Kulturlandschaft, Talsperre Bautzen)
- Bautzen als tausendjährige mittelalterliche Stadt, mit vielen Sehenswürdigkeiten (z. B. Dom St. Petri mit Domstift und Domschatz, Nicolaikirchruine)

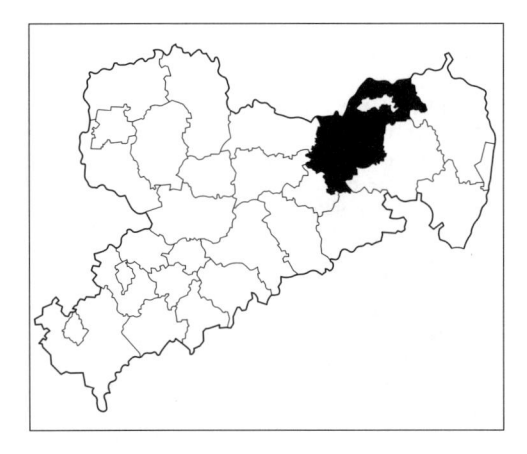

Landkreis Kamenz

Fläche: 1 339,10 km²
Bevölkerung: 155 601 Stand 1998)
Bevölkerungsdichte: 116 Ew. / km²
Regierungsbezirk Dresden, Kreissitz: Kamenz
Anzahl der Gemeinden: 39, davon 9 Städte (1999)

Geographische Lage
- nordöstlich der Landeshauptstadt Dresden (westlicher Teil gehört zu deren Einzugsgebiet)
- teilweise sorbisches Siedlungsgebiet
- angrenzende Stadt- und Landkreise: umschließt den Stadtkreis Hoyerswerda, Stadtkreis Dresden (SW); Niederschlesischer Oberlausitzkreis (NE), Bautzen (SE), Sächsische Schweiz (S), Meißen (SW), Riesa-Großenhain (W)
- im NW an Brandenburg grenzend

Naturräumliche Charakteristik:
- Naturraumeinheiten: Westlausitzer Hügel- und Bergland, Königsbrück-Ruhländer Heide, Oberlausitzer Heide- und Teichgebiet, Oberlausitzer Gefilde
- im Übergangsbereich zwischen Tiefland (N), Gefildezone (Mitte und S) und Mittelgebirgszone (W, SW); daher große naturräumliche Vielfalt, die sich in vielfältiger Nutzung widerspiegelt
- petrographisch verschiedene Baueinheiten des Grundgebirges; im S bilden Intrusivgesteine eines der großen Phyltongebiete im varistischen Gebirge Mitteleuropas, nordwärts schließt ein Schiefergebirgsareal an, im SE lagert mächtiges sedimentäres und vulkanisches Tertiär auf, nach N wird das gesamte Lausitzer Bergland zunehmend von Sedimenten des Quartärs und auch des Tertiärs überlagert, die zur Niederlausitz überleiten
- wichtige Landschafts- und Naturschutzgebiete

Verkehrssituation
- sehr gute Verkehrsanbindungen
- Straßennetz: Autobahnen A 4 Görlitz – Dresden – Chemnitz – Gera – Erfurt; A 13 Berlin – Dresden; Fernstraßen: B 97 Hoyerswerda – Königsbrück – Dresden; B 96 Hoyerswerda – Bautzen
- Schienennetz: nur Regionalverkehr Dresden – Arnsdorf – Kamenz, Berlin – Cottbus – Kamenz
- Flugverkehr: Verkehrslandeplatz Kamenz, nächster internationaler Flughafen Dresden (ca. 30 – 40 km)

Historische und administrative Entwicklung
- seit dem Mittelalter teilweise sächsisch; östliche Teile des Landkreises zur böhmischen Oberlausitz gehörend, diese erst ab 1635 sächsisch
- nordöstlicher Teil nach 1815 preußisch
- 1952 – 1990 nördliche und nordöstliche Regionen Teile des DDR-Bezirkes Cottbus, südliche und südwestliche Gemeinden Teil des DDR-Bezirkes Dresden
- seit 1990 die gesamte Region Teil des Freistaates Sachsen
- durch Kreisgebietsreform entstand 1994 aus Teilen der Kreise Bischofswerda und Kamenz der Landkreis Kamenz
- Stadt Kamenz Sitz des Statistischen Landesamtes des Freistaates Sachsen

Wichtige Städte / Gemeinden (1998)
Kamenz (18 922 Ew., Mittelzentrum),
Radeberg (18 430 Ew., Mittelzentrum),
Königsbrück (5 281 Ew., Unterzentrum),
Wittichenau (6 096 Ew., Unterzentrum),
Bernsdorf (5971 Ew., Unterzentrum),

Wirtschaft
- Landwirtschaft: zum Teil Böden auf Löß (gute Bedingungen für den Landbau)
- wichtige Industriezweige: Baustoffindustrie, Metallindustrie, Maschinenbau, Chemische Industrie, Glas- und feinkeramische Industrie, Nahrungs- und Genußmittelindustrie, Elektrotechnik / Elektronik, Gerätebau
- ein für den Landkreis bedeutender Wirtschaftszweig ist der Bergbau (Braunkohle)
- Teile des Kreisgebietes sind sorbischer Kultur- und Siedlungsraum (sorbische Kultur und Traditionen sind wichtiges Tourismuspotential für die Region)
- wichtige Landschafts- und Naturschutzgebiete
- mit der Entstehung der Lausitzer Seenplatte (geflutete Tagebaurestlöcher) entwickelt sich ein neuer Anziehungspunkt für die Touristen

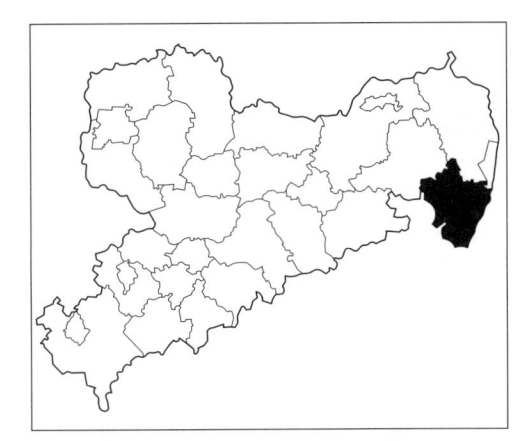

Landkreis Löbau-Zittau

Fläche: 698,50 km²
Bevölkerung: 160 039 (Stand 1998)
Bevölkerungsdichte: 229 Ew./km²
Regierungsbezirk Dresden, Kreissitz: Zittau
Anzahl der Gemeinden: 38, davon 9 Städte (1999)

Geographische Lage
- im Dreiländerdreieck Deutschland, Polen, Tschechische Republik
- periphere Lage in Sachsen, Deutschland und der EU
- EU-Außengrenze mit Polen (E) u. Tschechien (S)
- westlich der Neiße
- gehört zur Euroregion Neiße – Nisa – Nysa
- angrenzende Stadt- und Landkreise: Stadtkreis Görlitz (NE), Niederschlesischer Oberlausitzkreis (N), Bautzen (NW)

Naturräumliche Charakteristik
- vielgliedrige naturräumliche Ausstattung
- Naturraumeinheiten: Zittauer Gebirge (S, SE), Östliche Oberlausitz (N), Oberlausitzer Bergland (W), Oberlausitzer Gefilde (NW)
- markante Sandsteinberge, vulkanische Kuppen, granitene Bergrücken und malerische Täler
- Gebiet um Löbau ist Bestandteil der Antiklinalzone der Lausitz
- innerhalb des Gebietes verläuft die Hauptwasserscheide zwischen Oder und Elbe als eine wichtige hydrographische Grenze

Verkehrssituation
- trotz peripherer Lage relativ günstige Verkehrsanbindung
- Straßennetz: Autobahn A 4 Görlitz – Dresden – Chemnitz – Gera – Erfurt; Fernstraßen: B 178 Zittau – Bautzen Richtung Dresden; B 99 Zittau – Görlitz Richtung Cottbus / Berlin; B 96 Zittau – Bautzen – Hoyerswerda – Berlin; B 6 Görlitz – Löbau – Bautzen – Bischofswerda – Dresden – Meißen
- Schienennetz: nur Regionalverkehr nach Dresden, Görlitz und in die Tschechische Republik sowie nach Polen
- Flugverkehr: Verkehrslandeplatz Rothenburg bei Görlitz; nächster internationaler Flugplatz Dresden (100 km)
- viele Grenzübergänge nach Tschechien und nach Polen

Historische und administrative Entwicklung
- im Mittelalter böhmische Markgrafschaft Oberlausitz
- seit dem Dreißigjährigen Krieg (1635) Teil Sachsens
- 1952 – 1990 Teil des DDR-Bezirkes Dresden
- seit 1990 Teil des Freistaates Sachsen
- mit der Kreisgebietsreform entstand 1994 aus den Kreisen Löbau und Zittau der Sächsische Oberlausitzkreis, seit 1996 Landkreis Löbau-Zittau; Löbau verlor dabei 1994 seinen Status als Sitz eines Landkreises

Wichtige Gemeinden / Städte (1998)
Zittau (28 838 Ew., Mittelzentrum),
Löbau (17 345 Ew., Mittelzentrum),
Olbersdorf (7 190 Ew.),
Ebersbach (11 161 Ew., Unterzentrum),
Neugersdorf (6 705 Ew., Unterzentrum),
Seifhennersdorf (5490 Ew., Unterzentrum)

Wirtschaft
- Entwicklung einer Vielzahl wichtiger Industriezweige: Kraftfahrzeugbau, Nahrungs- und Genußmittelindustrie, Metallindustrie, Maschinenbau, Elektrotechnik / Elektronik, Gerätebau, Holzverarbeitende Industrie, Textil- und Bekleidungsindustrie, Braunkohlenförderung- und -verarbeitung (2. Hälfte der 1990er Jahre eingestellt)
- bis 1990 / 92 hoher Industrialisierungsgrad; zugehörig zum altindustrialisierten Dichtegebiet Oberlausitz; nach 1990 deutliche Deindustrialisierungstendenzen
- eine besondere Bedeutung besitzt heute die in Zittau ansässige Hochschule für Technik, Wirtschaft und Soziales
- Fremdenverkehr: wichtige touristische Anziehungspunkte (z. B. Burg- und Klosteranlage Oybin, historischer Stadtkern von Zittau, Schmalspurbahn im Zittauer Gebirge, Aussichtsberg Hochwald (749 m NN), Sommerrodelbahn bei Oberrodewitz u. a.
- Zittauer Gebirge als ideales Wander- und Klettergebiet (Nähe zum Iser- und Riesengebirge)

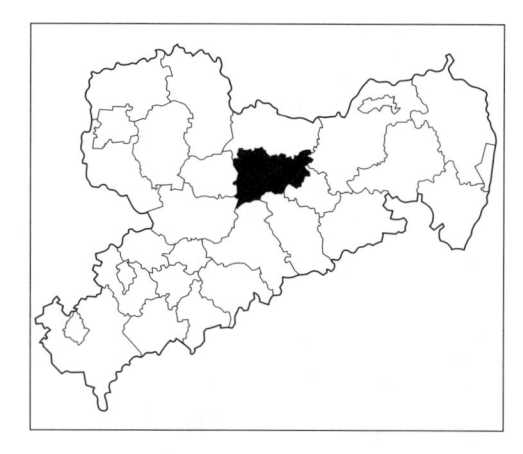

Landkreis Meißen

Fläche: 631,63 km²
Bevölkerung: 153 753 (Stand 1998)
Bevölkerungsdichte: 243 Ew. / km²
Regierungsbezirk Dresden, Kreissitz: Meißen
Anzahl der Gemeinden: 17, davon 6 Städte (1999)

Geographische Lage
- sächsischer „Binnenkreis" (Landkreis mit den meisten sächsischen Nachbarn)
- im NW der Großstadt Dresden
- gehört zum Agglomerationsraum Dresden
- von der Elbe geprägt
- Mitglied der Euroregion Elbe–Labe
- angrenzende Stadt- und Landkreise: Stadtkreis Dresden (E); Döbeln (W), Riesa-Großenhain (N), Kamenz (NE), Weißeritzkreis (SE), Freiberg (SW), Mittweida (SW)

Naturräumliche Charakteristik
- Naturraumeinheiten: Mittelsächsisches Lößhügelland, Mulde-Lößhügelland, Nordsächsisches Platten- und Lößhügelland, Großenhainer Pflege, Dresdner Elbtalweitung
- zum Lößgürtel gehörig, damit gute bis sehr gute Ausgangsbedingungen für die Landwirtschaft; Waldanteil relativ gering
- Naturraum umfaßt daneben die Elbaue, die unterschiedlich breite Niederterrasse sowie Reste älterer, höher gelegener Terrassen; die Aue setzt sich in der oberen Schicht aus sandigem Lehm zusammen, in dem braune Aueböden entstanden

Verkehrssituation
- günstige Verkehrslage durch den Verkehrsknoten Dresden, von dem der Landkreis profitiert
- Straßennetz: Autobahnen A 4 Görlitz–Dresden–Chemnitz–Gera–Erfurt, A 13 Berlin–Dresden, A 14 Dresden–Leipzig; Fernstraßen B 6 Meißen–Dresden–Görlitz, B 101 Freiberg–Meißen–Großenhain
- Schienennetz: günstige Anbindung an den Fernverkehr in Dresden, ansonsten Regionalverkehr Strecke Dresden–Döbeln–Leipzig;
- Flugverkehr: internationaler Flughafen Dresden (25 km)
- Wasserstraße Elbe
- ÖPNV: Dresdner S-Bahn der Strecke Meißen–Coswig–Dresden–Pirna–Schöna

Historische und administrative Entwicklung
- Altsiedelland, seit dem Neolithikum besiedelt
- „Keimzelle" des sächsischen Staates (1. Hälfte 10. Jh. Gründung von Burg und Stadt Meißen, Bildung der Mark Meißen)
- Meißen war bis 1485 sächsische Hauptstadt (Residenzstadt der Wettiner)
- 1952–1990 Teil des DDR-Bezirkes Dresden
- seit 1990 Teil des Freistaates Sachsen
- durch Kreisgebietsreform entstand 1994 aus den Kreisen Dresden-Land (Teile) und Meißen der Landkreis Meißen

Wichtige Städte / Gemeinden (1998)
Meißen (30 345 Ew., Mittelzentrum),
Radebeul (31 601 Ew., Mittelzentrum),
Coswig (25 094 Ew., Mittelzentrum),
Weinböhla (9 988 Ew.),
Nossen (6 637 Ew., Unterzentrum),
Lommatzsch (6 427 Ew., Unterzentrum)

Wirtschaft
- sehr günstige Bedingungen für die Landwirtschaft fördern einen intensiven Ackerbau
- frühe wirtschaftliche Entwicklung (Handwerk, Gewerbe, Handel) bedingt durch die intensive Landwirtschaft und die Nähe zur Hauptstadt
- Meißen ist weltbekannt durch seine Porzellanmanufaktur
- wichtige Industriezweige: Metallindustrie, Maschinenbau, Glas- und feinkeramische Industrie, chemische Industrie, Baustoffindustrie, Elektrotechnik / Elektronik, Gerätebau, Nahrungs- und Genußmittelindustrie
- Meißen ist ein Magnet für Touristen (Altstadt, Albrechtsburg, Dom, Kirchen)
- viele weitere Tourismuspotentiale im Landkreis (Weinstraße, Naturraumausstattung, alte Kulturlandschaft)

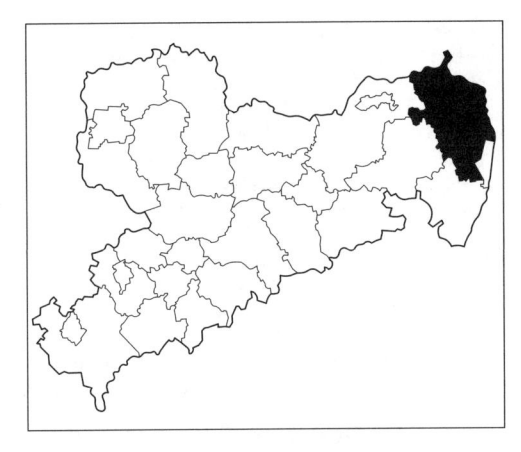

Landkreis
Niederschlesischer Oberlausitzkreis

Bevölkerung: 111 271 (Stand: 1998)
Bevölkerungsdichte: 83 Ew. / km^2
Regierungsbezirk Dresden, Kreissitz: Niesky
Anzahl der Gemeinden: 29, davon 5 Städte (1999)

Geographische Lage
- an der Neiße, die hier die deutsche Grenze zur Republik Polen bildet und damit gleichzeitig die östliche EU-Außengrenze ist
- Mitglied der trilateralen Euroregion Neiße – Nisa – Nysa
- angrenzende Stadt- und Landkreise: Stadtkreis Görlitz (SE), Landkreise Kamenz (W), Bautzen (SW), Löbau-Zittau (S), im N an Brandenburg grenzend

Naturräumliche Charakteristik:
- der überwiegende Teil der Fläche gehört zur Naturraumeinheit Östliche Oberlausitz und ist Teil der Gefildezone (Lößgürtels)
- im Norden hat der Landkreis Anteil an der Naturraumeinheit Oberlausitzer Heide- und Teichgebiet und an der Muskauer Heide
- vorwiegende Gesteine: Lausitzer Grauwacke (Proterozoikum) und Ostlausitzer Granodiorit (Seidenberger Granodiorit)
- im Ostlausitzer Platten- und Hügelland sind lößlehmbedeckte Platten und Becken sowie vereinzelte Granithöhen und Basaltkuppen vergesellschaftet

Verkehrssituation
- günstige Verkehrsanbindungen
- Straßennetz: Autobahnen: A 13 / 15 Berlin – Cottbus – Forst – Polen, A 4 Dresden – Bautzen – Görlitz – Polen;
- Fernstraßen: B 115 Cottbus – Bad Muskau – Niesky – Görlitz; B 156 Bautzen – Weißwasser – Bad Muskau – Spremberg; B 6 Bautzen – Reichenbach – Görlitz
- Schienennetz: ebenfalls gut ausgebaut, Strecken Berlin – Cottbus – Weißwasser – Görlitz; Dresden – Bautzen – Görlitz; Magdeburg – Falkenberg – Hoyerswerda – Niesky – Görlitz
- Flugverkehr: Verkehrslandeplätze Rothenburg und Bautzen, Flughafen Dresden
- bedingt durch die Lage an der Grenze zu Polen verfügt der Landkreis über eine Vielzahl von Grenzübergängen (Bad Muskau, Podrosche, Görlitz, Ludwigsdorf)

Historische und administrative Entwicklung
- im Mittelalter böhmisch
- ab 1635 sächsisch
- nach dem Siebenjährigen Krieg 1763 preußisch
- nach dem Zweiten Weltkrieg 1945 zum Land Sachsen gehörig,
- 1952 – 1990 Teil des DDR-Bezirkes Dresden
- ab 1990 zugehörig zum Freistaat Sachsen
- im Ergebnis der Kreisgebietsreform entstand am 1.8.1994 der Niederschlesische Oberlausitzkreis aus den ehemaligen Landkreisen Niesky, Weißwasser und Teilen des Landkreises Görlitz

Wichtige Städte / Gemeinden (Stand 1998)
Weißwasser (29 895 Ew., Mittelzentrum),
Niesky (12 226 Ew., Unterzentrum),
Bad Muskau (4 026 Ew., Unterzentrum),
Reichenbach (4 682 Ew., Unterzentrum),
Rothenburg (4 517 Ew., Unterzentrum),
Boxberg (3 882 Ew., Unterzentrum)

Wirtschaft
- historisch: Handwerk und Gewerbe (Textilgewerbe, holzverarbeitendes Gewerbe, Lebensmittelherstellung, Metallverarbeitung, Glasbläserei)
- Bergbau (Braunkohleabbau), Elektrizitätsversorgung
- wichtige heutige Wirtschaftszweige: Holzverarbeitende Industrie, Glas- und feinkeramische Industrie, Metallindustrie, Maschinenbau, Baustoffindustrie, Nahrungs- und Genußmittelindustrie, Braunkohlenverarbeitung, Schienenfahrzeugbau
- Fremdenverkehr: viele Sehenswürdigkeiten (Rittergüter in Ober- und Niederholtendorf, Fürst-Pückler-Park Bad Muskau, dörfliche Architektur)
- von besonderer Bedeutung ist das Biosphärenreservat Oberlausitzer Heide- und Teichgebiet

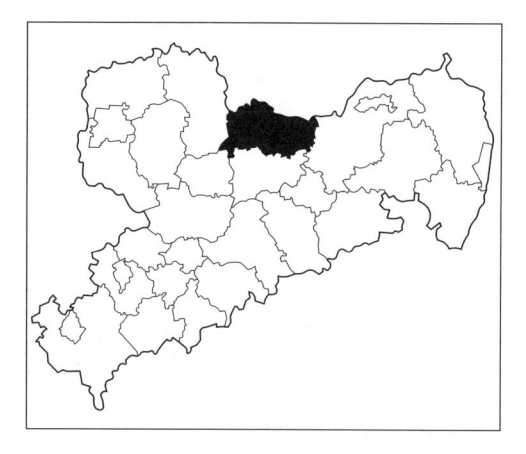

Landkreis Riesa-Großenhain

Fläche: 820,49 km²
Bevölkerung: 125 624 (Stand 1998)
Bevölkerungsdichte: 153 Ew. / km²
Regierungsbezirk Dresden, Kreissitz: Großenhain
Anzahl der Gemeinden: 23, davon 4 Städte (1999)

Geographische Lage
- im nordwestlichen Teil des Regierungsbezirkes an der Grenze zu Brandenburg
- südlicher Teil (Großenhain) noch Randzone des Agglomerationsraumes Dresden
- angrenzende Landkreise: Torgau-Oschatz (W), Döbeln (SW), Meißen (S), Kamenz (E)

Naturräumliche Charakteristik
- Naturraumeinheiten: Nordsächsisches Platten- und Hügelland, Riesa-Torgauer Elbland, Elsterwerda-Herzberger Elsterniederung, Großenhainer Pflege
- die Elbe durchschneidet das Kreisgebiet
- größter Teil gehört zum Lößgürtel, daraus resultieren gute natürliche Bedingungen für den Ackerbau
- weitere Naturressourcen: Steine und Erden

Verkehrssituation
- sehr gute Verkehrsanbindungen
- Straßennetz: Autobahn: A 13 Dresden–Berlin; Fernstraßen: B 6 Riesa–Meißen–Dresden, B 169 Plauen–Chemnitz–Riesa–Cottbus, B 101 Freiberg–Meißen–Großenhain–Elsterwerda, B 182 Wittenberg–Riesa, B 98 Kamenz–Großenhain–Riesa
- Schienennetz: flächendeckender Eisenbahnanschluß mit den Fernverkehrsstrecken Dresden–Großenhain–Berlin, Dresden–Riesa–Leipzig, Chemnitz–Riesa–Berlin; Nahverkehrsstrecken Riesa–Falkenberg / Elster, Riesa–Nossen
- Flugverkehr: Verkehrslandeplätze in Riesa und Großenhain; nächste internationale Flughäfen Dresden und Leipzig
- Binnenschiffahrt mit Flußhafen in Riesa

Historische und administrative Entwicklung
- größter Teil des Kreises ist Altsiedelland
- sächsisch seit dem Mittelalter
- bedingt durch günstige geographische Lage und Bodenschätze (Raseneisenerz) setzte früh eine gewerbliche, später industrielle Entwicklung ein
- 1952–1990 Teil des DDR-Bezirkes Dresden
- seit 1990 Teil des Freistaates Sachsen
- durch Kreisgebietsreform entstand 1994 aus den Kreisen Riesa und Großenhain der Landkreis Riesa-Großenhain

Wichtige Städte / Gemeinden (1998)
- Riesa (40 954 Ew., Mittelzentrum), Großenhain (18 210 Ew., Mittelzentrum), Gröditz (9 052 Ew., Unterzentrum), Nünchritz (5 136 Ew., Unterzentrum), Strehla (4 371 Ew., Unterzentrum)

Wirtschaft:
- auf der Basis der günstigen natürlichen Bedingungen hat sich eine intensive Landwirtschaft (vor allem Ackerbau) entwickelt; die Viehwirtschaft konzentriert sich auf die Talbereiche
- wichtige Industriezweige: Metallurgie, Chemische Industrie, Metallindustrie, Maschinenbau, Nahrungs- und Genußmittelindustrie, Holzverarbeitende Industrie, Baustoffindustrie, Textil- und Bekleidungsindustrie, Glas- und feinkeramische Industrie, Elektrotechnik / Elektronik, Gerätebau; wichtige Branchen und Standorte sind nach 1990 weggebrochen (z. B. weitestgehend Metallurgie in Riesa)
- Fremdenverkehr bedeutend, z. B. die Personenschiffahrt auf der Elbe, die Sächsische Weinstraße entlang des Elbtales, gut ausgebautes Rad- und Wanderwegenetz
- weitere touristische Sehenswürdigkeiten: Marienkirche, Strehlaer Renaissanceschloß; Barockschloß und die Kirche in Diesbar-Seußlitz

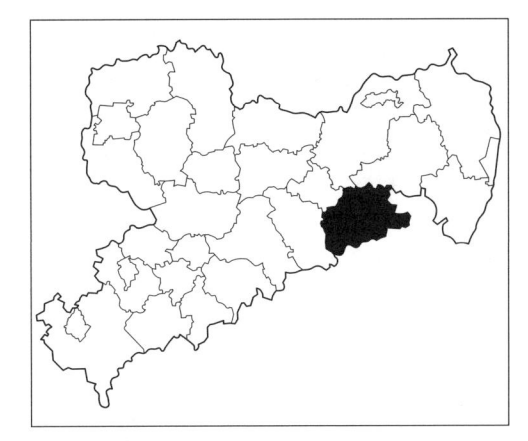

Landkreis Sächsische Schweiz

Fläche: 887,84 km²
Bevölkerung: 149 842 (Stand 1998)
Bevölkerungsdichte: 169 Ew./km²
Regierungsbezirk Dresden, Kreissitz: Pirna
Anzahl der Gemeinden: 26, davon 12 Städte (1999)

Geographische Lage
- beiderseits des Elbelaufes,
- EU-Außengrenze mit Tschechien
  (= eine der ältesten Grenzen Europas)
- nördlicher und zentraler Teil gehören zum Agglomerationsraum Dresden
- Mitglied in der Euroregion Elbe–Labe
- angrenzende Stadt- und Landkreise: Weißeritzkreis (W), Stadtkreis Dresden (NW), Kamenz (N), Bautzen (NE)

Naturräumliche Charakteristik
- Naturraumeinheiten: Sächsische Schweiz (Elbsandsteingebirge), Osterzgebirge, Erzgebirgsvorland, Elbtalweitung, Schönfelder Hochland, Lausitzer Berg- und Hügelland
- starke Gesteins- und Formendifferenzierung
- hoher Waldanteil, über die Hälfte des Landkreises Land- und Naturschaftsschutzgebiete, u. a. Nationalparkregion „Sächsische Schweiz"
- kennzeichnend für das Elbsandsteingebirge sind Tafelberge und Ebenheiten sowie steile Felsentürme und gewaltige Felsenriffe neben tiefen Schluchten
- Vielfalt an Rohstoffen (Uranerz, Steine u. Erden)

Verkehrssituation
- über den Verkehrsknoten Dresden direkt an das regionale, nationale und internationale Verkehrsnetz angeschlossen
- Straßennetz: in unmittelbarer Nähe Autobahnen A 4 Erfurt–Gera–Chemnitz–Dresden–Görlitz, A 13 Dresden–Berlin, A 14 Dresden–Leipzig–Halle; im Bau befindliche A 17 Dresden–Prag:

Fernstraßen: B 172 Dresden–Pirna–Tschechien, B 6 Dresden–Görlitz–Polen
- Schienennetz: überreg. und internat. Anbindung über die Strecken: Prag–Dresden–Berlin, Dresden–Leipzig, „Sachsenmagistrale" Polen–Görlitz–Dresden–Chemnitz–Plauen–Hof; Regionalverkehr der Strecken: Pirna–Neustadt i. Sa.; Bad Schandau–Sebnitz–Neustadt i. Sa.
- Luftverkehr: internationaler Flughafen Dresden
- Elbehafen in Dresden
- ÖPNV: S-Bahn Meißen–Dresden–Pirna–Bad Schandau–Schöna;

Historische und administrative Entwicklung
- Elbtal und Elbtalkessel sind Altsiedelland; Elbtal ist jahrtausendealter Durchzugsraum Südosteuropa–Mittel-/Nordeuropa
- hist. Grenzraum zwischen Sachsen und Böhmen; südl. Teil erst im späten Mittelalter sächsisch
- frühe gewerbliche Entwicklung; auch gefördert durch den Eisenerzbergbau im Osterzgebirge und die Nähe zur Hauptstadt Dresden
- 1952–1990 Teil des DDR-Bezirkes Dresden
- seit 1990 Teil des Freistaates Sachsen
- durch Kreisgebietsreform entstand 1994 aus den Kreisen Sebnitz und Pirna der Landkreis Sächsische Schweiz

Wichtige Städte/Gemeinden (1998)
- Pirna (42 922 Ew., Mittelzentrum), Heidenau (17 829 Ew., Unterzentrum), Neustadt i.Sa. (12 082 Ew., Mittelzentrum), Sebnitz (10 321 Ew., Mittelzentrum), Stolpen (6162 Ew., Unterzentrum)

Wirtschaft
- aufgrund der naturräumlichen Ausstattung beschränkte Möglichkeiten für den Ackerbau (Ebenheiten im Elbsandsteingebirge), teilweise Spezialisierung auf Viehwirtschaft (Talauen); Forstwirtschaft spielt große Rolle
- entlang des Elbtales frühe gewerbliche, später industrielle Entwicklung (Nutzung der Wasserkraft, einheimischer Rohstoffe, Bau der Eisenbahn, Wirkung der Nähe von Dresden)
- wichtige Industriezweige: Metallindustrie, Maschinenbau, Chemische Industrie, holzverarbeitende Industrie, Druckindustrie, Nahrungs- und Genußmittelindustrie, Elektrotechnik/Elektronik, Gerätebau, Baustoffindustrie, Zellulose- und Papierindustrie, Kraftfahrzeugbau; nach 1990 Deindustrialisierung durch Wegbrechen der traditionellen Branchen (vor allem Heidenau, Pirna, Sebnitz); Spezialproduktion: Kunstblumenherstellung (Zentrum: Sebnitz)
- weltbekanntes Kur- und Erholungsgebiet (Bad Schandau, Berggießhübel, Bad Gottleuba)
- ideales Wander- und Klettergebiet
- viele touristische Sehenswürdigkeiten (z. B. Altstadt von Pirna)

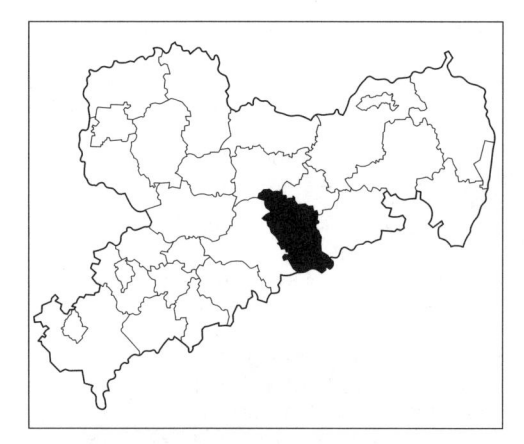

Landkreis Weißeritzkreis

Fläche: 765,52 km²
Bevölkerung: 123 846 (Stand 1998)
Bevölkerungsdichte: 162 Ew. / km²
Regierungsbezirk Dresden,
Kreissitz: Dippoldiswalde
Anzahl der Gemeinden: 22, davon 9 Städte (1999)

Geographische Lage
- erstreckt sich vom südlichen Dresdner Stadtrand in südlicher Richtung bis zur tschechischen Grenze (EU-Außengrenze zu Tschechien (= eine der ältesten Grenzen Europas)
- Südraum der Agglomeration Dresden (Einzugsgebiet des Oberzentrums Dresden; nördliche Teile des Kreises gehören zum „Speckgürtel" um Dresden)
- angrenzende Stadt- und Landkreise: Stadtkreis Dresden (NE, N), Freiberg (W), Meißen (NW), Sächsische Schweiz (E)

Naturräumliche Charakteristik
- Naturraumeinheiten: Mulde-Lößhügelland (N), Osterzgebirge (S)
- von den unteren bis zu den Kammlagen des Osterzgebirges, Ausbildung als leicht nach S und SW ansteigende, schwach zertalte Fläche
- Übergangsbereich vom Lößgebiet zum Mittelgebirge
- im Zusammenhang mit der geologisch-tektonischen Geschichte bildete sich eine Vielzahl von Erzen (u. a. Eisen-, Silber-, Zinnerze)

Verkehrssituation
- gute Verkehrserschließung (profitiert von der Nähe zum Verkehrsknoten Dresden)
- Straßennetz: im N Anschluß an die Autobahn A 4 Erfurt–Gera–Chemnitz–Dresden–Görlitz, im Bau befindlich die A 17 nach Prag; Fernstraßen: B 173 Dresden–Freiberg–Prag, B 170 Dresden–Dippoldiswalde–Altenberg– Tschechien (wichtige Transittraße Nordeuropa–Südeuropa)
- Schienennetz: Anschluß an das überreg. Netz in Dresden; ansonsten nur Regionalverkehr auf den Strecken Dresden–Freiberg, Heidenau–Altenberg; Erhalt der Schmalspurbahn Freital-Hainsberg–Kurort Kipsdorf („Weißeritztalbahn")
- zur Entlastung der B 170 wurde die „Rola" (Rollende Landstraße auf der Schiene zwischen Dresden und Nordböhmen) eingerichtet
- Flugverkehr: nächster internationaler Flughafen Dresden
- ÖPNV: Dresdner S-Bahnstrecke nach Tharandt

Historische und administrative Entwicklung
- außer den Bereichen im Elbtal Besiedlunhg erst im Zuge der Ostkolonisation
- seit dem Mittelalter sächsisch
- früher Beginn des Bergbaus (13. / 14. Jh.) mit deutlicher Prägung der Raumstruktur, darauf aufbauend Entwicklung von Handwerk und Gewerbe, später Industrialisierung (z. B. auch durch Steinkohlenfunde im Döhlener Becken)
- 1952–1990 Teil des DDR-Bezirkes Dresden
- ab 1990 Teil des Freistaates Sachsen
- durch Kreisgebietsreform entstand 1994 aus den Kreisen Freital und Dippoldiswalde der Landkreis Weißeritzkreis

Wichtige Städte / Gemeinden (1998)
- Freital (40 052 Ew., Mittelzentrum),
  Dippoldiswalde (8 336 Ew., Mittelzentrum),
  Bannewitz (9 350 Ew.),
  Altenberg (6 263 Ew., Unterzentrum),
  Glashütte (5 037 Ew., Unterzentrum),
  Tharandt (5 784 Ew., Unterzentrum),
  Wilsdruff (5 778 Ew., Unterzentrum)

Wirtschaft
- durch die naturräumlichen Ausgangsbedingungen bestehen sehr differenzierte Voraussetzungen für die Landwirtschaft (untere Lagen: Ackerbau, mittlere Lagen: Ackerbau, Viehwirtschaft, obere Lagen: Viehwirtschaft, Waldnutzung
- auf der Grundlage des Bergbaus entwickelten sich früh Handwerk und Gewerbe, bereits Anfang des 19. Jh. setzte die Industrialisierung ein (auch Zulieferfunktion für die Agglomeration Dresden); Industriezweige (Eisenmetallurgie, Chemische Industrie, Kraftfahrzeugbau, Metallindustrie, Maschinenbau, Glas- und feinkeramische Industrie, Elektrotechnik / Elektronik, Gerätebau, Baustoffindustrie); nach 1990 mit dem Auslaufen des Bergbaus trat auch eine deutliche Deindustrialisierung ein
- Tourismus: Vielzahl von natürlichen und anthropogenen Potentialen; Tourismusregion Osterzgebirge mit Schwerpunkt Wintersport (Bob- und Rodelbahn Altenberg)

A 2 Sachsen statistisch

2.1 Staatsgebiet und administrative Gliederung

Tab. A 2.1.1: Gebiets- und Verwaltungseinteilung Sachsens 1997

	Regierungsbezirke			Sachsen
	Chemnitz	Dresden	Leipzig	
Sitz der Regierung	Chemnitz	Dresden	Leipzig	Dresden
Fläche (km^2)	6 096,84	7 930,30	4 385,57	18 412,71
Bevölkerung (1997)	1 654 765	1 735 992	1 098 658	4 489 415
Einwohner je km^2	271	219	251	244
Kreise insgesamt davon	12	11	6	29
kreisfreie Städte	3	3	1	7
Landkreise	9	8	5	22
Gemeinden	216	227	103	546

2.2 Natur

Monat	Jan.	Febr.	März	April	Mai	Juni	Juli	Aug.	Sept.	Okt.	Nov.	Dez.	Jahresmittel
Mittlere Lufttemperatur (°C)													
Dresden-Klotzsche	-3,6	4,3	5,3	5,9	13,5	16,8	17,7	20,7	14,2	7,5	3,8	2,1	9,0
Fichtelberg	-3,7	-2,0	0,0	-0,8	7,1	9,6	11,0	13,9	9,2	2,0	-0,6	-2,8	3,6
Niederschlagshöhe (mm)													
Dresden-Klotzsche	11	45	40	53	84	43	168	17	18	47	34	59	619
Fichtelberg	24	74	115	110	53	56	179	58	69	100	20	106	964

Tab. A 2.2.2: Klimatische Verhältnisse an ausgewählten Beobachtungsstationen Sachsens 1997
Quelle: Deutscher Wetterdienst, Dresden

Tab. A 2.2.3: Ausgewählte Flüsse Sachsens 1997
Quelle: Sächsisches Landesamt für Umwelt und Geologie

Name des Flusses	Länge		Mittlerer Abfluß 1997		
	insgesamt (km)	darunter in Sachsen (km)	an Mündung (in Sachsen) (m^3/s)	bei Austritt aus Sachsen (m^3/s)	im Vergleich zu mehrjährigen Hauptwerten (%)
Elbe	1 091	180	–	373	109
Weißeritz	67	67	2,6	–	72
Schwarze Elster	176	63	–	2,4	71
Große Röder	105	100	–	4	89
Vereinigte Mulde	147	64	–	57,5	89
Zwickauer Mulde	167	167	26,4	–	85
Chemnitz	37	37	7,2	–	115
Freiberger Mulde	124	120	31,3	–	89
Zschopau	130	130	21,5	–	88
Flöha	78	64	10,1	–	89
Weiße Elster	248	154	–	28,6	102
Pleiße	111	64	–	6,8	88
Spree	380	111	–	11,7	70
Schwarzer Schöps	67	67	6,4	–	146
Lausitzer Neiße	254	125	–	25,3	125

Stauanlage	Gestauter Fluß	Stauraum[1] (Mio. m³)	Wasserfläche[1] (ha)	Maximale Stauhöhe[1] (m)
TS Eibenstock, Kr. Aue-Schwarzenberg	Zwickauer Mulde	74,7	370	51,3
TS Pöhl, Vogtlandkreis	Trieb	62	386,6	45,3
Sp Lohsa II, Kr. Kamenz[3]	Kleine Spree	53	958	6,9
TS Bautzen, Kr. Bautzen	Spree	44,6	557	13,3
Sp Borna, Kr. Leipziger Land[2]	Pleiße	43,4	305	11,4
Sp Witznitz, Kr. Leipziger Land	Wyhra / Eula	26	255	11,5
TS Saidenbach, Mittlerer Erzgebirgskr.	Saidenbach	22,4	141,7	42,3
TS Quitzdorf, Niederschl. Oberlausitzkr.	Schwarzer Schöps	22	748	8,1
TS Lehnmühle, Weißeritzkr.	Wilde Weißeritz	21,9	134,5	40,8
Sp Bärwalde, Niederschl. Oberlausitzkr.[3]	Weißer Schöps	21	1 017,00	2,5
TS Dröda, Vogtlandkr.	Feilebach	17,3	124,8	38,8
TS Klingenberg, Weißeritzkr.	Wilde Weißeritz	16,4	116	32,8
TS Rauschenbach, Kr. Freiberg	Flöha	15,2	99	38,1
TS Lichtenberg, Kr. Freiberg	Gimmlitz	14,5	92,6	39
TS Gottleuba, Kr. Sächs. Schweiz	Gottleuba	13	65,7	47,8
TS Kriebstein, Kr. Mittweida	Zschopau	11,7	132	22
RHB Stöhna, Kr. Leipziger Land	Pleiße	11,4	233	8,1
TS Pirk, Vogtlandkr.	Weiße Elster	9,5	152,2	12,3
Sp Radeburg II, Kr. Riesa-Großenhain	Dobrabach	8,9	278	7,6
TS Malter, Weißeritzkr.	Rote Weißeritz	8,8	79,2	29,5
PSW Markersbach, Unterbecken Kr. Aue-Schwarzenberg	Große Mittweida	7,9	51	49
TS Schömbach, Kr. Leipziger Land u. Altenburger Land (Thür.)	Wyhra	7,7	175,3	10,7
Sp Knappenrode, Kr. Kamenz[2]	Schwarzwasser im Nebenschluß d.	6,9	290	2,6
PSW Markersbach, Oberbecken Kr. Aue-Schwarzenberg	Großen Mittweida	6,5	30	24
Sp Scheibe, Kr. Kamenz[3]	Kleine Spree	6,5	700	1
TS Sosa, Kr. Aue-Schwarzenberg	Kleine Bockau	5,9	39,4	48
RHB Regis / Serbitz, Kr. Leipziger Land	Pleiße	5,9	220	6
TS Muldenberg, Vogtlandkr.	Zwickauer Mulde	5,8	88,8	19,2
Sp Lohsa I, Kr. Kamenz	Kleine Spree	5,8	342	2
Sp Dreiweibern, Kr. Kamenz[3]	Kleine Spree	5	286	2
Sp Burghammer, Kr. Kamenz[3]	Kleine Spree	5	350	1,5

Tab. A 2.2.4: Talsperren und Speicheranlagen mit einem Stauraum über 5 Mio. m³ in Sachsen
(TS = Talsperre; PSW = Pumpspeicherwerk; RHB = Rückhaltebecken; Sp = Speicher)

[1] Die Angaben sind auf Vollstau, d. h. bis zur Höhe der Überlaufkrone bezogen.
[2] Tagebaurestloch, ohne Totraum
[3] Höhe der bewirtschafteten Lamelle

Quelle: Landestalsperrenverwaltung des Freistaates Sachsen

Tab. A 2.2.1: Ausgewählte Gebirge bzw. Landschaften und ihre wichtigsten Erhebungen in Sachsen

Quelle: Landesvermessungsamt Sachsen

Gebirge bzw. Landschaft / Berg	Kreis	Höhe (m NN)
Erzgebirge		
Fichtelberg	Annaberg	1 215
Gifthüttenberg	Annaberg	1 050
Eisenberg	Annaberg	1 028
Auersberg	Aue-Schwarzenberg	1 018
Kiel	Vogtlandkreis	943
Kahleberg	Weißeritzkreis	905
Pöhlberg	Annaberg	831
Geising	Weißeritzkreis	824
Kapellenberg	Vogtlandkreis	757
Zittauer Gebirge		
Lausche	Löbau-Zittau	793
Hochwald	Löbau-Zittau	749
Lausitzer Bergland		
Valtenberg	Bautzen	587
Kottmar	Löbau-Zittau	583
Czorneboh	Bautzen	556
Bieleboh	Löbau-Zittau	500
Landeskrone	Görlitz, Stadt	419

Gebirge bzw. Landschaft / Berg	Kreis	Höhe (m NN)
Elbsandsteingebirge		
Großer Zschirnstein	Sächsische Schweiz	560
Großer Winterberg	Sächsische Schweiz	556
Lilienstein	Sächsische Schweiz	415
Bastei	Sächsische Schweiz	305
Sächsisches Hügelland		
Keulenberg	Kamenz	404
Rochlitzer Berg	Mittweida	349
Collmberg	Torgau-Oschatz	316

2.3 Bevölkerung und Siedlungen

Tab. A 2.3.1: Entwicklung von Bevölkerung und Fläche Sachsens 1815–1997

[1] 1834–1981 Volkszählungsergebnisse zum jeweiligen Gebietsstand; ab 1990 Fortschreibungsergebnisse zum Gebietsstand am Jahresende

[2] 1815–1950, 1991 bis 1997 jeweiliger Gebietsstand; 1964 bis 1990 Gebietsstand vom 31.12.1990

Jahr	Bevölkerung[1] insgesamt	männlich	weiblich	Fläche[2] (km^2)	Einwohner je km^2
1815	1 178 802	.	.	14 959	79
1834	1 595 668	775 244	820 424	14 959	107
1840	1 706 276	829 655	876 621	14 959	114
1846	1 836 433	895 918	940 515	14 959	123
1852	1 988 078	970 287	1 017 791	14 993	133
1858	2 122 902	1 038 115	1 084 787	14 993	142
1864	2 337 192	1 143 258	1 193 934	14 993	156
1871	2 556 244	1 248 799	1 307 445	14 993	170
1875	2 760 586	1 352 309	1 408 277	14 993	184
1880	2 972 805	1 445 330	1 527 475	14 993	198
1885	3 182 003	1 542 405	1 639 598	14 993	212
1890	3 502 684	1 701 141	1 801 543	14 993	234
1895	3 787 688	1 838 422	1 949 266	14 993	253
1900	4 202 216	2 043 148	2 159 068	14 993	280
1905	4 508 601	2 179 108	2 329 493	14 993	301
1910	4 806 661	2 323 903	2 482 758	14 993	321
1925	4 992 320	2 372 091	2 620 229	14 993	333
1933	5 196 652	2 484 098	2 712 554	14 995	347
1939	5 231 739	2 472 891	2 758 848	14 995	349
1945	5 252 670	2 109 367	3 143 303	16 992	309
1946	5 558 566	2 336 630	3 221 936	16 992	327
1950	5 682 802	2 515 772	3 167 030	16 992	334
1964	5 463 571	2 453 363	3 010 208	18 338	298
1970	5 419 187	2 461 049	2 958 138	18 338	296
1981	5 152 857	2 386 173	2 766 684	18 338	281
1990	4 764 301	2 244 728	2 519 573	18 338	260
1991	4 678 877	2 209 397	2 469 480	18 338	255
1992	4 640 997	2 201 259	2 439 738	18 407	252
1993	4 607 660	2 193 793	2 413 867	18 409	250
1994	4 584 345	2 192 299	2 392 046	18 412	249
1995	4 566 603	2 194 597	2 372 006	18 412	248
1996	4 545 702	2 191 334	2 354 368	18 413	247
1997	4 522 412	2 184 168	2 338 244	18 412	246

Tab. A 2.3.2: Sächsische Gemeinden mit 20 000 oder mehr Einwohnern 1997

Gemeinde	Kreis	Einwohner
20 000 bis unter 50 000 Einwohner		
Auerbach / Vogtl., Stadt	Vogtlandkreis	20 425
Aue, Stadt	Aue-Schwarzenberg	20 425
Limbach-Oberfrohna, Stadt	Chemnitzer Land	20 918
Borna, Stadt	Leipziger Land	20 928
Markkleeberg, Stadt	Leipziger Land	22 264
Annaberg-Buchholz, Stadt	Annaberg	23 177
Werdau, Stadt	Zwickauer Land	23 258
Crimmitschau, Stadt	Zwickauer Land	23 420
Reichenbach / Vogtl., Stadt	Vogtlandkreis	23 949
Döbeln, Stadt	Döbeln	24 396
Coswig, Stadt	Meißen	25 260
Delitzsch, Stadt	Delitzsch	27 235
Glauchau, Stadt	Chemnitzer Land	27 935
Zittau, Stadt	Löbau-Zittau	28 508
Weißwasser / O.L., Stadt	Niederschlesischer Oberlausitzkreis	30 300
Meißen, Stadt	Meißen	30 486
Radebeul, Stadt	Meißen	31 332
Freital, Stadt	Weißeritzkreis	37 652
Pirna, Stadt	Sächsische Schweiz	38 673
Riesa, Stadt	Riesa-Großenhain	41 232
Bautzen, Stadt	Bautzen	42 884
Freiberg, Stadt	Freiberg	46 966
50 000 bis unter 100 000 Einwohner		
Hoyerswerda, Stadt	Hoyerswerda, Stadt	55 565
Görlitz, Stadt	Görlitz, Stadt	63 301
Plauen, Stadt	Plauen, Stadt	66 497
100 000 und mehr Einwohner		
Zwickau, Stadt	Zwickau, Stadt	101 130
Chemnitz, Stadt	Chemnitz, Stadt	259 126
Leipzig, Stadt	Leipzig, Stadt	446 491
Dresden, Stadt	Dresden, Stadt	459 222

Gemeindegrößen-klasse (Einwohner)	3.10.1990 Gemeinden gesamt	%	Einwohner gesamt	%	1.8.1994 Gemeinden gesamt	%	Einwohner gesamt	%	1.1.1999 Gemeinden gesamt	%	Einwohner gesamt	%
unter 100	4	0,2	296	0,0	2	0,2	146	0,0	–	–	–	–
100 – 200	58	3,6	9 362	0,2	7	0,7	1 215	0,0	–	–	–	–
201 – 500	438	26,9	153 524	3,2	135	13,9	48 599	1,1	–	–	–	–
501 – 1 000	469	28,8	327 565	6,8	170	17,5	120 479	2,6	5	0,9	4 390	0,1
1 001 – 2 000	348	21,4	479 927	10,0	240	24,7	351 400	7,7	119	21,8	177 927	3,9
Summe	1 317	81,0	970 674	20,2	554	51,7	521 839	11,4	124	22,7	182 317	4,0
2 001 – 5 000	185	11,4	566 346	11,9	284	29,2	875 535	19,0	247	45,2	800 613	17,8
5 001 – 20 000	91	5,6	870 567	18,1	105	10,8	1 021 668	22,3	145	26,6	1 303 713	28,9
20 001 – 100 000	29	1,8	969 381	20,2	24	2,5	827 068	18,0	26	4,8	865 939	19,2
über 100 000	4	0,0	1 418 752	29,6	4	0,4	1 348 509	29,3	4	0,7	1 354 690	30,1
Summe	309	19,0	3 825 046	79,8	417	42,9	4 072 780	88,6	422	77,3	4 324 955	96,0
Gesamtsumme	1 626	100	4 795 720	100	971	100	4 594 619	100	546	100	4 507 272	100

Tab. A 2.3.4: Eheschließungen, Lebendgeborene und Gestorbene in Sachsen 1997 nach Kreisen

Kreis Regierungbezirk Land	Eheschließungen absolut	je 1 000 Einwohner	Lebendgeborene absolut	je 1 000 Einwohner	Gestorbene absolut	je 1 000 Einwohner	Überschuß der Lebendgeborenen bzw. Gestorbenen (-) absolut	je 1 000 Einwohner
Chemnitz, Stadt	848	3,2	1 568	6	3 197	12,1	– 1 629	– 6,2
Plauen, Stadt	277	4,1	443	6,6	939	14	– 496	– 7,4
Zwickau, Stadt	395	3,9	580	5,7	1 254	12,3	– 674	– 6,6
Annaberg	355	3,9	617	6,8	1 138	12,5	– 521	– 5,7
Chemnitzer Land	569	3,7	942	6,1	2 092	13,6	– 1 150	– 7,5
Freiberg	639	4,1	1 079	6,9	1 758	11,2	– 679	– 4,3
Vogtlandkreis	654	3	1 290	6	2 948	13,7	– 1 658	– 7,7
Mittlerer Erzgebirgskreis	269	2,8	661	6,8	1 171	12,1	– 510	– 5,3
Mittweida	419	2,9	894	6,2	1 776	12,3	– 882	– 6,1
Stollberg	246	2,6	563	5,9	1 243	13,1	– 680	– 7,2
Aue-Schwarzenberg	503	3,4	882	6	1 923	13,1	– 1 041	– 7,1
Zwickauer Land	478	3,3	938	6,5	1 913	13,3	– 975	– 6,8
Regierungsbezirk Chemnitz	5 652	3,4	10 457	6,2	21 352	12,7	– 10 895	– 6,5
Dresden, Stadt	1 620	3,5	3 277	7,1	4 848	10,4	– 1 571	– 3,4
Görlitz, Stadt	225	3,5	406	6,3	783	12,2	– 377	– 5,9
Hoyerswerda, Stadt	193	3,4	319	5,6	539	9,5	– 220	– 3,9
Bautzen	499	3,1	1 080	6,7	1 802	11,1	– 722	– 4,5
Meißen	671	4,2	1 059	6,6	1 865	11,6	– 806	– 5
Niederschlesischer Oberlausitzkreis	331	2,9	734	6,5	1 037	9,1	– 303	– 2,7
Riesa-Großenhain	330	2,6	751	5,9	1 359	10,7	– 608	– 4,8
Löbau-Zittau	453	2,8	1 035	6,4	2 024	12,5	– 989	– 6,1
Sächsische Schweiz	651	4	1 017	6,3	1 856	11,5	– 839	– 5,2
Weißeritzkreis	386	3,3	780	6,6	1 391	11,8	– 611	– 5,2
Kamenz	535	3,3	1 091	6,7	1 776	10,8	– 685	– 4,2
Regierungsbezirk Dresden	5 894	3,4	11 549	6,6	19 280	11	– 7 731	– 4,4
Leipzig, Stadt	1 366	3	2 782	6,1	5 327	11,8	– 2 545	– 5,6
Delitzsch	351	3,6	652	6,6	1 060	10,7	– 408	– 4,1
Döbeln	230	2,8	504	6,2	1 057	13,1	– 553	– 6,8
Leipziger Land	955	3,9	1 575	6,5	2 901	11,9	– 1 326	– 5,4
Muldentalkreis	510	4	782	6,2	1 391	11	– 609	– 4,8
Torgau-Oschatz	329	3,1	707	6,8	1 115	10,7	– 408	– 3,9
Regierungsbezirk Leipzig	3 741	3,4	7 002	6,3	12 851	11,6	– 5 849	– 5,3
Sachsen	15 287	3,4	29 008	6,4	53 483	11,8	– 24 475	– 5,4

← Tab. A 2.3.3: **Gemeinden und Einwohner im Freistaat Sachsen nach Gemeindegrößenklassen**
Quelle: berechnet nach Stat. Landesamt Freistaat Sachsen (Hrsg.): Gemeindeverzeichnis zum Vollzug der Gesetze zur Gemeindegebietsreform im Freistaat Sachsen (Stand 1.1.99) – Sonderheft, Kamenz, Febr. 1999

Alter von ... bis unter ... Jahren	Merkmal	Insgesamt	Darunter nach der Staatsangehörigkeit ... *				
			polnisch	vietnamesisch	rumänisch	ungarisch	jugoslawisch
unter 15	männlich	4 676	167	1 024	286	92	457
	weiblich	4 104	168	880	232	63	378
	insgesamt	8 780	335	1 904	518	155	835
15 – 25	männlich	9 528	549	268	680	164	738
	weiblich	4 135	399	200	228	145	132
	insgesamt	13 663	948	468	908	309	870
25 – 30	männlich	12 067	766	856	962	257	619
	weiblich	3 864	251	720	200	78	133
	insgesamt	15 931	1 017	1 576	1 162	335	752
30 – 45	männlich	27 183	4 841	2 936	1 190	1 535	812
	weiblich	7 456	584	1 786	326	140	262
	insgesamt	34 639	5 425	4 722	1 516	1 675	1 074
45 – 60	männlich	8 172	2 429	164	285	1 206	181
	weiblich	2 359	369	100	99	263	50
	insgesamt	10 531	2 798	264	384	1 469	231
60 und mehr	männlich	1 342	255	6	33	38	21
	weiblich	1 040	118	15	19	22	12
	insgesamt	2 382	373	21	52	60	33
Insgesamt	männlich	62 968	9 007	5 254	3 436	3 292	2 828
	Anteil (%)	100	14,3	8,3	5,5	5,2	4,5
	weiblich	22 958	1 889	3 701	1 104	711	967
	Anteil (%)	100	8,2	16,1	4,8	3,1	4,2
	insgesamt	85 926	10 896	8 955	4 540	4 003	3 795
	Anteil (%)	100	12,7	10,4	5,3	4,7	4,4

Tab. A 2.3.5: **Ausländer in Sachsen 1997 nach ausgewählten Staatsangehörigkeiten, Geschlecht und Altersgruppen**
Quelle: Ausländerzentralregister   * Staatsangehörigkeit, wie im Ausländerzentralregister geführt

Tab. A 2.3.6: **Bevölkerung Sachsens am 31.12.1997 nach Altersgruppen, Geschlecht und Staatsangehörigkeit**

Alter von ... bis unter ... Jahren	Deutsche			Ausländer		
	insgesamt	männlich	weiblich	insgesamt	männlich	weiblich
unter 6	149 526	76 608	72 918	4 739	2 444	2 295
6 – 15	476 088	244 474	231 614	7 268	3 825	3 443
15 – 18	183 083	93 735	89 348	2 707	1 506	1 201
18 – 21	172 840	90 843	81 997	3 973	2 482	1 491
21 – 25	179 983	96 105	83 878	8 980	5 872	3 108
25 – 30	276 195	145 560	130 635	15 568	11 148	4 420
30 – 35	335 085	172 301	162 784	14 744	10 841	3 903
35 – 40	340 778	173 369	167 409	13 352	10 195	3 157
40 – 45	325 993	164 347	161 646	11 404	8 607	2 797
45 – 50	310 795	156 128	154 667	8 158	6 046	2 112
50 – 55	250 793	123 549	127 244	3 963	2 816	1 147
55 – 60	349 013	169 322	179 691	2 579	1 682	897
60 – 65	294 236	139 989	154 247	1 733	1 037	696
65 und mehr	775 557	267 848	507 709	3 279	1 489	1 790
Insgesamt	4 419 965	2 114 178	2 305 787	102 447	69 990	32 457

Herkunfts- bzw. Zielgebiet	Zuzüge insgesamt	Zuzüge Ausländer	Fortzüge insgesamt	Fortzüge Ausländer	Überschuß der Zu- bzw. Fortzüge (–) insgesamt	Überschuß der Zu- bzw. Fortzüge (–) Ausländer
Europa	20 861	17 919	19 691	18 021	1 170	–102
Bulgarien	488	482	455	450	33	32
Frankreich	397	340	290	220	107	120
Griechenland	601	588	348	343	253	245
Großbrit. u. Nordirland	497	439	373	297	124	142
Irland	151	142	159	151	–8	–9
Italien	1 230	1 198	1 128	1 088	102	110
Länder des ehem. Jugoslawien	904	894	1 942	1 935	–1 038	–1 041
Niederlande	175	143	157	112	18	31
Österreich	305	228	370	243	–65	–15
Polen	5 871	4 694	6 492	5 694	–621	–1 000
Portugal	3 435	3 420	3 010	2 996	425	424
Rumänien	336	328	480	472	–144	–144
Schweiz	144	77	202	63	–58	14
Länder der ehem. Sowjetunion (europ. Teil)	3 142	1 993	578	517	2 564	1 476
darunter Rußland	2 064	1 004	305	246	1 759	758
Ukraine	792	722	154	152	638	570
Spanien	299	232	286	180	13	52
Länder der ehem. Tschechoslowakei	1 256	1 194	1 424	1 380	–168	–186
Türkei	820	812	772	759	48	53
Ungarn	499	448	947	910	–448	–462
übriges Europa	311	267	278	211	33	56
Afrika	1 146	1 085	765	721	381	364
Amerika	839	660	659	415	180	245
Kanada	60	42	61	29	–1	13
USA	472	378	396	236	76	142
Asien	6 706	5 112	2 619	2 504	4 087	2 608
Australien und Ozeanien	31	23	34	19	–3	4
Unbekanntes Ausland	129	122	70	56	59	66
insgesamt 1997	29 712	24 921	23 838	21 736	5 874	3 185

Tab. A 2.3.7: Zu- und Fortzüge über die Grenze des Bundesgebietes 1997 in Sachsen nach Herkunfts- bzw. Zielgebiet (ohne Zuzüge, bei denen das Herkunftsgebiet ungeklärt ist bzw. keine Angaben dazu vorliegen)

Herkunfts- bzw. Zielgebiet	Zuzüge insges.	Zuzüge weibl.	Fortzüge insges.	Fortzüge weibl.	Überschuß der Zu- bzw. Fortzüge (–) insges.	Überschuß der Zu- bzw. Fortzüge (–) weibl.
Schleswig-Holstein	760	293	944	435	–184	–142
Hamburg	478	179	680	294	–202	–115
Niedersachsen	6 309	3 130	2 979	1 513	3 330	1 617
Bremen	184	82	217	113	–33	–31
Nordrhein-Westfalen	4 808	2 091	6 087	3 057	–1 279	–966
Hessen	2 472	1 013	3 413	1 612	–941	–599
Rheinland-Pfalz	1 202	465	1 838	941	–636	–476
Baden-Württemberg	6 066	2 704	7 395	3 666	–1 329	–962
Bayern	6 848	2 879	11 377	5 805	–4 529	–2 926
Saarland	255	99	274	124	–19	–25
Berlin	2 898	1 171	3 404	1 520	–506	–349
Brandenburg	4 625	2 180	4 028	2 037	597	143
Mecklenburg-Vorpommern	1 291	607	1 289	711	2	–104
Sachsen-Anhalt	4 522	2 292	4 163	2 021	359	271
Thüringen	4 088	2 068	3 495	1 798	593	270
Bundesgebiet zusammen	46 806	21 253	51 583	25 647	–4 777	–4 394
Ausland und Unbekanntes Ausland	29 712	6 505	23 838	3 198	5 874	3 307
insgesamt	76 518	27 758	75 421	28 845	1 097	–1 087

Tab. A 2.3.8: Wanderungen über die sächsische Landesgrenze 1997 nach Herkunfts- bzw. Zielgebiet

2.4 Volkswirtschaft
2.4.1 Bruttoinlandsprodukt

	1991	1992	1993	1994	1995	1996	1997
Bruttoinlandsprodukt in jeweiligen Preisen							
Mio. DM	59 932	75 905	93 070	106 584	115 879	120 737	123 347
Veränderung zum Vorjahr (%)	–	26,7	22,6	14,5	8,7	4,2	2,2
Anteil an den neuen Bundesländern und Berlin-Ost (%)	29,1	28,6	28,8	29,1	29,2	29,2	29,2
Anteil an Deutschland (%)	2,1	2,5	2,9	3,2	3,3	3,4	3,4
Bruttoinlandsprodukt in Preisen von 1991							
Mio. DM	59 932	63 556	69 961	77 706	81 894	83 986	85 660
Veränderung zum dem Vorjahr (%)	–	6	10,1	11,1	5,4	2,6	2
Anteil an den neuen Bundesländern und Berlin-Ost (%)	29,1	28,6	28,8	29,2	29,2	29,4	29,5
Anteil an Deutschland in %	2,1	2,2	2,4	2,6	2,7	2,7	2,7
Erwerbstätige							
Durchschnitt (1 000)	2 193	1 908	1 868	1 907	1 946	1 922	1 849
Veränderung zum dem Vorjahr (%)	-15,9	-13,0	-2,1	2,1	2,0	-1,3	-3,8
Bruttoinlandsprodukt je Erwerbstätigen							
in jeweiligen Preisen (1 000 DM)	27,3	39,8	49,8	55,9	59,5	62,8	66,7
In Preisen von 1991 (1 000 DM)	27,3	33,3	37,5	40,7	42,1	43,7	46,3

Tab. A 2.4.1.1: **Bruttoinlandsprodukt, Erwerbstätige und Bruttoinlandsprodukt je Erwerbstätigen in Sachsen 1991 bis 1997*** (Abweichungen in den Summen durch Runden der Zahlen)
* Berechnungsstand: März 1998)

2.4.2 Erwerbstätigkeit und Arbeitslosigkeit

Tab. A 2.4.2.1: **Erwerbstätige (in 1 000) in Sachsen im April 1997 nach Wirtschaftsabteilungen, Stellung im Beruf und Geschlecht** (Ergebnisse des Mikrozensus)
[1] nach „Klassifikation der Wirtschaftszweige" (Ausgabe 1993),   [2] einschließlich Auszubildende in kaufmännischen und technischen Berufen,   [3] einschließlich Auszubildende in gewerblichen Berufen

Wirtschaftsabteilung[1]	Geschlecht	Insgesamt	Selbständige u. mithelfende Familienangehörige	Angestellte[2] und Beamte	Arbeiter[3]
Verarbeitendes Gewerbe u. Bergbau	insgesamt	361,8	22,4	108,5	230,8
	dav. weiblich	110,5	/	47,6	58,7
Baugewerbe	insgesamt	324,7	21,5	52,1	251,1
	dav. weiblich	32,0	/	23,4	7,7
Handel u. Gastgewerbe	insgesamt	317,3	48,9	130,9	137,6
	dav. weiblich	191,7	20,8	90,9	80
Verkehr u. Nachrichtenübermittlung	insgesamt	110,0	6,6	45,4	58
	dav. weiblich	36,8	/	23,7	11,8
Kredit- u. Versicherungsgewerbe	insgesamt	42,5	8,5	33,0	/
	dav. weiblich	25,8	/	22,2	/
Grundstückswesen, Vermietung, Dienstleistungen für Unternehmen	insgesamt	131,9	21,1	77,4	33,4
	dav. weiblich	67,4	5,3	44,9	17,2
Öffentl. Verwaltung u. ä.	insgesamt	184,3	–	150,7	33,5
	dav. weiblich	96,4	–	82,4	14,0
Öffentl. u. private Dienstleistungen	insgesamt	364,9	23,4	263	78,6
	dav. weiblich	261,6	12,9	199,4	49,3
Insgesamt	insgesamt	1 920,6	160,4	882,8	877,4
	dav. weiblich	852,9	50,7	545,4	256,9

Arbeits-amtsbezirk	Insgesamt	Jugendliche im Alter von unter 25 Jahren		Arbeitslose im Alter von 55 Jahren und älter		Schwer-behinderte	Ausländer
		zusammen	weiblich	zusammen	weiblich		
Annaberg	29 105	2 909	1 321	4 673	2 835	404	151
Bautzen	61 908	6 636	2 920	12 739	7 517	931	580
Chemnitz	48 667	4 696	2 094	9 950	5 877	975	982
Dresden	38 905	4 350	1 805	8 928	5 185	975	892
Leipzig	60 999	5 778	2 455	13 554	7 842	1 500	1 010
Oschatz	28 026	2 747	1 239	5 066	3 029	440	230
Pirna	20 154	2 095	967	4 460	2 820	365	188
Plauen	23 281	2 020	872	4 835	2 952	418	230
Riesa	20 720	1 954	930	4 107	2 431	433	182
Zwickau	42 375	3 664	1 729	8 141	4 827	634	456
Sachsen	374 139	36 848	16 331	76 451	45 314	7 074	4 900

Tab. A 2.4.2.2: Arbeitslose in Sachsen im Jahresdurchschnitt 1997 nach Arbeitsamtsbezirken und ausgewählten Gruppen
Quelle: Landesarbeitsamt Sachsen

Arbeits-amtsbezirk	Arbeitslose Personen		Arbeitslosenquote[1] 1996 1997		Arbeits-vermittlungen[2]	Offene Stellen	Arbeitslose Personen je offene Stelle
	Arbeiter	Angestellte	(%)				
Annaberg	19 770	9 335	17,2	19,7	15 642	1 140	26
Bautzen	39 937	21 971	18	20,5	29 054	2 068	30
Chemnitz	28 355	20 312	16,1	19,1	24 893	1 876	26
Dresden	20 585	18 320	12,3	14,7	36 258	1 764	22
Leipzig	35 024	25 975	14,4	17,1	37 757	3 291	19
Oschatz	18 326	9 700	17	20,2	12 881	1 440	19
Pirna	12 568	7 586	15,3	16,5	12 076	1 638	12
Plauen	15 006	8 275	16	18,6	15 159	715	33
Riesa	13 147	7 573	17,7	19,8	11 224	513	40
Zwickau	26 623	15 752	17,4	19,6	29 955	1 769	24
Sachsen	229 340	144 799	15,9	18,4	224 899	16 214	23

Tab. A 2.4.2.3: Arbeitslose in Sachsen nach der Stellung im Beruf, Arbeitslosenquoten, Arbeitsvermittlungen und offene Stellen im Jahresdurchschnitt 1997 nach Arbeitsamtsbezirken
Quelle: Landesarbeitsamt Sachsen

[1] Abhängige zivile Erwerbspersonen ab Januar 1996 aus sozialversicherungspflichtig und geringfügig Beschäftigten, Beamten und Arbeitslosen vom Juni 1995; ab Januar 1997 vom Juni 1996
[2] Jahressumme

Tab. A 2.4.3.2: Landwirtschaftlich genutzte Fläche der Betriebe in Sachsen 1991, 1995 und 1997 nach Betriebsgrößenklassen und Pachtverhältnissen ➔
[1] Ohne geschlossene Hofpacht, ohne Familienpachtungen
[2] Anteil an den Größenklassen der landwirtschaftlich genutzten Fläche insgesamt

2.4.3 Land- und Forstwirtschaft

Nutzungsart	Sachsen	Regierungsbezirk					
		Chemnitz		Dresden		Leipzig	
	ha	ha	%	ha	%	ha	%
Gebäude- u. Freifläche	113 136	39 246	34,7	46 034	40,7	27 856	24,6
Betriebsfläche	37 608	1 945	5,2	17 699	47,1	17 963	47,7
darunter Abbauland	36 543	1 675	4,6	17 563	48,1	17 305	47,4
Erholungsfläche	10 378	3 406	32,8	4 124	39,7	2 848	27,4
Verkehrsfläche	68 954	23 718	34,4	28 554	41,4	16 682	24,2
darunter Straße	55 865	19 146	34,3	23 179	41,5	13 540	24,2
Weg	804	417	51,9	260	32,3	127	15,8
Platz	270	122	45,2	90	33,3	58	21,5
Landwirtschaftsfläche	1 038 968	334 681	32,2	415 470	40	288 817	27,8
Waldfläche	485 302	185 921	38,3	233 204	48,1	66 177	13,6
Wasserfläche	32 589	6 264	19,2	18 641	57,2	7 684	23,6
Flächen anderer Nutzung	54 330	14 506	26,7	29 296	53,9	10 528	19,4
darunter Friedhof	1 721	589	34,2	675	39,2	457	26,6
Insgesamt	*1 841 265*	*609 688*	*33,1*	*793 023*	*43,1*	*438 554*	*23,8*
darunter Siedlungs- u. Verkehrsfläche	195 255	67 230	34,5	79 524	40,7	48 501	24,8
Zum Vgl. insgesamt 1993	1 840 914	609 330	33,1	793 256	43,1	438 328	23,8

Tab. 2.4.3.1: Bodenfläche Sachsens nach Art der tatsächlichen Nutzung 1997 nach Regierungsbezirken (Stichtag 31.12.1996 bzw. 1992)

Landw. genutzte Fläche von ... bis unter ... ha	und zwar Betriebe mit						
	gepachteter LF[1]				verpachteter eigener LF		
	Anzahl	Fläche (ha)	Anteil (%)[2]	Jahrespacht DM/ha	Anzahl	Fläche (ha)	Anteil (%)[2]
1991							
unter 1	130	43	13,1	1 309	32	185	56,2
1 – 2	167	133	11,4	282	258	2 752	235,4
2 – 5	255	417	13,8	350	294	3 279	108,4
5 – 10	221	644	13,5	501	162	1 523	31,8
10 – 20	235	1 456	15,3	242	85	904	9,5
20 – 30	171	1 882	28,7	172	15	78	1,2
30 – 50	205	4 684	46,7	125	21	129	1,3
50 u. mehr	847	685 753	85,5	127	52	2 977	0,4
Insgesamt	*2 231*	*695 012*	*83*	*128*	*919*	*11 827*	*1,4*
1995							
unter 1	25	6	2,5	2 530	52	622	259,2
1 – 2	154	129	6,8	900	392	3 993	211,5
2 – 5	485	1 013	17,8	181	577	5 770	101,7
5 – 10	360	1 387	19,2	175	228	1 978	27,4
10 – 20	489	3 072	20,8	146	113	964	6,5
20 – 30	339	4 295	35,6	131	46	227	1,9
30 – 50	362	8 152	51,2	134	30	230	1,4
50 u. mehr	1 704	765 886	92	162	118	1 677	0,2
Insgesamt	*3 918*	*783 940*	*88*	*162*	*1 556*	*15 461*	*1,7*
1997							
unter 1	150	53	18,7	1 964	33	172	60,8
1 – 2	123	131	6,9	393	416	4 506	236,5
2 – 5	441	855	15,8	159	492	5 373	99,1
5 – 10	398	1 524	22	171	212	1 719	24,9
10 – 20	519	3 364	22,8	148	94	825	5,6
20 – 30	322	4 260	37,7	133	56	322	2,9
30 – 50	387	8 900	52,4	155	27	333	2
50 u. mehr	1 777	779 264	92,9	173	127	1 335	0,2
Insgesamt	*4 117*	*798 351*	*89,1*	*173*	*1 457*	*14 585*	*1,6*

Rechtsform	Anzahl			Anteil der Unternehmen (%)			Anteil an der Landwirtschaftsfläche (%)			Betriebsgröße (ha landwirtschaftliche Nutzfläche)		
	1993	1995	1997	1993	1995	1997	1993	1995	1997	1993	1995	1997
Juristische Personen	648	609	554	8,3	7,8	8,0	67,0	63,6	63,3	963	959	1 031
darunter e. G	271	260	249	41,8	42,7	45,0	60,1	59,7	59,5	1 365	1 341	1 365
GmbH	288	255	204	44,4	41,9	36,8	25,8	25,7	26,7	577	589	748
GmbH & Co. KG	62	63	55	9,6	10,3	9,2	11,2	11,6	10,8	1 151	1 074	1 126
Natürliche Personen	7 046	7 238	6 330	90,6	92,2	92,0	31,7	36,4	37,7	44	46	55
davon Personengesellschaften	301	386	354	4,3	5,3	5,6	25,9	32,1	32,2	276	277	314
Einzelunternehmen	6 745	6 852	5 976	95,7	94,7	94,4	74,1	67,9	67,8	32	33	39
davon im Haupterwerb	2 669	2 582	1 829	(39,6)	(37,7)	(30,6)	(78,5)	(76,7)	(77,6)	65	67	99
Nebenerwerb	4 076	4 270	4 147	(60,4)	(62,3)	(69,4)	(21,5)	(23,3)	(22,3)	12	12	13
unbekannte Rechtsform	83	0	0	1,1	0	0	1,3	0	0	10	•	•
Unternehmen insgesamt	7 777	7 847	6 884	100,0	100,0	100,0	100,0	100,0	100,0	119	117	133

Tab. A 2.4.3.3: **Strukturentwicklung der Unternehmen der sächsischen Landwirtschaft (alle Betriebe einschl. Gartenbau- und Spezialbetriebe) 1993–1997**
Quelle: zusammengestellt und berechnet nach
Sächs. Staatsministerium für Landwirtschaft, Ernährung und Forsten
1995, 1996, 1998

Tab. A 2.4.3.4: **Anbaufläche (in ha) in Sachsen 1997 nach Frucht- und Kulturarten und Regierungsbezirken** (einschl. Flächen von Bewirtschaftern u. Erhebungseinheiten ohne Betriebscharakter)

Nutzungs- und Fruchtart	Sachsen	Regierungsbezirk		
		Chemnitz	Dresden	Leipzig
Landwirtschaftlich genutzte Fläche	908 275	290 530	353 381	264 364
darunter Ackerland	717 797	205 925	274 141	237 731
davon für				
Getreide	399 179	108 009	152 953	138 216
darunter Winterweizen	143 568	30 557	55 177	57 833
Roggen	47 781	5 052	24 523	18 206
Wintergerste	89 237	19 845	33 997	35 395
Sommergerste	67 586	37 091	23 175	7 319
Hafer	11 474	5 690	4 545	1 239
Triticale	26 318	6 508	6 952	12 858
Körnermais	8 069	510	3 214	4 345
Hülsenfrüchte	17 933	2 780	6 590	8 563
darunter Futtererbsen	11 821	830	3 670	7 321
Hackfrüchte	27 352	4 304	10 047	13 001
darunter Kartoffeln	7 851	2 899	2 764	2 188
Zuckerrüben	18 525	1 000	6 945	10 580
Handelsgewächse	93 222	26 425	33 854	32 943
darunter Winterraps	73 536	19 915	25 408	28 213
Futterpflanzen	129 928	55 375	48 632	25 922
darunter				
Klee, Kleegras u. Klee-Luzerne-Gemisch	23 610	14 039	7 769	1 802
Grasanbau (zum Abmähen o. Abweiden)	22 063	12 528	6 388	3 147
Silomais (einschließlich Lieschkolbenmais)	72 442	23 601	30 707	18 134
Brache (einschl. stillgelegte Flächen mit Beihilferegelung und konjunkurelle Stillegungsflächen)	45 410	8 367	19 829	17 214
Obstanlagen (o. Erdbeeren)	4 656	310	2 617	1 729
Dauergrünland	183 847	83 743	75 668	24 436

Tab. A 2.4.3.5: Entwicklung der Betriebsgrößen in der sächsischen Landwirtschaft nach Rechtsformen der Betriebe 1994–1997
Quelle: Sächsische Agrarberichte 1995 u. 1997

Rechtsform	1994 Anzahl	1994 Anteil (%)	1995 Anzahl	1995 Anteil (%)	1997 Anzahl	1997 Anteil (%)
Juristische Personen	631	100	609	100	554	100
ohne Landw. Nutzfläche	44	7	41	7	11	2
unter 1 000 ha	325	52	315	52	290	52
1 000 – 3 000 ha	242	38	235	38	237	43
über 3 000 ha	20	3	18	3	16	3
Natürliche Personen (Personengesellschaften u. Einzelunternehmen)	7 063	100	7 238	100	6 330	100
ohne Landw. Nutzfläche	155	2	128	2	112	2
unter 10 ha	3 572	51	3 582	49	2 627	41
10 – 50 ha	2 067	29	2 144	30	2 132	34
51 – 100 ha	560	8	610	8	618	10
101 – 200 ha	380	5	417	6	451	7
201 ha und mehr	329	5	357	5	390	6

Tab. 2.4.3.6: Hektarerträge ausgewählter Fruchtarten in Sachsen 1997 nach Kreisen (in dt/ha)
* Angaben im Heuertrag

Kreis Regierungsbezirk Land	Winterweizen	Roggen	Wintergerste	Mittelfrühe und späte Kartoffeln	Zuckerrüben	Winterraps	Grün- und Silomais	Klee, Kleegras, Klee-Luzerne-Gemisch*
Annaberg	53,2	44,1	53,4	357,0	–	27,0	344,6	108,6
Chemnitzer Land	65,2	70,9	68,4	383,1	427,8	30,8	417,2	118,8
Freiberg	63,0	56,4	59,3	331,6	–	29,7	409,1	113,8
Vogtlandkreis	56,4	50,3	55,9	283,9	–	30,3	450,9	107,4
Mittlerer Erzgebirgskreis	56,4	53,1	54,8	346,3	–	25,9	386,9	108,8
Mittweida	68,5	64,8	65,5	337,2	449,2	34,1	518,4	134,7
Stollberg	55,6	–	55,6	349,0	–	28,1	489,5	136,8
Aue-Schwarzenberg	53,4	44,0	57,3	360,5	–	28,2	442,9	125,2
Zwickauer Land	65,9	55,9	68,1	361,2	448,9	31,8	444,3	109,6
Regierungsbezirk Chemnitz	64,3	56,2	61,9	344,4	446,8	31,1	448,8	115,1
Bautzen	65,7	58,0	66,4	391,2	447,0	33,3	475,8	125,3
Meißen	77,6	59,3	80,6	377,5	543,0	35,8	433,7	80,6
Niederschlesischer Oberlausitzkreis	58,3	50,6	59,8	353,2	455,8	29,9	410,7	112,9
Riesa-Großenhain	59,4	48,1	63,9	348,5	479,2	30,1	431,7	89,9
Löbau-Zittau	62,1	61,3	65,5	320,2	461,1	32,4	561,6	124,1
Sächsische Schweiz	58,9	54,1	59,6	316,2	408,1	32,5	397,0	103,4
Weißeritzkreis	68,5	61,5	63,7	432,0	455,1	28,4	494,8	109,7
Kamenz	61,8	48,1	61,5	318,2	439,0	27,5	408,3	107,4
Regierungsbezirk Dresden	64,9	51,5	65,4	363,6	480,6	31,2	454,3	110,7
Delitzsch	65,4	56,7	68,4	348,4	443,7	33,9	348,8	84,7
Döbeln	78,2	81,2	73,5	336,2	515,0	36,2	422,4	130,3
Leipziger Land	67,4	65,9	68,5	326,8	465,1	34,6	415,8	122,3
Muldentalkreis	65,9	64,1	66,4	418,7	427,4	35,5	382,6	81,9
Torgau-Oschatz	67,9	52,1	67,2	372,5	447,0	30,5	361,9	92,3
Regierungsbezirk Leipzig	68,3	58,1	68,1	354,2	459,5	33,9	382,8	101,3
Sachsen	66,2	54,6	65,7	354,0	466,7	32,2	434,6	112,6
zum Vgl. Sachsen 1996	67,6	49,7	50,5	383,7	451,4	20,5	402,5	109,0
Sachsen 1995	61,9	51,1	59,7	269,3	444,5	32,3	372,1	113,8

Tab. A 2.4.3.7: Viehbestände in Sachsen 1990–1997 (in 1 000 Stück)

	Rinder		Schweine		Schafe
	insgesamt	darunter Kühe	insgesamt	darunter Zuchtsauen	
1990	1 109,2	404,8	1 493,8	137,7	274,2
1992	630,3	267,4	754,3	91,0	119,0
1994	652,3	279,9	613,6	74,5	123,2
1996	629,5	279,5	567,3	75,2	115,8
1997	617,9	283,0	581,8	78,0	116,5

Tab. A 2.4.3.8: Viehhalter und Viehbestände in Sachsen Ende 1996 nach Kreisen

Kreis / Regierungsbezirk / Land	Pferde Bestand	Rinder Halter	Rinder Bestand insgesamt	Rinder darunter Milchrinder	Schweine Halter	Schweine Bestand insgesamt	Schweine darunter Zuchtsauen	Schafe Bestand	Hühner Halter	Hühner Bestand insgesamt	Hühner darunter Legehennen	Gänse Bestand	Enten Bestand	Truthühner Bestand
Annaberg	331	242	17 022	6 066	76	–	–	1 259	325	10 545	9 443	648	837	2
Chemnitzer Land	879	465	22 835	10 098	216	17 211	–	2 347	574	30 934	26 535	2 779	3 458	4
Freiberg	969	543	58 907	22 166	166	54 319	9 059	5 395	822	134 271	132 101	2 307	2 482	23
Vogtlandkreis	1 353	856	50 779	20 276	336	32 636	–	6 828	1 036	–	–	3 761	3 279	28
Mittl. Erzgebirgskreis	673	415	27 807	11 130	99	13 111	1 264	1 706	459	10 700	9 666	674	955	4
Mittweida	1 176	697	41 915	16 750	365	43 462	6 206	7 304	1 097	33 347	27 428	1 622	4 546	17
Stollberg	638	311	16 569	7 218	127	6 240	827	1 768	352	–	–	1 730	1 387	13
Aue-Schwarzenberg	409	284	9 871	4 071	70	–	–	1 338	287	7 061	6 380	656	781	3
Zwickauer Land	939	664	32 219	13 613	340	24 047	4 067	5 452	937	25 189	22 531	2 879	2 839	37
Reg.-bez. Chemnitz	7 367	4 477	277 924	111 388	1 795	195 410	30 148	33 397	5 889	2 137 014	1 555 178	17 056	20 564	136
Bautzen	659	352	35 412	15 100	137	50 848	4 423	5 200	547	22 578	18 903	–	930	9
Meißen	964	245	16 224	6 170	143	10 960	274	6 565	396	513 054	380 445	–	938	25 90
Niederschlesischer Oberlausitzkreis	673	243	29 990	10 853	100	8 004	–	4 042	506	205 332	76 213	3 757	806	–
Riesa-Großenhain	583	451	26 535	9 967	268	61 044	6 026	5 682	629	90 740	54 518	715	1 288	7
Löbau-Zittau	637	344	33 697	15 574	86	10 981	1 148	2 819	496	64 313	16 619	2 337	943	7
Sächsische Schweiz	753	469	28 975	11 100	167	6 506	–	4 740	671	27 898	25 832	836	1 041	7
Weißeritzkreis	685	369	36 799	14 044	135	5 837	905	2 432	599	21 441	19 469	997	902	7
Kamenz	1 020	563	28 488	10 448	216	42 637	7 045	5 893	982	365 357	20 676	4 028	2 551	–
Reg.-bez. Dresden	5 974	3 036	236 120	93 256	1 252	196 817	21 688	37 373	4 826	1 310 713	612 675	21 939	9 399	49 99
Delitzsch	612	162	17 981	6 317	177	51 034	7 124	5 733	350	–	–	736	1 360	–
Döbeln	291	200	14 151	6 675	99	14 581	–	3 012	308	26 105	13 622	–	5 803	2
Leipziger Land	1 153	338	26 285	9 516	353	25 379	–	9 535	608	–	–	937	2 278	5
Muldentalkreis	842	259	25 623	8 750	279	41 185	5 237	10 614	508	–	–	–	2 050	13
Torgau-Oschatz	1 035	316	31 454	11 950	210	42 908	5 196	16 145	516	894 755	121 436	2 526	2 343	–
Reg.-bez. Leipzig	3 933	1 275	115 494	43 208	1 118	175 087	23 399	45 039	2 290	1 836 298	939 618	25 565	13 834	61 38
Sachsen	17 274	8 788	629 538	247 852	4 165	567 314	75 235	115 809	13 005	5 284 025	3 107 471	64 560	43 797	112 74
z. Vgl. Sachsen 1994	16 002	9 969	652 333	251 030	4 944	613 567	74 483	123 190	14 591	5 455 127	3 062 194	49 494	49 376	175 22
Sachsen 1992	12 990	11 060	630 254	249 080	7 186	754 288	91 013	118 993	15 854	3 428 843	2 497 007	40 031	59 504	119 77

2.4.4 Produzierendes Gewerbe

Abteilung, Unterabschnitt, Abschnitt, Hauptgruppe	Betriebe	Tätige Personen		Gesamtumsatz (Mio. DM)	
		ins- gesamt	darunter Arbeiter	ins- gesamt	darunter Ausland
Kohlenbergbau, Torfgewinnung	5	4 434	2 683	936	–
Kohlenbergbau, Torfgew., Gewinnung v. Erdöl, Erdgas usw.	5	4 434	2 683	936	–
Gewinnung v. Steinen u. Erden, sonst. Bergbau	77	3 027	2 245	677	16
Erzbergbau, Gewinnung v. Steinen u. Erden, sonst. Bergbau	77	3 027	2 245	677	16
Bergbau u. Gewinnung v. Steinen u. Erden	82	7 461	4 928	1 613	16
Ernährungsgewerbe	341	–	–	–	–
Tabakverarbeitung	1	–	–	–	–
Ernährungsgewerbe u. Tabakverarbeitung	342	24 819	16 612	8 088	467
Textilgewerbe	161	11 932	9 212	1 805	376
Bekleidungsgewerbe	70	3 366	2 606	305	21
Textil- u. Bekleidungsgewerbe	231	15 297	11 818	2 110	397
Ledergewerbe	15	–	–	–	–
Holzgewerbe (ohne Herst. v. Möbeln)	92	4 082	3 273	752	–
Papiergewerbe	58	4 566	3 427	1 307	573
Verlagsgewerbe, Druckgewerbe, Vervielfältigung bespielter Tonträger usw.	70	6 624	3 012	1 552	27
Papier-, Verlags- u. Druckgewerbe	127	11 190	6 439	2 859	600
Kokerei, Mineralölverarb., Herst. u. Verarb. v. Spalt-, Brutstoffen	2	–	–	–	–
Chemische Industrie	70	8 649	4 521	2 014	611
Herst. v. Gummi- u. Kunststoffwaren	143	7 604	5 669	1 531	125
Glasgewerbe, Keramik, Verarbeitung v. Steinen u. Erden	249	14 284	10 700	3 271	205
Metallerzeugung u. -bearbeitung	52	7 261	5 752	1 596	322
Herst. v. Metallerzeugnissen	365	21 132	16 063	3 779	240
Metallerzeugung u. -bearbeitung, Herst. v. Metallerzeugnissen	417	28 393	21 815	5 375	563
Maschinenbau	357	30 936	19 756	6 046	1 780
Herst. v. Büromaschinen, DV-Geräten u. -Einrichtungen	10	745	464	139	–
Herst. v. Geräten der Elektrizitätserzeugung, -verteilung u.ä.	137	13 268	8 618	2 208	436
Rundfunk-, Fernseh- u. Nachrichtentechnik	27	5 795	3 689	1 414	–
Medizin-, Meß-, Steuer- u. Regelungstechnik, Optik	104	4 841	3 068	1 037	298
Herst. v. Büromaschinen; Elektrotechnik, Feinmechanik, Optik	278	24 650	15 838	4 797	1 115
Herst. v. Kraftwagen u. Kraftwagenteilen	66	10 977	8 964	5 039	–
Sonstiger Fahrzeugbau	23	8 395	6 322	943	164
Fahrzeugbau	90	19 372	15 287	5 982	–
Herst. v. Möbeln, Schmuck, Musikinstr., Sportger., Spielwaren	134	7 474	5 859	1 148	–
Recycling	10	463	354	174	–
Herst. v. Möbeln, Schmuck, Musikinstr., Sportgeräten, Spielwaren; Recycling	144	7 937	6 213	1 321	144
Verarbeitendes Gewerbe	2 556	198 165	138 769	44 307	8 122
Vorleistungsgüterproduzenten	1 194	85 865	62 339	18 634	3 046
Investitionsgüterproduzenten	770	68 208	47 163	15 098	4 147
Gebrauchsgüterproduzenten	100	6 651	4 902	1 155	133
Verbrauchsgüterproduzenten	569	44 902	29 203	11 032	813
Insgesamt	2 638	205 626	143 697	45 920	8 138

Tab. A 2.4.4.1:
Betriebe, Tätige Personen und Gesamtumsatz im Bergbau und Verarbeitenden Gewerbe Sachsens 1997 nach Wirtschaftszweigen (Ohne Umsatz aus baugewerblichen Betriebsteilen)

Wirtschaftszweig Beschäftigtengrößenklasse	Unter- nehmen mit Investi- tionen	Bruttoanlageinvestitionen			je tätiger Person
		ins- gesamt	davon Maschinen u. maschi- nelle Anlagen	bebaute u. unbebaute Grund- stücke	
		1 000 DM			DM
Vorbereitende Baustellenarbeiten	27	12 082	10 804	1 278	6 657
Abbruch-, Spreng- und Enttrümmerungsgewerbe, Erdbewegungsarbeiten	27	12 082	10 804	1 278	6 657
Abbruch-, Spreng- und Enttrümmerungsgewerbe	13	4 631	4 317	314	6 513
Erdbewegungsarbeiten	14	7 451	6 487	964	6 749
Test- und Suchbohrung	–	–	–	–	–
Hoch- und Tiefbau	1 294	474 261	366 479	107 782	5 353
Hochbau, Brücken- und Tunnelbau u.ä.	839	247 843	181 332	66 511	4 101
Hoch- und Tiefbau o. ausgeprägten Schwerpunkt	424	155 623	121 923	33 700	4 264
Hochbau (o. Fertigteilbau)	368	70 026	42 301	27 725	3 322
Herstellung von Fertigteilb. aus Beton im Hochbau aus selbsthergestellten Bausätzen	1	–	–	–	–
Herstellung von Fertigteilb. aus Beton im Hochbau aus fremdbezogenen Bausätzen	1	–	–	–	–
Herstellung von Fertigteilbauten aus Holz im Hochbau aus fremdbezogenen Bausätzen	4	298	298	–	2 443
Brücken- und Tunnelbau u.ä.	1	–	–	–	–
Kabelleitungstiefbau	40	19 007	15 281	3 726	8 296
Dachdeckerei, Abdichtung und Zimmerei	181	39 992	25 641	14 351	5 131
Dachdeckerei	143	31 291	20 193	11 098	4 934
Abdichtung gegen Wasser und Feuchtigkeit	10	2 550	1 533	1 017	6 130
Zimmerei und Ingenieurholzbau	28	6 151	3 915	2 236	5 932
Straßenbau und Eisenbahnoberbau	111				
Straßenbau	105	74 520	63 220	11 300	8 479
Eisenbahnoberbau	6	–	–	–	–
Wasserbau	2	–	–	–	–
Spezialbau und sonstiger Tiefbau	161	107 486	94 436	13 050	9 687
Brunnenbau	5	2 014	1 144	870	9 921
Schachtbau	1	–	–	–	–
Schornstein-, Feuerungs- und Industrieofenbau	4	–	–	–	–
Gerüstbau	22	27 120	25 477	1 643	22 376
Gebäudetrocknung	4	–	–	–	–
Sonstiger Tiefbau	125	76 029	67 058	8 971	8 157
Vorbereitende Baustellenarbeiten, Hoch- und Tiefbau	1 321	486 343	377 283	109 060	5 379
Vorbereitende Baustellenarbeiten, Hoch- und Tiefbau mit ... Beschäftigten von ... bis					
20–49	829	176 970	135 083	41 887	5 847
50–99	299	110 824	82 805	28 019	4 980
100–199	141	121 063	96 718	24 345	6 359
200–499	43	57 473	44 954	12 519	4 332
500–999	9	20 014	17 729	2 285	3 584
1 000 und mehr	–	–	–	–	–
Vorbereitende Baustellenarbeiten, Hoch- und Tiefbau mit Umsatz von ... bis unter ... Mio. DM					
unter 5	697	119 860	91 028	28 832	4 609
5– 10	329	102 949	77 494	25 455	5 063
10– 25	197	124 676	98 038	26 638	6 203
25– 50	63	83 293	65 033	18 260	7 565
50–100	22	31 622	27 896	3 726	4 476
100 und mehr	13	23 946	17 802	6 144	4 061

Tab. A 2.4.4.2: **Unternehmen u. deren Investitionen in Vorbereitenden Baustellenarbeiten, Hoch- u. Tiefbau Sachsens 1996 nach Wirtschaftszweigen, Beschäftigten- u. Umsatzgrößenklassen**

2.4.5 Handwerk

Tab. A 2.4.5.1: Anteil (in %) der Beschäftigten und des Umsatzes nach ausgewählten Wirtschaftszweigen und Gewerbegruppen am sächsischen Handwerk insgesamt 1997 (Stand zum Ende des Berichtsjahres = 31.12.)

Merkmal	Beschäftigte	Umsatz
nach ausgewählten Wirtschaftszweigen		
Verarbeitendes Gewerbe	21,9	16,9
Baugewerbe	53	51,4
Handel; Instandhaltung und Reparatur von Kfz und Gebrauchsgütern	13	28,2
Erbringung von Dienstleistungen überwiegend für Unternehmen	7,2	1,8
Erbringung von sonstigen Dienstleistungen	4,3	1,2
Übrige Wirtschaftszweige	0,6	0,5
Insgesamt	100	100
nach Gewerbegruppen		
Bau- und Ausbaugewerbe	33,8	33,7
Elektro- und Metallgewerbe	36,4	49,8
Holzgewerbe	5,5	4,7
Bekleidungs-, Textil- und Ledergewerbe	1,4	0,8
Nahrungsmittelgewerbe	8,1	5,4
Gewerbe für Gesundheits- und Körperpflege sowie chemisches und Reinigungsgewerbe	13	4,2
Glas-, Papier-, keramische und sonstige Gewerbe	1,9	1,5
Insgesamt	100	100

2.4.6 Handel und Gastgewerbe

Tab. A 2.4.6.1: Außenhandel Sachsens 1996 und 1997 nach Erdteilen

Ausfuhr als Spezialhandel; 1996 endgültige Werte, 1997 vorläufige Werte
Einfuhr als Generalhandel; 1996 endgültige Werte, 1997 vorläufige Werte

Erdteil Bestimmungsland	Ausfuhr		Veränderung 1997 gegenüber 1996	Anteil an der Gesamtausfuhr 1997
	1996	1997		
	(Mio. DM)		(%)	
Europa	5 859,7	8 120,8	38,6	78,5
darunter EU-Mitgliedsländer	3 092,3	4 292,6	38,8	41,5
Afrika	167,3	208,5	24,6	2,0
Amerika	455,3	662,0	45,4	6,4
Asien	911,9	1 286,9	41,1	12,4
Australien, Neuseeland und Ozeanien	42,6	67,6	58,7	0,7
Nicht ermittelte Länder und Gebiete	4,4	3,3	−25,0	0,0
Insgesamt	7 441,2	10 349,0	39,1	100,0

Erdteil Herkunftsland	Einfuhr		Veränderung 1997 gegenüber 1996	Anteil an der Gesamteinfuhr 1997
	1996	1997		
	(Mio. DM)		(%)	
Europa	7 010,8	7 782,1	11,0	85,2
darunter EU-Mitgliedsländer	3 436,1	3 684,0	7,2	40,3
Afrika	13,3	18,1	36,1	0,2
Amerika	744,5	598,8	−19,6	6,6
Asien	658,0	706,2	7,3	7,7
Australien, Neuseeland und Ozeanien	13,1	26,4	101,5	0,3
Nicht ermittelte Länder und Gebiete	0,5	0,0	−100,0	0,0
Insgesamt	8 440,2	9 131,7	8,2	100,0

2.4.7 Fremdenverkehr

Betriebsart	Betriebe				Angebotene Betten	
	insgesamt[1]		darunter geöffnete Betriebe[2]		und Schlafgelegenheiten	
	1996	1997	1996	1997	1996	1997
Hotels	640	736	622	723	47 138	53 365
Gasthöfe	228	286	224	276	5 055	5 896
Pensionen	467	591	454	581	9 501	11 883
Hotels garnis	140	155	137	149	8 220	9 413
Zusammen	1 475	1 768	1 437	1 729	69 914	80 557
Erholungs-, Ferien- und Schulungsheime	93	105	85	103	4 532	6 131
Ferienzentren, -häuser und -wohnungen	65	89	64	88	5 007	4 933
Hütten und Jugendherbergen	120	144	118	140	8 702	9 622
Zusammen	278	338	267	331	18 241	20 686
Sanatorien und Kurkrankenhäuser	39	39	37	38	7 192	7 906
Insgesamt	1 792	2 145	1 741	2 098	95 347	109 149

Tab. A 2.4.7.1: **Beherbergungsstätten und Gästebetten in Sachsen 1996 und 1997 (jeweils Juli) nach Betriebsarten**

[1] Ergebnisse der Kapazitätserhebung 1993 einschließlich Zu- und Abgänge   [2] Ganz oder teilweise geöffnet

Tab. A 2.4.7.2: **Ankünfte und Übernachtungen in Sachsens Beherbergungsstätten 1996 und 1997**

Betriebsart	Ankünfte		Übernachtungen	
	1996	1997	1996	1997
Hotels	2 524 840	2 670 863	5 656 359	5 951 136
Gasthöfe	198 359	206 341	457 039	467 636
Pensionen	322 706	353 755	969 679	1 049 696
Hotels garnis	419 329	443 456	975 751	1 001 805
Zusammen	3 465 234	3 674 415	8 058 828	8 470 273
Erholungs-, Ferien- und Schulungsheime	147 076	183 768	560 166	705 479
Ferienzentren, -häuser und -wohnungen	94 777	84 188	425 420	343 229
Hütten und Jugendherbergen	321 751	339 703	920 870	984 141
Zusammen	563 604	607 659	1 906 456	2 032 849
Sanatorien und Kurkrankenhäuser	81 092	79 612	2 290 309	2 056 246
Insgesamt	4 109 930	4 361 686	12 255 593	12 559 368

2.5 Verkehr
2.5.1 Straßenverkehr

Tab. A 2.5.1.1:
Sächsische Straßen des überörtlichen Verkehrs (einschließlich Ortsdurchfahrten) Anfang 1998 nach Regierungsbezirken
Quelle: Sächsisches Landesinstitut für Straßenbau

Regierungsbezirk	insgesamt	davon			
		Bundesautobahnen	Bundesstraßen	Staatsstraßen	Kreisstraßen
Chemnitz	4 998,079	206,824	972,622	1 824,025	1 994,608
Dresden	5 604,542	210,899	827,091	2 010,175	2 556,377
Leipzig	3 152,751	154,453	674,555	888,538	1 435,205
Sachsen	13 755,372	572,176	2 474,268	4 722,738	5 986,190

Fahrzeugart	1.1.1995	1.1.1996	1.1.1997	1.1.1998	Veränderung 1.1.1998 gegenüber 1.1.1997 (%)
Krafträder zusammen	57 237	62 166	68 899	75 736	9,9
Personenkraftwagen zusammen[1]	2 055 289	2 103 480	2 136 402	2 146 331	0,5
Kraftomnibusse einschließlich Obusse	4 713	4 492	4 429	4 357	−1,6
Lastkraftwagen zusammen	161 614	171 027	175 853	182 978	4,1
Zugmaschinen	39 867	40 474	40 995	41 027	0,1
Übrige Kraftfahrzeuge	18 391	19 253	19 670	20 501	4,2
Kraftfahrzeuge insgesamt	2 337 111	2 400 892	2 446 248	2 470 930	1,0
Kraftfahrzeuganhänger insgesamt	281 724	282 547	280 374	277 519	−1,0
PKW je 1 000 Einwohner	446[2]	459[3]	468[4]	472[5]	0,9
KFZ je 1 000 Einwohner	507[2]	524[3]	536[4]	544[5]	1,5

Tab. A 2.5.1.2: Bestand an Kraftfahrzeugen und Kraftfahrzeuganhängern in Sachsen nach Fahrzeugarten und Größenklassen

[1] einschließlich Kombinationskraftwagen   [2] Einwohnerstand 31.12.1993   [3] Einwohnerstand 31.12.1994
[4] Einwohnerstand 31.12.1995   [5] Einwohnerstand 31.12.1996

Tab. A 2.5.1.3:
Öffentlicher Straßenpersonenverkehr in Sachsen am 30.9.1997

Tab. A 2.5.1.3.1:
Unternehmen, Fahrzeuge und Beschäftigte nach Regierungsbezirken

*einschließlich Stadtbahnen

	Einheit	Insgesamt	Regierungsbezirk		
			Chemnitz	Dresden	Leipzig
Linienlänge	km	692	94	265	333
Verfügbare Fahrzeuge	Anzahl	4 984	1 750	2 024	1 210
davon Kraftomnibusse	Anzahl	3 619	1 533	1 481	605
Straßenbahnen*	Anzahl	1 365	217	543	605
Beschäftigte im Straßenpersonenverkehr	Anzahl	10 902	3 824	3 879	3 199

Tab. A 2.5.1.3.2:
Verkehrs- und Betriebsleistungen nach Verkehrsformen

Merkmal	Beförderte Personen (1 000)	Personenkilometer (1 000)	Wagenkilometer (1 000)	Einnahmen (1 000 DM)
Allgemeiner Linienverkehr	463 725	2 699 754	182 689	399 376
Sonderformen des Linienverkehrs	8 484	72 816	3 395	10 657
Freigestellter Schülerverkehr	4 854	72 499	2 720	–
Gelegenheitsverkehr	2 439	856 333	22 484	67 099
Insgesamt	479 502	3 701 402	211 288	477 133

2.5.2 Eisenbahnverkehr

	Einheit	01.01.1995	01.01.1996	01.01.1997	01.01.1998
Streckenlänge	km	3 174,216	3 177,072	3 170,656	3 142,582
davon Hauptstrecke	km	1 689,900	1 690,454	1 700,521	1 690,374
Nebenstrecke	km	1 389,100	1 391,402	1 374,919	1 356,992
Schmalspurstrecke	km	95,216	95,216	95,216	95,216
für elektrischen Betrieb eingerichtet	km	965,434	965,434	975,678	948,104
Bahnhöfe*	Anzahl	769	736	718	641

Tab. A 2.5.2.1: Strukturdaten für den Eisenbahnverkehr in Sachsen
Quelle: Deutsche Bahn AG, Döllnitzbahn GmbH und
Sächsisch-Oberlausitzer Eisenbahngesellschaft mbH (teilweise Schmalspurbahnen)
* Einschließlich Haltepunkte; ab 1998 nur noch aktive Bahnhöfe (mit Personenverkehr)

3.5.3 Flugverkehr

	Einheit	1992	1993	1994	1995	1996	1997
Flughafen Leipzig/Halle							
Flugzeugbewegungen	Anzahl	42 960	48 062	52 403	53 530	50 088	47 284
Abgefertigte Passagiere	Anzahl	1 073 378	1 508 282	1 885 168	2 093 522	2 177 472	2 241 392
Luftfracht	t	1 345	1 936	2 477	3 223	4 500	3 389
Luftpost	t	7 266	15 546	20 712	22 001	17 911	13 831
Flughafen Dresden							
Flugzeugbewegungen	Anzahl	37 430	45 156	47 363	49 581	46 514	43 271
Abgefertigte Passagiere	Anzahl	1 001 149	1 300 481	1 491 674	1 686 583	1 671 393	1 667 849
Luftfracht	t	1 044	1 278	1 896	3 770	4 327	3 832
Luftpost	t	4 700	5 612	6 026	6 085	7 049	6 166

Tab. A 2.5.3.1: Flughafenverkehr in Sachsen 1992–1997
Quelle: Statistische Berichte der Flughäfen Leipzig/Halle und Dresden

3.5.4 Binnenschiffahrt

Merkmal	1995	1996	1997	Veränderung 1997 gegenüber 1996
	(1 000 t)			(%)
Güterumschlag innerhalb der Bundesrepublik Deutschland	145,1	187,8	137,2	-26,9
davon Empfang	113,4	155,9	106,3	-31,8
Versand	31,8	31,9	31	-2,8
Grenzüberschreitender Verkehr	304,9	379,3	338,2	-10,8
davon Empfang	300,3	344,5	295,8	-14,1
Versand	4,7	34,8	42,4	21,8
Insgesamt	450	567,1	475,4	-16,2

Tab. A 2.5.4.1: Binnenschiffahrt Sachsens – Güterumschlag nach Hauptverkehrsbeziehungen (ohne übrige Häfen)

2.6 Bildung, Kultur und Sozialwesen
2.6.1 Bildungswesen

Merkmal	Insgesamt	davon an				
		Grund-schulen	Mittel-schulen	Gym-nasien	Förder-schulen	Freien Waldorf-schulen
Vorbereitungsklassen gemäß § 5 Absatz 3 Schulgesetz	1 897	1 897	x	x	x	x
Vorbereitungsklassen für Ausländer- und Aussiedlerschüler	1 788	685	1 103	x	x	x
Insgesamt*	596 310	200 487	221 100	145 981	27 752	990

Tab. A 2.6.1.1: Schüler / Schülerinnen an allgemeinbildenden Schulen und Förderschulen Sachsens im September 1997 nach Schularten
* ohne Kinder in Vorbereitungsklassen an Grundschulen gemäß § 5 Absatz 3 Schulgesetz

Beschäftigungs-umfang	Insgesamt	darunter an				
		Grund-schulen[1]	Mittel-schulen	Gym-nasien	Förder-schulen[2]	Freien Waldorf-schulen[1]
Hauptberuflich tätig	39 676	11 748	14 347	9 496	3 887	83
vollzeitbeschäftigt[3]	22 040	1 899	7 607	8 921	3 461	54
teilzeitbeschäftigt[4]	17 635	9 849	6 739	575	426	29
Stundenweise beschäftigt[5]	1 064	220	476	329	29	10
Nebenamtlich	130	12	68	45	–	2
Gastlehrer von einer anderen Schule	3 420	1 774	949	383	279	1

Tab. A 2.6.1.2: Lehrpersonen an allgemeinbildenden Schulen, Förderschulen und Schulen des zweiten Bildungsweges in Sachsen im September 1997 nach Beschäftigungsumfang und Schularten

[1] ohne Lehrpersonen, die nur in Förderschulklassen an Grund- bzw. Freien Waldorfschulen unterrichten
[2] einschl. Lehrpersonen, die nur in Förderschulklassen an Grund- bzw. Freien Waldorfschulen unterrichten
[3] mit 100 % Beschäftigungsumfang der Pflichtstunden
[4] mit 50 bis 99 % Beschäftigungsumfang der Pflichtstunden
[5] mit unter 50 % Beschäftigungsumfang der Pflichtstunden

Tab. A 2.6.1.3: Schüler/innen an Berufsschulen[1], Berufsfachschulen[2] und Fachschulen in Sachsen im Oktober 1997 nach Berufsbereichen und -gruppen

[1] ohne Berufsgrundbildungs-, Berufsvorbereitungsjahr sowie berufsvorbereitende Maßnahmen der Bundesanstalt für Arbeit   [2] einschl. Medizinische Berufsfachschulen

Berufsbereich Berufsgruppe	Berufsschulen		Berufsfachschulen		Fachschulen	
	insgesamt	weiblich	insgesamt	weiblich	insgesamt	weiblich
Berufe in der Land-, Tier-, Forstwirtschaft u. im Gartenbau	3 751	2 009	–	–	359	101
Fertigungsberufe	60 053	5 233	214	76	–	–
Technische Berufe	1 758	1 049	561	352	1 650	96
Dienstleistungsberufe	40 988	32 007	22 530	19 754	5 610	4 789
Sonstige Berufe	465	240	142	24	–	–
Insgesamt	106 550	40 298	23 447	20 206	7 619	4 986

Beschäftigungs-umfang	Insgesamt	Berufsschulen[1]	berufsb. Schulen f. Behinderte[1]	davon an beruflichen Gymnasien	Berufsfachschulen	Fachoberschulen	Fachschulen	Medizin. Berufsfachschulen
Hauptberuflich tätig	6 075	3 039	452	601	771	258	450	504
davon vollzeitbeschäftigt[2]	5 730	2 960	420	585	695	246	388	436
teilzeitbeschäftigt[3]	345	79	32	16	76	12	62	68
Stundenweise beschäftigt[4]	2 997	67	75	21	577	17	606	1 634
Insgesamt	9 072	3 106	527	622	1 348	275	1 056	2 138

Tab. A 2.6.1.4: **Lehrpersonen an berufsbildenden Schulen in Sachsen im Oktober 1997 nach Beschäftigungsumfang und Schularten**
[1] einschließlich Berufsgrundbildungs-, Berufsvorbereitungsjahr sowie berufsvorbereitende Maßnahmen der Bundesanstalt für Arbeit [2] mit 100 % Beschäftigungsumfang der Pflichtstunden
[3] mit 50 bis 99 % Beschäftigungsumfang der Pflichtstunden
[4] mit unter 50 % Beschäftigungsumfang der Pflichtstunden

Schulart	Insgesamt[1]	darunter Hauptschulabschluß[2]	Realschulabschluß	allgemeine Hochschulreife
Mittelschulen	40 530	7 709	29 803	x
Gymnasien	17 641	–	1 100	16 366
Förderschulen	3 124	384	84	x
Freie Waldorfschulen	29	2	13	7
Schulen des zweiten Bildungsweges	615	21	65	400
Insgesamt	61 939	8 116	31 065	16 773

Tab. A 2.6.1.5: **Schulentlassene an allgemeinbildenden Schulen, Förderschulen und Schulen des zweiten Bildungsweges in Sachsen des Schuljahres 1996/97 nach Schularten und Abschlußarten**
[1] einschließlich Schüler/Schülerinnen ohne Abschluß, Zeugnis zur Schulentlassung und Abgangszeugnis
[2] einschließlich qualifizierender Hauptschulabschluß

Schulart	Abschlußzeugnis	darunter mit Fachhochschulreife	allgemeiner Hochschulreife	Abgangszeugnis
Berufsschulen*	28 699	–	–	3 853
Berufsbildende Schulen für Behinderte*	6 583	–	–	452
Berufliche Gymnasien	2 077	–	2 077	186
Berufsfachschulen	3 170	–	–	434
Fachoberschulen	2 075	2 075	–	400
Fachschulen	2 766	151	–	69
Medizinische Berufsfachschulen	2 843	–	–	161
Insgesamt	48 213	2 226	2 077	5 555

Tab. A 2.6.1.6: **Schulentlassene der berufsbildenden Schulen in Sachsen im Schuljahr 1996/97 nach Schularten und Abschlußarten**
* Einschließlich Berufsgrundbildungs-, Berufsvorbereitungsjahr sowie berufsvorbereitende Maßnahmen der Bundesanstalt für Arbeit

Tab. A 2.6.1.7: **Auszubildende in Sachsen am 31. Dezember 1997 nach Ausbildungsbereichen und Ausbildungsjahren**

Ausbildungsbereich	Insgesamt	weiblich	insgesamt im ... Ausbildungsjahr			
			1.	2.	3.	4.
Industrie und Handel	50 212	24 233	17 333	16 752	14 582	1 545
Handwerk	49 226	8 306	13 698	14 656	16 080	4 792
Landwirtschaft	3 554	1 502	1 305	1 258	991	–
Öffentlicher Dienst	3 321	2 105	878	1 174	1 141	128
Freie Berufe	5 332	5 136	1 774	1 726	1 832	–
Hauswirtschaft	1 126	1 034	388	361	377	–
Insgesamt	112 771	42 316	35 376	35 927	35 003	6 465

Hochschulart, Hochschule	Studenten		Studienanfänger	
Fächergruppe	insgesamt	weiblich	insgesamt	weiblich
Universitäten	51 266	25 224	9 870	5 277
Universität Leipzig	21 563	12 499	4 370	2 680
Sprach- und Kulturwissenschaften	7 586	5 366	1 594	1 233
Sport	937	463	228	106
Rechts-, Wirtschafts- und Sozialwissenschaften	5 751	2 914	1 183	606
Mathematik, Naturwissenschaften	2 332	874	568	256
Humanmedizin	2 937	1 544	415	220
Veterinärmedizin	918	644	148	114
Ingenieurwissenschaften	206	40	55	10
Kunst, Kunstwissenschaft	896	654	179	135
Technische Universität Dresden	22 003	9 640	4 000	1 898
Sprach- und Kulturwissenschaften	3 371	2 399	669	511
Sport	50	41	3	3
Rechts-, Wirtschafts- und Sozialwissenschaften	6 735	3 445	1 191	635
Mathematik, Naturwissenschaften	3 065	985	611	229
Humanmedizin	1 102	578	139	77
Agrar-, Forst- und Ernährungswissenschaften	879	419	192	108
Ingenieurwissenschaften	6 462	1 511	1 146	294
Kunst, Kunstwissenschaft	339	262	49	41
Technische Universität Chemnitz	4 969	2 128	865	427
Sprach- und Kulturwissenschaften	1 131	836	236	193
Sport	128	56	21	7
Rechts-, Wirtschafts- und Sozialwissenschaften	1 727	907	308	172
Mathematik, Naturwissenschaften	1 210	239	164	41
Ingenieurwissenschaften	723	59	133	12
Kunst, Kunstwissenschaft	50	31	3	2
Technische Universität Bergakademie Freiberg	2 422	839	591	249
Rechts-, Wirtschafts- und Sozialwissenschaften	633	280	131	66
Mathematik, Naturwissenschaften	750	338	196	115
Ingenieurwissenschaften	1 039	221	264	68
Internationales Hochschulinstitut Zittau	190	91	44	23
Rechts-, Wirtschafts- und Sozialwissenschaften	159	80	36	20
Ingenieurwissenschaften	31	11	8	3
Handelshochschule Leipzig				
Rechts-, Wirtschafts- und Sozialwissenschaften	119	27	-	-
Kunsthochschulen	2 292	1 287	326	192
Fachhochschulen (o. Verwaltungsfachhochschulen)	18 645	7 130	4 246	1 691
Verwaltungsfachhochschulen	1 341	925	224	158
Hochschulen	73 544	34 566	14 666	7 318

Tab. A 2.6.1.8: Studenten und Studienanfänger in Sachsen im Wintersemester 1997/98 nach Hochschularten, Hochschulen und Fächergruppen

2.6.2 Kultur

Theater-unternehmen	Spiel-stätten	Ange-botene Plätze	Ver-anstal-tungen	Besucher ins-gesamt	Besucher pro Veran-staltung	darunter Besucher in Opern, Operetten, Balletts, Musicals	darunter Besucher in Schau-spielen	darunter Besucher in Kinder- und Jugend-stücken
Städtisches Theater Chemnitz	5	3 041	826	242 929	294	123 930	59 069	–
Vogtlandtheater Plauen	2	536	380	71 721	189	24 940	20 437	13 251
Theater Zwickau	5	1 128	503	58 493	116	14 021	12 274	5 997
E.-von-Winterstein-Theater Annaberg-Buchholz	3	1 545	265	75 510	285	18 470	28 440	25 162
Mittelsächsisches Theater und Philharmonie Freiberg/Döbeln	4	675	468	74 223	159	25 538	14 092	20 373
Sächsische Staatsoper Dresden[2]	2	1 408	287	361 482	1 260	268 528	–	633
Staatsoperette Dresden	5	3 901	236	117 498	498	109 886	–	–
Staatsschauspiel Dresden	6	1 662	695	163 117	235	16 643	119 208	21 222
Theater d. Jungen Generation Dresden	5	934	456	78 631	172	–	18 806	59 825
Puppentheater der Stadt Dresden	5	338	260	21 583	83	–	–	–
Stadttheater Görlitz	3	1 003	222	65 008	293	31 681	6 600	13 527
Deutsch-Sorb. Volkstheater Bautzen	4	623	423	54 628	129	11 709	16 971	9 448
Landesbühnen Sachsen Radebeul	3	1 982	380	118 154	311	42 353	35 361	34 019
Gerhart-Hauptmann-Theater Zittau	5	1 671	221	56 887	257	11 966	14 385	20 084
Oper Leipzig	5	2 372	351	214 961	612	175 469	–	26 720
Schauspiel Leipzig	7	1 372	633	96 599	153	5 359	66 642	7 499
Theater der Jungen Welt Leipzig	3	240[1]	427	29 354	69	–	–	29 354
Insgesamt 1996/97	72	24 431	7 033	1 900 778	270	880 493	412 285	287 114
z. Vgl. 1995/96	72	24 619	6 911	1 907 953	276	903 595	396 255	298 507

Tab. A 2.6.2.1: Öffentliche Theater Sachsens (Spielzeit 1996/97) [1] Baukonzeptionell vorhandene Plätze
[2] Schließung der Semperoper wegen Umbau des Orchestergrabens vom 19.8.–28.9.1996

Tab. A 2.6.2.2: Filmtheater in Sachsen 1995–1997
Quelle: Spitzenorganisation der Filmwirtschaft e. V. Wiesbaden

Jahr	An-zahl	Ortsfeste Lein-wände	Plätze ins-gesamt	Plätze je 1 000 Einwohner	Besucher Mill.	Besucher je Einwohner	Umsatz 1 000 DM	Durchschn. Eintrittspreis DM
1995	111	178	38 282	8,4	5,3	1,2	40 467	7,51
1996	103	195	37 918	8,3	6	1,3	48 594	8,09
1997	99	212	41 047	9,1	7	1,5	62 069	8,88

Tab. A 2.6.2.3: Wissenschaftliche Bibliotheken in Sachsen 1997
Quelle: Deutsches Bibliotheksinstitut Berlin

Bibliothek	Benutzer	Bestand (1 000)	Entlei-hungen (1 000)	Ausgaben (1 000 DM) ins-gesamt	Ausgaben (1 000 DM) darunter für Erwerb
Die Deutsche Bibliothek – Deutsche Bücherei Leipzig	23 816	7 316	533	25 614	1 816
Sächsische Landesbibliothek - Staats- und Universitätsbibliothek Dresden	61 320	3 998	1 638	43 048	11 937
Universitätsbibliothek Chemnitz-Zwickau	13 490	1 038	680	4 114	3 789
Universitätsbibliothek Leipzig	40 807	4 604	973	7 464	6 800
Technische Universität Bergakademie Freiberg	9 010	641	399	5 499	2 207
Hochschulbibliotheken Dresden	7 525	157	198	1 334	1 024
Hochschulbibliotheken Leipzig	6 521	332	185	1 330	1 085
Bibl. d. Hochsch. f. Technik u. Wirtschaft Mittweida	5 353	124	222	1 733	669
Fachhochschulbibl. f. Polizei Rothenburg/O.L.	335	16	7	119	119
Bibliothek der Hochschule für Technik, Wirtschaft und Sozialwesen Zittau/Görlitz	3 989	106	186	1 426	721
Bibl. der Westsächsischen Hochschule Zwickau	6 396	160	140	2 452	840
Insgesamt 1997	178 562	18 492	5 161	94 133	31 007
1996	155 140	18 217	4 923	94 592	34 362

2.6.3 Sozialwesen

Tab. A 2.6.3.1: Rentenbestand in Sachsen am 31. 12. 1997 nach Versicherungsträgern und Art der Rente
Quelle: Verband Deutscher Rentenversicherungsträger (VDR)

Versicherungsträger	Renten	Art der Rente			
		Versichertenrenten	Witwen-/ Witwerrenten	Waisenrenten	Erziehungsrenten
Arbeiterrentenversicherung	740 533	561 644	161 833	16 511	545
Landesversicherungsanstalt	709 138	540 125	153 053	15 425	535
Versicherungsanstalten anderer Länder	12 136	8 018	3 401	712	5
Bahnversicherungsanstalt	18 639	13 072	5 238	325	4
Seekasse	620	429	141	49	1
Angestelltenversicherung	654 028	497 712	146 785	9 105	426
Bundesversicherungsanstalt für Angestellte	630 689	481 590	139 803	8 879	417
Bahnversicherungsanstalt	22 862	15 760	6 892	202	8
Seekasse	477	362	90	24	1
Knappschaftl. Rentenversicherung	136 710	92 070	43 095	1 508	37
Insgesamt	1 531 271	1 151 426	351 713	27 124	1 008

Tab. A 2.6.3.2.: Einnahmen und Ausgaben der gesetzlichen Krankenversicherung in Sachsen 1996 nach Kassenart (in 1 000 DM)

Merkmal	Insgesamt	Ortskrankenkassen	Betriebskrankenkassen*	Innungskrankenkassen	Sächsische Landwirtschaftliche Krankenkasse
Einnahmen	8 795 435	7 779 009	152 314	855 693	8 419
Beiträge	7 181 380	6 195 801	143 982	833 518	8 079
Vermögenserträge und sonstige Einnahmen	1 614 055	1 583 208	8 332	22 175	340
Ausgaben	9 327 016	8 221 341	170 226	928 154	7 295
Aufwendungen für Versicherungsleistungen	8 354 070	7 685 609	117 310	544 355	6 796
Netto-Verwaltungskosten	555 314	481 611	6 415	66 869	419
Vermögensaufwendungen und sonstige Aufwendungen der Krankenversicherung	417 632	54 121	46 501	316 930	80

* Ohne Betriebskrankenkassen der Deutschen Bundesbahn, der Deutschen Bundespost und des Bundesverkehrsministeriums

Tab. A 2.6.3.3: Mitglieder der gesetzlichen Krankenversicherung in Sachsen im Jahresdurchschnitt 1996 nach Kassenart
Quelle: Bundesverbände der jeweiligen Krankenkassen und Bundesministerium für Arbeit und Sozialordnung

[1] Ohne Rentner   [2] Pflichtversicherte Rentenbezieher und Antragsteller
[3] Ohne Betriebskrankenkassen der Deutschen Bundesbahn, der Deutschen Reichsbahn, der Deutschen Bundespost und des Bundesverkehrsministeriums   [4] Stand jeweils 1.10.

Kassenart	Mitglieder	Pflichtmitglieder[1]		Freiwillige Mitglieder		Rentner[2]	
		Anzahl	%	Anzahl	%	Anzahl	%
Ortskrankenkassen	1 835 244	948 758	51,7	57 721	3,1	828 765	45,2
Betriebskrankenkassen[3]	34 722	23 797	68,5	1 950	5,6	8 975	25,8
Innungskrankenkassen	233 524	211 703	90,7	14 182	6,1	7 639	3,3
Sächs. Landw. Krankenkasse	3 041	2 946	96,9	86	2,8	9	0,3
See-Krankenkasse[4]	246	150	61	72	29,3	24	9,8
Bundesknappschaft[4]	140 018	31 393	22,4	631	0,5	107 994	77,1
Ersatzkassen für Arbeiter[4]	29 873	26 447	88,5	1 988	6,7	1 438	4,8
Ersatzkassen für Angestellte[4]	958 250	692 793	72,3	137 385	14,3	128 072	13,4
Insgesamt	3 234 918	1 937 987	59,9	214 015	6,6	1 082 916	33,5

Regierungsbezirk	Hilfe zum Lebens-unterhalt	Hilfe in besonderen Lebenslagen				
		zu-sammen	davon			
			Hilfe zur Pflege	Eingliederungs-hilfe für Behinderte	Krankenhilfe, Hilfe zur Sterilisation, Hilfe zur Familienplanung	sonstige Hilfen in besonderen Lebenslagen
Regierungsbezirk Chemnitz	4 619	4 383	6 141	3 615	2 495	3 940
Regierungsbezirk Dresden	4 288	4 571	6 496	3 073	3 013	2 641
Regierungsbezirk Leipzig	5 694	7 890	12 377	5 256	3 311	3 433
Landeswohlfahrtsverband	–	18 705	4 140	19 756	12 401	2 782
Sachsen	4 822	10 797	7 803	14 981	3 485	3 198

Tab. A 2.6.3.4: Nettoausgaben der Sozialhilfe in Sachsen je Empfänger 1997 nach Hilfearten (in DM)

Regierungsbezirk	Wohngeld-empfänger	Mit einem monatlichen Wohngeld von ... bis unter ... DM					Durchschnitt-licher monatlicher Wohngeldanspruch (in DM)
		unter 100	100 bis 150	150 bis 200	200 bis 300	300 und mehr	
Regierungsbezirk Chemnitz	7 976	580	1 325	1 530	3 192	1 349	218
Regierungsbezirk Dresden	7 601	711	1 384	1 329	2 703	1 474	219
Regierungsbezirk Leipzig	7 537	554	1 267	1 376	2 658	1 682	231
Sachsen	23 114	1 845	3 976	4 235	8 553	4 505	222

Tab. A 2.6.3.5: Empfänger von pauschaliertem Wohngeld in Sachsen am 31.12. 1997 nach der Höhe des monatlichen Wohngeldes

3.7 Umweltschutz

Merkmal	Jahr	Betriebe		Investitionen			
		insgesamt	mit Investitionen für Umweltschutz	insgesamt	darunter für Umweltschutz	davon für Abfallbeseitigung	
		Anzahl		1 000 DM		DM	%
Vorleistungsgüterproduzenten	1994	920	226	2 086 659	210 229	30 848	14,7
	1995	1 003	203	2 026 924	267 469	37 377	14,0
	1996	1 062	128	3 264 612	147 602	28 551	19,3
Investitionsgüterproduzenten	1994	662	119	923 319	50 827	5 506	10,8
	1995	683	84	856 234	35 436	4 523	12,8
	1996	747	48	1 340 209	27 394	13 742	50,2
Gebrauchsgüterproduzenten	1994	98	13	85 033	3 072	390	12,7
	1995	104	14	72 278	2 402	603	25,1
	1996	101	9	92 575	2 002	1 209	60,4
Verbrauchsgüterproduzenten	1994	434	66	662 706	47 883	1 364	2,8
	1995	435	61	832 719	42 530	2 947	6,9
	1996	535	47	704 035	45 006	2 413	5,4
Verarbeitendes Gewerbe insgesamt	1994	2 114	424	3 757 717	312 011	38 108	12,2
	1995	2 286	362	3 788 155	347 837	45 457	13,1
	1996	2 445	232	5 401 431	222 005	45 916	20,7

Tab. A 2.7.1: Umweltschutzinvestitionen im Verarbeitenden Gewerbe 1994–1996

Gewässerschutz		Lärmbekämpfung		Luftreinhaltung		Naturschutz und Landschaftspflege		Bodensanierung	
1 000 DM	%	1 000 DM	%	1 000 DM	%	1 000 DM	%	1 000 DM	%
69 593	33,1	46 816	22,3	62 972	30,0	•	•	•	•
89 874	33,6	69 059	25,8	71 160	26,6	•	•	•	•
55 841	37,8	14 488	9,8	48 235	32,7	413	0,3	74	0,1
5 243	10,3	3 968	7,8	36 110	71,0	•	•	•	•
6 141	17,3	5 771	16,3	19 001	53,6	•	•	•	•
2 198	8,0	96	0,4	11 087	40,5	80	0,3	191	0,7
676	22,0	145	4,7	1 861	60,6	•	•	•	•
629	26,2	23	1,0	1 146	47,7	•	•	•	•
376	18,8	–	–	300	15,0	117	5,8	–	–
34 501	72,1	2 627	5,5	9 391	19,6	•	•	•	•
25 366	59,6	1 151	2,7	13 066	30,7	•	•	•	•
9 941	22,1	390	0,9	31 750	70,5	512	1,1	–	–
110 013	35,3	53 556	17,2	110 334	35,4	•	•	•	•
122 010	35,1	76 004	21,9	104 373	30,0	•	•	•	•
68 355	30,8	14 974	6,7	91 372	41,2	1 123	0,5	265	0,1

Tab. A 2.7.2: Umweltschutzinvestitionen im Verarbeitenden Gewerbe Sachsens 1994–1996 nach Umweltschutzzweck

Quellen für den Anhang, soweit bei den Tabellen nicht anders genannt, nach:
Statistisches Landesamt des Freistaates Sachsen [Hrsg.] (1999, 2000):
Statistisches Jahrbuch Sachsen 1998, 1999, Kamenz

A 3 Sachsen in der Bundesrepublik Deutschland

Tab. A 3.1: Sachsen in der Bundesrepublik Deutschland

Bezeichnung	Einheit	Bundes-gebiet	Sachsen	Baden-Württem-berg	Bayern	Berlin	Branden-burg
Gebiet und Bevölkerung[1]							
Fläche am 31. Dezember 1996[2]	km²	357 028	18 413	35 752	70 548	892	29 476
Bevölkerung am 31. Dezember 1997	Anzahl	82 057 379	4 522 412	10 396 610	12 066 357	3 425 759	2 573 291
Einwohner je km² am 31. Dezember 1997	Anzahl	230	246	291	171	3 842	87
Ausländer am 31. Dezember 1995[1]	1 000	7 174	1 091	1 281	450	64	81
Lebendgeborene 1997	Anzahl	812 173	29 008	116 419	130 517	30 369	16 370
Lebendgeborene 1997 je 1 000 Einwohner	Anzahl	9,9	6,4	11,2	10,8	8,8	6,4
Gestorbene 1997	Anzahl	860 389	53 483	97 167	121 441	36 447	26 756
Gestorbene 1997 je 1 000 Einwohner	Anzahl	10,5	11,8	9,4	10,1	10,6	10,4
Überschuß der Geborenen bzw. Gestorbenen (–)	Anzahl	– 48 216	–24 475	19 252	9 076	– 6 078	–10 386
Überschuß der Geborenen bzw. Gestorbenen (–) je 1 000 Einwohner	Anzahl	– 0,6	–5,4	1,9	0,8	– 1,8	– 4,1
Zuzüge 1997[3]	Anzahl	4 875 722	231 967	742 439	766 779	112 609	193 087
Fortzüge 1997[3]	Anzahl	4 782 057	230 870	739 586	753 349	139 535	163 851
Wanderungsgewinn bzw. -verlust (–) 1997[3]	Anzahl	93 665	1 097	2 853	13 430	–26 926	29 236
Volkswirtschaft							
Bruttoinlandsprodukt zu jeweiligen Peisen 1997[4]	Mrd. DM	3 641,8	123,3	523,1	615,4	156,2	74,1
Anteil an Deutschland[4]	%	100,0	3,4	14,4	16,9	4,3	2,0
Bruttoinlandsprodukt zu Peisen von 1991[4]	Mrd. DM	3 121,2	85,7	460,8	539,5	128,6	52,3
Anteil an Deutschland[4]	%	100	2,7	14,8	17,3	4,1	1,7
Bruttoinlandsprodukt je Erwerbstätigen zu jeweiligen Peisen 1997[4]	1 000 DM	107,3	66,7	114,2	114,5	108,5	73,5
im Vergleich zum Mittelwert der Bundesrepublik[4]	%	100	62	106	107	101	69
Bruttoinlandsprodukt je Erwerbstätigen zu Peisen von 1991 im Jahre 1997[4]	1 000 DM	92,0	46,3	100,6	100,4	89,3	51,9
im Vergleich zum Mittelwert der Bundesrepublik[4]	%	100	50	109	109	97	56
Erwerbstätigkeit und Arbeitslosigkeit							
Sozialversicherungspflichtig beschäftigte Arbeitnehmer am 30. Juni 1997 insgesamt	Anzahl	27 279 577	1 589 191	3 661 158	4 168 958	1 158 925	854 843
davon weiblich	Anzahl	11 954 906	736 981	1 583 743	1 831 072	564 937	392 835
Arbeitsmarktlage im Jahresdurchschnitt 1997							
Arbeitslose insgesamt	Anzahl	4 384 456	374 139	382 008	442 283	265 665	218 148
Arbeitslosenquote[5]	%	12,7	18,4	8,7	8,7	17,3	18,9
Kurzarbeiter	Anzahl	182 853	13 471	25 029	21 733	5 340	8 705
Landwirtschaft 1997							
Bodennutzung und Ernte							
Landwirtschaftlich genutzte Fläche	1 000 ha	17 327	908	1 470	3 367	2,2	1 355
darunter Dauergrünland	1 000 ha	5 268	184	580	1 216	0,5	301
Ackerland	1 000 ha	11 832	718	836	2 130	1,6	1 047
Anteil Ackerland an der landw. genutzten Fl.	%	68,3	79,0	56,9	63,3	71,6	77,2
Getreideernte[6,7]	1 000 t	45 486	2 240	3 608	7 634	–	2 545
Hektarertrag[6]	dt/ha	64,9	61,1	63,3	60,3	–	46,4
Kartoffelernte[6]	1 000 t	11 659	276	270	2 156	–	438
Hektarertrag[6]	dt/ha	384,1	352,0	323,9	387,1	–	283,4
Zuckerrübenernte[6]	1 000 t	25 769	865	1 249	4 602	–	515
Hektarertrag[6]	dt/ha	511,6	466,7	568,1	588,5	–	411,7

[1] Quelle: Statistisches Bundesamt Wiesbaden
[2] Ergebnis der Flächenerhebung 1997 nach Art der tatsächlichen Nutzung (Stichtag 31.12.1996)
[3] Gebietsstand 31.12.1997
[4] Abweichungen in den Summen durch Rundung, Berechnungsstand März 1998

	Bremen	Hamburg	Hessen	Mecklenburg-Vorpommern	Niedersachsen	Nordrhein-Westfalen	Rheinland-Pfalz	Saarland	Sachsen-Anhalt	Schleswig-Holstein	Thüringen
	404	755	21 114	23 170	47 612	34 079	19 853	2 570	20 447	15 771	16 172
	673 883	1 704 731	6 031 705	1 807 799	7 845 398	17 974 487	4 017 828	1 080 790	2 701 690	2 756 473	2 478 148
	1 667	2 257	286	78	165	527	202	420	132	175	153
	275	819	27	469	1 961	291	78	79	46	137	27
	6 644	16 970	63 124	12 046	85 907	190 386	41 677	9 987	17 194	29 080	16 475
	9,8	9,9	10,5	6,6	11,0	10,6	10,4	9,2	6,3	10,6	6,6
	8 036	19 328	61 361	17 940	83 958	189 946	43 211	12 455	30 892	30 274	27 694
	11,9	11,3	10,2	9,9	10,7	10,6	10,8	11,5	11,4	11,0	11,1
	- 1 392	- 2 358	1 763	-5 894	1 949	440	- 1 534	- 2 468	-13 698	-1 194	-11 219
	-2,1	- 1,4	0,3	- 3,2	0,2	0,0	-0,4	-2,3	-5,0	- 0,4	-4,5
	26 958	73 648	414 575	110 408	552 098	871 549	273 709	53 322	130 393	216 239	105 942
	29 453	74 545	411 917	113 911	523 797	845 217	254 914	53 930	138 625	200 865	107 692
	-2 495	-897	2 658	-3 503	28 301	26 332	18 795	-608	-8 232	15 374	-1 750
	40,3	142,6	353,2	49,1	315,6	799,1	156,5	45,1	70,2	112,5	65,4
	1,1	3,9	9,7	1,3	8,7	21,9	4,3	1,2	1,9	3,1	1,8
	35,9	122,1	313,8	33,5	277,2	701,6	139,2	39,9	48,2	98,6	44,4
	1,1	3,9	10,1	1,1	8,9	22,5	4,5	1,3	1,5	3,2	1,4
	116,8	159,2	138,4	67,2	103,2	112,2	106,7	105,4	67,5	105,3	67,4
	109	148	129	63	96	105	99	98	63	98	63
	103,9	136,3	122,9	45,9	90,6	98,5	95,0	93,2	46,3	92,3	45,7
	113	148	134	50	99	107	103	101	50	100	50
	282 615	732 322	2 096 881	615 547	2 340 060	5 741 031	1 157 574	339 284	902 479	801 013	837 696
	116 707	328 275	899 488	290 245	1 015 008	2 373 700	499 461	135 485	426 758	366 609	393 602
	46 951	92 520	260 796	168 364	413 832	884 479	163 768	56 539	270 444	126 844	217 675
	16,8	13,0	10,4	20,3	12,9	12,2	10,3	13,6	21,7	11,2	19,1
	3 424	2 613	11 788	5 120	14 948	33 876	7 114	3 778	11 107	6 385	8 425
	9	14	775	1 348	2 697	1 554	721	75	1 180	1 048	804
	7,6	6,2	273	283	898	449	246	36	166	447	177
	1,8	6,2	496	1 062	1 778	1 092	401	39	1 010	591	624
	19,0	43,7	64,0	78,8	65,9	70,3	55,6	51,5	85,6	56,4	77,5
	-	•	2 157	3 859	7 364	5 244	1 627	154	3 861	2 589	2 376
	-	•	64,4	67,9	70,6	76,6	59,7	57,4	64,1	83,8	62,4
	-	•	208	507	5 334	1 204	339	8	562	193	162
	-	•	367,2	302,4	411,8	430,1	325,7	239,9	358,3	352,3	373,0
	-	•	1 024	1 515	6 575	4 204	1 187	-	2 798	796	619
	-	•	499,9	450,1	506,7	547,8	515,7	-	464,3	519,6	469,9

[5] Arbeitslose in % der abhängigen zivilen Erwerbspersonen (sozialversicherungspflichtig und geringfügig Beschäftigte, Beamte und Arbeitslose)
[6] die Länder Bremen und berlin führen keine Ernteberichterstattung durch
[7] einschließlich Körnermais und Corn-Cob-Mix
[8] Ergebnis vom 3.12.1996

noch Tab. A 3.1

Bezeichnung	Einheit	Bundes-gebiet	Sachsen	Baden-Württemberg	Bayern	Berlin	Brandenburg
noch Volkswirtschaft, Landwirtschaft 1997							
Viehwirtschaft							
Viehbestände am 3. Dezember 1997							
Rinder	1 000	15 227	618	1 327	4 126	1[8]	694
darunter Milchkühe	1 000	5 026	250	466	1 513	0,6[8]	222
Schweine	1 000	24 795	582	2 276	3 651	1,2[8]	736
davon Mastschweine	1 000	9 363	182	621	1 344	0,3[8]	234
Bergbau und Verarbeitendes Gewerbe 1997[9]							
Betriebe (Jahresdurchschnitt)	Anzahl	46 033	2 436	8 408	8 013	943	988
Beschäftigte (Jahresdurchschnitt)	1 000	6 310,9	197,8	1 209,8	1 168,3	125,4	91,2
Gesamtumsatz	Mill. DM	2 186 204	45 170	374 686	391 741	59 602	25 873
Baugewerbe 1997							
Vorbereitende Baustellenarbeiten, Hoch- u. Tiefbau							
Beschäftigte (Jahresdurchschnitt)	1 000	1 221,3	120,7	123,1	188,3	46,8	69,7
Baugewerblicher Umsatz (Jahresdurchschnitt)	Mio. DM	210 354	18 414	21 094	33 312	10 873	11 126
Bauinstallation, Sonstiges Baugewerbe							
Beschäftigte (Jahresdurchschnitt)	1 000	454,5	54,6	48,4	62,3	25,7	23,3
Baugewerblicher Umsatz (Jahresdurchschnitt)	Mio. DM	69 521	7 315	8 646	9 805	4 708	2 903
Fremdenverkehr 1997[11]							
Geöffnete Betriebe (Aug.)	Anzahl	53 871	2 089	6 884	14 098	444	1 286
Angebotene Betten bzw. Schlafgelegenheiten (Aug.)	Anzahl	2 372 166	109 210	283 937	548 669	49 837	67 816
Gästeankünfte	1 000	92 624	4 362	11 748	19 557	3 449	2 415
Gästeübernachtungen	1 000	287 170	12 559	34 958	66 753	7 989	7 313
Durchschnittliche Auslastung[12]	%	34,9	32,9	35,1	34,4	44,1	32,3
Straßenverkehr 1997							
Neuzulassung von Kraftfahrzeugen							
insgesamt[13]	Anzahl	4 132 804	201 367	503 448	703 480	99 427	110 855
darunter PKW[13]	Anzahl	3 528 179	174 113	431 137	598 288	83 215	92 497
Bestand an PKW am 1.1.1998[13]	Anzahl	41 326 876	2 146 331	5 487 322	6 472 149	1 190 875	1 271 356
Unfälle mit Personenschaden	Anzahl	380 835	19 921	39 987	60 008	16 942	15 541
darunter mit tötlichem Ausgang	Anzahl	8 549	589	938	1 474	87	643
Bildung und Sozialwesen							
Schüler an allgemeinbildenden Schulen[14]	1 000	10 145,9	599,9	1 261,4	1 402,5	426,4	394,1
Schüler an beruflichen Schulen[14, 15]	1 000	2 540,0	154,7	348,8	363,3	86,6	78,7
Auszubildende[16]	1 000	1 622,7	112,8	185,9	252,8	60,0	61,2
Studenten an Hochschulen[17]	1 000	1 831,4	72,6	210,8	238,3	133,7	25,3
Regelsätze für Sozialhilfe (Stand 1.7.1997)[18]							
Haushaltsvorstände und Alleinstehende (Eckregelsatz)	DM	531[19]	514				
Veränderung gegenüber 1990	%	23,2[19]	28,5				
Haushaltsangehörige							
bis Vollendung 7. Lebensjahr	DM	266[19]	257	270	261	270	258
bis Vollendung 7. Lebensjahr im Zusammenleben mit einem Alleinerziehende	DM	292[19]	283	297	287[20]	296	284
8. bis Vollendung 14. Lebensjahr	DM	345[19]	334	351	339[20]	350	335
15. bis Vollendung 18. Lebensjahr	DM	478[19]	463	486	470[20]	485	464
ab 19. Lebensjahr	DM	425[19]	411	432	418[20]	431	413

[9] Ergebnisse des Monatsberichts für Betriebe von Unternehmen mit im allgemeinen 20 Beschäftigten und mehr; Darstellung nach „Klassifikation der Wirtschaftszweige, Ausgabe 1993"; ohne Angabe für Betriebe, die durch die Handwerkszählung 1995 neu aufgefunden wurden

[10] Die für den Bereich Vorbereitende Baustellenarbeiten, Hoch- und Tiefbau dargestellten Ergebnisse beziehen sich auf alle Betriebe (hochgerechnete Ergebnisse), die für den Bereich Bauinstallation, Sonstiges Ausbaugewerbe nur auf die Ergebnisse des Monatsberichts für Betriebe von Unternehmen mit im allgemeinen 20 Beschäftigten und mehr

Bremen	Hamburg	Hessen	Mecklenburg-Vorpommern	Niedersachsen	Nordrhein-Westfalen	Rheinland-Pfalz	Saarland	Sachsen-Anhalt	Schleswig-Holstein	Thüringen
13[8]	9[8]	575	612	2 885	1 634	470	62	421	1 336	445
3,7[8]	1,5[8]	177	226	827	451	142	17	167	402	162
2[8]	3,3[8]	884	601	7 121	5 801	400	24,6	746	1 308	660
0,6[8]	1,1[8]	359	201	2 877	2356	151	10	270	526	228
331	589	3 225	501	3 835	10 054	2 156	519	1 223	1 438	1 374
66,1	106,3	477,8	43,6	539,5	1 520,6	306,2	105,6	102,6	142,9	107,3
32 121	118 563	152 837	11 937	206 993	521 339	110 757	30 960	27 787	49 737	26 101
7,4	17,2	70,4	46,2	107,9	188,7	47,6	12,8	76,7	40,1	57,7
1 554	4 380	12 905	7 005	18 892	33 791	8 115	2 169	11 588	6 412	8 722
4,3	12,2	27,6	15,0	34,2	68,3	11,8	4,2	25,9	12,7	23,9
662	2 032	4 665	1 935	4 916	11 800	1 814	615	3 157	1 708	2 840
84	260	3 403	1 906	6 391	5 478	3 759	308	1 021	5 023	1 437
8 822	26 384	178 849	110 925	261 531	261 543	150 763	14 310	51 045	179 407	69 118
577	2 431	8 518	3 078	8 832	13 110	5 396	569	1 976	4 057	2 550
1 094	4 347	22 825	11 579	31 960	34 277	16 402	1 948	5 063	20 776	7 328
36,1	45,6	35,9	34,1	36,3	37,0	30,7	38,1	28,7	36,0	30,2
31 219	74 895	405 076	79 213	452 931	853 507	190 475	56 790	121 115	133 572	112 096
26 767	64 616	354 512	65 890	393 966	724 109	158 819	48 420	103 527	112 197	95 984
287 843	711 012	3276 180	833 968	4 105 802	8 928 133	2 154 198	587 283	1 247 995	1 431 868	1 194 162
3 373	9 186	26 210	10 746	39 881	75 510	17 855	5 015	14 125	14 549	11 986
24	46	596	420	997	1 188	384	87	429	282	365
75,1	175,7	692,3	280,1	945,5	2 258,2	476,4	121,2	374,4	317,7	345,1
24,6	54,3	178,7	71,8	252,0	510,8	118,0	34,3	90,1	82,4	90,8
15,1	30,2	106,0	56,2	152,0	312,5	74,4	20,8	69,8	52,1	60,9
25,8	66,1	151,0	22,3	156,7	520,0	81,1	21,8	30,7	44,4	31,0
			514	539	539	539	539	519	539	514
			28,5	22,5	20,0	20,6	21,7	29,8	22,5	28,5
270	270	270	257	270	270	270	270	260	270	257
296	296	297	283	296	296	296	296	285	296	283
350	350	351	334	350	350	350	350	337	350	334
485	485	486	463	485	485	485	485	467	485	463
431	431	432	411	431	431	431	431	415	431	411

[11] Beherbergungsstätten mit neun Gästebetten und mehr
[12] der angebotenen Betten / Schlafgelegenheiten   [13] Quelle: Kraftfahrzeug-Bundesamt Flensburg
[14] vorläufiges Ergebnis; Stand Schuljahr 1997 / 98   [15] ohne Schulen des Gesundheitswesens
[16] endgültiges Ergebnis; Stand 31.12.1997
[17] vorläufiges Ergebnis; Stand Wintersemester 1997 / 98
[18] Hilfe zum Lebensunterhalt nach § 22 Bundessozialhilfegesetz
[19] Rechnerischer Durchschnitt   [20] Mindestregelsatz

A 4 Sachsen in Europa

Tab. A 4.1: Sachsen in Europa

Bezeichnung	Einheit	Jahr[1]	Sachsen	Deutschland	Belgien	Dänemark	Finnland	Frankreich
Gebiet und Bevölkerung								
Fläche	1 000 km²	1995	18,4	357	31	43	338	544
Bevölkerung								
insgesamt	1 000	1995	4 566,6	81 661	10 137	5 228	5 108	58 143
Einwohner je km²	Anzahl	1995	248	229	332	121	15	107
Bevölkerungsbewegung								
Lebendgeborene je 1 000 Einwohner	Anzahl	1995	5,2	9,4	11,4	13,4	12,3	12,5
Gestorbene je 1 000 Einwohner	Anzahl	1995	12,6	10,8	10,5	12,1	9,6	9,1
Überschuß der Geborenen bzw. Gestorbenen (-) je 1 000 Einwohner	Anzahl	1995	-7,3	-1,5	1,0	1,3	2,7	3,4
Überschuß der Zu- bzw. Fortzüge (-)	1 000	1995	15,4	397,9	2,8	28,7	4,3	45,0
Volkswirtschaft								
Bruttoinlandsprodukt (nominal)[2,3] insgesamt	Mrd. DM	1995	109	3 457	442	232	181	2 412
Bruttoinlandsprodukt, nominal (1991 á 100)[3,4]	%	1995	185	121	117	117	111	113
Erwerbstätigkeit								
Erwerbsquote	%	1995	51,7	48	41	54	49	44
Erwerbstätige nach Bereichen								
Land- und Forstwirtschaft, Fischerei	%	1995	3,2	3,2	2,7	4,4	7,8	4,9
Produzierendes Gewerbe	%	1995	38,0	36,0	28,3	27,1	27,6	27,0
Dienstleistungsbereich	%	1995	58,5	60,8	69,1	68,5	64,6	68,1
Arbeitslosenquote im April insgesamt	%	1995	13,6	8,2	9,4	7,1	18,1	11,2
Land- und Forstwirtschaft								
Landwirtschaftlich genutzte Fläche	1 000 ha	1994	900,5[8]	17 308	1 482[5]	2 691[6]	2 704	30 119
darunter Ackerland und Dauerkulturen	%	1994	714,0[8]	69,5	53,6[5]	88,2[6]	95,9	64,7
Landwirtschaftliche Erzeugnisse Viehbestand								
Rinder	1 000	1995	652,3	15 890	3 351[5]	2 094	1 148	2 662
Schweine	1 000	1995	613,6	23 737	7 283[5]	10 709	1 400	15 524
Außenhandel								
Ausfuhr insgesamt	Mio. DM	1994	6 812,0[8]	690 537	229 182[5]	64 685	48 255	403 560
Einfuhr insgesamt	Mio. DM	1994	7 362,6[8]	616 955	206 122[5]	55 690	37 847	393 589
Ein- (-) bzw. Ausfuhrüberschuß	Mio. DM	1994	-550,6[8]	73 618	23 0605	8 995	10 408	9 971
Preise								
Preisindex der Lebenshaltung umbasiert auf 1991 á 100	%	1996	133,6[8]	116,5	111,6	109,9	108,0	110,3
Veränderung gegenüber dem Vorjahr	%	1996	3,2[8]	1,5	2,1	2,1	0,5	2,0
Gesundheitswesen								
Krankenhausbetten je 10 000 Einwohner	Anzahl	1995	69,4	97	81	51	98	90

1 Falls keine Angaben für das aufgeführte Jahr vorliegen, wurden die letzten verfügbaren Ergebnisse aufgeführt
2 vorläufige Ergebnisse   3 errechnet aus Angaben in Landeswährung   4 errechnet über Kaufkraftparitäten

Quellen:
Statistisches Bundesamt - Jahrbuch für das Ausland 1997;
eurostat - Statistische Grundzahlen der Europäischen Union 1996;
Angaben der Deutschen Bundesbank

	Griechen-land	Groß-britannien und Nordirland	Irland	Italien	Luxemburg	Niederlande	Österreich	Portugal	Schweden	Spanien	Europa der 15
	132	244	70	301	3	41	84	92	450	506	3 236
	10 459	58 549	3 582	57 300	410	15 459	8 047	9 917	8 827	39 210	372 082
	79	240	51	190	159	378	96	108	20	77	115
	9,9	12,5	13,5	9,0	13,2	12,3	11,0	11,0	11,7	9,1	10,7
	9,4	11,0	8,8	9,5	9,3	8,8	10,1	10,0	10,6	8,8	10,0
	0,5	1,5	4,8	0,1	4,0	3,4	0,9	1,0	1,1	0,3	0,8
	26,2	90,0	-5,4	94,0	4,6	15,5	7,4	-1,2	11,7	51,3	772,8
	261	2 235	131	2 328	27	620	350	257	338	1 161	14 431
	163	122	139	124	137	117	122	137	114	127	121
	41	49	41	40	41	48	49	49	51	40	45
	20,4	2,1	12,0	7,5	3,9	3,7	7,3	11,5	3,3	9,3	5,3
	23,2	27,4	27,8	32,1	25,3	22,6	32,1	32,2	25,8	30,2	30,2
	56,4	70,5	60,2	60,4	70,9	73,7	60,6	56,3	70,9	60,5	64,5
	9,1	8,8	14,3	12,0	2,7	7,3	•	7,1	9,1	22,7	•
	8 752	17 086	4 391	15 673	•[7]	1 999	3 528	3 900	3 356	30 816	143 805
	40,0	35,1	30,0	71,1	•[7]	47,4	42,9	74,4	82,8	65,3	60,9
	550	11 673	6 532	7 128	•[7]	4 558	2 326	1 317	1 762	5 432	84 422
	936	7 503	1 542	7 964	•[7]	13 958	3 706	2 400	2 331	17 583	115 577
	15 213	327 842	55 099	306 967	•[7]	254 718	72 955	29 105	99 225	124 942	2 501 886
	34 795	378 711	40 804	271 354	•[7]	235 906	89 455	43 781	83 941	144 287	2 421 994
	-19 582	-50 869	14 295	35 613	•[7]	18 812	-16 500	-14 676	15 284	-19 345	79 892
											•
	174,3	114,4	111,5	124,6	112,8	113,3	115,6	131,1	112,7	125,7	x
	8,5	2,4	1,6	3,8	1,4	2,1	1,9	3,1	•	3,6	x
	50	50	34	67	111	56	98	42	52	41	•

5 einschließlich der Angaben für Luxemburg 6 ohne Angaben für die Färöer und Grönland
7 die Angaben für Luxemburg sind bei Belgien einbezogen 8 1995

Perthes GeographieKolleg

Diese neue Studienbuchreihe behandelt wichtige geographische Grundlagenthemen. Die Bücher dieser Reihe bestechen durch ihre Aktualität (Erscheinungsdaten ab 1994), ihre Kompetenz (fast ausschließlich von Hochschuldozenten verfaßt) und ihre gute Lesbarkeit (zahlreiche Abbildungen, Karten und Tabellen). Sie sind daher für den Studenten und Lehrer aller geo- und ökowissenschaftlichen Disziplinen eine unverzichtbare Informationsquelle für Aus- und Weiterbildung.

Physische Geographie Deutschlands
Herbert Liedtke und Joachim Marcinek (Hrsg.): 2. Auflage 1995, 560 Seiten, 3-623-00840-0

Das Klima der Städte
Von Fritz Fezer: 1. Auflage 1995, 199 Seiten, 3-623-00841-9

Das Wasser der Erde – Eine geographische Meeres- und Gewässerkunde
Von Joachim Marcinek und Erhard Rosenkranz:
2. Auflage 1996, 328 Seiten, 3-623-00836-2

Naturressourcen der Erde und ihre Nutzung
Von Heiner Barsch und Klaus Bürger: 2. Auflage 1996, 296 Seiten, 3-623-00838-9

Geographie der Erholung und des Tourismus
Von Bruno Benthien: 1. Auflage 1997, 192 Seiten, 3-623-00845-1

Wirtschaftsgeographie Deutschlands
Elmar Kulke (Hrsg.): 1. Auflage 1998, 563 Seiten, 3-623-00837-0

Agrargeographie Deutschlands
Von Karl Eckart: 1. Auflage 1998, 440 Seiten, 3-623-00832-X

Allgemeine Agrargeographie
Von Adolf Arnold: 1. Auflage 1997, 248 Seiten, 3-623-00846-X

Lehrbuch der Allgemeinen Physischen Geographie
Manfred Hendl und Herbert Liedtke (Hrsg.): 3. Auflage 1997, 867 Seiten, 3-623-00839-7

Umweltplanung und -bewertung
Von Christian Poschmann, Christoph Riebenstahl und Einhard Schmidt-Kallert:
1. Auflage 1998, 152 Seiten, 3-623-00847-8

Landschaftsentwicklung in Mitteleuropa
Von Hans-Rudolf Bork u.a.: 1. Auflage 1998, 328 Seiten, 3-623-00849-9

Geographisch denken und wissenschaftlich arbeiten
Von Axel Borsdorf: 1. Auflage 1999, 160 Seiten, 3-623-00649-1

Arbeitsmethoden in Physiogeographie und Geoökologie
Heiner Barsch, Konrad Billwitz, Hans-Rudolf Bork (Hrsg.):
1. Auflage 2000, 616 Seiten, 3-623-00848-6

Allgemeine Industriegeographie
Von Jörg Maier und Rainer Beck: 1. Auflage 2000, ca. 320 Seiten, 3-623-00851-6

Perthes Länderprofile
Seit 1993 mit einem Anhang „Fakten, Zahlen, Übersichten"
in Hardcover, ab 1999 mit farbigem Fotoanhang!
Wissenschaftliche Beratung: Gerhard Fuchs

Eine Reihe moderner geographischer Länderkunden, die
- das einzelne Land unter den wesentlichen fachlichen Aspekten erschließen;
- die Bedeutung geoökologischer Gesichtspunkte berücksichtigen;
- aufgrund der zielgerichteten Strukturierung des Stoffes und der Konzentration auf das Wesentliche praktikable Nachschlagewerke sind;
- somit für Lehrer, Dozenten und Studenten aller raumbezogen arbeitenden Fachbereiche sowie jeden an Landeskunde interessierten Leser von hoher Bedeutung sind!

Algerien /Adolf Arnold
1. Aufl. 1995, 224 S., 3-623-00665-3
Argentinien /
Jürgen Bünstorf
1. Aufl. 1992, 206 S., 3-12-928905-4
Australien/Heinrich Lamping
2., vollständig überarb. Aufl. 1999,
248 S., 3-623-00687-4
China/Dieter Böhn
1. Aufl. 1987, 320 S., 3-12-928892-9
Deutschland / Karl Eckart (Hrsg.)
1. Aufl. Herbst 2000, ca. 432 Seiten,
3-623-00XXX-X
Frankreich/Alfred Pletsch
1. Aufl. 1987, 256 S., 3-12-928732-9
Die kleinen Golfstaaten /
Fred Scholz (Hrsg.)
2., vollständig überarb. Aufl. 1999,
304 S., **ISBN 3-623-00695-5**
Ghana /Einhard Schmidt-Kallert
1. Aufl. 1994, 232 S., 3-623-00661-0
Großbritannien/
Heinz Heineberg
2., vollständig überarb. Aufl. 1997,
416 S., 3-623-00669-6
Indien/Dirk Bronger
1. Aufl. 1996, 526 S., 3-623-00667-X
Kanada /Roland Vogelsang
1. Aufl. 1993, 356 S., 3-623-00680-7

Kenya/Karl Vorlaufer
1. Aufl. 1990, 261 S., 3-12-928898-8
Marokko/ Klaus Müller-Hohenstein
und Herbert Popp
1. Aufl. 1990, 229 S., 3-12-928803-1
Mexiko/Erdmann Gormsen
1. Aufl. 1995, 368 S., 3-623-00668-8
Norwegen /Rolf Lindemann
1. Aufl. 1986, 193 S., 3-12-928871-6
Peru /Werner Mikus
1. Aufl. 1988, 230 S., 3-12-928802-3
Sambia /Axel Drescher
1. Aufl. 1998, 198 S., 3-623-00686-6
Saudi Arabien / Hans Karl Barth
und Konrad Schliephake
1. Aufl. 1998, 248 S., 3-623-00689-0
Senegal (Gambia) / Bernd Wiese
1. Aufl. 1995, 160 S., 3-623-00664-5
Südafrika (mit Lesotho und Swasiland) / Bernd Wiese
1. Aufl. 1999, 360 S., 3-623-00694-7
Tansania / Karl Engelhard
1. Aufl. 1994, 295 S., 3-623-00662-9
Türkei / Volker Höhfeld
1. Aufl., 1995, 284 S., 3-623-00663-7
USA /Roland Hahn
1. Aufl. 1990, 287 S., 3-12-928901-1
Westsamoa / Werner Hennings
1. Aufl. 1996, 200 S., 3-623-00688-2

Perthes Regionalprofile:

Sibirien/Norbert Wein
1. Aufl. 1999, 248 S., davon 8 S. farbiger Fotoanhang, 3-623-00693-9

Perthes Länderprofile der Deutschen Bundesländer
Seit 1995 mit einem Anhang „Fakten, Zahlen, Übersichten"
in Hardcover, ab 1999 mit farbigem Fotoanhang!
Wissenschaftliche Beratung: Gerhard Fuchs

Eine Reihe moderner geographischer Länderkunden, die
- das Bundesland unter den wesentlichen fachlichen Aspekten erschließen;
- die Bedeutung geoökologischer Gesichtspunkte berücksichtigen;
- aufgrund der zielgerichteten Strukturierung des Stoffes und der Konzentration auf das Wesentliche praktikable Nachschlagewerke sind;
- somit für Lehrer, Dozenten und Studenten aller raumbezogen arbeitenden Fachbereiche sowie jeden an Landeskunde interessierten Leser von hoher Bedeutung sind!

Bayern /
Jörg Maier (Hrsg.)
1. Aufl. 1998, 296 S., 3-623-00692-0

Berlin und Brandenburg /
Konrad Scherf und Hans Viehrig (Hrsg.)
1. Aufl. 1995, 480 S., 3-623-00671-8

Hamburg / Ilse Möller
2., vollständig überarb. Aufl. 1999,
304 S., 3-623-00697-1

Mecklenburg-Vorpommern /
Wolfgang Weiß (Hrsg.)
1. Aufl. 1996, 240 S., 3-623-00685-5

Nordrhein-Westfalen /
Ewald Gläßer,
Martin W. Schmied
und Claus-Peter Woitschützke
2., vollständig überarb. Aufl. 1997,
424 S., 3-623-00691-2

Sachsen
Hartmut Kowalke (Hrsg.)
376 S., 3-623-00672-6

Sachsen-Anhalt /
Eckart Oelke (Hrsg.)
1. Aufl. 1997, 424 S., 3-623-00673-4

Bildnachweis für den Bildanhang S. 369–376

Der Verlag dankt dem Sächsischen Staatsinstitut für Bildung und Schulentwicklung Radebeul – Comenius-Institut – für die Bereitstellung der Dias zur Reproduktion (außer Fotos 16 und 22)

Bildnachweis:

R. Beyer, Klingenthal 28
Sächsische Landesbibliothek – Staats- und Universitätsbibliothek Dresden,
Abt. Deutsche Fotothek / S. Bregula, Dresden 29
M. Bulang, Bautzen 19
G. Herold, Dippoldiswalde 10
J. Langefeld,
  Stadtmedienstelle Hoyerswerda 17
Dr. K.-P. Kerber, Chemnitz 14

LAUBAG AG 11
Leipziger Messe GmbH / B. Kober 22
B.-J. Müller, Stolpen 1, 3, 7, 12, 13, 23, 25
K. Riehle, Kreismedienstelle, Weißwasser 26
H.-J. Schubert, Zwickau
  2, 4, 5, 8, 9, 18, 20, 21, 24, 27
Stadtverwaltung Zwickau, Pressebüro 15
UFZ-Umweltforschungszentrum Leipzig-Halle Gmbh,
  Leipzig 16
M. Weber, Weber-Verlag, Colditz 6
W. Wiezorek, Kreismedienstelle, Bautzen 30

Bildanhang

**Foto 1: Sachsen historisch –
Goldener Reiter (August der Starke)**
Dieses Denkmal des sächsischer Kurfürsten und Königs von Polen (Ende 17./ erstes Drittel des 18. Jh.).beherrscht den Neustädter Markt in Dresden. Nach einem Entwurf von VINACHE gestaltete es WIEDERMANN 1732 bis 1734.

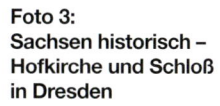

**Foto 2: Sachsen historisch –
Im Schaubergwerk Pöhla bei Schwarzenberg**
Der Bergbau im Erzgebirge hat eine mehr als achthundertjährige Geschichte. In dieser Zeit wurde die Raumstruktur geprägt. 1966 wurde in Pöhla die Grube „Herkules-Frisch Glück" als Schaubergwerk der Öffentlichkeit zugänglich gemacht.

**Foto 3:
Sachsen historisch –
Hofkirche und Schloß
in Dresden**
Die Hofkirche zwischen Schloß und Theaterplatz (1739–1755 unter Leitung des römischen Architekten CHIAVERI erbaut) ist mit 4 800 m² Grundfläche die größte Kirche in Sachsen.
Das Residenzschloß der sächsischen Kurfürsten und Könige aus dem Hause Wettin ist eine große Vierflügelanlage (Baubeginn 1547). Sie wurde im Zweiten Weltkrieg zerstört und befindet sich seit den 1980er Jahren im Wiederaufbau (Bauende zur Achthundertjahrfeier 2006 geplant).

**Foto 4: Sachsen – Landschaft und Landnutzung
Erzgebirge: Basalt am Scheibenberg**
Als Deckenreste des tertiären Basaltvulkanismus sind Scheibenberg, Pöhlberg und Bärenstein markante Härtlinge über der welligen, zerschnittenen Hochfläche des mittleren Erzgebirges. Die oft sechseckigen Säulen entsprechen der Abkühlung des Lavastromes.

**Foto 6: Sachsen – Landschaft und Landnutzung
Landschaft an der Zwickauer Mulde bei Colditz
(Mulde-Lößhügelland)**
Diese Landschaft wird durch flachwellig-hügelige Hochflächen und tief eingeschnittene Flusstäler bestimmt, an den Talrändern Riedel- und Kerbtalformen (bewaldet), Hochflächen ackerbaulich genutzt.

**Foto 5: Sachsen – Landschaft und Landnutzung
Feldstrukturen eines Erzgebirgsdorfes**
Das hier gezeigte Königswalde liegt südöstlich von Annaberg-Buchholz im Tal des Pöhlbaches. Die Waldhufengliederung der Flur wird durch Steinrücken an den Hufengrenzen betont, die Hecken aus Eberesche, Weißdorn und Heckenrose tragen.

**Foto 7: Sachsen – Landschaft und Landnutzung
Teich südlich des Dorfes Spreewiese (Biosphärenreservat Oberlausitzer Heide- u. Teichgebiet)**
Ab dem 13./14. Jh. am Rande der großen Talauen angelegt, haben die Fischteiche auch Hochwasserschutzfunktion. Land-, forst- und fischereiwirtschaftlich genutzte Flächen wurden hier unter Schutz gestellt.

Bildanhang 371

Foto 8: Sachsen – Landschaft und Landnutzung Landwirtschaft und Industrie (im Hintergrund Kraftwerk Thierbach sdl. Leipzig, Leipziger Land)
Hier kam es im 20. Jh. durch Braunkohletagebau zu starken Landschaftsveränderungen (Espenhain). Andererseits entwickelte sich auf lößbedeckten Moräneplatten eine leistungsfähige Landwirtschaft.

Foto 9: Sachsen – Landschaft und Landnutzung Talsperre Eibenstock (Westerzgebirge) mit Blick nach Süden zum Auersberg (1 018 m NN)
Diese Talsperre an der Zwickauer Mulde wurde 1974–1984 zur Trinkwasserversorgung und Abflußregulierung erbaut (Wasserfläche bei 538 m NN). Der Auersberg überragt deutlich die Hochflächen.

Foto 10: Sachsen – Landschaft und Landnutzung Waldsterben im Kammgebiet des Osterzgebirges
SO_2-Emissionen aus dem Nordböhmischen Becken bewirkten hier, nachdem 10 Jahre vorher die ersten Schäden sichtbar waren, in den 1970er Jahren großflächiges Absterben der Fichtenforsten. (Wiederaufforstung berechtigt zu gedämpftem Optimismus.)

Foto 11: Sachsen – Landschaft und Landnutzung Braunkohletagebau Nochten, Niederlausitz
Am Südrand der Muskauer Heide, im Lausitzer Urstromtal, liegt dieser Tagebau des Lausitzer Braunkohlenreviers (Blick auf einen Teil der Abraumförderbrücke). Die abgebaute Kohle des 2. Lausitzer Flözhorizontes wird als Kesselkohle überwiegend verstromt.

**Foto 12: Sachsen – Siedlungen, Wohnen, Leben
Bauernhof im Dorf Klix
(Oberlausitzer Heide- und Teichgebiet)**

In den durch die deutschen Kolonisten im Zuge der Ostsiedlung (12./13. Jh.) in den Waldgebieten des nördlichen Teils Sachsens angelegten Dörfern findet man bis heute die Gehöftanlagen im Fachwerkstil.

**Foto 14: Sachsen – Siedlungen, Wohnen, Leben
Die sächsische Mittelstadt: Freiberg, Blick über die Dächer der Altstadt nach Nordosten**

Die Bergstadt am Fuße des Erzgebirges entstand im 12./13. Jh. 1168 wurden hier die ersten Silbererze gefunden. Das Foto zeigt das Rathaus am Obermarkt (Zentrum der planmäßigen Stadterweiterung).

**Foto 13: Sachsen – Siedlungen, Wohnen, Leben
Umgebindehaus im Dorf Weifa
(Oberlausitz)**

Im Grenzraum von osteuropäischer Architektur in Blockbauweise und mitteleuropäischem Fachwerkbau entstand in der Oberlausitz dieser Haustyp (Geburtshaus des Heimatdichters KARL GUTE).

**Foto 15: Sachsen – Siedlungen, Wohnen, Leben
Die sächsische Großstadt: Zwickau,
Luftaufnahme mit Blick auf das Stadtzentrum**

Das westsächsische Industriezentrum besitzt in gut erhaltener Innenstadt viele Sehenswürdigkeiten (Schumann-Haus, Marienkirche, Gewandhaus) und ist durch den Automobilbau weltbekannt (heute VW).

Bildanhang

**Foto 16: Sachsen – Siedlungen, Wohnen, Leben
Gründerzeitliche Blockbebauung in Leipzig**

Im Zuge der Industrialisierung (Ende des 19. / Anfang des 20. Jh.) entstanden in den sächsischen Großstädten Wohngebiete mit einer hohen Bebauungsdichte für die rasch wachsende Arbeiterbevölkerung. In diesen Gebieten finden heute umfangreiche Sanierungsmaßnahmen statt.

**Foto 17: Sachsen – Siedlungen, Wohnen, Leben
Hoyerswerda, Neubaugebiet**

Die „Sozialistische Wohnstadt Hoyerswerda" entstand (seit den 1950er Jahren) für die Arbeitskräfte des weltgrößten braunkohleverarbeitenden Betriebes (Gaskombinat Schwarze Pumpe). Die planmäßig angelegte Stadt war Wohnstätte für 75 000 Menschen.

Foto 18: Sachsen – Siedlungen, Wohnen, Leben, Drechseln und Schnitzen im Erzgebirge (Reifendreher in Seiffen)

Die Spielzeugherstellung im Erzgebirge war Freizeitbeschäftigung der Bergleute. Sie entwickelte sich zum Handwerk. Die Technik des Reifendrehens entstand um 1800.

Foto 19: Sachsen – Siedlungen, Wohnen, Leben, Sorbische Mädchen in Trachten

Die Sorben (Wenden) sind eine nationale Minderheit in der Lausitz. Ihre Kultur, die Bräuche und Traditionen haben bis heute überlebt. Speziell an Fest- und Feiertagen tragen die Menschen ihre Trachten.

**Foto 20: Sachsen – Wirtschaft
Uranbergbau im Erzgebirge – Wismuthalden**
Halden und Schlammteiche des 1946–90 betriebenen Wismut-Bergbaus im Raum Schlema–Aue–Johanngeorgenstadt, Pöhla, Annaberg–Geyer, Marienberg wurden ohne Berücksichtigung landschaftsgestalterischer Gesichtspunkte angelegt. Heute sind hier aufwendige Sanierungsarbeiten notwendig.

**Foto 22: Sachsen – Wirtschaft
Leipzig, Neues Messegelände**
Seit dem 12. Jh. finden in Leipzig Jahrmärkte und Messen statt. Nach der deutschen Einheit wurde auf dem ehemaligen Mockauer Flughafen der Grundstein für den neuen Messekomplex gelegt. Die Einweihung erfolgte 1996.

Foto 21: Sachsen – Wirtschaft und Bildung, Chemnitz, Technische Universität
Im 19. Jh. entstanden wichtige technische Bildungseinrichtungen in Sachsen als Voraussetzung für die Innovativität der Industrie. Hier das Hauptgebäude der TU Chemnitz („BÖTTCHER-Bau") am Schillerplatz von 1877.

**Foto 23: Sachsen – Wirtschaft
Elektrokonzern ABB in Dresden**
Die Industrieentwicklung nach 1990 ist ein Mix aus sächsischen Traditonsunternehmen und Neuansiedlern moderner Branchen. Hier ein Betrieb der Elektrobranche, als Unternehmen der DDR-Zeit jetzt sogar Konzernsitz.

Foto 24: Sachsen – Wirtschaft, VW-Werk Mosel bei Zwickau, neue Industrie mit alter Tradition
Der Neubau des VW-Autowerkes Mosel ist die größte Industrie-Investition in den neuen Bundesländern. An dem Traditionsstandort werden seit 1991 Fahrzeuge der Marken „Passat" und „Golf""gefertigt; damit konnten über 15 000 Arbeitsplätze (einschließlich Zulieferer) gesichert werden.

**Foto 26: Sachsen – Wirtschaft
Kraftwerk Boxberg bei Weißwasser, Niederlausitz**
Braunkohle ist der wichtigste sächsische Energieträger. Der Bau des Kraftwerkes Boxberg begann 1965 (3 000 MW). Nach 1990 erfolgte die Um- und Nachrüstung mit moderner Technik. In der 2. Hälfte der 1990er Jahre entstand ein neuer 800 MW-Block.

Foto 25: Sachsen – Wirtschaft, Mühle und mehlverarbeitender Betrieb in Wurzen
Der Beginn der Müllerei ist für die Landwirtschaftsregion um Wurzen bereits für 1490 nachgewiesen. Mit Wiedereinführung der sächs. Traditionsmarke „Wurzener Feingebäck" (1992) wurde der Standort gesichert

Foto 27: Sachsen – Verkehr, Muldetal-Viadukt Göhren d. Strecke Leipzig – Chemnitz
Diese imposante Brücke aus der Frühzeit des Eisenbahnbaues (Architekt CLAUS; Bauzeit 1869 – 71) besteht aus mit Sandstein verkleidetem Granit, hat eine Höhe von 68 m und ist 381 m lang.

Foto 28: Sachsen – Tourismus, Wintersport im vogtländischen Klingenthal / Mühlleithen
Für diese Streusiedlung am Nordhang des Übergangs zum Erzgebirge (über 800 m NN) ist bereits seit 1920 der Fremdenverkehr (speziell der Skitourismus) die wichtigste Einnahmequelle. Mühlleithen ist auch Zentrum des Leistungssports (Skispringen, Langlauf).

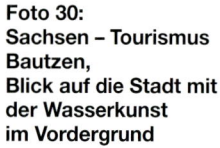

Foto 29: Sachsen – Tourismus, Elbdampfer vor dem Basteimassiv, Blick von Südwesten
Die Sächsische Schweiz prägen Tafelberge, Felsreviere und das Elbtal. Die Basteibrücke ist einer der Anziehungspunkte für die Touristen. Dampfschifffahrt gibt es seit 1837, heute verkehren vor allem Ausflugsdampfer der „Weißen Flotte"

**Foto 30:
Sachsen – Tourismus Bautzen,
Blick auf die Stadt mit der Wasserkunst im Vordergrund**
Das tausendjährige Bautzen ist die Hauptstadt der Oberlausitz und das Zentrum des Sorbentums.
Mit ihrer mittelalterlichen Bebauung ist sie eine Attraktion für in- und ausländische Touristen. Die „Alte Wasserkunst" diente der Wasserversorgung der Stadt von 1558 bis in das 20. Jh. und war gleichzeitig eine Bastion der Stadtbefestigung. Die ebenfalls in die Stadtummauerung einbezogene dreischiffige Michaeliskirche stammt aus dem 15. Jh.

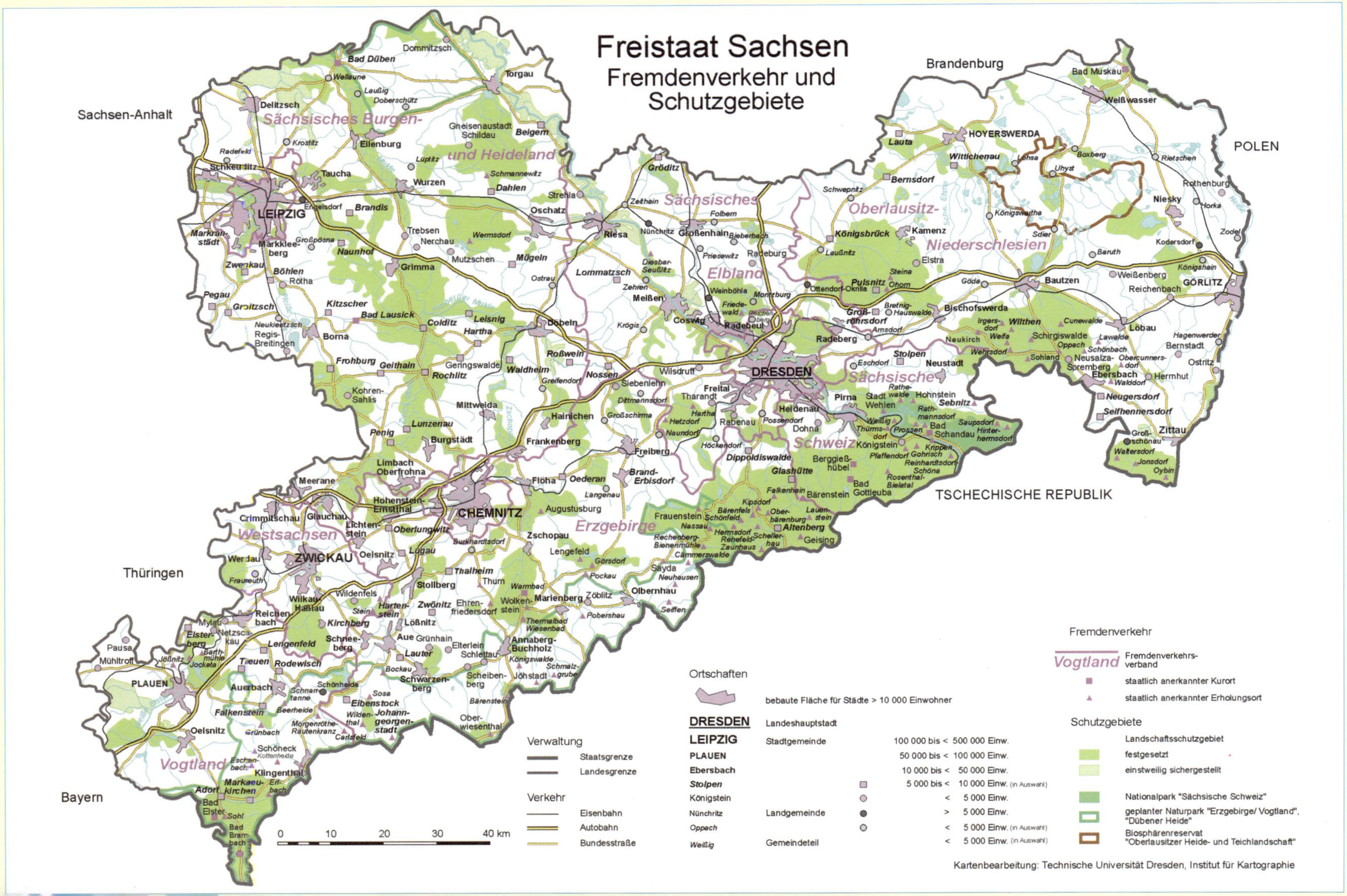
Freistaat Sachsen
Fremdenverkehr und Schutzgebiete
Sachsen-Anhalt
Brandenburg
POLEN
Thüringen
Bayern
TSCHECHISCHE REPUBLIK
Sächsisches Burgen- und Heideland
Sächsisches Elbland
Oberlausitz-Niederschlesien
Sächsische Schweiz
Erzgebirge
Westsachsen
Vogtland
DRESDEN
LEIPZIG
CHEMNITZ
ZWICKAU
PLAUEN
HOYERSWERDA
GÖRLITZ
Verwaltung
Staatsgrenze
Landesgrenze
Verkehr
Eisenbahn
Autobahn
Bundesstraße
0 10 20 30 40 km
Ortschaften
bebaute Fläche für Städte > 10 000 Einwohner
DRESDEN Landeshauptstadt
LEIPZIG Stadtgemeinde 100 000 bis < 500 000 Einw.
PLAUEN 50 000 bis < 100 000 Einw.
Ebersbach 10 000 bis < 50 000 Einw.
Stolpen 5 000 bis < 10 000 Einw. (in Auswahl)
Königstein < 5 000 Einw.
Nünchritz Landgemeinde > 5 000 Einw.
Oppach < 5 000 Einw. (in Auswahl)
Weißig Gemeindeteil < 5 000 Einw. (in Auswahl)
Fremdenverkehr
Vogtland Fremdenverkehrs-verband
staatlich anerkannter Kurort
staatlich anerkannter Erholungsort
Schutzgebiete
Landschaftsschutzgebiet
festgesetzt
einstweilig sichergestellt
Nationalpark "Sächsische Schweiz"
geplanter Naturpark "Erzgebirge/ Vogtland", "Dübener Heide"
Biosphärenreservat "Oberlausitzer Heide- und Teichlandschaft"
Kartenbearbeitung: Technische Universität Dresden, Institut für Kartographie